정 치 학

김기우 · 김성주 · 김의곤 · 김창희
박준영 · 신명순 · 유지훈 · 이영애
이유진 · 이홍종 · 임석준 · 전득주
조찬래 공저

博 英 社

머 리 말

정치를 공부한다는 것은 매우 매력적인 일이다. 정치는 권력과 밀접한 관계를 맺고 있으므로, 무척 중요할 뿐만 아니라, 신나는 일이기 때문이다. 모름지기 인간은 위대한 목표를 내걸고, 많은 사람들을 설득하여, 거대한 일을 추진할 때, 최상의 희열을 느끼게 되는 것이다.

정치는 시민의 일상 생활에서도 흔히 이야기되고 있다. 매일매일 시민들은 정치인에 대한 불만을 토로하거나, 국가 정책에 대하여 비평하면서 살고 있다. 마치 날씨에 대하여 "너무 춥다," "너무 덥다," "너무 비가 많이 내린다"라고 표현하듯이, 정치에 대해서도 끊임없이 이야기하고 있는 것이다.

정치는 한없이 복잡하고, 이해하기 어려운 신비로운 측면을 가지고 있다. 예컨대, 소련은 붕괴되어 10여 개의 독립국가로 분열된 반면, 유럽은 하나로 통합하기 위한 움직임을 계속하고 있는 것이다. 남아프리카공화국에서는 인종차별정책이 종식을 고하는 반면, 유고슬라비아에서는 인종청소가 자행되고 있었던 것이다. 이렇게 다양하고, 복잡한 정치현상을 어떻게 하면 효과적으로 이해할 수 있을까?

이러한 의문을 풀기 위해 이 책은 두 가지 목표를 가지고 출발하였다.

첫째, 한국에서 가장 알기 쉬운 정치학 교과서의 출판을 목표로 하였다. 현재 한국의 정치학 교과서는 너무 난삽하게 설명되어 있거나, 장황하게 묘사되어 있어서 핵심 내용을 파악하기가 매우 어렵다. 학생들이 읽어도 책의 내용을 이해할 수 없다는 것은 학생들의 지적 능력이 부족해서라기보다는 책이 어렵게 되어 있기 때문이다.

둘째, 21세기를 준비하는 정치학도의 필독 교과서를 목표로 하였다. 국내 각 대학에서 정치학을 강의하고 있는 최고의 학자들에게 최신의 학문적 논의를 집필하도록 위촉하였던 것이다. 그 결과, 전국의 13개 대학에서 13명의 학자가 참여하여, 각자 자신의 세부 전공에 대한 최신의 논의를 집필하였다. 집필진 13명은 서울지역 6명, 경기지역 1명, 충청지역 2명, 호남지역 1명, 경상지역 3명으로 구성되었고, 그들의 출신학교는 미국대학 8명, 독일대학 2명, 캐나다대학 1명, 국내대학 2명으로 되어 있다.

이 책은 총 4부로 나누어져 있으며, 각 장마다 첫 부분에 요약문을 실었고, 끝부분에는 연습문제를 첨부하였다. 제 1 부는 "정치와 국가"인데, "정치란 무엇인가"로 시작하여, 정치학 연구방법을 설명하고 있다. 이어서 "국가와 권력"에 대한 최신 논의가 포함되어 있고, "정치이념"에서는 최신 정치학의 이념적 토대를 분석하고 있다. 제 2 부는 "비교정치학"인데, "정치문화," "정치사회화," "선거," "혁명," "정치발전" 등 비교정치학의 진수를 설명하고 있다. 제 3 부는 "국제정치"인데, "신현실주의," "신자유주의" 그리고 "구성주의"까지 국제정치학의 최신 이론을 분석하고, 이어 "외교정책"에서는 대외정책에 관한 핵심내용을 일목요연하게 정리하고 있다. 제 4 부는 "정치학의 최신 분야"인데, "환경과 정치," "여성과 정치," "정보혁명과 정치" 등 최신의 정치학 과제들을 분석하고 있다.

이 책이 빛을 보게 된 데에는 박영사의 공로가 매우 크다. 박영사 안종만 회장님은 21세기를 준비하기 위한 새로운 정치학 교과서의 필요성을 절감하셨고, 이에 따라 박영사 기획과 조성호 과장님과 영업부 유연국 부장님은 전국에 있는 정치학의 최고 학자들에게 새로운 정치학 교과서의 집필을 위촉할 계획을 세웠다. 그 후, 박영사는 이화여자대학교 정치외교학과 박준영 교수님에게 집필 계획을 위임하였고, 1998년부터 약 2년간에 걸친 준비 끝에 드디어 출간을 보게 되었다.

이 책의 준비과정에는 이화여자대학교 대학원 북한학과 석사과정 학생들이 대거 참여하였다. 이화여대 대학원의 최영은 양이 주축이 되어 엄현아, 김민정, 김유진 양 등 많은 학생들이 집필교수님들에게 편집 계획을 알려 드리는 일부터, 제출된 논문의 각주 및 참고문헌의 통일을 위한 작업까지, 모든 일을 착실히 진행하였다. 최종 단계에서는 박영사의 마찬옥 부장님이 이 책의 편집을 담당하여, 적극적이며, 철저한 검증을 해 주셨다. 박영사 안종만 회장님을 비롯한 관련 임원들과, 집필 교수님들, 그리고 조교들에게 심심한 감사를 표한다.

2001년 1월 15일

저자 일동

차　　　례

제 1 부　정치와 국가

제 2 부 정치문화와 정치발전

제 3 부　국제정치의 이해

제 4 부　정치의 최신 분야

제 1 부

정치와 국가

제1장 정치 그리고 정치학

요 약

정치는 일반 시민들의 생활과 밀접한 관계를 맺고 있다. 국가는 안보, 경제발전, 문화의 창달 등을 통하여 국민의 생활에 지대한 영향을 주고 있는 것이다. 더구나 국가는 시민들의 교육, 의료, 예술, 문화활동 등 모든 분야에 걸쳐 법적인 제재와 보호를 제공한다.

그러면 이렇게 막대한 영향을 행사하는 정치란 무엇일까? 정치는 본래 국가의 정책을 의미하는 용어로 사용되었다. 그러던 것이 국가와 관련된 모든 현상을 의미하는 말로 확대되었고, 오늘날에는 공동사회에 존재하는 제반 현상을 의미하는 용어로 더욱 확대되었다. 그 결과 정치는 "사회에 존재하는 희소가치를 분배하는 법칙"이라는 개념이 성립되었다.

그러나 정치를 이렇게 정의하는 것은 매우 현실적인 방법이다. 정치는 바람직한 정치체제를 건설하여 힘없고, 가난한 국민들을 보다 잘 살게 해주어야 할 책무를 가지고 있기 때문에 현실적인 개념과 이상적인 개념을 결합시켜 복합적인 의미로 정의되어야 한다. 21세기를 맞이하여 인류는 다양한 정치적 과제를 안고 있다. 민주주의의 확대, 정보혁명과 정치, 환경과 정치, 여성과 정치 등 새로운 과제가 대두하고 있는 것이다.

민주주의는 국가의 정책이 국민의 의사에 따라 시행되고, 잘못되면 국민에게 책임을 지는 정치이므로 21세기에서도 많은 국가들이 선호하는 정치체제가 될 것이다. 그리고 "민족주의와 종족주의"로 인한 분쟁을 어떻게 순화시키느냐라는 문제도 21세기의 중요한 과제가 되고 있다.

여성의 정치참여는 정보혁명을 바탕으로 한 21세기에 더욱 획기적으로 확대될 것이며, 정보혁명은 국민들의 의사를 국가의 정책에 즉시 반영시킬 수 있는 반직접 민주주의(Semi-direct Democracy)의 실현 가능성을 열어 놓고 있다. 그리고 환경문제는 국가의 경계선을 초월한 국제적인 협력을 요구하고 있다.

정치학은 본래 국가의 권력은 어떻게 사용하는 것이 올바른 길인가를 연구하면서 시작되었다. 그 결과, 고대 정치철학에서는 합리적인 권력의 행사를 연구하였고, 최근에 와서는 개인의 인권을 보호하는 정치체제를 모색하게 되었다. 그 결과, 인간의 기본권을 중심으로 한 민주주의적 정치체제가 발전하게 된 것이다.

정치학의 연구는 정치의 목적을 윤리적인 방향에서 찾는 전통적인 연구방법으로 시작하여 인간의 정치행위를 현실적인 시각에서 명확하게 분석하려는 행태주의 연구방법으로 전개되었고, 이어서 전통적인 연구의 장점과 행태주의적인 연구의 장점을 결합시킨 “후기 행태주의”의 관점에서 연구가 진행되었다. 그리하여 오늘날의 정치학은 전통적인 연구, 행태주의 연구, 정치역사학적 연구, 정치사회학적 연구, 정치경제학적 연구들을 포용하고 있다.

정치학의 과학적인 연구방법으로는 사례연구, 설문연구, 간접적인 계량분석, 실험연구 등이 활용되고 있다. 그러나 이러한 과학적인 연구방법들도 인간이 가지고 있는 오류의 가능성으로 인하여 주의깊게 진행해야 한다. 결국, 정치현상은 너무나 많은 변수에 영향을 받고 있으므로, 정확히 예측한다는 것이 매우 어려운 일이다.

정치의 목적은 현실적인 상황을 감안하여, 이상적인 사회를 건설하는 것이므로, 인류는 현재 직면하고 있는 많은 정치적 도전을 극복하고, 모든 인류가 행복하게 살 수 있는 사회를 구축하기 위하여 꾸준히 노력해야 할 것이다.

제 1 절 서 론

정치는 모든 국민의 생활과 밀접한 관계를 맺고 있다. 진실로 정치는 국민의 생활에 중대한 영향을 주는 정책들을 끊임없이 시행하고 있다. 국가는 국민들의 생활과 관련된 규칙을 제정함으로써 막대한 영향을 미치고 있는 것이다. “예술, 사랑, 정서” 등 개인적인 문제도 따지고 보면 정치적 영향을 받고 있다. 예를 들어 보자. 두 남녀가 사랑하는 경우, 정치와 아무런 관련이 없어 보인다.

그리고 공부하는 즐거움, 육아의 책임 등 모든 개인적인 일들은 정치와 별다른 관련이 없어 보인다.

그러나 두 남녀가 몇 살 때부터 법적인 결혼을 할 수 있는가라는 문제에 들어가면 정치와 관련이 생긴다. 인간의 "정서"나 "사랑"도 법적인 한계를 넘는 행위가 될 경우, 정치적인 문제로 변하는 것이다. 예를 들면, 동성연애자들을 법적으로 보호하기 위하여 합법화시켜야 할 것인가라는 문제는 개인문제임과 동시에 정치적인 문제가 되는 경우이다.[1]

예술의 경우에도 정당한 예술이냐, 외설적인 예술이냐를 판가름하는 것은 정치적인 결정이 된다. 국민의 세금으로 그러한 예술을 지원해야 하는 문제에 부딪히면, 그야말로 정치적인 결정이 될 수밖에 없다.

국가는 학교의 교과과정에 중요한 영향력을 행사하고, 종교문제, 예술문제 등에도 중요한 결정을 하고 있는 것이다. 국가는 의사, 변호사, 건축가, 기술자 등 전문적인 직종의 면허를 관리하며, 죄수들을 사형에 처하고, 전쟁이 발생되면 모든 국민의 생명과 재산을 보호하는 역할을 수행한다.

그러면 정치는 어찌하여 국민의 생활에 지대한 영향을 미치게 된 것일까? 그것은 국가가 공동생활의 안전과 발전을 위한 정책을 결정하기 때문이다. 미국에서는 낙태를 법적으로 자유화할 것인가 또는 금지할 것인가에 대한 논쟁이 커다란 사회적 문제가 되고 있다.[2] 사우디 아라비아에서는 여성에게 운전하는 것을 허용할 것인가, 허용하지 않을 것인가를 놓고 첨예한 대립을 벌이고 있다. 이와 같이 정치는 국민의 생활에 중대한 영향을 미치는 결정을 내리고 있는 것이다. 환경문제라든가 경제문제, 그리고 안보문제에 있어서도 국가는 시민들의 생활에 막대한 영향을 주는 결정들을 내리고 있다.

한마디로 정치는 국민의 생활에 막대한 영향을 주고 있다. 따라서 정치가 어떻게 진행되고 있으며, 국가의 정치체제는 어떤 것이 좋으며, 현존하는 정치적인 과제는 무엇인가를 아는 것은 매우 중요한 일이다.

본 장에서는 정치란 무엇인가로 시작하여, 21세기 현대사회가 안고 있는 정치적 과제를 살펴본다. 그리고 정치학은 무엇인가를 검토한 후, 정치학 연구의

1) Ellen Grigsby, *Analyzing Politics: An Introduction to Political Science*(Wadsworth Publishing Co., 1999), p. 5.
2) Marcus E. Ethridge and Howard Handelman, *Politics in a Changing World: A Comparative Introduction to Political Science*, 2nd ed.(New York: St. Martin's, 1998), p. 2.

전개과정을 섭렵하고, 정치학 연구방법으로 사례연구, 설문연구, 간접적인 계량연구, 실험연구 등을 검토한다.

제 2 절 정치의 의미

인간사회의 정치현상은 집단사회가 조직되고 난 후에 비로소 출현되었다. 인간이 개별적으로 떠돌이 생활을 하던 원시시대엔 공동사회의 "정치"라는 의미조차 존재하기 어려웠다. 인간이 씨족이나 부족 등 집단사회를 형성하게 된 후, 상호간 이해관계가 얽히고, 공동의 문제를 해결하기 위하여 정치현상이 성립한 것이다. 다시 말해서 인간의 정신적, 물질적인 욕구를 충족시키기 위하여 가족주의적인 공동체 사회가 조직되었고, 공동체 사회가 구성된 후, 정치현상이 발생하게 되었다.

아리스토텔레스는 "인간은 정치적 동물이다"라고 표현하여 인간이 집단사회를 형성하면서 정치현상이 발생하게 된 것을 암시하고 있다. 아리스토텔레스는 다음과 같이 표현하였다.

> 인간은 천성적으로 정치적인 동물이다. 만일 어떤 사람이 국가와 무관하게 살아갈 수 있다면 그는 아마도 인간 이상의 신이거나 인간 이하의 동물에 해당할 것이다.[3)]

고대 동양철학에서는 정치를 윤리적인 개념으로 파악하였다. 예컨대 공자의 유교사상에서는 정치를 "인격을 도야한 군자에 의하여 시행되어야 할 책무"로 설정했고, 정치의 목적은 "사회 구성원 모두가 행복하게 살 수 있는 공동사회를 창조하기 위한 노력"으로 정의하였다.

동양철학에서 "정치"는 고매한 인격을 갖춘 사람이 공정하고 바르게 공동사회의 많은 문제를 해결하는 행위로 간주했고, 정치인은 자신의 이해관계를 초월

---

3) "Man is by nature a political animal. And he who by nature and not by mere accident is without a state, is either above humanity, or below it." Aristotle, *The Politics of Aristotle*, trans. and introd. Ernest Barker (New York: Oxford Univ. Press, 1973), p. 6.

하여 국가를 위해 헌신하고 희생하는 사람을 의미했다. 집단사회에 존재하는 정신적, 물질적 가치를 분배하는 측면에서도, 동양정치사상은 약하고 가난한 사람들을 배려하여 선정을 베푸는 인간애와 윤리기준을 목표로 하였다. 따라서 맹자는 왕도정치를 주창하였고,[4] 정치를 윤리적인 개념으로 파악하였던 것이다.

고대 서양철학에서도 정치를 윤리적인 관점에서 파악하려는 경향을 발견할 수 있다. 소크라테스가 "너 자신을 알라"고[5] 외친 명제는 인간이 가지고 있는 우매함과 욕심을 깨우쳐 행복한 공동사회를 건설할 수 있도록 시민적 자각을 일으키려는 의도에서 제기한 것이었다. 플라톤의 철인정치개념도 개인의 적성에 맞는 사회적, 정치적 역할을 강조함으로써 이상적인 인류사회를 건설하려는 윤리적 가치관을 담고 있었다.[6] 아리스토텔레스는 평등한 공동사회를 상정하였고, 대중의 이익을 보호할 수 있는 정치를 구상하였는데, 이것도 이상사회를 건설하려는 윤리적인 정치관의 범주에 속하는 것이었다. 결국 고대 서양 정치철학도 이상적인 사회를 건설하기 위한 지혜를 추구하였던 것이다.

중세 유럽사회에서도 기독교적 가치관을 바탕으로 신의 뜻을 따르는 국가통치를 주창함으로써 이상적인 정치관을 수립했었다. 이와 같이 동서양을 막론하고 이상주의적 정치관은 현실에서 이상사회를 건설하려는 숭고한 목표를 담고 있는 것이다.

북한의 경우, 정치는 시민들이 올바른 삶을 자주적으로 영위해 갈 수 있도록 인도하는 도구라고 정의하고 있다. 북한의 사회주의 체제에서는 시민들에게 올바른 삶이 무엇이라는 것을 알려주고, 이러한 삶을 자주적으로 살아갈 수 있도록 유도하는 것이 바로 정치라고 정의하고 있는 것이다.[7]

그러면 현대 정치학에서 '정치'는 어떻게 정의되고 있는가? 현대 정치학에서 정치는 국가에 의하여 시행되는 정책을 의미하는 용어로 출발하고 있다. 그 후 정치의 개념은 국가의 정책뿐만 아니라 국가정책과 관련하여 발생되는 모든 공적 현상을 포함하게 되었다. 권력이라는 강제력에 의하여 일률적으로 실시되는 국가정책과 이에 관련된 제반 현상을 의미하게 된 것이다.

---

4) 박충석, 「한국정치사상사」(삼영사, 1982) 참조.
5) 최명관 옮김, 「플라톤의 대화」(종로서적, 1990) 참조.
6) George Sabine, *A History of Political Theory* (Holt, Rinehare and Winstorn, 1961), pp. 35-122 참조.
7) 올바른 삶이 무엇인가를 묻는다면, 다양한 의견이 제시될 것이다. 황석영, 「사람이 살고 있었네」(시와사회사, 1993), p. 92.

그러나 최근의 정치개념은 국가정책 및 이와 관련된 공적 현상뿐만 아니라 공동사회에서 발생되는 모든 현상을 포괄하는 의미로 확대되었다. 그에 따라 현대정치학의 대표적 학자인 라스웰(Harold Lasswell), 달(Robert Dahl), 이스턴(David Easton) 등은 정치를 공동사회에 존재하는 정신적, 물질적 가치의 분배방식과 관련지어 정의하였다. 특히 이스턴은 정치를 "희소가치의 권위적인 배분"으로 정의하고, 사회적 가치의 분배방식을 정치의 핵심 개념으로 정의했다. 라스웰도 정치를 "누가, 어떻게, 무엇을, 언제?" 차지하느냐를 결정하는 규범으로 이해하고, 희소가치의 분배방식을 중시하였다.[8]

결국, 오늘날의 정치학에서 "정치"는 공동사회에 존재하는 희소가치를 분배하는 방식으로 이해되고 있다. 사회적 희소가치의 분배는 해당 국가의 정치체제에 따라 특정적으로 정해진다. 예를 들면 공산주의(사회주의) 정치체제와 자유민주주의 정치체제는 희소가치의 분배방식에 있어서 판이한 이론과 과정을 창출하였다. 공산주의(사회주의) 사회에서는 자동차나 주택 등 희소가치의 분배가 직책상 필요하다고 생각되는 사람부터 정부기관에 의해서 차례대로 분배되는 반면, 자유민주주의체제에서는 자동차나 주택의 분배를 정부가 직접 관여하지 않고 시민의 판단에 따라 필요하다고 느끼는 사람들이 돈을 장만하여 구입하는 형식을 취했다.

근세사의 왕정체제에서는 왕이 모든 신민들에게 사회적, 경제적 가치를 베풀어 주는 개념으로 인식하였다. 따라서 무슨 일에 종사하든 간에 모든 시민들은 그들이 누리는 사회적, 경제적 혜택을 왕으로부터 하사 받은 '녹'으로 생각했던 것이다.

현대사회의 독재국가에서도 소위 '위대한' 국가영도자를 특별히 칭송하여 국민이 누리는 모든 혜택은 영특하고 현명한 통치자 덕으로 치부하며, 개개인 시민의 노력이나 공적은 인정하지 않는 국가들이 존재한다. 이와 같이 정치란 공

8) 이스턴(David Easton)은 정치를 "가치의 권위적인 분배"라고 표현하였고, 라스웰(Harold Laswell)은 정치를 "누가 무엇을 언제, 어떻게 차지했는가"를 결정하는 과학이라고 표현하였으며, 크릭(Bernard Crick)은 정치를 "공동사회에서 충돌하는 이해관계를 주어진 규칙을 활용하여 조화시키는 활동"이라고 정의하였고, 도이취(Karl Deutsch)는 "공동사회의 목적을 달성하기 위하여 개인의 노력을 조화시키는 과정"이라고 정의하였다. David Easton, *A Framework for Political Analysis* (Englewood Cliffs, N. J. : Prentice Hall, 1965), p. 21; Harold D. Lasswell, *Politics: Who Gets What, When, How?* (The Free Press, 1951); Ethridge and Handelman, *op. cit.*, p. 4 참조.

동사회에 존재하는 희소가치를 권력이라는 강제력에 의하여 분배하는 방법을 의미하는 것이다.

그러나 정치를 "가치의 권위적인 분배"로 해석할 때 이것은 정치를 지극히 현실적인 개념으로 파악한 셈이 된다. 근대 서양철학은 마키아벨리를 기점으로 해서 현실주의적 성향을 띠게 되었고, 그 결과 정치의 개념도 현실상황을 그대로 반영시키는 현실주의적 해석을 추구하였다.

마키아벨리는 다수의 군주국들이 각축을 벌이고 있던 이탈리아지역의 정치현실을 분석하고, 강력한 군주체제를 구축하기 위해서는 이상주의적 정치관에 의존하기보다 현실주의적 권력투쟁 정책이 필요하다고 강조하였다. 마키아벨리에 의하면 국가의 운명을 책임지고 있는 군주는 자신의 국력을 확대하기 위해서 일반적인 도덕기준을 초월할 수 있고 권모술수를 자유로이 구사할 수 있다고 주장했다. 군주가 지켜야 할 윤리와 일반시민이 지켜야 할 윤리기준은 같을 수가 없다는 이중적 윤리체계를 제시한 것이었다. 결국 마키아벨리에 의한 현실주의는 냉혹하게 들리는 단점이 있으나, 현실 정치상황에서 타당성이 발견될 때가 많으므로 마키아벨리를 현실주의적 정치철학의 효시로 삼게 되었다.

그러나 진정한 정치의 개념은 현실주의적 시각과 이상주의적 시각을 결합시켜 복합적으로 조화시킴으로써, 비로소 완전한 의미의 정치개념으로 승화될 수 있다. 모름지기 인간은 현실상황 속에서 자신의 생존을 추구하지만, 한편으로는 현실상황 자체를 개선하려는 노력을 끊임없이 전개하고 있기 때문이다. 다시 말해서 인간은 현실을 분석하고, 문제를 발굴하며, 개선 가능한 최선의 해결책을 추구하는 존재이므로, 정치는 희소가치의 현실적인 분배뿐만 아니라 현존 분배방식을 개선시키려는 인간의 노력까지 포함해야 된다는 것이다.

이상주의와 현실주의는 때때로 상반된 개념처럼 이해하는 경우가 있으나, 실제로 현실주의와 이상주의는 하나로 통합될 수밖에 없는 개념이다. 이상적인 시각은 현실상황을 바탕으로 형성되며, 현실적인 시각은 이상적인 목표를 지향하고 있기 때문이다. 결국 "정치"란 희소가치의 현실적인 분배방식을 규명한 후, 이상적인 분배방식을 추구하여 바람직한 인류사회를 건설하기 위한 인간의 노력을 의미하게 된다.

제 3 절 21세기의 정치적 상황

1990년대는 인류역사상 중대한 변화가 진행되었다. 소련과 동부 유럽 국가들이 변혁을 일으켜 사회주의 정치제도를 타기하게 되었고, 동서독이 통일되었으며, 반세기나 지속되었던 냉전체제가 붕괴되어 새로운 국제사회가 등장하였다. 루마니아의 독재자 차우세스쿠가 처형되었고, 남아프리카 공화국에서는 오랜 옥고를 치른 흑인 지도자 만델라가 민주적인 선거를 통하여 평화적인 정권교체를 이룩하였다.

1980년대에는 아르헨티나, 브라질, 칠레, 파라과이, 우루과이 등이 민간정부를 수립하여 민주화의 길을 향하였고, 니카라과에서도 민주적 정권의 교체가 이루어졌다. 필리핀에서는 마르코스 대통령의 독재를 허물어뜨렸고, 한국과 대만에서도 민주정부가 들어서기 시작하였다. 최근에는 페루의 독재정권이었던 후지모리 대통령이 민의에 따라 사임하였다.

이와 같이 민주정치를 향한 움직임은 21세기에도 꾸준히 계속되고 있다. 21세기의 새로운 국제사회에서도 인류는 다변적이고, 폭발적인 변화를 계속할 것이기 때문이다. 범세계적인 현대화 과정이 진척되고 있고, 정보혁명으로 인한 세계화 과정이 심화되고 있으므로, 인류는 정치적, 경제적, 사회적으로 새로운 변화들을 경험하고 있는 것이다.

오늘날 인류가 직면하고 있는 정치적 상황을 검토하면 ; 민주주의의 확산, 경제발전, 종교와 문화, 공산주의의 몰락, 권위주의와 전체주의의 위험, 민족주의와 종족주의의 등장, 환경과 정치, 여성과 정치, 정보혁명과 정치 등의 항목이 포함된다. 이들을 설명하면 다음과 같다.

1. 민주주의의 확산

오늘날 민주주의는 가장 중요한 정치이념이 되고 있다. 민주주의는 시민들이 자유롭고, 평등하게 사는 것을 추구하는 정치이기 때문이다. 그 결과 현재 지구상의 모든 국가들이 민주정치의 실현을 목표로 내세우고 있다.[9] 러시아, 칠레, 대만, 잠비아, 그리고 동부 유럽국가들뿐만 아니라 세네갈, 과테말라, 중국, 한국, 케냐, 남아프리카공화국 등 모든 국가들이 민주정치를 향한 진일보를 내디디고 있는 것이다.

"민주주의"는 한마디로 국가가 정책 수립에 있어서 얼마나 국민들의 의사를 존중하며, 국가 정책에 대하여 얼마나 국민에게 책임을 지고 있는가에 따라 결정되는 정치이다. 예컨대, 선거는 얼마나 민주적인 절차에 의하여 이루어지며, 정부를 조직할 때, 국민의 의사가 얼마나 반영되는가를 기준으로 하는 정치이다.

1863년 미국의 제16대 링컨(Abraham Lincoln) 대통령이 게티스버그(Gettysburg) 국립묘지 봉헌식에서의 2분짜리 짧은 연설을 통해 민주주의를 "국민의, 국민에 의한, 국민을 위한 정치"라고 말한 것은 역시 민주주의의 정수를 찌르는 표현이었다.[10] 19세기 프랑스 혁명 이후, 민주주의의 이상은 "자유, 평등, 사회정의"로 집약되었다. 그리고 이러한 이상을 실현하기 위한 방법으로 삼권분립 원칙을 비롯하여, 사상의 자유, 집회결사의 자유, 언론의 자유, 종교의 자유, 주거이전의 자유, 직업선택의 자유 등 인간의 기본적인 권리를 확보하는 방향으로 전개되었던 것이다.

그러나 민주주의는 완전한 정치체제가 아니고, 정치적인 상황에 따라 변화가 무쌍한 제도이다. 국민의 의사를 반영한다는 명분하에 독재적인 정권이 출현할 수도 있고, 민주적인 절차에 의거하여 정책을 수립할 때, 소수의 권리가 말살될 수도 있기 때문이다. 따라서 처칠(Winston Churchill)은 "민주주의는 불완전한 측면이 있으나, 다른 정치제도보다는 우수한 제도"일 뿐이라고 표현했던 것이다.[11]

특정 국가가 얼마나 민주주의적 정치를 실시하고 있는가라는 문제는 다음과 같은 세 가지 기준을 고려하여 평가할 수 있다.[12]

---

9) 공산주의(사회주의) 국가들도 민주정치를 시행하고 있다는 점을 항상 강조하였다. 북한의 경우, "조선민주주의인민공화국"이라는 명칭에 "민주주의"를 삽입시켜, 민주주의를 지향한다는 점을 명백히 하고 있는 것이다.

10) (… government of the people, by the people, for the people, shall not perish from the earth.) 조선일보사, 영한대역 : 세계를 감동시킨 위대한 연설들(원문), 월간조선 창간 20주년 기념 별책 단행본(월간조선, 2000), p. 48.

11) "Democracy is the worst form of government except for all the others," Vernon Van Dyke, *Introduction to Politics*, 3rd ed.(Chicago: Nelson-Hall Publishers, 1997), p. 429.

12) Ethridge and Handelman, *op. cit.*, p. 9.

첫째, 국가정책에 "평등성의 원칙"이 지켜지고 있는가라는 점이다. 모든 사람들이 종족, 혈통, 종교, 재력의 차이에 관계하지 아니하고, 동등한 정치적 권리를 행사한다는 원칙이다. 정치권력이 소수의 통치자나, 군부지도자 또는 재벌 등 소수의 집단에 집중되어 있지 아니하고, 국민 전체에게 평등한 참여의 기회가 부여되어 있는가에 관한 문제이다. 영국의 정치가 액숀 경(Lord Action)은 "권력은 부패하기 쉬우며, 절대 권력은 절대적으로 부패한다"고 지적하였다.[13] 역시 권력의 독점현상을 경계하는 격언인 것이다.

둘째, 국가정책의 결정에 "여론이 반영"되고 있는가라는 점이다. 민주주의는 국민들이 국가 지도자를 선출하고 난 후에도 국민의 의사를 계속적으로 반영시켜야 한다. 따라서 정부는 여론을 통해 국민의 의사를 파악하고, 국정에 반영한다. 물론 여론은 변화무쌍한 측면이 있고, 때로는 정부에 의하여 조작될 수도 있으나, 국민의 의사를 존중한다는 측면에서 중요한 요소이다. 국민이 자유롭게 자신의 의견을 발표하고, 국민의 의견이 국가 정책에 반영될 수 있을 때, 진정한 민주주의가 꽃필 수 있는 것이다.

셋째, "다수결의 원칙"이 지켜지고 있는가라는 점이다. 권력을 가지고 있는 소수의 고위층이나 군부 지도자들에 의하여 국가정책이 결정되지 않도록 다수결 원칙이 창안되었다. 그러나 다수결 원칙은 소수의 권리를 무시하고, 짓밟을 수 있는 약점을 가지고 있다. 예를 들면, 다수의 대중이 특정 종교집단에 대하여 또는 인종적인 차별을 정당화하기 위하여 참정권을 박탈하면, 이것은 다수결 원칙에는 위배되지 않으나, 정치적 평등주의에는 어긋나는 행위가 될 것이다. 따라서 아무리 다수결 원칙이라 하더라도 소수의 정당한 권리를 박탈하지 않도록 십분 유의해야 할 것이다.

21세기의 새로운 세계에서 민주정치가 빠르게 전파되리라고 단정하기에는 다소 어려운 측면이 있다. 경제발전 수준이 낮고, 문맹률이 높으며, 민주적 전통이 없는 아프리카의 많은 국가들과 중동지역의 국가들은 언제 민주화가 될 것인가 예측하기 어렵기 때문이다. 중국과 쿠바의 경우에도 민주적 정권의 출현이 이루어질 것인가를 예측하기 매우 어려운 상황에 있다.

그럼에도 불구하고, 민주주의를 향한 염원은 21세기에도 계속되어 갈 것으로 예상된다. 왜냐하면, 민주주의는 일반 시민들의 역할을 확대시켜 주고, 주요

13) "Power tends to corrupt, and absolute power tends to corrupt absolutely," *ibid*., p. 535.

한 정치적 결정에 시민들의 의견을 반영시켜 주는 정치이기 때문이다. 따라서 민주주의를 향한 인류의 염원은 계속 증대되어 갈 것이다. 다만, 어떠한 수준의 민주정치를 실현할 것인가라는 문제는 국가마다 자신의 정치적 환경에 따라 결정될 사항이지만, 민주주의를 향한 인류의 염원은 계속될 것이다.

2. 공산주의의 몰락

공산주의와 민주주의는 기본적인 성격이 너무나 다르기 때문에 양립하지 못할 체제로 인식되었다. 공산주의가 지향하는 통제적 계획경제와 민주주의가 지향하는 자유주의적 정치체제는 양립할 수 없다는 주장이었다.

오늘날 러시아와 동유럽은 공산주의의 정부형태를 벗어나서 자유화의 길로 들어서고 있다. 공산주의를 지향하던 사회주의 국가들이 붕괴되고, 민주정치가 널리 확산될 조짐을 보이고 있는 것이다. 소련이 붕괴된 후, 러시아를 비롯한 12개 독립국가들도 민주정치의 길을 추구하고 있다.

1990년대 초, 소련의 공산주의가 붕괴된 원인을 검토하면 다음과 같다.[14)]

첫째, 경제발전이 진행되어 중산층이 형성되었고, 그 결과 맑스와 레닌의 정치이론에 대한 신뢰감이 약화되었다.

둘째, 전문가와 지식인 계층에서 공산주의 이념에 대한 의혹이 확대되었다.

셋째, 공산주의 국가 내에 존재한 종족 갈등을 극복할 수 없었다.

넷째, 군비경쟁으로 인한 비용이 경제발전에 지나친 부담을 주었다.

소련을 비롯한 공산주의 국가들이 붕괴한 후, 사회주의 국가들은 어떻게 하면 무난히 자본주의 경제체제로 변화해 갈 수 있는가에 정치적인 관심이 집중되었다. 장기적인 안목에서 본다면, 자본주의 경제체제는 국가를 부강하게 하고 경제적인 능률을 증대시켜 줄 것이다. 그러나 단기적인 측면에서 볼 때, 자본주의 경제체제로의 변화는 많은 시민들을 경제적으로 불안하게 만들었다. 자본주의 경제체제는 창의력을 촉진시켜 주는 장점은 있으나, 그 과정에서 시민들을 승자와 패자로 나누는 단점을 가지고 있기 때문이다. 공산주의 정치체제에서 살았던 사람들이 갑자기 개인적인 창의력에 입각한 경제활동을 추진하기 어려웠기 때문에 사회적으로 불안감이 조성되었다. 한마디로 많은 공산주의 국가들은 민

14) *Ibid*., pp. 536-37.

주주의로 탈바꿈하는 과정에서 고통스런 경험을 하게 되었다.

3. 권위주의와 전체주의의 위험

정치체제는 크게 "민주주의 정치체제"와 "비민주주의 정치체제"로 나눌 수 있다. 비민주적 정치체제는 독재자 한 사람이나, 소수의 지도자들이 정치권력을 독점하고, "평등주의, 여론 존중, 다수결 원칙" 등 민주주의의 기본 원칙을 준수하지 않는 정치이다.

비민주적 정치체제는 다시 권력의 행사방법에 따라 "권위주의"(Authoritatianism)와 "전체주의"(Totalitarianism)로 나누어진다.[15)]

권위주의는 시민들로 하여금 정부의 정책에 무조건 복종시켜, 반대할 수 없도록 국민의 자유를 억압하는 정치체제이다. 권위주의적 정부는 반대자들을 정치범으로 몰아서 고문하고, 정부의 정책에 도전할 수 없도록 통제한다. 권위주의적 정부는 개인의 자유와 평등권을 박탈함으로써, 통치자의 책임을 묻는다든가 권한을 제한할 수 있는 방법을 말살한다. 그 결과 통치자는 국민의 견제를 받지 아니하고, 자신의 뜻에 따라 국가의 운명을 마음대로 좌우할 수 있다.

반면에, 전체주의는 시민들의 정치적 신념을 특정 방향으로 유도하여 국가에 대한 충성심을 극도로 확대한다. 히틀러에 의한 나치 독일이라든가 스탈린에 의한 소련의 경우, 특정 정치이념을 선전하여 국민들의 충성심을 고양시키는 방법을 활용하였다.

전체주의는 예술이나 체육분야 등을 대중을 향한 선전수단으로 활용하는 일이 많았다. 국가적인 대규모 행사를 개최하여 국민들의 정신적 단합을 촉구하는 방식을 사용하였던 것이다.[16)]

이러한 측면에서 전체주의와 권위주의는 다소 다르다. 전체주의는 자신의 이념으로 모든 집단을 조직화하는 경향을 보이는 반면, 권위주의는 국가의 권위에 도전하지 않을 경우, 교회와 노동조합 등 지식인들의 조직을 그대로 방치하는 경향을 보였다.

---

15) *Ibid*., pp. 10-11.

16) Hannah Arendt, *The Origins of Totalitarianism* (New York: Harcourt, Brace, and World, 1966).

결과적으로 민주적인 정치체제와 비민주적인 정치체제를 구별하는 가장 효과적인 방법은 시민의 자유를 얼마나 보장하고 있는가에 관한 것이다. 민주적 정치체제와 권위주의 및 전체주의적 정치체제의 차이는 국민이 누리는 자유의 폭에 따라 결정될 문제인 것이다. 민주적인 정치체제나 비민주적인 정치체제나 모두 여론을 파악하며, 정치적 사회화를 추구하고, 법을 집행하는 기능을 수행하고 있기 때문에, 결국 "자유의 폭"이 중요한 기준으로 등장하였다. 그리고 대부분의 정치체제는 시간이 흐름에 따라 비민주적인 정치체제에서 민주적으로 그리고 민주적인 정치체제에서 비민주적으로 변화할 수 있는 가능성을 가지고 있는 것이다.

4. 민족주의와 종족주의의 등장

민족이나 자신의 종족에 대한 충성심은 오랫동안 유지되어 온 인간의 정서이다. 그러나 민족적인 정서가 강력한 정치적인 단결력으로 승화된 것은 17세기 유럽지역을 중심으로 시작되었다. 그 후, 민족주의는 가장 기초적인 정치이념으로 승화되었고, 민족자결주의에 의한 정부가 가장 합법적인 정부라는 인식이 확산되었다. 이와 더불어 제 3 세계 국가들도 민족자결주의 원칙을 활용하여 자신의 정치적 독립을 추구하였다.

그러나 민족주의적 사조는 민주적 정부의 성립을 촉진시키는 것과 동시에 침략적인 정책을 합리화시키는 경향을 야기하였다. 19세기와 20세기에 인류는 자신의 혈족이 사는 곳을 하나의 정치체제로 통일한다는 욕망으로 인하여 많은 전쟁을 치르게 되었던 것이다.

제 2 차 세계대전 후, 아시아, 아프리카의 식민지들은 민족주의적 정서에 따라 독립하게 되었고, 반면 서부 유럽 국가들은 오늘날 유럽연합(The European Union)에 의한 지역적 통합을 추구하고 있다. 사회주의 국가들은 민족주의적 정서를 극복하고, 국제주의적 공산주의에 의거하여 범민족적인 통합을 추구하였고, 그 결과 국가 내부에 존재하는 종족적 갈등을 억압할 수 있었다. 그러나 공산주의 이념의 쇠퇴와 함께 사회주의 정치체제는 붕괴되었고, 종족 중심의 정서가 다시 표면에 떠오르게 되었다. 종족 및 종교적 분쟁으로 인하여 체코슬로바키아는 체코와 슬로바키아로 분할되었고, 유고슬라비아도 오랫동안 억눌렸던 크로아티아, 서비아, 보스니아의 종족적 갈등이 내란으로 표출되면서 분할의 길로 들어섰다. 구소련의 경우에도, 10여 개의 공화국 내에서 종족간의 갈등과 적개심이 새로운 분쟁의 씨앗으로 등장하고 있다. 미국의 러시아 전문가인 브레진스키는 이러한 현상에 대하여 "종족이나 종교적인 동질성은 민주주의나 자본주의에 의한 단결성보다 훨씬 강한 결속력을 과시하고 있다"고 평가하였다.[17)]

아시아와 아프리카에서도 민족과 종족의 이질성으로 인한 분쟁은 거대한 정치적 불안정을 야기하고 있다. 종족적 이질성으로 인한 갈등과 적대감정은 아프가니스탄, 라이베리아, 에티오피아 등 많은 곳에서 불안감을 조성하고 있으며, 인도, 필리핀, 케냐 등지에서도 종교, 언어, 종족 등의 차이로 인한 갈등이 분쟁의 요인이 되고 있다.

결국, 민족주의적 성향이 강할수록 동족이 아닌 사람들에 대한 적대감정이 폭발적으로 분출할 수 있으므로, 종족주의적 적대감을 순화시키는 것이 21세기의 중요한 과제가 될 것이다. 민족주의와 종족주의가 가지고 있는 부정적인 측면을 순화시키고, 긍정적인 측면을 모색하는 것이 앞으로 인류가 직면하게 될 과제이다.

5. 환경과 정치

인류는 지구의 자연환경을 빠르게 파괴하고 있다. 많은 국가들의 공업화와 핵에너지의 사용으로 지구환경이 감당할 수 없는 환경오염을 자행하고 있는 것이다. 범세계적인 공업화 과정이 진행되기 전에는 국가마다 자신의 영토 내에 있는 땅과 물과 공기에만 관심을 돌리면 되었었다. 그러나 최근에는 국가마다 진행하고 있는 공업화정책이 지구의 자연자원을 훼손하고, 국제적인 파급효과를 일으키고 있는 것이다. 예를 들면, 지구 온난화 현상으로 세계의 식량수급이 축소되었으며, 해안 국가들은 대규모 홍수를 경험하였고, 오존층의 파괴는 피부암을 증가시키고, 유조선에 의한 기름유출은 오대양을 빠르게 오염시키게 되었다.

이러한 지구의 환경문제는 결국 개별국가가 단독으로 해결하기는 어렵고, 국제적인 협력에 의해서 해결될 수밖에 없는 과제이다. 지구의 온난화 방지라든

---

17) Zbigniew Brzezinski, *Global Turmoil on the Eve of the Twenty-First Century* (New York: Scribner's Sons, 1993).

가, 멸종위기에 처해 있는 동식물의 보호라든가, 아프리카 및 남미의 삼림을 보호하기 위한 조치는 국제적인 노력이 동반되어야 가능한 일이다.[18]

따라서 지구의 환경문제는 전통적인 국가의 범주를 넘어서 국제적인 협력에 의하여 해결되어야 할 문제가 되었다. 다시 말해서 개별국가의 환경정책은 다른 국가의 환경에 직접적인 영향을 미치게 되었으므로, 환경정치야말로 21세기의 새로운 정치경제적 협력이 절실히 요구되는 대표적인 분야가 된 것이다.

6. 여성과 정치

여성의 사회적, 정치적 역할은 확대일로를 달리고 있다. 최근 여성들이 국가의 최고지도자로 부상하여 활약하는 일이 흔해졌다. 영국, 프랑스, 노르웨이, 아일랜드, 아이슬랜드, 아르헨티나, 이스라엘, 인도, 방글라데시, 파키스탄, 스리랑카, 필리핀 등 많은 국가에서 여성들이 지도자로 선출되어 중요한 역할을 수행하였던 것이다.

미국의 경우에도 최근 대법관으로 여성판사가 임명되었고, 장관급 각료를 비롯하여 많은 분야에서 여성의 활약이 두드러지고 있다. 여성들은 오늘날 법, 교육, 과학, 의학 등 많은 분야에서 활약하고 있을 뿐만 아니라, 전통적으로 남성들의 분야로 간주되었던 군대, 경찰, 건축 분야에서도 여성들의 참여가 눈에 띠게 증가하고 있다.

사실상, 6,000년의 인류역사에서 여성들은 종속적이고, 제한된 역할만을 수행해 왔다. 그러나 최근 70여년 동안 전통적인 여성의 역할은 눈에 띠게 달라지고 있는 것이다. 물론 제 3 세계의 가난한 국가들이나, 공업화되었더라도 일본과 같은 나라에서는 여성의 위치가 남성보다 현저히 낮은 상태에 있다.[19] 그럼에도 불구하고, 국제사회의 추세를 전반적으로 검토하면, 남성과 여성의 위치는 점점 동등해지고 있다는 사실을 알 수 있다.

더구나 여성 해방운동은 남녀 평등을 가일층 확대시켜 주었다. 현대적인 의학기술로 인한 임신의 조절과 여성들의 교육기회 확대는 여성들로 하여금 전문분야의 진출을 확대시켜 주었던 것이다. 앞으로 종교적인 측면에서 그리고 사회

18) 박준영, 「국제정치학」(박영사, 2000), 제11장 국제정치의 미래, pp. 374-83.
19) Ethridge and Handelman, *op. cit.*, p. 539.

관념적인 측면에서 여성의 자유로운 사회진출을 방해하는 장애물들이 계속 제거되면, 여성들의 사회적, 정치적 활동은 더욱 확대될 것이다. 정치권과 재계에서 여성들의 지도적 역할이 가속화될수록 여성들의 사회참여에 대한 사회적인 저항감은 약화되어 갈 것이기 때문이다. 그 결과 여성들은 가정의 일에서부터 해방되어, 정치와 사회에 참여하는 비율을 더욱 확대시킬 수 있을 것이다.

7. 정보혁명과 정치

인류는 정보교류에 있어서 가장 혁명적인 시대에 살고 있다. 이러한 혁명적 정보의 확산은 국제사회에 막대한 정치적 변화를 초래하고 있다. 사진을 동반한 매스 미디어의 동일 시각 보도는 정치적 영향력을 증대시키고 있는 것이다. 예를 들면, 베를린 장벽의 붕괴나 유고슬라비아와 르완다의 학살, 소말리아의 참상 등은 매스 미디어에 의한 보도가 없었으면, 국제적인 관심을 끌지 못했을 것이다. 1989년 폴란드의 공산주의 붕괴사건도 현대적인 매스 미디어의 보도가 없었다면, 주변 국가로 확산되기 어려웠을 것이다.[20]

오늘날 정보 및 통신체제의 획기적인 발전은 인류사회의 가족형태, 노동조건, 애정생활, 경제구조, 정치행태 등 모든 면을 구조적으로 개편하고 있다. 핵가족 체제의 변화, 재택근무 제도의 확산, 권력의 지방분권화 등이 엄청나게 확대되고 있는 것이다.

정보혁명의 세계에서는 지식을 전략적, 전술적으로 획득하고 분배하며, 사용할 수 있는 능력이 가장 중요하다. 다시 말해서 미래산업에서는 정신노동의 비중이 훨씬 커지게 된다는 점이다. 단순한 노동보다 고도의 지식을 겸비한 정신노동자가 필요하게 되고, 육체노동을 중시하는 프롤레타리아 사회주의적 이론은 발붙이기 어려운 상황이 되고 있다. 정보혁명 시대에는 정신근로자를 경시하던 맑스적 경제논리는 적실성을 잃게 되었다는 점이다. 일당 독재체제, 거대한 관료체제, 고압적 비밀경찰, 정부에 의한 비밀주의, 학문과 예술의 억압은 21세기의 정보혁명 시대에서는 유지되기 어려운 것들이다.

정보혁명은 유권자들이 국가정책에 직접적으로 관여할 수 있는 직접 민주주의적 정치체제를 가능하게 할 것이다. 정보혁명 시대의 정치는 소수인의 권리가

20) *Ibid*., pp. 541-42.

보장되고, 직접 민주주의적 요소가 증대된 지방분권적 정치체제가 될 것이라는 점이다. 그 결과 간접 민주주의와 직접 민주주의를 결합한 반직접 민주주의(Semi-direct Democracy)가 실현될 가능성이 커졌다.[21]

통신기술의 눈부신 발전에 의하여 시민들은 거실에서 컴퓨터 버튼으로 주택계획안, 고속도로 건설안 등에 대하여 찬반투표를 할 수 있으며, 인공위성, 전화, 케이블 텔레비전을 이용하여 중요한 정치적 문제에 수시로 의견을 제시할 수 있을 것이다. 따라서 정보혁명은 인류사회가 직면하고 있는 인권문제나 빈곤문제 등을 보다 효과적으로 해결할 수 있는 길을 열어주게 될 것이다. 그러나 정보혁명으로 인하여 인간이 정보의 노예가 될 가능성도 있다. 독재적인 권력체제가 정교한 정보체제를 이용하여 자신의 통제능력을 강화시킬 수 있기 때문이다. 따라서 권력의 통제를 받지 않는 자유로운 매스 미디어의 존재가 정보혁명의 시대에서 더욱 필수적인 요소가 될 수밖에 없다.

제 4 절 정치학의 의미

정치학은 고대 그리스의 정치철학에서 시효를 찾을 수 있다. 소크라테스, 플라톤, 아리스토텔레스와 같은 고대 그리스의 철학자들은 바람직한 정치가 무엇인가를 골똘히 연구하였다. 그 결과 고대 서양 정치철학이라고 말하는 정치사상들이 출현한 것이다.

그들의 연구는 한마디로 정당한 권력의 행사는 어떠한 것인가라는 점에 집중되어 있었다. 그 결과 플라톤은 시민들이 각각 자신의 능력에 맞는 일을 찾아서 하는 것이 정당한 일이라고 생각했고, 아리스토텔레스는 시민들의 이익이 반영될 수 있는 정치를 희구하였다. 한마디로 서양의 정치철학은 올바른 정치제도나 통치방법이 무엇인가를 연구하여 이상적인 국가질서의 개념을 추구하였다.

---

21) Alvin and Heidi Toffler, *Creating a New Civilization: The Politics of the Third Wave* (Turner Publishing, Inc., 1995), pp. 89-108; 앨빈 토플러 저, 이계행 감역, 「제 3물결의 정치 : 새로운 문명의 창조」(한국경제신문사, 1995); 자크 아탈리 저, 유재천 옮김, 「21세기의 승자 : 다가오는 세계질서에서의 도전과 응전」(다섯수레, 1998) ; 피터 드러커 저, 이재규 역, 「자본주의 이후의 사회」(한국경제신문사, 1993) 참조.

그 후 마키아벨리를 시초로 하여 홉스, 로크, 루소, 몽테스큐 등 현대 정치철학의 기수들은 국가보다 개인의 복지에 초점을 맞춘 정치학을 논의하였다. 이러한 연구는 칸트, 헤겔을 거쳐 맑스에 의한 공산주의 이론과 베버에 의한 합리주의적 정치학 연구로 이어졌다.

동양철학에서도 올바른 정치란 무엇인가에 대한 연구를 진행되었다. 그 결과 도가에 의한 자연과의 조화를 추구하는 "무위자연" 사상이나 유가에 의한 "인의 사상" 그리고 법가에 의한 "법치주의," 맹자와 순자의 "성선설"과 "성악설" 등이 출현하였다.

한국의 경우에도 단군의 홍익사상을 출발점으로 하여, 도교, 불교, 유교의 가치관을 접하면서, 이퇴계와 이율곡에 의한 주자학 이론이 전개되었고, 정약용에 의한 실학사상을 거쳐, 최근세사에서는 동학사상을 기초로 민족종교인 천도교가 탄생하였다.

그러나 현대적인 학문 분야로 정치학이 자리를 잡은 것은 미국의 학계였다. 미국 뉴욕의 컬럼비아 대학에서 1880년 처음으로 정치학과를 설치하였던 것이다.[22] 유럽의 경우, 중세 이후 정치경제학이라는 분야가 존재했었다. 유럽의 학풍에서는 정치와 경제가 독립된 현상으로 존재하지 않고, 항상 함께 발생하는 사회현상으로 간주하였다. 그 결과 정치학을 독립적인 분야로 인식하지 않았던 것이다.

그러나 새로운 학문적 시도가 비교적 쉬웠던 미국에서는 정치학이 독립할 수 있었고, 정치사상, 비교정치, 국제정치, 미국정치 등 많은 세부 전공분야로 나뉘게 되었다. 처음에는 정치학 연구가 국가에 관한 윤리적인 연구에 집중되었으나, 점차 실제 자료를 토대로 과학적인 연구를 진행하게 되었다. 예컨대, 사람들은 어떤 이유로 특정 후보자에게 투표를 하는 것일까? 어떤 이익단체는 성공하는데, 어떤 이익단체는 실패하는 이유가 무엇일까? 공정한 선거를 실시할 수 있는 방법은 무엇일까? 가장 좋은 정부는 어떠한 형태일까? 정부의 형태를 바꾸려면 어떤 방법이 있을까? 경제가 정치에 미치는 영향은 무엇일까? 등등 많은 정치적인 문제를 현실적으로 연구하게 된 것이다.

---

22) Bernard Susser, "From Burgess to Behavioralism and Beyond," in *Approaches to the Study of Politics*, edited by Susser (New York: Macmillan Publishing Co., 1992), p. 3; Wilfred M. McClay, introd. to John W. Burgess, *The Foundations of Political Science* (New Brunswick, N.J. : Transaction Publishers, 1994), pp. viii-ix.

정치학은 국가의 자원을 어떻게 사용하는 것이 올바른 일이며, 시민들의 인권을 보호하기 위하여 어떠한 정책이 필요하며, 그리고 전쟁과 평화에 관하여 어떠한 정책을 채택할 것인가에 대한 연구를 진행하고 있다. 이를 위해 정치학은 국가에 관한 자료를 분석하고, 국민과 정부의 관계를 분석하여 바람직한 정책을 제시하였다.[23] 결국, 정치학은 전쟁, 인구폭발, 환경오염, 인종차별 등 국민들의 생활에 중대한 영향을 미치는 모든 문제들을 연구하게 되었다.

제 5 절 정치학 연구의 전개과정

정치학은 많은 학문 분야의 이론과 방법을 활용하여 연구를 진행하고 있다. 철학을 비롯하여 법학 그리고 인류학, 사회학, 역사학 등 많은 분야의 연구와 이론들을 활용하게 된 것이다. 최근에는 경제학의 이론들을 활용하여, 정치현상을 분석하는 정치경제학적 방법도 도입되고 있다. 그 동안 전개된 정치학의 연구과정을 검토한다.

1. 전통적 연구

전통적인 정치학의 연구는 정부의 공식적인 기구와 법적인 측면을 연구하는 것으로 시작되었다.[24]

정부의 조직과 헌법체제 등 공식적인 기구들을 연구함으로써 권력의 행사를 분석한 것이다. 정치체제에 대한 법적인 연구와 제도적인 연구를 중시하는 전통적인 연구는 제 2 차 세계대전 때까지 정치학 연구의 주류를 이루었는데, 이를 "법적인-제도적인"(Legal-Institutional) 연구라고도 부른다.

전통적인 연구는 정부조직 안에서 국가권력이 어떻게 행사되고 있는가를 집중적으로 분석하였다. 정부조직의 운영상태를 분석함으로써 정치적, 사회적 환

23) John Jacobsohn, *An Introduction to Political Science* (Wadsworth Publishing Co., 1998), p. 4.

24) Samuel P. Huntington, "One Soul at a Time: Political Science and Political Reform," *American Political Science Review* (March 1988), p. 3.

경에 대한 이해도 달성할 수 있다고 믿었던 것이다. 그리고 전통적인 연구는 역사 연구를 토대로 한 경우가 많았고, 윤리적인 측면에 대한 고려를 담고 있었다. 정부기관이 어떻게 발전되어 왔는가를 분석하기 위하여 역사적인 연구를 활용하였고, 국가기관의 발전방향을 검토하기 위하여 이상적이고, 윤리적인 연구가 포함되었다. 이러한 전통적인 연구는 오늘날에도 계속되고 있다.

2. 행태주의 (Behavioralism)

행태주의는 전통적인 연구의 결함을 보완하는 형식으로 등장하였다. 행태주의는 실제로 정치현상이 어떻게 발생하고 있는가를 연구하기 위하여 현실적인 차원의 분석을 추구하였다.

1920년대 메리엄(Charles Merriam)이 실제적인 자료를 토대로 정치현상을 분석해야 한다는 점을 강조한 바 있었다. 그러나 이러한 행태주의 연구가 각광을 받기 시작한 것은 제 2 차 세계대전 이후였다.[25)]

1960년대 미국 정치학에서는 행태주의(Behavioralism) 연구가 주류를 이루게 되었다. 행태주의는 수학적, 통계학적 방법을 도입하여 인간의 실제적인 정치행위를 연구하기 시작하였다. 정치현상을 법적인 측면이나, 제도적인 측면, 그리고 윤리적인 측면에 초점을 맞추어 분석하는 전통적인 방법은 현실적인 정치행위를 이해하는 데 별다른 도움이 되지 않는다고 지적하고, 정치적 행위에 대한 실제자료를 수집하고, 분석하는 경험주의적 방법에 의해서 현실정치를 파악하려는 것이었다. 국민의 투표행위, 정치적 데모, 여론의 형성 등에 관한 자료를 수집하여 통계학적인 방법을 사용하여 실제적인 정치행위가 가지고 있는 원리를 규명해 내려는 시도였다.

행태주의의 대표적인 연구로는 국회의원들의 실제 행동을 분석한 연구가 있다. 국회의원의 활동이 국회법대로 운영될 것이라고 생각하지 않고, 국회의원들의 실제 행동을 기초로 국회의 활동을 분석한 것이다. 국회의원들이 실제로 얼마나 많은 시간을 법안 심의에 소비하고 있으며, 재선을 위한 모금활동은 어떠

25) "... the usefulness of looking at the actual behavor of politically involved individuals and groups, not only the formal/legal rules by which those individuals and groups were supposed to abide..." Ellen Grigsby, *Analyzing Politics: An Introduction to Political Science* (Wadsworth Publishing Co., 1999), p. 8.

하며, 연설문 작성이나 국회 안에서의 투표활동, 그리고 외국지도자를 만나는 시간 등을 통계자료에 의해 분석하였다.[26] 국회법이나 국회조직에 초점을 맞춘 전통적인 연구보다 국회의원들이 실제로 어떻게 행동하는가를 분석하는 연구를 진행한 것이었다.

이와 같이 행태주의는 현실적으로 정확한 자료를 토대로 고도로 발전된 통계적 도구를 이용하여 누구도 부정할 수 없는 진리를 규명할 수 있다고 믿었다.[27] 다시 말해서 행태주의 학자들은(Empiricist-quantifiers) 실제로 존재하는 자료를 토대로 진행된 연구만이 가장 확실한 이론을 도출할 수 있다고 믿었던 것이다.

3. 후기 행태주의(Postbehavioralism)

후기 행태주의는 행태주의가 가지고 있는 논리적 결함을 극복하고, 전통주의적 연구방법과 행태주의적 연구방법의 장점을 조화시키려는 의도에서 출발하였다. 1969년 미국의 정치학자 이스턴(David Easton)은 후기 행태주의 연구의 장점을 적극적으로 옹호하였다.[28]

후기 행태주의는 일반적인 행태주의가 저지르고 있던 오류, 즉 가치와 윤리를 외면한 분석방법을 보완하기 위하여 등장하였다. 행태주의는 확실히 관찰할 수 있는 것만을 연구하겠다는 주장을 내세움으로써 정치학에 내재되어 있는 윤리적인 측면의 연구를 소홀히 하였다고 비판되었다. 행태주의 연구는 확실히 증명할 수 있는 것만 인정하겠다는 자세로 정치학의 윤리적인 측면을 간과하였고, 전통적인 연구는 윤리적인 측면을 지나치게 강조한 나머지, 현실적인 측면을 소홀히 하였다는 것이었다. 따라서 전통적인 연구와 행태주의 연구의 장점을 결합하려는 후기 행태주의적 논리가 출현한 것이다.

정치학에서 "가치"란 한마디로 "바람직한 것"을 의미한다. 그리고 정치학이란 윤리적인 가치판단을 외면할 수 없는 분야이다. 예를 들면, 미국의 제 3 대

---

26) Harry Eckstein, *Regarding Politics: Essays on Political Theory, Stability, and Change* (Chicago: Univ. of Chicago, 1993), chaps 1 and 10.

27) Ethridge and Mandelman, *op. cit.*, p. xiv.

28) David Easton, "The New Revolution in Political Science," *American Political Science Review* (December 1969), pp. 1051-61.

대통령 제퍼슨(Thomas Jefferson)이 독립선언문 첫 부분에서 "모든 인간은 평등하게 태어났고, 창조주로부터 거부당할 수 없는 권리를 부여받았다"고 말했는데, 이것이 바로 대표적인 정치학의 가치판단이라는 것이다. 국제연합 헌장에서도 모든 회원국은 분쟁을 평화적으로 해결하도록 촉구하고 있는데, 이것도 바로 가치판단의 전형적인 예라는 것이다.[29]

물론 "가치"는 매우 주관적인 개념이어서 객관적으로 분석하기 어려운 측면이 있다. 예를 들면, 미국의 독립선언문에서 "모든 시민은 평등하게 태어났다"라는 말이 진정으로 무엇을 의미하는가를 묻는다면 많은 종류의 답이 나올 것이다. 그럼에도 불구하고 정치학에서 "가치"라는 개념은 떼어놓을래야 떼어놓을 수 없는 요소라는 점이다. 정치학은 "옳고, 그름에 대한 판단능력"을 개발하는 분야이기 때문에 가치를 외면할 수 없다는 것이다.

그 결과 후기 행태주의는 전통적인 연구와 행태주의 연구의 분석방법을 조화시킴으로써, 과학적이면서도 윤리적인 연구를 진척시키려고 했다. 예컨대, 정치학에서 인종차별에 대한 개선책을 연구할 경우, 윤리적인 판단을 멀리한다면, 적절한 개선책을 찾을 수 없을 것이다. 따라서 정치학은 가치판단이나 윤리적인 문제를 외면할 수 없는 것이다. 물론, 정치학 연구에 있어서 인도주의와 과학을 어떻게 조화시켜야 할 것인가라는 명제에는 정확한 해답을 주기 어렵다.[30] 후기 행태주의는 결국 정치현상을 과학적으로 연구하면서, 동시에 정치학의 가치판단적 요소를 가미하려는 노력에서 등장하였다.

4. 최근의 연구 경향

전통적인 정치현상 분석가들은(Traditionalists) 역사적, 사회적 자료를 토대로 이성적, 합리적으로 정치현상을 설명하고, 그 결과 진리를 발견하려는 노력을 경주하였다. 반면, 형태주의 학자들은(Behavioralists) 현실적으로 관찰할 수 있는 자료를 토대로 과학적인 분석방법을 통하여 확실하게 증명할 수 있는 결과를 도출하려고 노력하였다. 결과적으로 오늘날의 정치학 연구 방법은 양쪽

29) Van Dyke, *op. cit.*, p. 6.

30) David M. Ricci, *The Tragedy of Political Science*(New haven: Yale Univ. Press, 1984), p. 24.

방법을 종합하는 방향으로 전개되었고, 많은 세부 전문분야를 발전시켰다. 정치제도 연구, 정치이념 연구, 정치경제 연구, 개인의 정치행위 연구 등 많은 분야가 출현하였다.

현대 정치학 연구는 역사학이나 사회학의 연구 방법을 널리 활용하고 있다. 개인의 정치행위를 계층적 특성에 관련지어 연구하는 사회학적 방법과 정치의 변화과정을 이해하기 위하여 역사학적 방법을 활용하였던 것이다. 부유한 사람과 가난한 사람의 투표 행위는 부유한 사람과 가난한 사람들이 가지고 있는 사회학적 특징을 기초로 분석하거나, 역사적인 자료와 경험을 토대로 정치변화의 요체를 규명하였다.

최근의 정치학 연구방법에서는 경제학에서 발전시킨 이론과 논리를 활용하는 정치경제학적 연구가 진행되고 있다. 인간의 정치적 행위를 설명할 때, 경제학에서 발전된 이론들을 활용하는 방법으로서 정치적인 동기와 경제적인 동기를 비교하는 분석방법이다. 경제학에서 발견된 인간의 경제적 행동에 대한 합리적이고, 자기이익 위주의 행동원칙을 정치학의 투표행태나 이익집단의 활동을 연구하는 데 활용하는 방법이다.

실제적인 측면에서 정치와 경제는 매우 밀접한 관계를 유지하고 있다.[31] 정치현상과 경제현상이 함께 발생하는 부분도 있고, 독립적으로 발생하는 부분도 있는 것이다. 정치경제학이 정치학, 경제학으로 분화되었다가, 다시 정치현상과 경제현상이 중복되어 발생하는 측면을 연구하기 위한 정치경제학이 등장하게 된 것도 이 때문이다.

오늘날 정치경제학 분야가 가장 핵심적으로 연구하고 있는 분야는 "민주주의"와 "자유시장"의 관계이다. 정치적으로 통치자와 유권자의 관계는 경제적인 생산자와 소비자의 관계와 유사하다는 논리이다. 자유시장 구조에서 생산자는 소비자가 원하는 상품을 제공하는 것과 마찬가지로 민주정치에서 통치자는 유권자가 원하는 정책을 실행함으로써 정권을 유지할 수 있다는 논리이다. 그러나 "민주주의"는 모든 사람에게 평등한 권리를 부여하려는 것이 목적이므로, 재력

31) 정치경제학이라는 용어는 19세기 유럽에서 정치학을 의미하는 용어로 사용되고 있었다. 따라서 맑스(Karl Marx)는 유럽의 정치현상을 연구하였으나, 그의 박사 학위는 정치경제학 분야로 되어 있다. 그러던 것이 새로운 학문적 시도를 비교적 쉽게 받아들이는 미국의 풍토에서 정치학과 경제학이 독립하게 되었다. 이는 정치현상과 경제현상의 관계를 합일적으로 보느냐 또는 독립적인 현상으로 보느냐에 따라 결정되는 문제이다.

에 따라 영향력의 폭이 결정되는 "자유시장의 원칙"과 직접적으로 대비할 수 없다는 주장도 존재한다.[32)]

어쨌든 민주주의와 자유시장의 관계를 보면, 민주주의 정치를 시행하고 있는 국가는 하나같이 자유시장 체제를 유지하고 있지만, 반면 자유시장을 유지한다고 반드시 민주주의 정치가 시행되는 것은 아니라는 사실이 발견되었다.[33)] 결과적으로 자유시장 논리가 가지고 있는 불평등 요소를 줄이고, 경제적인 기회를 확대하면, 민주주의 정치가 가능한 환경이 조성될 수 있을 것이다. 따라서 자유시장의 긍정적인 부분을 확대하고, 부정적인 부분을 축소시킬 때, 비로소 민주주의 정치는 활력을 얻게 될 것이다.

제 6 절 정치학의 과학적 연구방법

1. 과학적 연구의 특성

아인슈타인에 의하면, 과학은 현실을 설명하는 개념이다.[34)] 과학은 세상을 이해하기 위하여 자료를 분석하고, 해석하며, 정의를 내린다. 그러나 철학, 예술, 종교도 모두 세상을 설명하고 있다. 철학은 영감으로 얻은 지혜를 동원하여 세상을 설명하며, 예술은 감각적인 직관을 통하여 세상을 묘사하고, 종교는 믿음을 통해 세상을 설명한다. 이 모두가 세상을 설명한다는 면에서는 동일하지만, 과학의 경우 보다 세상을 명확하게 설명한다는 것이다.

다시 말하면, 과학은 실체의 세상을 정확하게 설명함으로써 진리를 발견하려는 노력이다. 그 결과 과학은 실제적인 자료를 수집하는 과정으로부터 출발한다. 그리고 자료를 분석하여 결론을 도출하는 것이다. 그 후 이러한 결론들은 시험을 거쳐서 확실하다고 증명되면 과학적인 이론으로 승격될 수 있다. 그러니까 과학은 실제적인 경험을 통해서 진리를 규명하려는 노력이다.

---

32) 임혁백, 「시장, 국가, 민주주의」(나남출판, 1994) 참조.

33) Ethridge and Handelman, *op. cit.*, p. 10.

34) Albert Einstein and Leopold Infeld, *The Evolution of Physics: The Growth of Idea From Early Concepts to Relativity and Quanta* (New York: Simon and Schuster, 1952), preface.

정치학을 과학적으로 연구하려는 가장 중요한 목적은 확실한 이론을 정립하려는 것이다. 정치현상을 단순히 설명하는 차원을 넘어 인과관계를 규명함으로써 과학적으로 이론을 증명하려는 것이다.

정치학을 과학적으로 연구한다는 것은 다음과 같은 과정을 의미한다.[35]

첫째, 가설의 결정(Hypothesis Formulation)이다. 과학적인 연구방법의 가장 중요한 단계는 가설의 결정이다. 가설은 연구하려는 정치현상의 내용과 관계를 설명하는 명제이기 때문이다.

둘째, 가설의 검증(Operationalization of Concepts)이다. 가정이 성립된 다음에는 자료를 수집하여 진실 여부를 확인한다. 자료의 수집은 명확한 기준에 따라 정확하게 수집해야 한다. 예를 들면, 막연하게 청년들에 대한 자료를 수집하는 것보다는 구체적으로 18세부터 24세까지의 연령층에 관한 자료를 수집하는 것이 보다 분명한 방법이다.

셋째, 독립변수와 종속변수를 확인(Identification of Independent and Dependent Variables)한다. 가설에 담겨져 있는 정치현상의 인과관계를 변수들을 통하여 규명하는 과정이다. 독립변수는 스스로 행동하고, 영향을 주는 요소이고, 종속변수는 다른 변수의 영향을 받아 행동하는 요소이다. 선거 과정에서 연령이 많을수록 투표율이 높다고 할 경우, 연령은 독립변수가 되고, 투표율은 종속변수가 된다.

넷째, 측정방법의 결정(Clarifying Measurement Criteria)이다. 가설의 내용을 검증하는 단계를 의미한다. 통계학적인 또는 수학적인 방법을 사용하여 가설의 내용을 검증한다.

다섯째, 인과관계와 상관관계의 규명(Distinguishing Between Causation and Correlation)이다. 가설의 내용과 관련된 변수의 인과관계(Causation) 및 상관관계(Correlation)를 규명하는 단계이다. 인과관계는 원인과 결과를 의미하고, 상관관계는 직접적인 인과관계는 아니지만, 개연성을 가지고 있는 관계를 의미한다.

여섯째, 이론의 정립(Developing Scientific Theories)이다. 과학적인 방법

35) Louise G. White, *Political Analysis: Technique and Practice*, 3rd ed.(Belmont: Wadsworth Publishing Co. , 1994), pp. 38-39; W. Phillips Shively, *The Craft of Political Research*, 3rd ed.(Englewood Cliffs, N.J. : Prentice Hall, 1990), p. 15 참조.

은 가설을 검증함으로써 이론을 정립한다. 가설을 현실적인 자료를 통해 증명함으로써 과학적인 이론이 정립되는 것이다. 이러한 이론은 정치현상의 인과관계에 대한 명쾌한 설명을 제시할 뿐만 아니라, 어떠한 일이 발생할 것인가에 대한 예측도 할 수 있다.

오늘날 정치학 연구에 많이 사용되고 있는 과학적 연구방법을 설명하면 다음과 같다.[36)]

2. 사례연구 (Case Studies)

사례연구는 한 가지 사건이나 현상을 조사하는 것이다. 하나의 국가를 연구하거나, 한 개의 법을 연구하거나, 하나의 정부 부처를 연구하거나, 한 개의 전쟁을 연구하거나, 하나의 폭동을 연구하거나, 한 사람의 대통령을 연구하거나, 한 개의 정책을 연구하거나, 하나의 정치적 사건을 연구하는 일이다.

사례연구의 가장 큰 장점은 하나의 사례를 깊이 있게 연구할 수 있다는 점이다. 작은 연구제목을 설정하였으므로, 연구대상에 관한 모든 사항을 자세하게 분석할 수 있는 것이다. 따라서 하나의 사례에 대하여 자세한 정보를 수집할 수 있고, 철저하게 분석할 수 있으며, 확실한 결론을 얻을 수 있다.

사례연구는 특정 사건을 엄밀하게 연구하는 것이므로, 사례연구에서 도출된 결론을 다른 사례에 적용하려고 할 때는 주의해야 한다.[37)] 사례연구는 특정 시기의 사건이나 정치현상을 연구한 것이므로, 시대를 초월하여 적용할 수 있는 결론을 도출하기 어려운 경우가 많다. 다시 말해서 사례연구의 가장 큰 단점은 일반화할 수 있는 이론을 도출하기 어렵다는 점이다. 물론 많은 사례연구를 통하여 일반화가 가능한 이론을 가설로서 정립할 수는 있겠으나, 몇 개의 사례연구를 통해서 보편적인 이론을 도출하려는 것은 특별한 주의가 필요한 일이다.

그럼에도 불구하고, 사례연구는 특정 사건에 대한 눈부신 통찰력을 제공하기 때문에 널리 활용되고 있다. 한국의 민주화를 향한 정치적 변화과정을 연구할 경우, 역대 정부나 대통령에 대한 사례연구를 진행함으로써 생생한 통찰력을

36) Ellen Grigsby, *Analyzing Politics: An Introduction to Political Science* (Wadsworth Publishing Co. , 1999), pp. 16-24.
37) *Ibid*., pp. 16-17.

획득할 수 있는 것이다. 특히, 대통령에 대한 사례연구는 대통령 자신의 정치적 지도력을 상세히 설명해 주는 장점이 있다. 결론적으로 사례연구는 일반적인 이론을 만들려는 측면에서는 미흡하지만, 특정 사건이나 인물에 대한 분석에서는 탁월한 결론을 얻을 수 있는 연구이다.

3. 설문연구(Survey Research)

설문연구는 설문지를 돌려서 회신을 받거나, 직접 면담을 통하여 자료를 수집함으로써, 연구대상을 분석하는 방법이다. 설문연구는 일명 "여론조사" 연구라고도 한다. 설문연구는 일반적으로 선택형으로 된 설문지를 통하여 자료를 수집한다. 설문연구는 많은 사람들의 의견을 수집할 수 있을 뿐만 아니라 수집한 자료를 통계학적으로 정확히 분석할 수 있기 때문에 매우 유용한 방법이다. 사례연구는 한 가지 사항만을 집중적으로 분석하지만, 설문연구는 많은 자료를 수집하여 분석한다.

설문연구의 결과를 일반적인 이론으로 인정하게 될 때, 이를 통계학적으로 의미 있는 결과를 얻었다고 표현한다. 설문조사에 의한 결과가 일회용이고, 다른 상황에 적용할 수 없는 경우, 이를 통계학적으로 의미 없는 결과라고 표현한다. 다시 말해서 설문조사의 결과가 다른 상황에도 적용할 수 있는 일반적인 이론의 성격을 가지게 되면 "통계학적으로 유의한"(Statistical Significance) 결과가 성립되었다고 표현하는 것이다.[38]

설문조사를 진행할 경우에는 다음과 같은 점을 유의해야 한다.[39]

첫째, 설문연구의 결과는 연구대상에 대한 대체적인 경향을 알려주는 결론을 얻게 된다. 사례연구의 경우는 한 개의 사항에 대한 특정의 결론을 제공하나, 설문연구는 전반적인 경향을 알 수 있는 결론을 얻게 되는 것이다.

둘째, 설문조사의 대상을 합리적으로 선택해야 한다. 연구대상의 모든 사람들이 골고루 참여할 수 있도록 "무작위 선택"(Random Sampling)을 사용하는 것이 가장 좋다. 그러나 무작위 선택이 어려운 경우에는 연구대상을 조직적으로 대표할 수 있는 "계층적 선택"(Stratified Sampling) 방법을 택하거나, 지리적

38) *Ibid.*, p. 18.
39) *Ibid.*, pp. 1-21.

인 차이를 기준으로 대상을 선택하는 "동일지역 선택"(Cluster Sampling) 방식을 활용한다. 설문조사의 연구대상을 적합하게 선택하지 못한 경우, 조사의 결과를 믿을 수 없게 되는 것은 물론이다.

셋째, 연구대상 개개인의 응답 결과가 이들이 구성하고 있는 집단의 성격을 대표하지 못하는 경우가 있다. 개개인의 공통된 응답이 단순히 일회성일 경우, 보편적인 결론으로 인정할 수 없는 것이다. 예를 들면, 특정 직업을 가진 다수의 사람들이 우연히 동일한 투표성향을 나타내었을 경우, 그 직업 전체의 일반적인 투표성향으로 간주할 수 없는 것이다. 따라서 설문조사의 결과를 검토할 때, 적절한 주의가 필요하다.

넷째, 설문지의 문항에 대하여 연구대상의 사람들이 지식을 가지고 있느냐, 없느냐라는 것도 중요한 문제이다. 사람들은 질문을 받게 되면, 자신이 알고 있는 문제이거나, 모르는 문제이거나를 막론하고 막연하게 응답하는 성향을 가지고 있다. 따라서 설문지의 문항에 대하여 어느 정도 지식이 있는 대상을 선택하는 것이 효과적인 연구결과를 얻을 수 있는 방법이다.

다섯째, 설문의 문항이 응답자로 하여금 솔직하게 답변하기 곤란한 것이 포함되어 있으면 어려운 상황이 발생한다. 가난한 이웃에게 자신의 돈을 기부할 것인가를 묻는다면, 사람들은 대부분 긍정적인 대답을 하게 된다. 또 다른 예로, 선거에서 고향 사람이라면 무조건 투표할 것인가라고 묻는다면, 사람들은 대부분 부정적으로 답하지만, 실제에 가서는 고향사람에게 투표할 가능성이 크다. 따라서 응답자가 솔직하게 대답하기 곤란한 문항을 포함하지 않도록 유의해야 한다.

여섯째, 설문지 문항의 내용이 애매할 때도, 설문연구의 결과를 믿을 수 없게 된다. 예컨대, 설문지 문항이 "매우 적은"이라는 표현을 포함한 경우, 응답자는 혼란을 느낄 수 있다. 왜냐하면, 사람마다 "적은"이라는 의미가 다를 수 있기 때문이다. 또 다른 예로, "모른다"라는 막연한 대답이 들어 있는 문항보다는 "찬성한다" 또는 "반대한다"로 분명하게 되어 있는 문항이 더욱 효과적이다. 이와 같이 설문지의 문항이 응답자로 하여금 잘못 이해되지 않도록 유의해야 한다.

일곱 번째, 설문지 문항이 모종의 답을 암시하거나, 유도하는 내용으로 되어 있는 경우에도 연구결과의 신빙성에 영향을 미친다.

여덟 번째, 설문지 문항의 배치에도 세심한 신경을 써야 한다. 문항의 배치에 따라 응답자의 대답이 영향을 받을 수 있기 때문이다.

이와 같은 점을 십분 유의한다면, 설문조사에 의한 연구는 매우 유용한 결과를 제공해 줄 수 있다. 대통령의 정책에 대한 시민들의 지지도를 분석할 때나, 정부가 추진하고 있는 특정 정책에 대한 시민들의 여론을 파악할 때, 설문연구는 매우 효과적인 해답을 줄 수 있다. 따라서 설문조사를 합리적으로 진행한다면, 만족할 만한 연구 결과를 도출할 수 있다.

4. 간접적인 계량분석(Indirect Quantitative Analysis)

간접적인 계량분석은 특정 문제에 대한 연구를 이미 정리되어 있는 통계자료를 사용하여 진행하는 방법이다.[40] 현실적 조사를 통하여 새로운 자료를 얻지 아니하고, 세계은행이나 정부기관 등과 같이 신빙성 있는 기관의 통계자료를 활용하여 연구를 진행하는 방법이다.

간접적인 계량분석은 새로운 자료를 획득하는 어려움을 피하면서, 유용한 연구결과를 도출할 수 있다는 점에서 매우 편리한 방법이다. 특히 오늘날처럼 인터넷을 통하여 많은 자료를 얻을 수 있는 상황에서 간접적인 계량분석은 매우 효과적이다. 인터넷을 통한 자료들이 모두 동일한 기준이나 측정방법에 의한 자료가 아니라는 점을 충분히 감안한다면, 간접적인 계량분석은 매우 의미 있는 결과를 도출할 수 있는 방법이다.

5. 실험연구(Experiments)

실험에 의한 연구는 대체로 의학분야에서 널리 활용되는 방법이다. 의학분야에서는 새로운 약의 효과를 알기 위하여 한 개의 집단(A Test Group)에게는 진짜 약을 투여하고, 또 다른 집단(A Control Group)에게는 위약(Placebo)을 투여함으로써, 이들의 변화를 비교하는 실험을 많이 사용한다.

사회과학 분야에서도 실험에 의한 방법으로 연구를 진행할 수 있다. 예를 들면, 대통령 선거운동을 할 경우, 상대방을 비방하는 부정적인 선거운동이 효

40) *Ibid*., pp. 24-25.

과적인가 아닌가를 두 개의 유권자 집단을 통하여 알아볼 수 있는 것이다.

그러나 실험에 의한 연구를 진행할 경우에는 다음과 같은 사항을 유의해야 할 것이다.[41)]

첫째, 호손 효과(The Hawthorne Effect)를 방지해야 한다. 호손 효과는 실험대상이 될 사람들이 실험을 진행하는 사람이 원하는 대답을 하려는 심리적 성향을 말한다. 미국의 웨스턴 전기회사를 대상으로 호손(Hawthorne)이라는 사람이 다수의 실험연구를 해 본 결과, 이러한 경향을 발견하였는데, 이를 호손 효과(The Hawthorne Effect)라고 부른다.

둘째는 로젠탈 효과(The Rosenthal Effect)를 주의해야 한다. 로젠탈(Rosenthal) 효과는 실험을 진행하는 쪽에서 무의식적으로 실험대상자들에게 정답을 암시하는 현상을 의미한다. 이와 같이 호손 효과나 로젠탈 효과는 실험을 진행하는 사람이 응답자에게 영향을 주는 현상을 지칭하는 용어이다.

이러한 부작용들은 실험을 진행하는 사람이나, 응답하는 사람이 실험의 내용과 목적에 대하여 모르고 있을 경우, 방지될 수 있을 것이다. 따라서 실험의 진행자와 연구 대상자들에게 특정 실험의 목적이나 내용을 알려주지 않고, 실험을 진행하는 방법을 "이중맹검실험"(Double-blind Experiments) 방법이라고 한다.

끝으로 실험연구를 실험실에서 진행하지 아니하고, 실제적인 현실상황에서 진행하는 "현장실험"(Field Experiments)이 있는데, 이를 "의사실험"(Quasi-Experiments)이라고도 부른다. 현장실험은 인위적으로 설정된 실험실에서 실험하는 것이 아니라 자연상태에서 실험을 한다는 장점을 가지고 있다.

6. 과학적 연구의 한계

인간은 항상 오류를 저지를 수 있다. 17세기 영국의 철학자이며, 정치가였던 베이컨(Francis Bacon)은 인간이 저지르기 쉬운 오류의 종류를 다음과 같이 정리하였다.[42)]

41) *Ibid*., p. 23.

42) See Maurice Cranston, "Francis Bacon," in *Encyclopedia of Philisophy*, vol. 1, edited by Paul Edwards(New York: Macmillan Publishing Co. and The Free Press, 1972), pp. 235-40.

① 인간의 인식과정에서 오류가 발생하고, 자료의 전달과정에서도 오류가 발생하며, 언어표현의 애매성으로 인해서도 오류가 발생한다.

② 인간은 세밀히 분석하는 것보다, 빠르고, 편하게 단정해 버리려는 습성을 가지고 있으므로, 이로 인해서도 오류가 발생한다.

③ 인간은 또한 자신의 선입관에 의거하여 성급하게 단정해 버리는 경향을 가지고 있는데, 이로 인해서도 오류가 발생한다.

④ 인간의 고정관념은 새로운 지식이나 이론에 대하여 외면하려는 성향이 있는데, 이로 인해서도 오류가 발생한다.

이와 같이 인간은 오류를 저지를 수 있는 소지를 다분히 가지고 있다. 과학적인 이론들은 스스로 옳다고 믿는 경향이 강하므로 새로운 사실이 발견되었을 때도 오류를 인정하기보다는 예외가 발생한 것으로 치부하는 경향이 많다.

사회과학의 이론들도 자연과학의 이론 못지않게, 이러한 경직성을 가지고 있다. 예를 들면, 인간사회는 "권력관계"와 "상하관계"로 구성되어 있다는 정치학적 이론이 있다. 그러나 실제로 "권력관계"에 해당하지 않는 "사랑의 관계"도 있고, "상하관계"에 해당하지 않는 "평등의 관계"도 있다. 그럼에도 불구하고, 이러한 것들은 예외적인 것이거나, 중요하지 않은 것으로 치부해 버리는 경향이 있는 것이다.

과학적인 연구를 위한 자료를 수집하는 측면에서도 오류가 발생할 가능성이 다분히 존재한다. 실제 상황에 대한 자료를 수집할 때, 완전히 객관적인 자료를 수집한다는 것은 어려운 일이기 때문이다. 자료를 수집하는 사람의 선입관이나 편견으로 인하여 객관적인 자료의 수집이 어려워질 수 있다. 연구자는 객관적인 자료를 수집하는 것으로 생각하지만, 실제로는 자료에 대한 자신의 해석을 기록하고 있는 경우가 있는 것이다. 어떤 때는 연구하는 사람이 자료를 자신의 뜻에 따라 멋대로 해석하여 현실과 동떨어진 결론을 도출하는 경우도 발생한다.

그리고 정치현상 중에는 도저히 과학적인 자료를 수집하기 어려운 문제도 있다. 정신적인 측면에 대한 객관적인 자료를 수집하는 것이 매우 어렵기 때문이다. 예를 들면, "믿음, 정의감, 충성심, 공공선, 사회복지" 같은 추상적인 개념에 대한 자료를 정확히 얻는다는 것은 매우 어려운 일이다.[43] 국민의 "행복

---

43) Miriam Feldblum, "The Study of Politics: What Does Replicability Have to Do With It?" *Political Science and Politics* (March 1996), pp. 7-9.

감"을 연구하기 위해 객관적인 자료를 수집하려고 할 경우, 어려운 문제에 부딪히게 될 것이다.

정치현상은 자연과학 현상과 달리 동일한 조건에서도 동일한 사건이 발생하지 않을 개연성이 많다. 특정 국가에서 민주주의가 발달한 경우, 다른 국가의 경우 동일한 조건에서도 동일한 결과가 발생하지 않을 경우가 많은 것이다.

그 결과 정치현상에서는 인과관계를 정확히 단정하기가 어렵다. 선거에서 특정 후보가 승리하였을 때, 그 후보가 승리한 이유를 정확하게 단정하기가 매우 어려운 것이다. 선거자금이 많아서 이겼을 수도 있고, 상대가 약해서 이겼을 수도 있으며, 능력이 좋아서 승리했는지, 당이 밀어주어서 승리했는지 등등 많은 이유 중에서 원인을 가려낸다는 것은 매우 어려운 일이다.

결론적으로 정치학에서는 특정 상황에서 특정 변수가 작용하여 특정 결과가 발생했다는 사실을 증명하기가 매우 어렵다. 왜냐하면, 정치현상은 수많은 변수가 작용할 뿐만 아니라 동일한 변수가 동일한 영향을 미치는 것도 아니기 때문이다. 정치학자들은 오랫동안 차기의 대통령 당선자를 정확하게 예측하는 방법을 강구하기 위하여 많은 노력을 기울였다. 어떤 학자는 경제지표와 대통령의 당선 가능성을 연결했고, 어떤 학자는 여론조사의 내용을 토대로 당선 가능성을 예측하였다.[44] 그러나 대통령 당선에 관계되는 변수가 너무나 많으므로 선거결과를 정확히 예측하기는 매우 어려웠다. 이와 같이 정치현상은 너무나 많은 변수에 좌우되고 있으므로 정확하게 예측한다는 것이 매우 어려운 분야이다.

제 7 절 결 론

정치는 시민들의 생활과 밀접한 관계를 맺고 있다. 국가안보를 비롯하여 경제발전 그리고 문화적 창달을 통해서 정치는 국민들의 생활에 막대한 영향력을 행사하고 있는 것이다. 아리스토텔레스는 "인간은 정치적인 동물이다"라고 설파하여, 인간이 정치를 떠나서 존재할 수 없고, 정치는 또한 인간을 떠나서 존재

44) John McCormick, *Comparative Politics in Transition* (New York: Wadsworth Publishing Co., 1995), p. 3.

할 수 없다는 사실을 지적하였다.

그러면 정치란 무엇인가? 정치는 이상적인 측면과 현실적인 측면으로 정의되고 있다. 우선 정치는 이상적인 방법으로 정의되는 일이 많았는데, 최근에 와서는 매우 현실적인 방향에서 정의되고 있다.

정치를 이상적으로 정의한 것은 동서양의 고대 철학에서 그 시효를 찾을 수 있다. 고대 동양 철학에서는 정치를 인격을 도야한 군자가 약하고, 힘없는 백성을 보호하고, 정의로운 사회를 건설하는 것으로 인식하였고, 그에 따라 어질고, 덕을 베푸는 왕도정치를 이상으로 하였다. 고대 서양 철학에서도 정치는 시민들의 안전과 번영을 보호하는 이상적인 국가의 건설을 목표로 하고 있었다. 이와 같이 동서양의 고대 철학에서는 정치를 이상적인 방향에서 정의하였다.

그러나 현대 정치학에서 "정치"는 보다 현실적인 의미로 해석되고 있다. 정치는 국가의 정책 자체를 의미하는 것이었다가, 국가와 관련된 모든 현상을 의미하는 것으로 확대되었고, 이어서 오늘날에는 공동사회의 모든 현상을 포괄하는 개념으로 확대되고 있다.

미국의 대표적 정치학자인 이스턴(David Easton)은, 정치를 "희소가치의 권위적인 분배"(An authoritative allocation of scarce resources)로 정의하였다.[45] 사회에 존재하는 "정신적, 물질적 가치를 어떻게 나눌 것인가"라는 분배 법칙에 관한 것을 국가가 정하는 것이 바로 정치라는 개념이다. 결국 정치는 매우 현실적으로 정의되기 시작한 것이다.

그러나 정치를 현실적으로만 해석하면, 정치가 내재적으로 가지고 있는 이상적인 측면을 외면하는 오류를 범하게 된다. 정치의 개념은 현실적인 측면과 이상적인 측면을 모두 반영할 수 있는 방향에서 완성되어야 하기 때문이다. 다시 말하면, 정치를 정신적, 물질적 가치의 현실적인 분배방식으로 규정할 때는, 현실적인 분배방법을 개선할 수 있는 이상적인 방법을 외면하게 되는 것이다. 따라서 정치는 현실적인 분배방식뿐만 아니라, 이상적인 분배방식에 대한 목표까지 담고 있어야 한다는 것이다.

21세기를 맞이하면서 인류는 많은 정치적인 문제에 직면하고 있다. 민주주의의 확산, 민족주의와 종족주의의 등장, 환경과 정치, 여성과 정치, 정보혁명과 정치 등의 분야가 바로 인류가 공동적으로 직면하고 있는 과제들이다.

---

45) Easton, *op. cit.*, p. 21.

21세기에도 민주주의는 가장 바람직한 정치체제로 계속 유지될 것이다. 1990년대 초부터 사회주의 정치체제는 붕괴하기 시작했고, 현재 민주주의 정치체제로의 전환을 시도하고 있다. 물론 아프리카 및 중동지역에서는 민주주의가 언제 실현될 것인가 예측하기 어렵고, 중국에서도 공산당의 일당통치체제가 유지되고 있다.

그럼에도 불구하고, 민주주의를 향한 인류의 염원은 21세기에도 계속될 예정이다. 민주주의는 국민의 의사를 토대로 국가의 정책을 추진하고, 국가의 정책에 대한 책임을 지는 정치이기 때문에 많은 국가에서 선호하고 있는 것이다. 물론 21세기에도 "권위주의"와 "전체주의"의 위험은 상존하고 있으며, 종족주의와 민족주의적 사조가 분쟁의 씨앗이 되고 있다. 앞으로 인류의 교육수준이 높아지고, 경제발전 수준이 향상되면서, "국가권력이 국민을 억압하는 권위주의"나, "특정 이념을 주입시켜 국민의 정신을 통제하려는 전체주의"적 독재정권의 출현은 점점 어려워질 것이다. 특히, 민족적 또는 종족적 차이로 발생하는 "민족주의와 종족주의"에 의한 분쟁은 국제사회에서 폭력적인 투쟁으로 비화하지 않도록 노력해야 할 것이다.

21세기에는 환경문제, 여성의 정치참여, 정보혁명의 영향 등이 주요한 정치현상으로 등장하게 될 것이다. 지구의 환경을 보호하려는 문제는 국가의 경계선을 초월하여 범세계적인 협력이 필요한 문제이며, 정보혁명의 영향은 현대사회의 정치적, 경제적, 사회적, 문화적 상황을 근본적으로 변화시킬 가능성을 내포하고 있다. 정보혁명은 국민들이 국가의 주요 정책마다 투표로 의사를 표시할 수 있는 반직접 민주주의(Semi-direct Democracy)를 실현시켜 줄 가능성까지도 있는 것이다. 물론 정보의 왜곡이나 조작에 의한 독재정권의 출현 가능성도 증대될 것이나, 이는 자유언론을 보장함으로써 민주주의 체제가 파괴되지 않도록 노력해야 할 것이다. 그리고 21세기의 정보화 세계에서는 섬세한 여성들의 사회참여가 적극적으로 확대될 것이다. 여성들의 사회참여가 늘어나면서, 오랫동안 유지되었던 남성위주의 세계는 보다 평등한 남녀관계가 주축이 되는 세상으로 변화할 것이다.

정치학은 애초 올바른 정치란 무엇인가를 풀기 위하여 연구를 시작하였다. 국가의 권력은 어떻게 사용되는 것이 올바른 길인가라는 것이 핵심적인 과제였다. 그 결과, 플라톤은 시민 각자가 자신의 적성에 맞는 일을 할 수 있는 정치질서가 가장 바람직한 것이라는 결론을 얻었고, 아리스토텔레스는 시민의 이익이 반영될 수 있는 정치체제를 건설해야 할 것이라고 주창했다.

그 이후, 정치와 종교를 일치시키던 중세 기독교 시대를 거쳐서, 마키아벨리의 출현으로 현실주의적 근대 정치철학이 탄생하게 되었다. 마키아벨리에 의하면, 군주는 강력한 국가의 건설을 위해서 모든 방법을 동원하여 부국강병책을 실시해야 한다는 매우 현실주의적인 시각을 주창하였다. 그 이후, 서양 철학에서는 로크, 루소, 몽테스큐로 이어지는, "국가의 권력으로부터 개인의 기본권을 보호하려는" 차원으로 정치학 연구를 진행시켰다. 결과적으로, 오늘날의 정치학은 어떻게 하면, 국가의 정책이 국민의 의사에 따라 시행되고, 국민에게 이익을 가져다 줄 수 있는 정치를 시행할 것인가를 연구하게 되었다.

제 2 차 세계대전까지 정치학은 "법적인, 제도적인" 연구에 몰두하였고, 국가의 권력이 어떻게 행사되는가를 분석하였다. 이를 전통적인 연구라고 한다. 그 후 1960년대 미국의 학계를 중심으로 실제적인 정치활동을 분석하는 행태주의적 연구가 대두하였다. 이어서 전통적인 연구가 가지고 있는 윤리적 연구의 장점과 행태주의적 연구가 가지고 있는 현실연구의 장점을 종합하려는 "후기 행태주의" 연구가 등장하였다.

오늘날에는 전통주의적인 연구와 행태주의적인 연구가 병존하고 있고, 덧붙여 정치경제학적 연구도 호평을 받고 있다. 정치경제학 연구는 "자유시장 원리"와 "민주주의"의 관계를 분석하는 연구를 말하는데, 민주정치를 실시하고 있는 국가들은 대부분 자유시장 제도를 유지하고 있다는 사실이 발견되었다. 결과적으로 최근의 정치학 연구는 전통적인 연구와 행태주의 연구, 정치역사학적 연구, 정치사회학적 연구 그리고 정치경제학적 연구들을 널리 활용하고 있는 셈이다.

정치학에서 많이 사용되고 있는 방법으로 사례연구, 설문연구, 간접적인 계량분석 연구, 그리고 실험연구 등이 있다. 사례연구는 하나의 사건이나 정치적 인물, 그리고 정치현상에 대하여 깊이 있는 연구를 하는 것이며, 명확한 통찰력을 제공해 주는 장점을 가지고 있다. 그러나 사례연구는 개별 사건이나 현상에 대한 집중적인 연구이므로 보편적인 이론으로 승화시키기가 어려운 단점을 가지고 있다.

설문연구는 설문지나 면담에 의하여 많은 자료를 수집하고, 통계학적으로 분석하는 연구로서, 국민들의 여론 파악이나, 특정 집단의 정치행태에 대한 사실을 분석하는 데, 매우 유용한 연구이다. 간접적인 계량분석 방법은 정치현상에 대한 통계자료를 새로이 수집하지 아니하고, 이미 확보되어 있는 믿을 만한 자료를 활용하여 계량적인 분석을 진행하는 방법이다.

실험연구는 현실과 동일한 환경을 만들어서 실험을 진행하는데, 자연상태에서 실험하는 것과 유사한 생생한 결론을 도출할 수 있는 장점을 가지고 있다.

그러나 이러한 연구방법들은 모두 뜻하지 않은 오류를 저지를 수 있는 가능성을 가지고 있으므로 유의해야 한다. 자료의 수집시, 연구자의 편견이나 선입관이 개입될 수 있으며, 설문지의 문항을 만들 경우, 명확하고, 체계적인 문항을 만들도록 노력해야 할 것이고, 실험의 경우, 실험대상자의 응답에 무의식적인 영향을 주지 않도록 유의해야 할 것이다. 결국 정치현상은 너무나 많은 변수들이 작용하는 복잡한 것이므로, 동일한 상황에서도 동일한 결과가 나타나지 않는 경우가 많다. 따라서 정치현상을 정확하게 예측한다는 것은 매우 어려운 일이다.

연습문제

1. 정치란 무엇인가?
2. 정치학이란 무엇인가?
3. 21세기의 정치적 과제는 무엇인가?
4. 정치학 연구의 전개과정은 어떠했는가?
5. 정치학 연구방법에는 어떠한 것이 있는가?
6. 정치의 목적은 무엇인가?

제 2 장 국가와 권력

요 약

경제학이 물질적 가치인 상품과 서비스의 분배에 관심에 있다면 정치학에서 가장 중요하게 다루는 재화는 비물질적 가치인 권력이다. 권력을 연구하는 데 있어서 명심해야 할 것은 권력이 관계적 개념이라는 것이다. 권력은 반드시 둘 이상의 행위자들간의 관계 속에서 그 의미가 살아 나는 것이고 또한 사람들간에 불평등하게 분배되어 있기 때문에 그 가치가 있는 것이다. 한편, 국가는 가장 강력하고 많은 권력을 지닌 결사체이다. 따라서, 권력을 많이 분배 받고자 하는 개인이나 단체는 국가를 통해 권력에 영향력을 미치려 한다. 이러한 의미에서 권력과 국가는 불가분의 관계에 있다.

제 2 장은 권력과 국가에 관한 장이다. 제 1 절은 정치학에서 왜 권력을 핵심적 개념으로 취급하는가에 대해 서술한다. 제 2 절은 권력과 그 유사한 개념들인 힘, 권위, 영향력에 대한 정의를 내린다. 네 가지 개념들을 구분하는 가장 핵심적 기준은 ① 행위자들간에 가치의 갈등이 있는가? ② 한 행위자가 다른 행위자를 자발적으로 순응시키는가 혹은 강압적으로 순응시키는가? 이러한 기준에 의거해 권력은 "행위자들간에 서로 가치의 갈등이 있는 경우 하나의 행위자가 위협을 통해서 다른 행위자의 자발적 순응을 얻을 때 행사된다"고 정의한다. 권력은 관계적 속성이 있기 때문에 권력에 행사하려는 지배자는 반드시 피지배자의 자발적 복종, 즉 정당성(legitimacy)을 확보해야 한다. 제 3 절에서는 어떻게 권력이 행사되어야 정당한 것으로 받아들여지는가에 대해 논한다. 여기서 베버(Weber)가 제시한 권력 행사의 세 가지 유형, '전통적 권위', '법-합리적 권위', 그리고 '카리스마적 권위'에 대해서 분석한다.

제4~8절은 국가에 관한 절이다. 제 4 절은 근대국가의 특징을 논한다.

근대국가는 형태면에서 인민, 영토, 정부, 주권이라는 네 가지 속성을 모두 가지고 있다. 또한 폭력수단의 독점적 행사와 더불어 사회로부터 분리된 정치권력을 비인간적으로 행사한다는 특징을 가지고 있다. 제 5 절은 근대국가의 형성과정을 역사적으로 검토하는데, 근대국가는 사유재산을 보호하고 전쟁을 수행하는 역사적 과정에서 이루어졌다는 주장을 펼친다.

제 6 절은 국가 권력의 다양한 차원을 파악함으로써 국가와 사회의 관계를 설명한다. 여기서는 국가 권력을 전제적 권력과 하부구조적 권력의 두 차원에서 나눈다. 전제적 권력은 사회 구성원들의 동의와 협조 없이도 국가가 사회에 일방적으로 강요할 수 있는 권력으로, 하부구조적 권력은 사회 구성원들이 자발적 동의를 통해서 국가가 행사하는 권력으로 정의한다. 근대국가는 폭력이라는 전제적 권력을 사용하지 않고서도 자신의 권력을 사회에 효과적으로 침투시킴으로써 필요한 인적, 물적 자원을 추출할 수 있는 하부구조적 권력이 발달한 국가임을 강조한다.

제 7 절은 근대국가의 권력을 누가, 어떻게 사용하는가에 대한 논의를 한다. 근대국가는 공권력이라는 명목하에 때로는 특수 집단의 이익을, 때로는 자본가들의 이익을, 그리고 심지어는 국가 자신의 이익을 추구하기도 하는데, 국가 권력에 대한 자유주의-다원주의, 계급국가론, 국가주의 국가론의 세 가지 견해를 소개한다.

끝으로 제 8 절에서는 최근 정치경제의 가장 큰 관심사인 국가와 경제의 관계에 대해 논의한다. 근대국가는 사회로부터 조세를 추출하여 다양한 서비스를 제공하는데, 국가가 제공하는 서비스의 종류는 나라마다 각양각색이다. 어떤 국가는 국방과 치안 그리고 특정 공공시설만을 공급하지만, 어떤 국가는 국가가 직접 산업체 등을 소유하여 자국내의 최대 고용자 역할을 하기도 한다. 이것은 나라들마다 국가와 경제간의 관계가 다르게 설정되어 있음을 의미한다. 국가가 경제에 개입하는 유형들을 공공재국가, 거시경제안정국가, 사회권익국가, 발전국가, 사회주의국가 등 5개로 단순화시킴으로써 국가와 경제간의 복잡한 관계를 파악한다.

제 1 절 정치학은 왜 권력의 문제에 관심을 가지는가?

정치학과 경제학은 사회의 가치들이 어떻게 분배되는가에 관심을 가지는 학문이다. 경제학에서 취급하고 있는 사회적 가치들은 상품, 서비스, 자원, 재화 등의 물질적 가치인 반면, 정치학에서 취급하는 사회적 가치들은 권력, 존경, 명예 등의 비물질적 가치들이다. 각각의 가치들은 어떻게 분배되는가? 경제학의 경우 물질적 가치는 생산자와 소비자가 자발적으로 거래하는 시장을 통해 분배된다고 본다. 한편, 정치학에서는 사회의 비물질적 가치들은 이익단체, 정당, 혹은 국가와 같은 결사체(association)를 통하여 분배되며, 특히 자발적 방식에 의해서가 아니라 명령에 의한 권위적 방식으로 분배된다고 본다. 이러한 의미에서 정치를 사회의 "가치들을 권위적으로 분배하는 것"(the authoritative allocation of values)이라고 정의할 수 있다. 여기서 권위적이란 말은 가치의 분배가 종종 특정인이나 단체의 명령, 즉 권력에 의해 이루어진다는 것을 의미한다(표 2-1 참조).

〈표 2-1〉 정치학과 경제학의 강조점

	정치학(politics)	경제학(economics)
분배 대상	비물질적 가치(권력, 명예)	물질적 가치(상품)
분배 방식	권위적(authoritative), 명령 (원하지 않더라도 분배가 이루어진다)	자발적 교환(voluntary exchange) (원하지 않는 거래는 이루어지지 않는다)
분배 장소	국가	시장
동의 방법	소수는 종종 그들의 의사와는 상관없이 결정을 강요 받음(다수결의 원칙 ; 독재)	교환에 참여하는 자들의 만장일치
강조점	사회의 가치를 둘러싼 갈등(conflict) 정치의 중요한 요소는 강요(coercion)	생산자와 소비자의 협조(cooperation) 시장의 원활한 운영

정치학에서 가장 중요하게 다루는 사회적 가치는 권력이다. 그 이유는 사람들이 가정, 직장, 정당, 국가 등 정치가 있는 곳에서는 항상 더 많은 권력을 추구하거나 분배 받기를 원하며, 권력의 분배 과정은 갈등을 수반하기 때문이다. 한편, 국가는 가장 강력하고 많은 권력을 지닌 결사체이다. 따라서 권력을 많이 분배 받고자 하는 개인이나 단체는 국가를 통해 권력에 영향력을 미치려 한다. 이러한 의미에서 권력과 국가는 불가분의 관계에 있다고 해도 과언이 아니다.

제2절 권력 그리고 유사한 개념들

> 폭력을 사용할 때 권력은 가장 강한 것이 아니라 가장 약한 것이다. 권력은 대안과 역제안(counter attraction)의 도구를 사용할 때, 그리고 유도를 사용할 때 가장 강력한 것이다. 권력은 또한 배제보다는 참여를 유도할 때, 그리고 (상대를) 섬멸시키기보다는 설득을 사용할 때 가장 강력한 것이다. 정치나 섹스에 있어서 강간은 압도적인 권력행사의 증표가 아니다.
>
> — Charles E. Merriam, *Political Power*

> 정치적인 의미에서 볼 때 권력과 폭력을 다른 개념으로 구별하는 것만으로 충분하지 않다. 권력과 폭력은 오히려 상반되는 개념들이다. 권력은 절대적 통치를 가능하게 하지만 폭력은 통치가 부재한 상태를 의미한다.
>
> — Hannah Arendt, *On Violence*

정치란 "가치들의 권위적 분배"(authoritative allocation of values)라고 정의할 수 있다. 사람들이 소중히 여기는 권력, 지위, 명예 등의 가치는 불행히도 한정되어 있다. 아니, 가치가 한정되어 있기 때문에 사람들이 그것을 소중히 여긴다고 보는 것이 더 옳은 말일 것이다. 이러한 가치를 분배한다는 것은 '누구에게', '어떻게' 그리고 '얼마나' 분배할 것인가에 대한 갈등이 발생하기 마련이다.[1] 따라서 정치는 가치 있는 재화의 분배를 둘러싼 갈등을 필연적으로 수반하게 된다.

---

1) 라스웰(Harold Lasswell 1950)은 "정치는 누가 무엇을, 언제, 그리고 어떻게 획득하는가"를 연구하는 것이라고 보는데, 이러한 견해는 정치를 권력의 투쟁으로 보고 있는 것이다. Harold D. Lasswell, *Politics: Who Gets What, When, How* (New York: McGraw-Hill, 1936).

사람들이 소중히 여기는 가치를 상품의 개념으로 표현하면 가치재(valued goods)라고 부를 수 있다. 가치재는 두 가지 중요한 속성이 있다. 첫째, 가치재는 사회적 관계를 떠나서는 그 가치를 상실한다. 예를 들어, 무인도에 혼자 사는 로빈슨 크루소에게는 지위, 명예 등의 재화는 아무런 의미가 없음을 쉽게 알 수 있다. 또한, 한 사회에서 막강한 지위에 있는 사람이 자신이 살던 사회와는 전혀 다른 사회로 이동하였을 경우 그는 새로운 사회에서 이전의 지위를 인정 받지 못함을 알 수 있다. 다시 말해, 가치재는 일정한 상황(context) 하에서 중요성을 갖는 것이며, 이러한 상황은 반드시 둘 이상의 행위자들간의 관계를 요구한다. 둘째, 가치재는 사람들에게 공평하게 분배되어 있으면 그 가치를 상실한다. 예를 들어, 모든 사람들이 동등한 명예를 가지고 있다면 명예라는 단어는 그 의미를 상실하게 된다. 명예가 낮은 집단이 존재하지 않고서는 한 집단이 높은 명예를 가질 수 없다. 이것은 돈의 경우도 마찬가지다. 소득이란 타인이 생산한 상품이나 타인의 서비스를 구매할 수 있는 능력인데, 만약 모든 사람의 소득이 동등하다면 우리는 소득을 통해서 다른 사람들이 생산한 상품이나 타인의 노동력을 구매하는 것이 불가능하다는 것을 쉽게 알 수 있다.

권력은 중요한 가치재이다. 따라서 위에서 언급한 두 가지 속성을 모두 가지고 있다. 즉, 권력은 권력이 놓인 사회적 정치적 상황 하에서만 그 중요성을 가지며, 사람들이 권력을 소중히 여기는 이유는 권력이 사회 구성원들간에 불평등하게 분배되어 있기 때문이다. 따라서 막스 베버(Max Weber)는 권력을 "사회적 관계에서 한 행위자가 다른 사람들의 저항에도 불구하고 자신의 의사를 관철시킬 수 있는 입장에 있을 가능성"[2)]으로 정의 내리고 있다.

그런데 베버의 권력에 대한 고전적 정의는 너무 광범위하기 때문에 매우 모호하다는 단점을 안고 있다. 따라서 권력의 의미를 좀더 명확히 하기 위해서는 권력과 유사한 개념들인 권위(authority), 영향력(influence), 그리고 힘(force)을 함께 살펴볼 필요가 있다. 위의 4가지 개념은 바크라츠(Bachrach)와 바라츠(Baratz)가 잘 정리하고 있다.[3)]

---

2) 베버가 정의한 권력의 영어 원문은 다음과 같다. "Power is the probability that one actor within a social relationship will be in a position to carry out his will despite resistance, regardless of the basis on which this probability rests." Max Weber, *Economy and Society* (University of California Press, 1978), volume I, p. 53.

3) 권력은 극히 추상적 개념이며 그것을 정의하는 학자들마다 조금씩 견해가 다르다. 본 단락에 서

1. 권 력

바크라츠와 바라츠는 다음과 같은 3가지 조건이 동시에 존재할 때 권력이 성립된다고 주장한다. 첫째, A와 B 간에 이익이나 가치에 대한 갈등이 있어야 한다. 둘째, B는 A의 요구에 순응해야 한다. 셋째, B는 A가 효과적인 제재를 통하여 자신이 소중하게 생각하는 가치를 박탈할 수 있다고 생각하기 때문에 A의 요구에 순응한다.

위에서 언급한 권력의 3가지 조건을 보다 쉽게 이해하기 위해서 하나의 예를 들어 보자. 총기로 무장을 한 보초병이 초소를 지키고 있다고 가정하자. 보초병의 초소에 군복을 입은 사람이 다가오면 보초병은 총을 겨누며 "정지하지 않으면 쏜다"라고 외칠 것이다. 다가온 사람이 보초병의 명령에 따라 정지했다면, 과연 보초병은 권력을 행사한 것일까? 이에 대한 답은 상황에 따라 상당히 다를 것이다.

만약 침입자가 제재의 위협 때문이 아니라, 자기 자신도 군인이며 보초병의 정지 명령을 자신이 군대에서 습득한 가치체계와 동일한 것이라는 생각에서 정지했다면 권력 행사가 일어나지 않은 것이다. 그 이유는 보초병과 침입자는 가치의 갈등을 느끼고 있지 않기 때문이다. 즉, 침입자는 보초병과 동일한 가치를 공유하고 있기 때문에 보초병의 위협이 없더라도 정지하였을 것이라는 것이다.

만약 군사시설을 파괴할 목적을 가진 두 번째 침입자가 보초병에 다가갔다고 가정하자. 보초병이 "정지하지 않으면 쏜다"라고 외쳤지만 그는 이것을 무시하고 초소를 통과하려 하다가 보초병의 총에 치명상을 입었다. 만약 침입자의 의도가 군사시설을 파괴하는 것이었다면, 그와 보초병의 가치는 직접적인 갈등관계에 있었다고 할 수 있다(권력의 첫번째 조건을 만족시킨다). 하지만 이 경우 보초병이 그에게 입힌 치명상은 권력의 행사로 볼 수 없다. 그 이유는 권력이 존재하기 위한 두 번째 조건 —즉 B는 A의 요구에 순응해야 한다— 을 만

술된 내용은 아래의 저서를 종합한 것임을 미리 명시한다. Peter Bachrach and Morton S. Baratz, *Power and Poverty: Theory and Practice* (London: Oxford University Press, 1970); Jackman Robert, *Power without Force: The Political Capacity of Nation-States* (Ann Arbor: The University of Michigan Press, 1993).

족시키고 있지 않기 때문이다. 테러범이 보초병의 명령에 순응하지 않은 이유는 그가 보초병의 명령이나 자신의 생명보다 부대에 침입하는 것을 더욱 가치 있게 생각했기 때문이다.

세 번째 침입자는 스스로의 삶에 비관하여 자살을 결심하고 있는 사람이라고 가정하자. 따라서 그는 보초병의 명령을 의도적으로 무시하고 그 결과 총에 맞아 죽었다. 이 경우 보초병과 자살을 하고 싶은 사람 중 과연 누가 권력을 행사했다고 해야 하는가? 그 해답은 자살을 의도한 사람이다. 그 이유는 그는 자신과 보초병이 가치의 갈등이 있다는 점을 인식하고 있으며, 더 나아가 보초병의 제재를 이용하여 자신의 목적인 자살을 달성했기 때문이다.

네 번째 침입자는 자신의 목숨을 소중히 여기는 좀도둑이다. 그는 보초병에 발각되었고 따라서 정지 명령에 순응하였다. 이 경우는 보초병이 좀도둑에게 권력 행사를 한 경우이다. 물건을 훔치려는 좀도둑은 부대를 보호해야 하는 보초병과 명백한 가치의 갈등이 있으며, 보초병의 정지 명령에 순응하고 있고, 더 나아가 순응한 이유가 보초병이 가지고 있는 제재의 위협 때문이었기 때문이다.

권력은 다양한 근원으로부터 얻을 수 있다. 정보, 부, 지위, 조직, 심지어 폭력에 대한 위협 등은 권력을 행사할 수 있는 근원이 되는 것이다. 예를 들어, 국제관계에서 적의 군사력에 대한 정확한 정보는 그러한 정보를 가지고 있는 국가에게 막대한 권력을 제공할 수 있다. 또한 경찰이 정당한 힘을 사용하여 운전자들을 단속할 수 있다는 정보 때문에 우리는 음주운전이나 과속을 자제하게 된다. 국회의원, 판사, 혹은 교사와 같은 공적 지위에 있는 사람들은 그 지위를 이용하여 그들의 결정에 영향을 받는 사람들에게 권력을 행사하게 된다.

2. 힘(force)

힘은 권력과 마찬가지로 가치의 갈등을 수반한다. 하지만 권력과는 다르게 힘은 위협을 통해서 상대를 자발적으로 순응하도록 만드는 것은 아니다. 힘을 행사했다는 것은 오히려 상대방을 순응하게 만들지 못했다는 것을 시인하는 것이다. 다시 말해, 힘을 사용하는 자들은 상대가 순응하지 않음에도 불구하고 자신의 목적을 달성하려는 자들이다. 예를 들어, 만약 강도가 행인에게 돈을 요구할 경우, 행인이 강도의 위협 때문에 지갑을 내 주었다면 강도는 행인에게 권력을 행사하고 있는 것이다. 하지만, 만약 강도가 지갑을 빼앗기 위해서 행인을 구타하거나 죽였을 경우 강도는 행인의 순응을 받아 내지 못했기 때문에 힘에 의존하고 있는 것이다.

권력관계에서 가장 핵심적인 것은 제재에 대한 위협임을 알아 보았다. 제재를 실제로 행사한다는 것은 오히려 권력을 휘두르려는 자가 패배를 시인하는 것이다. 실제로, A가 힘에 의존하면 그는 권력을 상실할 가능성이 있다. 예를 들어, 군대나 학교에서 규율을 잡기 위해 구타라는 힘에 의존한다는 것은 지도력을 상실했거나 명령체계에 결점이 있다는 것을 의미한다. 따라서 위협을 가할 수 있다는 가능성이 있다는 것은 권력 행사를 하는 데 있어서 매우 중요하지만, 실제로 위협을 사용하는 것은 극히 바람직하지 못하다.

힘의 또 하나의 속성은 힘이 관계적(relational) 개념이 아니라 소유적(possessive) 개념이라는 것이다. A가 B에게 물리적 고통을 줄 수 있는 수단을 가지고 있다는 사실만으로 A, B 양자간에 어떠한 관계가 설정된다는 것은 아니다. 예를 들어, 만약 강도 A의 칼에 행인 B가 순간적으로 찔렸다면 A와 B는 최소한의 관계를 가졌을 뿐이다. 이 경우 강도 A는 행인 B를 찌를 것인가 그렇게 하지 않을 것인가에 대한 선택의 여지가 있지만, 행인 B는 순응할 것인가 그렇지 않을 것인가에 대한 선택의 여지가 없어진다. 힘과는 다르게, 권력의 관계에서는 행인 B가 어떻게 할 것인가를 선택할 수 있지만, 힘의 관계에서는 강도 A만이 선택의 여지가 있는 것이다. 따라서 앞서 인용한 메리암(Merriam)의 결론대로 강간은 권력행사의 증거가 되지 못하는 것이다.

3. 권위(authority)

권력과는 다르게 권위(authority) 관계는 반드시 가치의 갈등을 수반하는 것은 아니다. 권위는 특정인의 요구를 아무런 저항 없이 자발적으로 받아들이려는 마음 상태로부터 발생한다. 즉, B가 A의 요구에 순응한다는 것은 A의 요구가 정당한 것이라고 B 스스로 생각하기 때문이다. 예를 들어, 군대의 사병들이 장교의 명령에 복종하는 이유는 사병들이 그러한 명령이 정당하다고 생각하기 때문이다. 권위의 관계에서 B가 A의 요구에 순응하는 이유는 B는 A가 소유하는 가치에 대해 공감하기 때문임을 알 수 있다.

〈표 2-2〉는 위에서 논의한 권력, 힘, 권위를 이해하기 쉽게 정리한 것이다. 표에서 볼 수 있듯이 권력, 힘, 권위를 구분하는 가장 큰 기준은 ① 행위자들 사이에 가치의 갈등이 있는가? 와 ② 한 행위자가 다른 행위자의 요구에 자발적으로 순응하고 있는가? 두 가지 기준이 될 수 있다. 권력은 가치의 갈등이 있지만 자발적 순응이 일어나는 경우에 행사된다. 가치의 갈등이 있지만 순응이 강압적 방법에 의해 이루어졌다면 그것은 힘이 행사된 경우이다. 그리고, A와 B 사이 가치의 갈등이 없으면서 자발적 순응을 불러일으킬 수 있다면 권위가 행사된 것이다.

〈표 2-2〉 권력, 힘, 권위의 상관 관계

	A와 B는 가치의 갈등이 있는가?	
	갈등 있다	갈등 없다
자발적 순응	권력 (Power)	권위 (Authority)
강압적 순응	힘 (Force)	

4. 영향력(influence)

여러분은 어린 시절 많은 위인전을 읽었을 것이다. 그리고 그중 여러분의 삶에 영향을 미친 작품들이 있었을 것이다. 이 경우 특정 위인전의 주인공은 여러분에게 간접적으로 영향력을 행사했을 수 있다. 영향력은 특정인이 제재에 대한 위협을 사용하지 않고 다른 사람의 행동에 변화를 주었을 경우 행사된다. 예를 들어, 대통령 선거에서 A와 B는 각자 다른 후보를 지지하고 있다고 하자. 만약 A가 설득력을 발휘해 B의 선거 행위를 바꿀 수 있다면 A는 B에게 영향력을 행사한 것이다. 하지만, 만약 A가 돈으로 B를 매수하거나 협박을 통해서 B의 투표 행위에 변화를 주었다면 과연 A는 영향력보다는 권력을 행사하였다고 해야 할 것이다.

영향력은 권력과 권위의 중간에 위치한다. 영향력은 가치의 갈등을 수반하는 동시에 B가 A의 요구에 순응한다는 점에서 권위와는 다르다. 또한 B가 A의 요구에 순응하는 이유는 제재의 두려움 때문이 아니라는 점에서 권력과도 차별화된다. 영향력의 관계에서 B가 A의 요구에 순응하는 이유는 A에 대한 존경 때문에 혹은 A는 B가 원하는 것을 가지고 있기 때문이다.

영향력과 권력은 개념적으로 차별화되나 실제 생활에서 두 개념을 구분하는 것은 매우 어렵다. 그 이유는 A가 B의 요구를 받아들이는 원인이 과연 제재에 대한 위협 때문인지 혹은 그에 대한 존경심 때문인지를 구분하기 어렵기 때문이다. 예를 들어, 막대한 재산을 가지고 있는 부모와 방탕한 자식이 있다고 하자. 방탕한 자식은 부모의 명령에 온갖 불만을 품고 있지만 부모의 명령을 거부하지 못한다. 이 경우 자식이 부모의 명령을 무조건적으로 수용하는 이유는 과연 부모가 가지고 있는 막대한 부를 존경하기 때문인가(이 경우 자식은 '부'라는 가치를 존경하고 있기 때문에 영향력이 행사된다고 보아야 할 것이다) 혹은 부모가 그에게 유산을 남겨 주지 않을 수 있다는 제재의 위협 때문(이 경우는 권력이 행사되고 있다)인가? 결론적으로, 영향력을 〈표 2-2〉에 넣는다면 권력과 동일한 상자에 넣을 수 있을 것이다. 하지만, B가 A의 요구에 순종하는 동기라는 측면에서 영향력은 권력과 구분된다.

제 3 절 권력의 정당성

권력이 통치자와 피통치자의 동의에 의해 행사되는 관계적(relational) 속성이 있다는 점에 대해 살펴보았다. 권력은 관계적 속성이 있기 때문에 권력을 행사하려는 지배자는 반드시 피지배자의 자발적 복종, 즉 정당성(legitimacy)을 확보해야 한다. 정당성은 "현재 존재하는 정치 제도들이 사회를 위해 가장 적합한 것이라는 신념을 유발 지속시킬 수 있는 능력"으로 정의 내릴 수 있다.[4] 다시 말해, 정당성은 현존하는 권력에 복종하는 사람들이 그것을 자연스럽게 받아들이는 것을 의미한다. 이러한 의미에서 가장 정당한 권력은 행위자들간의 가치의 갈등이 없고 자발적 순응을 불러일으킬 수 있는 권위이다(표 2-2 참조). 예

4) Seymour Martin Lipset, "Social Conflict, Legitimacy, and Democracy," in Connolly, William, edited, *Legitimacy and the State* (New York: New York University Press, 1984), p. 88.

를 들어, 길을 걷는 행인을 경찰관이 검문한다고 하자. 이럴 경우 행인은 경찰관의 요구대로 순순히 신분증을 제시할 확률이 매우 높다. 그 이유는 경찰관의 제복은 그 사회의 가치, 규범, 법률 등을 반영하고 있으며, 행인은 이러한 가치, 규범, 법률에 묵시적이며 자발적으로 동의하기 때문이다. 따라서 경찰관은 물리력을 사용하지 않고도 행인에게 효과적인 권력을 행사할 수 있다. 반면에, 강도가 행인의 신분증을 요구했을 경우, 강도는 원하는 목적을 달성하기 위해서는 흉기 등을 이용해 행인에게 위협을 가해야 한다. 강도 역시 경찰관과 마찬가지로 소기의 목적을 달성할 수 있지만, 강도의 경우는 벌거벗은 권력(naked power)이 행사되었기 때문에 권력행사가 정당화되었다고 보기는 어렵다.

정당성은 어떻게 확보되는 것인가? 이에 대해서는 수많은 학자들이 다양한 의견을 제시하고 있지만, 오늘날까지도 통용되는 가장 유용한 대답은 막스 베버(Weber)에 의해 제시되었다. 베버는 어떠한 정치체제 이건간에 그것이 제대로 기능하기 위해서는 물리적 힘이 '정당한' 것으로 인정되어야 한다고 주장한다. 베버에 의하면, 힘의 정당성은 세 가지 유형의 권위, 즉 '전통적 권위', '법-합리적 권위', 그리고 '카리스마적 권위'에 의하여 실현될 수 있다. 베버가 제시한 세 가지 권위의 유형을 살펴보면 다음과 같다.[5)]

① 전통적 권위(traditional authority): 전통적 권위는 지배자가 오랜 시일에 걸친 전통과 관습을 바탕으로 지배의 정당성을 확보하는 것을 의미한다. 예를 들어, 한 사회의 신분제도에 불만을 품은 자가 왕에게 "당신이 무슨 자격으로 왕 노릇을 하는가?"라는 질문을 받았을 때, 전통적 권위를 확보하고 있는 국가에서는 "전통적으로 우리 아버지가 왕이었고 우리 사회는 장자상습의 관습이 있기 때문에 나 역시 왕의 위치에 올랐다"라는 대답만으로도 충분하다는 것이다. 전통적 권위를 바탕으로 통치한 정치체제의 유형으로 가부장적 지배와 군주제 지배를 들 수 있다.

② 법-합리적 권위(legal-rational authority): 법-합리적 권위는 제정된 법에 대한 믿음과 절차를 바탕으로 지배의 정당성을 확보하는 것을 의미한다. 법은 비인격적(impersonal) 속성을 가지고 있다. 비인격적이라는 것은 권위가 인간의 자의적 의사에 의해 조변석개식으로 변하지 않고 객관적이며 합리적이라는

---

5) 베버의 3가지 권위에 대한 논의는 Max Weber, *Economy and Society* (University of California Press, 1978), Volume I, pp. 212-54에 있는 내용을 정리한 것임.

것을 의미한다. 법-합리적 권위가 작동하는 사회에서는 법에 따라서 정책이 결정되고 법에 따라서 정치권력이 행사되기 때문에 정당한 것으로 받아들이는 것이다. 예를 들어, "당신이 왜 통치하는가?"라는 질문을 받았을 때, 지도자는 "국민의 동의에 의해 만들어진 법과 그 법에서 명시된 선거를 통해 통치한다"라는 대답으로 그의 통치를 합리화시킬 수 있다는 것이다.

③ 카리스마적 권위(charismatic authority): 카리스마란 초인적인 자질을 갖춘 지도자의 신비적인 힘을 말한다. 카리스마적 지도자는 혁명과 같은 정치, 사회적 격변기에 처한 정치체제에서 흔히 발견된다. 혁명은 사회, 정치체제가 과거와 급속히 단절되는 상황을 의미하는데, 이러한 경우 일상화(routinized)된 통치방식이 존재하지 않기 때문에 국민들은 정치지도자의 초인적인 자질에 매료되어 그에게 복종하는 것을 정당한 것으로 받아들인다. 베버는 카리스마적 권위는 본질적으로 불안한 것으로 보았다. 그 이유는 초인적 카리스마에 의존해 통치하는 지배자는 지속적으로 사람들을 매혹시킬 수 있는 새로운 주술(magic)을 보여 주어야 하는데, 이는 불가능하다는 것이다. 따라서 카리스마적 요소는 될 수 있는 한 빨리 일상화의 과정에 의하여 전통적 유형이나 합법적 유형의 권위로 전환되어야 한다.

베버가 언급한 3가지 통치 유형, 즉 정당성을 확보하는 방식은 어디까지나 이상형(ideal type)이다. 이것은 완전한 형태의 전통적, 법적, 카리스마적 권위가 현실 속에 존재하고 있다는 것이 아니라 현실을 보다 단순하고 쉽게 이해하기 위한 지표로 사용된다는 것을 의미한다.

모든 정치체제는 다양한 방법을 동원하여 정당성을 확보하고 있다. 대부분의 현대 민주주의 국가들은 기본적으로 법-합리적 권위를 바탕으로 지도자를 충원하며, 합법적 절차인 선거를 통해 등장한 지도자는 정당성을 확보한다. 한편, 사우디 아라비아와 같은 군주제 국가는 전통적 권위에 입각해 부자상속의 방식으로 최고 지도자 계승을 하고 있다. 또한, 비록 국가는 아니지만 티베트의 달라이 라마(Dalai Lama)는 카리스마적 권위에 의존해 통치하고 있다. 티베트의 경우 달라이 라마의 후계자는 부처의 화신이라고 해석되는 특성을 지닌 어린 아이를 찾음으로써 이루어진다. 여기서 다시 강조하고 싶은 점은 정당성은 정치체제의 특성에 의해 확보되는 것이 아니라는 점이다. 다시 말해, 정치체제가 아무리 낙후되었거나 억압적이라도 현존하는 정치 제도들이 사회를 위해 가장 적합한 것이라는 신념을 유발시킬 수 있으면 정당성이 확보된다는 것이다.

끝으로, 3가지 통치 유형은 한 사회에서 동시에 나타날 수 있다. 현대 민주주의 국가들은 법-합리적 권위를 바탕으로 통치하고 있지만, 민주주의 사회에 살고 있는 우리가 부모님의 말씀에 복종하는 이유는 부모님의 권위가 법-합리성 때문이기보다는 오히려 대대로 내려오는 가족 내의 규범과 전통 때문이다. 이러한 경우 부모는 전통적 권위에 근거하여 자식을 지배하고 있는 것임을 알 수 있다.

한편, 권력과 더불어 국가(state)는 전통적으로 정치학에서 가장 중요하게 다루고 있는 개념 중의 하나이다. 영어에서 정치(*politics*)는 '도시국가'(city-state) 혹은 '조직된 공동체'를 뜻하는 희랍어의 *polis*에서 기원할 정도로 국가와 정치는 불가분의 관계에 있다. 오늘날 국가는 나라(country)와 동등한 법적 존재(legal entity)이다. 우리 나라를 나타내는 대한민국은 하나의 국가이다. 또한 미국, 프랑스, 독일, 영국, 일본, 중국 등도 하나의 국가이며 오늘날 전 세계에는 이러한 국가가 185개가 넘는다.

국가는 늘 일상생활 속에 우리와 함께 있다. 주행중에 빨간 정지신호를 받을 때, 수입의 일부분을 세금으로 빼앗길 때, 의무적으로 출생신고와 사망신고를 할 때, 출국 혹은 입국시 출입국관리소의 통제를 받을 때 우리는 국가의 존재를 다시 한번 확인한다. 이렇게 일상생활에서 통제를 받고 있다는 것은 분명 국가가 한 개인에게 일정한 권력을 행사한다는 것을 의미한다. 국가, 특히 오늘날 우리의 삶을 규정하고 있는 근대국가는 어떠한 특징들을 갖추고 있는가? 근대국가는 어떻게 형성되었는가? 그리고 근대국가는 어떠한 기능을 담당하고 있는가? 다음에서 위와 같은 질문들을 중심으로 근대국가를 탐색해 보기로 한다.

제 4 절 근대국가의 특징

아리스토텔레스는 인간은 사회적 동물이라는 유명한 말을 남겼다. 그것은 인간이 유사 이래 공동체를 이루면서 살아 왔다는 이야기다. 실제로 인간은 부족, 도시국가, 제국, 봉건 장원 등 다양한 형태의 정치적 공동체를 바탕으로 삶을 영유해 왔다. 오늘날 인간은 국가라는 정치적 공동체를 중심으로 생활하고 있다.

국가는 근대적인 정치 공동체이다. 물론 전근대적인 정치 공동체를 지칭할 때에도 국가라는 개념을 사용하지만—예를 들어, 부족국가, 도시국가, 봉건국가 등의 용어를 사용한다—엄격한 의미에서 국가는 근대국가를 지칭한다. 근대국가는 또한 민족국가라는 특징을 가지고 있다. 전근대적인 정치 공동체들과 오늘날의 근대국가는 그 형태와 구조면에서 어떠한 차이가 있는가?

1. 근대국가의 형태적 특징

우선 형태면에서 근대국가는 인민, 영토, 정부, 주권이라는 네 가지 속성을 모두 가지고 있다.

인민(people): 한 국가 내에 거주하는 인민은 비록 종교, 인종, 언어 등이 서로 다를 수 있다. 하지만, 같은 국가 내에 사는 인민들이 서로 동등한 정체성을 가진다면 그들은 하나의 국가를 구성하고 있다고 말할 수 있다. 한 국가 내에 사는 사람들의 수는 국가의 규모에 따라 상당한 차이가 날 수 있다. 1806년 신성로마제국으로부터 독립한 리히텐슈타인(Liechtenstein)은 인구가 고작 3만 2천명인 반면, 중국은 12억 이상의 인민을 가지고 있다.[6)]

영토(territory): 모든 국가는 다른 국가와 구분되는 구체적이면서도 제한된 영토를 지니고 있다. 국가의 영토는 끊이지 않는 육지로 구성되거나 바다 혹은 다른 국가에 의해 분리되어 있을 수도 있다. 예를 들어, 대한민국은 한반도와 그 부속도서를 그리고 미국은 대륙과 멀리 떨어져 있는 알래스카와 하와이를 그 영토로 가지고 있다. 한 국가의 영토적 경계는 명확히 구획된 국경으로 이루어져 있으며, 오늘날 그 국경을 넘기 위해서는 여권이 필요하듯이 근대국가는 엄중한 경계심을 가지고 자신들의 영토를 보존한다.

정부(government): 일반인들이 국가와 정부를 구별하지 않고 사용하는 경우를 종종 볼 수 있다. 하지만, 국가와 정부는 결코 동일한 개념이 아니다. 정부는 단지 국가의 기능을 수행하기 위해 만들어진 기구이다. 이에 반해, 국가는

6) People은 정치화되지 않은 사람들을 일컫는 단어로 인민이라는 해석이 가장 가깝다. 그 동안 학계에서 인민이라는 용어를 회피한 이유는 그 단어를 북한을 위시한 공산주의 국가들이 널리 사용하고 있었기 때문이다.

인민, 영토, 정부, 주권을 모두 포함하는 말로 정부보다 높은 지위에 있는 개념이다.

정부는 국가를 통치할 권위를 부여 받은 사회적 조직이다. 정부와 기타 다른 사회 조직(교회, 기업, 가정 등)의 가장 큰 차이점은 정부는 영토 내 모든 국민들을 구속할 수 있는 법을 만들 수 있다는 점이다. 예를 들어, 교회나 기업은 그 조직의 구성원을 구속할 수 있는 규칙을 만들 수 있다. 하지만, 교회나 기업의 규율은 모든 국민들을 구속할 수 있는 법이 아니라 단지 그 조직의 구성원들만을 구속할 수 있는 것이다.

주권(sovereignty): 주권은 주어진 영토 내에서 "아무런 제한을 받지 않는, 절대적이고 영속적인 최고의 권력"을 의미한다. 국가가 주권을 가졌다고 말할 때, 그것은 국가의 관할권 내에서는 다른 어떠한 행위자도 국가의 의지를 거스를 수 없다는 뜻이다. 주권이라는 개념은 16세기 프랑스의 정치 철학자 보뎅(Jean Bodin)이 처음 사용하였는데, 당시는 군주가 자신의 왕국 내에 있는 모든 사람들을 대신해서 법을 만들 수 있는 절대적 권위를 지녔다는 개념으로 사용되었다. 하지만 오늘날 주권의 개념은 군주의 권위가 아니라 인민의 권위로 바뀌었다. "정당한 주권은 국민들에게 있다"는 주장을 하듯이 헌법질서에 기반을 둔 국가들은 종종 국민주권을 제 1 원칙으로 상정한다.

민주주의 국가의 주권은 원칙적으로 국민에게 있지만 국민 개개인이 주권을 실질적으로 행사한다는 것은 매우 어려우며 극심한 혼란을 가져올 수도 있다. 따라서 국민은 정부에게 권력을 이양해 자신을 대신해서 주권을 행사하도록 하고 있다. 하지만, 권력을 이양 받은 정부는 주권의 고유한 행사자인 국민들에게 위협을 가할 수도 있다. 따라서, 오늘날 대부분의 국가들은 주권을 입법, 사법, 행정으로 분할하여 서로를 견제할 수 있는 상이한 기관과 사람들에게 할당하는 경향이 있다. 소위 권력분립이라는 원칙은 정부의 어느 한 부문이 다른 부문을 지배하는 것을 막기 위해 대통령과 의회와 대법원의 권력을 명확히 구분하는 원칙이다.

근대국가는 그 형태면에서 인민, 영토, 정부, 주권이라는 4가지 요소를 갖추고 있다는 점을 살펴보았다. 근대국가는 형태적 특징 이외에 기능적인 측면에서 크게 '폭력수단의 독점적 통제'와 '사회로부터 분리된 법의 지배와 비인격적 권력 행사'라는 특징을 가지고 있다.

Nation, State, Nation-State, Nationalism: 어떻게 구분되는가?

사회과학을 공부하는 학생이라면 누구나 nation, state, nation-state, nationalism이라는 용어에 혼란을 느꼈을 것이다. 그 이유는 민족을 지칭하는 nation이라는 용어가 상황에 따라 '국민' 혹은 '민족'으로 사용되기 때문이며 학계에서도 과연 어떠한 번역이 옳은지에 대한 논란이 지속되고 있기 때문이다.

일반적으로 nation은 정치적 의미보다는 사회적 의미가 강한 단어로서 언어, 인종, 문화, 혹은 지리적 유사성에 근간을 둔 사람들의 집단을 지칭하는 단어이다. 그러므로 nation은 특정한 국가(state) 내에 속하지 않더라도 존재할 수 있다. 예를 들어, 팔레스타인 사람들은 국가는 없으나 하나의 nation을 이루고 있는 집단이다. 혹자에 따라서는 nation을 민족보다는 국민으로 번역하는 경우를 종종 찾아 볼 수 있다. 국민이란 일본 메이지 시대에 만들어진 '고꾸민'을 그대로 번역한 말인데, 영어로는 citizen의 개념이다. Citizen은 국가의 보호나 어떤 권리를 향유하고, 반대로 국가에의 기본적 의무를 진다는 계약적, 근대적 의미가 강한 개념이다. 하지만, 일본에서는 군국주의 시절 이 말은 국가에의 충성과 의무를 강조하는 뜻으로 사용되었다. 따라서 nation은 사회적 의미를 강조해서 국민보다는 민족으로 번역하는 것이 옳을 것이다.[7)]

국가(state)는 정치적 함의를 가진 용어라는 점에서 nation과 차별화된다. 국가를 구성하는 요소는 인민(people), 영토, 주권, 그리고 정부이다. Nation은 유태인들처럼 다양한 지역에 흩어져 있을 수 있지만, 모든 국가는 명확한 영토적 경계를 가지고 있다. 국가와 nation이 유일하게 공유하는 것은 주민 혹은 인민이며, 오늘날 인민들은 자신의 국가를 가장 기초적인 사회적 단위로 생각하고 있다. 인민들은 국가를 중심으로 단결하며 국가를 통해서 자신의 정체성을 찾는다.

한편, 국가 내에 있는 개인들은 시간이 흐르면 흐를수록 언어, 인종, 문화, 혹은 지리적 유사성에 힘입어 서로 밀접하게 결합되어 하나의 nation(민족)을 형성할 수 있다. 이때 국가는 민족국가(nation-state)로 전환되는 것이다. 결론적으로, nation이라는 용어는 인민들의 사회적 집합체를 상징하며, 국가는 그 집합체를 정치화하는 단위이다.

민족주의(nationalism)는 근대 민족국가의 이데올로기다. 민족주의는 매우 논쟁적인 개념인데, 크게 민족이 국가를 만들었다는 주장과 반대로 국가가 만들어진 뒤 국가의 외피 안에서 민족이라는 관념이 만들어졌다는 주장이 있다.[8)] 정치

7) 한석정, "제국주의 연구의 자료와 자유에 관하여," 한국민족운동사연구, 2000, pp. 493-94.

8) E. J. Hobsbawm, *Nations and Nationalism since 1780: Programme, Myth, Reality* (Cambridge: Cambridge University Press, 1990); Immanuel Wallerstein, "The Construction of

학자들은 민족국가가 국제관계의 지배적 정치 모형으로 등장한 시기를 민족국가의 다양한 권리와 주권을 규정하고 있는 1648년 웨스트팔리아 조약(Treaty of Westphalia)에서 찾는다. 웨스트팔리아 조약 이후 민족주의는 날로 성장했으며, 오늘날 가장 강력한 정치적 이념으로 자리잡고 있다.[9)]

2. 근대국가의 기능적 특징[10)]

1) 폭력수단의 독점적 통제

베버는 국가를 "주어진 영토 내에서 물리적 힘의 정당한 사용에 대한 독점권을 지닌 공동체"라고 파악하고 있다. 그만큼 폭력수단에 대한 통제는 근대국가를 전근대적 정치공동체와 구별하는 큰 특징 중의 하나이다. 국가가 폭력수단을 독점하고 있다는 것은 한 국가의 관할권 내에서 폭력은 국가만이 사용하거나 경찰과 같이 국가의 특별한 재가를 받은 사람만이 사용할 수 있다는 것이다.

국가가 무력의 사용을 효과적으로 독점하는 사회일수록 실제로 폭력에 의존하는 빈도는 점점 적어짐을 알 수 있다. 예를 들어, 내전이 만연한 곳이나 조직폭력배가 활성화된 곳에서는 국가가 폭력수단을 제대로 독점하고 있지 않기 때문이다. 또한 폭력수단에 대한 국가의 독점은 현대사회로 올수록 더욱 커짐을 알 수 있다. 오늘날 많은 국가는 가정 내 부모의 자녀에 대한 폭력이나 여성에 대한 남성의 폭력, 더 나아가 직장 내의 성폭력 등을 더욱 강력하게 단속하는 추세이다.

2) 비인격적 권력 행사, 사회로부터 분리된 정치 권력

근대국가의 또 하나의 특징으로 비인격적 권력(impersonal power)을 들 수 있다. 비인격적 권력은 인간의 지배가 아니라 법의 지배를 의미한다. 전(前)근대 국가들은 권력이 왕이나 소수의 지배계급에 집중되어 있었으며, 이들 최고

Peoplehood: Racism, Nationalism, Ethnicity," in Wallerstein, I and E. Balibar, edited, *Race, Nation, Class: Ambiguous Identities* (London: Verso, 1991).

9) Leon P. Baradat, *Political Ideologies*, 2nd ed. (New Jersey: Prentice-Hall, Inc., 1984), pp. 1-21.

10) 크리스토퍼 피어슨, 「근대국가의 이해」(서울 : 일신사, 1997), pp. 19-58.

권력자는 법의 구속을 받는 존재가 아니라 주관적이고 독단적으로 법을 만드는 권한을 지녔다. 반면, 근대국가는 헌법이라는 보편적이고 공식적인 법률의 객관적 결정에 의해 지배된다. 헌법적 질서 내에서 국가권력을 행사하는 사람들은 일반적으로 개인적 기초에 의거해서가 아니라 국가의 특정 기구의 직무를 맡은 사람이라는 공적 위치로 인해 권력을 행사하는 것으로 간주된다.

국가가 헌법이라는 보편적이고 공식적인 법률의 객관적 결정에 의해 지배되는 현상을 입헌주의(constitutionalism)라고 부른다. 입헌성 개념은 근대국가와 전근대 국가를 구분시키는 아주 중요한 지표 중의 하나이다. 근대국가가 "입법에 의해서만 변경될 수 있는 행정적, 법적 질서"를 갖고 있다는 말은 곧 국가가 사회와 경제로부터 분리된 권력을 가지고 있다는 의미이다. 다시 말해, 근대국가는 경제권력을 행사하는 자가 정치권력을 행사하는 자와 구분되어 있다. 예를 들어, 전근대사회에서는 사회적 권력, 경제적 권력, 가부장적 권력, 정치적 권력이 미분화된 상태에 있었기 때문에, 정치권력을 행사하는 집단이 사회나 경제권력을 아울러 직접적으로 행사할 수 있었다. 즉, 경제, 정치, 사회 영역은 기본적으로 융합되어 있었다. 이와는 대조적으로 근대사회는 경제 활동은 자발적 교환에 의한 시장에서 이루어지는 사적 영역이고, 정치 활동은 법에 의해 지배되고 법개정에 의해서만 바뀔 수 있는 공적 영역으로서 두 영역간에는 명확한 경계가 존재한다는 것이다.

비인격적 권력 행사(법의 지배) 그리고 사회로부터 분리된 정치 권력을 특징으로 하는 근대국가는 과연 지도자를 어떠한 원칙에 의해서 선출하는가? 근대국가의 지도자 선출 문제에 대한 가장 중요한 기준은 "과연 집권세력이 국가의 기본적인 입헌질서에 의해서 집권했는가?"라는 간단한 기준에 의해 설정된다. 예를 들어, 특정 국가가 헌법에서 지도자의 선출방식을 다수결 방식으로 정하였다면, 지도자로 당선된 자가 과연 헌법에 명시된 입헌질서에 따라 당선되었는지가 가장 중요한 기준이 되는 것이지 지도자의 출신배경, 성(性), 경제력, 사회적 지위 등은 부차적 문제라는 것이다.

제 5 절 근대국가의 형성

1. 국가 기원에 대한 다양한 학설

국가의 기원에 대해서는 자연발생설(natural theory), 신권설(divine theory), 사회계약설(social contract theory), 그리고 힘 이론(force theory) 4가지 학설이 있다. 자연발생설은 사람들이 사회적 동물이라는 점을 강조한다. 인간은 사회적 동물이기 때문에 공동체를 형성하며, 공동체의 공식적 조직 형태가 바로 국가라는 것이다. 즉, 국가 형성은 사람들이 공동체를 형성하려는 자연스러운 경향을 반영하고 있다는 것이다. 신권설은 절대국가의 왕권을 정당화하는 이론이다. 신권설에 의하면 모든 권력은 신으로부터 나오며 왕은 현실세계에 있는 신의 대리인으로서 신을 대신해 절대권력을 행사할 수 있다는 것이다. 사회계약설은 국가가 지배자와 피지배자간에 합의된 계약에 의해 형성되었다는 이론이다. 사회계약설에 의하면 지도자는 피지배자의 동의에 의해 통치를 한다. 주권이 왕에게 있다는 신권설과는 다르게 사회계약설에서는 주권의 원천이 인민에 있다고 본다. 힘 이론은 약육강식의 논리를 자연스럽게 받아들여 강자가 약자를 대상으로 자신의 권력을 제도화시키는 과정에서 국가가 탄생했던 것이다.

위에서 언급한 국가 기원에 대한 4가지 이론은 어디까지나 특정 정치체제를 정당화하기 위해 만들어진 이론이며, 역사적 적실성은 상당히 결여되어 있다. 오늘날 대다수의 사회과학자들은 근대국가 출현의 기원을 사유재산을 보호하고 전쟁을 수행하는 역사적 과정에서 찾고 있다.

2. 봉건에서 근대국가로의 역사적 이행

국가의 형성에 대해서는 많은 이론들이 있지만, 대부분의 논자들은 근대국가 출현의 기원을 유럽에서 발생했던 봉건제로부터 절대주의로의 역사적 이행에서 찾고 있다. 이 이행은 권력의 원천과 소재가 다중적인 사회로부터 단일한 사회로의 이행이 된다. 다시 말해, 근대국가의 형성 과정은 지방에 산재해 있는 권력이 국가 중앙에 축적되는 과정이다. 지방에 기반을 둔 귀족들의 세력 기반이었던 재정, 군사, 사법, 입법, 행정 등의 권력을 중앙에 위치한 국가가 빼앗는 것이 근대국가 형성의 과정이었다. 이러한 과정을 포기(Poggi)는 사적 통치에서 공적 통치로의 이행(shift from private to public rule), 베버(Weber)는 개인적 통치에서 비인격적 통치로의 이동(shift from personal to impersonal rule), 그리고 틸리(Tilly)는 간접통치에서 직접통치로의 이동(shift from indirect to direct rule)이라고 표현했다.[11] 여기서는 간략히 서구의 경험에 비추어 16세기로부터 비롯되는 근대국가의 형성과정에 대해서 논의한다.

서양 봉건제도는 군주로 대표되는 국가가 기사 혹은 봉신(vassal)들에게 군사적 복무에 대한 대가로 토지를 제공하는 관계로 이루어져 있었다. 토지를 부여 받은 귀족들은 국가에 대한 군사적 의무 이외에 농민들로부터 추출한 세금을 국가에 제공하는 재정적 서비스를 함께 담당했다. 이렇게 국가가 세금과 군사를 토지귀족에게 위탁한 봉건체제의 권력은 상당히 분권화되어 있었다. 그 이유는 통치자(국가)와 토지귀족간의 공간적 거리가 상당히 멀었기 때문에 국가는 토지귀족을 감시하기 힘들었고, 그 결과 토지귀족은 자신의 영토 내에서 경제권뿐만 아니라 실질적 권력을 행사할 수 있는 특권(immunity)을 누릴 수 있었기 때문이다. 이를 바꾸어 말한다면, 중세의 봉건국가는 사회에 직접 침투할 능력이 결여되어 있었기 때문에 토지귀족이라는 대리인에 의존하여 세금과 국방을 담당하게끔 하였다. 봉건국가와는 달리 오늘날 근대국가는 자신의 군대를 가지고 있고 시민으로부터 직접 세금을 징수하고 있다. 이러한 근대국가의 형성에는 전쟁, 재산 보호, 그리고 자원추출 능력의 향상이 중요한 요인으로 작용하였다.

14-17세기 유럽의 국가 형성을 연구한 틸리(Tilly)는 국가의 활동은 조직 폭력배 집단과 매우 흡사하다는 주장을 펴고 있다.[12] 틸리에 의하면 도적, 해적, 조직 폭력배, 경찰, 그리고 국가는 모두 관할권에 있는 고객의 사유재산을 보호(protection)해 준다는 구실을 담보로 금품을 갈취하는 행위자라는 점에서

11) Gianfranco Poggi, *The Development of the Modern State* (London: Hutchinson, 1978), pp. 13-15; Weber, Max, *Economy and Society*, 2 vols. (Berkeley: University of California Press, 1922/1978), chapter 11; Tilly, Charles, *Coercion, Capital, and European States, AD 990-1990* (Oxford: Basil Blackwell, 1990), pp. 103-17.

12) Charles Tilly, "War Making and State Making as Organized Crime," in Peter Evans, Dietrich Rueschemeyer and Theda Skocpol, edited, *Bringing the State Back In* (Cambridge: Cambridge University Press, 1985), pp. 169-91.

유사하다. 국가의 보호임무와 조직 폭력배의 보호임무의 가장 큰 차이점은 국가는 폭력을 행사할 수 있는 정당성을 가지고 있는 반면, 조직 폭력배는 폭력행사에 대한 허가된 권리가 없다는 점이다.

틸리에 의하면, 근대국가는 조직화된 폭력을 독점함으로써 4가지 활동을 수행하고 있다.

① 전쟁수행 : 국가가 이미 소유권 주장을 한 영토 바깥에 있는 경쟁자의 제거 및 무력화

② 국가건설 : 국가가 소유권을 주장한 영토 안에 있는 경쟁자의 제거와 무력화

③ 보호 : 국가 고객의 적을 제거하고 무력화함

④ 자원추출(extraction) : 위 3가지 활동을 하기 위해 필요한 자원을 추출하는 역할

전쟁수행, 국가건설, 보호, 추출의 4가지 활동은 서로 연관된 현상이다. 전쟁을 효과적으로 수행하기 위해서는 사회로부터의 자원동원이 필수적이었다. 따라서 근대국가는 국가들이 전비 충당을 위해 사회에 효과적으로 침투할 수 있는 각종 재정정책(특히 조세제도)을 마련했다. 또한 대대적인 병력 동원과 광범위한 자원 추출을 위해 인민들에게 정치참여의 권리를 확장하였으며, 방대한 규모의 전쟁수행에 소요되는 물적·인적 자원의 동원과 관리를 위한 행정조직(관료)을 갖추어 나갔다.

그러면 국가는 어떻게 보호판매 사업(business of selling protection)에서 다른 경쟁 조직체들보다 우위를 점하게 되었을까? 이 과정은 다음과 같은 간단한 시나리오를 동원하면 쉽게 알 수 있다. 특정한 영주가 아주 뛰어난 전쟁수행 능력을 발휘해 거대한 영토의 지배자가 되었다고 하자. 이 영주는 지속적인 전쟁수행을 하기 위해서 무기, 인력, 식량, 운송 등을 조달해야 한다. 따라서 그/그녀는 되도록 많은 양의 사회 자원을 추출하려 할 것이다. 사회의 자원을 더욱 많이 추출하기 위한 방법은 크게 세 가지 방식이 있다. 첫째는 사회에서 생산하는 자원의 절대량을 증가시키는 방식이다. 전(前)근대 농경사회에서는 생산성을 증가시키는 방법은 노동의 강도를 높이는 것이었다. 이것은 주로 노예, 농노를 이용하여 탄압의 수준을 높이는 것을 의미했다. 이에 반해, 자본주의와 산업화의 등장과 함께 기계를 통해 노동의 질을 증가시킬 수 있었으며 그 결과 국가는

더욱 많은 자원을 추출할 수 있었다(자본주의의 수용).[13] 사회의 자원을 더욱 많이 추출하는 두 번째 방법은 국가의 자원 추출 능력을 향상시키는 방법이 있다. 전근대 사회에서 국가는 지방의 토지 귀족을 통하여 조세를 추출하였는데, 이는 중간 횡령 등의 문제 때문에 한계가 있었다. 따라서 국가는 전문 관료 집단을 구성하여 인민으로부터 직접 세금을 추출하는 방식을 선택하였는데 그것이 오늘날 관료집단이다. 관료제의 정비는 바로 근대국가의 건설 차원에서 이루어졌다(전문 관료제의 등장). 사회의 자원을 추출하는 세 번째 방법은 자원을 추출할 수 있는 대상을 넓히는 것인데, 이는 폭 넓은 시민권 부여로 가능했다는 것이다(시민권의 확대). 결론적으로 자본주의, 관료제, 시민권 등을 특징으로 하는 근대국가는 전쟁을 수행하고 자원을 추출하는 과정에서 형성되었다는 것이다. 이러한 의미에서 근대국가의 정의를 다음과 같이 내릴 수 있다. 근대국가는 영토적으로 통합된 지역에 대한 중앙 집권적 통제력을 지니고, 전문 관료를 지니고 있으며, 그 권력(주권)이 미치는 영역에 대해 독점적으로 법률을 제정하고 세금을 징수하며 폭력을 행사할 수 있는 정치 단위체이다.

〈그림 2-1〉은 근대국가에 대한 정의를 도식화한 것이다. 그림에서 볼 수 있듯이 전근대적 국가와 근대국가의 첫번째 차이점은 명확한 영토의 경계가 존재

〈그림 2-1〉 전근대적 지배 체제와 근대국가의 차이점

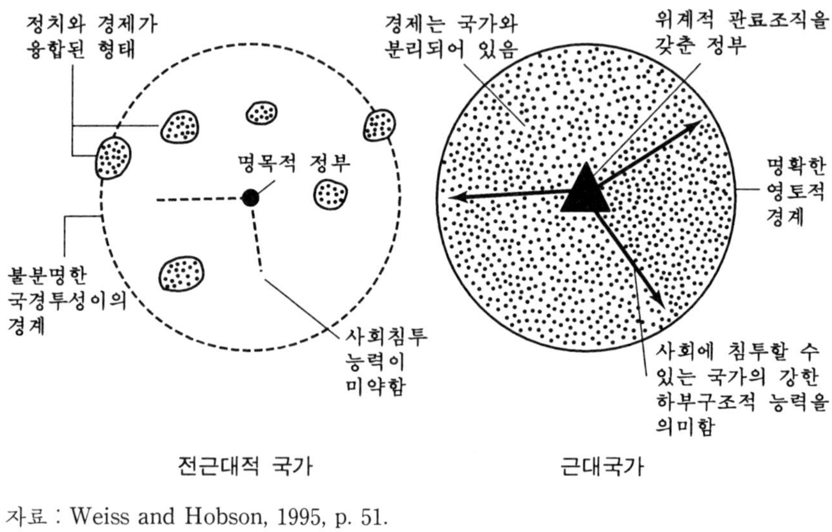

자료 : Weiss and Hobson, 1995, p. 51.

---

13) Michael Mann, *States, War and Capitalism* (Oxford: Blackwell, 1988), pp. 136-39.

하는 지의 여부이다. 전근대적 국가들은 점선으로 표시되었듯이 영토의 경계가 모호한 반면 근대국가는 명확한 영토를 가지고 있다. 둘째, 전근대적 국가들이 정치와 경제가 융합되어 있다면 근대국가는 경제 영역이 국가와 분리되어 있음을 볼 수 있다. 끝으로, 근대국가는 국가의 권력이 사회의 변방까지 효과적으로 침투하고 있는 데 비해서 전근대 국가들은 사회 침투 능력이 상당히 결여되어 있다. 근대국가가 법이나 정책을 이용해서 효과적으로 사회에 침투할 수 있는 능력을 국가의 하부구조적 권력(infrastructural power)이라고 표현할 수 있는데, 이는 제 6 절 '국가 권력의 다양한 차원'에서 자세히 설명한다.

제 6 절 국가 권력의 다양한 차원 —만(Mann)의 신(新)국가이론을 중심으로—

제 4, 5절은 근대국가의 다양한 제도적 특징들에 대해 논의하였다. 하지만, 단순히 제도적 특징들만 가지고는 근대국가가 실제로 어떻게 살아 숨쉬며 운영되는지 파악할 수 없다. 역동하는 정치현상을 분석하기 위해서는 중앙정부와 지방정부의 관계, 입법 · 사법 · 행정부들간의 관계, 그리고 지배계급과 피지배계급의 관계 등을 살펴보아야 하는데, 이것은 권력 개념을 사용함으로써 가능해진다. 따라서 제 6 절에서는 근대국가와 국가를 둘러싼 환경, 즉 사회의 다양한 관계에 대해서 알아본다.

스위스, 미국, 일본 등 몇몇 선진국을 여행한 사람이면 누구나 사회의 질서가 매우 잘 잡혀 있다는 점을 느꼈을 것이다. 이곳 국민들은 한밤중에 운전을 하다가도 붉은 신호등이 켜지면 어김없이 차를 세운다. 심지어 지나가는 행인이 없더라도. 한편 몇몇 국가들의 국민들은 대낮에 횡단보도를 건너는 시민이 있더라도 경적을 울리거나 차를 그대로 몰고 지나간다. 심지어 교통 경찰이 바로 옆에 있더라도. 어떤 국가들은 항상 평화적인 방식에 의해서 지도부를 교체하지만, 다른 국가들은 국가를 전복하려는 무장세력들이 공공연히 활동하는데도 그것을 진압하지 못한다. 어떤 국가는 별 어려움 없이 사회에 효과적으로 침투해서 질서를 유지하지만, 어떤 국가는 겉으로 보기에는 막강한 경찰력, 군대를 가지고 있지만 효과적으로 사회의 질서를 유지하지 못한다. 나라들마다 위와 같은 차이가 발생하는 이유는 국가-사회 관계가 각각 다르기 때문이며, 국가-사회 관계를 분석하기 위해서는 국가 권력의 다양한 차원을 이해해야 한다.

국가 권력의 다양한 차원을 밝히기 위해서 만(Michael Mann)은 국가권력의 유형을 전제적 권력(despotic power)과 하부구조적 권력(infrastructural power) 두 가지로 분류한다. 전제적 권력은 국가가 자신의 법이나 정책을 사회 구성원들의 동의와는 관계없이 사회에 일방적으로 강요할 수 있는 능력이다. 이와는 대조적으로, 하부구조적 권력은 사회 구성원들의 자발적 동의를 통해서 국가가 권력을 행사할 수 있는 능력이다. 하부구조적 권력이 발달하기 위해서는 국가는 시민사회와 긴밀한 협력 관계를 유지해야 하며, 하부구조적 권력이 발달한 국가는 물리력을 사용하지 않고서도 사회생활에 효과적으로 침투할 수 있다.[14)]

근대 국가발전에서 두드러지게 나타나는 일반적인 특징은 국가의 권력이 사회에 효과적으로 침투할 수 있는 하부구조적 권력이 발달되어 있다는 점이다. 국가의 하부구조적 권력은 시민사회와 제도화된 협력관계를 통해서 강화된다. 하부구조적 권력이 발달한 국가는 영토 내의 국민을 효과적으로 통제할 뿐만 아니라 필요한 인적·물적 자원을 추출할 수 있다. 이러한 국가는 또한 테러나 물리력과 같은 자의적이며 불안정한 통제 수단에 가장 적게 의존하는 국가이다. 한편, 전근대 국가는 일반적으로 자신의 사회적 기반과 분리되어 있었고 사회 침투 능력이 결여되어 있었기 때문에 국가가 필요로 하는 자원을 추출하기 위해서는 전제적 권력(despotic power)을 사용하였다.

만(Mann)이 제시한 국가 권력의 두 차원은 제 2 절에서 언급한 권력과 힘의 차이와 유사하다. 권력은 상대를 자발적으로 순응하도록 만드는 능력인 반면, 힘을 행사했다는 것은 오히려 상대방을 순응하게 만들지 못했다는 것을 시인하는 것이라는 것을 배웠다. 이러한 면에서 국가의 하부구조적 권력은 "권력"과 유사한 개념이고, 전제적 권력은 상대방의 자발적 동의가 없다는 점에서 "힘"과 유사한 개념임을 알 수 있다.

만(Mann)은 국가 권력의 두 차원을 이용하여 역사적으로 국가 권력이 어떻게 변화해 왔는지 살펴보고 있다(표 2-3).

14) Michael Mann, *The Sources of Social Power: The Rise of Classes and Nation-States, 1760-1914*, vol. 2 (Cambridge: Cambridge University Press, 1993).

〈표 2-3〉 국가 권력의 두 차원

		하부구조적 권력	
		낮음	높음
전제적 권력	낮음	봉건제 국가	근대 관료-민주주의 국가
	높음	제국(imperial state)/17-18세기 유럽의 절대국가	근대 권위주의 국가

자료 : Mann, 1993, p. 60.

〈표 2-3〉에서 볼 수 있듯이 봉건제 국가는 전제적 권력과 하부구조적 권력이 모두 미약한 국가이다. 봉건제는 '분할되고 중첩된 권위로 이루어진' 사회세계였는데, 이러한 봉건제하에서 국가는 사회에 개입할 수 있는 능력이 매우 미약했다. 그 이유는 봉건시대의 왕은 '동료 중의 제 1 인자'(*primus inter pares*)였을 뿐이었기 때문이다. 그러한 체제하에서는 어떤 유일한 주권자도 있을 수 없었다. 왕은 국가를 자기 소유물로 가지고 있었지만, 자신이 소유한 영지 바깥에 있는 사회(성직자, 길드, 귀족)에 대한 통제력은 매우 미약했다. 왕의 군대는 영주들의 세금으로 유지되었으나 왕과 영주간의 관계는 계약상의 의무였기 때문에 쉽게 허물어질 수 있었으며, 영주들은 언제나 자신이 보유한 독자적 군사력을 이용하여 왕의 권위에 대항하는 데 사용할 수 있었다. 따라서 왕의 통치는 상당한 자율권을 행사하는 영주, 교회 등에 의존하였기 때문에 간접적이었다.[15]

로마나 중국이 건설한 제국이나 유럽의 절대국가는 전제적 권력은 매우 강하나 하부구조적 권력이 미약한 유형이다. 이러한 국가는 국가 권력이 미치는 범위 내에서는 막강한 권력을 행사하였지만 불행히도 권력이 미치는 범위가 매우 제한적이었다. 권위주의 국가는 전제적 권력과 하부구조적 권력이 모두 강력한 유형이다. 권위주의 국가는 국가의 권력이 사회의 곳곳에 가시적으로 침투해 있으며 국민들의 일상생활을 철저하게 감시한다. 이러한 국가의 현실적 유형으로는 구소련, 한국의 군사정부(1961-87), 북한 등을 들 수 있다. 근대 관료-민주주의 국가는 전제적 권력은 낮으나 하부구조적 권력이 강한 유형이다. 근대 관료-민주주의 국가의 하부구조는 자본가들이 통제하고 있는데, 국가는 자본가들과 긴밀한 협조에 의해서 그리고 소위 "민주적 절차"에 의해서 그 권력을 행

15) 봉건제 국가의 특성에 대해서는 Gianfranco Poggi, *The Development of the Modern State* (London: Hutchinson, 1978).

사한다. 근대 관료-민주주의 국가의 특징은 국민들의 일상생활에 국가의 권력이 노골적으로 나타나지 않는다는 것이다. 국가의 권력은 가시적이지는 않지만 실제로 국가는 하부구조의 동의를 얻어서 보이지 않는 강력한 통제력을 행사하고 있다. 이 절의 도입부분에서 언급한 교통 질서를 잘 지키는 국민들은 하부구조적 권력이 강력히 발달한 국가에서 생활하고 있는 사람들이다.

위에서 분류한 국가권력의 유형을 그림으로 표시하면 〈그림 2-2〉와 같다.

〈그림 2-2〉 국가권력의 유형

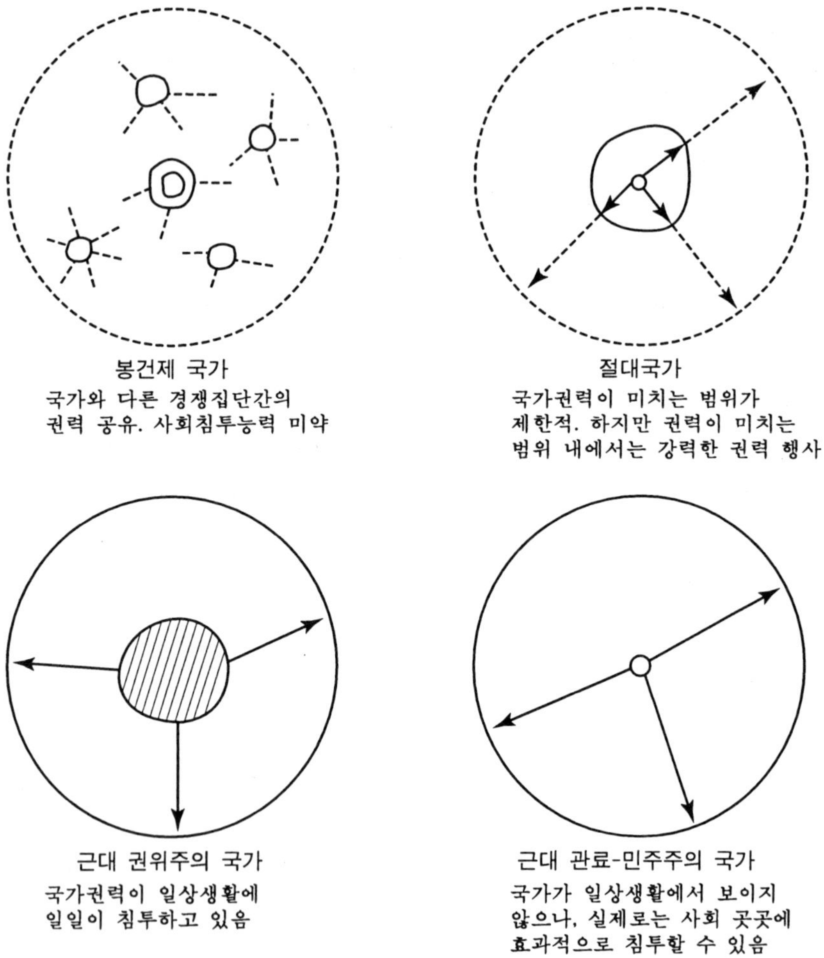

제 7 절 국가와 계급 — 누가 권력을 가지고 있는가?

국가는 피치자와 통치자를 모두 지배하는 공권력이다. 하지만 국가는 공권력이라는 명목 하에 때로는 특수 집단의 이익을, 때로는 자본가들의 이익을, 그리고 심지어는 국가 자신의 이익을 추구하기도 한다. 국가의 권력이 어떻게 사용되는가에 대한 문제는 국가 권력의 구조에 대한 논의이며 이에 대해서는 자유주의-다원주의, 계급국가론, 국가주의 국가론 세 가지 이론이 있다.

1. 자유주의-다원주의 국가이론(liberalist-pluralist theory of the state)

자유-다원주의 전통은 자신의 정치, 경제적 이익을 쫓는 개인들이 사회를 구성한다는 방법론적 개인주의(methodological individualism)에서 출발한다. 다양한 경제 행위자들의 이익들이 시장이라는 보이지 않는 손(invisible hand)에 의해 조화된다는 신고전주의 경제학과 동일하게, 자유주의-다원주의 국가이론은 정치과정을 갈등보다는 조화라는 관점에서 관찰하고 있다. 서로 갈등관계에 놓여 있는 다양한 이익들이 협상을 통해 어떤 합의점을 만들어 낼 수 있다는 전제 위에서 정치의 문제가 취급된다. 국가는 중립적인 위치에서 협상 당사자들이 협상을 이끌어 나가게 할 수 있는 기본적 약속 또는 규칙 등을 감독하고 그 위반자에 대해 제재하는 역할을 맡는 것으로 파악한다.

자유-다원주의 국가이론의 중요한 가정은 개인은 이익집단과 같은 그룹을 통해서 정치에 참여한다는 것이다. 사회에 존재하는 무수히 많은 이익단체들은 그 규모는 다를 수 있지만 기본적으로 서로 수평적인 관계에 놓여 있지 특정 이익단체가 다른 이익단체를 통제하는 위계적 질서는 없다. 또한 사람들은 한 그룹에 가입하는 것이 아니라 가족, 교회, 경제단체, 사회단체 등 다양한 그룹에 가입하는데 이를 교차-중복된(cross-cutting) 멤버십이라고 한다. 무수히 많은 이익집단들간의 경쟁, 그리고 교차-중복된 멤버십은 이익의 다원화를 불러일으키고, 따라서 사람들간의 정치적 갈등은 마치 시장에서와 같이 자연스럽게 희석되며 해소된다.

사회의 갈등이 무수히 많은 이익집단의 상호 경쟁, 그리고 교차-중복된 멤버십에 의해서 해결된다면, 자유-다원주의 국가이론에서 상정하는 국가의 역할은 과연 무엇인가? 이들 이론에 의하면 국가는 다양한 이익집단의 요구를 수동적으로 정책에 반영하는 기구이다. 따라서 국가의 사회 개입은 게임의 기본적 규칙을 유지하는 수준에서만 이루어진다. 국가가 사회에 개입한다면 그것은 특정한 기업 혹은 이익집단의 이익을 보호하기 위해서가 아니라 각각의 이익집단들이 정책에 대한 동등한 접근성을 보장하기 위해서 개입한다는 것이다.

2. 계급 국가이론(class theory of the state)

대부분의 계급이론은 맑스주의(Marxist) 이론이다. 맑스 이론은 다원주의 이론이 계급갈등의 문제를 경시하거나 아니면 이 문제를 감추려 한다는 점에 그 초점이 두어져 있다. 맑스는 사회가 경제관계인 하부구조와 정치, 법률, 종교, 도덕 등으로 구성된 상부구조로 이루어져 있다고 보았다. 국가는 물리적 강제력을 바탕으로 독자적으로 기능하는 어떤 실체라기보다는 단순히 한 사회 내의 지배계급의 이익을 도모하는 하나의 상부구조이다. 이러한 의미에서 자본주의 국가는 자본주의 사회의 대표적인 지배계급인 자본가의 지배와 착취를 보호하고 유지하는 제도로 파악된다.

계급이론은 크게 도구주의적 맑스주의와 구조주의적 맑스주의 두 가지로 나눌 수 있다.

1) 도구주의적 맑스주의(Instrumental Marxist) : 밀리반트(Ralph Miliband)

도구주의적 맑스주의 이론은 자본가 지배계급은 사회를 지배하기 위해서 국가를 도구로 사용하고 있다는 주장을 한다. 따라서 국가는 자율적이지 못하며 단지 자본가들이 행사하는 사회적 압력의 산물이라는 것이다. 이 이론의 대표적 학자는 밀리반트(R. Miliband)이다. 그는 자본주의 사회는 크게 두 계급—소유하고 통제하는 계급과 일하는 계급—으로 나뉘어 있는데, 그중 응집력이 강한 자본가 계급이 국가를 통제하고 있다고 주장한다. 자본가 계급이 국가를 통제하는 이유는 첫째, 국가 관료는 중상류 계층인 자본가 계급에서 충원되고, 둘째, 국가 관료는 자본가 계급과 빈번한 접촉이 있으며, 셋째, 공공정책을 수행함에 있어서 국가 관료는 기업의 협조에 의지하기 때문이다.[16] 근대국가는 독점자본에 순응하는 도구일 뿐이라는 도구주의적 맑스주의 이론에 의하면 국가는 자본가 계급의 단순한 집행위원회인 것이다.[17]

2) 구조주의적 맑스주의(Structural Marxist) 국가이론

구조주의적 맑스주의 이론은 국가를 자본가 계급의 이익을 직접적으로 반영하는 단순한 도구로 바라보는 도구주의 견해에 대한 비판에서 출발한다. 구조주의 이론은 프랑스 인류학자인 레비-스트라우스(Claude Lévi-Strauss)의 영향을 받았는데, 그들의 주장은 겉으로 보이는 사회적 관계의 배후에는 "보이지 않지만 존재하는"(invisible but present) 구조가 자리잡고 있다는 것이다. 다시 말해, 국가의 행위는 국가 권력을 장악하고 있는 사람들보다는 사회의 구조에 의해서 결정된다.

구조주의 이론은 도구주의를 두 가지 측면에서 비판한다. 첫째, 도구주의는 겉으로 보이는 사회관계의 현상에만 집착해 국가의 이데올로기적 역할을 무시하고, 둘째, 도구주의는 '국가는 자본의 일반적 이익을 위해 때로는 특정 자본가의 이익에 반하는 행위를 취할 수 있다는 점'을 인식하는 데 실패했다고 주장한다.[18] 두 번째 비판은 구조주의적 맑스주의 이론의 핵심인 국가의 상대적 자율성(relative autonomy) 개념으로 이어진다.

상대적 자율성이란 국가가 재배 자본가 계급의 직접적인 통제로부터 어느 정도 자율성을 확보하고 있다는 것을 의미한다. 국가가 상대적 자율성을 가지는 이유는 국가의 궁극적 기능이 자본축적을 돕고 계급 투쟁을 완화하여 자본주의 체제를 유지하는 것이기 때문이다. 즉 국가는 직접적으로 보이지는 않지만, 억압적 기제와 이데올로기를 동원하여 자본주의 체제를 유지하며, 이를 위해서는

16) Ralph Miliband, *The State in Capitalist Society* (New York: Basic Books, 1969).
17) 이것은 맑스의 표현으로서 원문은 다음과 같다. "The state is the executive committee of the bourgeoisie."
18) Fred Block, "The Ruling Class does not Rule: Notes on the Marxist Theory of the State," in Hall, John, edited, *The State: Critical Concepts* (New York: Routledge, 1994).

때때로 지배계급의 단기적 이익을 억누르는 정책을 수행한다는 것이다.

구조주의적 맑스주의는 크게 자본주의 국가의 상부구조 역할을 중시하는 그람시, 알튀세르, 폴란차스 등의 정치적 구조주의(political structuralist) 이론과 국가의 자본축적 역할을 강조하는 오페, 오커너 등의 경제 구조주의(economic structuralists) 이론으로 대별된다.[19] 여기서는 간략히 알튀세르를, 그리고 오페와 오코너의 이론을 함께 묶어 소개한다.

알튀세르(Althusser)는 사회의 구조를 다음과 같이 분류하고 있다. ① 생산력과 생산관계로 나눠지는 경제적 하부구조, ② 정치-법 그리고 이데올로기로 구성된 상부구조. 자본주의의 지속적 발전을 위해서는 생산관계의 재생산이 중요한데, 이러한 기능은 상부구조의 일부인 국가가 담당하고 있다. 국가는 관료, 법원, 경찰, 감옥, 군대와 같은 공적인 영역에서 작동하는 억압적 국가 기제(repressive state apparatus)와 교회, 학교, 가족, 정당, 노동조합, 매스컴과 같이 사적인 영역에서 작동하는 이데올로기적 국가 기제(ideological state apparatus)로 구성된다. 구체적으로 억압적 기제와 이데올로기적 기제는 어떻게 작동하는가? 알튀세르에 의하면, 억압적 국가 기제는 계급 투쟁에 동원되는데, 즉 국가 권력을 쟁탈하려는 프롤레타리아트를 폭력적으로 억압하는 데 사용된다. 다시 말해, 억압적 국가 기제는 힘(force)에 의해 생산관계의 재생산을 가능하게끔 하는 정치적 조건을 조성하는 것을 의미한다. 한편, 이데올로기적 국가 기제는 자본주의에 적합한 사회적 규범을 생산한다. 즉, 자본주의의 겉 모습은 민주주의라는 허상이 있으며 그 허상 뒤에는 착취관계를 정당화하는 교육제도, 매스컴, 종교 등이 자리잡고 있다는 것이다.[20] 맑스는 이데올로기를 환상의 일종인 허위의식으로 파악하였지만, 알튀세르에게 있어서 이데올로기는 자본주의 사회에 질서를 부여하는 적극적 기능 담당하고 있다.

오페(Clause Offe)와 오코너(James O'Connor)는 맑스와 베버의 이론을 결합해 국가를 관료적 체계로 파악하여 하나의 행위자로 보고 있다. 그들은 자본주의 사회에서 국가가 수행하는 기능을 크게 자본축적과 정당화로 본다. 자본축적은 자본가의 이익을 반영하는 국가의 정책을 의미한다. 한편, 국가는 노동자

19) Ronald H. Chilcote, *Theories of Comparative Politics: The Search for a Paradigm* (Boulder, Colorado: Westview Press, 1981), p. 364.

20) Louis Althusser, "Ideology and Ideological State Apparatuses," in *Althusser, Lenin and Philosophy and Other Essays* (London: New Left Books), pp. 121-73.

들의 불만이 계급투쟁으로 이어지는 것을 방지하기 위해 다양한 복지 정책을 실천하고 있는데, 이러한 정책은 국가의 정당성을 높여 준다. 그런데, 축적과 정당화의 두 기능은 근본적으로 상호모순의 관계에 있다. 국가가 자본 축적을 위해 노력하면 노동자들의 불만을 사 정당화의 수위가 떨어지고, 정당화를 위해 사회 복지 예산을 증가시키면 자본 축적이 저하된다. 오페는 자본주의의 근본적인 문제는 이러한 이중적 성격의 국가에 관한 문제이기 때문에 이를 간략히 '자본주의 국가의 구조적 문제'라 칭했다. 오코너는 자본주의 국가가 축적과 정당화의 상충되는 목표를 동시에 추구하다 보면 국가의 수입에 비해서 지출이 크게 늘어나 국가는 '재정적 위기'에 봉착한다고 주장한다.[21)]

3. 국가주의 이론(Statist Theory)

위에서 살펴본 자유주의와 맑스주의 국가이론은 각각 조화와 갈등을 강조한다는 측면에서 상당히 대조적인 성격을 보이고 있지만 이 두 가지 이론은 한 가지 면에서 유사한 모습을 보이고 있다. 국가를 사적 이익세력(이익단체, 자본가)의 이권을 반영하는 존재로 파악할 뿐 국가의 독자적 역할에 관해서는 별로 주의를 기울이지 않았다는 것이다. 이러한 이론들과는 대조적으로 국가주의 이론은 국가를 독자적 힘을 가지고 있을 뿐만 아니라 독자적 이익을 추구하는 행위자로 파악한다.

국가주의 이론의 출발점은 정책결정과 사회변동에 있어서 국가는 중요한 역할을 한다는 인식하에 국가를 단지 사회 세력의 이익을 반영하는 기구가 아닌 독자적인 영역으로 취급하려는 시도에서 시작되었다.[22)] 국가주의의 견해에 의하면, 국가는 특정 사회세력과 무관하게 자신의 독자적 이익과 자신이 선호하는 가치를 가지고 있으며, 그리고 "국익"이라는 명목 하에 그것을 실행할 능력을 지닌 조직체이다. 국가는 사회 세력의 저항에도 불구하고 자신의 정책을 집행할 수 있는 능력(capacity)을 지닌 조직체라는 것이다.

---

21) Clause Offe, "Structural Problems of the Capitalist State," in K. Von Beyme, edited, *German Political Studies*, vol. 1(London: Sage, 1974); O'Connor, James, *The Fiscal Crisis of the State* (New York: St. Martin's Press, 1973).

22) Peter Evans, Rueschemeyer and Skocpol, edited, *Bringing the State Back In*(Cambridge: Cambridge University Press, 1985).

초기 국가주의 이론은 국가의 자율성을 증명하기 위해 자본주의적 색체가 가장 짙은 미국의 국가를 우선적으로 연구하였다. 한 예로, 크래스너(Krasner)는 미국 외교정책을 연구하였는데, 그에 의하면 미국의 정책결정자들은 "국익"(national interest)이라는 명확한 개념을 가지고 있으며, 국내 자본가들의 압력에도 불구하고 독자적인 외교-경제정책을 추구해 나간다는 결론을 내렸다.[23] 이러한 국가주의 이론의 연구 범위는 단순한 국가의 상대적 자율성의 범위를 벗어나 상대적 능력(relative capacity)을 측정하는 연구로 발전하였다. 국가가 상대적 자율성을 가지고 있다는 것은 국가주의 이론에서는 당연시되었으며, 이어진 연구에서는 국가의 상대적 능력의 높고 낮음에 따라 국가를 강한 국가(strong state)와 약한 국가(weak state)로 분류하는 작업이 시도되었다. 그리고 강한-약한 국가의 분류 방식은 제3세계의 산업정책과 경제발전의 연구에 응용되었는데, 그중 대표적인 이론이 발전국가(developmental state)이론이다.

발전국가이론은 국가주의이론의 전통에 의거하여 주로 동아시아의 급속한 산업화를 설명하기 위해 형성된 이론이다. 우선 발전국가는 고도의 자율성과 강한 능력을 지닌 국가를 의미한다. 이러한 발전국가는 사회가 지향해야 할 목표를 수립하고 목표 달성을 위한 정책을 집행한다.

선진국과는 다르게 후발산업국은 산업화를 달성하는 데 있어서 많은 장애물에 직면하게 된다. 우선, 전(前)자본주의 사회의 지배계급인 토지귀족이 많이 잔존해 있는데, 이들은 생산수단을 변형시켜 산업화를 주도할 인센티브가 없다. 또한 사적 기업가들의 세력은 미약해서 산업화를 주도할 이들의 능력은 상당히 의심스럽다. 한편, 국가는 정치-군사적 생존을 유지해야 하기 때문에 일정 수준의 경제 생산성을 필요로 한다. 따라서 국가의 경영인들은 지배계급과 갈등을 겪게 된다. 하지만 이러한 악조건 속에서도 국가가 자율성과 능력을 가지고 있다면 산업화는 충분히 달성될 수 있다.

발전국가 이론의 매력적인 점은 경제발전이 세계 체제에 의해 규정되지 않는다는 점을 제시했을 뿐 아니라, 비록 후발국가라도 국가 역량(state capacity)에 의해 뒤진 상황의 약점을 오히려 장점으로 돌릴 수 있다는 점을 제시했기 때문이다. 발전국가이론의 대표적 사례는 일본을 꼽고 있으며, 한국과 대만의 경

23) Stephen D. Krasner, *Defending the National Interest* (Princeton: Princeton University Press, 1978).

제발전 역시 발전국가의 틀 속에서 설명된다.[24)]

구체적으로, 발전국가이론은 동아시아 산업화의 동인을 사회 세력으로부터 자율성을 지닌 강력하고 권위적인 국가의 역할에서 찾는다. 동아시아의 국가는 그 능력과 자율성을 바탕으로 해외 자본으로부터 국내 자본가 세력을 보호하는 동시에 장기 발전에 따른 전략 목표를 설정하고 나아가 여신, 수출, 외환 등의 도구를 이용해 단기이익을 추구할 수 있는 사적 자본가들을 인도해 나갔다. 발전국가이론은 동아시아의 성공 사례를 남미의 실패와 대조하는데, 남미는 약한 국가(weak state)와 강력한 해외자본이라는 복합 요소가 작용해 장기적 경제성장을 이루지 못했다.[25)]

국가이론은 매우 복잡하기 때문에 이를 쉽게 정리하기 위해서 단순화의 위험을 무릅쓰고 두 개의 표를 제시한다. 〈표 2-4〉는 이상에서 국가자율성과 계급중립성을 중심으로 다양한 유형의 국가를 정리하였다. 표의 왼쪽 축은 국가의 자율성 정도를 나타내는데, 국가가 높은 자율성을 가지고 있다는 것은 다양한 사회세력의 압력에도 불구하고 어느 정도 국가의 의지를 실천할 수 있는 능력이 있다는 것을 의미한다. 다른 한 축은 국가의 중립성 여부를 표시하고 있다. 국가가 중립적인가의 기준은 과연 '국가의 정책들이 사회의 전반적 이익을 실현하는 것인가' 혹은 '특정 계층, 계급 등의 특수이익을 실현하는 것인가' 라는 기준으로 나눌 수 있다. 〈표 2-5〉는 국가의 기능, 본질, 권력의 분포 3가지 기준에 입각해 각 국가이론의 주요 주장을 정리한 것이다.

24) 대표적인 일본의 사례는 Chalmers Johnson, *MITI and the Japanese Miracle*(Stanford: Stanford University Press, 1982). 한국과 대만의 사례는 Wade, Robert, *Governing the Market: Economic Theory and the Role of Government in East Asian Industrialization* (Princeton: Princeton University Press, 1990).

25) 에번스(Evans 1987)는 국가-국제자본-국내자본을 주축으로 하는 삼자동맹(triple alliance)의 형태가 어떻게 이루어지느냐에 따라 후발국가의 발전 양태가 달라진다고 주장한다. 그는 중남미의 경우 삼자동맹에서 민간자본(private capital)의 역할이 보다 주도적이었던 것에 반해 동아시아의 경우는 국가가 보다 주도적인 위치에 있었다고 주장한다(Evans 1979; 1987). 삼자동맹에 대하여 동아시아와 남미를 비교한 논문으로는 Peter Evans, "Class, State and Dependence in East Asia: Lessons for Latin Americanists," in Frederic C. Deyo, ed., *The Political Economy of the New Asian Industrialis*(Ithaca: Cornell University Press, 1987).

〈표 2-4〉 국가자율성과 중립성을 기준으로 분류한 국가 유형

	사회의 공공이익 실현	특수이익 실현
국가 자율성 없음	다원주의 국가	도구주의 맑스 국가
국가 자율성 있음	중상주의 국가 동아시아 발전국가	구조주의 맑스 국가, 남미의 관료-권위주의 국가

〈표 2-5〉 다원주의, 계급, 국가주의 이론의 쟁점과 권력의 문제[26]

	국가의 주요 기능	국가의 본질	권력의 분포
다원주의 국가이론	다양한 이익집단의 요구를 종합하여 사회적 합의 도출	국가는 경합하고 중첩된 사회조직들이 활동하는 장(field)	권력은 분절되어 있으며 사회에 산재해 있다
계급 국가이론	경찰, 군대 등 공식적 조직과 학교, 가족 등 비공식적 조직을 이용해서 기존 계급관계를 유지하고 재생산함	자본가 계급의 이익을 실현하는 무매개적 사회 반영체(도구주의) 정치적으로 제도화된 사회적 관계(구조주의)	권력은 생산수단을 소유하고 통제하는 자본가 계급에 집중되어 있다
국가주의 국가이론	국가 자신의 독자적 이익을 추구함	사회로부터 독립된 영역과 독자적 이익을 지닌 대규모 조직의 집합체	권력은 명확한 위계적 패턴으로 이루어진 국가라는 실체에 존재한다

제 8 절 경제부문에서 국가의 역할[27]

오늘날 근대국가는 조세국가라고 불릴 만큼 사회적 자원을 추출하는 능력이 탁월한 국가이다. 국가는 추출한 사회적 자원을 이용하여 다양한 서비스를 제공

26) 위의 표는 Alford의 글을 정리, 보완한 것임. Robert R. Alford, "Paradigms of Relations between Sate and Society," in John A. Hall, ed., *The State: Critical Concepts* (New York: Routledge, 1994), pp. 64-67.

27) 이 절은 블락(Block)의 글을 바탕으로 서술한 것임을 밝힌다. Fred Block, "The Roles of the State in the Economy," in Smelser, Neil J. and Richard Swedberg, edited, *The Handbook of Economic Sociology* (Princeton: Princeton University Press, 1994).

한다. 국가가 제공하는 서비스의 종류는 나라마다 각양 각색이다. 어떤 국가는 국방과 치안 그리고 특정 공공시설만을 공급하지만, 어떤 국가는 국가가 직접 산업체 등을 소유하여 자국내의 최대 고용자 역할을 하기도 한다. 이것은 나라들마다 국가와 경제간의 경계가 다르게 설정되어 있음을 의미한다. 국가와 경제간의 경계는 어떻게 설정할 것인가? 이 절에서는 국가가 경제에 개입하는 유형들을 5개로 단순화시킴으로써 국가와 경제간의 복잡한 관계를 파악해 보고자 한다.

〈그림 2-3〉 국가와 경제의 경계

시장의 자율규제 수준

낮음 ←-------------------------------------→ 높음

사회주의 국가 | 발전국가 | 사회권익 국가 | 거시경제 안정국가 | 공공재국가

낮음 ←-------------------------------------→ 높음

국가의 경제 통제의 정도

자료 : Block, 1994, p. 692.

1. 공공재국가

공공재국가는 시장에 대한 믿음이 가장 높은 국가이다. 시장에 대한 믿음이 높다는 것은 사회에서 필요로 하는 모든 재화가 시장에서 생산될 수 있으며, 시장을 통해 재화를 생산하는 것이 가장 효율적인 방법이라는 것이다. 따라서 국가는 시장에서 생산되지 않는 재화, 즉 공공재만을 공급하는 역할만 해야 한다는 것이다. 공공재국가의 현실적 유형으로는 국방과 치안만을 담당하는 야경국가(night watchman state), 자유방임(laissez-faire)국가, 그리고 신자유주의국가 등을 들 수 있다.

공공재국가론에 따르면 국가의 기능은 극소수의 순수한 공공재를 공급하고, 계약을 유지하고, 법과 질서를 위한 '중립적' 틀을 제공하는 정도로 제한되는 것이 이상적이다. 국부론의 저자이자 고전 경제학의 아버지인 스미스(Adam Smith)는 군주(sovereign)의 3가지 의무로 ① 국방, ② 정의(justice)를 실현할

수 있는 행정부의 설립, 그리고 ③ 공공 사업과 공공 제도의 설립과 유지로 꼽았다. 스미스는 공공 사업을 "사회에 가장 유용한 것이지만 그 성격상 이윤이 절대로 비용을 보상할 수 없기 때문에 개인이나 소수의 개인들이 설립하거나 유지하지 못하는 것"이라고 규정했다(Smith [1776] 1976, volume 2, 213-244). 이러한 재화를 오늘날 공공재라 부르는데 공공재는 소비의 비경합성과 비배재성의 특징을 가진 재화를 지칭한다(Box 참조).

공공재(Public Goods)의 다양한 유형

공공재는 다음과 같은 두 가지의 특성을 갖는 재화와 서비스를 일컫는다. 공공재의 첫번째 특성은 소비에 있어서의 비경합성(nonrivalry in consumption)이다. 이는 소비에 참여하는 사람의 수가 아무리 많아도 한 사람이 소비할 수 있는 양에는 전혀 변함이 없다는 것을 의미한다. 둘째 특성은 소비에 있어서의 비배제성(nonexcludability)이다. 이는 특정 재화나 서비스에 대하여 대가를 치루지 않고 이를 소비하려고 하는 사람의 경우에도 소비를 못하게 할 수 없다는 것을 의미한다.

이상의 두 가지 특성을 갖는 재화와 서비스에는 국방, 치안, 일기예보, 등대, 공원 등이 있다. 예를 들어, 특정 국가가 자국민을 외적으로부터 지켜주기 위해 국방이라는 공공재를 공급했다. 만약 전쟁이 일어날 경우, 국민의 수와 관계없이 동등한 안보의 서비스를 받을 것이며(비경합성), 또한 특정인이 국방비를 납부하지 않았다고 해서 안보의 서비스에서 그를 제외시킬 수 없다(비배제성)는 것이다.

공공재는 사적 개인들에 의해 시장에서 생산되지 않는다는 특성을 가지고 있다. 그것은 바로 공공재의 비배제성 특징 때문이다. 즉, 공공재에 대하여 대가를 지불하건 지불하지 않건 간에 소비혜택에서 배제되지 않는다면 사람들은 가격을 지불하려고 하지 않을 것이며, 다른 사람들의 부담에 의해 생산된 공공재를 공짜로 소비하는 무임승차자(free-rider)가 되려고 할 것이다.

정치학에서 취급하는 공공재의 유형으로는 부정적 외부효과(negative externalities)를 감소시키는 국가의 정책들을 들 수 있다. 부정적 외부효과로는 대기오염, 위험한 작업환경, 건강에 유해한 상품 등이 있는데, 이러한 것들을 공적 악(public bad)이라고 한다. 정치학에서는 '공적 악'을 감소시키는 국가의 활동을 공공재로 취급할 수 있다. 가장 전형적인 예로 우리는 국가의 노동법을 들 수 있다. 노동법이 제정되기 이전에는 자본가들의 치열한 생산 경쟁 때문에 노동자들의 근무환경이 점점 열악해지거나 근무시간이 계속 증가하게 되었다. 하지만 근무환경의 악화와 근무시간의 증가는 오히려 노동자의 건강을 해침으로써 생산성이 감소하는 '공적 악'을 불러일으켰다. 노동법의 제정으로 국가는 근무조건과 시간을 직접 규제할 수 있게 되었으며 그 결과 노동생산성은 오히려 증가하고 노동자의 건강 역시 개선되었다.

2. 거시경제안정국가(Macroeconomic stabilization state)

국가의 역할에 대한 두 번째 견해는 경기 사이클(business cycle)의 충격을 완화하는 것이다. 이 견해는 시장은 어느 정도 자기 규율적(self-regulating)이지만 경제가 호황과 불황의 사이클을 반복할 수 있기 때문에 국가가 경기 사이클을 완만하게 조정하는 정도에서 시장에 개입해야 한다는 것이다. 즉, 거시경제안정국가는 호황이 지나친 경기과열로 이어지는 것을 방지하고 더불어 단순한 경기 침체가 악몽(경제공황)으로 돌변하는 것을 사전에 방지하는 정도로 국가가 시장에 개입해야 한다는 것이다.

거시경제안정국가 이론은 케인즈(Keynes) 경제학 이론, 특히 1936년 1월에 출간된 「고용, 이자 및 화폐에 관한 일반 이론」(The General Theory of Employment, Interest and Money)에 그 기초를 두고 있다. 1930년대 케인즈의 관심을 끈 문제는 1929년에서 1933년 동안의 대공황이 낳은 대규모 실업이었다. 대공황은 ① 이자율이 유연하게 움직여서 저축을 투자로 연결시켜 준다는 것과 ② 임금과 물가가 유연하게 소비감소에 대응한다는 공공재국가이론에서 주

〈그림 2-4〉 경기 사이클과 거시경제안정국가의 역할

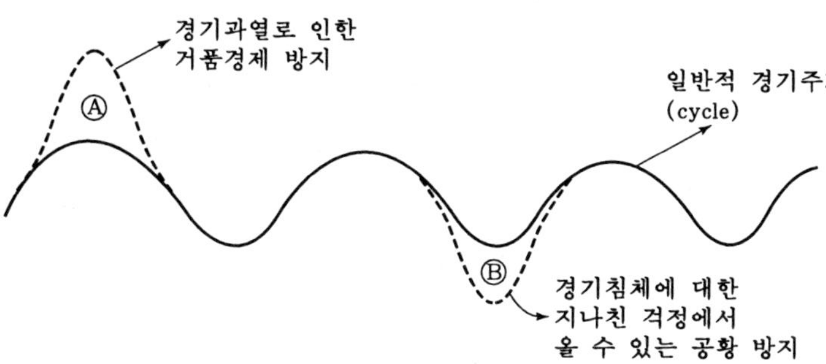

장한 보이지 않는 손의 미덕이 작동하지 않을 수도 있음을 증명했다. 케인즈는 대규모 실업과 불황의 원인을 소비부족이라고 진단했다. 사람들이 소비를 충분히 하지 않으면 상품은 팔리지 않을 테고 기업은 감원하려 들 것이며 총생산량은 뚝 떨어진다는 것이다.

케인즈는 고용의 수준을 결정하는 것은 유효수요(effective demand) — 구매력의 뒷받침이 있는 의도된 총수요 — 라고 보았다. 불충분한 수요가 불경기, 실업을 가져올 경우 처방은 소비를 늘리면 된다는 것이다. 따라서 정부는 적절한 액수만큼의 소비를 경제에 투입하여 생산량과 소비량 사이의 처음의 간격을 메움으로써 경제를 치유할 수 있다.

그러면 정부는 어떻게 적절한 액수의 소비를 경제에 투입하는가? 이에 대한 해답은 정부지출을 늘리는 것이다. 즉, 사람들이 일자리를 잃고 수입이 없을 때 가장 직접적인 해결책은 정부가 공공의 일자리를 제공해서 정부로부터 월급을 받게 하는 것이다. 또한 공공 고용을 통해 한 명을 고용하면 그 사람의 지출이 수요를 창출해서 또 한 명을 고용시킬 수 있는 간접적인 고용효과(승수효과)까지 생긴다는 것이다.[28)]

국가가 경기 사이클의 충격을 상쇄하기 위해서 경제에 개입한다는 아이디어는 오늘날 다양한 형태의 시장개입으로 나타나고 있다. 현대 국가가 정부 자금을 지출하여 국민경제를 자극하거나 국민소비를 증가시키기 위해 세금인하를 단행하는 정책, 더 나아가 외환정책, 세금 정책, 노동조합의 권리 확대 등은 모두 거시경제안정국가가 시장에 개입하는 사례들이다.

3. 사회권익국가(The Social Rights State)

세 번째 유형인 사회권익국가는 오늘날 우리가 이야기하는 복지국가이며, 복지국가를 건설하기 위한 국가의 역할은 앞서 언급한 두 국가의 유형보다는 더욱 적극적인 시장 개입을 필요로 한다. 즉, 공공재국가나 거시경제안정국가는 효율적인 자원분배를 달성할 수 있지만 부익부 빈익빈 현상을 초래할 수 있기

28) 경제학에서는 이를 승수이론(theory of multiplier)이라고 한다. 승수이론의 요지는 한 사람 한 사람의 소비량 변화가 눈덩이 불어나듯 파급효과를 낳아 국가 전체의 소비량에 최종적으로 미치는 영향은 처음의 몇 배가 된다는 것이다.

때문에 이를 극복하기 위한, 국가의 더욱 활발한 역할이 필요하다는 주장이다.

마샬(T. H. Marshall)은 복지국가의 등장이 시민권 의식이 심화되는 과정이라는 주장을 한다. 그는 영국의 사례를 통해 시민권의 쟁취 과정을 시민적, 정치적, 그리고 사회적 시민권의 3 단계로 묘사하고 있다. 시민적 시민권(civil citizenship)이란 국가의 자의적 힘으로부터 시민들의 권리를 보호하는 것으로서 18세기에 나타났다. 시민적 시민권의 종류로서 우리는 언론, 사상, 신앙의 자유, 재산을 소유할 수 있는 권리, 그리고 자유로운 계약에 임할 수 있는 권리 등을 들 수 있다. 정치적 시민권(political citizenship)은 선거를 통해서 정치권력에 참여할 수 있는 권리를 의미하며 이것은 19세기에 나타났다. 세 번째 단계의 시민권인 사회적 시민권(social citizenship)은 20세기에 등장한 개념이다. 사회적 시민권이란 경제적 복지와 안정을 누릴 수 있는 권리를 의미하며, 이러한 권리를 보장해 주는 제도들은 국민연금, 실업수당, 의료보험 등을 들 수 있다.[29]

오늘날 사회적 시민권을 보장해 주는 국가를 복지국가라고 부르며, 복지국가를 지향하는 정치체제는 사회민주주의(social democracy)라고 한다. 사회권익의 발달은 앞서 언급한 공공재국가나 거시경제안정국가보다 국가가 더욱 시장에 개입하는 결과를 초래하였다. 이러한 의미에서 사회권익국가는 또한 누진세 등 각종 조세정책을 통해서 시장에서 제공되는 것 이외의 수입을 노동자들에게 제공함으로써 노동을 시장으로부터 보호하는 "노동의 탈상품화"(decommodification of labor) 역할을 한다.

4. 발전국가(The Developmental State)

성공적인 경제성장은 국가의 적극적 경제 개입에 의해 가능하다고 보는 것이 발전국가이다. 국가의 적극적 경제개입을 주장하는 이론은 중상주의로 거슬러 올라갈 수 있기 때문에 발전국가 이론은 신중상주의(neo-mercantilism) 국가론이라고도 불린다. 발전국가 이론은 제 6 절 '국가와 계급'에서 충분히 소개하

29) T. H. Marshall, "Citizenship and Social Class," in *Sociology at the Crossroads* (London: Heinemann, 1963); T. H. Marshall, *Class, Citizenship and Social Development* (Chicago: The University of Chicago Press, 1964).

였기 때문에 여기서는 생략한다.

발전국가는 구체적으로 어떻게 시장에 개입하는가? 이에 대한 대답은 한마디로 투자의 사회화(socialization of investment)라고 할 수 있다. 투자의 사회화란 불확실한 상황에서 기업가들은 신규투자를 주저할 것이기 때문에 국가가 앞장서서 투자를 담당한다는 것이다. 국가의 대규모 사회투자를 강조하는 발전국가이론은 교통, 통신, 전력의 연구개발에서 국가의 투자를 확대하여 기업투자를 유도하며, 이는 더 나아가 국가의 경쟁력을 높일 것이라는 주장이다.

5. 사회주의 국가(The Socialist State)

사회주의 국가의 가장 핵심적 주장은 시장에 의한 자원분배에서 나타나는 불의(不義)를 극복하기 위해 국가의 경제 역할을 확대해야 한다는 것이다. 맑스주의 전통에 의하면 시장경제는 사회적 빈부 차이를 심화시켜 불평등 현상을 초래할 뿐만 아니라 인간의 가장 기본적 신념체계마저 무너뜨리기 때문에 비인간적이다. 이러한 불평등과 소외는 사유재산의 폐지를 통해서만 제거할 수 있다. 맑스는 생산수단의 사적 소유가 폐지되면 사회 구성원들이 강력한 국가 없이도 스스로 경제활동을 조직하고 통제할 수 있을 것이라고 생각했다. 하지만, 실제로 사회주의 국가들은 경제활동의 전 부문을 국가가 강력히 통제하는 체제를 구축했다.

사회주의 국가의 경제체제는 계획경제(planned economy) 혹은 명령경제(command economy)라고 불린다. 계획경제와 시장경제의 가장 큰 차이점은 자원분배 방식에 있다. 시장경제는 수요와 공급이 만나는 가격 메커니즘에 의해서 자원이 분배되지만 계획경제의 자원분배는 관리적 위계(administrative hierarchy)에 위치한 몇몇 계획자(planner)에 의해 이루어진다. 사회주의 국가는 또한 국가가 산업뿐만 아니라 농업마저도 소유하고 있는 특징이 있다.

위에서 제시한 경제부문에서 국가의 다양한 역할은 〈표 2-6〉과 같이 정리할 수 있다.

〈표 2-6〉 국가-경제의 이념형, 주요 주장, 그리고 현실적 유형들

국가 이념형 (Ideal Type)	주요 주장	현실적 유형
공공재국가	시장에서 모든 재화가 공급되기 때문에 국가는 최소한의 역할, 즉 시장에서 생산할 수 없는 공공재만 공급한다	-19세기 영국의 야경국가 -21세기 신자유주의 국가
거시경제안정국가	시장은 호황과 불황의 사이클을 반복할 수 있기 때문에 국가는 경기 사이클을 완만하게 조정하는 정도에서 시장에 개입해야 한다	제 2 차 대전-970년대 말까지 대부분의 서구 선진국가들
사회권익국가	국가는 각종 재분배 정책을 통해 사회의 약자들을 시장으로부터 보호한다	사회민주주의 국가(스웨덴, 노르웨이, 핀란드 등의 북유럽 국가)
발전 국가	국가는 산업정책 등을 통해서 시장을 통한 국가의 시장 개입	-17-18세기 중상주의 국가 -20세기 동아시아
사회주의 국가	시장은 불평등, 부정의를 창출하기 때문에 국가가 근본적으로 통제해야 한다	-구소련, 중국(1949-78), -북한 등의 사회주의 국가들

연습문제

1. 권력이 관계적 속성이 있다는 것은 무엇을 의미하는가?
2. 북한은 핵개발을 구실로 삼아 남한과 미국을 대상으로 경수로와 식량지원 등 많은 경제적 지원을 얻었다. 이 경우 북한은 남한과 미국에 대해 권력, 영향력, 힘, 권위 중 어떤 것을 행사한 것인가? 그 이유는 무엇인가?
3. 전근대적 지배체제와 근대국가의 차이점은 무엇인가?
4. 국가는 과연 사회의 공공이익을 실현하는 기구인가 혹은 특수이익을 실현하는 기구인가? 각자의 견해를 피력해 보자.
5. 최근 신자유주의(neo-liberal) 경제정책이라는 용어를 많이 접하게 된다. 왜

하필 자유주의라는 용어에다 신(新)이라는 수식어가 붙은 것인가? 이에 대한 해답은 국가와 경제의 관계변화를 역사적으로 관찰하면 알 수 있다. 〈그림 2-3〉을 복습하고 그림에 표시한 5개의 국가-경제의 이념형에 역사상 나타난 국가들을 표시해 보자.

제 3 장 정치이념

요 약

정치에서 이데올로기는 매우 중요한 역학을 수행해 왔다. 왜냐하면 근대와 현대의 시대적 상황이 이데올로기의 생성과 발전을 필요로 할 만큼 특수한 조건에 놓여 있기 때문이다. 이데올로기라는 말은 이데아(Idea)와 로직(Logic)이 합성된 것으로서, 이데아는 이념을 그리고 로직은 논리를 의미한다. 따라서 이데올로기는 이념의 논리라는 말이 된다. 그러나 이데아는 관념의 의미도 갖고 있는 관계로 이데올로기는 관념의 과학 또는 관념에 대한 연구를 나타내기도 한다.

정치학자들은 이데올로기에 대한 다양한 정의를 내리고 있지만, 중립적 입장에서 이데올로기는 행동지향성의 체계화되고 일관성 있는 관념체계라는 것을 공통적으로 지적하고 있다. 이데올로기는 가치판단과 미래의 희망을 불가결의 요소로 하고 있고 개인과 집단에 의해 품어지고 있다.

이데올로기는 과학적으로 입증될 수 없는 신화적 요소, 과학적 요소 그리고 도구적 성격의 허위적 요소 등으로 구성되었다. 이데올로기들은 종류와 성질에서 다양한 기능을 수행한다. 그러나 정치이데올로기들이 공통적으로 수행하는 기능으로는 정통성의 기능, 결속과 동원의 기능, 리더십과 조작의 기능, 의사소통의 기능, 표현의 기능 등을 들 수 있다.

현대시기에 대표적인 이데올로기들의 주요 내용을 요약해 보면, 첫째로 자유주의는 세 개의 원리들, 즉 도덕적 원리, 정치적 원리 그리고 경제적 원리 등을 포함한다. 도덕적 원리는 인간이 사회에서 자신을 실현하고 원만한 활동을 하기 위해서 지녀야 할 기본적 가치와 권리들을 말한다. 자유, 존엄성 및 생명권 등이 이에 해당된다. 정치적 원리는 개인이 정치에의 참여를 통해 정부와 정책을 결정하거나 이들에게 영향을 주는 것을 의미한다. 이러한 원리는 개인적 동의, 대의제, 입헌주의 그리고 국민주권

등을 포함하고 있다. 자유주의의 경제적 원리는 개인이 자유롭게 경제적 활동을 할 수 있는 여건을 조성해 주는 것을 말한다. 이러한 경제적 자유를 뒷받침해 주고 있는 것이 계약의 자유이다.

사회주의 이념은 다양하지마는 이들의 이념에서 공통적인 특징을 찾을 수 있다. 이들은 사유재산과 시장경제원리에 반대해서 협동적인 사회조직의 형태 또는 주요 생산수단의 공적 소유 및 통제에 의해 대치되어야 한다는 신념을 표시하고 있다. 그리고 사회주의 사상가들은 생산된 재화의 공정한 분배를 통해서 평등한 사회를 추구하는 복지국가를 상정하고 있다.

공산주의는 상호 관련된 이론적 요소들, 즉 역사이론, 경제이론, 그리고 국가이론 등으로 구성되었다고 할 수 있다. 역사이론은 변화의 동인을 물질에서 찾는 유물사관을 지칭하는 것으로 사회의 생산관계, 생산력 및 생산수단은 생산양식을 규정하고 생산양식은 하부구조로서 경제구조를 형성하는 토대가 된다는 것이다. 이러한 생산양식은 일정한 시간이 경과하면 부정합과 모순에 빠져 새로운 생산양식을 잉태시켜 새로운 사회를 도래시킨다. 경제이론은 가치의 관념, 잉여가치 및 이윤의 관념 등을 중심적 요소들로 하고 있다. 상품의 가치는 거기에 투입된 노동의 양으로 결정되고(노동가치설) 자본가는 보통 임금의 두 배 이상의 가치를 창조하는 노동자에게 생계유지에 필요한 임금만을 지불하고 그 이상의 가치를 잉여로 착취한다(잉여가치설). 공산주의 이론에서 국가는 상부구조의 일부로서 생산수단을 소유하고 있는 소수의 지배계급이 그렇지 못한 피지배계급을 지배하기 위한 통제 수단으로서 이용된다. 이러한 공산주의 이론들은 실제적 측면에서 혁명행위와 연결된다.

보수주의 이념은 정치권위에 의한 질서와 통합의 유지, 보존과 점진적 변화 그리고 국가의 적극적 역할 등을 특징으로 갖고 있다. 그것은 급격한 변화가 가져오는 폐단을 방지하면서 신중성과 자제력에 의한 변화를 추구하고 있는 것이다.

파시즘과 나찌즘은 이데올로기적 내용에서 다르지마는 국가주의, 카리스마적 리더십, 엘리트주의, 과도한 민족주의, 반의회주의, 반맑스주의 그리고 인종차별주의 등의 특성들을 공통적으로 소유하는 전체주의이데올로기이다.

이러한 이데올로기의 힘도 경제적 진보와 소련 및 동구공산주의 국가들의 붕괴 등의 요인들에 의하여 퇴조하는 것처럼 보였다. 이러한 추세 속에서 벨(Daniel Bell)과 후쿠야마(Francis Fukuyama) 등의 학자들은 이데올로기의 시대는 끝났다는 이른바 이데올로기의 종언을 선언하였다. 그럼에도 불구하고 이데올로기가 정치에서 완전히 사라진 것은 아니다. 단지 과거에 비해 이데올로기의 대립과 투쟁이 많이 완화됨에 따라 이데올로기의 역할도 축소되었다.

제 1 절 정치와 이데올로기

정치생활에서 이데올로기가 의미와 역할을 갖기 시작한 것은 중세가 해체되고 근대민족국가가 성립·발전하는 시기부터일 것이다. 이 시기는 '이데올로기의 시대'[1]라고 불릴 정도로 이데올로기가 정치, 경제 및 사회의 변혁과정에서 중요한 역할을 수행해 왔다. 이데올로기의 역할과 중요성은 현대에 와서도 매우 커졌기 때문에 현대정치도 이데올로기의 대립과 투쟁의 형태로 전개되고 있다.

그러면 왜 이데올로기가 이처럼 중요성을 갖게 된 것일까? 이는 근대와 현대의 시대적 상황이 이데올로기의 생성과 발전을 필요로 할 만큼 특수한 조건에 놓여 있기 때문이다.

그 첫번째 이유는 근대시기에 서구인의 가치와 의식의 변화에서 찾을 수 있다. 중세를 지배했던 종교적 가치와 전통적 관습이 영향력을 잃어 가는 대신에 이성에 바탕을 둔 합리주의적 정신이 인간의 사고와 행동을 규제하는 힘으로 작용하였다. 이러한 정신은 18세기 계몽주의 시기에 이르러서는 더욱 발전하여 정치생활을 지배하는 원칙이나 객관적 규범을 형성하는 기초가 되었다. 달리 말하면, 근대시기에서 이성과 합리주의 정신은 정치세계에 침투해서 그것을 지배·규제할 뿐만 아니라 인간의 내면세계까지도 호소할 수 있는 이데올로기를 개발시키는 밑거름이 되었던 것이다.

두 번째로는 근대시기에 자본주의 발전과 함께 출현한 부르주아계급과 프롤레타리아계급간의 대립과 투쟁을 들 수 있다. 이러한 계급들은 투쟁과정에서 자신들의 단결력을 강화시킬 뿐만 아니라 계급의 입장과 이익을 옹호할 필요성에서 이데올로기를 형성하였다. 이러한 양상은 국내정치는 물론 국제정치에서도

1) Frederick M. Watkins, *The Age of Ideology — Political Thought, 1750 to the Present* (Englewood Cliffs, New Jersey: Prentice-Hall, 1979), pp. 1-2.

표출되어서 계급들간의 갈등과 대립은 흔히 이데올로기적 투쟁으로 전개되었다.

현대정치에서도 이데올로기는 필수적인 요소가 되었고 정치적 관계나 정치적 지배는 이데올로기적인 색채를 갖게 되는 것이 보통이다. 정치지도자는 특정 이데올로기를 국민들의 내면세계에 침투시켜 그들로부터 정치체제에 대한 지지와 정당성을 얻을 수 있도록 최대한의 노력을 경주할 것이다. 그리고 개인과 집단간의 정치적·경제적 이해관계를 둘러싼 대립과 갈등도 이데올로기의 투쟁으로 발전하기도 한다. 이러한 점에서 사상적 동원은 정치적 동원에 앞서며, 정치적 지배는 사상적 지배와 직결되고 있는 것이다.[2)]

앞으로도 정치에서 이데올로기의 지배현상은 지속될 수 있을 것인가? 아니면 정치에서 이데올로기의 영향력이 쇠퇴할 것인가? 이러한 문제들은 1950년대에 '이데올로기의 종언'이 논의된 이래 거론되었고 1980년대 말 소련 및 동구공산주의 국가들이 붕괴되면서 새롭게 제기되었다. 이데올로기의 종언에 대한 논의는 제 6 절에서 자세히 다룰 것이다.

제 2 절 이데올로기의 개념과 변천과정

이데올로기라는 말은 이데아(Idea)와 로직(Logic)이 합성된 것으로서, 이데아는 이념을 그리고 로직은 논리를 의미한다. 따라서 이데올로기는 이념의 논리라는 말이 된다. 그러나 이데아는 관념의 의미도 갖고 있는 관계로 이데올로기는 관념의 과학 또는 관념에 대한 연구를 나타내기도 한다. 이러한 경우에 이데올로기는 관념과 관련된 체계화된 형태로서 사용된다.

18세기 말 프랑스의 계몽주의자인 트라시(Destutt de Tracy)는 이데올로기란 말을 처음으로 사용한 사람이었다. 그는 존 로크(John Locke)의 제자로서 감각경험에 의해 형성된 정신에서 추상적 관념이 유래한다는 신념을 갖고 있었다. 그의 연구는 경험론적 입장에서 관념들의 근원을 밝혀 주는, 즉 제 관념의 연구(the science of ideas)라고 할 수 있으며 트라시는 이러한 관념들과 관련해서 이데올로기라는 말을 사용했다. 이데올로기 자체의 독특한 영역은 마음의 자

2) 이극찬, 「정치학」(서울: 법문사, 1989), p. 334.

연적 역사였으며 그것은 우리의 사유가 구성되는 방법을 조사·기술하는 것이었다.[3] 관념들의 과학은 프랑스혁명 이후 이데올로기학파를 구성하여 인간행복을 가져다 줄 수 있는 도덕과 윤리적 원칙들을 구명하였다. 따라서 이 학파는 이성에 따른 합리적 생활이 최선의 생활이 된다는 계몽주의 전통을 따르고 있는 것이다. 실제로 이데올로기학파는 프랑스 국민을 교육시켜 그들이 합리적 생활을 하는 데서 행복을 찾을 수 있다고 보았다.

나폴레옹은 이러한 이데올로기의 개념을 정치적으로 폄하시켰다. 그는 처음에 트라시와 같은 이데올로기론자들에게 심정적으로 지지를 보냈으나, 그의 권력이 공고화된 후에는 이들을 자신의 체제에 대한 도전과 위협으로 간주해서 그들을 비판하기 시작했다. 나폴레옹은 이데올로기론자들이 표방하는 자유주의 사상이 자신이 구축해 놓은 절대주의적인 보나파르티즘(bonapartism)을 위해할지도 모르는 위험한 사상이라고 판단하였다. 나폴레옹은 이들 이데올로기론자들을 추상적 진리만을 추구하는 데 급급한 나머지 역사적 실체를 모르고 개혁과 개선의 미명하에 관념들을 사용하여 정치·사회질서를 위태롭게 하는 지식인들에 지나지 않는다고 하였다. 그러므로 나폴레옹에게 있어서 이들은 관념들을 가지고 위험을 조성하는 그릇된 형이상학자이고 현실과 괴리된 공리공론주의자들인 것이다.

트라시와 나폴레옹시대 이후에 이데올로기개념은 험난한 길을 밟으면서 재구성된다. 이러한 재구성 작업을 처음으로 시도한 사람들로는 맑스(K. Marx)와 엥겔스(F. Engels)를 들 수 있다. 맑스는 인간의 의식은 그의 사회의 생산적 관계에 의하여 조건화되듯이 사회의 이념도 그 사회의 경제적 기초에 의해 결정된다고 하였다. 맑스는 이데올로기를 사회의 생산양식(mode of production)에 의해 형성되는 경제적 하부구조에 의해 결정되는 사회의 의식형태(상부구조)로 보았다.[4]

그런데 맑스의 이데올로기는 사회에서 인간의 존재양식에 대한 설명인 것이다. 이데올로기는 인간 상호간의 그리고 세계에 대한 인간 개개인의 참된 세계를 설명·이해하지 못하면서도 여전히 이들 관계에 대한 만족할 만한 설명으로

3) 박종훈, "정치이데올로기론," 이정식 외, 「정치학」(서울 : 대왕사, 1993), p. 273.
4) Marx Karl, "Capital," Robert Tucker(ed.), *The Marx-Engels Reader*(New York: Norton, 1978), pp. 176-86.

통상 받아들여지고 있는 사고이다.[5] 맑스는 이데올로기는 인간과 사회의 본질에 대한 잘못된 관념들의 체계라고 하였다.[6] 달리 말하면 이데올로기는 인간과 사회를 왜곡시킬 수 있는 허위의식의 측면도 갖고 있다는 것이다.

맑스에 있어서 허위의식으로서의 이데올로기는 생산수단을 소유하고 있는 지배계급의 전유물이 되는 것이다. 지배계급은 이데올로기를 생산수단을 소유하지 못하고 있는 피지배계급을 통제하기 위한 수단으로서 사용하고 있다. 맑스의 이데올로기 개념은 각 시대에 있어서 지배계급들의 이익을 강화해 주는 도구적인 의미를 갖고 있는 것이다. 이러한 의미에서 이데올로기는 집단과 계급의 이익에 기초해서 그들의 지배를 영속화시켜 주는 허위의식이다.

맑스 이후 20 세기에 들어서서 이데올로기에 대한 연구를 한 사람은 독일의 사회학자 만하임(Karl Manheim)이다. 만하임에 의하면 대부분의 사고행위는 그것이 처하고 있는 사회적 맥락과 불가분의 관계를 맺고 형성된다는 것이다. 그는 비슷한 상황에 처한 사람들과 집단만이 문제에 대한 접근에 있어서도 동일한 시각과 사유를 할 수 있다는 사회학적 해석을 하고 있다. 만하임은 이데올로기가 기존 지배엘리트의 사회적 질서를 강화시켜 주는 경향이 있다는 사실을 인정하고 있다. 그의 이데올로기는 일정한 역사적 경험의 맥락에서만 이해될 수 있는 것이다.

만하임은 「이데올로기와 유토피아」(Ideology and Utopia)에서 이데올로기의 개념을 몇 가지로 설명하고 있다. 만하임은 이데올로기를 특수이데올로기(particular ideology)와 전체이데올로기(total ideology)로 구분하면서 전자는 적에 의해 제시된 이념과 표상(representation)에 대하여 회의적일 경우에 시사적으로 나타나고, 후자는 전자와 극명하게 대조되어 특정 시대 또는 구체적인 역사적·사회적 집단이 각기 갖고 있는 시대정신 또는 집단정신의 전체적 구조의 특징과 구성을 의미한다고 하였다.[7] 특수이데올로기는 상황의 실제적 본성에 대한 의식적인 위장과 기만의 왜곡된 형태를 통해서 적의 의도와 이익을 제거하려는 관념의 형태인 반면에 전체이데올로기는 시대정신이 작용하는 전체적 세계관과 역사적 생활의 산물로서의 관념체계인 것이다.

5) 박종훈, 앞의 글(1993), p. 276.
6) Williams Howard, *Concepts of Ideology* (Sussex: Wheatheaf Books, 1988), p. 11.
7) Mannheim Karl, *Ideology and Utopia* (London: Routledge and Kegan Paul, 1972), pp. 49-51.

만하임은 전체이데올로기를 특수적 파악(special formulation)과 일반적 파악(general formulation)으로 세분하였다. 특수적 파악은 자신의 사고가 사회적 존재와 입장에 구속되지 않는 절대적인 것이라는 확신 하에 상대방의 사고만을 비판, 그 허위성을 폭로하는 관념형태인 반면에 일반적 파악은 상대방의 사고뿐 아니라 자신의 사고까지도 사회적 존재와 입장에 구속된다는 인식에서 출발하는 관념형태라는 것이다.[8] 그는 일반적 파악으로서 집단과 시대의 정신 속에 구체화되어 있는 진실한 지식을 획득할 수 있다고 보았다. 심층적으로 사고하는 개인은 자신이 속하고 있는 시대와 집단의 영향을 받지만 이것들을 초월하여 일반적 파악을 통해서 사고를 해야만 객관적이고 진실한 사회적 지식을 얻을 수 있으며 더 나가서 집단과 계급의식으로부터 이탈하여 자유롭게 활동하는 지식인이 될 수 있다고 하였다.[9]

만하임은 중립적인 의미에서 이데올로기를 개념화하였고 여기서 전체이데올로기의 일반적 파악이 가장 바람직한 형태로 보았다. 이러한 이데올로기 개념의 중립성은 현대정치학자들에게도 영향을 주었다. 그들은 만하임의 이데올로기 개념을 수용하지는 않지만 그 개념의 중립성만은 높이 평가하고 있다.

이러한 맥락에서 뢰벤슈타인(K. Löwenstein)은 이데올로기를 인생에 대한 인간의 태도와 사회에 있어서의 인간의 존재를 설명해 주는 사상과 신념의 일관된 통합적인 패턴이며, 그리고 그와 같은 사상과 신념에 상응하는 행동패턴을 지지·주장하는 것이라고 정의하였다.[10] 프리드릭(Friedirch)은 이데올로기를 행동과 관련된 관념체계로 정의하였다.[11] 매크리디스(Macridis)도 정치이데올로기는 국민이 정치체제와 제도 그리고 체제에서 자신들의 위치와 역할에 대하여 소유하고 있는 관념과 신념체계로서 정의하면서 국민들은 이데올로기의 소유자로서 그들의 생활방식과 기존의 정치 사회 및 경제적 관계에 변화를 가져다주는 행위를 한다고 주장하였다.[12]

---

8) *Ibid*., pp. 57-74.

9) *Ibid*., pp. 137-38.

10) Löwenstein Karl, "Political Systems, Ideologies and Institutions: The Problem of their Circulation," *The Western Political Quarterly,* vol. VI, no. 4 (1953), p. 691.

11) J. Friedrich Carl, *Man and His Government : An Empirical Theory of Politics* (New York: McGraw-Hill, 1963), p. 89.

12) R.C. Macridis, *Contemporary Political Ideologies* (Boston: Little Brown and Co., 1983), p. 3.

이렇듯 현대 정치학자들은 이데올로기 개념을 중립적 입장에서 행동지향성의 체계화되고 일관성 있는 관념체계라는 것을 지적하고 있다. 이데올로기는 체계성을 갖추고 있다는 점에서 단편적인 의견, 판단 및 감정 등과는 다르고, 가치판단과 미래의 희망을 불가결의 요소로 하고 있다는 점에서 자연과학 그 자체와도 구별되며 그리고 현실적으로 생활하며 행동하고 있는 어떤 개인 또는 그 개인의 집합체로서의 집단(계층·계급)에 의해서 품어지고 있다는 점에서 현실로부터 전적으로 추상화된 논리적 명제와도 구별되는 것이다.[13] 이러한 의미에서 자유주의, 사회주의, 공산주의, 사회민주주의 등은 전형적인 이데올로기들이다.

제 3 절 이데올로기·정치철학·정치이론

이데올로기 개념은 그것과 유사한 용어들인 정치철학 및 정치이론과 관련해서 검토될 때 더 잘 이해될 수 있다. 정치학에서 이데올로기, 정치철학(political philosophy), 그리고 정치이론(political theory)은 명확한 구별 없이 상호교환적으로 사용되는 경향이 있으나 엄밀한 의미에서는 이들을 구별해서 사용하는 것이 바람직하다.

이데올로기, 정치철학, 그리고 정치이론은 정치적 사유의 범주에 속한다고 할 수 있으나 그것들은 서로 다른 사전적 의미를 갖고 있으면서 정치적 세계의 독자적인 영역을 대변하고 있다. 정치철학은 당위의 영역에 속하는 것들을 연구의 대상으로 하는 가치내포적인 정치학의 한 분야(field)로서 본질적으로 진리를 탐구한다고 할 수 있다. 스트라우스(Strauss)는 정치철학은 정치적인 것을 대상으로 하면서 그것의 본질에 대한 보편적 또는 전체의 진리를 추구한다고 하였다.[14] 그러므로 정치철학은 정치현상에 대한 도덕적 판단이나 선한 사회 그리고 선한 생활 등의 문제들을 근원적으로 구명하는 시도였다.

---

13) 이극찬, 앞의 책(1989), p. 336.

14) Strauss Leo, *What is Political Philosophy and Other Studies* (New York : The Free Press, 1959), p. 5.

반면에 정치이론은 경험세계에서 발생된 가설을 추상화하려는 것으로서 정치현상을 설명하고 해석하기 위한 변수들을 인과적으로 연결시킨 명제들로 구성되어 있다.[15] 이러한 명제들은 물론 경험적으로 입증되어야 한다. 정치이론은 정치철학과는 달리 정치현상이 어떻게 구성되고 존재하는가 하는 사실과 그런 사실들간의 관계를 주로 다루고 있다. 정치이론은 행태주의자들이 전통적인 정치철학만으로는 정치학의 과학화는 달성되기 어렵다는 판단에서 제기된 것으로, 자연과학의 경험적이고 과학적인 방법을 강조하고 있다.

이데올로기는 정치철학 그리고 정치이론과 비교해 볼 때 행동지향적인 관념 및 신념체계라고 할 수 있다. 정치철학 또는 정치이론이 명상, 관념의 조직화, 그리고 가능하다면 논증을 포함하는 반면에 이데올로기는 사람들로 하여금 행동하도록 고취시킨다는 것이다.[16] 그리고 이데올로기는 정치공동체 구성원들의 이해관계가 개재되어 있어 경쟁적인 정치상황을 조성시켜 주는 경우가 많지는 않지만 간혹 있다.

그러나 이데올로기, 정치철학 그리고 정치이론간의 차이는 절대적이 아닌 상대적으로 이해되어야 한다. 정치철학은 특정 시대에 있어서 이데올로기화될 수도 있으며 반대로 이데올로기는 정치철학체계의 개별적인 사례로서 나타나는 경우도 있다. 또한 정치철학이 정치이론의 경험적 명제들을 포함하는 경우에는 양자의 구분은 사실상 어려운 것이다. 정치이론이 이데올로기에 대한 과학적 분석을 할 때 정치이론가들은 정치철학자와 이데올로기론자들의 통찰과 방법들을 사용하기도 한다. 실제로 이데올로기, 정치철학, 그리고 정치이론은 상호 침투적인 관계를 형성하고 있으므로 이들을 정확히 구별하는 것은 그리 쉬운 일이 아니다.

그럼에도 불구하고 이데올로기는 그 자신의 논리와 역동성에 의해 연구되어야 하는 독자적 실체로서 이해되어야 한다고 본다. 왜냐하면 그것은 정치철학 및 정치이론과는 달리 정치세계에서 변화를 가져다 줄 수 있는 힘으로서 작용하기 때문이다. 따라서 정치철학과 정치이론이 이데올로기로 변형되는 시기와 상황에 주목하여 그들의 관계를 구명하는 것이 중요하다고 생각한다.

15) 김계수, 「구미정치사상사」(서울 : 일조각, 1983), p. 4.
16) Macridis, *op. cit.*(1983), p. 4.

제4절 이데올로기의 구조와 기능

지배엘리트는 자신들의 권력을 영속화시키기 위해서 이데올로기를 사용한다. 이데올로기는 국민들의 마음에 침투하여 그들로부터 체제에 대한 지지를 얻어내는 가장 효과적인 설득적 방법으로서의 역할을 한다. 또한 이데올로기는 체제에 도전하는 반대엘리트(counter-elite)들에 의해 이용되기도 한다. 이러한 경우에 이데올로기는 정치운동의 이데올로기로서 현 체제의 부조리와 모순, 운동의 목표 및 전략 그리고 미래에 대한 비전 등의 제시를 통해 많은 수의 사람들을 운동에 참여시키는 역할을 한다.

1. 이데올로기의 구조

관념체계로서 이데올로기는 다음과 같은 요소들 즉 신화적 요소, 과학적 요소 그리고 허위적 요소 등으로 구성되었다.[17]

1) 신화적 요소

이데올로기의 신화적 요소는 과학적으로 입증될 수 없는 부분이다. 그것은 전체로서의 이데올로기에 신비적인 매력을 주는 것으로서 정치지도자의 카리스마적 자질, 민족의 전통과 정신, 국가의 역사 그리고 종교 등과 결합되는 형태로 나타난다. 신화적 요소들은 국민들의 심리와 정서에 호소하여 그들이 정치지도자 또는 국가와 동일시하는 상징적 효과를 만들어 내기도 한다.

이러한 신화적 요소들은 근대 이전의 고대와 중세에 지배적인 영향력을 행사했으나 합리주의적 정신이 생활의 패턴으로서 정착된 근대 이후의 시기에서도 중요성을 갖고 있다. 20세기의 정치지도자들이 신화를 창출하여 민족의 단결과 체제의 강화를 시도하고 있다는 사실은 신화적 요소들이 정치에서 중요한 위치를 차지하고 있음을 예증하는 것이다.

---
17) 백상건, 「정치학강의」(서울: 박영사, 1976), pp. 228-29.

2) 과학적 요소

이데올로기는 신화적 요소만으로는 한계를 가지고 있다. 이데올로기가 지속적인 효과성을 갖기 위해서라도 과학적으로 입증될 수 있는 내용으로 구성될 필요가 있다. 달리 말하면 신화적 요소들은 국민들의 정서적 부문에 호소하는 내용들이기 때문에 단편적이고 일시적인 효과를 가져오는 반면에, 과학적 요소들은 국민들의 이성에 호소해서 그들을 납득시킬 수 있는 내용들이므로 그 효과는 체계적이고 지속적일 수 있는 것이다. 따라서 대부분의 이데올로기들은 일관성과 체계성을 갖춘, 즉 과학적인 내용들로 구성되어야 국민들로부터 광범위한 지지를 받을 수 있으며 또 그만큼 견고해질 수 있는 것이다.

3) 허위적 요소

이데올로기의 허위성은 그것이 체제유지·강화의 역할을 하는 도구적 성격을 강하게 표출할 때 나타난다. 그것은 실제상황과 진실을 위장·왜곡시기는 내용들로서, 추구하는 목표를 달성하려는 측면을 갖고 있다. 허위성은 의도적인 면과 무의도적인 면 모두를 포함하고 있다. 무의도적인 허위성은 이데올로기가 계획적이지는 않더라도 결과적으로 잘못된 관념형태를 지향 내지 소유하고 있을 경우에 해당되는 반면에, 의도적인 허위성은 이데올로기가 계획적으로 거짓된 관념 형태를 조작하여 사람들을 기만하는 경우에 해당된다.[18] 이러한 의도성은 이데올로기가 사람들의 이해관계를 반영하고 경쟁적인 정치적 상황을 조성하는 한, 제거되지 못할 것이다.

2. 이데올로기의 기능

이데올로기는 사회에서 제 역할을 수행해야만 정착될 수 있다. 그것은 사회에서 가치 있는 것과 그렇지 않은 것, 유지되어야 할 것과 변해야 될 것 등을 명시하며 그리고 그것을 소유하고 있는 사람들의 태도를 형성한다. 이데올로기들은 사회 및 정치적 행태와 관련이 있으며 정치적 행동을 위한 골격을 제공한다.

18) 박종훈, 앞의 글(1993), p. 283.

이데올로기는 종류와 성질에 따라 다양한 기능을 수행한다. 그러나 정치이데올로기는 공통적으로 수행하는 기능들을 갖고 있다. 이러한 기능들을 살펴보면 다음과 같다.

1) 정통성의 기능

이데올로기의 가장 중요한 기능들 중의 하나는 정치체제와 제도에 정당성을 부여하는 일이다. 이데올로기는 정치체제가 기능할 수 있게 작용하는 이념들(operative ideas)을 형성한다.[19] 이데올로기는 국민들이 정치체제를 이해하고, 규칙을 준수하고 그리고 체제에 참여하는 데 있어 범주를 제공한다. 이와 관련해서 이데올로기는 일관성 있는 일단의 규칙들을 명확하게 제시해 주어야 한다. 일반적으로, 국가의 헌법은 이러한 규칙들을 구체화한 정치적 문서라고 할 수 있으며 헌법이 잘 기능하기 위해서는 국민들이 그것을 가치 있는 것으로 여겨야 한다. 이데올로기는 헌법에 대한 이러한 가치들과 신념들을 형성하고, 국민들로 하여금 정치체제 내에서 자신들의 역할과 위치를 알게 해 준다.

2) 결속과 동원의 기능

이데올로기는 국민을 국가공동체, 집단, 정당 또는 정치운동에 통합시켜 그들을 동원하는 역할을 한다. 국민들이 소유한 관념 및 믿음의 형태로서의 이데올로기는 다른 것들을 배제시키면서 그들에게 수용할 수 있고 성취될 수 있는 것들을 규정하고 있다. 예를 들면, 구소련의 공산주의 이념은 자본주의세계를 적으로 규정함으로써 국민들을 통합시켰다. 이데올로기는 그것을 공유하고 있는 국민들을 통합시켜 주거나 그들에게 정체성의 의미를 부여해 주기도 한다. 민족주의가 이데올로기로서 민족국가들을 등장시키고 국제사회에서 그들의 입장을 유지시켜 주는 통합적인 힘을 제공해 주는 것은 이데올로기의 이러한 기능의 대표적인 예이다. 추구되는 통합이 클수록 그리고 유지되는 결속력이 강할수록, 이데올로기의 통합적 상징성에 대한 강조는 더욱 커지는 것이다.

3) 리더십과 조작의 기능

이데올로기는 그것의 내용과 실체에 따라 여러 종류의 정치적 행동을 지향

19) Macridis, *op. cit.*(1983), p. 9.

하고 있다. 관념의 조작은 권력중심에 있거나 또는 권력을 추구하는 사람들에 의해 인지되는 목적을 위해서 국민들로 하여금 정치적 행위를 하게끔 하는 의식적이고 고의적인 명제들의 공식화를 포함한다. 이러한 이데올로기들은 전쟁을 하기 위해서 평화를, 권위주의적 체제를 확립하기 위해서 자유를, 그리고 재력가들의 입장과 특권을 강화시키기 위해서 사회주의를 약속한다.

이데올로기는 흔히 조작의 강력한 도구가 되는 경우가 있다. 사회적 곤궁과 불안의 시대 또는 사회가 극단적으로 대립적인 두 개의 집단으로 분열되고 좌절감이 매일 매일의 생활을 감싸고 있을 때, 이러한 악들을 제거해 주는 명제들과 약속은 국민들의 환심을 얻을 수 있는 것이다. 이 같은 상황에서는 선동가적인 지도자가 출현하여 어디에도 의존할 데 없는 국민들을 조작할 가능성이 많다.

4) 의사소통의 기능

이데올로기는 그것을 공통적으로 소유하고 있는 사람들간의 의사소통을 매우 용이하게 한다. 그것은 정치에 관하여 의사소통을 하는 데 필요한 특별한 어휘를 제공한다. 예를 들면, 권력엘리트, 선민(the chosen people), 빨갱이들(the Reds) 등과 같은 어휘들은 주어진 집단에 속하는 사람들에 의해서 쉽게 이해되는 용어들이며 그들은 다른 사람들을 자신들의 이데올로기 집단에 속하게끔 한다. 따라서 공통의 이데올로기는 의사소통을 단순화시키며 그것을 수용하는 사람들을 위한 공동의 노력을 더욱 쉽게 한다.

또한 이데올로기는 사람들에게 외부세계를 동일하게 해석하게끔 하는 인지적 구조, 즉 관념들의 공식을 제공해 주기 때문에 의사소통을 쉽게 해 준다. 사람들은 외부세계로부터 메시지들을 받고 이러한 메시지들은 어떤 종류의 질서 즉 개념들로 표현되어야 하는데, 이러한 개념들은 이데올로기에 의존한다. 동일한 정치적 사건도 상이한 이데올로기적인 성향을 가진 사람들에 의해서 다르게 평가·해석된다. 예를 들어 국제사회에서 과거 소련의 활동은 보수주의자들에게는 공산주의적 팽창 음모의 표시로, 진보주의자들에게는 미국의 도발적 행위에 대한 불가피한 반응으로 간주되었다.

5) 표현(expression)의 기능

이데올로기는 사람들의 소망, 이익, 그리고 감정 등을 표시해 주는 역할을 한다. 이데올로기의 기능은 그들의 물질적 이익을 보호하고 합리화시키며, 또는 이러한 이익들을 성취시키기 위한 강력한 수단을 제공한다. 그러므로, 자유민주주의는 부자이익의 합리화로서 간주되는 반면에, 맑시즘은 빈자의 요구들을 충족시켜 주는 도구가 된다.

이데올로기는 또한 인간의 감정과 개성적 특질들을 표시해 준다. 예를 들어 민주적 개성은 상호존중과 타협의 정신을 통해서 표현과 성취를 찾으려고 한다. 이러한 방식으로, 어떤 이데올로기도 표현의 형태를 제공해 주며 동일한 마음을 소유하고 있는 사람들을 결합시켜 준다. 환경주의자들, 낙태주의자들, 민주주의자들, 공산주의자들, 그리고 파시스트들은 모두 개별적인 이데올로기를 통해 그들의 이익, 개성, 그리고 감정 등을 나타낸다.

이데올로기의 이러한 기능은 감정적인 유대감을 제공한다. 이데올로기를 공유하고 있는 사람들은 동일한 집단에 속한다는 소속감을 통해서 개인적 안전의식을 갖게 되고, 그 집단의 목표를 추구하거나, 정치적 질서를 옹호·전복하는 등의 행위를 한다.

제 5 절 주요 이데올로기들의 특징

이데올로기들이 각기 갖고 있는 특징들을 분석하는 것은 쉬운 일이 아니다. 그것은 이러한 이데올로기들이 시간의 경과에 따라 구조적 변형과정을 겪었고 학자들마다 이들을 해석·평가하는 것이 다르기 때문이다. 그렇다고 해서 이데올로기에 대한 분석이 전혀 불가능한 것은 아니다. 각 이데올로기는 복잡한 양상으로 발전해 왔지만 그것이 공통적으로 소유하고 있는 특징들을 추출해 낼 수 있는 것이다.

신념과 관념의 체계로서의 이데올로기는 인간과 사회에 대한 가정 및 원리들을 발전시켰다. 이러한 가정과 원리들을 중심으로 가치체계가 정립되며, 이 가치체계는 이데올로기의 정치, 경제, 사회 및 문화적 하위체계들을 형성하는 근간이 된다.

여기서는 이러한 요소들을 중심으로 자유주의, 사회주의, 공산주의, 보수주의, 그리고 파시즘 등의 특징들을 살펴본다.

1. 자유주의

자유주의의 특징은 그것의 역사적 발전과정을 통해서 살펴볼 수 있다. 자유주의는 르네상스와 종교개혁에서부터 발전하여 현재에 이르고 있다. 그것의 사상적 연원은 유럽의 다양한 지적 및 사회적 조류에서 찾을 수 있다. 이러한 조류는 세 개의 범주로 구분할 수 있다.[20] 그 첫번째 범주는 영국의 사상적 조류로서 고전적 자유주의와 공리주의적 자유주의가 이에 해당된다. 고전적 자유주의는 로크(J. Locke)에 의해 대변될 수 있다. 로크는 사회계약의 개념을 통해서 정치적 영역과는 구별되는 사회의 독자적인 실체를 인정했다. 정부는 억압적인 제도가 아니고 개인의 자율성과 권리를 보장해 주는 체계인 것이다. 개인들은 질서적인 사회관계를 확립하기 위해서 정부를 필요로 하지만, 그것은 사회의 수탁기관에 불과한 것이다. 스미스(A. Smith)와 같은 고전적 경제학자들은 개인의 자율성과 창의성이 존중되고 정부의 간섭 없이 개인들이 합리적으로 자신들의 이익을 추구한다면 사회적 질서 또는 조화가 확보될 수 있다고 보았다.[21]

자유주의 관념은 18세기에 공리주의자들에 의해서 더욱 발전되었다. 자연법과 사회계약을 부정한 벤담(Bentham)은 입법개혁과 대의제 민주주의의 기반을 고통과 쾌락에 의한 행동의 결과를 강조하는 도덕적 원리에서 제공하려고 했다. 밀(John Stuart Mill)은 자유원리를 중심으로 자유주의 이념을 체계화시켰다. 특히 그는 개성과 자유의 발전을 가져다 주는 상황적 여건의 다양성과 개인적 자유의 사회성 또는 책임성을 강조했다.[22]

영국에서 이러한 자유주의는 그린(T. H. Green)으로 대표되는 이상주의적 자유주의자들에 의해서 일대 전환을 맞게 된다. 그린에게 있어서 자유는 개인적

---

20) 자유주의 이념의 연원에 대해서는 다음의 책을 참조하시오. 조찬래, 「근대정치철학」(서울: 대왕사, 1996), pp. 197-201. 또는 Guido De Ruggiero, *History of European Liberalism* (Boston: Beacon Press, 1959); H. Laski, *The Rise of European Liberalism* (London: Allen and Unwin, 1936) 등을 참조.

21) J. Cropsey, *Polity and Economy : An Interpretation of the Principles of Adam Smith* (The Hague: Nijhoff, 1957).

22) R. B. McCollum (ed.), *On Liberty and Representative Government* (Oxford: Basil Blackwel, 1964), pp. 8-9.

개념인 동시에 사회적 개념인 것이다. 그는 자유의 소극적 개념에서 탈피하여 자유의 적극적 개념을 주장했다. 자유는 적극적인 힘 또는 능력인 것이다. 그러므로 자유는 기존의 상황을 고려해서 인간능력, 즉 개인의 측면에서 사회가 생산한 선에 참여하는 증대된 능력과 공동선에 기여하는 확대된 능력의 법적 가능성뿐만 아니라 현실적 가능성을 암시한다.[23)]

프랑스혁명 전후의 사상적 조류는 자유주의의 두 번째 범주가 된다. 계몽주의 학자들은 이성과 역사의 진보에 대한 낙관적인 신념에서 봉건주의적 전통과 종교적 신비주의 그리고 인간의 무지와 편견을 비판함으로써 인간의 자율성과 자유를 신장시키는 데 기여했다. 이 시기에 자유주의적 진보는 산업주의의 확산을 주요한 요인으로서 간주했다. 산업주의와 함께 부의 증대, 상업의 성장, 국가간의 유대강화, 도덕적 진보, 대의제 제도의 발달, 민족국가와 전쟁의 증가 등이 일어났다.

미라보(Mirabeau)와 같은 사상가들은 지롱드당의 온건적 자유주의를 대변한 반면에, 로베스피에르(Robespierre)와 같은 지도자들은 급진적 자유주의 입장을 견지했다. 프랑스혁명의 슬로건은 민주적이고 자유주의적이었던 것같이 보인다. 1815년 이후의 혁명에 대한 반응은 자유주의를 강조하고 민주주의를 격하시키는 것이었다. 1830년과 1848년의 혁명들은 중산계층의 자유주의 정신의 표현이라고 간주되지만, 그들의 지배적 성향은 민주적이지 못했다. 영국에서처럼 민주적 자유주의의 발전은 19세기 후반에나 가능했고, 그것은 중산층의 경제적 전망과 관련이 있었다.

제 1 차 세계대전 무렵의 자유주의 발전은 세 번째 범주를 형성한다. 우선 자유주의는 그것의 전망에 대한 철학적 기초에서 실체적 변화를 경험했다. 이러한 변화는 일반적으로 개인주의에 대한 강조로부터 헤겔의 유기체주의에 의해 어느 정도 영향을 받은 집단주의 형태로의 전이로서 요약할 수 있다. 달리 말하면, 이것은 경제생활에서 국가간섭의 반대로부터 실용적 집단주의로의 전이와 자유주의와 민주주의의 필연적 관계를 부정하는 입장으로부터 그들의 관계를 강조하는 입장으로의 발전을 의미한다. 이러한 특징적 변화들은 제 1 차 세계대전

23) T. H. Green, "The State as Guarantor of Liberty," in W. Y. Eliott and N. A. Mcdonald (eds.), *Western Political Heritage* (Englewood Cliffs, N.J.: Prentice-Hall, 1959), pp. 764-65.

이후에도 지속적으로 나타났다.

그러나 제1차 세계대전의 여파로 자유주의 발전에 대한 낙관적 신념은 엷어지기 시작했고, 제2차 세계대전 후에는 이러한 신념은 유지될 수가 없는 형국이었다. 파시즘과 공산주의 대두에 기여했던 요인들, 인간의 표면적인 불합리성과 기술적 진보를 합리적 통제하에 두지 못하는 인류의 무능력 등은 자유주의의 낙관적 신념을 훼손시켰다.[24] 결과적으로, 20세기 중엽에 자유주의는 심각한 도전을 받게 되어서 시련에 봉착하게 되었다.

이 같은 자유주의 발전에 대한 역사적 개관으로부터 자유주의에 대한 정의를 도출할 수 있으나 이러한 작업은 쉬운 일이 아니다. 자유주의 사상의 대부분은 후기단계에서 애매모호하고 취사선택적이기 때문에 자기주장적인 자유주의자들이 출현할 수 없었고 자유주의자들이 독단적인 언명을 거부했다는 사실은 자유주의에 대한 정의를 어렵게 하고 있다.

그럼에도 불구하고 이러한 문제에 대한 실마리는 자유주의라는 용어가 국가, 도덕, 그리고 국가범위의 본성에 관한 정신과 일련의 명제들을 나타내기 위해서 사용된다는 사실에서 찾을 수 있을 것으로 보인다. 정신으로서 자유주의는 자유의 최고가치, 변화에의 수용, 사회·정치적 문제에 있어서 실험의 개방성 그리고 도덕적·정치적 진화의 잠재성 등의 가치들을 강조하고 있다. 모레이(J. Morley)는 자유주의 정신을 다음과 같이 기술하고 있다.

> "그러한 관념들은 사회적 결합의 조건들을 기적에 의해서만 만져 볼 수 있는 신화가 아니고, 설명할 수 있는 원인의 결과이며, 계속적인 수정을 받을 수 있고 애국적이고 현명한 사람들의 사상은 영속적으로 이러한 조건들의 개선에 사용되어야 하고, 과거로부터 우리에게 내려오는 질서에 대한 만족스러운 묵인은 성장하는 유기체에 피할 수 없는 끊임없는 변화 가운데서도 과거의 제도는 점진적인 재적응을 요구하기 때문에 이기적이고 반사회적이며, 그러한 개선들은 권위의 영역을 제한시키며 자유로운 개인의 영역을 확

24) 자유주의와 역사의 진보에 대한 비관적 견해를 제시한 대표적 학자로는 라인홀드 니버(Reinhold Neibuhr)를 들 수 있다. 그는 인간은 근본적으로 사악하고 원죄를 짓고 있는 존재이기 때문에 정치역사도 잔인성과 불합리성을 가질 수밖에 없다는 전제에서 이성에 기초한 자유주의와 역사의 진보를 부정하고 있다. 보다 자세한 내용을 위해서는, 그의 저서 *Moral Man and Immoral Society* (New York : Scibner, 1932)를 참조하시오.

장시키고, 사정이 허용하는 범위 내에서 계속적으로 기회균등을 수여함으로써 큰 풍요 속에서 확보될 것 같다는 것들이다."[25]

특정적인 명제로 말한다면, 자유주의는 세 개의 원리들, 즉 도덕적 원리, 정치적 원리 그리고 경제적 원리 등을 포함한다.[26] 도덕적 원리는 인간이 사회에서 자신을 실현하고 원만한 활동을 하기 위해서는 기본적 가치와 권리들을 향유해야 한다는 것이다. 이것들은 인간으로서 당연히 가져야 할 도덕적 요청으로, 자유, 존엄성, 및 생명권 등이 이에 해당된다.

여기서, 자유는 대부분의 민주적 사회에서 최고의 권리로서 제도화되었다. 이러한 자유는 개인적 자유, 시민적 자유 그리고 사회적 자유 등을 포함하고 있다.[27] 개인적 자유는 정부에 대하여 개인을 보호하는 권리들로 구성되었다. 그것은 인간이 적절한 절차를 갖고 있는 법률 하에서 살 수 있는 요건인 것이다. 로크(J. Locke)는 자유는 입법부에 의해 제정되고 사회의 구성원들에게 공통적인 법률에 의해서만 보장될 수 있다고 했다.[28] 시민적 자유는 개인의 보호에 중점을 두고 있는 개인적 자유와는 달리 인간활동과 참여의 자유롭고 적극적인 채널과 영역을 나타낸다. 사고의 자유, 언론의 자유, 토론의 자유, 및 표현의 자유 등은 시민적 자유의 종류들로서 자유주의 이념과 관례에서 가치 있게 여겨지고 있다. 사회적 자유는 기회균등의 자유로서 모든 개인은 어떠한 차별을 받지 않고 사회적 지위와 성취를 달성할 수 있는 기회를 부여받는다는 것을 의미한다. 고전적 자유주의는 법 앞의 평등사상을 주장하면서도 경제적 불평등의 시정은 사유재산권의 침범과 국가의 간섭을 초래한다고 해서 신분의 평등을 강조하지 않았으며, 현대 자유주의도 경제적 차이를 시정하는 것이 목적은 아니지만 하류계층의 생활수준을 향상시켜야 한다는 입장이다.[29]

자유주의의 정치적 원리는 개인이 정치에의 참여를 통해 정부와 정책을 결정하거나 이들에게 영향을 주는 것을 의미한다. 이러한 원리는 개인적 동의, 대의제, 입헌주의(constitutionalism), 그리고 국민주권 등을 포함하고 있다. 개인

25) J. Morley, *On Compromise* (London: Chapman and Hall, 1874), pp. 125-26.
26) Macridis, *op. cit.* (1983), p. 23.
27) *Ibid.*, pp. 24-25.
28) J. Locke, *Two Treatises of Government* (New York: Cambridge Univ. Press, 1963), pp. 349-50.
29) 이범준·신승권, 「정치학」(서울: 박영사, 1986), p. 347.

적 동의 관념은 로크와 루소(J. Rousseau)와 같은 사회계약론자들에 의해서 주창된 것으로 개인들은 자연상태에서 독립적이고 자유로운 활동을 할 수 있으나 이러한 상태는 불완전하며 더욱이 그들의 자연권-생명, 자유 및 재산 등이 보호되지 못하는 결점을 갖고 있기 때문에 자연상태로부터 벗어나 시민사회에 들어가서 정부를 구성하는 데 동의한다는 것이다.[30] 물론 개인들이 시민사회를 형성하는 주된 이유는 자연상태보다 시민사회가 그들의 자연권들을 더욱 잘 보장할 수 있다는 신념이 있기 때문이다.

대의제 관념은 국민에 의해 선출된 대표자들로 구성된 입법부를 의미한다. 정치적 권위체인 입법부는 계약에 의해서 형성되었으므로 개인의 자연권과 자유를 유린해서는 안 된다. 따라서 입법부의 대표자들은 그들을 선출해 준 개인들의 권리와 이익을 보호하는 것을 최고의 가치로 삼아야 한다.[31] 따라서 대의제는 개인을 보호하는 최선의 정치제도인 것이다.

입헌주의는 정부의 권력남용을 방지하고 국가의 공동선의 실현을 위해서 고안된 제도적 대책이다. 권력의 삼권분리원칙은 이러한 입헌주의의 표현으로서 정부의 권력을 제한시켜 개인을 보호하는 제도적 장치인 것이다.

국민주권의 관념은 국민을 정치 권위의 원천으로서 간주하는 것을 의미한다. 이러한 의미에서 국민은 주권자이고 그들의 주권은 불가양도적, 무오류적이고 파괴할 수 없는 것이다.[32]

자유주의의 경제적 원리는 모든 개인이 자유롭게 경제적 활동을 할 수 있는 여건을 조성해 주는 것을 말한다. 그것은 개인의 경제적 활동을 해방시켜 주고, 민족국가 및 가능하다면 세계에 대응하는 무역지대를 확립하며, 그리고 운송과 상품거래의 장애요인들을 제거하는 것 등을 목적으로 하고 있다. 경제적 자유는 경제적 원리의 핵심으로서 매우 큰 중요성을 갖고 있다. 이러한 경제적 자유를 뒷받침해 주고 있는 것이 계약의 자유다. 이는 영국의 사학자인 메인(Henry Maine)이 자유주의의 본질은 고정된 집단관계로서의 신분에서 개인의 자결(individual self-determination)인 계약으로의 전환이라고 한 데서 잘 나타나고 있다. 재산권, 상속권, 부와 자본을 축적할 권리 그리고 생산과 사고 팔 수 있

30) Locke, *op. cit.*(1963), pp. 309-18; Rousseau, *op. cit.*(1973), pp. 173-75.
31) McCollum, *op. cit.*(1964), p. 176.
32) Rousseau, *op. cit.*(1973), pp. 175-77.

는 자유 등은 자유주의적 사회질서의 본질적 부분이 되고 있다. 여기에서 강조점은 모든 경제주체, 즉 사용자, 노동자, 생산자, 소비자들간에 이루어지는 관계의 자발적 성격에 두고 있다.

자유주의는 개인의 자아실현의 가능성을 최대한 보장해 주는 이념으로서, 서구국가들에서 민주주의의 발전에 기여하였다. 그러나 자유주의는 개인주의적인 경향과 시장경쟁원리를 너무 강조한 결과 자본주의체제를 정당화시키고 있는 부르주아 이데올로기였다는 비판을 받고 있다.

2. 사회주의

사회주의가 하나의 이데올로기로서 출현하게 된 것은 자유주의의 실패에서 기인한다. 자유주의가 모든 계층의 복지를 가져다 줄 수 있다는 낙관주의적 기대는 실현되지 못하였다. 부르주아 계급의 부는 증대하였던 반면에 노동자계급의 생활은 영락한 상태를 면치 못하고 있는 형편이었다. 이러한 경제적 불평등은 자유주의의 시장경제원리의 불가피한 결과였기 때문에 평등의 주창자들은 시장경제원리를 인간복지를 실현하는 데 주요한 장애요소라고 간주했다. 따라서 사회주의는 이러한 불평등한 상황에 대한 반응으로서 나오게 된 것이다.

자유주의자들처럼 사회주의자들도 진보에 대한 낙관적인 신념을 가지고 있었다. 그들도 인간의 자연적인 능력들이 자유롭게 표현된다면 무엇이든지 성취할 수 있다는 것을 확신하였다. 그러나 법적·정치적 불평등이 자기실현의 최대 장애물이라고 보는 자유주의자들과는 달리 사회주의자들은 경제적 불평등이 중요한 문제라고 인식하였다.[33)]

근대시기에 사회주의의 출현은 프랑스혁명의 시대까지 거슬러 올라갈 수 있다. 혁명가들의 대부분은 시민들간의 불평등을 제거하는 데 만족하였지만 이것만으로는 충분치 않다고 주장하는 사회주의자들이 있었다. 프랑스 시민들이 부의 불평등에 의해 서로서로 분리되어 있다면 혁명적 슬로건인 자유, 평등, 박애는 무의미하다는 것이었다. 사회주의자들의 일부는 바베프(Babeuf)의 지도하에 정부를 타도하고 평등한 사회를 확립하려는 시도를 했다. 이러한 노력은 연약해

---

33) Frederick M. Watkins, *The Age of Ideology — Political Thought, 1750 to the Present* (Englewood Cliffs, New Jersey: Prentice-Hall, 1979), p. 43.

서 진압되었지만 그것은 그 후의 사회주의자들에 의해서 앞으로 다가오는 사회주의 운동을 예고하는 것으로 간주되었다.

19세기 초에 사회주의는 이데올로기로서의 모습을 갖추기 시작했다. 이 시기에 프랑스와 영국에서 수많은 사회주의사상들이 출현했다. 맑스는 이러한 사상가들을 공상적 사회주의자들이라고 칭했지만, 그들은 현실적으로 다양한 의견을 나타냈다. 생 시몽(Saint-Simon)과 루이 블랑(Louis Blanc)같은 사회주의자들은 국가통제하의 다소 중앙집권화된 경제를 옹호했으며 다른 사회주의자들은 여러 가지 형태의 사적 결사체의 조직에 의해서 사회적인 문제를 해결하기를 원했다. "공상적"이라는 말이 적용될 수 있는 일반적 관념은 인간들이 자유로운 협동심을 기초로 시장에 호소함이 없이 자족적인 공동체를 조직함으로써 산업시대의 준엄성을 회피하는 것이었다.

이 같은 입장을 대변하는 사회주의자는 오웬(Robert Owen)과 푸리에(Charles Fourier)이다. 오웬은 재건설된 공동체에서 인간은 경쟁 대신에 협동의 원리를 배울 수 있다는 것을 믿었다. 인간본성은 환경을 바꾸기만 하면 개조될 수 있는 것이었다. 이러한 그의 이상은 세 개의 사상, 즉 공리주의, 계몽주의 그리고 유물론 등으로 구성되었다. 오웬은 인간의 행동 및 정치의 목표는 최대다수의 최대행복을 실현하는 데 있으며 이를 실현하기 위해서는 인간의 이성계발을 통해 그들이 선량한 인격의 소유자가 되게 하는 일이다. 그에게 있어서 교육과 환경적 조건의 개선을 통해서 선한 인간을 만드는 것이 협동촌 실험모델의 요체인 것이다.[34] 오웬의 협동적 실험모델의 요점은 사회적 사랑에 의한 전반적 복지의 달성에 있고 이를 위한 수단으로서 교육을 중시하는 것이다.

실제로 오웬의 협동적 실험모델은 1824-1845년에 미국 인디애나주에서 구입한 약 2-3만 에이커의 토지에다 뉴하모니(New Harmony)의 건설로 구체화되었다. 그러나 그곳에 이주한 사람들은 인종적으로 다양하고 교육을 받을 만한 성격을 구비하지 못했기 때문에 이러한 실험은 실패로 끝나고 말았다.

푸리에도 유사한 공동체의 건설을 통해서 그의 사회주의 이상을 실현시키려고 했다. 그는 1,620명으로 구성된 팔랑쥬(Phalange) 공동체의 건설을 통해서 자본주의적 문명사회의 결점을 회피할 수 있다고 보았다. 그것은 어디까지나 전

34) J. Bronowski and Bruce Mazlish, 차하순 역, 「서구의 지적전통」(서울: 홍성사, 1980), p. 563.

원생활을 기초로 한 생산 소비의 생활공동체인 것이다. 이러한 공동체에서 인간은 자신의 잠재력을 실현할 수 있고 낭비, 비효율성, 권태, 그리고 불평등은 제거될 수 있는 것이다. 여기에서 노동은 강제적인 성격을 갖는 것이 아니고 자율적으로 조직화되며 다양한 취미와 능력으로 사회가 요구하는 다양한 직업을 자유로이 선택할 수 있고 지루할 때에는 그 직업을 몇 시간 만에 바꿀 수도 있다.[35] 자급자족적 생활의 공동체 내에서 합리적 분배와 쾌적한 소비생활 그리고 물질적으로 풍부하고 조화로운 생활의 실현을 구상했던 것이다.

푸리에는 팔랑쥬 공동체의 건설이 세계를 변화시켜 결국에는 공동체적 사회주의로 가게 된다는 확신을 하였다. 푸리에는 1894년 파리교외에 하나의 팔랑쥬를 건설하려고 했으나 실패함으로써 그의 사상은 구체화되지 못하였다.

생 시몽은 산업사회의 확립을 통한 사회주의를 제시하고 있다. 그는 역사는 신학적 단계와 형이상학적 단계를 거쳐 과학적·실증주의적 단계로 들어가서 지식의 놀라운 발전을 보였으나, 기독교가 이러한 지식의 진보를 따르지 못해서 혼란이 초래된다고 하였다. 이러한 혼란을 조정하여 사회에 평화를 가져올 수 있는 새로운 종교가 요구되는바, 이것이 바로 그가 창안한 뉴 크리스트(New Christ)종교인 것이다.

생 시몽은 새로운 종교에 의한 형제애의 조장을 통해서 산업사회를 실현할 수 있다고 보았다. 그의 산업사회는 빈자계급의 운명을 개선해야 하며 이를 실현할 임무를 산업계급이 담당하는 것이다. 이러한 산업계급은 노동자나 농민에 국한되지 않고 직·간접으로 생산에 공헌하는 모든 사람을 포함하는 광범위한 것이었다. 그리고 산업사회는 완전한 평등원리에 의해 조직되었다. 따라서 출생과 부에 의한 일체의 특권은 인정될 수 없었다. 그러나 그의 평등은 능력에 따른 평등이므로 자연적 조건에서의 불평등과 사실상의 능력에 따른 불평등을 인정하였다.

이러한 사회주의사상가들은 초기의 사회주의 이념을 대변하고 있다. 초기 사회주의는 무정부주의(anarchism)와 맑스주의 등의 다양한 형태의 사회주의를 거쳐 19세기 말 사회민주주의(social democracy)로 대종을 이루게 되며, 다시 20세기에 이르러 민주사회주의(democratic socialism)라는 이름으로 탈바꿈하게

35) R. M. Christenson (et al.), *Ideologies and Modern Politics* (New York : Dodd, Mead and Co, 1971), p. 225.

된다.[36)]

사회민주주의는 19세기 말 독일에서 정통 맑스주의와의 논쟁을 통해서 이데올로기적인 정체성을 확립하려고 했다. 사회민주주의의 대표적인 이론가인 베른슈타인(Eduard Bernstein)은 이 같은 논쟁에서 시대에 적합치 않은 모순과 불합리성을 갖고 있는 맑스주의의 경제결정론(economic determinism)과 혁명론을 거부해야 한다는 주장을 했다. 그는 사회진화론과 의회주의를 수용하는 새로운 사회주의 이념을 제시했으며 따라서 이러한 사회주의는 정통맑스주의자들에 의해 수정주의라고 불리게 되었다. 베른슈타인의 사회민주주의는 제 1 차 세계대전 이후에 독일과 유럽대륙에서 지배적인 사상으로서의 위치를 차지하기 시작했으며 1959년의 고데스베르그강령 이후에는 맑스주의적인 요소들을 거의 제거함으로써 온건한 형태의 사회주의로 발전하였다.

이 같은 사회주의 이념들은 다양하지만, 이들의 이념에서 공통적인 특징을 찾을 수 있다. 이들 모두는 사유재산과 시장경제원리는 인간복지에 해롭기 때문에 협동적인 사회조직의 형태 또는 주요 생산수단의 공적소유 및 통제에 의해 대치되어야 한다는 신념을 표시하고 있다.

두 번째로는 사회주의사상가들은 생산된 재화의 공정한 분배를 통해서 평등한 사회를 추구하는 복지국가를 상정하고 있다. 그들은 완전한 평등의 달성은 사실상 어렵다는 판단에서 국가가 적극적으로 개입·간섭해서 부자와 빈자의 격차와 갈등을 해소해야 한다는 주장을 하고 있다.

전체적으로, 사회주의는 여러 종류의 제도적 대책을 통해서 빈자의 지위를 향상시켰고 따라서 부자와 빈자의 계급적 갈등의 완화를 통해 일정한 수준의 사회적 통합을 성취하는 데 기여했다. 그러나 사회주의는 인간의 생활에서 물질주의적 요소들을 너무 강조한 나머지 정신적인 측면을 경시한 결과로 사회발전과 생산의 원동력이 되는 인간의 자발성과 창의성을 해쳤다는 비판을 받고 있다.

3. 공산주의

공산주의의 기원은 그리스시대의 플라톤까지 거슬러 올라갈 수 있으나, 일반적으로 그것은 근대시기에 맑스와 엥겔스에 의해 형성되어서 소련, 동구, 중

36) 박종훈, 앞의 글(1993), p. 305.

국, 쿠바 그리고 북한 등에서 공식적 이데올로기로 정착된 이념을 말한다. 이러한 국가들에서 공산주의는 다양한 형태로 발전되어 왔기 때문에 맑스주의와 동일시될 수는 없다. 그러나 맑스주의가 공산주의 이데올로기의 이론적 기반이 되었고 레닌은 최초로 소련에서 공산주의 혁명을 성공시켜 그 후의 공산주의 국가들에게 영향을 미쳤다는 점에서 현대공산주의는 맑스·레닌주의라고 불리어도 무리가 없는 것이다.

공산주의는 모든 생산수단이 국가의 수중에 집중화되고 재화의 생산과 배분이 국가에 의해 결정되는 경제·사회체제이다. 그러나 일반적으로 공산주의는 이러한 것 이상으로 하나의 이념, 정치운동(Meyer 1963, 1) 그리고 분석의 방법과 생활의 방식을 의미한다. 이념으로서 공산주의는 풍요의 꿈이 실현되는 평등한 사회를 약속하고 있다. 정치운동으로서 그것은 자유를 달성하려는 인간들의 조직을 나타낸다. 분석의 방법으로서 그것은 과거를 설명해 주는 명제를 제시하고 사회의 미래 발전을 표현한다. 마지막으로, 공산주의는 생활방식으로서 인간이 이기주의와 사적 이익에 의해 잃어버렸던 자연적·사회적 존재로서의 본질을 회복하는 것을 목적으로 하고 있다.

여기서는 공산주의를 두 가지 측면에서 설명하려고 한다. 하나는 공산주의를 여러 명제들로 구성된 철학체계 또는 이론체계로 보는 추상적 수준이고, 다른 하나는 이러한 철학체계가 정치이데올로기로서 혁명과 같은 정치적 운동 또는 행위에로 전환되는 것을 강조하는 실천적 측면을 말한다.

철학체계로서 공산주의는 상호 관련된 이론적 요소들, 즉 역사이론, 경제이론, 그리고 국가이론 등으로 구성되어 있다. 역사이론은 유물사관(historical materialism)을 지칭하는 것으로 역사는 변증법적으로 발전한다는 것이다. 변화의 동인으로서 관념을 강조하는 헤겔과는 달리 맑스는 이러한 변화의 원인을 물질주의에서 찾고 있다. 물질주의 원칙은 인간생활에서 주요한 힘은 경제적, 즉 물질적 복지에 대한 탐구라는 것이다. 모든 관념과 제도는 경제적 이익을 보호하는 것을 본질적인 목적으로 하고 있다.[37]

이 같은 물질주의적 성향 때문에 개인은 사회의 생산관계에서 특정한 위치를 차지하면서 생산활동에 종사하고 있다. 사회의 생산관계, 생산력 및 생산수단은 그것의 생산양식을 규정하고 생산양식은 하부구조로서 경제구조를 형성하

37) Tucker, *op. cit.*(1978), pp. 294-98.

는 토대가 된다. 그런데 사회가 발전하면 생산양식은 생산관계 및 생산력과 모순에 빠져 그 자체 내에서 부정합(disjunction)을 초래하여 사회의 발전은 한계에 봉착하게 된다. 이러한 생산양식의 부정합과 모순은 새로운 생산양식을 잉태시켜 새로운 사회의 도래를 가져온다는 것이다.

예를 들어, 봉건주의 사회는 거기에 적합한 생산양식을 갖고 있는바 이러한 생산양식은 부정합과 모순에 의해 그 자체 내에 새로운 생산양식인 자본주의 생산양식을 잉태시켜 자본주의 사회의 도래를 가져온다는 것이다. 이렇게 해서 형성된 자본주의 사회도 동일한 발전의 양상을 밟기 때문에 사회주의 생산양식을 잉태시켜 궁극적으로는 공산주의 사회로 바뀌게 된다.

공산주의의 경제이론은 맑스가 영국의 경제학자 리카도(D. Ricardo)의 가치이론의 영향을 받아서 형성되었다. 경제이론에서 중심적인 요소들은 가치의 관념, 잉여가치(surplus value), 이윤의 관념이다. 가치의 관념은 상품의 가치가 거기에 투입된 노동의 양으로 결정된다는 것이다. 기계, 토지 그리고 생산의 모든 다른 요인들은 새로운 가치를 창조하지 못한다. 이러한 것들은 생산과정 동안에 가치가 감소하는 속성이 있기 때문에 그것들이 사용된 가치의 몫에 해당되는 가치만이 상품에 반영되고 있는 것이다.

자본가는 노동자에게 생계유지에 필요한 최소한의 임금만을 지불한다. 그러나 노동자는 이러한 임금의 두 배나 되는 가치를 창조하므로 이러한 가치와 최소한의 임금간에는 차이가 발생하며 이러한 차이가 자본가가 착취하는 잉여가치가 된다.[38] 자본주의 사회가 발전할수록 생산과정에서 잉여가치의 비율은 증가하는 경향이 있으므로 자본가는 노동자를 그만큼 착취하게 되는 것이다.

현실적 이윤은 자본가에 의해 추출되는 잉여가치의 양과 일치하지는 않지만, 이윤은 잉여가치로부터 나온다. 자본주의의 시장경제체제에서 자본가는 더 많은 이윤을 얻으려는 속성이 있기 때문에 새로운 기계를 도입하고 노동의 생산성을 증대시키려고 한다. 이윤을 극대화하려는 자본가의 노력은 끊임없는 기술혁신으로 나타나고 이는 자본 전체에서 기계와 같은 불변자본(constant capital)이 차지한 비율을 증가시키는 반면에, 노동과 같은 가변자본(variable capital)의 비율을 감소시키는 효과를 가져온다. 결과적으로 자본가가 생산과정에서 노동자에 의존하는 비율도 점차적으로 낮아지기 때문에 노동자는 실업자로 전락하

38) *Ibid.*, pp. 344-61.

게 된다. 자본주의가 발달하면 할수록, 이러한 현상들은 더욱 두드러지게 나타나므로 대부분의 노동자는 실업자로서 산업예비군에 속하게 된다.[39]

공산주의 이론에서 국가는 상부구조의 일부로서 간주된다. 그것은 생산수단을 소유하고 있는 소수의 지배계급이 그렇지 못한 피지배층을 통제하기 위한 수단으로서 이용된다. 맑스와 레닌은 국가를 자본가계급의 이익을 촉진시켜 주고 노동자계급을 착취하는 도구로서 인식하고 있다. 상부구조에서 국가만이 이러한 역할을 하는 것이 아니다. 종교는 부르주아적 가치와 재산에 대한 준수를 가르치며 가족과 상속법은 재산의 가치를 영속화시킨다. 교육체계는 모든 사람을 자본주의 윤리를 준수하도록 사회화시키며 그리고 사유재산, 예술, 문학도 똑같은 덕들을 장려한다. 따라서 노동자들은 이러한 가치들과 원리들에 직면하게 되어 이러한 것들을 수용할 수밖에 없는 형편이다. 그러나 국가는 힘을 사용할 수 있는 상부구조의 일부라는 점이 그것의 독특한 특징이 되는 것이다. 그러므로 맑스는 국가에 대하여 힘을 사용할 필요성이 있다고 보았다.

이와 같은 공산주의의 이론들은 실제적 측면에서 혁명적 행위와 연결된다. 맑스와 레닌은 역사이론, 경제이론 및 국가이론 등이 프롤레타리아가 그들의 계급의식을 고취시켜 단결력을 강화시킴으로써 자본주의체제를 타도하는 혁명적 행위를 수행하는 데 도움이 된다고 했다. 그러나 이러한 이론들은 프롤레타리아 혁명을 성공적으로 완수하기 위해서는 충분치가 않은 것이다. 따라서 맑스와 레닌은 혁명이론의 제시를 통해서 이러한 이론들이 혁명운동의 과정에서 갖고 있는 결함을 보충하려고 했다.

맑스의 혁명이론은 몇 개의 요소들로 구성되었다.

첫번째는 프롤레타리아는 역사적 보편성을 지닌 계급으로 발전한다는 것이다. 그는 사회의 구성원들이 사회조직에서 상이한 위치를 차지하면서 상이한 기능을 수행하는 계급들로 구분되어 있다고 했다. 계급간의 갈등은 이러한 계급들이 자신들의 이익을 추구하려고 할 때 일어난다. 계급간의 충돌은 역사의 변증법적 발전의 일부이고, 그것에 본질적이기 때문에 회피하거나 해결될 수 없는 것이다.

그런데 자본주의 사회는 계급투쟁을 완화하기보다는 더욱 격화시키고 단순화시킨다. 맑스는 「공산당선언」(Manifesto of the Communist Party)에서 "자

39) *Ibid.*, pp. 422-28.

본주의 사회는 두 개의 적대적 세력인 부르주아계급과 프롤레타리아계급으로 단순하게 양분되어 두 계급간의 투쟁은 피할 수 없는 역사적 법칙이다"라고 하였다.[40] 자본가계급과 프롤레타리아계급의 중간에 있는 중산층은 점차적으로 소멸하여 프롤레타리아계급으로 편입된다. 자본가계급은 극히 소수로 구성된 지배계급인 데 비하여 프롤레타리아계급은 인구의 모든 계층에서 충원되므로 다수의 위치에 있게 된다. 자본주의 사회의 증가하는 모든 이익을 강점하거나 독점하는 자본가의 수는 줄어드는 대신 불행, 억압, 노예 및 착취의 상태에 있는 프롤레타리아의 수는 증가한다. 결국 자본주의 사회에서 프롤레타리아계급은 극소수의 자본가계급을 제외한 모든 사회집단을 흡수하게 된다.

이러한 의미에서 프롤레타리아계급은 사회 전체의 이익을 대변하는 보편적 계급으로서의 의미를 갖게 된다. 맑스에 의하면 프롤레타리아들이 경험하고 있는 고통은 보편적이고 그들이 받고 있는 부정의도 특수한 것이 아니고 일반적이며, 그리고 어떤 특정한 권리에 대한 주장을 하지 않는 등에서 보편적인 성격을 찾을 수 있다는 것이다.[41] 따라서 프롤레타리아의 해방은 특수한 계급으로서의 프롤레타리아를 부인하고 사적재산의 폐지를 통한 계급차별의 소멸을 의미하는 인간해방이 된다.

혁명이론의 두 번째 요소는 혁명실천(revolutionary praxis)의 개념이다. 실천은 인간의 변화하는 역사적 상황의 의식적 형성을 의미한다. 그것은 인간행위에 의하여 현존하는 실재를 변화시키는 것이다. 이러한 혁명실천의 개념은 "철학은 실천적 능력을 갖고 있어야 그 존재 의미를 찾을 수 있다"[42]는 맑스의 인식에서 비롯된 것이다. 그에 의하면 철학의 세계에 대한 이해와 그것을 변경하려는 능력간에는 변증법적인 관계가 존재한다는 것이다. 철학은 세계를 변경할 수 있기 전에 그것에 대한 충분한 이해를 갖고 있어야 한다. 철학은 자신을 부정함이 없이 자신을 실현할 수 없고, 자신이 실현되지 않는 한 자신을 부정할 수 없다. 이는 자기의식에 도달한 철학은 자신을 부정하게 되고 실재로 전환하게 되는 것을 의미한다.[43] 그러므로 실재에 대한 충분한 이해는 그것의 변경을 위한 철학적 전제조건이 된다. 다시 말하면, 세계를 변화시키는 것은 그것에 대

40) *Ibid.*, p. 473.
41) *Ibid.*, pp. 21-23.
42) *Ibid.*, pp. 9-11.
43) *Ibid.*, p. 11.

한 충분한 이해에 달려 있는 것이다.

이러한 맥락에서 혁명실천의 개념은 변증법적인 측면을 갖고 있다. 그것은 객관적으로 궁극적인 인간해방에 이르는 상황의 조성과 주관적으로는 프롤레타리아가 계급의식의 형성을 통해 자신을 발견함으로써 성취되는 자신들의 변화를 의미한다. 따라서 혁명실천은 변화하는 상황과 인간활동의 일치로 이해될 수 있다. 이것은 사회는 개혁의 필요성을 인정하는 소수의 개혁가에 의해서가 아니라 사회 전체의 이익을 자신들의 이익과 동일시하는 프롤레타리아 대중에 의해서 형성될 수 있다는 것을 의미한다. 혁명실천의 상황에서 프롤레타리아는 역사적 변화의 주체로서 확고한 계급의식을 고양시켜 모든 억압의 제거와 인간해방을 실현시켜야 하는 역사적 임무를 갖고 있다.

맑스의 혁명실천의 개념에서 혁명의 역사적 필연성과 프롤레타리아의 의식적 행위간에는 어떠한 딜레마도 존재하지 않는다. 프롤레타리아의 의식의 발전은 세계를 변형시키는 역사적 과정이기도 하다. 프롤레타리아는 자본주의 사회를 변경하기 전에 이에 대한 충분한 이해를 갖고 있어야 한다. 프롤레타리아는 자본주의 사회가 곧 그들의 실천(praxis)이 되고 이러한 지식에 따라 혁명적 운동을 전개할 경우 그들의 계급의식과 객관적 상황과의 차이는 소멸하게 된다는 것이다. 따라서 혁명실천의 개념에서 프롤레타리아의 자본주의 사회에 대한 지식과 계급의식은 실재로 전환될 수 있는 실천적 능력을 갖고 있다는 의미에서 혁명적 행위인 것이다.

혁명이론의 세 번째 요소는 혁명의 프로그램과 전략이다. 맑스는 혁명프로그램의 기능은 프롤레타리아에게 그들의 잠재력을 현실적 우위로 전환하거나 또는 자발적 경제투쟁을 의도적인 정치투쟁으로 변형시키는 방법을 보여 주는 것이라고 하였다.[44] 혁명프로그램에서 첫번째 단계는 자본주의와의 투쟁에서 승리하는 것이다. 프롤레타리아는 억압받는 피지배계급으로서 자본가계급과의 투쟁에서 승리하여 지배계급의 위치에 오르게 된다. 프롤레타리아 정부는 부르주아 정부를 대체한다.

맑스는 프롤레타리아가 정치권력을 획득하는 방법에 대하여 애매모호한 태도를 견지하였다. 맑스는 「공산당 선언」에서 공산주의 목적은 현존하는 모든 조건의 강제적 전복에 의해서만 달성될 수 있다고 함으로써 혁명에서 폭력적 방법

44) *Ibid.*, p. 520.

의 사용을 정당화하고 있다. 그러나 1848년과 1849년에 프랑스혁명에 참여했던 혁명가들의 경험과 자본주의 사회에서 노동자들의 생활조건의 향상을 계기로 맑스는 혁명의 폭력적 방법의 효율성에 대하여 의문을 갖기 시작하였다. 그는 영국과 같이 자본주의가 고도로 발달한 국가에서도 노동자들이 보통의 선거방식을 통해 의회에서 다수를 차지하여 정치권력을 장악할 수 있다고 보았다. 정치권력을 획득하는 수단은 시기와 국가에 따라서 달라야 한다는 것을 의미한다. 프롤레타리아가 폭력적인 방법과 비폭력적 방법 중의 어떤 것을 선택하는 것은 시대적 상황과 국가의 조건에 달려 있는 것이다.

정치권력을 획득한 프롤레타리아는 그들의 권력기반을 강화하기 위해 사회주의 1단계인 과도기에서 여러 가지 조치들을 취해야 한다. 사회주의 1단계는 국가의 수중에 모든 생산수단의 집중화와 전체생산을 급속히 증대시키려는 노력 등으로 특징지워진다. 정치적으로 그것은 프롤레타리아 독재와 권력수단의 강화의 측면을 갖고 있다. 맑스는 고타프로그램의 비판(Critique of the Gotha program)에서 자본주의 사회와 공산주의 사회의 기간에, 전자의 후자로의 혁명적 변화의 시기가 존재한다고 하였다. 이것에 대응하여 국가는 단지 프롤레타리아의 혁명적 독재에 지나지 않는 정치적 과도기가 존재한다는 것이다.[45] 이러한 과도기 동안에 프롤레타리아는 정치적 우위를 사용해서 자본주의의 잔재를 제거하고 공산주의 사회의 도래를 앞당기기 위한 여러 조치들을 취해야 한다. 이러한 조치들은 ① 토지에 대한 사유재산의 폐지와 모든 임대료의 공공 목적으로의 사용, ② 중누진 소득세의 실시, ③ 모든 상속권의 폐지, ④ 이주자와 폭도들에게 속하는 모든 재산의 압수, ⑤ 국립은행에 의한 모든 예금의 국가 수중에로의 집중, ⑥ 통신과 교통수단의 국가 수중에로의 집중, ⑦ 공장과 생산수단에 대한 국유화의 확대, ⑧ 모든 사람이 동등하게 일할 의무와 산업군(industrial armies)의 창설, ⑨ 농업과 제조업의 결합과 공정한 분배체계의 확립에 따른 도·농간의 차이 소멸, ⑩ 모든 아동의 공립학교에서의 무상교육과 아동노동의 폐지 등을 포함하고 있다.[46]

이러한 조치들을 효과적으로 수행하게 되면 사회주의 1단계는 2단계로 넘어가서 공산주의는 실현되게 된다. 여기서 인간은 생산량에 비례하여 임금을 받는

45) *Ibid.*, p. 538.
46) *Ibid.*, p. 490.

대신 능력에 따른 생산, 필요에 의한 욕구 충족의 원칙에 의하여 분배를 받으며 국가는 소멸하게 된다. 공산주의는 충분하게 발달한 자연주의로서 인간주의가 된다. 공산주의는 인간과 자연 및 인간 상호간의 적대의식을 완전히 해소시켜 줄 뿐만 아니라 존재와 본질 그리고 개인과 종족(species)간의 충돌도 해결해 준다. 맑스는 이것을 공산주의 사회에서 실현되는 진정한 민주주의라고 불렀다.

공산주의 이론들은 현실적으로 적용하는 데 많은 어려움을 갖고 있었다. 이러한 이론들이 내포하고 있는 논리적 모순과 결함 때문에 그 적실성과 효용성이 떨어지기도 하였다. 이것은 공산주의자들이 구상한 공산주의 사회가 실현되지 못했다는 사실에서도 알 수 있다. 최근에 소련 및 동구 공산주의 국가들의 몰락은 이 점을 잘 대변해 주고 있다.

4. 보수주의

보수주의를 몇 마디로 정의하기는 쉽지가 않다. 그것은 정신과 공공정책에 대한 일련의 명제 또는 태도를 포함하고 있다. 존 모레이(J. Morley)는 보수주의를 다음과 같이 요약하고 있다.

> 보수주의 관념들은 이러한 것들, 즉 사회적 연합은 명백한 신의 창조와 질서이고, 그것의 운동들은 신비스럽고 고정된 섭리를 따르고, 교회와 국가는 바꿀 수 있는 용어들이고, 양심은 국가양심의 선언에 대한 권리를 갖지 못하고, 적극적인 충동 또는 사변적인 집요함에 의해 사회의 평화적 질서를 교란시키는 것은 가장 큰 범죄이고 조상으로부터 유래하는 오랜 전통은 생활에 위엄을 더하는 요소이고, 높은 의무감을 심어 준다는 것 등이다.[47]

역사적인 관점에서 보수주의는 18세기에 출현하여 19세기와 20세기에서 발전하는 과정을 경험했다. 근대보수주의의 시작은 반봉건적인 대지주들이 산업혁명과 프랑스혁명을 맞이했을 때 그들의 특징적인 생활태도와 불가분적으로 관련되어 있다. 근대 보수주의의 기원은 마키아벨리부터 루소에 이르는 정치철학의 이정표라고 할 수 있는 개인주의의 거부와 함께 시작된다. 흄(D. Hume)은 이

47) Morley, *op. cit.*(1874), pp. 123-24.

러한 보수주의 사상의 기초를 마련해 주었다.

그러나 근대 보수주의 정치철학의 시조는 에드먼드 버크(E. Burke)와 함께 시작된다고 보는 것이 타당하다. 그는 프랑스혁명이 프랑스국가의 역사적 계속성과의 급격한 단절이었기 때문에 참혹한 결과를 가져왔다고 보았다. 혁명은 18세기 정치사상에 특징적이었던 이성과 자연법사상의 오류적인 추론의 산물이었다. 버크는 추상적 이성 대신에 전통, 관습, 편견 등을 인간행위의 안내가 된다고 보았다.[48)]

버크의 프랑스혁명에 대한 반발은 19세기와 20세기에 반동적인 형태의 보수주의 운동을 발흥시켜 주는 역할을 했다. 드 메스트르(De Maistre)는 중세시기와 교황의 옹호를 통해 프랑스혁명에 의해 분출된 자유주의의 힘을 억제시키려고 했다. 19세기의 보수주의자들은 계몽주의의 사상적 조류에 대한 반발에서 중세시기를 고양시키려고 했다. 그들의 중세와 교황에 대한 찬미는 산업주의를 거부하는 대신 농업생활의 칭송으로 이어졌다. 따라서 이 시기에 보수주의자들은 자신들을 오래 된 질서와 일체화하는 경향을 보인 반면에 자유주의자들은 새로운 변화와 관련이 있었다. 실로 보수주의와 농업사회, 그리고 자유주의와 산업사회와의 관계는 확실한 논리성을 갖고 있었다.

그러나 20세기에 이러한 관계는 타당성을 잃어버렸다. 서구의 국가들에서 보수주의 사상이 민주적 정부의 근거를 제공해 주는 사례가 빈번해지고 공산주의가 공동의 적으로서 인식됨에 따라 보수주의와 자유주의는 대립적인 관계를 탈피하려는 모습을 보였으며 이러한 과정에서 양 이데올로기는 부분적으로 결합될 수 있는 공통적 기반을 마련하였다. 특히 제2차 세계대전 이후 냉전구조가 형성됨에 따라 자유주의는 서구의 전통적 가치와 애국주의를 강조하였고 보수주의자들도 평등, 국가간섭의 배제 및 시장경제원리를 수용하는 자세를 견지하였다. 따라서 보수주의와 자유주의는 근본적인 차이에도 불구하고 그들의 이데올로기적인 전망에서 공통점도 갖게 되었으며 이 같은 현상은 1980년대 이후 보수적인 정부와 보수주의자들이 신자유주의(neo-liberalism) 정책을 주장하고 있는 사실에서 극명하게 나타난다.

보수주의 발달에 관한 역사적 개관에서 그것의 특징을 추출해 낼 수 있다.

---

48) J. Maccum, *The Political Philosophy of E. Burke*(New York: Longmans Green, 1913), p. 1.

첫째로, 보수주의는 정치적 권위를 통한 질서와 통합의 유지를 강조하고 있다. 사회적 혼란과 갈등은 안정과 질서에 위해가 되기 때문에 회피되어야 할 부정적 가치들로 규정하고 있다. 이런 점에서 보수주의는 자유주의와 구별된다. 자유주의가 개인적인 경쟁관계에서 비롯되는 혼란과 갈등의 과정을 통해서 안정과 질서를 찾으려고 하는 데 반하여 보수주의자들은 이러한 혼란과 갈등을 원천적으로 인정하지 않고 있다.

둘째로, 보수주의는 보존과 점진적 변화를 추구하고 있다. 보수주의자들은 혁명과 같은 급격한 변화를 거부하는 대신 기존 질서를 보존하려는 경향이 있다. 그렇다고 해서 그들이 변화를 완전히 부정하는 것은 아니다. 기존의 권위와 질서에서 변화의 필요성이 야기될 경우에는 그것은 중용과 자제력을 가지고 이루어져야 한다. 왜냐하면 그러한 변경은 국가의 헌법적 발전의 자연적 과정을 간섭하거나 법인적 전체로서의 공동체의 근본적 이익에 부정적인 영향을 줄지도 모르기 때문이다.

셋째로, 보수주의는 국가의 적극적인 역할을 강조하고 있다. 보수주의자들은 국가의 유기체적 성격을 주장하고 있으므로 개인은 국가에 대한 헌신과 충성을 성심껏 하면, 국가는 이에 대한 보답으로 온정주의적 입장에서 개인의 생활을 보호해야 한다는 것이다. 그러나 최근에 보수주의자들의 국가에 대한 이러한 태도는 국가간섭의 배제를 주장하는 신보수주의의 출현으로 애매모호해졌다는 평가를 받는다.

결론적으로 보수주의는 기득권층의 권력과 이익을 강화시키는 역할을 한다는 비판을 받고 있다. 그럼에도 불구하고 보수주의는 급격한 변화가 가져오는 폐단을 방지하면서 신중성과 자제력에 의한 점진적 변화를 제시했다는 점에서 큰 의미가 있다.

5. 파시즘과 나찌즘

파시즘과 나찌즘은 이데올로기적 내용에서는 다르지만 둘 다 전체주의를 특색으로 하는 이데올로기라는 점에서 공통점이 있다. 공산주의도 전체주의적인 특징을 갖고 있지만 파시즘과 나찌즘과는 매우 다른 양태를 보이고 있기 때문에 구별해서 논의하겠다. 파시즘과 나찌즘이 공유하고 있는 이데올로기적 특성으로는 국가주의, 카리스마적 리더십, 엘리트주의, 과도한 민족주의, 반 의회주의, 반 맑스주의 그리고 인종차별주의 등을 들 수 있다.[49]

파시즘과 나찌즘이 대두하게 된 배경으로는 첫째, 국가간의 대립과 전쟁위기의 격화, 둘째, 증대되는 실업률과 경제적 공황, 셋째, 국내정치의 불안정성, 넷째, 기존정당·의회·정부의 부패·무능·비능률 등 병리현상의 만연, 다섯째, 사회집단간의 충돌 등을 들 수 있다.[50] 이와 같은 시대적 배경은 유럽 전체가 당면한 현상이었으나 유독 이탈리아와 독일에서 젊은 지도자인 무솔리니(Benito Mussolini)와 히틀러(Adolf Hitler)의 출현과 결부되어서 파시즘과 나찌즘을 형성시키는 요인으로 작용했다

파시즘의 이데올로기에서 국가관념은 중심적 위치를 차지하고 있다. 파시즘은 국가를 권력과 시간의 요소에서 그것을 구성하고 있는 개인 또는 집단들의 목적·생명 그리고 행위의 수단보다 우월한 목적·생명 그리고 행위의 수단을 소유하고 있는 유기체로서 생각하고 있다.[51] 그것은 모든 인간활동에 대하여 지배적인 독립적 의지를 갖고 있는 윤리적 인격체의 속성을 부여받았다.[52] 국가 안에서 모든 것이 존재하지 그것에 반대하거나 그것 밖에서는 아무것도 존재하지 않는다. 젠틸레(Gentile)도 국가를 인간사회에서 그의 인격을 표시하고 역사적 성장을 성취하는 윤리적 존재로 묘사했다.[53] 국가는 개인생활의 의미를 초월하는 그 자신의 유기체적 생활을 부여받았다. 그것은 그 구성원들의 정신과 의지와는 독자적으로 그 자신의 정신과 의사를 가지고 있는 윤리적 실체인 것이다.

이러한 파시스트 국가는 몇 가지 특징을 갖고 있다.

첫째, 파시스트 국가는 인민주권을 부인하는 대신에 국가주권을 옹호하고 있다. 로코(A. Rocco)는 시민다수는 사회와 역사의 고차원적인 요구를 충족시키지 못하며, 그리고 개인의 사적 이익을 무시하는 능력은 선택된 소수의 매우 흔하지 않은 재능과 특권이라는 이유에서 사회이익의 적합한 옹호자가 되지 못

49) Neumann Sigmund(ed.), *Modern Political Parties*(Chicago: Univ. of Chicago Press, 1956), pp. 106-13.
50) 이범준·신승권, 앞의 책(1986), p. 320.
51) B. Mussolini, *Fascism*(Rome: Ardita, 1935), p. 27.
52) *Ibid*., p. 40.
53) M. Palmieri, *The Political Philosophy of Fascism*(Chicago: The Dante Alighieri Society, 1936), p. 122.

한다고 했다.[54] 파시스트 원리에 의하면 국가의 주권은 성격에서 절대적이고 전체주의적이다. 보편적인 윤리적 의지의 구현체로서 국가는 현실적으로 모든 권리의 창조자이고, 인민의 행위에 대한 완전한 통제를 한다. 국가는 모든 가치들을 포함하는 종합체와 통일체로서 인민의 전 생활을 해석·개발하고 이것들을 가능케 한다. 진실하고 위대한 생활은 국가가 개인 위에 지배적인 위치로 오르고, 그것과 개인간의 투쟁이 최종적으로 그것을 위해서 해결될 때까지는 일어날 수 없다. 국가는 절대적이고 개인과 집단들은 그것의 지도와 지시에 복종하는 한 의미를 갖게 된다.

둘째, 파시스트 국가는 개인을 파괴하기는커녕 그의 힘을 증대시킨다는 것이다.[55] 개인적 자유는 그 자체 목적이 되는 것이 아니고 훨씬 더 큰 목적인 정신의 자유를 실현하는 수단이 된다. 개인은 진실하고, 선하며 그리고 정의로운 실체인 국가에 의지하는 데서만 자유롭게 된다.

셋째, 파시스트 국가는 조합주의(corporatism)의 성격을 표출하고 있다. 무솔리니는 1922년에 권력을 획득할 때 국가는 인민의 경제생활에 대한 지도력을 행사하고, 생산의 이익을 위해서 사용자와 노동자의 갈등을 허용하지 말아야 한다는 정책을 확립했다. 파시스트 프로그램의 이러한 측면은 세 가지 전제에 기초하고 있다. 첫째의 전제는 국가는 경제활동의 모든 단계를 규제하는 궁극적 권위를 소유해야 하며, 생산수단을 사적 소유권하에 둔다는 것이 두 번째 전제이고, 세 번째 전제는 계급 없는 사회를 위해 계급의식을 억압하는 대신에 고용자와 노동자 집단간의 독자적인 일체성이 보존되어야 한다는 것이다.

국가의 경제적 생활에 대한 효과적인 통제를 확립하기 위해서 파시스트들은 신디케이트, 연방, 연합, 그리고 조합의 계서적 체계를 고안했다. 이러한 제도들을 통해 그들은 조합주의의 일반적 관념에 구체적 형태를 부여하려고 했다. 조합적 국가관념은 두 개의 제도들을 제공하고 있는데 하나는 사용자를 위한 것이고, 다른 하나는 고용인을 위한 것이다. 조직의 피라미드의 기저에는 각 주요한 직업범주를 위한 노동자와 사용자의 지방신디케이트들이 있다. 이러한 지역 신디케이트들은 각 주요한 산업을 위해 국가연방으로 집합이 되고 연방들은 여

54) A. Rocco, "The Political Doctrine of Fascism," *International Conciliation Pamphlet*, no. 223(1926), pp. 127, 691.
55) Mussolini, *op. cit.*(1935), pp. 27-30.

러 관련된 산업을 대표하는 국가연합으로 조직화된다. 그 구조의 절정에는 사용자와 고용인이 있다. 조합의 구성원으로서의 임명은 수 없는 국가연합에 의해 선정된 후보자들 중에서 정부에 의해 이루어진다. 이론적으로 조합국가의 기본적 목적은 사용자와 고용자들이 자율적으로 산업과 상업을 규제하는 체계의 확립이다. 그러나 그 체계가 파시스트의 통제 하에서 작용하기 때문에 조합은 국가의 집합적 기관에 지나지 않는다. 사실 파시스트당과 정부는 조합들과 밀접하게 관련되어 있고 그들의 결정에서 중요한 역할을 수행해 왔다.

나찌즘 또는 국가사회주의(state socialism)는 기본적인 골격에서는 파시즘과는 별로 차이가 없는 것 같이 보인다. 그러나 나찌즘은 파시즘에서는 발견할 수 없는 요소들을 갖고 있다.

나찌즘은 우선 강력한 인종주의를 특징으로 하고 있다. 이러한 인종주의는 지배인종이론(master race theory)으로 발전되었으며 그것은 챔벌린(Chamberlain)의 아리언(Aryan)민족의 우월성에 기초를 두고 있다. 그것은 독일적 가치들의 우월성을 주장하는 반면에 독일민족의 우월성과 이러한 우월성을 타인종들에게 강요하는 정당성의 근거가 되고 있다.[56] 아리언들은 유태인뿐만 아니라 프랑스, 그리스 등 유럽 민족들보다 우월하다는 것이다. 특히, 아리언들 중에서 독일민족은 그들의 인종적 혈통을 순수하게 유지해 왔기 때문에 우월한 인종이 된다. 독일민족은 위대한 운명을 지닌 탁월한 인종으로서 열등한 다른 민족들을 지배해야 하는 지배인종이 된다는 것이다. 따라서 이러한 인종이론은 극단적인 민족주의와 결부되어서 전쟁의 불가피성에 이르게 된다.

인종주의 이론은 과학적인 견지에서 볼 때 아무런 근거가 없는 허구적인 내용을 담고 있으나, 실제로는 나찌즘 정부의 지지기반을 넓히고 독일사회를 통합시키는 데 기여했다. 나찌즘 정부는 인종이론에 근거한 반유태인 운동을 전개하여 유태인을 사회의 모든 부문에서 강제추방시켜 그들을 급격하게 빈민으로 만들었다. 이러한 반유태인 운동의 결과로서 나찌즘에 충실한 독일인들은 보다 많은 직업과 사업기회를 부여받을 수 있었다.

두 번째로 나찌즘은 레벤스라움(lebensraum), 즉 공간확장을 요구하고 있다. 인종주의론은 지배인종으로서 전쟁과 정복의 실제적 행위에서 입증되어야

56) R. C. Macridis, *Contemporary Political Ideologies* (Boston: Little Brown and Co., 1983), p. 191.

한다. 독일민족은 다른 민족 또는 국가들을 침략·정복하고 베를린은 세계의 수도가 된다. 그러나 인종주의 이외에도 이러한 팽창주의 정책을 정당화하는 경제적 및 전략적 이유들이 있다. 전체주의체제는 모든 것을 그것의 이데올로기와 통제에 종속시킨다는 점에서 전체적이라고 할 수 있다. 그것은 경쟁적인 실체들이 존재하는 것을 허용하지 않는다. 이러한 사실은 국제적 상황에도 적용된다고 할 수 있다. 전체주의의 논리는 어디에서나 경쟁적인 권력중심기관(center)의 제거를 요구하고 있다.

경제적 이유로서는 두 개를 들 수 있는데 하나는 프롤레타리아 국가의 관념이고 다른 하나는 생존공간의 관념이다. 전자에 의하면 제 1 차 세계대전은 몇몇 국가들, 즉 영국, 미국, 프랑스 등이 세계의 부를 통제하는 상황을 조성시킨 반면에 독일, 일본, 그리고 이탈리아 같은 국가들은 식민지 원료 및 자원이 없는 가난한 프롤레타리아 국가들이 되었다는 것이다. 마찬가지로 프랑스, 영국, 네덜란드와 같은 국가들은 그들이 미음대로 처분할 수 있는 충분한 공간을 갖고 있다. 소련과 미국도 광범위한 영토를 소유하고 있다. 그러나 독일과 같은 다른 국가들은 인구가 증가하고 있는 상황에서 식민지도 없이 유럽의 중심부에서 밀려나고 있는 형편이 되고 있다. 그러므로 세계에서 부와 영토는 이러한 독일의 수요를 충족시키기 위해서 재조정되어야 한다는 것이다. 이러한 주장에 또 다른 주장, 즉 젊은 국가와 늙은 국가간의 차이가 첨가된다. 역사적으로 독일은 영국 또는 프랑스와 비교해서 젊기 때문에 성장하기 위해서는 생존공간과 영토를 필요로 한다는 것이다.

그러므로, 영토의 정복과 이웃 국가들의 파괴는 나찌이데올로기와 장기적 정책의 본질적 부분이 되었다. 소련과 프랑스의 제거는 전략적으로 우선시되어야 하고 이를 위해서 독일은 일본과 이탈리아와 동맹관계를 형성해야 한다.

마지막으로, 나찌즘은 반공주의를 강조하고 있다. 이러한 반공주의는 정치적이고 국제적인 고려들로부터 나왔다고 할 수 있다. 그것은 국내적으로는 공산주의자들을 그리고 국제적으로는 소련을 겨냥한 것이다. 산업화된 독일에서 공산주의자들은 그 규모가 매우 컸고 그들은 매우 잘 조직화되었으며 규율화된 공산당을 형성하여 공산주의운동을 전개하였다. 그러므로 나찌즘의 사회운동과 공산주의 운동간에 갈등과 대립이 존재하였다. 나찌즈들은 권력을 장악한 뒤 공산주의자들의 조직과 정당을 분쇄하였다. 독일에서 공산주의 및 사회주의 세력들의 급진적인 운동은 매우 강력한 힘을 발휘했었으므로 그들을 진압하기 위해서 나찌즈들은 무서운 폭력과 공포정치를 사용했다.

이 같은 파시즘과 나찌즘의 이데올로기는 제 1 차 세계대전 직후 각각 전쟁의 패배 그리고 경제적 위기로 인한 국민들의 불만과 좌절 등의 배경에서 형성될 수 있었다. 이러한 전체주의 이데올로기들이 강력한 힘을 갖게 된 것은 국민들의 지지 특히 중산층의 지지에서 비롯되는 것이다. 이러한 점은 우리에게 전체주의 이데올로기가 어떻게 형성되어서 어떤 피해를 줄 수 있는지를 가르쳐 주며 그리고 이러한 이데올로기의 출현을 제도적으로 억제할 수 있는 방안을 마련하는 데 도움이 되는 교훈을 제공할 것이다.

제 6 절 이데올로기의 종언

이데올기의 종언론은 1950년대 이후 서구에서 나타나기 시작한 이래 오늘에 이르기까지 간헐적으로 제기되어 왔다. 이러한 이데올로기의 종언을 주장한 학자들로는 아롱(Raymond Aron), 벨(Daniel Bell) 그리고 후쿠야마(Francis Fukuyama) 등을 들 수 있다. 이들 학자들이 주장하는 이데올로기 종언의 근거와 내용은 다르다.

먼저 아롱은 서구사회에서 과학기술의 발전에 의한 경제적 진보와 일반대중의 생활수준의 향상은 계급간의 대립과 갈등을 완화시켰으며 이는 결국 국내정치에서 이데올로기의 기능과 역할을 소멸시켰다고 했다.[57] 서구에서 공산주의의 몰락도 예견될 수 있으며 따라서 이데올로기의 투쟁은 과거의 일이 된다는 것이다.

벨은 19세기부터 나타났던 이데올로기들은 지식인들의 힘을 배경으로 해서 형성되었으나 후기산업사회에 진입함에 따라서 지식인들은 이러한 이데올로기에 대한 매력을 잃기 시작했을 뿐만 아니라 일반국민들의 이데올로기에 대한 지지와 신뢰도 엷어졌다는 주장을 하였다.[58] 따라서 서구사회에서 이데올로기는 지

57) R. Aron, 안병욱 역, 「지식인의 아편」(서울 : 대문출판사, 1970), pp. 16-17.
58) Bell Daniel, *The End of Ideology* (New York : The Free Press, 1960), p. 402.

배적인 위치에서 종속적인 위치로 전락하면서 그것의 영향력도 매우 줄었다는 것이다.

그러나 이러한 이데올로기의 종언은 1960년대 후반에서 1970년대에 이르는 동안 신좌익(the New Left)을 비롯한 맑스주의 변형들이 번성하고, 새로운 형태의 여권신장론과 환경론이 등장하고, 보다 공격적인 형태의 시장자유주의가 널리 보급되면서 퇴조하는 것으로 보였다.[59)]

그럼에도 불구하고, 1980년대 소련 및 동구 공산주의 국가들의 변화는 이데올로기의 종언에 대한 논쟁을 다시 불러일으켰다. 후쿠야마 교수는 1989년 발간된 *National Interest*에 실린 "역사의 종말"(The End of History?)에서 이데올로기의 종언을 새로운 관점에서 피력하였다. 그는 유럽에서 공산주의의 몰락으로 인하여 동·서 냉전은 사실상 끝났으며 이는 제 2 차 세계대전 이후 전개된 이데올로기 전쟁에서 자유민주주의의 승리를 의미한다고 했다.[60)] 자유주의는 공산주의에 대하여 승리함으로써 인류가 궁극적으로 선호하는 최고의 보편적인 이데올로기로서 정착되었다는 것이다. 역사의 이후의 시대에는 이데올로기의 투쟁과 대립은 사라지는 대신에 종교와 민족주의문제, 환경문제, 그리고 과학기술과 경제의 문제 등이 전면에 부각될지도 모른다고 하였다.

그러나 이와 같이 이데올로기의 종언을 주장하는 학자들의 지적처럼 이데올로기가 정치에서 완전히 사라진 것은 아니다. 단지 과거에 비해 이데올로기의 대립과 투쟁이 많이 완화됨에 따라서 이데올로기의 역할도 축소되었다는 것이다. 소르본느대학의 르노(A. Renault) 교수는 공산주의 붕괴는 후쿠야마가 주장한 소위 "역사의 종언"과는 달리 정치철학 논쟁을 끝내는 것이 아니라 오히려 거꾸로 정치철학의 논쟁을 더욱 촉진시켰다고 주장했다.[61)] 최선의 정치공동체와 최선의 정치생활에 관한 이데올로기적 논쟁은 어느 시대와 국가에서도 계속될 것이다.

59) 박종훈, 앞의 글(1993), p. 402.
60) F. Fukuyama, 함종빈 역, 「역사의 종언」(서울 : 대영문화사, 1992), pp. 23-77.
61) 조선일보, 1999. 11. 3. 참조.

연습문제

1. 정치이데올로기란 무엇인가? 그것의 구조와 기능을 구체적으로 설명하시오.
2. 자유주의의 이념적 특징을 비판적으로 검토하시오.
3. 공산주의 경제이론에서 생산양식이란 무엇이며, 맑스의 이론체계에서 그것의 중요성을 토의하시오.
4. 보수주의의 발달과정에 관한 논의를 통해 그것의 특징을 도출하시오.
5. 이데올로기의 종언에 대한 당신의 입장과 생각을 말하시오.

제 2 부

정치문화와 정치발전

제4장 정치문화

요 약

정치문화는 사회일반문화의 하위문화로서 국민이 지닌 정치적 성향 내지 정치적 태도라고 정의될 수 있다. 정치문화의 개념은 각국 학자들이 강조하는 측면에 따라 다양하게 정의되고 있다.

Almond와 Verba에 의하면 정치문화란 정치체계와 그 하위체계에 대한 시민의 태도, 정치체계에 있어서 자아의 역할에 대한 시민의 태도의 집합이다. 또한 Pye에 의하면 이는 정치과정에 대하여 질서와 의미를 부여하고 정치체계에 있어서 행동을 지배하는 기본적인 전제와 규칙을 제공하는 태도, 신념 및 감정의 집합체로 이해되고 있다.

여하튼 정치문화는 정치(체계)와 관련된 시민의 태도, 신념, 상징에 대한 태도 등으로 이해되고 있다. 정치체계 자체와 그 구성요소들 즉, 투입, 산출, 정치주체 등에 대한 정치적 성향과 태도는 ① 인지적 정향, ② 감정적 정향, ③ 평가적 정향 등 세 가지 측면에서 구분, 분석될 수 있는 바, 이 세 가지 측면을 정치문화의 구성요소라고 말한다. 정치문화의 차원(또는 대상)은 ① 정치체계 일반에 대한 정향, ② 정치체제 내 다른 사람들에 대한 정향, ③ 자신의 정치적 활동에 대한 정향으로 구분될 수 있다.

정치문화의 구성요소와 그 대상의 분류는 그 자체로서 현실을 그대로 설명해 주지는 못한다고 하더라도 정치문화의 내용을 파악하고 그것을 유형화하는 지적인 작업을 도와준다는 점에서 의미가 있다. 정치문화의 유형은 향리형(parochial), 신민형(subject), 참여형(participant)으로 구분할 수 있다. 정치발전이란 통상 ① 대중의 수준에서 평등화와 참여의 기회가 확대되며 ② 정치체계 내에서 대중의 요구를 만족시킬 수 있는 능력이 확대되고 ③ 조직화의 수준에서 정치체계의 분화와 전문화의 증대이며 ④ 정치문화의 수준에서 세속화 즉 행위의 세속적 규범이 보편화되는 과정을 의미한다.

Pye의 정치문화와 정치발전에 관해서 네 가지 주제들이 시사하는 바는 크다. ① 신뢰와 불신의 문제이다. 불신은 정치발전을 저해하는 것이기 때문이다. ② 위계와 평등문제이다. 정치발전은 강력한 지도력(위계)을 원하지만 동시에 구성원간의 평등요구를 증대한다. ③ 자유와 강제의 문제이다. 자유는 민주주의의 기본 가치이지만 모든 사회에 있어서 자유로운 정치문화로부터 안정된 정치발전이 보장되지 않는다. 물론 강제력만으로도 정치발전을 기대할 수 없다. ④ 충성심 문제이다. 정치발전은 개인의 충성심을 미분화 집단에서 국가로 확대시킨다. 이는 정치발전을 위해서 전통적인 정치문화의 가치(충성심)가 안정되어야 함을 의미한다.

제 1 절 정치문화의 개념

인간은 사회적 존재이다. 사회생활을 하는 데 있어서 인간은 그 사회의 규범, 관습 등에 의해서 구속을 받게 된다. 인간이 모여 사는 사회는 그 사회가 어느 사회이든 공동체적 삶에 요구되는 고유한 생활양식과 가치체계를 갖고 있으며 그 구성원들은 의식적이든 무의식적이든 그것을 따를 것으로 기대되기 때문이다. 이러한 생활양식과 가치체계를 '문화'라고 한다.

문화라는 말의 어원은 라틴어인 'cultura'인데 이것은 '땅을 경작하다'의 뜻이었다. 그러나 그 후에 한 사회를 형성하고 보존해 가는 예술, 사상 및 제도 등의 복합물이라는 뜻을 갖게 되었다. 인류학자 Taylor는 문화를 "인간의 지식, 신념, 예술, 도덕, 법, 관습 그리고 사회성원으로서 인간이 습득한 여러 가지 능력과 습관을 포함하는 복합적인 전체(complex whole)"라고 정의하였다.[1] 이처럼 광의의 문화라는 개념은 공동체 구성원의 전반적인 생활양식을 지칭한다.

한 사회의 '문화'란 여러 가지 측면들을 포함하지만, 그 가운데 사회적 대상에 대한 심리적 정향의 유형으로서 협의의 문화개념을 채택하고 다시 그 사회적

1) Clyde Kluckhohn, "Culture," in Juliu Gould and William Kolb (eds.), *Doctionaries of Social Science* (New York : Free Press of Glencoe, 1964), p. 165.

대상을 정치적 대상으로 더 축소시킬 때 '정치문화'의 개념이 성립한다. 즉 정치문화는 '정치적으로 의미가 있는 상징물들(symbols)에 대한 심리적 정향'으로 간주될 수 있다. 그 결과 정치문화는 한 정치체계 구성원들이 정치행위를 이해할 수 있을 뿐만 아니라 구성원 다수가 공유하는 정치적 정향 및 행동유형을 파악하는 개념으로 사용된다. 이처럼 정치문화는 일반문화의 일부로서 존재하지만 그 범위에 있어서 그 정치체계나 사회와 반드시 일치하는 것은 아니다. 정치문화는 하나의 정치체계의 경계를 넘어 확산될 수도 있고 실제 그러한 것이 일반적이다. 즉 정치적 정향은 일반문화의 기준 또는 가치에 대해서뿐만 아니라 외부의 상황에 대한 인지, 사고 및 적응을 포함한다. 정치문화는 일반문화의 분화된 일부분이며, 어느 정도 자율성을 갖는다.[2] 따라서 정치문화는 사회 일반문화의 하위문화(a subculture)로서 국민이 지닌 정치적 성향(political orientations) 내지는 정치적 태도(political attitudes)라고 간단히 정의할 수 있다. 1950년대 중반 정치문화 연구의 선구적인 역할을 하였던 Almond에 의하면 모든 정치체계는 정치문화라고 부를 수 있는 정치적 행위에 대한 특정한 양식의 성향 속에 묻혀 있다(embedded).[3] 정치문화는 한 정치체계가 움직이고 있는 주관적인 환경으로서 중요한 부문을 차지하고 있는 것이다. 정치문화가 독자적인 의미를 갖는 것은 한 사회의 정치현상은 법적·제도적인 요소나 경제적인 조건 등으로 설명하는 것만으로는 불충분하며 국민들이 어떤 정치적 태도나 성향을 갖느냐가 중요하기 때문이다.

그러나 정치문화의 개념은 각국의 학자들마다 강조하는 측면에 따라 다양하게 정의되고 있다.

우선 몇 가지 정의를 살펴보면 다음과 같다.

1. "정치문화는 정치체계와 그의 여러 부문에 대한 태도, 정치체계에 있어서 자아의 역할에 대한 태도로 구성되어 있다."[4]

---

2) 문화와 문화외적 요소들(정치, 경제, 사회 등)과의 관계에 대해서 크게 두 가지 논의가 있어 왔다. 하나는 문화(의식, 이데올로기)는 경제관계의 산물이면서 아울러 지배구조를 정당화하기 위한 허위의식으로 보는 맑스적 전통이며, 다른 하나는 지배의 정당성에 대한 근거로서 정치문화의 독자적 역할을 강조하는 베버적 전통이다. 통상 '정치문화론'은 내부의 다양한 흐름에도 불구하고 대체적으로 베버적 전통 위에 서 있다.

3) Gabriel A. Almond, "Comparative Political System," *Journal of Politics*, vol. 18, no. 3 (August 1956), p. 395.

4) Gabriel Almond and Sidney Verba, *The Civic Culture : Political Attitudes and Democracy in Five Nations* (Princeton: Princeton Univ. Press, 1963), p. 12.

2. “정치문화는 정치과정에 대하여 질서와 의미를 부여하고 정치체계에 있어서 행동을 지배하는 기본적인 전제와 규칙을 제공하는 태도, 신념 및 감정의 집합이다.”[5)]
3. “정치체계와 정치적 기본가치에 대한 시민들의 주관적 태도 그리고 그들의 정치적 참여의식과 방식.”[6)]
4. “정치문화란 말이 내포하는 뜻은 정치전통 · 정치관습 · 정치풍토 · 정치의식 · 정치적 신조 · 가치관 · 정치감정과 같은 것이다.”[7)]
5. “민족사회의 역사적 전통과 명맥, 정치적 상징, 국민의 신념과 정열, 또는 집단적 이성, 국민의 가치관, 지도자들의 지도양식과 행위규범 등을 특징지우는 것이다.”[8)]
6. “정치행동이 행해지는 상황을 규정하는 제 가치,” “정치적 상호작용과 정치 제제도(諸制度)의 형태에 대한 신념의 체계”[9)]

논자들은 대체로 Almond의 개념정의를 수용하면서도 관점, 역점, 분석 대상에 따라서 정치문화의 개념, 대상, 범위 등이 각기 다르다. 대체적으로 미국(Almond, Pye)이나 독일(M. Jung) 등 서구에서는 경험적, 실증적 연구를 바탕으로 하는 행태주의적 접근에 비중을 두고 있고, 한국(윤근식과 김운태)이나 일본(石田 雄)에서는 전통적 특성과 역사적 맥락이 강조된다. 전자는 정치문화를 정치체제의 형성과 유지에 대한 능동적인 의미를 부여하는 반면, 후자는 정치문화를 정치체제의 산물로 이해하고 있다. 서구에서는 정치문화를 개인의 정치에 대한 정향 및 태도로 좁게 해석한다면, 한국이나 일본의 경우에는 정치에 영향을 주는 모든 문화적 환경으로 넓게 해석하는 것을 알 수 있다. 통상 정치문화는 엘리트 정치문화와 대중 정치문화로 구분이 되는데 이와 관련하여 서구에서는 양자를 분리한 기초 위에 후자에 강조점을 두는 데 반해 한국이나 일본의 경우 양자의 구분이 분명하지 않다. 그것은 서구의 정치문화 논자들이 민주주의 이론의 일부로서 정치문화를 언급하는 경향이 있는 데 반면에, 한국이나 일본

5) Lucian W. Pye, “Political Culture,” in David L. Shils(ed.), *International Encyclopedia of the Social Sciences*, vol. 12(New York : Macmillan Co. and the Free Press, 1968), p. 218.
6) Michael Jung, “Politische Kultur in der Bundesrepublik Deutschland,” in Guenter Ruether (hrsg.), *Politik und Gesellschaft* (Koeln : Verlag Wissenschaft und Politik, 1994), p. 334.
7) 윤근식, “정치문화,” 정인흥 외 편, 「정치학사전」(서울 : 박영사, 1975), p. 1333.
8) 김운태, 「정치학원론」(제 3 전정판) (서울 : 박영사, 1994), p. 251.
9) 石田 雄 저/ 황원권 역, 「일본의 정치문화」(서울 : 학민사, 1984), p. 177.

등에서는 정치문화를 좀더 중립적인 입장에서 연구하는 경향이 강하다. 그 결과 후자의 경우 각국 정치문화의 특수성이 강조되는 경향이 강함을 알 수 있다.

이러한 차이점에도 불구하고 정치문화는 정치(체계)와 관련된 태도의 집합 또는 유형화된 가치체계로, 주관적인 가치, 신념, 상징에 대한 태도 등으로 이해되고 있다. 정치문화는 개인에 대해서는 정치행동의 지침이 될 수 있고, 사회 전체적으로 정치체계의 구조와 운영의 기반이 된다.

그렇다면 정치문화는 어디에 있는 것인가. 이와 관련하여 정치문화가 개인이 갖고 있는 성향인가 아니면 개인 밖에 객관적으로 존재하느냐에 따라 심리적 정의와 객관적 정의로 나뉜다.

정치문화에 대한 연구가 행태주의적 전통에 서 있는 관계로 정치문화는 개개인의 의식 속에 존재한다는 심리적인 정의가 지배적이다. 다시 말해 정치문화는 정치체계의 구성원으로서 개인들의 태도나 정향의 유형을 말하며, 그것은 정치적 행위의 바탕이 되며, 정치적 행위에 의미를 부여하는 주관적인 영역인 것이다.[10] 이러한 시각은 문화적 현상에 대한 연구는 개인의 심리에 의거한 구체적이며 경험적인 사실에서 출발해야 한다는 방법론적 개인주의(methodological individualism)의 입장을 반영한다. 그렇지만 개인의 태도나 정향 즉 개성을 분류해낼 수 있는 기준을 마련하는 문제가 과제로 남아 있다. 그것은 개성이 문화적인 요소뿐만 아니라 개인의 생물학적·유전적 측면들, 독특한 경험 등으로 구성되어 있다는 점에서 개성을 문화의 주관적인 측면으로 파악하기는 곤란하기 때문이다.[11]

한편 정치문화의 객관적 존재를 강조하는 학자들도 있다. 이들 학자들 중 대표적인 학자는 체계이론가 D. Easton인데, 그에 따르면 어떤 사회든지 신성한 것으로 수용되는 정치적, 문화적 숭배물이나 금기, 목표 등이 있으며, 정치체제(political regime)는 다름 아닌 정치문화적인 요소 즉 가치, 규범, 권위의 구조로 구성되어 있어 안정과 존속을 보장받는다.[12] 정치문화가 대상물로써 행

10) Gabriel A. Almond and G. Bingham Powell, Jr., *Comparative Politics : A Developmental Approach* (Little, Brown & Co., 1966), p. 50 ; T. Parsons & E. Shils (eds.), *Toward a General Theory of Action* (New York : Harper & Row, 1962), 58ff.

11) Glenda M. Patrick, "Political Culture," in Giovanni Sartori (ed.), *Political Science Concepts : A Systematic Analysis* (Beverly Hills : Sage Publications, 1984), pp. 277-78 참조.

12) David Easton, *A System Analysis of Political Life* (New York : Harper & Row, 1962), pp. 106-7.

위주체들의 외부에 존재한다면 그것을 내면화하는 과정 즉 시민교육 등을 포함한 정치사회화의 중요성이 강조될 수밖에 없다. 왜냐하면 정치사회화의 정도에 따라 사회적 가치나 규범 등의 수용 또는 내면화가 다를 수밖에 없기 때문이다. 다시 말해 정치문화의 주요한 기능인 정치체제의 존속과 정치발전을 위한 기능이 발휘되기 위해서는 정치문화의 의식적인 학습, 공유, 전승이 필요한 것이다.

결국 정치문화는 한 사회 내에서 개인이나 집단들의 정치적 태도나 가치를 형성하는 기반이 되며, 정치사회화를 통해 그것을 대부분의 사회구성원이 내면화하고 공유하게 된다. 권위주의적인 사회에서 민주주의적인 사회로의 정치발전을 위해서는 민주적 제도만으로 부족하며, 구성원들의 가치관과 생활양식이 민주적으로 되어야 한다. 과거 많은 나라들이 민주적 정치제도를 수용하였으나 그것의 정착에 성공하지 못하는 심각한 정치적 좌절과 갈등을 겪어야 했던 것도 바로 민주적 정치문화가 수반되지 못하였기 때문이었다.

제 2 절 정치문화의 구성요소

정치문화에 대한 연구는 개인의 정치적 행동과 그가 속한 한 사회의 정치적 패턴을 이해하는 데 도움이 되는 것은 분명하다. 그러나 정치문화가 그 자체로서 매우 중요하다고 말하는 것은 별 의미가 없으며, 정치문화의 중요한 내용이 무엇이며, 정치문화의 어떤 측면이 어떤 정치현상에 영향을 미치며, 정치문화가 정치의 다른 측면과 어떤 관계를 맺고 있는지 밝히는 것이 중요하다.[13] 다시 말해 정치문화의 중요한 구성요소가 무엇이며, 그 구성요소는 정치현상의 어떤 차원과 관련되는 것이며, 그리고 이러한 관련성이 어떠한 정치적 행동으로 나타나는지, 즉 정치문화가 정치현상에 미치는 영향이 무엇인지 등이 밝혀져야 한다.

우선 정치문화의 구성요소에 관하여 살펴보도록 하자. 정치문화 연구에 큰 영향을 미친 「시민문화」(The Civic Culture)의 공동저자 Almond와 Verba는 정치체계 자체와 그 구성요소들 즉 투입, 산출, 정치주체 등[14]에 대한 정치적

13) 최명·김용호, 「비교정치학서설」(서울: 법문사, 1993), p. 98.

14) 그 이외에도 정치적 대상에는 권력과 권위의 내용이나 범위, 정치체계의 목적이나 지배적인 가

성향과 태도를 다음 세 가지 측면에서 구분하였다.

첫째는 인지적 정향(cognitive orientation)으로 이것은 경험적 신념이다. 예를 들면 일본인 대부분은 그들의 정부가 그들의 일상생활에 영향력을 행사한다고 믿거나, 또는 대다수의 독일인들이 그들의 경찰이 공정하게 일한다고 믿는 신념이다. 이러한 인지적 성향은 정부와 국민간의 상호관계에 중요한 영향을 미칠 것이다. 요약건대 이것은 정치체계와 정치적 역할, 그리고 역할담당자, 투입 및 산출에 대한 지식과 믿음을 말한다.

둘째는 감정적 정향(affective orientation) 또는 감정적 반응(affective responses)인데 이것은 정치체계와 정치적 역할, 인사 및 업무수행에 대한 느낌을 말한다. 예컨대 1963년에 Almond와 Verba에 의해 쓰여진 「시민문화」의 조사에 의하면 미국에서 조사된 표본의 85%가 그들의 정부와 정치제도에 대하여 긍지를 느끼고 있지만, 독일의 경우는 7%만이, 그리고 이탈리아의 경우는 3%만이 그러한 긍지를 갖고 있는 것으로 나타나고 있다.

셋째는 평가적 정향(evaluative orientation)이며 일명 가치의 선호(value preference)라고도 한다. 예컨대 국가나 공공단체의 목표와 정부의 행동에 의하여 최대화되어야 하는 개인적인 관심사에 대한 신념이다. 혹자는 자기의 주관적 가치판단에 따라 그의 조국은 정당해야 한다고 평가할 수 있지만 혹자는 정당하지 못하든 정당하든 조국은 나의 조국이라고 평가할 수도 있다. 어떤 사람은 법과 질서의 준수, 국내적 안정 등에 최상의 가치를 두거나, 다른 사람들은 사회정의나 민주적 절차 등에 더 큰 가치를 둘 수 있다. 이것은 정치대상에 관한 판단과 의견을 의미한다.[15] 이 세 가지가 정치문화의 세 가지 구성요소이다.

정치문화의 개별적인 대상과 관련하여 정치체계 일반에 대한 국민들의 정치적 성향은 애국심, 소외감과 같은 감정 그리고 한 국가에 대해 '크다', '작다', '강하다', '약하다' 등과 같은 인식과 평가가 포함된다. 그 다음 정치구조, 정치엘리트, 정책결정, 정책결과 등에 관련되는 투입-산출이라는 정치과정에 대한 성향 그리고 정치적 행위자로서 자기자신에 대한 정향으로 정치적 의무, 권리, 능력 등이 중요시되고 있다.[16]

치, 정치체계의 운영규칙 등이 포함될 수 있다. Glenda M. Patrick, *op. cit.*(1984), p. 287 참조.

15) Gabriel Almond and Sidney Verba, *op. cit.*(1965), pp. 12-14.

16) *Ibid.*, pp. 16-17.

정치문화의 구성요소에 대한 또 다른 분류로서 Samuel H. Beer는 가치, 신조, 정서적 태도를 제시하고 있다. 가치는 정치전반에 대한 선악의 판단을, 신조는 현상에 대한 판단을, 정서적 태도는 호오의 감정을 나타낸다. 그리고 그는 각각의 구성요소를 수단(권위)과 궁극적 목적의 두 가지 차원으로 구분한다.[17)]

정치문화를 연구하는 서구학자들은 연구대상 국가의 문화전반의 모든 측면을 그들의 연구대상으로 삼지 아니하고 오히려 그 국가의 정치체계가 왜 그리고 어떻게 운영되고 있는가 하는 것을 이해하는 데 관련된 측면만을 관찰·분석하고자 한다. 그러므로 그들은 정치체계일반, 투입, 산출 그리고 정치주체라는 정치적 대상을 국한시켜 일반대중의 태도를 조사한다. 첫째로, 일반국민이 그들이 소속하고 있는 국가나 정치체계 등에 대해서 어떠한 지식을 갖고 있으며 또한 이에 대해서 어떠한 감정을 갖고 있는가, 그리고 그것에 관해서 어떠한 의견과 판단을 보이고 있는가가 조사된다. 둘째로, 투입과정 내지 정책결정체계에서 기능하는 여러 가지 요소들, 정치인, 정당, 이익단체, 대중운동, 여론 등의 활동에 대해서 또는 투입과정에서 포함되는 여러 정책제안들에 관해서 일반국민이 과연 어떠한 지식과 감정을 갖고 있으며, 이에 대해 어떠한 의견과 판단을 하고 있는가가 조사·분석된다. 셋째로, 산출과정에서 포함되는 여러 가지 요소들, 예를 들면 공무원과 경찰의 기능과 임무 등에 관해서 일반국민이 과연 어떠한 지식과 감정을 그리고 의견과 판단력을 갖고 있는지 조사·분석된다. 마지막으로, 일반국민이 정치체계 속의 구성원으로서 자기의 권리와 의무 등, 그의 역할 등에 관해서 과연 어떠한 지식과 감정 그리고 의견과 판단력을 갖고 있는가가 조사·분석된다.

정치문화의 차원(또는 대상)은 Almond의 분류 즉 정치체계 일반, 투입, 산출, 주체 이외도 그에 관한 논의는 많이 있다. 이를테면 S. Verba는 이것을 보완하여 첫째, 민족적 주체성(national identity), 둘째, 동족 시민들과의 일체감, 셋째, 정부의 정책내용에 대한 평가, 넷째, 정책수립과정에 대한 평가를 제시하기도 하였다. Robert A. Dahl은 ① 문제해결에 대한 정향(즉 실용주의적인가 아니면 이성주의적인가), ② 집단행동과 관련된 정향(즉 협동주의적인가

17) Samuel H. Beer et al., *Patterns of Government* (New York: Random House, 1958), pp. 12-25.

아니면 비협동주의적인가), ③ 정치체제에 관한 성향(즉 체제에 부응하는가 아니면 괴리되어 있는가), ④ 타인에 대한 정향(즉 신뢰하는가 아니면 불신하는가) 등으로 설명하고 있다.[18] 한편 이지훈은 한국 정치문화의 지속적이고 공통적인 차원으로서 ① 권위주의, ② 민족적 주체성, ③ 공동체성, ④ 시민성으로 요약하였다.[19] 일본학자들의 경우 일본의 정치문화를 권위주의, 비국제성, 분위기에의 동조, 혁신성, 적응성의 차원에서 분석한 예가 있다.[20]

앞의 여러 가지 논의들을 종합하여 보건대 정치문화의 차원은 ① 정치체계 일반에 대한 정향, ② 정치체제 내 다른 사람들에 대한 정향, ③ 자신의 정치적 활동에 대한 정향으로 세분화할 수 있다.[21]

첫째, 정치체계 일반에 대한 정향이다. 세부적으로는 ⓐ 정치적 공동체 혹은 국가에 대한 정향이 있다. 이것은 국가에 대한 충성심이나 애국심, 민족적 긍지 등을 말하는 것으로 개국조상이나 신화, 국가적 상징물, 역사적 전통 및 관습, 인물 등에 대한 정향도 포함한다. 국가에 대한 정향에서 가장 중요한 것은 국가적 통합이다. ⓑ 체제 및 정치구조에 대한 정향으로 이것은 체제 및 정치구조의 정당성에 대한 믿음이며 소속된 사회의 기본적 정치규범, 상징, 정치구조, 정치엘리트 등을 평가하고 이에 대응하는 태도를 말한다. 민주사회에서는 민주주의 체제의 기준에 대한 태도, 시민으로서의 참여의식 등을 포함한다. ⓒ 정부(정권)에 대한 정향으로 이것은 투입-산출의 정책과정에 대한 정향으로 정부의 정책결과에 대한 태도를 의미한다. 구체적으로 공공정책에 대한 사회적 요구 또는 투입에 대해 정부의 정책 또는 산출에 대한 정향 및 태도를 말한다. 여기에는 이 과정이 수행되는 방식과 정부에 대한 요구사항의 인식, 정부의 정책의 효율성에 대한 믿음을 포함한다.

둘째, 타인에 대한 (집단상호간의) 정향이다. 이것은 동료시민에 대한 믿음 또는 불신, 국외자에 대한 개방성 또는 경계 등을 의미한다. 또한 상호 인간관계에는 수평적이고 평등한 관계 또는 수직적이고 불평등한 관계, 그리고 보편적 가치 또는 귀속적 가치가 강조되는 정도 등이 포함된다.

---

18) Robert A. Dahl, *Politics, Oppositions in Western Democracies* (New Haven, 1966), pp. 352-55.
19) 이지훈, "한국정치문화의 구성요인," 고려대학교 정치외교학과 박사학위 논문, 1982, p. 176.
20) 上條末夫 외, 「基礎政治學」(東京 : 北樹出版, 1979), pp. 183-95.
21) Walter A. Rosenbaum, *Political Culture* (New York : Praeger Pub. Co., 1973), pp. 21-29.

셋째, 자신의 정치적 활동에 대한 정향이다. 여기에는 대개 개인의 정치적 능력, 효능감, 의무감 등이 포함된다. 정치적 능력은 투표, 선거 등 여러 형태의 정치적 활동에서 자신에게 주어지는 정치적 자원을 사용할 수 있는 능력에 대한 정향을 말한다. 효능감이란 자신이 시민적 역할을 수행함으로써 정치적, 사회적 변화가 가능하며 이러한 변화를 가져옴에 있어 자신의 역할에 대한 의미부여를 뜻한다. 이러한 참여(또는 권리)와 함께 그에 수반되는 의무와 책임의식이 또한 중요하다.[22]

정치문화의 구성요소와 그 대상과 형태의 분류는 그 자체로써 현실을 그대로 설명해 주지는 못한다고 하더라도 정치문화의 내용을 파악하고 그것을 유형화하는 지적인 작업을 도와준다는 점에서 의미가 있다. 왜냐하면 과학적 조사에 있어서 분류는 자체의 특성을 파악하고 상호비교할 수 있는 가능성을 개척함으로써 새로운 명제나 이론작업에 필요한 기초자료를 제공할 수 있기 때문이다.

제 3 절 정치문화의 유형

한 사회의 정치문화는 그 구성원이 가진 유사하거나 또는 상이한 정치적 정향의 분포로 나타난다. Almond와 Verba는 정치적 대상에 대한 인지적 · 감정적 · 평가적 태도를 기준으로 하여 향리형(parochial), 신민형(subject), 참여형(participant) 정치문화로 구분한 적이 있고, 이는 정치문화에 대한 연구에서 자주 인용되고 있다.

첫째, 향리형은 위의 네 가지 정치대상(정치체제 일반, 투입, 산출, 주체)에 대해 모두 부정적인 정향을 나타낸다. 이것은 통상 전근대적 사회에서 지배적인 유형으로서 여기에서 개인은 자신이 속한 정치적 공동체에 대한 견해나 의식이 결여되어 있고, 체계의 정치과정(투입, 산출기능)에 대해서도 분명한 정향을 보이지 않는다.

둘째, 신민형 정치문화는 정치체계의 산출기능에 대해서만 정향을 가질 뿐 투입기능이나 정치적 참여에 대해서는 소극적인 경향을 보인다. 이러한 유형은

22) 김재영 외, 「정치문화와 정치사회화」(서울: 형설출판사, 1995), pp. 10-13.

권위주의적 정치의식이 특징적인 신생국들에서 나타난다.

셋째, 참여형 정치문화는 모든 정치대상에 긍정적 정향을 보이고 있는바, 정치체계가 자신의 삶에 미치는 영향뿐만 아니라 정치과정에 대한 참여를 통해서 자신의 의사와 이익을 반영시키는 문제에 대해서 적극적이다. 이러한 유형은 주로 서구민주주의 국가들에서 발견된다.

물론 이 세 가지 정치문화의 유형은 막스 베버가 정의하고 있는 이상형(ideal type)이다. 현실에 있어서 한 사회의 정치문화는 이 세 가지 유형이 혼합되어 있다. Almond는 각 유형의 배합정도에 따라 정치문화 모형을 참여형과 신민형이 지배적인 민주주의적 산업사회형(democratic industrial), 신민형과 지방형이 지배적인 권위주의적 과도기형(authoritarian transitional), 지방형이 지배적인 민주주의적 전산업사회형(democratic preindustrial) 등 3개의 정치체계로 구분하고 있다.[23] 그는 공공정책과 당파성에 대한 사회구성원의 태도를 기준으로 하여 합의적(consensual) 정치문화와 분극화된(polarized) 정치문화로 구분하기도 한다.[24] 이것은 시민들의 정책적 쟁점이나 정부의 정당성 문제에 대한 견해를 좌파에서 우파까지 스펙트럼으로 나눠 분류한 결과로서, 전자는 중도파가 다수를 차지한 반면 후자에서는 좌우 양극이 상당부분을 차지하고 있다. 분극화된 정치문화(이탈리아, 프랑스)의 경우 그 사회 내에는 인종, 지역, 종교 등의 이유로 대립적인 하위문화들이 존재함으로써 기본적인 쟁점이나 이념에 극단적인 대립을 보인다. 반면 합의적 정치문화에서는 사회의 기본문제나, 해결방법 및 방향에 대한 폭넓은 합의가 존재한다.

하나의 정치문화는 여러 가지 하위문화들의 복합체로서 존재한다. 이들은 서로 다르고 종종 서로 모순되기조차 한다. 다만 통상 한 사회의 정치문화라고 할 때, 그것을 구성하는 상이한 문화유형들 가운데 가장 지배적인 문화유형을 의미하는 것이다. Almond와 Verba가 영국의 정치문화를 일종의 민주주의에 적합한 정치문화 모델로 간주하면서 제시한 '시민문화'(civic culture)도 마찬가지이다. 그것은 참여형 문화가 지방형 및 신민형 문화와 결합되어 있는 다원주의 문화임을 특징으로 한다. 그리하여 한편으로 시민문화는 민주주의에서 정치

23) Gabriel A. Almond(ed.), *Comparative Politics Today : A World View* (Boston : Little, Brown & Co., 1974), p. 50. 이에 대한 수정형태는 1984년의 제3판, p. 39.

24) *Ibid*., p. 51.

적 무관심이나 비참여에 대한 정당성을 부여한다는 비판이 제기될 수 있다. 그렇지만 정치문화에 대한 연구는 그 자체에 제한되어서는 안 되며, 하위문화들과의 관계(이를테면 엘리트문화와 대중문화), 그리고 그 관계에서 파생될 수도 있는 정치적 통합문제, 정통성의 문제, 경쟁과 협력 등의 문제를 비중 있게 다루어야 한다.

실제 개별국가들의 정치문화를 측정하는 방법은 매우 어렵고 모호하다. 예를 들어 일본의 정치문화에 대해서 몇 가지 특징들이 자주 언급된다. 그것은 제도의 구조 및 과정상 안정성이 두드러진다는 것, 위계적 권위와 법의 수용 및 권위자의 자애에 대한 기대, 지역공동체성의 강조 등이다. 이러한 정치문화는 한편으로 일본 정치적, 사회적 안정과 변화에 대한 적응능력을 뒷받침해 주고 있지만 다른 한편으로 개혁에 대한 소극성, 개인자유의 희생 등을 야기한다고 보여진다.[25] 이러한 관점에서 본다면 추상적인 유형화는 지나치게 단순하다고 할 수밖에 없다.

다만 분류의 시도는 현실적인 정치정향을 설명해 주기 위한 것이 아니라 정치문화의 개념을 더 세분화함으로써 그에 대한 이해를 높이고자 함이다. 정치문화는 하나의 분석적 추상개념에 지나지 않는다.[26] 수많은 요소들이 복합적으로 작용하는 환경으로부터 국민들이 어떠한 정치대상자에 대해 지식이나 감정을 갖고 있으며, 그에 대해 어떤 평가를 내리고 있는지에 관한 정보를 뽑아내고 있을 뿐이다. 따라서 정치문화 유형의 분류에 대한 시도는 그 자체의 적실성을 떠나 정치문화의 이론화의 예로 참고가 될 수 있다. 개별적인 경우에 있어서 이론의 세련화가 요구되는 것이다.

제 4 절 정치문화와 정치발전

정치문화 개념은 비교 정치연구에서 그 유용성이 최대한 발휘될 수 있다.

---

25) John O. Haley, "Political Culture and Constitutionalism in Japan," Daniel P. Franklin and Michael J. Baun (eds.), *Political Culture and Constitutionalism : A Comparative Approach* (Armonk, N.Y. : M. E. Sharpe, Inc., 1995), pp. 90-99.

26) D. Kavanagh, 정재욱 역, 「정치문화론」(서울 : 도서출판 이진, 1989), p. 20.

이때 중요한 분야는 바로 정치발전(political development)이며 그 결과 정치문화의 연구에 있어서 정치문화와 정치발전의 관계가 두드러진 비중을 차지하고 있다. 여기에는 전통적 정치문화와 근대적 정치문화간의 관계, 대중의 정치문화와 엘리트 정치문화간의 관계, 정치문화 자체의 변동요인 등이 포함된다.

우선 정치발전은 다양한 정의가 있으나 그것은 통상 몇 가지 현상으로 나타난다.

첫째, 대중의 수준에서 평등화와 참여의 기회가 확대된다. 즉 국민은 종속적 지위로부터 참여적 시민으로 전이되며 아울러 대중참여·평등원리·보편주의적 법체계에 대한 의식이 생겨난다.

둘째, 정치체계 수준에서의 능력이 확대된다. 즉 공공의 문제를 처리하고, 대중의 요구를 적절히 만족시킬 수 있는 능력이 증대된다.

셋째, 조직화의 수준에서 정치체계의 분화와 전문화의 증대이다. 이것은 정치적 과정 및 구조가 통합성을 바탕으로 전문적인 기능을 수행해 나가는 것으로 정치체계의 안정된 제도화를 의미한다.

넷째, 정치문화의 수준에서 세속화(cultural secularization)이다. 세속화는 행위의 세속적 규범이 보편화하는 과정이며 다른 말로 법적용의 보편화를 의미하기도 한다.[27)]

상이한 정치문화가 이러한 변화의 압력에 대해 어떤 반응을 나타내는가에 관한 분석을 통해서 정치발전을 촉진하거나 억제하는 요인에 관해서 더 많이 이해할 수 있는 것이다. 이처럼 정치발전과 정치문화의 관계에 관한 L. Pye의 4가지 주제는 매우 시사적이다.[28)] 첫번째는 신뢰와 불신의 문제이다. 신뢰나 불신은 원래 정치문화의 하나의 특징으로서 존재할 수 있다. 그러나 구성원 상호간의 불신은 정치발전에 저해적인 요소로 작용한다. 불신은 정치발전에 필요한 공동적인 조직(동원)에 저해적으로 작용할 것이기 때문이다. 두 번째는 위계와 평등의 문제이다. 정치문화는 원래 정치영역에서 상급자와 하급자간의 위계적인 권력관계를 규제한다. 그러나 정치발전은 한편으로 강력한 지도력을 요구하지만 동시에 구성원간의 평등요구를 증대시킨다. 따라서 이 두 가치를 어떻게 조합하

27) Lucian W. Pye, *Aspects of Political Development* (Boston and Toronto: Little, Brown & Co., 1966), pp. 45-47; Gabriel A. Almond and G. Bingham Powell, Jr. (1966), 299ff.; 김운태 (1994), pp. 716-20.

28) *Ibid*., 21ff.

느냐가 정치발전에 중요한 요소가 된다. 세 번째는 자유와 강제의 문제이다. 자유는 민주주의의 기본가치이나 모든 사회에 있어서 자유로운 정치문화로부터 (안정된) 정치발전이 보장되지는 않는다. 물론 강제력만으로 정치발전을 기대할 수는 없다. 네 번째는 충성심의 문제이다. 정치발전은 개인의 충성심을 미분화집단에서 국가로 확대시킨다. 그러나 국가에 대한 충성심이 미분화집단에 대한 적의를 수반하지 않아야 한다. 이는 정치발전을 위해서는 전통적 정치문화의 가치가 인정되어야 함을 의미한다.

정치발전과 관련된 정치문화론에는 전통과 근대의 이분화가 두드러지게 나타나고 있음을 알 수 있다.[29] 즉 전통적 문화는 귀속성, 배타주의, 미분화 등의 불합리한 속성을 갖고 있고, 근대적 문화는 평등, 실적, 보편주의 등 합리적인 것으로 보는 경향이 강하다. 그러나 실제 정치문화는 개개인에게나 사회 전체적으로나 혼합된 형태로 존재한다. 따라서 정치문화에 대한 연구는 한 사회내의 하위문화들의 존재, 그리고 근대 국가들내의 차별성에 주목해야 한다. 영국이나 일본 등에서 확인할 수 있는 바와 같이 정치발전은 전통적 요소와 근대적 요소의 적절한 융합을 통해서만 가능하다. 또한 멕시코 등 신생국가들의 정치불안은 하위문화에 고착된 전통적 정치문화와 근대적 정치문화가 분열·대립하는 데서 기인한다.[30]

게다가 정치문화의 현실적 결과도 상이하게 나타날 수 있다. 즉 일정한 단계에서 긍정적으로 작용한 전통적인 문화요소의 유용성이 지속되는 것은 아니다. 일본의 경우 근대화로의 순조로운 이행에 도움이 되었던 소집단에 대한 개인의 복종심은 파벌정치와 보스정치를 가져오면서 정당정치의 발전에 저해적인 요소로 작용하고 있다.[31] 영국의 경우에도 비판자들은 복종성, 전문가에 대한 불신, 보수성 등이 추진력과 정렬이 결핍되는 요인으로 작용하고 있다고 한다. 이러한 요인들로 인해 정치제도는 적응능력이 낮고, 경제발전은 느리며, 아마추어들의 관직독점이 관철되고 있다.[32]

---

29) 전통적 문화와 근대적 문화와의 기준에 관심을 집중시킨 결과 '근대화 이후의 문화에서 변화양상'을 무시하고 있다는 카바나의 주장은 매우 설득력이 있다. Dennis Kavanagh, 정재욱 역, 앞의 책(1994), pp. 77-78.

30) Lucian W. Pye and Sidney Verba(eds.), *Political Culture and Political Development* (Princeton: Princeton University Press, 1965)에 나오는 여러 글들.

31) Frank Langdon, *Politics in Japan*(Boston, 1967), pp. 74-75.

32) Dennis Kavanagh, 정재욱 역, 앞의 책(1994), p. 60.

또한 중요한 것은 정치문화의 변천과 지속성의 문제이다. 통상 한 사회의 문화는 쉽게 변화하지 않는다. 법과 제도는 일시에 바뀔 수 있으나 그 사회구성원의 가치체계나 생활방식 등은 오랫동안 지속된다. 그것은 문화가 구성원의 학습(learning) 또는 사회화(socialization)를 통해서 세대간에 전수되기 때문이다. 그렇지만 정치문화는 불변하는 것은 아니다. 이를테면 70년대, 80년대 서구사회에 일어났던 기술·통신·경제·정치상의 변화가 사회구성원의 정치문화를 변화시켰다는 실증적인 분석도 있다. 제2차 세계대전 이후 안전보장과 물질적 욕구의 충족은 전후 세대들로 하여금 언론의 자유 확대, 정치적 참여, 삶의 질 등에 관심을 두는 탈물질(post-materialistic values)을 선호하는 경향을 갖게 하였다. 또한 항의형 정치참여, 즉 시위, 농성 등 비인습적인 참여가 확대됨으로써 정치대상물에 대한 태도, 신념체계, 행동양식 등 정치문화에 있어서도 변화가 일어나고 있다는 경험적인 조사보고도 있다.[33] 정치문화의 모범적인 모델로 보였던 영국의 경우에도 경제성장의 둔화와 국위의 위축, 정치엘리트의 스캔들, 공해의 확산 등으로 정치와 정치에 대한 불신을 증대시켜 알몬드가 제시한 '시민문화'가 약화되고 있다는 주장도 제기되고 있다.[34] 전득주의 1998년 정치의식 조사비교에서도 한국인은 묵종성향 등 권위주의 정치문화가 퇴조하고 개인의 권리의식 등 민주적인 요소가 어느 정도 성장하고 있음이 밝혀졌다. 그러나 의인주의, 지역주의, 학연주의, 그리고 혈연주의와 형식주의 등은 신세대일수록 약간 낮아지고 있으나 구세대에게는 그대로 유지되고 있었다.[35]

끝으로 정치문화는 의식적으로 변화될 수도 있다. 이를테면 전후 서독의 경우 민주적인 정치문화 또는 전통이 결여되어 있었음에도 불구하고[36] 의회민주주

33) Ronald Inglehart, *The Silent Revolution : Changing the Political Style among Western Politics* (Princeton : Princeton University Press, 1977) ; Samuel Barnes and Max Kasse, *Political Action : Mass Participation in Five Western Democracies* (Beverly Hills, CA. : Sage Publications, 1979).

34) Dennis Kavanagh, "Political Culture in Great Britain : The Decline of Civic Culture," in Gabriel Almond and Sidney Verba (eds.), *The Civic Culture Revisited* (Boston : Little, Brown & Co., 1980), pp. 124-76 ; 어수영·한배호, "한국정치문화의 변화와 지속성에 관한 연구," 한국정치학회, 1995년 연례학술대회, 한국정치위원회 패널 3, pp. 6-7에서 재인용.

35) 전득주 외, 「정치문화와 민주시민교육 —한국, 대만, 독일, 일본, 미국의 비교분석」(서울, 유풍출판사, 1999), 이에 대한 상세한 것은 290-345면과 461-83면 참조.

36) 이와 관련하여 5개국(미, 영, 독, 이탈리아, 멕시코)을 연구한 알몬드와 버바는 독일인이 미국인이나 영국인에 비해 민주적 정치과정에 대한 신념이 부족하고, 정치에 대한 관심, 참여가 결여되어 있으며 더욱이 정치제도와 정치체제 일반에 대해 자부심이 적다고 주장하였다(Gabriel Almond and Sidney Verba, *op. cit.*, 1995). R. Dahrendorf도 독일인이 안정을 지나치게 강

의를 발전시켜 왔다. 이것은 적절한 제도적 장치, 정치·경제적 조건 등이 주어진다면 민주적 정치문화도 배양될 수 있음을 시사해 준다. 1970년대, 80년대 연구에 의하면 독일의 정치문화는 다른 서구 민주주의 국가들과 별다른 차별성이 존재하지 않는다고 한다.[37] 이와 관련하여 이러한 정치문화의 전환에서 가장 역동적인 것은 바로 세대교체와 사회적 학습이었다.[38] 물론 독일의 민주적 정치문화의 정착은 부족하고 또한 역전될 가능성도 없지 않다. 최근 통일과 경제적 위기, 국제정치적 불안 등은 민주적 정치문화에 저해적인 요소로 작용할 수도 있다. 그렇지만 정치교육이 전후 독일의 민주주의에 커다란 기여를 하였다는 것을 부정하는 사람은 거의 없다.[39]

제 5 절 결 론

정치문화는 개인이나 집단의 정치의식의 집합체로서의 정치에 대한 시민 내지 시민들의 견해, 사과방식 또는 느낌 등을 의미한다. 자신이 속하고 있는 국가 내지 정치체제에 대한 견해, 감정 또는 정권이나 정부정책에 대한 생각이나 느낌을 의미한다. 정치의식이나 정치문화는 정치의식이 개인으로부터 집단에 이르기까지 적용된다면 정치문화는 개인보다 집단에 적용된다는 차이점을 가지고 있다. 그러나 이 두 개념은 유사하게 사용되고 있다. 정치의식이나 정치문화의 유형을 미분형, 신민형, 그리고 참여형으로 나누어 생각할 수 있으며 신민형은 주로 권위주의 정치의식 내지 정치문화를 의미한다면, 참여형은 민주적 정치의식 내지 정치문화를 의미한다.

조한 결과 정치적 갈등과 경쟁에 대한 인내심이 약하고, 정치운영이 권위주의적이라고 하였다(Ralf Dahrendorf, *Society and Democracy in Germany*, New York: Doubleday, 1967, p. 427).

37) Ronald Inglehart, *op. cit.*(1977) ; David P. Conradt, "Changing German Political Culture," in Gabriel Almond and Sidney Verba (eds.), *op. cit.*(1980).

38) Michael J. Baun, "The Federal Republic of Germany," in Daniel P. Franklin and Michael J. Baun (eds.), *Political Culture and Constitutionalism : A Comparative Approach* (Armonk, N.Y.: M. E., Sharpe, Inc., 1995), p. 94.

39) "독일의 민주화 과정을 위한 정치교육에 관하여," 전득주 외, 「독일연방공화국, 정치교육, 민주화 그리고 통일」(서울: 대왕사, 1995)와 전득주 외, 앞의 책(1999) 참조.

한 나라의 시민이 정치의 세계를 인식하고 그것과 자기자신의 이익 내지 관심사와의 상호관계를 파악할 뿐만 아니라 정치세계 내에서 자신의 관심사를 충족시키는 방법을 알고 있어야 적극적인 정치참여자로서의 자신도 인식하게 된다. 정치체제전반에 대한 인식에 있어서도 정치권력을 담당하고, 정부를 운영하고 있는 지도층이 국민에 대해서 언제든지 교체될 수 있는 피선거권자이며 국민의 권리를 대신하는 일시적 관리자라고 보는 시민들의 의식이나 문화가 참여형이다. 그러기 때문에 참여형의 정치문화를 갖고 있는 나라에서는 권위주의적 정치형태, 즉 묵종성향이나 지연, 학연, 혈연이나 형식주의, 한탕주의 그리고 적당주의 등을 거부한다.

만약 정치인들이 권력남용이나, 부정과 비리 내지 정책적 과오를 범하였을 때에는 그들은 국민에게 책임을 져야 하며 국민은 그들의 정치행위에 대해 책임을 추궁할 의무가 있다고 하겠다. 더욱 중요한 것은 민주적 정치문화에서는 자신의 관심사나 이익이 중요한 만큼 타인의 관심사나 이익도 중요하다는 것을 인식하며 자기나 자기집단(정당이나 이익집단)에 대해 서로 다른 생각과 정책을 가졌다고 해서 그들의 견해나 정책을 전적으로 무시하거나 그들을 관용으로 대하지 않는다면 이러한 의식이나 문화는 민주적이라고 말할 수 없다.

요약건대, 정치문화의 민주적 요소들이란 정직성, 비판의식을 포함한 개인의 권리의식, 평등의식, 관용, 신뢰, 그리고 준법정신 등이라고 볼 수 있다. 한 나라의 국민들의 대부분이 이러한 민주적 요소들로 무장되어 있다면, 그 나라는 민주적 정치문화를 갖고 있다고 말할 수 있다.

연습문제

1. 정치문화 또는 정치의식이란 무엇인가?
2. 정치문화의 구성요소는 무엇인가?
3. 정치문화의 유형은 몇 가지가 있으며 그 유형의 특징은 무엇인가?
4. 정치문화와 정치발전의 상관관계는 무엇인지 설명하시오.
5. 정치문화의 권위주의적 요소나 민주적 요소는 무엇인지 설명하시오.

제 5 장 정치사회화

요 약

정치사회화는 정치체계 혹은 그 하위체계의 구성원들이 정치적 태도와 행동양식을 습득하는 과정이다. 정치사회화는 일반적인 사회화 개념의 하위개념으로 한 시대가 정치적 신념과 기준을 다음 시대에 전수하는 정치문화의 이전(移轉)을 의미한다. 정치사회화에는 두 가지 다른 의미를 동시에 내포하고 있다. 첫째는 개인이 주체성을 깨닫게 함으로써 각 개인을 기존 정치체계로 융화시켜 그 체계에 적합한 구성원으로 만드는 과정이다.

정치사회화의 과정은 구성원들의 일생 동안 계속되며 재사회화, 탈사회화 등의 단계가 지속된다. 정치사회화는 사회화 매개체를 통하여 직접적 학습에 의해서도 이루어지지만, 청소년기에 습득한 권위에 대한 태도가 이후의 정치적 행태에 영향을 미치는 것처럼 간접적인 방법으로도 이루어진다.

정치사회화는 가정, 학교, 동료집단, 정당, 정부기구 등 다양한 매개체를 통하여 이루어지지만 현대사회에서 가장 중요한 정치사회화의 매개체는 미디어이다. 현대사회를 '미디어정치의 시대'라고 한다. 미디어가 정치사회화의 전통적인 매개체를 대신하여 정치사회화의 기능을 거의 독점하는 지경에 이르렀다. 미디어는 과거에 정치사회와의 중요한 매개체인 정당 같은 정치단체의 영향을 줄이고 미디어 스스로가 논제설정(agenda-setting), 정책토론(public forum), 검증(scrutiny), 평가(assessment) 등 정당이나 정치엘리트 등이 독점하던 역할들을 수행하게 되었다.

정치사회화의 매개체로서 미디어의 성격은 1990년대 '뉴미디어'시대를 맞이하여 변화되었다. 첫째는 일방적으로 전달만 하는 미디어에서 상호 대화할 수 있는 미디어로 바뀌었다. 이러한 변화는 참여민주주의의 수준을 높일 수 있다는 점에서 뉴미디어의 긍정적인 정치사회화의 기능이다. 뉴미디어의 또 다른 성격은 이제는 '방송'이 아닌 '협송'이라는 점이다. 이러한 관점에서는 일반적으로 뉴미디어는 부정적인 정치사회화의 역할을 수행한다.

제 1 절 서 론

1. 정치사회화의 개념

정치적 행동은 일반적으로 집단 속에서 발생하지만, 그 집단을 형성하는 것은 개인이다. 그리고 개인의 정치적 태도와 행동이 그들의 정치체계를 구성한다. 정치에 대한 사람들의 신념이나 확신은 선천적인 것도 아니고 본능적인 것도 아니다. 그것은 우리가 정치사회화(political socialization)라고 부르는 과정에 의하여 학습된 것이다.[1]

정치사회화란 일반적인 개념인 사회화로부터 나왔다. 사회화란 "개인이 자기가 속해 있는 문화의 사회적인 양식과 가치를 배워 가는 것"이다. 정치사회화는 사회화의 하위개념이다. 인간은 '정치적 동물'이므로 정치생활에 관련되는 가치, 태도, 행동양식 등을 형성하여 간다. 예를 들어 어린이는 부모가 정치나 정치인에 대해서 하는 행동이나 말과 글을 통해서 배우고 미디어를 통해 전달된 내용을 자기 나름으로 생각한 후 받아들이게 된다. 정치사회화한 정치문화로의 유도과정(the process of induction into political culture)이고 그것에 의해서 사회성원이 일정한 정치적 정향(political orientation)을 형성해 가는 학습과정이다. 넓은 의미에서 정치사회화는 한 시대가 정치적 신념과 기준을 다음 시대에 전수하는 문화이전(culture transition)을 의미한다.[2]

1) 인간은 생물학적인 면이나 사회적인 면에서 성숙하는 것처럼 정치적으로도 성숙한다. 이러한 인간의 정치적 성숙과정을 다루는 정치사회화는 정치생활에 보편적인 현상이고, 또 모든 정치사회를 특징지우는 현상이다. 백완기, "정치사회와 정치문화," 이영호 외, 「현대정치과정론」(법문사, 1978), p. 74; 구영록 외 공저, 「정치학 개론」(박영사, 1996), pp. 188-89.

2) Gabriel A. Almond and J. S. Coleman, *The Politics of the Developing Areas* (Princeton: Princeton University Press, 1960), p. 27; Kenneth P. Langton, *Political Socialization* (New York: Oxford University Press, 1969), pp. 3, 4-5 참조.

정치사회화에는 두 가지 다른 의미를 동시에 내포하고 있다. 첫째는 개인이 주체성을 깨닫게 함으로써 각 개인의 정치적인 성향, 즉 정치적 자아(political self)를 발견하는 학습과정(learning process)이고, 둘째는 개인을 기존 정치체계로 융화시켜 그 체계에 적합한 구성원으로 만드는 과정이다.[3] 이러한 두 측면을 종합할 때 정치사회화는 정치체계의 유지, 발전 그리고 지배의 정당성과 관련하여 체제가 정치적 가치와 질서를 개인에게 전수시키고 한편으로 개인은 정치문화와의 상호작용을 통해 그것을 습득하는 과정이다.

정치사회화의 중요성은 정치체계의 안전성과 관련하여 분명히 나타난다. 구성원들이 정치체계를 지지하는 태도에는 두 가지가 있다. 하나는 특정한 정책에 대해 지지를 해 주는 것이고 다른 하나는 그 정치체계에 대해서 무조건적인 지지를 해 주는 것이다. 정치체계는 두 가지 지지를 모두 얻어낼 수 있어야 안정을 이룰 수 있으며 그것을 얻어내는 가장 좋은 방법이 정치사회화이다. 정치사회화는 정치체계에서 일어날 수 있는 긴장을 해소하여 안정을 추구하는 데 가장 좋은 방법이다.[4]

2. 정치사회화의 특징

정치사회화는 다음의 두 가지 특징이 있다.[5] 첫째는 사회화의 과정이 구성원들의 일생을 통하여 계속된다는 것이다. 유아기에 형성된 태도는 그 후 각종의 사회적 경험을 통하여 새로운 환경에 적응되고 강화된다. 예를 들면, 가정에서 어려서 받은 영향은 특정한 정당에 대하여 호감을 갖게 할 수도 있으나 학교교육이나 직장에서의 경험은 그 호감을 번복시킬 수 있다. 성인도 급격한 정치·사회·문화적인 변동이 있은 후에 정치에 대한 태도의 변화를 경험하게 되는데, 이를 정치재사회화(political resocialization)라고 부른다. 한국과 같이 정치적으로나 사회적으로 변화가 심한 사회에서는 성인들의 재사회화가 큰 변수로 나타난다.[6]

3) 이동신, "커뮤니케이션과 정치사회화," 이동신·박기순 편, 「정치커뮤니케이션원론」, 제 2 판(법문사, 1998), p. 42 참조.
4) 위의 책, p. 43 참조.
5) 구영록 외 공저, 앞의 책(1996), p. 190 참조.
6) 이동신, 앞의 책(1998), p. 69.

둘째는 정치사회화가 사회화 매체 등을 통하여 직접적 학습에 의해서도 이루어지지만, 청소년기에 습득한 권위에 대한 태도가 이후의 정치적 행태에 영향을 계속 미치는 것처럼 간접적인 방법으로도 이루어진다. 정치에 관한 정보, 느낌, 혹은 평가가 명시적인 커뮤니케이션에 의하여 전달될 때는 직접적인 사회화의 계기가 된다. 예들 들어 중고등학교의 국민윤리 과목은 직접적인 사회화를 목표로 설정된 것이다. 공산주의 국가에서 '사회주의인간'을 만들기 위하여 행해지는 주입식 교육도 같은 경우이다. 반면 소년시절에 부모나 교사에 대하여 순응적 혹은 공격적 태도를 형성한 것이 성인이 된 후에도 정치지도자나 동료집단에 대한 태도에 영향을 준다면 이것은 간접적인 정치사회화이다.[7]

제 2 절 정치사회화의 이론

정치사회화란 인간의 정치적 성숙과정을 연구하는 분야이므로 정치적 사건에 관한 '인간중심적'(people-oriented) 설명이다. 정치사회화의 이론은 다음과 같은 가정을 전제로 하고 있다.[8] 첫째, 정치사회화의 이론은 각국의 시민은 자기의 정치지도자와 정치구조에 대해서 서로 상이하게 믿는다고 가정한다. 정치사회화의 이론은 각 사회마다 갖는 정치의식의 다양한 유형을 중요시한다.

둘째, 정치사회화의 이론은 시민들이 가지고 있는 여러 가지 감정, 태도, 그리고 행동이 국가활동 및 그 방법 그리고 공공질서에 영향을 끼친다고 가정하고 있다. 어떻게 하면 국민의 질(qualities of people)과 정치형태(political form)를 연결시킬 수 있는가의 문제를 제기한다. 한 국가의 정치생활이란 그 나라 국민의 무드(mood), 가치 및 태도와 직결되고 있다는 것을 전제로 한다. 국민이 정치를 믿고 느끼는 것이 그 나라의 정치에 그대로 반영되고 형성된다.

정치적 습관이 정치생활을 규제하고 인도한다고 믿는 것이 정치사회화 이론의 전제조건이다. 이러한 조건 하에서 무엇이 정치적 습관과 가치의 근원인가를

7) Gabriel A. Almond, *Comparative Politics Today: A World View* (Boston: Little, Brown, 1974), pp. 44-45.
8) 백완기, 앞의 책(1978), pp. 74-76.

모색하고 있다. 즉, 어떠한 사회적 메커니즘이 어떠한 독특한 정치적 습관을 형성시키는가의 문제이다. 이것은 개인이 어떤 사회적 과정 속에서 자기의 정치적 견해와 정치적 자아를 형성·발전시키는가의 문제이다. 여기서 정치사회화는 정치적 학습경험(political learning experience)을 중요시하게 된다.

셋째, 정치사회화는 개인이 정치에 영향을 미치는 개인적 수준도 중요시하지만 공동체가 개인에 미치는 공동체수준(community level)도 중요시한다. 한 세대에 이룩된 정치적 기준이나 가치의식은 다음 세대로 이어 내려간다. 이와 같이 이룩된 문화적 패턴은 계속해서 유지되어 간다. 국가나 정치단체는 확립된 사고와 행동의 패턴을 새로운 세대에 주입시킴으로써, 정치적 기준을 영속화시키려고 한다.

넷째, 정치사회화는 정치문화를 창조하고 유지하고 변형시킨다고 가정하고 있다. 정치문화는 정치사회화의 산물이라고 할 수 있고 동시에 정치사회화는 정치문화에 의해서 조건지워지고 영향을 받게 된다. 정치사회화는 정치적 가치가 이루어지는 동적(動的) 개념이라면, 정치문화는 이루어져 있는 정치가치의 정적(靜的) 개념이다. 정치적 권위에 대해서 어떠한 태도를 가지고 있느냐 하는 것은 정치문화의 측면이고 어떻게 해서 그러한 태도를 가지게 되었느냐 하는 것은 정치사회화의 측면이다.[9] 정치사회화가 사람들로 하여금 이전과는 다르게 정치를 보고 느끼고 경험하게 할 때 정치변화가 일어난다. 또한 변화가 크게 일어나거나 새로운 정치단체가 탄생할 때에 정치사회화는 새로운 정치문화를 창조한다.

정치사회화에 관한 이론적 접근은 크게 미시적 차원의 이론과 거시적 차원의 이론으로 나눌 수 있다.[10] 전자에는 개인의 정치적 태도 및 행태의 유형에 초점을 둔 개인수준의 이론과 과정적 이론을 들 수 있고 후자에는 체계이론과 헤게모니이론을 들 수 있다.

9) 이영호, "정치사회화과정," 김운태 외, 「한국정치론」(박영사, 1977), pp. 184-85.
10) 이철형, 「최신 정치학원론」(법지사, 1996), pp. 302-6.

1. 미시적 차원의 이론

1) 개인수준의 이론

정치사회화는 개인적 관점에서 보면 한 개인이 정치적 정향에 관한 신조, 감정, 평가, 등을 얻는 과정이다. 이러한 과정은 일생을 통하여 계속되는데 대체로 어린 시절을 중요한 정치학습의 시기로 보고 있다.

(1) 프로먼[11]의 모형은 사회화매체와 퍼스낼리티(personality)와 그들 상호작용에 따른 정치적 태도의 학습에 중점을 두고 있다. 정치학습이 언제 일어나는가에 관하여 조기모형(primary model), 후기모형(recency model), 중간시기모형(intermediate-period model)으로 구분할 수 있다. 조기모형은 어린 시절에 정치에 대한 중요한 정향이 습득된다는 것이며, 후기모형은 정치학습에 관한 경험이 성인으로서 당면한 결정과 행동에 가까우면 가까울수록 그 영향이 크다는 것을 주장한다. 중간시기모형은 이 두 모형의 중간형태로 정치세계에 관한 추상적 개념과 관계를 이해하는 지적 기능을 청소년기에 획득한다고 본다.

(2) 도슨(R. E. Dawson), 프레위트(K. Prewitt)의 4단계 구분[12]

① 아동초기(5-9세) : 인지적이기보다는 감정적인 정치적 관념이 형성—종교적 감정과도 유사하며 사회집단과의 일체감도 이 시기에 발생한다.

② 아동후기(9-13세) : 정치적 대상에 대한 감정적인 정향이 다소 추상적인 인지적 정향으로 바뀐다—정치적 지위에 따른 역할의 관념도 생긴다.

③ 청년기(13-18세) : 인지적 패턴의 변화가 초래되며 정치체계가 유기체라는 관념이 감소—이데올로기적 사고 능력이 발전한다.

④ 성인기 : 10대 말에서 30대 초의 젊은 성인기가 정치에 대한 관심과 참여가 증대되는 시기—노년기에 들면 탈정치화 현상이 발생한다.

---

11) Lewis A. Froman, Jr., "Learning Political Attitudes," *Western Political Quarterly*, 15(June 1962), pp. 304-13.

12) Richard E. Dawson and Kenneth Prewitt, *Political Socialization* (Boston: Little, Brown, 1969), pp. 41-60.

2) 과정적 이론

과정적 이론은 정치적 학습이 어떠한 과정이나 단계를 밟는가에 중점을 두는 것으로 단계적 접근법이다.

(1) 이스턴(D. Easton)과 데니스(J. Dennis)의 정치사회화 과정[13)]

이스턴과 데니스는 일반적으로 어린이들이 정치생활과 관계를 맺는 정치사회화의 절차에 대해 개인화·정치화·이상화·제도화의 네 가지 과정을 통해 이루어진다고 보았다.

① 개인화(personalization) : 의식구조가 간단한 어린이들은 모든 것을 단순화한다. 복잡한 양상을 상상하기 어려운 어린이들은 지식이나 제도 자체보다 그 조직이나 제도에서 일하는 사람들을 먼저 생각하게 된다. 예를 들어 교회를 생각할 때 그 역할보다 교회는 곧 목사라고 단순화하여 이해한다. 이것이 곧 개인화이다.

② 정치화(politicalization) : 자기들의 일상생활과는 직접적 관계가 없는 정치, 정부 또는 권위에 관해 어린이들은 구체적 지식은 갖지 않으나 성장함에 따라 가정 또는 일반 사회조직과 정부와의 사이에 어떤 차이가 있음을 알게 되어 공적 영역과 사적 영역을 분간할 수 있게 되는데 이것이 정치화이다.

③ 제도화(institutionalization) : 알기 쉽고 판별하기 쉬운 것부터 인식해 가는 어린이들은 성장함에 따라 점차 더 복잡한 사정을 인식하게 된다. 정부와 대통령을 동일시하던 어린이들은 정부라는 것이 한 사람으로 대표될 수 없는 어떤 구조라는 것을 인식하게 된다. 이것이 제도화이다.

④ 이상화(idealization) : 어린이가 공적인 정부나 공동체에 대해 애착을 느끼는 이유는 어린이들이 이러한 기구에 종사하는 사람들을 이상화하기 때문이다. 이러한 이상화가 성장함에 따라 퇴색하는 경향도 있지만 오히려 이상화를 통해 정부나 공동체에 대한 애착을 갖게 된다.

---

13) David Easton and Jack Dennis, *Children in the Political System* (New York: McGraw-Hill, 1969), pp. 391-92.

(2) 헤스(Robert D. Hess)와 토니(Judith v. Torney)의 정치적 태도의 발달모형[14)]

헤스와 토니는 정치적 태도의 획득 · 변화 · 안정에 대한 설명을 위해 네 가지로 모형을 제시하고 있다.

① 축적형(accumulation) : 어린이는 정치생활에 대해 체계적인 지식을 갖는 것이 아니라 단편적인 지식이나 정보, 태도 또는 행위를 하나하나 쌓아감으로써 사회화된다고 볼 수 있다.

② 전이형(interpersonal transfer model) : 어린이는 가정의 한 식구로, 학교에서는 학생으로 생활함으로써 권위의 대상들과 어떤 관련성을 맺게 된다. 그러므로 정치적 또는 사회적 권위에 직면하게 될 때, 그는 가정이나 학교에서 가졌던 초기의 경험에서 체득한 것과 유사한 반응을 나타내게 된다.

③ 동일시형(identification model) : 동일시형은 성인들이 의식적으로 어린이들에게 교육하려고 기도하지 않더라도 어린이들 스스로가 부모 또는 선생의 태도나 입장을 그대로 답습하는 것을 말한다.

④ 인지발달형(cognitive-development model) : 어린이가 적당한 발달수준에 이르지 않으면 정치세계에 대하여 가르쳐 주는 것을 모두 알 수 없으므로 사회화는 발달과정을 통하여 성숙해 감에 따라 복잡한 정치과정을 학습할 수 있는 것이다.

(3) 파이(L. W. Pye)의 사회화과정[15)]

① 기본사회화 과정 : 어린이들은 그들 사회의 특수한 문화에 유도되고 사회의 성원이 되도록 교육된다.

② 정치사회화 과정 : 개개인의 정치세계에 접하게 되고 정치문제에 대한 이해와 판단을 하게 된다. 첫 단계에서 일반문화에 사회화되는 것처럼 두 번째 단계에서는 정치문화에 사회화된다.

③ 정치적 충원(political recruitment) 과정 : 개개인은 수동적인 시민으로

14) Robert D. Hess and Judith v. Torney, *The Development of Political Attitudes in Children* (Chicago: Aldrime Pundrine Publishing Company, 1967).

15) Lucian W. Pye, "Political Modernization and Research on the Process of Political Socialization," *Items* XIII(1959), pp. 25-28.

서가 아니라 정치과정에의 적극적인 참여자로서 정치를 보다 많이 이해하고 관여하게 된다.

(4) 에릭슨(E. H. Erikson)의 사회화 과정[16]

에릭슨에 의하면 사람은 8단계의 사회화과정을 거쳐서 성장한다고 한다. 에릭슨 이론은 전통사회가 붕괴되는 과정에서 발생하는 정치발전과 연관시킬 때 그 중요성이 나타난다. 전통적 사회의 과두체제가 붕괴되면서 정치적 평등이 도입되어 대중의 정치적 역할을 확대 또는 새로이 수행하게 된다. 그러나 이들의 사회화과정이 새로운 정치적 역할에 대한 준비로서 적절하지 못할 때에 정체감의 위기가 중요한 문제로 등장한다는 것이다.

① 신뢰 대(對) 불신(trust vs. mistrust)
② 자율 대 회의(autonomy vs. doubt)
③ 주도성 대 죄의식(initiative vs. guilt)
④ 근면성 대 열등감(industry vs. inferiority)
⑤ 정체감 대 정체혼란(indentity vs. confusion)
⑥ 친근감 대 고독감(intimacy vs. isolation)
⑦ 보편성 대 자기도취(generativity vs. self-absorption)
⑧ 만족감 대 절망감(ego-integrity vs. despair)

2. 거시적 차원의 이론

1) 체계이론(System Theory)

체계이론은 정치사회화가 정치체계의 지지를 발전시키는 수단으로 보고 있다. 이스턴(D. Easton)은 하나의 정치체계는 입력, 출력, 그리고 전환과정(conversion process)이라는 세 가지 기본적인 요소로 이루어진다고 한다. 국민들의 지지나 요구는 입력으로서 정치구조 속으로 들어가 전환과정을 거친 다음 정책, 분배 등의 출력으로 바꾸어져 밖으로 나타나는 것이다. 하나의 정치체계가 안정을 이루기 위해서는 위 세 가지가 균형을 이루어야 한다. 만일 그렇지

16) Erik H. Erikson, *Childhood and Society* (New York: Norton, 1950), chap. 7.

못할 때 정치체계에는 긴장이 쌓이게 되고 결국에는 와해의 위험에 놓이게 된다. 정치적인 긴장은 여러 가지 요인에 의해서 일어날 수 있다. 입력 쪽의 긴장으로는 정부에 대해서 국민들이 과도한 요구를 하거나 또 정부 자체를 충분히 지지해 주지 않을 때 생길 수 있다. 출력 쪽에서의 긴장은 국민들이 정부의 시책을 받아들이지 않을 때 일어난다. 또한 한 정치체계가 국민들의 지지를 최소한 얻어내지 못할 때는 정치적인 긴장이 높아간다.[17)]

이스턴은 정치체계가 존속하기 위해서는 정치체계에 대한 국민의 지지가 확보되어야 한다고 한다. 정치체계에 대한 지지 면에 있어서는 애국심과 같은 확산적 지지가 필요하며 이러한 일반화된 지지는 정치사회화 과정을 통하여 성원들을 길들이는 방향으로 깊이 내면화되는 것이다. 정치사회화가 또한 중요시되고 있는 것은 국민형성(nation-building)의 문제이다. 국민형성은 먼저 전통적인 태도와 행위패턴을 붕괴시키고 나아가서 새로운 정치적 일체감을 창조하는 것이다. 체계이론은 일반시민이 정치체계에 관하여 갖는 정치적 기대와 가치가 정치체계의 운영방식에 영향을 미친다는 것을 전제로 하고 있다.

2) 헤게모니이론(Hegemonic Theory)

헤게모니(hegemony)란 사회구성원들이 옳다고 믿는 지배이념이나 신화, 사상 등을 의미한다. 현대국가에서 지배체제가 권력기반을 강화하기 위해서 그 사회의 문화적·이념적 통제력을 장악, 행사할 수 있는 정신적 가치체계를 의미하며, 이는 곧 지배세력에 의해 점유된 이데올로기와 같은 의미이다.

그러므로, 헤게모니란 사회에서 선택된 인물들의 권익이 전체 사회를 지배한다는 뜻으로 사용된다. 이를 정치사회화에 적용시킬 때 헤게모니이론은 정치권력을 장악한 집단이 그들의 통치를 공고히 하기 위하여 상징을 조작하고 선전과 검열을 이용하는 방법을 통해 피지배계급에게 주입시키는 과정을 의미한다. 그래서 정치사회화의 헤게모니이론은 어떻게 정치이데올로기가 지배계급으로부터 피지배계급으로 전달되느냐를 보여 주려는 시도라 하겠다.[18)]

그람시(Antonio Gramsci)는 그의 「옥중수고」(Prison Notebooks) (1929-1935)에서 국가에 의해서 전개되는 정치권력을 공개적이고 폭력적이며 물리적

17) 이동신, 앞의 책(1998), pp. 42-43.
18) 이철형, 앞의 책(1996), p. 303.

강제력을 바탕으로 하는 '물리적 정치권력'과 이념적이고 사상적이며 한 사회의 관습과 문화에 의해서 행사 유지되는 '정신적 정치권력'으로 분류했다. 그는 현대 자본주의 사회에서 지배계급은 헤게모니를 독점적으로 활용해서 피지배계급으로부터 수동적인 지지를 확보할 수 있기 때문에 사회주의혁명은 힘들다고 주장했다. 이러한 측면에서 헤게모니는 시민사회(civil society)를 구성하고 있는 사람들이 국가의 지배체제를 정당하다고 생각하고 이를 수용하는 '감정적 동일성'이다.

시민사회는 국가기구의 강제력을 통하여 지배되는 정치사회와는 구별되며, 주로 종교, 교육 등의 결사형태인 시민사회가 헤게모니적 통치의 기능을 수행하게 된다. 이러한 헤게모니이론은 알튀세르(Louis Althusser)와 밀리반트(Ralph Miliband)로 계승되면서 더욱 발전되었는데 알튀세르는 자본가계급인 지배계급의 피지배계급에 대한 이데올로기적 지배를 지적하면서 그 주요 국가기구를 교육적인 이데올로기적 기관, 즉 학교라는 점을 강조하였다. 요컨대, 정치사회화의 헤게모니이론은 지배계급이 피지배계급에 대하여 통제관계를 유지하고 사회적 가치와 질서들을 받아들이도록 하기 위하여 사용하는 매개체로 국가를 강조하며, 대대로 전승되는 개별적 상호작용에 의한 정치사회화보다는 지배계급의 정당성을 설명하기 위해 사용되는 상징·검열·선전 등을 통한 정치사회화를 시도하는 데 관심을 두었다.[19)]

제 3 절 정치사회화와 커뮤니케이션

1. 정치사회화의 일반적 매개체

정치사회화는 가정, 학교, 동료집단, 정당, 정부기구 등 다양한 매개체를 통하여 달성된다. 현대사회에서 가장 우리의 흥미를 끄는 것은 정치사회화의 매개체로서의 미디어의 역할이다. 여기서는 먼저 전통적인 매개체들을 살펴보기로

19) 이철형, 위의 책, pp. 303-4.

한다.[20)]

1) 가정(Family)

가정은 개인이 접하게 되는 최초의 사회화 매개체로서 그 영향력은 강력하고 지속적이다. 즉 어린이의 생존은 가족의 보호에 달려 있고 어린이의 자아확립을 위해서도 가족은 필요하다. 가정의 영향력 가운데에서 가장 중요한 비중을 차지하는 것은 권위에 대한 태도의 형성이다.

가정은 집단적 의사결정(collective decision)을 행한다. 이 의사결정에 대한 불복종과 징벌간에는 변하지 않는 관계가 있다는 의미에서 이 결정은 어린이에 대하여 권위 있는 것으로 받아들여진다. 의사결정 과정에 대한 아동기의 참여 경험은 정치적 기능에 관한 어린이의 의식을 각성시키고 강화하며 성인기의 정치체계에 대한 참가를 유도해 간다. 반대로 부모가 내린 결정에 수동적인 복종만을 강요당하면서 자란 어린이에게는 참여적 시민이 되기보다는 정치체계의 피동적인 신민형(臣民型)으로 될 가능성이 높다.

하이만(H. Hyman, 1959)에 의하면 자식과 부모간의 정치적 견해의 일치성이란 놀라울 정도로 크며 특히 정당에 대한 지지에 있어서 동일화(同一化)현상이 강하다는 것이다. 그러나 가정은 정치사회화의 중심적 매개체이지만 전통적 관례나 사고의 패턴을 유지하고 영속화하려는 현상유지적이고 보수적인 경향을 갖는다고 비판되고 있다.

2) 학교(School)

학교는 공식화된 사회화 매개체로서 학생에게 정치세계에 대한 지식과 그 속에서의 개인의 역할을 학습시킨다.[21)] 또한 정치체계에 대한 감정과 정치적 게임의 불문율을 이입시키기도 한다. 또한 시민교육(civic training)과 정치교화(political indoctrination)는 구분되어, 시민교육은 선량한 국민이 정치생활에 어떻게 참여해야 하는가를 강조하는 교육의 일부분이라고 하고 이에 반해 정치적 교화는 특정한 정치를 정당화시키고 합리화시키기 위해서 의도된 구체적인

20) 이철형, 위의 책, pp. 308-12.

21) 알몬드와 버바(Almond 외, 1963)에 의하면 교육을 많이 받은 사람일수록 그들의 일상생활에 대한 정부의 영향력에 관한 인식이 강하며 정치에 대한 관심이 크고 정치에 대한 정보도 많이 가지며 정치적 능력도 높다.

정치이념의 학습에 관련된다. 선진국은 시민교육에 역점을 두는 데 반해 후진국이나 전체주의국가는 정치교화에 힘쓰고 있다.

3) 동료집단(Peer Group)

동료집단은 놀이친구, 직장동료, 가까운 개인 접촉을 갖는 비공식적인 집단을 의미한다. 정치변화의 해석 및 이에 대한 적응, 그리고 정치적 역할에 대한 참여 준비는 청소년기 후반에 동료집단을 통하여 발행한다. 동료집단의 성원은 상대적으로 평등한 지위와 친밀한 관계를 향유한다. 이 시기의 정치사회화는 가정에서의 기본적인 정치사회화를 강화시키고 변화시켜 보강하는 역할을 한다.

동료집단은 첫째, 정치에 대한 지식과 규범이 교환되고 평가되는 중요한 커뮤니케이션의 채널 역할을 한다. 둘째, 정치세계에서 자신의 위치와 자아를 개념화할 수 있는 계기를 마련하여 준다. 셋째, 그 집단의 규범이나 행동 또는 다른 성원의 태도에 상합(相合)하는 행동을 요구함으로써 정치사회화에 크게 영향을 끼친다. 동료집단 속에서 그들은 서로 호응하고 투영 시 하나의 가치관이나 태도의 내적 통로로 결합한다.

4) 정당(Political Party)

정당은 정당의 정강정책에 대한 적극적인 선전활동을 통하여 시민의 정치의식을 제고해 주며, 정치적 이슈의 해결책에 관한 선택지를 만들고 정치적 무관심층을 일깨우며 당 후보자에 대한 사회적 지지를 동원한다. 또한 정치권력의 획득을, 지지를 얻고자 시민을 정당의 이념으로 귀결시켜 일체화적 연대성을 조성시키고자 한다. 정당은 특히 선거 시에 시민의 사회성을 작동시키고 활성화하여 유권자들을 정치참여의 역할을 행사하도록 끌어들이게 된다.

5) 정부기구(Governmental Structure)

현대사회에서 정부활동은 사회생활의 모든 국면에 개입하고 있으며 관료기구의 다양한 기관을 통하여 개인과 접촉하고 있다. 이처럼 정부 자체가 정치적 사회화의 기관이다. 정부의 모든 정책과 활동은 그것에 대한 국민들의 반응을 고려하지 않고서는 성공적으로 수행하기 곤란하다. 모든 통치행위는 사람들의 태도에 영향력을 미친다. 본래 정부가 제공하는 정보, 교육, 그리고 선전은 사람들의 정부에 대한 지지를 약화시키는 것을 결코 의도하지는 않는다. 그러나 사람들의 정치적 태도를 통제하는 정부의 권력은 한정적이다. 왜냐하면 정부의 메시지는 가족 또는 동료집단과 같은 1차 집단의 이야기를 거쳐 개인에게 도달하기 때문이다. 정부의 본래의 한 목소리인 메시지는 이들 1차 집단의 특유한 이익이나 확립된 태도와 서로 만나 중첩되고 굴곡되어 여러 목소리로 변하게 된다. 정부 메시지의 본래 모습이 사람들의 지각(知覺)의 스크린 위에 그대로 나타나는 것이 아니라 1차 집단이라는 수정체에 반영되어 간접적인 모습으로 나타난다.

2. 미디어정치와 정치사회화[22)]

현대사회를 보통 '미디어정치의 시대'라고 한다. 미디어가 일반국민의 일상생활뿐만 아니라 국가 전체의 정치, 경제 및 외교관계 등에도 크게 영향을 미치기 때문이다. 미디어가 정치사회화의 전통적인 매개체를 대신하여 정치사회화의 기능을 거의 독점하는 지경에 이르렀다. 전파매체의 발달에 힘입어 국민들은 많은 정보에 보다 직접적으로 접근할 수 있고 미디어는 가장 강력한 기관으로 자리잡게 되었다. 이에 따라 미디어는 정치과정의 단순한 관찰자에서 중요한 영향력을 발휘하는 역할로 변모하였다. 즉 미디어정치의 언론은 여론지도자(opinion leaders)를 거치지 않고 일반대중에게 직접 영향을 미친다.

미디어는 과거에 정치사회화의 중요한 매개체인 정당 같은 정치단체의 영향을 줄이고 미디어 스스로가 논제설정(agenda-setting), 정책토론(public forum), 검증(scrutiny), 평가(assessment) 등 정당이나 정치엘리트 등이 독점하던 역할들을 수행하게 되었다. 정부는 일반인들의 상황을 미디어를 통해 얻을 뿐만 아니라 일반대중은 정부에 관한 포괄적인 지식을 일차적으로 미디어를 통해 얻는다. 이렇듯 미디어는 엄청난 발행부수와 광범위한 전파력 덕분에 대중에게 정보와 의견을 알리는 정치사회화의 매개체 역할을 담당한다. 대중교육자로서의 미디어는 토론과 논쟁을 위한 장소를 마련한다. 미디어는 여러 대안들에 대한 다방면에 걸친 토론을 계속 전개함으로써 대중들이 쟁점이 되는 이슈에 집중할 수

22) 이홍종, "미디어 민주주의," 이동신 · 박기순 편, 「정치커뮤니케이션원론」, 제 2판(법문사, 1998), pp. 177-87.

있도록 한다. 미디어는 또한 정부의 정책 수행을 조사하거나 평가하는 임무를 담당한다. 미디어의 발달로 정부는 이제 가장 강력한 대중의 감시를 받고 있는 셈이다.

미디어의 정치사회화 매개체로서의 역할은 그 동안 정치지도자들과 정당에 의해 독점되어 온 공공정책에 대한 논제설정과 관련해 더욱 커진다. 논제는 미디어가 갖고 있는 정보의 양에 따라 설정되기보다는 주로 미디어의 판단을 바탕으로 설정된다. 미디어에 보도된다고 해서 대중들이 정치에 관해 관심을 높이지는 않겠지만, 특정 주제에 대한 대중들의 관심을 환기시키는 데 있어서 미디어의 효과는 크다. 이와 같이 미디어의 효과로 인해 한 사회는 개개인의 이익과 관심을 대중적인 여론과 관심으로 바꾸어 사회적 합의를 이끌어 낼 수 있게 되는 것이다.

그러나 정치사회화의 매개체로서 미디어는 몇 가지 문제점을 안고 있다. 먼저, 일반 국민은 주로 텔레비전을 통해 국내외 뉴스를 접하게 되는데, 짧은 보도는 현실을 왜곡시킬 수 있다. 게다가 미디어 종사자들은 일반인들의 관심을 한순간에 끌어 모을 수 있는 톱뉴스와 헤드라인 기사 뉴스 속보만을 다루려 한다. 이런 속성 때문에 텔레비전 뉴스는 신문에서 중요하게 간주되었을 때에야 비로소 인정받는, 삽화가 곁들여진 서비스(service)라고 한다.

미디어정치 시대에 발달한 새로운 기술은 극적이고 시각적이며 선정적인 이야기를 강조하게 된다. 즉 미디어는 '명쾌한 논쟁점'(clear-cut issues)을 강조한다. 명쾌한 논쟁점이란 선거기간에는 후보들을 적절하게 구분할 수 있고, '데땅트', '낙태'(abortion)와 같은 분명한 용어들로 표현될 수 있다.

선거운동을 보도하는 텔레비전은 '경마저널리즘'(horse race journalism)적인 기법을 더 선호한다. 경마저널리즘은 경마를 취재하는 스포츠 기자처럼 주로 선거의 승자에만 관심을 가질 뿐, 승자와 패자를 구분하는 차이점 등에는 관심을 기울이지 않는다. 텔레비전 뉴스는 후보자들의 공직 재임시 있었던 기록이나 후보들간의 논쟁보다는 선거전략이나 선거에서 이긴 개인에 관한 기사를 두 배나 많이 보도하고 있다.

사건보도에 있어서도 미디어는 관련된 인물의 사적인 문제들에 초점을 맞춰 사건을 개인 문제화하는 반면, 정치적으로 중요한 정책이나 이슈 등에 관심을 덜 갖는 추세가 있다. 미디어정치 시대에는 '떼거리 저널리즘'(pack journalism) 또는 '군거본능'(herd instinct)의 현상도 나타난다. 수십 또는 수백 명의 기자들이 한 사건만을 보도하고 다른 사건들은 거의 또는 조금밖에 취급하지 않는 경우가 많다. 또한 유명한 기자의 기사선택, 구성 및 초점 등을 마치 양떼처럼 무턱대고 쫓는 경향이 있다.

3. 뉴미디어와 정치사회화

미디어정치 시대는 1990년대 소위 '뉴미디어' 시대를 맞이하면서 변화되었고 뉴미디어의 새로운 특징은 정치사회화의 성격도 바꾸어가고 있다. 일반적으로 '다매체 다채널'로 상징되는 뉴미디어는 크게 두 가지 특징을 가진다. 첫째는 일방적으로 전달만 하는 미디어에서 상호 대화할 수 있는(interactive) 미디어로 바뀌었다(예, 컴퓨터 통신, 전화 토크쇼 등). 이러한 변화는 참여민주주의의 수준을 높일 수 있다는 점에서 뉴미디어의 긍정적인 정치사회화의 기능이다. 뉴미디어의 또 다른 특징은 이제는 '방송'(broadcasting)이 아닌 '협송'(narrowcasting)이라는 점이다(예, 케이블 TV, 비디오 등). 이러한 관점에서는 일반적으로 뉴미디어는 부정적인 정치사회화의 역할을 수행한다.

제 4 절 결　　론

사회가 안정적으로 유지될 때에는 정치사회화 과정은 일관성 있게 진행된다. 즉 정치사회화 과정은 그 사회의 지배적인 정치문화를 유지해 나가는 데 기여한다. 그러나 정치적인 변동이나 혼란이 발생하는 시기에는 각 사회화 매체들은 다른 내용을 전달하여 사회구성원들을 재사회화(resocialization)시키고 이로 인해 정치문화의 변화에 기여하게 된다.

1945년 이후의 한반도는 그 대표적인 예로 이러한 비연속성은 개인 내부에서는 가치관의 혼란으로 인한 갈등을, 집단적인 차원에서는 사회적 대립과 갈등을 초래한다. 사회화의 비연속성과 동질성의 위기는 새로운 정치문화를 창조하여 정치체계에 영향을 미치기도 한다. 따라서 정치사회가 모든 정치체계에서 보수적(체제유지적)인 기능을 하며 변화에 저항하는 힘이라고 하는 그람시의 헤게모니이론은 적용의 한계가 있다.

정치적 변동과 재사회화 과정에서 중요한 역할을 하는 사회화 매개체가 미디어이다. 미디어는 전통적인 매개체인 가정, 학교 등에도 영향을 주어 간접적인 매개체로서의 중요성도 가지고 있다.

미디어의 사회화매개체로서의 문제점들은 독자들이 도덕적인 면에서뿐만 아니라 기술적인 면에서도 높은 수준의 , 그리고 신중한 미디어를 요구해야만 없어진다. 뿐만 아니라 일반 시민이 전자매체와 인쇄매체의 역할을 적절히 조정함으로써 미디어의 총명한 독자가 되어야만 미디어 정치시대의 문제점을 극복할 수 있다.

미디어가 안고 있는 문제점들을 해결하기 위한 또 다른 방법은 정당들이 담당했던 역할들을 가능한 한 원래대로 복귀시켜야 한다. 정당은 선거를 통해 선발된 국민의 대표자들로 구성되어 있지만 미디어는 그렇지 못하다. 그래서 일반 시민들은 정당의 행동을 감시하고 비판, 평가하고 있지만 미디어로부터는 일방적인 영향을 받기가 쉽다.

연습문제

1. 정치사회화와 정치문화와의 관계에 대하여 설명하시오.
2. 정치사회화의 두 가지 의미에 대하여 설명하시오.
3. 정치사회화의 헤게모니이론에 대하여 설명하시오.
4. 정치사회화의 매개체로서 미디어의 문제점에 대하여 설명하시오.
5. 정치사회화의 매개체로서 '뉴미디어'의 성격에 대하여 설명하시오.

제6장 선거와 정당

요 약

정당과 선거는 이론적이고 학문적인 면에서뿐만 아니라 우리의 현실 정치와도 밀접히 연관되어 있다. 따라서 정당의 기원과 유형, 정당제도 그리고 선거의 역사와 선거제도를 살펴보는 것은 현실 정치에 대한 이해를 높여 준다.

전체 중의 한 부분이라는 어원을 갖는 정당은 전세계의 거의 모든 국가들에 존재하고 있지만 중동의 일부 국가들에서는 아직도 정당을 불허하고 있다. 정치조직으로서의 정당에서 가장 중요한 요소는 정당의 조직이며 이의 핵심은 당원이다. 그러나 선후진국의 정당을 막론하고 진정한 당원을 다수 확보하고 있는 경우는 많지 않다.

정당의 유형은 정치이념에 따라 사회당, 자유당, 보수당, 기독교민주당, 녹색당, 급진우익정당 등이 존재한다. 이러한 정당들은 경제생활을 포함한 일상 생활에서 국가의 개입이나 간섭을 바람직한 것으로 보는가 아니면 국가의 간섭 없는 자유의 보장을 추구하는가에 따라 차이가 난다. 사회주의성향의 정당들은 부의 평등한 배분을 위해 국유화나 사회보장정책의 확대 등을 추구하며 보수주의 성향의 정당들은 자유로운 시장경제와 개인의 자유를 강조한다. 그러나 근래에는 이념성을 강하게 띠는 정당들에 대한 지지가 감소하면서 많은 정당들이 포괄정당의 성격을 강하게 나타내는 경향이 있다.

정당들간에 이루어지는 정당정치의 양상은 일당제, 패권정당제, 양당제, 다당제 등의 정당체계를 나타낸다. 공산권의 붕괴와 아프리카국가들에서의 민주화에 따라 일당제는 거의 없으며 일부 사회주의국가들에서만 남아 있다. 그러나 민주정치가 확립되지 않은 많은 국가들에서는 아직도 패권정당제의 유형을 많이 볼 수 있으며 서유럽과 북미지역의 선진국들에서는 양당제나 다당제를 실시하고 있는 국가들이 많다.

정당은 선거를 통해 정권의 획득을 추구한다. 민주정치에서의 선거의 첫번째 특성인 보통선거가 일반화한 것은 1920년대이지만 프랑스, 이탈리아, 벨기에 등의 선진국에서도 여성이 참정권을 획득한 것은 1945년이었다. 비밀투표는 1855년 오스트레일리아에서 처음 시작한 이래 현재는 선거의 기본이 되고 있다. 전 세계 국가들의 80% 정도는 선거권을 18세부터 부여하고 있으나 한국을 비롯한 아시아국가들의 대부분은 20세 이후에 투표권을 부여하고 있다. 투표는 대부분의 국가들에서는 권리이지만 오스트레일리아, 이탈리아, 벨기에 등 16개 국가들에서는 투표가 의무이다.

대통령선거제도의 종류는 직선제와 간선제로 나눌 수 있으며 직선제는 다시 단순다수제와 절대다수제의 두 가지가 있다. 한국, 필리핀 등이 채택하고 있는 단순다수 직선제에서는 유권자들의 30% 이하 지지를 받고도 당선되는 경우가 있어 다수 국민들이 원하지 않는 후보가 대통령이 될 수 있는 단점이 있다. 절대다수제에서는 1차투표에서 50% 이상의 득표자가 없을 경우 2차 결선 투표를 실시하며 프랑스를 비롯한 아프리카의 대부분의 국가들이 채택하고 있다. 간접선거제도는 미국과 같이 국민들이 선출한 선거인단이 대통령을 선출하는 경우가 있으며 다수의 내각제 국가들에서는 대통령을 의회에서 선출한다.

의회의원 선거제도는 단순다수 1선거구 1인선출제, 절대다수 1선거구 1인선출제, 비례대표제, 1선거구 1인선출제와 비례대표제를 병행하는 병행제 등이 있다. 선거의 본질인 대의기구에서의 국민의사 대변이라는 면에서 보면 비례대표제가 가장 바람직한 제도이다.

제 1 절 정당과 정치

현대 정당은 19세기에 많은 사람들이 새로 투표권을 부여받아 선거에 참여하면서부터 발전해 왔다. 정치인들은 자신들과 뜻을 같이하는 사람들을 선거에 당선시키기 위한 조직으로 정당을 만들었다. 이런 기원적 의미에서 볼 때, 정당은 일단의 공직자들이나 공직자가 되고자 하는 사람들이 시민들과의 관계 속에서 하나의 집단을 구성한 단체이다. 이 조직의 주된 목적은 권력을 획득하거나 또는 획득한 권력을 유지하는 것이다. 정당은 정치에서 중요한 역할을 하는 영속적 조직이지만 일부 제 3 세계국가들에서는 정당이 인물 중심으로 성립되며 그 인물이 없어지면 정당도 사라진다. 이러한 국가들에서는 정당은 정치의 핵심이 아니라 주변적 존재에 불과하다. 그러나 정당이 오랜 역사를 가지고 있는 유럽에서는 대부분의 국가들에서 정당이 핵심적 역할을 하고 있다.

1. 현대 정당의 기원

정당은 영어로 political party이다. party의 어원은 라틴어인 patire로서 '분할하다'는 의미이며 여기에서 영어의 part(부분)가 유래하였다. 따라서 정당이라는 용어는 전체 중의 한 부분을 의미한다. 선거민주주의가 실현되기 오래 전부터 국가들은 여러 형태로 공직자들을 충원하였다. 민주주의가 시작되기 전에는 출생에 따른 신분에 의해 공직에 오르거나, 돈이나 뇌물을 주고 얻거나 또는 임명에 의해 공직을 얻었다. 그러나 민주주의가 시작된 이후에는 이러한 공직의 대다수가 선거를 통해 채워지고 있다. 과거에는 공직자가 되려는 사람들은 한 명의 군주나 또는 뇌물을 받는 소수의 사람들만 접촉하면 되었지만 민주주의에서는 수많은 유권자들의 투표를 획득해야 했다. 민주주의를 채택한 국가들에서 정치인들은 자신들에게 도움이 될 조직을 전국적으로 구성한 후 자기 정당 내의 다른 후보들을 지지해 줄 것을 유권자들에게 호소하였다.

최초의 현대 정당은 1820년대에 미국에서 시작되었으며 현재의 민주당은 그때부터 존재하는 가장 오래 된 정당이다.[1] 영국에서는 1867년에 선거권이 확대되었는데 이때까지도 인구의 10%만이 투표권을 가지고 있었다. 버밍햄에서는 3만 명이 새로 투표권을 얻었으며 귀족들 중심으로 운영되던 전근대적 정당들은 선거에 이기기 위해 모든 유권자들을 접촉하는 현대식 정당으로 전환하였다.[2] 현재 세계의 거의 모든 국가들에는 정당이 존재하지만 아시아의 군주국인 부탄에서는 정당활동이 금지되어 있으며 아프가니스탄에는 내전으로 정당이 없다. 중동의 바레인은 정당설립을 금지하고 있으며 사우디 아라비아와 오만, 카타르

1) W. Phillips Shively, *Power and Choice : An Introduction to Political Science*, 5th ed. (New York : McGraw-Hill Co., 1977), p. 200.

2) M. Ostrgorski, *Democracy and the Organization of Political Parties*, vol. 1 (Garden City, New York : Doubledday, 1964), p. 80.

도 정당활동을 금지하고 있다. 쿠웨이트도 정당을 허용하지 않으며 비공식 그룹만 존재한다. 1992년 10월에 실시된 선거에서는 국왕의 권한 축소, 복수정당제 도입, 여성참정권 등 정치개혁을 내세운 야당세력이 비공식 정치조직을 구성해 선거에서 50석 중 31석을 차지하였다. 1996년 10월에 제 8차 총선에도 무소속 의원들만이 출마해 친여후보들이 30석을 차지하였고 회교원리주의세력 16석, 진보파가 4석을 차지하였다. 오세아니아의 키리바시에는 정당들은 존재하나 당사, 정강, 당기구가 없어 정치그룹이나 이익집단과 유사하다.

2. 정당의 기본 조직

정당들의 기본 조직은 매우 유사하다. 정당의 당원은 일반적으로 지구당(branch)이라고 불리는 지역단위에 가입한다. 정당의 지구당은 공직선거에 나설 후보를 선출하며 매년 열리는 정당의 전당대회에 대의원을 파견한다. 연례 전당대회에 참석한 대의원들은 정당의 중앙당을 이끌어 갈 임원들을 선출한다. 정당조직의 또 한 가지는 의회에 진출한 의원들로 구성되는 원내집단이다. 이러한 기본 조직 외에도 정당에 따라서는 당내에 파벌이 조직을 형성한다. 또 영국의 노동당이나 노르웨이 정당에서와 같이 이익집단들과 연계된 조직형태도 있다. 오스트리아에서는 농민연합, 노동자연합, 기업가연합 등이 정당과 연관을 맺고 있다.[3)]

정당제도가 확립된 국가들에서는 정당의 조직이나 당원에 대한 의미가 명확하다. 정당의 당원이 되고 싶은 사람은, 정당의 기본 원칙을 준수한다는 당원지원서를 지구당에 제출한 후 당비를 납부하고 지구당의 회의에 정기적으로 참석해야 한다. 그러나 대부분의 사람들은 정당에 가입해서 돈을 내고 또 시간을 내서 정당모임에 나가는 것을 귀찮아하므로 정당에 가입하지 않는다. 각 정당은 자기 당의 당원이 얼마나 되는가를 잘 파악하고 있을 것 같지만 많은 정당들은 자기 정당의 당원수가 얼마인지를 정확하게 알지 못한다. 예를 들어 스위스 정당의 중앙당은 각 캔턴에 있는 지구당의 정당사정을 제대로 알지 못하고 있다. 1980년대부터 대두한 녹색정당들은 기존 정당들의 공식적 조직구조를 비판하기

3) Michael Gallagher, Michael Laver and Peter Mair, *Representative Government in Modern Europe*, 2nd ed.(New York : McGraw-Hill, 1995), p. 243.

때문에 정당의 당원수에는 아예 관심을 두지 않는다.

정당들은 자기 정당의 당원수를 실제 당원수보다 더 부풀려서 발표하기 때문에 그것을 그대로 믿기가 어렵다. 예를 들면 1980년대 중반에 프랑스의 공산당은 당원수가 70만 명이라고 주장했으나 분석가들은 실제 당원수는 이의 3분의 1에 불과하다고 추정했다.[4] 프랑스의 드골주의 정당인 공화국연합(Rally for the Party in the Republic)은 같은 시기에 90만 당원을 주장하였으나 학자들은 31만 명 정도일 것이라고 예측했으며 실제로 당원명부를 확인한 결과 당원은 9만8천 명에 불과했다.[5] 지구당에서 중앙당에 보고하는 당원의 수도 믿을 것이 못 된다. 매년 열리는 전당대회에 보내는 지구당대의원의 수는 지구당의 당원수에 비례하기 때문에 지구당의 간부는 대의원을 더 많이 보내기 위해 유령당원을 만들어 놓고 그들의 당비를 대신 납부하는 경우도 있다. 대부분의 정당에서 정당가입자 중 지구당 회의에 참석하거나 정당의 당내행사에 참여하는 실제 당원은 등록 당원의 10% 정도에 불과하다.[6] 정당원의 수와 관련해서 또 한 가지 문제는 정당과 연계를 맺은 조직의 구성원이 자연적으로 당원이 되는 경우이다. 가장 대표적인 경우는 영국의 노동당으로 이 정당에는 30만 명 정도의 직접당원[7] 외에도 약 500만 명에 달하는 노조원인 간접당원이 있다. 문제는 이들 간접당원의 상당수는 선거 때 노동당을 찍지도 않는다는 점이다. 이러한 간접당원은 덴마크, 노르웨이의 주요 좌파 정당들과 오스트리아국민당에서도 볼 수 있다.[8] 이런 여러 가지 점 때문에 진정한 정당원의 수를 알기는 쉽지가 않다.

대부분의 국가에서 특정 정당에 투표하는 사람들 중의 10% 정도만이 그 정당에 당원으로 가입하며 이들 가입당원 중에서 활동적인 당원은 10-20% 정도에 불과하다. 유럽의 19개 국가들에서 정당 가입비율의 평균은 13%였으며 이들 국가 중에서 정당가입비율이 20%가 넘는 국가로는 아이슬란드, 오스트리아, 몰타, 핀란드, 그리고 스위스가 있다.

---

4) Byron Criddle, "France: Parties in a Presidential System," in Alan Ware (ed.), *Political Parties : Electoral Change and Structural Response* (Oxford: Basil Blackwell, 1987), p. 154.

5) Andrew Knapp, "Un Parti Comme les Autres: Jacques Chirac and the Rally for the Republic," in Alistair Cole (ed.), *French Political Parties in Transition* (Dartmouth, Aldershot, 1990), p. 162; Gallagher, Laver and Mair, 1995, p. 244에서 재인용.

6) Per Selle and Lars Svasand, "Membership in Party Organizations and the Problem of Decline of Parties," *Comparative Political Studies*, vol. 16, no. 4 (1991), p. 462.

7) 개인이 직접 정당의 당원으로 가입한 당원.

8) Gallagher, Laver and Mair, *op. cit.* (1995), pp. 244-45.

서유럽에서는 정당의 당원이 점차 감소한다는 지적들이 많지만 꼭 그렇지만은 않다. 몇몇 국가들에서는 이러한 현상이 나타나는 것이 사실이다. 덴마크에서는 1961년에 당원이 60만 명이던 것이 1980년대 후반에는 30만 명 이하로 감소하여 그 비율이 유권자들의 9%에 불과했다. 1980년대 네덜란드의 당원수는 1950년의 절반으로 감소했다. 영국에서도 당원수의 30%가 감소했다. 오스트리아, 노르웨이, 스웨덴에서는 개별 정당들의 당원증감현상은 있었으나 전체적으로는 별 변화가 없었다. 이에 비해 벨기에, 핀란드, 독일, 말타 등의 일부 국가들에서는 당원수가 증가하였다. 독일의 경우, 통일 후에도 당원수는 별로 증가하지 않았으며 자유민주당만이 상당수의 당원증가가 있었다.[9] 정당들은 당원을 증가시키기 위해 댄스파티, 등산모임, 야유회 등 비정치적인 행사들을 한다.

정당의 당원들은 선거기간에 가장 활발하다. 그러나 이들의 활동으로 자기 당에 적대적인 사람의 마음을 돌려 자기 당을 지지하게끔 하는 것은 매우 어렵다. 이들의 역할은 중립적인 사람들을 자기 당을 지지하게 만들거나 아니면 자기 당의 지지자들이 기권하지 않도록 만드는 것이다. 선거가 없는 때에는 지구당 회의에 참석하거나 다음 전당대회 때 제기될 쟁점에 대한 자신들의 입장을 정리하는 일을 한다. 그러나 대부분의 정당원들은 아무런 활동도 하지 않는다. 1980년대 중반에 영국의 조사에서 밝힌 바에 의하면 1년에 지구당회의에 한 번이라도 참석한 당원의 비율은 50%가 되지 않았고 5번 이상 회의에 참석한 사람은 25%에 불과했다. 이와 비슷한 양상은 노르웨이에서도 볼 수 있어 1991년 조사에 의하면 지난해에 정당회의에 참석하지 않은 사람이 대부분이며 1989년 총선에서 선거운동에 참여한 당원도 30%에 불과했다.[10]

당원의 성격은 정당이 어떤 조직으로 이루어져 있는가에 차이가 난다. 듀베르제(Duverger)는 정당의 유형을 간부정당(cadre party)과 대중정당(mass party)으로 구분하였는데 간부정당의 역할은 선거에서 경쟁하기 위하여 명망 있는 사람들을 찾아내고 또 지역의 추종자들을 효과적으로 동원하는 것이다. 이러한 유형의 정당들에서는 당원이라는 것이 비공식적인 성격이 강하고 또 융통성도 크다. 즉 개인들은 후보 개인을 지원하기 위하여 정당에 가입하고 선거운동에도 참여하지만 선거가 끝나게 되면 다음 선거 때까지 당원으로서의 역할을 거

9) *Ibid*., p. 246.
10) *Ibid*., p. 248.

의 하지 않으며 정당과 정규적인 관계를 맺는 일도 극히 드물다. 이에 비해 대중정당은 능동적으로 참여하는 당원들이 민주정당의 핵심요소이며, 당원들은 단순히 선거시에만 동원되는 것이 아니라 정당활동의 모든 면에서 계속해서 능동적으로 참여한다. 간부정당에서는 선거주기에 따라 당원들이 증가하고 감소하기 때문에 당원의 수가 일정하지 않고 변동도 심하다. 대중정당은 선거주기에 별 영향을 받지 않기 때문에 당원의 수에 큰 변동이 없으며 훨씬 더 안정된 양상을 보인다. 제대로 된 대중정당들의 대부분은 많은 수의 당원을 보유하고 있는데 당원은 대중정당의 존재를 결정짓는 것인 동시에 또한 정치적 자원이기도 하다.

캐나다의 자유당(Liberal Party)과 진보보수당(Progressive Conservative Party)은 보통선거제도가 실시되기 이전부터 존재해 온 민주정당들로서 간부정당의 전형적인 유형이라 할 수 있다. 노동조합운동과 밀접한 연관을 맺고 있는 사회민주주의성격의 신민주당(New Democratic Party)은 대중정당의 조직적 특징을 모두 갖고 있다. 캐나다는 연방제국가이기 때문에 정당조직과 정치생활도 이를 반영한다. 정당들은 연방정치 수준과 도(Province)정치수준 모두에서 정당을 운용할 것인가 아니면 연방과 도 중의 한 수준에서만 정당을 운용할 것인가를 결정해야 하고 자신들의 필요를 충족시킬 수 있는 형태의 정당조직을 구성하고 유지해야 한다.

연방제에서의 정당들은 연방형정당(confederal party)과 통합형정당(integrated party)의 두 가지로 나눌 수 있다.[11] 연방형정당에서는 동일한 이름을 가진 연방정당과 주(州)정당이 완전히 별개의 조직이며 둘 사이에는 공식적으로 아무런 연관이 없다. 연방정당과 주정당은 완전히 분리되어 있어 선거에 임할 때에도 완전히 독자적인 활동을 한다. 통합형정당에서는 동일한 이름을 가진 연방정당과 주정당의 조직과 활동이 동전의 양면과 같아 조직들은 상호간에 지원을 해 주는 밀접한 관계를 맺고 있다. 일반적으로 대중정당은 당원들의 완전한 참여가 이루어지는 것을 원칙으로 삼고 있기 때문에 통합형 구조를 채택하는 경우가 많다. 간부정당은 연방형 유형이 제공하는 융통성을 선호하기는 하지만 통

11) Rand Dyck, "Links between Federal and Provincial Parties and Party System," in Herman Bakvis (ed.), *Representation, Integration and Political Parties in Canada*, vol. 14 of the research studies of the Royal Commission on Electoral Reform and Party Financing (Ottawa: RCERPF, 1991), 신명순·박경산(편역), 「캐나다의 정치과정」(서울: 서울프레스, 1995), pp. 239-40에서 재인용.

합형 구조를 채택하게 될 때에는 조직면에서 제한된 자원을 보다 효율적으로 사용하는 것이 가능하게 된다. 일반 당원들이 정당에 가입할 때에는 연방정당의 당원으로만 가입하는가 아니면 연방정당과 도정당에 모두 가입하는가는 정당에 따라 다르다. 캐나다 보수당의 경우에 당원이 연방정당에만 가입한 경우는 전체 지구당의 74%였고 나머지 23%는 연방정당과 도정당에 모두 가입하였다. 3%의 경우에는 공식적인 당원제가 없는 지구당이었다. 자유당은 지구당 중에서 48%는 당원들이 연방정당에만 가입하는 연방형 유형이고 50%는 연방정당과 주정당 모두에 공동으로 가입하는 통합형이었다. 신민주당은 25%의 지구당은 당원들이 연방정당에만 가입하고 73%는 연방정당과 도정당 모두에 가입하였다.[12)]

3. 정치이념에 의한 정당의 종류

1) 사 회 당

서유럽민주국가들에서 사회주의정당들은 민주주의에 대한 확고한 신념들을 가지고 있다. 이 정당들은 소련을 중심으로 한 사회주의체제가 붕괴된 뒤 사회주의라는 당명에 오해를 없애기 위해 오스트리아사회당은 1991년에 당명을 사회민주당으로 변경했지만 사회당과 사회민주당 사이에 본질적인 차이는 없다. 국가에 따라 똑같은 성격의 정당들이 사회당이라는 이름을 갖기도 하고 사회민주당이란 이름을 갖기도 한다. 프랑스에서는 사회당이라 부르며 독일에서는 사회민주당이라 부른다. 이 경우에 프랑스 사회당의 민주주의에 대한 신념이 독일의 사회민주당보다 더 약한 것은 아니다. 또한 영국과 네덜란드에서는 사회당 성격의 정당이 노동당이라는 이름을 가지고 있다.

사회주의정당이 관심을 갖는 것은 부유한 사람들과 가난한 사람들 사이에 존재하는 큰 격차이다. 이들은 민주주의가 경제적으로 안정되고 충족된 생활을 하는 사람에게만 보장되고 있다고 주장하며 사회에서 보다 많은 평등이 실현되기 위해서는 국가가 경제에 개입해야 된다고 생각한다. 이들은 부자와 빈자 사이의 소득을 재분배할 수 있는 권한은 국가만이 가지고 있으며 경제에 대한 국가의 개입을 효율적 민주주의를 위한 전제조건으로 생각한다. 자유시장론자의

12) 위의 책, p. 250.

입장에서는 주어진 기회를 이용하여 이득을 얻는 자유를 모든 사람에게 주는 것이 민주주의라고 보는 반면에 사회주의자의 입장에서는 시장이 기능한 결과로 나타나는 부의 분배를 국가가 개입해서 재분배하는 것이 민주주의라고 본다.

사회주의자들은 국가가 소득을 재분배하는 방법으로 개인기업의 국유화를 생각하며 기업이 국가소속이 되면 이익이 구성원 전체에게 돌아가기 때문에 부자가 이익을 착복하여 더 부유하게 되는 일이 없다는 것이다. 국유화의 또 다른 논리는 기업의 규모가 커지면 국제시장에서 더 효과적으로 경쟁할 수 있다는 것이다. 사회주의정권이 들어선 후 국유화의 한 예를 보면 프랑스에서 1981년에 사회당의 미테랑정부가 들어서자 거의 모든 은행과 대규모 제약회사들이 국유화되었다. 그러나 미테랑의 이러한 조치 이전에 이미 상당수의 은행들은 국유화되어 있었으며 미테랑정부하에서도 소규모 기업들은 국유화를 하지 않았다.

근래 들어 유럽의 사회주의정당들은 성장의 결실이 사회 내에서 너무 불공평하게 배분되지 않는다면 경제성장은 바람직한 것이라는 견해를 보이고 있다. 이들의 주된 관심은 국가가 국유화와 같은 방법으로 사회에 직접 개입하는 것이 효과적인지 아니면 국가가 조세제도 등의 간접적 방법을 통해 소득분배의 문제에 접근하는 것이 효과적인지이다. 따라서 일부 국가들에서는 사회당들이 오래전에 국유화의 개념을 포기했다. 1974년부터 1982년까지 독일총리였던 사회민주당의 쉬미트(Helmut Schmidt)는 국유화를 전혀 추진하지 않았으며 세법이나 사회복지계획 등과 같은 간접적 국가개입을 선호했다.[13)]

유럽의 사회당들은 정권을 잡게 되면 더욱 온건하게 된다. 이것은 프랑스의 프랑소아 미테랑 대통령이나 스페인의 펠리페 곤잘레스 총리의 예에서 볼 수 있다. 1970년대에 과격한 사회주의자였던 곤잘레스는 1980년대에 총리가 된 후 효율적인 행정에 관심을 두었다. 사회주의 정당들이 온건한 정책을 추진하면서 정부의 의무에 대해 신경을 쓰게 되자 중도적 성향을 띠던 유권자들의 상당수가 사회주의 정당을 지지하게 되었다. 일반적으로 사회주의 정당에 대한 지지는 경제여건이 나쁠 때에는 급격히 감소한다. 경제사정이 나빴던 1993년 의회선거에서 프랑스의 사회당에 대한 지지는 그 이전의 38%로부터 18%로 급감했다. 스웨덴에서도 오랫동안 집권해 오던 사회당이 1991년 선거에서 참패를 했는데 주

13) Jürg Steiner, *European Democracies*, 3rd ed. (White Plains, New York: Longman, 1995), p. 5.

된 이유는 악화된 경제사정이었다.[14] 사회주의정당들은 영국, 프랑스, 독일뿐만 아니라 스웨덴, 노르웨이, 오스트리아, 오스트레일리아, 뉴질랜드 등의 국가에서 강하며 정권을 잡았거나 잡고 있다. 선진국에서 예외적인 국가는 미국으로 미국에서의 사회주의정당은 매우 약해 없는 것과 마찬가지이다.

2) 자유당(Liberals)

유럽정당에서 자유당은 자유시장원칙을 추구하는 정당이다. 리버럴(liberal)이란 말은 라틴어의 libertas라는 단어가 어원이며 그 뜻은 자유(freedom)란 의미이다. 유럽의 일부 정당들이 정당명칭에 자유라는 단어를 넣는 것은 이에 연유한다. 예를 들어 독일에서는 자유당원들을 자유민주당원(Free Democrats)이라 부른다. 유럽에서는 liberal이란 단어와 free란 단어는 동의어로 사용된다.[15] 유럽의 자유당은 생활의 모든 면에서 개인의 자유를 강조하며 낙태나 이혼과 같은 문제들도 개인의 자유로운 선택에 맡겨야지 국가나 관료들이 개인의 사생활에 개입해서는 안 된다고 주장한다. 이들은 경제면에서는 자유시장체제를 선호하며 모든 것을 자유로운 상태에서 개인이 자율적으로 결정해야 한다는 것이 자유당의 핵심 주장이다. 이들은 거대한 조직은 개인의 자유를 제한할 가능성이 있다고 보아 국가뿐만 아니라 노동조합이나 교회와 같은 거대 조직도 반대하는 입장이다.

유럽의 자유당은 경제적으로나 도덕적으로나 정부가 해야 할 역할이 있다는 것을 인정하는 온건한 생각을 갖는다. 유럽의 자유당들은 실업자, 장애인, 노약자 등에 대해 국가가 책임을 져야 한다고 생각한다. 그러나 국가가 어디까지 역할을 해야 하는가라는 점에서는 자유당 내의 파벌들간에 일치된 견해가 없다. 이것이 유럽의 자유당들의 특징이며 자유당은 의회 내서 투표를 할 경우에도 자율성들이 높아 정당의 규율이 매우 약하다. 유권자들의 지지 면에서 보면 자유당은 다른 성격의 정당들에 비하여 지지율이 낮다.[16]

유럽에서와는 달리 미국에서는 리버럴(liberal)이란 단어는 좌파를 의미하며 프리덤(freedom)이란 단어는 우파를 지칭한다. 따라서 미국에서 리버럴하다는

14) *Ibid*., p. 7.
15) *Ibid*., p. 9.
16) *Ibid*., p. 10.

정당은 유럽정당의 사회당과 성격이 비슷하다. 유럽의 자유당과 성격이 비슷한 미국정당으로는 Libertarian Party를 들 수 있다. 이 정당의 입장은 유럽의 자유당보다 개인의 자율성을 훨씬 더 중요시한다.

3) 보 수 당

보수주의 또는 보수주의자를 의미하는 영어 Conservative는 to conserve라는 동사에서 유래하며 쇠퇴, 변화, 소멸 등을 막는다는 의미이다. 보수주의자들이 쇠퇴, 변화, 소멸 등을 막고자 하는 대상은 그 사회에 정립되어 있는 권위구조이다. 보수주의자들은 개인에 대해 자유주의자들과는 매우 다른 견해를 가지고 있다. 이들은 개인은 원래가 약한 존재이기 때문에 사회에 정립되어 있는 국가, 교회, 가정 등의 권위체에 의해 지도되고 보호받아야 한다고 본다. 이러한 점에서 보수주의의 최대 목적은 사회의 권위구조를 유지하는 것이다. 그러나 보수주의가 모든 변화를 거부하는 것은 아니며 급격하고 전면적인 변화를 거부하는 것이다.

이러한 원칙을 공유하는 사람들이 모여서 만든 보수당과 자유당의 차이는 도덕적 결정을 내리는 데 있어 개인에게 어느 정도의 자율성을 부여할 것인가의 정도 면에서 나타난다. 보수당은 낙태나 마약의 사용 등에 있어 자유당과는 달리 엄격한 지침을 주장한다. 이러한 지침은 국가의 규제뿐만 아니라 교회나 가정과 같은 기구에 의해 집행될 수도 있다. 보수당과 자유당의 또 하나의 차이는 국기(國旗)나 국가(國歌)와 같은 국가의 상징물에 관한 입장에서 볼 수 있다. 자유당은 이러한 것을 무시하는 것은 아니지만 이것들에 대해 정서적으로 크게 가치를 두지 않는다. 자유당은 국기 뒤에서 다른 사람들과 함께 따라가는 것보다는 개인적인 가치관과 판단을 강조한다. 이에 비해 보수당은 국가의 권위를 지속하기 위해서는 강력한 상징물이 필요하다고 생각한다. 이들은 국가에는 합리적 유용성만이 중요한 것이 아니라 정서적인 면도 중요하다고 생각한다.

경제적으로 자유로운 시장경제를 중요시한다는 점에서 보수당과 자유당은 비슷한 생각을 가지고 있다. 양자 사이에 차이가 있다면 보수당보다는 자유당이 일관해서 시장경제를 강조한다. 자유당은 시장경제에서 자유로운 경쟁이야말로 개인의 능력을 최대로 발휘하게 만든다고 본다. 보수당도 이러한 견해에 동감을 하지만 자유로운 시장경제가 유지되기 위해서는 그 사회의 위계적인 질서가 유지되어야 한다고 본다. 사회에는 경제적으로 부유한 사람이 있고 그렇지 못한 사람이 있는데 그것은 자연적 현상이며, 경제적 평등을 위해 무리한 재분배를 하는 것은 자연의 섭리를 위배하는 것으로 본다. 따라서 보수당은 과도한 경쟁은 바람직하지 않은 것으로 본다.

정치적인 면에서 좌파인가 우파인가라는 기준에서 자유당과 보수당을 분류하자면 양자는 국가에 의한 통제경제를 반대하고 자유로운 시장경제를 주장하는 면에서 별 차이가 없다. 그러나 양자는 사회의 권위를 강조하는가 아니면 개인의 자율성을 강조하는가에서 차이가 나며 보수당은 보다 더 사회의 권위를 중요시하는 데 비해 자유당은 개인의 자율성을 보다 강조한다.

보수당은 각 국가들에서 다양하게 불린다. 영국에서는 보수당이지만 오스트리아에서 국민당(People's Party)이라고 부르며 스웨덴에서는 온건통합당(Moderate Unity Party), 그리스에서는 신민주당(New Democracy), 그리고 스페인에서는 민중연합(Popular Alliance)이라 부른다. 보수당의 성격을 가진 정당들이 이렇게 다양한 이름으로 불리는 이유는 보수당은 그 사회의 주도적인 성향을 바탕으로 하여 생성된 정당들이기 때문에 각 정당들은 국제적인 보수당이라 부르는 경향을 따라서 정당명을 정하기보다는 그들 사회에서 통합을 이루기 위해 가장 중요하다고 생각되는 용어를 자신들의 당명에 반영을 하기 때문이다.[17]

4) 기독교민주당

18세기 카톨릭 지식인들의 전통을 이어받은 기독교민주당은 사회적 연대와 협력을 추구하며 2차대전 이후 대부분의 유럽국가들에서 재등장했다. 기독교민주당은 노인보험이나 연금, 가족수당, 어린이보조, 의료보험 등을 지지하며 모든 계급들로부터 지지를 추구한다. 대부분의 기독교민주당들은 진보적이고 세속화되어 있으며 어떤 경우에는 기독교민주당들과 개신교의 정치조직들이 합쳐서 정당을 구성한 경우도 있다. 기독교민주당은 자유기업과 경제적 자유주의를 주장하면서도 인간적인 점을 중시하며 사회의식을 강조한다. 기독교민주당 중에는 사회주의적 정책을 강하게 주장하는 경우가 있으며 이러한 예로는 네덜란드의 기독교민주당을 들 수 있다. 이러한 정당들은 경제는 지도되고 통제되어야 한다

17) *Ibid*., pp. 11-13.

고 주장하며 노동조합을 지원한다

1940년대 중반에서 1960년대까지의 기독교민주당에 대한 지지는 벨기에, 독일, 오스트리아, 이탈리아, 네덜란드, 프랑스 등의 국가에서 40%에서 50%에 달했다. 1980년대 후반에도 기독교민주당에 대한 지지는 35%에서 45%에 달했다.[18)]

5) 신급진우파(New Radical Right)정당[19)]

일부 유럽국가들에서는 급진적인 우파정당들이 새롭게 나타나 일부 국민들의 지지를 받고 있다. 이러한 정당들은 1920년대에 나타났던 파시즘을 추종하는 사람들이며 이들은 때로 신파시스트라 불린다. 이러한 정당들로는 프랑스의 국민전선(National Front), 독일의 공화주의자들(Republicans), 스웨덴의 신민주당(New Democracy), 노르웨이의 진보당(Progressive Party), 이탈리아의 이탈리아 사회운동(Italian Social Movement)과 북부리그(Northern League), 오스트리아의 자유당을 들 수 있다. 이러한 신급진우파정당들이 무솔리니나 히틀러의 파시스트정당들과 다른 차이는 이 정당들이 민주주의를 수용한다는 점이다. 경제에서는 낭비적인 복지정책을 비판하고 비능률적인 국가관료주의를 비난한다. 이들은 인종차별을 주장하며 외국 이민자, 무주택자, 마약환자, 동성연애자, 미혼모 등 사회의 국외자들에게 국가가 복지혜택을 주는 것을 반대한다.[20)]

6) 녹색당(Greens)

유럽 정당정치에서 1970년대 후반과 1980년대 초반에 등장한 녹색당은 1998년 독일에서 사회민주당과 연립정부를 구성하여 처음으로 정권에 참여하였다. 전통적으로 모든 정당들이 추구한 경제정책은 경제를 발전시켜서 나오는 이득을 국민들이 능력에 따라 소유하거나 또는 분배를 하여 국민들의 경제수준을

---

18) Roy C. Macridis and Steven L. Burg, *Introduction to Comparative Politics : Regime and Change*, 2nd ed.(New York : HarperCollins Publishers, 1991), p. 64.

19) 좌파와 우파의 좌(left)와 우(right)라는 개념이 정치적인 용어가 된 것은 프랑스혁명때이다. 프랑스의 의회가 1789년에 회합을 가졌을 때, 우연하게도 변화를 주장하는 의원들은 의장의 왼쪽에 앉았고 현상유지를 원하는 사람들은 의장의 오른쪽에 앉았다. 이때 의장은 자신의 오른쪽에 앉은 사람들을 우라고 지칭하고 왼편에 앉은 사람들을 좌라고 지칭하면서 변화를 주장하는 사람들은 좌파라고 불리게 되었고 현상유지를 원하는 사람들은 우파로 불리게 되었다. Jürg Steiner, *op. cit.*(1995), p. 12.

20) Jürg Steiner, *op. cit.*(1995), pp. 14-16.

향상시킨다는 것이었다. 녹색당은 이러한 인식을 반대하며 물질적인 것을 초월하는(postmaterial) 정책을 지향한다. 이들은 인간은 물질적인 것보다는 정신적인 것, 윤리적인 것, 심미적인 것에 일차적인 목표를 두어야 한다고 주장하며 이러한 것의 실현을 위해서는 협동과 공동체생활이 필요하며 말보다는 실천이 중요하다고 본다. 녹색당은 경제의 발전이 국민총생산(GNP)의 증가로 측정되어서는 안 되며 인간의 삶의 질에 얼마나 기여하는가가 중요하다고 본다. 이를 위해 자연은 원래의 상태로 되돌려져야 하며 환경보호를 위해 휘발유의 사용을 억제하고 휘발유세를 인상할 것을 주장한다. 또한 원자력발전소를 폐쇄할 것을 주장한다. 그러나 이러한 주장들은 녹색당을 창당했던 초기 구성원들의 주장으로, 정치권에 진출하고 정권에 참여하면서 이런 극단적 주장을 하는 것은 유권자들의 외면을 초래한다면서 창당이념을 수정해야 한다는 현실적 주장도 대두되고 있다.[21] 녹색당은 국제적으로는 평화에 관심을 가지며 지역적으로는 제3세계의 운명에 관심을 갖는다. 녹색당의 성향은 보수당보다는 좌파 정당에 더 가까우며 녹색당원의 다수는 사회당이나 공산당 출신들이다. 그러나 또 다른 사람들은 시장경제를 선호하기 때문에 녹색당 내에도 다양성이 존재하며 스위스와 같은 경우에는 의견상의 차이로 녹색당이 두 개로 분열되기도 했다.

실제 정치면에서는 녹색당은 의회에 진출하기를 원하지만 전통적인 형태의 정치게임은 부패하고 비민주적인 것으로 비판하여 이를 답습하지 않는다. 녹색당은 정치생활을 근본적으로 민주화시켜야 한다고 주장하며 이 점을 자신들의 정치생활에서부터 실현시키려 한다. 따라서 독일의 녹색당에서는 지도자를 두지 않고 모든 구성원들이 동등하게 참여한다. 또한 당내에서 독특한 규율을 만들어 의회에 진출한 의원들은 노동자들의 임금 이상의 세비는 갖지 못하게 하고 나머지는 당에 기부하도록 하였다. 또한 의회의 의원직도 돌아가면서 맡게 하여 2년이 지나면 사퇴하고 다른 사람이 의원직을 맡게끔 하였다. 그러나 이러한 원칙들에 대해 불만이 고조되고 제대로 지켜지지 않아 현재는 이러한 규정들의 상당수가 폐기되거나 완화되었다.

녹색당을 지지하는 사람들은 젊고 교육수준이 높고, 도시에 살며 비종교적인 신중산층들이 다수를 차지한다. 또한 기존의 정당들에서 대변되지 않는 여성운동가들이나 동성연애자 등으로부터도 지지를 받는다. 녹색당에 대한 지지는

21) 조선일보, 1999년 7월 13일, 9면.

국가에 따라 다르지만 1993년 프랑스하원선거에서는 8%의 지지를 받았고 1993년 독일의 함부르그지역 선거에서는 13.5%의 지지를 얻었다.[22]

7) 포괄정당(Catchall Party)[23]

1960년대 이후 고도의 산업화를 이룬 유럽의 민주국가들에서는 정당들의 이념적 성격이 약화되었다. 산업화와 근대화의 과정이 진전됨에 따라 사회구조가 기능적으로 분화되어 전문적이고 직업적인 이익집단의 수가 크게 증가함에 따라 정당들은 이들을 지지기반으로 이끌어들이기 위해 모든 사회단체나 이익집단들의 견해와 이익을 대변한다는 포괄정당의 성격을 나타내게 되었다. 이에 따라 정당들은 유권자들에게 내세우는 정책이 비슷하게 되었다. 이러한 현상은 제2차 세계대전 이후의 경제성장으로 정당일체감(party identification)의 기반이 되어 왔던 사회적 차이가 없어지거나 모호해진 데에도 기인한다. 노동자들 사이에서도 차이가 다양해지고 기술의 발전에 따라 소득도 다양해짐에 따라 생활방식에서도 차이가 나게 되었고 이 결과로 계급에 따라 투표를 하거나 정당에 일체감을 갖는 양상이 희박해졌다. 정당들도 이러한 변화를 수용하여 특정 계급만을 자신들의 지지세력으로 간주하고 다른 계급은 소외시키는 양상을 벗어나 모든 계급으로부터 지지를 받기 위한 전략으로 수정하였다. 이러한 정당의 변화는 유권자들의 정당일체감을 더욱 약화시키는 상승작용을 하였으며 특정 집단의 이익만을 대변하는 역할은 특정 쟁점에만 관심을 갖고 결성된 사회단체나 시민단체가 담당하게 되었다.[24]

지금까지 살펴본 정당의 유형 외에도 일부 국가들에서는 지역정당들이 존재한다. 영국의 스코틀랜드지역의 지역정당인 스코틀랜드 국민당(Scotland National Party), 웨일스지역의 지역정당인 프리드 쿰(Plaid Cymru), 그리고 스페인에서 바스크, 안다루시아, 아라곤, 바렌시아 등의 지역에도 지역정당들이 있다. 1989년 스페인의회선거에서 지역정당들은 전체 투표의 7%를 얻었다. 이념성이 아니라 인종적인 차이에 따라 정당들이 형성되는 경우가 있다. 남미의

---

22) Jürg Steiner, *op. cit.*(1995), pp. 19-22.

23) "catchall"이라는 용어는 키르크하이머(Otto Kirchheimer)가 그의 논문 "The Transformation of Western European Party Systems," in Joseph LaPalombara and Myron Weiner (eds.), *Political Parties and Political Development*(Princeton, N.J.: Princeton University Press, 1968), pp. 177-200에서 처음 사용하였다.

24) Macridis and Burg, *op. cit.*(1991), pp. 66-67.

가이아나에서는 집권 인민진보당은 인도계, 인민민족회의당은 아프리카계가 주축을 이루고 통일세력은 백인을 기반으로 한 우익 야당을 형성하고 있다.

4. 정당체제에 의한 정당의 종류

정당체계는 정당들의 수와 이들 정당의 규모에 따라 일당제, 패권정당제 또는 일당우위제, 양당제, 다당제 등으로 분류된다.

1) 일당제(one-party system)

일당제는 단 하나의 정당만이 합법정당으로 인정되거나 또는 형식적으로는 여러 개의 정당들이 존재하지만 실제로는 한 개 정당이 주도적인 정당체계이다. 유일한 정당만이 인정된 경우로는 나치독일, 프랑코독재하의 스페인, 1990년 이전까지의 대부분의 아프리카국가들에서 볼 수 있다. 또한 과거 소련과 동유럽의 공산국가들, 그리고 제 3세계의 독재국가들에서 볼 수 있다. 아시아에서는 대만이 1949년 이래 국민당의 일당지배가 계속되다가 1986년 계엄령하에서 민주진보당이 처음 창당되었고 1993년 8월에는 국민당의원 7명이 탈당해서 신당을 만들었다. 1987년에 계엄령이 해제된 후 대만에는 60여 개의 정당들이 난립했다. 라오스에서는 라오스인민혁명당의 지도적 역할을 헌법에 명시하여 일당독재가 계속되고 있다. 몽골도 1990년까지 몽골인민혁명당이 66년간 일당독재를 하다가 1991년에 당지도이념에서 맑스레닌주의의 포기를 선언하였고 다당제로 바뀌었다. 베트남에서는 베트남공산당의 일당독재가 계속되고 있다. 1992년 7월 총선에서는 베트남공산당과 동맹관계인 베트남조국전선, 대중조직, 일부 무소속의원들만 출마가 허용되었다. 브루나이에서는 1988년 1월 브루나이국민민주당이 정부에 의해 해체되고 정당해산조치로 브루나이국민연합당이 유일한 합법정당이다.

중동의 경우 시리아에서는 주요 정당인 바트아랍사회당(바트당)이 헌법상으로 우월한 지위를 보장받아 국가당의 성격을 띠고 있다. 요르단에서는 1957년부터 35년간 정당활동을 금지했으며 1992년 3월 정당법이 의회를 통과해 정당활동이 합법화되었다. 이라크에서는 바트당이 국가정당적 성격을 띠며 바트당을 중심으로 독재가 행해지고 있다. 이란에서는 1996년 선거에서 처음으로 정당활동이 허용되어 33개 정당이 인가를 받았다.

아프리카의 기니비사우에서는 기니비사우·카보베르데독립아프리카당이 단일정당이었으나 1991년 5월에 헌법의 일당독재규정을 삭제하였다. 라이베리아에서는 1878년 미국에서 해방된 노예들이 아프리카로 와서 창당한 트루휘그당의 일당독재가 1980년까지 계속되다가 쿠데타로 종식되었다. 소말리아에서는 1970년에 군부쿠데타로 집권한 바레가 1976년에 소말리아사회주의인민혁명당을 조직한 후 일당독재를 실시하였다. 스와질랜드에서는 1964년에 결성된 임보코드보국민운동만이 유일한 합법정당이었으나 상원이 1995년 9월 복수정당제를 요구하는 결의안을 채택하고 정부도 민주적인 헌법제정을 약속하였다. 에리트리아에서도 1993년 독립 후 4년간은 민주정의인민전선이 유일한 합법정당이다가 1997년에 복수정당제가 되었다. 중앙아프리카공화국에서는 1981년 군부쿠데타로 집권한 콜링바총사령관이 1987년 유일 합법정당인 중앙아프리카민주회의를 창당해 독재정치를 시행하다가 1992년에 복수정당으로 전환하였다. 콩고공화국에서는 1960년 독립 후 1963년에 마상바 대통령의 국민혁명운동이 사회주의 일당독재체제를 수립하였으나 1968년 군부쿠데타로 실각하였다. 1969년 1월에는 은구아비 사령관이 대통령에 취임한 후 콩고노동당을 결성하고 맑스레닌주의에 입각한 일당독재체제를 구축하였다. 이외에도 베넹, 카메룬, 고트 디부아르, 지부티, 가봉, 케냐, 말라위, 말리, 모잠비크, 시에라리온, 탄자니아, 토고, 자이레, 잠비아에서 일당독재가 실시되었다. 이들 일당제국가에서는 합법적인 정당은 하나밖에 없다. 이런 국가들에서는 의회가 아니라 정당이 실제 권한을 갖고 있어 의회는 정당의 결정을 추인할 뿐이었다. 아프리카의 일당제는 다양한 부족들 사이의 분열의 결과라 할 수 있으며 유일한 정당은 식민통치로부터의 독립투쟁을 주도했던 세력들이 결성한 것이었다. 이처럼 아프리카에서 일당제가 일반화되었으나 보츠와나, 감비아, 모리셔스, 세네갈 등의 국가들에서는 다당제를 유지해 왔다. 일당제국가의 선거에서는 후보들을 선택할 기회는 주어지지만 모든 후보들은 당에서 승인을 받은 사람들이다. 튀니지에서는 1986년에 야당들이 선거를 거부해서 집권당인 국민전선이 모든 의석을 장악한 경우도 있다.[25)]

일당제국가에서는 정당과 정부가 밀접히 연관되어 있으며 정부는 한 개 정

25) Philip Laundy, *Parliamets in the Modern World* (Aldershot : Dartmouth, 1989), pp. 35, 36.

당 이외의 다른 정당들은 제대로 활동을 못 하도록 만든다. 정당들은 공산주의 국가에서처럼 정부를 통제하며 정당이 정권에 의해 만들어지기도 한다. 일당제 국가에서는 정당과 정부가 일체화가 되어 있기 때문에 정당이 정부와는 다른 대안적 존재가 되는 것이 불가능하다.

2) 패권정당제(hegemonic party system)

패권정당제는 하나의 정당이 주도적인 권한을 독점한다는 점에서는 일당제와 같으나 다른 정당들이 기능을 하도록 허용되고 또 이 정당들이 제한된 범위 안에서는 효율성이 있다는 점에서 차이가 있다.[26] 패권정당제의 좋은 예는 멕시코이다. 멕시코에서는 1929년에 창당된 제도혁명당(the Party of the Institutionalized Revolution : PRI)이 1989년까지 대통령과 주지사 선거에서 전승했으며 야당은 1946년에 하원에 처음 진출할 수 있었고 상원에는 1976년에 첫 의석을 가질 수 있었다. 따라서 멕시코에서의 정치는 정당과 정당 사이에 일어난 것이 아니라 제도혁명당 내에서만 일어났다. 그 동안의 선거에서는 제도혁명당의 후보가 대통령이 되는 것은 당연하였기 때문에 선거에서 많은 득표를 하는 것보다는 많은 국민들이 선거에 참여함으로써 선거의 정당성을 제고하는 데 더 관심을 가졌다. 그러나 1980년대 후반에는 제도혁명당의 일당독주가 크게 위협을 받아 1988년 대통령선거에서는 야당후보가 거의 승리할 뻔했다. 특히 1997년 7월 6일에 실시된 상하양원, 시장 및 주지사 선거에서는 집권당인 제도혁명당이 전 부문에서 참패를 기록했다. 하원선거에서는 38%를 득표하여 절대 과반수 획득에 실패했다. 또 멕시코시 시장선거에서 야당인 민주혁명당에 패했고 상원에서도 득표율이 38%에 불과했다. 이러한 결과는 선거법을 개정해 여당이 독차지하던 선거자금을 야당에도 공평하게 분배할 수 있도록 하고 대통령이 임명하던 멕시코시의 시장을 직선제로 바꾼 때문이었다. 패권정당제에서는 다른 정당들에 의한 정부에 대한 비판이 허용되며 정치에 관해 공개적인 토론이 행해진다.

패권정당들은 많은 경우에 독립투쟁에서 주도적인 역할을 했던 조직을 기반

---

26) 패권정당에 관한 논의는 Alan Arian and Samuel Barnes, "The Dominant Party System : A Neglected Model of Democratic Stability," *Journal of Politics*, vol. 36 (August 1974), pp. 592-614를 참조할 것.

으로 독립 후에 결성된 것으로 이들은 독립운동기간에 결속력을 가지고 있었기 때문에 손쉽게 하나의 정당으로 결합하는 것이 용이했다. 독립운동의 지도자였던 패권정당의 지도자들은 여러 가지의 문제를 안고 있는 신생국에서는 일정기간 동안은 국내적 분열이 바람직하지 않다는 인식하에 패권정당제를 선호하였다. 그러나 이러한 패권정당들은 몇십 년이 지난 후에 부정부패가 만연하고 지배집단을 분열시키는 새로운 문제들에 직면함에 따라 도전을 받게 되었다.

인도에서도 독립 후 30년 동안을 간디의 독립운동에 뿌리를 둔 의회당(Congress Party)이 독주하여 패권정당제의 형태를 보였다. 그러나 1977년 선거에서는 의회의 50% 이상을 확보하지 못해 소규모 정당들의 연립정권에 정권을 잃었다. 이스라엘에서도 1948년에 독립한 이래 노동당이 29년간 집권하다가 1977년에 메나킴 베긴의 리쿠드당에게 정권을 넘겨주면서 패권정당제가 종식되었다.[27] 스웨덴의 경우에도 근현대정치를 사회민주당이 주도하여 1932년부터 1976년까지 중단 없이 집권하였으며 이 기간 동안 연립정부를 구성한 기간은 9년에 불과했다.

3) 양 당 제

양당제는 여러 정당들이 존재하지만 두 개의 정당만이 집권 가능성을 갖는 정당체계이다. 양당제에서는 두 정당이 받는 득표율을 합하면 90%를 넘으며 두 정당 중의 어느 한 정당도 55-60% 이상의 득표는 하지 못하는 정당체계이다. 양당제의 대표적인 예는 미국의 정당체계로서 민주당과 공화당만이 집권가능성이 있는 정당들이다. 양당제에서는 많은 정당들이 존재하여 미국의 대통령선거에는 보통 10개 이상의 정당들이 후보를 내지만 양대정당 이외의 정당들은 전혀 당선가능성이 없다. 양당제의 또 다른 예로는 영국이 있다. 양당제에서 유권자들은 패권정당에서보다 폭 넓은 선택을 할 수 있으며 또한 집권정당은 거의 모든 경우에 50% 이상의 의석을 확보하기 때문에 군소정당과 연립정부를 구성하는 일이 거의 없다. 이에 따라 양당제하에서는 정치적 안정이 특징이다.

4) 다 당 제

다당제는 2개 이상의 정당들이 존재하면서 의회에 여러 정당들이 진출하여

27) W. Phillips Shively, *op. cit.*(1991), pp. 213-14.

있는 정당체계이다. 아시아에서 대표적인 다당제 국가는 인도로 545석의 하원에 진출한 정당이 1999년의 경우 45개였다. 이들 중에서 최대의 정당은 182석을 차지한 인도인민당이었고 두 번째로 많은 의석을 차지한 정당은 국민의회당으로 139석이었다. 유럽에서는 많은 국가들이 다당제국가이며 소련의 영향력하에서 벗어나 민주정치를 시작한 대부분의 동유럽국가들도 다당제국가들이다. 1993년 선거 후 노르웨이의회에 진출한 정당들의 의석수는 노동당 67석, 중도당 32석, 보수당 28석, 기독민주당 13석, 좌파사회주의자당 13석, 진보정당(반납세당) 10석, 자유당 1석, 붉은 선거연합 1석이었다. 노르웨이의회의 의석은 165석으로 과반수인 83석을 확보하기 위해 연정에 참여할 정당을 찾아야 한다. 그러나 노동당은 67석으로 단독집권하였으며 이러한 정권을 소수정권(minority government)이라 한다. 그러나 이 경우는 예외적인 경우로서 대부분의 경우에는 둘 또는 그 이상의 정당들이 연립정부를 구성한다. 네덜란드에서도 1999년 당시 의회에 진출한 정당은 6개로 노동당 37석, 기독교민주연합 34석, 자유민주국민당 31석, 민주 24석, 노인당 6석, 녹색좌파 5석이며 공산당은 1991년 6월에 해체되었다. 룩셈부르크에서는 1994년 6월 선거 후의 의석은 기독교사회당이 21석, 사회당이 17석, 민주당이 12석이며 나머지 의석은 공산당, 환경당, 녹색당이 차지하였다. 스웨덴도 다당제의 전형적인 예로서 1994년 8월 총선 이후의 의석 분포가 사민당 162석, 보수당 80석, 중도당 27석, 자유당 26석, 공산당의 후신인 좌익당 22석, 기민당 14석, 녹색당 18석이었다.

헝가리에서는 민주화가 시작된 후 정당의 수가 급격히 증가하였다. 소련 붕괴 이후 처음 실시된 1990년의 민주선거 전까지 65개의 정당이 법원에 등록을 하였으며 이중에서 12개 정당들이 전국구선거에 정당명부를 제출하였다.[28] 이 선거에서 전국적으로 4% 이상을 득표한 정당만이 의회에 진출하였으며 이 조건을 충족시켜 의회에 진출한 정당은 6개였다. 나머지 5개 정당은 1% 이상을 획득했다.[29] 선거가 끝난 이후 1995년까지 다시 150개 정당이 등록을 마쳤으며 이들 중에서 110개 정도의 정당들은 수십 명 또는 수백 명의 당원밖에 없는 거

28) 헝가리 의회선거에서 정당이 전국구비례대표제에 후보를 공천하기 위해서는 7개 이상의 지역구 선거에 후보를 내야 하며 각 지역구에 후보를 내기 위해서는 유권자 750명 이상의 추천을 받아야 한다.

29) 헝가리에서는 의회에 의석을 갖지 못하더라도 의회선거에서 전국적으로 1% 이상의 지지를 얻는 정당은 국가로부터 보조금을 받을 수 있다.

품정당들이었다. 1994년에 실시된 두 번째 선거에도 20개 이상의 정당들이 후보를 내었으나 의회에 진출한 정당은 6개뿐이었다. 헝가리에서 정당들이 많고 또 선거에 후보를 내는 정당의 수가 많음에도 불구하고 헝가리의 정당체제가 안정적임을 나타내는 것은 1990년과 1994년의 선거로 의회에 진출한 정당들이 동일한 정당들이었다는 점이다.[30)]

일반적으로 다당제는 연립정부가 대부분이기 때문에 정치가 불안정할 것으로 생각하기 쉬우나 다당제국가들 중에서도 스웨덴, 스위스, 네덜란드, 이스라엘과 같이 정치적 안정을 이루는 국가들이 있다. 반면에 다당제국가로서 정치가 불안한 국가들로는 이탈리아와 프랑스의 4공화국을 들 수 있다.[31)] 대부분의 민주국가들은 다당제국가이다. 현재의 프랑스 정당체계는 3플러스(three-plus)정당제라 부를 수 있는데 프랑스에서는 2개의 우파정당들인 공화국연합(Rally for the Party in the Republic)과 프랑스민주주의연합(Union for French Democracy)과 좌파정당인 사회당이 3개 주요정당을 형성하고 이외에 몇 개의 군소정당들이 있기 때문이다.

양당제와 비교할 때 다당제는 유권자들에게 보다 많은 선택의 여지를 주는 장점이 있다. 또한 다당제하의 정당들은 양당제 하의 정당들에 비해 정당의 성격이 뚜렷하다. 양당제하에서는 집권당이 얻는 지지 유권자들의 성격이 매우 다양한데 이들을 동시에 만족시키기 위해서는 성격이 애매모호하고 포괄적인 정책을 수립하지 않으면 안 될 경우가 많다. 다당제하에서는 이러한 문제가 없으며 연립정부를 구성하는 경우에도 가입한 정당을 대변하는 정책을 수립하면 된다. 정당체계는 선거제도와도 관계가 있는데 1선거구 1인선출제에서는 군소정당들이 불리하기 때문에 양당제가 되기 쉽고 비례대표제에서는 다당제가 되기 쉽다.

특정 국가의 정당체계는 한 유형으로만 고착되어 있는 것은 아니다. 예를 들어 브라질은 1945년부터 1990년대까지 다양한 정당체계를 경험했다. 1945년부터 1964년의 군부쿠데타 때까지는 분열된 다당제였다. 1966년부터 1979년까지는 두 개의 정당들이 존재하는 패권정당제였으며 1979년부터 1984년까지는 전국수준에서는 양당제이면서 상파울로, 리오그란데 등의 주(州)수준에서는 다

---

30) Eva Molnar(ed.), *Hungary : Essential Facts, Figures and Pictures* (Budapest: MTI Corporation, 1997), pp. 106-7.

31) Michael G. Roskin, *Countries and Concepts : Introduction to Comparative Politics*, 5th ed. (Upper Saddle River, New Jersey: Prentice Hall, 1995), p. 98.

당제였다. 그러다가 민간정부로 정권이 이양되고 민주화가 이루어진 1985년 이후에는 다시 분열된 다당제로 바뀌었다.[32)]

5. 정당과 후보선출

대부분의 유럽정당에서 정당지도자는 의회 내 정당 소속원들의 지도자로서 이들은 그 정당이 집권하면 총리가 된다. 정당의 지도자는 의회의원들에 의해 선출되지만 오스트리아, 벨기에, 노르웨이에서는 전국집행위원회나 대의원들로 구성되는 전당대회에서 선출된다. 이런 경우에도 정당의 소수 간부들이 미리 모여 사전에 결정을 내린 후에 전당대회에서 선출하는 형식만 취하기도 한다. 네덜란드에서는 의회 내의 정당지도자가 차기 총리가 아니라 선거 때 정당이 제시하는 후보명단에 제 1 번 서열의 후보가 총리후보이다. 어떤 정당의 지도자들은 그 권한이 너무 강하기 때문에 그를 후보로 선출하거나 또는 그를 지도자 위치에서 물러나게 한다는 것은 생각할 수가 없다. 이러한 예로는 그리스의 PASOK의 안드레아스 파판드레우나 프랑스의 정당들을 들 수 있다. 영국의 노동당은 1981년 이전에는 의원들에 의해 당지도자가 선출되었으나 그 이후에는 노동조합이 추천하는 대의원 40%, 지구당조직에서 추천하는 대의원 30%, 노동당의원들로 구성되는 30% 등으로 구성되는 선거인단에 의해 선출된다. 노동당의 지도자 후보가 되기 위해서는 노동당의원 20%의 추천을 받아야 한다.[33)]

정당이 의회선거에 출마할 후보를 선출하는 것은 정당의 기능 중에서 가장 중요한 것 중의 하나이다. 후보선출의 방법은 정당의 결속력에 영향을 미치며 이 과정은 정당요원의 선택이라는 면을 나타내는 것이기 때문에 선출의 결과는 정당의 정치적 성격을 규정하게 된다. 많은 국가들에서 장관들은 의원들 중에서 충원되기 때문에 후보선출은 누가 의원이 되는가라는 점만이 아니라 종국적으로 누가 정치적 권한을 행사하는 위치를 차지하는가와도 연관되어 있다. 따라서 의회의원후보의 선출은 정치충원과정에서 중요한 단계이다. 의원후보의 선출 방법은 미국과 유럽국가들에 차이가 있으며 유럽국가들 사이에도 다양

32) Scott Mainwaring, "Political Parties and Democratization in Brazil," *Latin American Research Review*, p. 187.
33) Gallagher, Laver, and Mair, *op. cit.*(1995), p. 253.

한 차이가 있다.

의회의원에 출마할 후보의 선출 절차나 방법은 대부분의 국가에서 개별 정당이 결정하지만 일부국가에서는 이것을 법으로 규정하고 있다. 이러한 예로는 유럽의 3개 국가를 들 수가 있는데, 핀란드에서는 모든 정당은 전체 당원들의 투표를 통해 후보를 선출하도록 법으로 규정하고 있다. 독일에서는 후보들이 지방당 조직에 의해 선출되고 중앙당은 이를 거부할 권한이 없다고 법에 규정하고 있다. 노르웨이에서는 후보선출은 지구당의 관할하에서 행하고 이에 소요되는 경비는 국가가 지출하도록 법으로 규정하고 있다. 노르웨이의 정당들은 이 규정을 따르지 않을 수도 있으나 그런 경우에는 후보선출에 따르는 경비는 정당이 부담해야 한다. 실제로는 대부분의 정당은 법에 규정된 대로 하고 있다.[34] 이들 세 국가 외에는 후보선출 절차는 각 정당이 마음대로 결정할 수 있다.

미국에서는 후보의 선출은 각 정당의 지구당에서 예비선거(primary)나 대의원회의(caucus)에서 이루어진다. 예비선거의 경우에는 당원들만이 모여서 후보를 선출하기도 하지만 그 지역구에 사는 정당지지자들이 예비선거에 참여하여 투표를 하는 것이 일반적이다. 대의원회의에서 후보를 선출하는 경우는 그 지역구의 당원들 중에서 소수의 간부들만이 모여서 투표로 후보를 결정한다. 캐나다의 경우에도 지구당에서 후보선출을 위한 지명대회를 열어 선출한다. 일부 지역에서는 대의원들만이 참석하여 후보선출대회를 열지만 대부분의 지구당에서는 당원 모두가 참석하여 후보를 선출한다. 당원 모두가 참석하는 경우에는 과거 몇몇 道에서는 정당의 규칙이 애매모호하고 당원자격조건도 명확하지 않아 실제로는 지역구의 모든 주민들에게 참석이 허용되었으나 근년에는 엄격한 당원자격조건이 확립되었다. 현재는 후보선출대회에 참석하기 위해서는 어디서나 공식당원 자격을 요구하고 있다.[35]

이와는 달리 유럽의 정당에서는 후보선출은 당원들만이 참여하여 행한다. 후보선출을 당원에게만 한정시키게 되면 당원들의 당에 대한 충성심을 고취시킬 수 있고 또 지속시킬 수 있다. 실제로 선거에 출마할 후보를 결정하는 권한은 일반 당원들이 갖는 유일한 권한이다. 유럽의 정당들은 후보선출과정을 정당에서 엄격히 통제하고 있지만 정당 내의 어떤 조직에서 이 과정을 관장하는가에

34) *Ibid*., pp. 253-54.
35) 신명순・박경산(편역), 앞의 책(1995), pp. 57-58.

따라 다양한 양상을 나타낸다.

후보선출의 첫번째 방법은 당비를 납부한 일반 당원은 누구나 참여하여 투표할 수 있는 방법이다. 그러나 이 방법은 흔하지는 않으며 벨기에, 영국의 노동당과 일부 군소 정당, 핀란드(법으로 의무규정), 아이슬란드의 사회민주당, 네덜란드의 한 군소 정당에서만 사용되고 있다. 대부분의 국가들은 후보의 선출은 일반 당원들에게 맡기기에는 너무 중요하다는 생각을 갖고 있다.

두 번째 방법은 지구당에서 당대회를 개최하여 뽑는 방법으로 가장 흔한 방법이다. 대부분이 대단위 비례대표제 선거인 유럽국가들에서는 선거구내의 소단위 정당조직에서 대의원을 뽑아 지구당에서 열리는 당대회에 보내며 후보선출대회로 알려진 여기에서 대의원들이 후보를 선출한다. 이 후보선출대회에 몇 명이나 참석하는가는 정당에 따라 다르지만 전체 당원의 3분의 1을 초과하는 경우는 없으며 적은 경우에는 1 또는 2%에 불과한 경우도 있다.[36] 이탈리아에서는 주요 정당의 경우 당원들의 1% 정도만이 후보선출에 직접 참여하고 있다. 어떤 정당들에서는 지구당의 위원회에서 미리 후보를 내정한 후 후보 선출대회에서 이를 추인만 하는 경우도 있다.

세 번째 방법은 중앙당에 후보선출권한이 집중되어 있어 모든 후보들은 20명에서 100명 정도 규모의 중앙당 집행부에 의해 지명된다. 대부분의 정당들에서 중앙당 집행부는 지구당에서 선출한 후보를 거부할 권한을 공식적으로 가지고 있지만 실제로 이를 거부하는 경우는 극히 드물다. 일부 정당들에서는 중앙당 집행부가 후보선출에 활발한 역할을 하는 경우가 있다. 예를 들어 프랑스의 주요 우파정당들에서는 중앙당 집행부가 구성한 소수집단이 후보들을 결정한다. 아일랜드와 이탈리아의 주요 정당들의 중앙당 집행부는 때때로 지구당에서 결정한 후보들 외에 몇 명을 추가하는 경우가 있다. 영국 보수당의 중앙당은 후보지망자들을 걸러내는 데 중요한 역할을 한다. 여기서는 모든 후보희망자를 심사하며 이들의 대부분을 여러 기준에 의거하여 탈락시킨 후 현역의원이 아닌 사람들 500명 정도만을 선정한다. 지구당에서 후보추천대회를 열고 후보를 선정할 때에는 이 500명 중에서 한 명을 선출한다.[37] 유럽의 공산당들에서도 중앙당 위원회

36) Michael Gallagher, "Ireland: The Increasing Role of the Centre," in Michael Gallagher and Michael Marsh (eds.), *Candidate Selection in Comparative Perspective: The Secret Garden of Politics* (London: SAGE Publications, 1988), p. 121.

37) David Denver, "Britain: Centralized Parties with Decentralized Selection" in Michael

가 결정적인 역할을 한다.

네 번째 방법은 정당의 지도자 한 명이 후보를 지명하는 유형이다. 이 유형은 지도자가 당의 모든 것을 장악하고 통제하는 정당에서 나타나는데 이러한 예는 유럽 정당에서는 많지 않다. 대표적인 예는 그리스의 좌파정당인 PASOK를 들 수 있으며 포르투갈과 스페인의 일부 정당에서도 정당지도자가 후보선출에서 절대적인 영향력을 행사한다.[38)]

모든 유럽국가들에서 현역의원들은 다시 공천을 받을 가능성이 매우 높다. 영국을 제외한 모든 유럽국가들에서 후보들은 자기가 출마하는 지역구에 사는 사람이어야 한다. 미국에서는 이것이 법적으로 요구되고 있는 반면에 유럽에서는 이에 관한 법적인 규정은 없다. 그러나 현실적으로는 모든 후보들이 그 지역에 사는 사람들이다. 후보로 선출되는 사람들은 오랫동안 정당생활을 하던 사람들이지만 근래에 와서는 정당생활을 오래 한 사람보다는 정치신인일지라도 유권자들의 표를 많이 받을 수 있는 사람을 후보로 선출하는 경향이 높아지고 있다. 또한 대부분의 유럽국가들은 한 선거구에서 여러 명의 의원들을 뽑는 비례대표제를 실시하고 있기 때문에 한 정당이 여러 명의 후보를 한 선거구에 공천하며 이때 여론, 당내파벌, 출신지역 등을 고려하며 균형을 맞추려 한다.

캐나다정당에서의 후보선출을 1988년 선거의 자료로 보면 다음과 같다. 지구당조직 중에서 98%는 후보를 선거하거나 또는 만장일치로 후보를 추대하기 위해 공개적인 지명대회를 개최하였다. 지명대회를 개최한 지구당 중에서 6%에 달하는 소수의 지구당만이 정당의 중앙당에 지명결과에 대한 승인을 요청하였으며 이들의 80% 이상에서 지구당의 결정이 그대로 인정되었다. 후보선출의 형태를 보면 대의원들만이 투표권을 갖는 지구당 지명대회는 3%에 불과하였고 90% 이상에서는 후보선출과정이 지구당 내의 일반 당원들에게 공개되었다. 지구당의 10%에서는 유권자가 정당에 가입하는 동시에 투표권을 부여하였고 대부분의 지구당에서는 당원으로 가입한 후 2일 내지 한 달 정도의 시간이 지나야 투표권을 주었다. 후보지명대회에서 투표권을 행사하기 위해서는 한 달 이상 당적을 보유해야 한다는 규정을 채택한 지구당은 20%에 못 미쳤다.[39)]

Gallagher and Michael Marsh (eds.), *op. cit.* (1988), p. 51.

38) Michael Gallagher, Michael Laver and Peter Mair, *op. cit.* (1995), p. 255.

39) 신명순·박경산(편역), 앞의 책(1995), pp. 63-64.

정당의 후보가 되기 위한 경쟁률이 어느 정도인가를 보면, 후보 지명대회의 3분의 2에서는 후보희망자가 한 명뿐으로 경쟁이 없었다. 이 경우에는 만장일치로 한 명의 후보희망자를 선출하거나 또는 지명대회를 열지 않았다. 2인이 경합한 지구당은 20.1%이었고 3인이 경합한 지구당은 10.1%이었으며 3인 이상이 경합한 지구당은 4.2%에 불과했다. 캐나다에서는 현역의원은 재지명하는 것이 전통이며 경쟁자가 없는 지명대회의 35%는 현역의원이 재지명된 경우였다. 현역의원의 88%는 도전자가 없었지만 형식적으로나마 지구당 당원들로부터 승인을 받아야 한다. 도전을 받은 12%의 현역의원들 중에서 2명은 도전자에게 패배하였다. 전직의원이 후보지명을 받고자 할 때에는 60%가 지구당에서 경합을 벌였으며 이들 중의 70%는 지명을 획득하였다. 캐나다에서 독특한 점은 출마를 하면 당선될 가능성이 많은 선거구에서도 경쟁이 심하지 않은 점이다. 현역의원이 출마하지 않고 또 출마만 하면 당선이 '확실'한 것으로 간주되는 지역구에서도 한 사람만이 후보로 나선 경우가 43%나 되었다. '해 볼만' 하다고 간주되는 지역구에도 47%는 후보자가 한 명밖에 없어 경선이 이루어지지 않았다. 캐나다의 경우와 비교하기 위해 영국의 경우를 보면 후보가 되기만 하면 당선이 확실한 안전선거구(safe seat)에는 100명 이상의 후보지망자가 몰리는 경우가 흔하다.[40] 경선을 거쳐 후보로 선출된 지망자들이 어느 정도의 득표로 당선되는가를 보면 당원들의 후보선출대회 참여도가 저조하여, 후보지망자의 40%는 150명 정도의 지지만 얻어 후보로 선출되었으며 나머지 50% 정도는 250명의 지지만 얻으면 후보로 선출되었다. 선거에 출마만 하면 당선될 가능성이 '확실한' 안전선거구나 '해 볼 만한' 선거구에서도 250표 이하만 얻더라도 후보로 당선될 가능성이 40%를 넘었다.[41] 이러한 수치들은 캐나다의 당원이나 유권자들은 후보선출의 기회가 주어졌음에도 이에 참여하는 사람들의 수는 매우 적으며 후보선출도 대부분의 경선 없이 단일 후보로 당선됨을 보여 준다.

영국 하원에 진출하려는 후보들은 각 선거구의 지구당 간부당원들에 의해 선출된다. 중앙당조직이 의회선거에 출마할 후보를 직접 지명하는 경우는 정상적인 상황에서는 존재하지 않는다.[42] 영국 선거구의 대부분은 특정 정당의 후보

40) 위의 책, pp. 63-67.

41) 위의 책, p. 71.

42) 노동당의 전국집행위원회(National Executive Committee)는 긴급한 상황에서는 정상적인 절차를 중단시키고 후보를 지명할 수는 있지만 이러한 일은 거의 없다. 이러한 일이 발생한 경우는

가 출마하기만 하면 당선되기 쉬운 "안전"(safe) 선거구이다. 1955년부터 1970년까지 5번의 선거가 있었는데 선거구의 4분의 3에서는 같은 정당의 후보가 계속 당선되었다. 또한 5번의 선거중 한 후보가 4번 당선된 경우도 13%나 되었다. 1974년부터 1979년까지 3번의 선거가 있었는데 같은 정당의 후보가 계속해서 당선된 선거구는 88%에 달했다.[43] 이러한 안전선거구에서는 그 선거구에서 우세한 정당의 후보로 선출되기만 하면 당선은 거의 보장되어 있다. 따라서 이런 선거구에서 누가 하원의원이 되는가는 유권자들이 투표로 결정하기 이전에 이미 지구당의 소수 간부당원들에 의해 결정된다. 영국의 정당들에서는 1979년까지 현역의원들은 자동적으로 다음 선거에서 후보로 재지명하는 것이 관례였다. 특히 안전선거구에서 새로운 후보의 지명이 이루어지는 경우는 현역의원이 사망하거나 은퇴할 때, 또는 상원의원으로 지위를 바꿀 때에만 이루어졌다. 보수당과 노동당 모두에서 신인이 안전선거구에 후보로 지명되는 경우는 많지가 않다. 대부분의 안전선거구에서는 현역의원이 다시 후보로 재지명되며 안전선거구에서 신인이 후보로 선출된 경우는 1970년 선거 때의 77명이 최대였다. 나머지 신인들은 당선가능성이 없거나 매우 적은 상대당의 안전선거구에 후보로 지명되었다. 그러나 의석수가 적거나 안전선거구가 별로 없는 정당들의 경우에는 선거 때마다 거의 모든 선거구에서 새로운 후보의 선출과정이 이루어졌다.

6. 정당과 규율

정당정치는 의회를 중심으로 해서 이루어진다. 선거를 통해 선출된 의원들은 의회 내에서 개인으로 정치활동을 하기보다는 의회에 진출한 정당들을 중심으로 구성된 원내교섭단체의 한 명으로 의정활동을 한다. 여기에서 관심의 대상이 되는 것이 의원들과 정당 사이의 관계로 의원들이 입법활동이나 의정활동에서 독자성을 가지고 행동하는가 아니면 자신이 소속한 정당이 결정하는 바를 그대로 따르는가이다. 정당이 소속 의원들을 통제할 수 있고 또 정당이 결정한 바를 소속 의원들이 일사불란하게 따르게 할 수 있는가는 정당의 당내 규율

1966년에 한번 있었으며 1979년에는 Newham North-East에서 전국집행위원회가 지명한 3명 중에서 한 명을 지구당이 선택한 경우가 있다.

43) Michael Gallagher and Michael Marsh (eds.), *op. cit.* (1988), p. 48.

(discipline) 문제로 요약할 수 있다. 정당의 당내규율이 의회정치에서 관심이 되는 것은 표결의 경우이다. 대통령제에서와 같이 대통령의 임기가 보장되어 있고 의회의 신임과 관계가 없는 국가에서는 의원들이 어떻게 표결하느냐가 정권의 사활과는 관련이 없다. 그러나 의회의 신임이나 불신임투표에 의해 정권이 붕괴되는 내각제국가들에서는 의회에서의 의원들의 표결이 매우 중요하며 이를 통제할 수 있는 정당의 당내규율이 결정적인 영향을 미친다.

정당의 규율은 언제나 강압에 의해서만 지켜지는 것은 아니며 당 소속의원들이 자발적으로 정당의 결정을 지지함에 따라 이루어지는 경우가 더 많다. 의원들이 정당노선과 같은 투표를 할 때 그 이유는 네 가지로 생각할 수 있다. 첫째는 정당 지도자의 지시 때문에 마지못해 정당노선과 일치되는 투표를 하는 경우이고 둘째는 정당의 당내 결속력이 원래 강하기 때문에 소속 의원들은 정당지도부의 지시가 없었더라도 정당의 노선과 일치하게 투표하는 경우이다. 세 번째는 자기가 소속한 정당이 정권을 계속 유지해야 자신에게 이익이 된다는 합리적 계산 때문에 정당노선과 일치하게 투표하는 경우이고 네 번째는 다른 정당들이 일치단결해서 지도부의 지시를 따르기 때문에 이에 대응해서 자기 정당의 지시를 따르는 경우이다.[44] 실제 투표에서는 이러한 네 가지가 복합적으로 작용하여 당내 규율이 이루어진다.

정당의 소속의원들이 두 번째부터 네 번째의 이유로 자발적으로 정당노선과 같이 투표할 경우에는 문제가 없으며 첫번째의 경우가 논란의 대상이 된다. 개별적으로는 정당노선과 다른 생각을 가지고 있으면서도 이를 따르는 경우는 다음 선거에서 정당의 공천이나 지원을 받거나 아니면 최소한 그 정당의 이름이라도 업어야 선거에 유리하기 때문이다. 이러한 것이 가능하기 위해서는 최소한 정당은 다음의 두 가지를 충족시켜야 한다. 첫째는 정당이 선거구의 말단 수준까지 개인조직이 아닌 정당조직을 가지고 있어야 하며 둘째는 정치자금을 개인들이 직접 모금할 수 있는 것이 아니라 중앙당으로부터 지원되는 체제여야 한다. 이와 반대로 정치인들이 개인적인 조직을 가지고 있고 정치자금도 자신이 해결할 수 있을 때에는 정당의 규율이 잘 먹혀들지 않는다.

---

44) Giovanni Sartori, *Comparative Constitutional Engineering : An Inquiry into Structures, Incentives and Outcomes* (Washington Square, New York : New York University Press, 1994), p. 191.

정당 자체로 보면 정당규율이 제대로 먹혀들어 가기 위해서는 정당이 선거때마다 의회에 비슷한 수의 의원들을 진출시키는 안정된 정당이어야 한다. 이것은 소속 의원들이 다른 정당으로 소속을 바꾼다거나 또는 정당들이 분열하여 이합집산을 하는 것이 일반화되지 않은 상태를 의미한다. 이런 점은 안정된 서구민주주의국가들에서는 잘 나타나지가 않으나 민주정치를 계속하는 국가들에서도 이런 양상은 자주 일어난다. 1993년 일본에서는 자민당의 분열로 여러 정당들이 만들어졌고 인도에서는 의원들이 정당을 탈당하고 소속을 바꾸는 것이 일반화되어 있다. 이러한 관행을 막기 위해 인도하원에서는 의원들이 개별적으로 소속정당을 탈당하면 의원직을 상실하는 법을 만들었다. 그러나 개별의원이 아니라 정당이 분당을 할 때에는 의원직을 상실하지 않아 소속 정당의원의 3분의 1 이상이 함께 탈당하면 의원직을 유지한다. 또한 정당이 소속의원을 제명할 경우에도 그는 의원직을 상실하지 않는다. 의원들이 소속 정당을 탈당하고 이합집산을 계속하는 것을 막기 위해서는 탈당할 경우 의원직을 박탈하지는 않는다고 할지라도 다음 선거시까지는 다른 정당에는 가입할 수 없도록 하여 무소속으로만 남아 있게 규제를 하는 것도 필요하다.[45)]

의회 내에서의 정당의 규율과 관련하여 의원들은 자율성을 갖고 투표해야 하며 교차투표(cross-voting)가 좋은 것이라는 주장도 있다. 그러나 모든 의원들이 독자성을 갖고 각자 행동한다면 의회정치는 제대로 작동할 수가 없다. 또한 정당의 노선이 결정되기 전에 정당소속 의원들이 모여 사전에 충분한 논의를 통해 당론이나 노선을 결정한다면 당내 소수의견은 전체 의견을 따라야 하며 이러한 과정을 거친다면 당내민주주의가 침해되는 것도 아니다. 특히 내각제정부에서는 의회를 중심으로 정치가 이루어지며 이때 의회정치는 정당을 기반으로 하기 때문에 의회표결시에 정당노선에 일치하는 투표는 필수적이다.

45) *Ibid*., p. 192.

제 2 절 선거와 정치

1. 선거의 역사

선거를 의미하는 영어단어 election의 어원은 라틴어의 eligere로서 '뽑다'라는 의미이다. 선거의 역사를 보면 고대 그리스나 로마시대에도 선거가 있었기 때문에 선거의 역사는 매우 길다. 그러나 당시의 선거에서는 선거권에 제한이 있었고 또 대부분이 공개선거였다. 중세에는 교황의 선출이나 신성로마제국의 황제를 선출하는 선거도 있었다.[46] 18세기에 들면서 정부는 광범위한 국민들의 지지를 확보하여 정통성을 추구하려 하였고 시민들은 정부를 구성하는 데 발언권을 가지려 하였다. 이러한 상황에서 선거권이 확대되었다. 오늘날 민주국가들에서 실시하고 있는 것과 같은 보통선거제를 가장 먼저 실시한 국가는 영국이다. 영국에서는 1832년까지 21세 이상의 남자로서 일정액 이상의 재산이나 토지를 소유한 사람들만이 투표를 할 수 있었으며 이들 중의 일부는 한 곳 이상에서 투표를 할 수 있었다. 1867년까지도 재산소유자만이 투표권을 가졌으며 법적으로 거의 모든 남성이 투표권을 갖게 된 것은 1885년이었다. 그럼에도 불구하고 이 당시 실제로 투표등록을 한 사람의 비율은 60%에 불과했다. 여성에게 투표권을 주기 시작한 것은 1918년으로 30세 이상의 여성에게만 투표권을 주었다. 1928년에는 21세 이상의 모든 여성에게로 투표권을 확대하였으며 한 사람에게 2개의 투표권을 주던 것을 폐지한 것은 1950년이었다.[47]

전국적인 차원에서 여성에게 투표권을 처음 준 국가는 뉴질랜드로서 1893년이었으며 미국에서는 1919년에 전국적으로 여성에게 투표권을 주었다. 1848년에 내각제민주주의를 시작한 네덜란드는 1917년에 남성에게 투표권을 준 후 2년 후인 1919년에 여성에게 투표권을 주었다.[48] 터키에서 여성에게 투표권을 준

46) Vernon Bogdanor (ed.), *The Blackwell Encyclopaedia of Political Science* (Oxford: Blackwell Publishers, 1991), p. 189.

47) *Ibid*., p. 189.

48) Ruud Koole and Montique Leijenaar, "The Netherlands: The Predominance of Regionalism," in Michael Gallagher and Michael Marsh, *op. cit.* (1988), p. 190.

것은 1934년이다. 대부분의 선진국에서 여성에게 투표권을 준 것은 1920년대였지만 벨기에, 프랑스, 그리스, 이탈리아에서 여성이 투표권을 갖게 된 것은 제2차 세계대전 직후인 1945년이었다. 한국에서는 1948년에 처음 실시한 선거부터 여성들이 투표권을 가졌다. 포르투갈, 스페인에서는 1970년에 와서야 여성이 투표권을 행사하게 되었으며 스위스에서는 유럽 국가들 중에서 가장 늦은 1971년에 국민투표가 통과되어 여성들이 투표권을 갖게 되었다. 그러나 한 켄턴에서는 1991년까지도 여성에게 완전한 정치적 권리를 부여하지 않았다. 요르단에서는 1984년에 여성에게 투표권을 주었으며 이집트에서는 모든 여성이 투표권을 갖는 것이 아니라 여성이 스스로 유권자등록을 할 경우에만 투표권을 준다.[49] 쿠웨이트에서는 아직까지 여성에게는 투표권을 주지 않고 있다.[50] 오늘날의 선거의 중요한 속성 중의 하나인 비밀투표는 오스트레일리아의 빅토리아주가 1855년에 처음으로 도입하였고 1856년에는 남오스트레일리아(South Australia)가 처음으로 모든 남성에게 투표권을 부여하였다. 오스트레일리아연방이 구성된 이후 연방선거에서 모든 성인이 투표권을 행사하게 된 것은 1902년이었다.[51] 영국과 벨기에에서는 비밀투표를 보장하기 위해 개표는 투표소별로 하지 못하게 하고 있다.

선거는 누가 정치엘리트의 일부가 되는가를 결정하는 과정으로 정권을 구성하는 기능을 한다. 그러나 많은 유럽국가들에서와 같이 연립정부가 구성될 때에는 선거는 정권의 구성에 간접적인 영향밖에 미치지 못한다. 선거의 기능에는 상징적인 면도 있어 국민들의 눈에 정부가 정통성이 있는 것으로 비치게 만드는 역할을 한다. 선거는 개인들이 시간이나 경비 또는 정신적인 면에서 큰 대가를 치르지 않고도 정치에 참여하게 만드는 방법이다. 대부분의 국민들에게는 선거 때 투표하는 것이 정치과정에 능동적으로 참여하는 유일한 방법이기도 하다. 선거는 또한 국민들로 하여금, 의회에서 누가 국민들을 대변할 것인가를 결정하고 또 누가 다음 정권을 구성할 것인가를 결정하는 역할을 한다는 인식을 갖게 만든다. 그러나 사실 개별 유권자들의 투표는 누가 의회에서 대변자가 되고 또 누

49) Philip Laundy, *op. cit.*(1989), p. 14.

50) Heather Deegan, *Third Worlds: The Politics of Africa and Middle East*(London: Routledge, 1996), p. 62.

51) Department of Foreign Affairs and Trade, Government of Australia, "Australia's System of Government," Fact Sheet No. 1(January 1995), p. 4.

가 정권을 잡는가를 결정하는 데 큰 영향을 미치지 못하는 경우가 많다. 선거에서 유권자들은 후보나 정당에게 한 표를 투표한다는 공통점에도 불구하고 그 내용을 들여다보면 국가마다 매우 큰 차이가 있다. 즉 투표를 의석으로 전환시키는 방법을 규정한 법에서 큰 차이가 있다.

2. 투표권과 의무투표제

많은 국가들이 성년의 나이를 21세로부터 18세로 내리면서 모든 선진국들은 투표권도 18세로 낮추었다. 영국에서는 1969년에 투표연령을 18세로 낮추었고 오스트레일리아는 1973년에 21세에서 18세로 낮추었다.[52] 오스트리아는 19세, 대만, 일본, 타일랜드, 한국에서는 20세부터 투표권을 주고 있다. 이에 비해 쿠바와 니카라과에서는 16세부터 투표권을 부여하며 브라질의 1988년 신 헌법에서는 16세로 선거연령을 낮추었다. 인도네시아에서는 17세 또는 기혼자에게 투표권을 부여하며 북한도 17세로 선거권을 정하고 있다.[53]

거의 모든 국가들은 자기 국가의 시민권자에게만 투표권을 주지만 영국과 아일랜드 사이에는 양국의 선거에 상대방 시민들의 투표참여를 허용하고 있다.[54] 대부분의 국가들에서는 징역형을 살고 있는 사람이나 정신병동에 수감된 사람들에게는 투표권을 주지 않는다. 일부 국가에서는 문자해득 여부를 투표권의 자격으로 규정하고 있으며 브라질은 1985년에 이러한 자격규정을 철폐하였다. 미국에서도 남부의 일부 주에서는 문자해득을 투표권의 요건으로 규정했으나 연방법은 이러한 차별을 위헌으로 규정하고 있다. 태평양의 섬나라인 통가는 문자해득이 투표권자의 자격요건이다. 남아프리카공화국은 1995년까지는 백인에게만 투표권을 주었다.[55]

대부분의 국가에서 투표권은 권리이지만 일부 국가들에서는 투표가 의무이다. 투표가 의무인 국가들은 중남미대륙에 많아 브라질, 아르헨티나 등 9개국이 의무투표제를 실시하고 있고 유럽에서도 이탈리아, 오스트리아, 벨기에 등 7개국이 의무투표제이다. 이 외에 오스트레일리아, 북한, 이집트 등도 투표를 의무

52) *Ibid*., p. 4.
53) Philip Laundy, *op. cit*.(1989), p. 14.
54) Michael Gallagher, Michael Laver and Peter Mair, *op. cit*.(1988), p. 272.
55) Philip Laundy, *op. cit*.(1989), p. 14.

로 하고 있다. 브라질에서는 16세부터 투표권을 부여하나 16세와 17세, 그리고 70세 이상은 의무제가 아니지만 문자해독이 가능한 사람 가운데 18세부터 69세까지는 투표가 의무이다. 파라과이에서는 60세 이하는 투표가 의무이다. 페루에서는 70세 이하는 투표가 의무이며 스위스의 일부 켄턴에서는 의무이다. 이집트에서는 남성에게는 투표가 의무이며 뉴질랜드와 세네갈에서는 유권자의 선거인등록이 의무이다.[56] 네덜란드에서는 1970년까지는 의무투표제였으나 그 이후에 폐지하였다.[57] 오스트레일리아에서는 18세 이상의 국민은 연방선거나 국민투표 때 의무적으로 유권자등록을 해야 하며 또 의무적으로 투표를 해야 한다. 의무투표제가 도입된 것은 1924년이었으며 오스트레일리아의 퀸스랜드주는 1915년에 의무투표제를 시작했다. 오스트레일리아에서 유권자등록을 하지 않거나 투표를 하지 않으면 50달러 이하의 벌금을 내야 하며[58] 투표참가 여부는 컴퓨터로 기록된다. 투표가 의무제가 아닌 때에는 투표율이 50% 이하였지만 의무제를 도입한 이후 투표율은 90% 이상이 되었다.

3. 선거의 시기

선거는 선진국에서는 정기적으로 실시되지만 후진국에서는 선거가 부정기적으로 실시되는 경우가 많았다. 선거가 정기적으로 실시되지 않은 국가들을 보면 중동의 레바논에서는 내전 때문에 1972년부터 1992년까지 20년간 의회의원선거가 실시되지 않았고 1992년 8월과 9월에 처음 선거가 실시되었다. 요르단에서는 1956년 이래 22년 만인 1989년 11월에 첫 하원의원 선거를 실시하였고 37년 만인 1993년 11월에 처음으로 복수정당제하에서 총선을 실시하였다. 이라크에서는 1958년의 왕정붕괴 이후 22년 만인 1980년 6월에 첫 총선을 실시하였다.

내각제 국가들에서 의회선거를 실시하는 시기는 정권을 잡고 있는 정치지도자의 결정에 의해 정한다. 정권을 잡고 있는 정당의 지도자는 자기 정당의 인기가 가장 높다고 판단되는 시점에서 언제나 선거를 실시할 수 있으며, 선거시기는 주로 총리가 결정한다. 프랑스의 경우에 선거시기를 마음대로 결정할 수 있

56) *Ibid*., p. 15.
57) Ruud Koole and Montique Leijenaar, *op. cit*.(1988), p. 191.
58) Department of Foreign Affairs and Trade, Government of Australia, *op. cit*., p. 3.

는 사람은 대통령이다. 이러한 예로는 1988년에 재선된 사회당의 미테랑 대통령이 재집권 직후에 하원을 해산하고 총선을 실시한 적이 있으며 또한 1996년 선거에서 승리한 우파연합의 시라크 대통령은 1997년에 하원을 해산하고 총선을 실시한 것을 들 수 있다. 그러나 이 선거에서 시라크 대통령의 공화파는 참패를 하여 정부는 다시 사회당에게 넘어가서 죠스팽이 총리로 취임하였다.

그러나 노르웨이는 내각제이면서도 의회의 임기가 4년으로 확정되어 있어 선거시기가 정해져 있으며 스위스도 마찬가지이다. 이들 국가에서는 의회의 임기중에 앞당겨 선거를 실시할 수 없다. 포르투갈과 스웨덴에서는 극히 제한된 경우를 제외하고는 의회를 조기에 해산하고 선거를 실시할 수가 없다. 이 국가들을 제외한 다른 내각제 국가들에서는 의회의 최대임기는 헌법에 규정되어 있으나 최소임기는 규정되어 있지 않다. 미국에서는 선거일이 짝수 해 11월의 첫째 월요일이 지난 이후의 첫 화요일로 확정되어 있다. 한국에서도 1994년 3월에 제정된 공직선거 및 선거부정방지법에 각종 선거의 선거일을 확정해 놓았다. 대통령선거는 임기만료일 전 70일 이후의 첫 목요일에 실시하며 국회의원선거는 임기만료일 전 50일 이후의 첫 목요일에 실시한다.

대부분의 국가들에서는 의회의원선거뿐만 아니라 주나 도 수준의 지역선거와 시나 군 수준의 지방선거가 있으며, 대통령제 국가에서는 대통령선거가 있다. 또한 유럽공동체(European Union)에 가입한 15개의 국가들은 5년마다 유럽의회선거도 실시한다. 이처럼 여러 가지의 선거를 실시하는 국가들에서 논란이 되고 있는 것은 모든 선거를 동시에 실시할 것인가 아니면 각종 선거를 다른 시기에 실시할 것인가이다. 여러 종류의 선거들을 다른 시기에 실시하는 것의 장점은 자주 선거를 실시하게 되면 국민들의 변하는 여론이 선거에 반영될 수 있다는 점이다. 또한 선거를 자주 실시하게 되면 정치인들이 계속 국민들의 여론에 신경을 쓰고 국민들에게 관심을 갖는다는 것이다. 동시선거의 장점은 계속되는 선거로 낭비되는 돈을 아낄 수 있다는 점과 다음 선거 때까지의 기간동안 정부가 정책을 일관성 있게 추진할 수 있다는 점이다. 이에 더해 대통령제 국가나 이원집정제 국가에서 대통령선거와 의회선거를 동시에 실시하게 되면 두 선거가 상호작용을 하여 대통령으로 당선된 후보의 정당과 의회에서 다수를 차지한 정당이 동일한 정당이 될 가능성이 높으며 이것은 분리정부가 생길 가능성을 줄인다는 점이다. 대통령선거, 의회선거, 지방선거 등 여러 종류의 선거를 동시에 실시하는 국가로는 미국과 필리핀을 들 수 있다. 필리핀에서는 대통령선거, 부통령선거, 상원의원선거, 하원의원선거, 주지사선거, 부지사선거, 주의회선거, 시장선거, 부시장선거, 시의회선거들을 모두 동시에 실시하며 투표용지 한 장에 위의 모든 선거에서 지지하는 후보의 이름을 기입한다. 한국은 대통령선거, 국회의원선거, 지방선거를 다른 시기에 실시하며 지방선거만은 기초단위와 광역단위의 의회 및 자치단체장선거를 동시에 실시하고 있다. 동시선거와 개별선거의 선택은 그 국가에서 분리정부를 피하는 것이 더 중요한가 아니면 여론을 자주 반영하는 것이 중요한가에 따라 결정하는 것이 합리적이다.

선거운동의 기간은 가장 짧은 것이 말레이시아의 13일이고 보통은 14일부터 35일까지이다. 한국의 대통령 선거운동기간은 23일이며 국회의원 선거운동기간은 17일이다. 지방자치단체장의 선거운동기간은 17일이며 지방의회의 선거운동기간은 14일이다.

4. 대통령 선거제도의 유형

대통령 선거제도는 국가에 따라 다르다. 첫째는 선거인단에 의한 간접선거로 미국의 대통령은 국민들의 직접선거에 의해 선출되는 것이 아니라 2단계를 거쳐 선출되며 최종적으로는 각 주를 대표하는 선거인단(electoral college)의 투표에 의해 결정된다. 즉 유권자들은 대통령을 간접적으로 선출하는데 유권자들은 대통령후보들 중의 한 명에게 투표를 하겠다고 서약한 선거인단을 선출한다. 그렇지만 투표용지에는 선거인단 구성원들의 이름이 적혀 있는 것이 아니라 대통령 후보들의 이름이 적혀 있다. 11월 선거에서 선출된 각 주의 선거인단 구성원들은 자신이 거주하는 주의 수도에 모여 대통령후보의 이름을 써 넣는 투표를 한다. 이때 선거인단 구성원들은 자기가 찍겠다고 서약했던 대통령 후보가 아닌 다른 사람에게 투표할 수도 있다. 이러한 일은 1988년에 실제로 있었는데서 버지니아주의 민주당 선거인단 구성원인 마가렛 리치(Margaret Leach)는 민주당 대통령 후보였던 듀카키스(Dukakis)가 아니라 그의 러닝메이트였던 부통령 후보 로이드 벤슨(Lloyd Bentsen)의 이름을 써넣었다.[59] 그러나 이것은

59) Kenneth Janda, Jeffrey M. Berry and Jerry Goldman, *The Challenge of Democracy: Government in America*, 3rd ed.(Boston, Houghton Mifflin, 1992), p. 320.

예외적인 경우이며 거의 모든 경우에 선거인단의 구성원은 자신이 지지하기로 서약했던 후보에게 투표한다. 따라서 미국의 대통령으로 누가 당선되는가는 선거인단의 투표가 행해져야 결정이 나는 것이 아니라 11월 선거가 끝난 다음날에 결정이 된다. 그러나 법적으로는 선거인단 구성원들의 형식적인 투표를 통해 대통령이 선출된다.

선거인단의 선출은, 11월의 선거에서 해당 주에서 한 표라도 더 많이 득표한 후보가 그 주에 배당된 선거인단 구성원 전체를 지지자로 획득하게 되어 있다. 예를 들어 11월 선거에서 캘리포니아주의 유권자들 중 1천만 1명이 공화당 후보를 지지하고 1천만 명이 민주당 후보를 지지하여 두 후보 사이의 실제 득표는 1표밖에 차이가 나지 않았다 하더라도 캘리포니아주에 배정된 54명의 선거인단 표는 모두가 공화당 후보를 지지하는 것으로 된다.[60] 각 주별 선거인단의 수는 해당 주의 상원의원 수(각 주마다 2명씩 : 100명)와 하원의원 수(인구비례에 따라 결정 : 435명)에다가 워싱턴DC에 배당된 3명의 합인 538명이다. 따라서 270명 이상의 선거인단 표를 얻은 후보가 대통령으로 당선된다. 이와 같이 선거인단을 통해 대통령을 간선으로 뽑는 미국에서 가장 문제가 되는 것은 국민들의 투표에서는 다수 또는 절대다수를 얻은 후보가 선거인단의 수에서는 다수가 되지 않아 낙선하는 경우이다. 이러한 경우는 역사상 3번 있었으며 가장 최근에는 1888년에 발생했다. 이 선거에서 그로버 클리브랜드(Grover Cleveland) 후보는 국민들의 투표에서 48.6%를 얻고 벤자민 해리슨은 47.9%를 얻었다. 그러나 선거인단 수의 계산에서는 클리브랜드는 168표, 해리슨은 233표를 얻어 해리슨이 대통령에 당선되었다.[61]

대통령선거의 두 번째 방법은 프랑스와 러시아에서 실시하는 결선투표제이다. 국민들의 직접선거에서 과반수 이상을 획득한 후보가 없을 경우에는 2차 결선투표를 실시한다. 1996년 6월 16일에 실시한 러시아 대통령선거에서는 1차 투표에서 절대 다수를 득표한 후보가 없어 7월 3일에 2차 투표를 실시하였으며 여기에서 옐친 대통령이 공산당 당수인 겐나디 주가노프를 누르고 재선되었다. 대만은 총통제지만 실제로는 대통령제와 유사하다. 과거에는 총통을 국민대회에

60) 단 하나의 예외는 메인주로서, 이 주에 배당된 4명의 선거인단 구성원 중 2명은 주 전체에서의 후보별 득표수가 아니라 두 개의 하원의원선거구별로 후보들의 득표수를 계산하여 각 선거구에서 더 많은 득표를 한 후보에게 1표씩의 선거인단 표를 배정한다.

61) *Ibid.*, pp. 321-22.

서 간선으로 뽑았으나 1996년 3월 23일에 최초로 총통직선제를 실시하였고 이 선거에서 리덩후이(李登輝) 현 총통이 53%의 지지를 얻어 당선되었다.

5. 의회 선거제도의 유형

국민들의 투표를 의회의 의석으로 전환하는 방법에는 여러 가지가 있다. 그 중에서 어떤 선거제도를 채택하는가는 주로 정치인들에 의해 결정되며 이들은 자기 정당에게 이익이 되는 선거방법을 선택하려 한다. 후진국에서는 집권당이 자기 정당에게 유리하게끔 선거법을 자주 바꾸지만 선진국의 경우에는 그렇지가 않다. 서유럽에서 1945년 이후에 집권당이 자기 당에게 유리하게끔 선거법을 개정한 국가는 프랑스와 그리스뿐이었다.[62)]

현재 211개의 국가들과 그 부속 영토들에서 사용하고 있는 선거제도의 유형과 이들을 사용하고 있는 국가들의 수는 〈표 6-1〉과 같다. 가장 많이 사용하고

〈표 6-1〉 선거제도의 유형과 사용국가들의 수

선거제도	국가의 수	%	민주국가	%	자유국가	%	비자유국가	%
1구1인선출제(FPTP)	70	33	11	30	35	36	17	37
정당명부식비례제(List PR)	67	32	15	42	39	40	10	22
결선투표제(TRS)	31	15	1	3	7	7	11	24
병행투표제(Parallel)	20	9	1	3	5	5	5	11
연기제(Block Vote)	10	5	1	3	3	3	3	6
혼합제도(MM Proportional)	7	3	4	11	4	4	0	0
선호투표제(Preferential)	2	1	1	3	2	2	0	0
단기이양식비례제(STV)	2	1	2	6	2	2	0	0
비단기이양식(SNTV)	2	1	0	0	1	1	0	0
합 계	211		36		98		46	

* 민주국가의 분류는 Arend Lijphart, *Democracies*, 2nd ed. (New Heaven : Yale University Press, 1998) ; 자유국가와 비자유국가의 분류는 *Freedom in the World 1995-1996*(New York : Freedon House, 1997)년의 분류임.

62) Panayate Elias Dimitras, "Electoral Systems in Greece," in Stuart Nagel (ed.), *Eastern European Development and Public Policy* (Basing Stoke: Macmillan, 1994).

있는 선거제도는 1선거구 1인선출제와 정당명부식 비례대표제로 전체 국가 및 부속 영토들의 65%에서 사용하고 있다. 정당명부식 비례대표제는 민주정치를 실현하고 있는 국가들의 42%에서 사용하고 있고 30%는 1선거구 1인선출제를 사용하고 있다. 자유로운 국가들로 분류되는 국가들에서도 정당명부식 비례대표제는 40%의 국가들에서 사용하고 있고 1선거구 1인선출제는 36%의 국가들에서 사용하고 있다.

의회의원 선거제도는 크게 세 가지로 나누어 첫째 1선거구에서 1명의 의원을 뽑는 제도, 둘째 1선거구에서 여러 명의 의원을 뽑는 제도, 셋째 이들 두 가지 제도를 혼합한 제도의 세 가지로 나눌 수 있다.

1) 1선거구에서 1명의 의원을 뽑는 선거제도

1선거구에서 1명의 의원을 뽑는 선거제도는 ① 1명의 의원을 단순다수(plurality)로 뽑는 제도와 절대다수(majority)로 뽑는 제도의 2가지가 있다. 1선거구 1인 선출 단순다수제는 선거구에 출마한 후보들 중에서 가장 많은 득표를 한 1명의 후보가 당선되는 제도로서 전체 투표수의 50% 이하를 득표하더라도 당선된다. 이 제도는 1인 선출 단순다수(single-member plurality)제도라고 불리지만 학술적 용어로는 '1위가 의석을 차지'(first-past-the-post)하는 제도라고 부른다. 이 제도는 세계 각국과 그 부속 영토들에서 가장 많이 사용되는 제도로서 미국, 영국, 캐나다를 비롯한 70개 국가나 부속 영토에서 사용하고 있다. 이 선거제도는 투표방법이나 개표가 간단명료하다는 장점이 있다. 또한 선거구에서 선출하는 의원이 1명이기 때문에 누가 선거구의 유권자를 대변하는가라는 점이 명백하다는 장점도 있다. 그러나 단순다수 선거구제에는 많은 문제점이 있다.

단순다수 선거제의 문제는 각 정당이 선거에서 득표하는 비율과 의회에서 차지하는 의석비율이 가장 비례적이지 못하다는 점이다. 극단적인 경우에는 한 정당이 모든 선거구에서 단순다수만을 획득하고도 의회의 전체 의석을 차지할 수 있으며 다른 정당들은 한 명의 당선자도 못 낼 수가 있다. 또한 다수 의석을 획득한 정당의 후보들은 적은 득표차로 당선되고 소수 의석을 차지한 정당의 후보들은 큰 득표 차로 당선된다면 전체적으로는 득표수가 적은 정당이 의회의 다수 의석을 차지할 수도 있다. 이 제도에서는 한 선거구에 출마한 후보의 수가 2

명 이상이면 비(非)비례성은 더욱 커진다. 만일 한 선거구에 3명의 후보가 출마하여 비슷한 득표를 하였을 경우 한 후보는 34%의 득표만으로도 당선될 수 있고 후보의 수가 많아진다면 더 적은 득표로도 당선될 수 있다. 〈표 6-2〉에서 보는 1987년 영국의 선거결과는 단순 다수선거제하에서 정당의 득표율과 의회에서 차지하는 의석비율이 얼마나 비비례적인가를 잘 보여 준다.

〈표 6-2〉 1987년 영국의 하원의원 선거결과

	득 표 율	의 석 수
보수당	42%	374석
노동당	27%	227석
자유-사민당연합	25%	22석

〈표 6-2〉에서 보듯이 단순다수 선거제는 규모가 큰 정당들에게는 유리하고 군소 정당들에게는 매우 불리하다. 자유당과 사회민주당연합은 전국적으로 25%의 득표를 하여 노동당의 27%와의 득표 차가 2%에 불과하였으나 의석 면에서는 노동당이 227석을 얻었고 자유당과 사회민주당의 연합은 22석밖에 얻지 못해 노동당의 10분의 1정도밖에 얻지 못하였다. 노동당이 27%의 득표로 227석의 의석을 차지한 것은 노동당에 대한 지지지역이 노동계급이 많이 사는 지역에 집중되어 있는 데 비해 자유-사민연합은 많은 선거구에서 2등이나 3등을 하였으나 특정 지역에서 압도적 지지를 받지 못했기 때문에 당선자가 적었다. 따라서 이러한 선거제도에서는 정당이 전국의 선거구에서 지지를 받기보다는 특정 지역에 지지세력이 집중되어 있을 때에 유리하다.

1선거구에서 1명을 선출하는 제도 중에서 두 번째는 절대다수제이다. 이 제도는 유권자 투표의 50% 이상을 획득한 후보가 당선되는 선거제도로서 ① 오스트레일리아 하원선거와 나우루의 두 나라에서 사용하는 선호투표제(alternative or preferential vote) ② 프랑스를 비롯한 국가들에서 사용하는 결선투표제(Two Round System)의 두 가지가 있다. 오스트레일리아 하원선거의 선호투표제는 단순다수제의 단점을 보완하기 위한 제도로서, 유권자는 투표지에 있는 모든 후보들을 대상으로 가장 지지하는 후보부터 가장 지지하지 않는 후보까지 서열을 표시한다. 이때 선거구에 출마한 모든 후보들에게 서열 표시를 해야 하며 만일 5명의 후보가 출마하였는데 4등까지만 서열을 표시하고 나머지 1명에는 서열표시를 하지 않을 경우 그 투표지는 무효가 된다. 개표에서는 각 후보별로 1번의 서열을 얻은 투표지를 계산하여 한 후보가 전체 투표의 50% 이상을 얻으면 그 후보가 당선된다. 만일 1번 서열 투표지로 전체 투표의 50% 이상을 받은 후보가 없을 경우에는 1번 서열을 가장 적게 얻은 후보를 탈락시키면서 이때 그 후보를 1번 서열로 지지했던 표들은 2번째 서열표시를 한 후보에게 이양한다. 이렇게 표를 이양한 후에도 50% 이상을 얻은 후보가 없을 때에는 위의 절차를 되풀이한다. 이런 절차를 되풀이해서 50% 이상을 얻은 후보가 나오면 그가 당선된다. 이 방법은 첫번째 선호로 표를 받은 후보와 두 번째나 그 이하의 선호로 표를 받은 후보 사이의 선호의 정도를 구별하지 않는다는 비판을 받고 또 한 선거구에서 한 명밖에 뽑지 않기 때문에 완전한 비례대표제가 되지 못한다는 비판을 받는다. 그러나 유권자의 입장에서는 자신이 첫번째 선호로 지지한 후보가 당선되지 못하더라도 다음으로 선호하는 후보에게 표가 이양되기 때문에 소신투표를 할 수 있다는 장점이 있다.

절대투표제에서 두 번째 선거방법은 프랑스를 비롯한 15개국에서 사용하고 있는 2차 결선투표제이다. 프랑스의 하원의원에 당선되기 위해서는 1차투표에서 유효 투표수의 절대다수인 50% 이상을 득표해야 하며 동시에 해당 선거구에 등록한 유권자 수의 25% 이상을 득표해야 한다. 1차투표에서 당선자가 나오지 않을 경우에는 등록된 유권자 수의 12.5% 이상을 득표한 후보들이 출마할 수 있는 2차 결선투표를 일 주일 후에 실시한다. 12.5% 이상을 득표한 후보가 2명 미만일 경우에는 최상위 득표자 2명이 2차 결선투표의 후보가 된다. 2차 결선투표에서는 단순다수제로 당선자를 결정하는데 이 때문에 프랑스의 하원의원 선거는 절대다수제라기보다는 단순다수제의 성격이 더 강하다는 주장도 있다. 프랑스 선거에서는 1차투표에서 당선되는 후보는 많지 않다. 역대선거에서 1차투표에서 당선되는 후보는 전체 의석의 15% 정도였으며 1993년 선거에서는 577개의 선거구 중 1차투표에서 당선자가 결정된 것은 80개선거구에 불과했다.

프랑스 선거에서 특징적인 점은 모든 후보는 후보등록 때 자신의 이름과 함께 예비후보를 등록하며 예비후보의 이름도 투표용지에 오르는 점이다. 투표용지에는 후보의 이름과 직업, 정당이름, 그리고 예비후보의 이름과 직업이 표시된다. 어떤 후보가 당선된 후 그가 각료로 입각하면 프랑스에서는 장관직과 의원직을 겸직할 수 없기 때문에 그는 의원직을 사임하며 예비후보가 의원직을 승계한다.

프랑스의 선거제도는 한국의 선거제도에서 나타나는 문제를 해결할 수 있는 대안이 될 수 있다. 최근의 한국선거들에서는 투표율이 대통령선거에서 60%대에 불과하고 지방선거는 50% 이하로 저조하다. 특히 1998년과 1999년에 실시된 일부 선거구에서의 재선거나 보궐선거에서는 투표율이 20%대로 내려갔다. 이러한 낮은 투표율에도 불구하고 선거는 과열되어 일부 선거구에서는 선거비용 한도가 8천만 원에 불과함에도 실제로는 50억 원 정도에 달하는 선거비용을 쓰고 있다. 낮은 투표율을 해결하기 위해 중앙선거관리위원회에서는 일부 국가들에서 실시하고 있는 의무투표제를 검토한 바 있으나 여론의 반대에 부딪쳐 무산되었다. 이러한 문제의 해결은 프랑스가 실시하고 있는 두 가지 제도 중의 하나를 채택함으로써 해결하는 것이 바람직하다. 첫째는 선거에서 당선된 후보가 등록된 유권자 수의 25% 이상의 득표를 하지 못할 경우에는 이를 무효화하는 방법이다. 낮은 투표율의 문제는 당선된 의원이 전체 유권자의 극소수의 지지밖에 얻지 못하고도 그 지역구의 전체 국민들을 대변하는 것으로 인정받는 것이 문제이다. 특히 투표율이 30%에 불과할 경우에는 특정 후보가 60%의 득표로 당선되었다 하더라도 실제로는 전체 유권자의 18%에 불과한 지지로 전체 유권자를 대변한다는 잘못된 명분을 얻는 것이다. 이것은 대의민주주의에서의 선거의 의미를 완전하게 훼손하는 것이기 때문에 최소한 전체 유권자의 25% 이상의 지지를 얻지 못할 경우에는 그 선거구의 대변자로서의 의원직을 인정하지 않아야 할 것이다. 이러한 제도는 부수적으로 후보들이 유권자들의 선거참여에도 관심을 가질 것이기 때문에 투표율을 제고시키는 역할을 할 수 있다. 프랑스의 선거제도로부터 또 하나의 시사를 얻을 수 있는 점은 선거시에 예비후보를 정해 놓고 의원의 신상에 변동이 생겨 재선거나 보궐선거를 행해야 할 경우에는 예비후보가 의원직을 승계하도록 하는 제도이다. 이 제도는 재선거나 보궐선거로 인해 야기되는 금권선거와 선거의 과열을 방지할 수 있는 장점이 있으며 재·보궐선거에서의 낮은 투표율에 신경 쓰지 않아도 되는 장점이 있다.

프랑스의 2차 결선투표제는 영국의 단순다수 선거제보다는 장점이 더 많다. 이 선거제에서는 1차투표에서 낙선한 후보에게 투표했던 유권자들도 2차 결선투표에 출마한 후보들 중에서 자신이 좋아하는 후보를 선택할 기회를 또 한 번 갖기 때문에, 유권자에게 후보를 선택할 기회를 한 번밖에 안 주는 단순다수제보다 훨씬 더 유권자를 위한 선거제도이다. 그러나 2차 결선투표제의 단점은 투표결과의 비비례성(非比例性)이 상당히 높다는 점이다. 1988년 프랑스선거의 경우 프랑스민주주의연합과 공화국을 위한 연대는 37.7%밖에 득표하지 못했으나 의석은 44.6%를 차지하였고, 1993년 선거에서는 39.6%의 득표로 77.87%의 의석을 차지하였다. 단순다수 선거제와 마찬가지로 2차 결선투표제도 큰 정당들에게는 유리하고 군소 정당에게는 불리한 제도이다.

2차 결선투표제는 프랑스의 식민지였던 아프리카 국가들에서 많이 사용되어 가봉, 말리, 모로코, 모리타니아, 중앙아프리카공화국, 챠드, 코모로, 콩고, 토고에서 사용하며 소련의 붕괴 이후 구 소련에서 새로 독립한 국가들인 벨로로시, 우즈베키스탄, 우크라이나, 키리기스스탄, 타지키스탄에서 채택하고 있다. 이외에도 이집트, 이란, 마케도니아, 아이티, 쿠바 등에서 사용한다.

2) 1선거구에서 여러 명의 의원을 뽑는 선거제도

(1) 비례대표제

1선거구에서 여러 명의 의원을 뽑는 제도는 유권자가 정당에게 투표하는가 아니면 후보에게 투표하는가에 따라 비례대표제와 비비례대표제로 나눌 수 있다. 유권자가 정당에게 투표를 하게 되면 비례대표제이고 유권자가 후보에게 투표를 하면 비비례대표제이다. 비례대표제 선거방법은 단순다수 선거제와 절대다수 선거제가 내포하고 있는 정당의 득표비율과 의석비율 사이의 비비례성의 문제를 줄이기 위해 고안된 선거제도이다. 유럽 국가들은 19세기 후반부터 선거개혁을 논의하였고 제2차 세계대전이 끝나면서 대부분의 국가들은 비례대표제를 도입하였다. 비례대표제의 특징은 한 선거구에서 여러 명의 의원들을 선출하며 의석은 선거구에서 각 정당이 얻은 득표비율을 기본으로 하여 배분하는 점이다. 비례대표제에서는 선거구의 크기가 커질수록, 즉 한 선거구에서 뽑는 의원의 수가 많을수록 선거결과의 비례성이 높아진다. 비례대표제는 국가에 따라 여러 가지 형태로 운용되고 있다. 전 세계의 67개 국가나 영토들은 모든 의석을 정당명부식 비례대표제(list PR system)로 선출하고 있으며 아일랜드와 몰타의 하원과 오스트레일리아 상원은 단기이양식(Single Transferable Vote) 비례대표제를 채택하고 있다.

정당명부식 비례대표제는 각 정당이 해당 선거구에서 선출할 인원과 같거나 적은 수의 후보명부를 제출하며 유권자는 후보명부를 보고 이들을 공천한 정당에게 투표하는 제도이다. 그러나 정당명부식 비례제를 채택하고 있는 국가들 중에서도 단지 정당에게만 투표하도록 하는 국가가 있는가 하면, 일부 국가들은 유권자들에게 보다 많은 선택을 할 수 있도록 하여 정당뿐만 아니라 정당명부에 있는 개별 후보들에게도 투표하도록 하는 국가들도 있다. 이 제도에서는 정당조직이 결정한 후보들의 순위가 우선권을 갖지만 만일 어떤 후보가 유권자들로부터 많은 표를 얻으면 순위가 바뀔 수도 있게 되어 있다. 이러한 국가들에서 유권자는 여러 가지를 선택할 수 있는데 정당이 제시한 명부순서대로 투표하든지 아니면 정당들이 제시한 명부들 중에서 후보를 개별적으로 선택하든지 할 수 있다. 유권자가 한 명 이상의 후보에게 투표할 수 있는 국가에서는 한 명은 甲정당의 명부 중에서 후보를 선택하고 다른 한 명은 乙정당의 명부 중에서 선택하는 식으로 분리해서 선택할 수도 있다. 이러한 제도를 채택하고 있는 국가들로는 네덜란드, 벨기에, 룩셈부르크를 들 수 있다. 이러한 경우는 정당의 지도자가 독단적으로 후보명부의 서열을 결정하고 유권자는 이를 받아들일 수밖에 없는 데서 야기되는 문제를 극복할 수 있다는 점에서 매우 바람직한 제도이다.

1선거구에서 여러 명을 선출하면서 정당명부에 있는 개별 후보에게 투표하도록 하는 국가들 중에는 한 명의 후보에게 2표까지를 줄 수 있게 허용하는 국가들이 있다. 이러한 국가로는 스위스와 룩셈부르크가 있다. 스위스에서는 26개의 캔턴들이 선거구를 구성하는데 이중 5개 캔턴들은 인구가 적어 1명씩의 의원을 뽑기 때문에 자연히 단순다수선거제에 의해 당선자가 결정된다. 나머지 21개의 캔턴들에서는 유권자는 선거구에서 뽑는 수만큼의 후보들에게 투표하거나 또는 정당에 투표도 할 수 있다. 정당에 투표하는 경우에는 정당명부에 있는 모든 후보들이 1표씩을 얻는 것으로 계산한다. 또한 유권자들은 한 후보에게 2표를 찍을 수도 있다. 유권자들은 한 정당의 후보뿐만 아니라 2개 이상의 정당에 소속된 후보들에게 표를 분산시켜 투표할 수 있다. 이러한 투표는 스위스와 룩셈부르크의 두 국가에서만 존재한다.

모든 의석을 정당명부식 비례대표제로 뽑는 국가들로는 영국, 프랑스, 독일, 이탈리아를 제외한 모든 서유럽 국가들, 수리남, 에콰도르, 엘살바도르, 코스타리카, 페루, 도미니카공화국하원, 베네수엘라 상원, 볼리비아 상하원, 브라질 하원, 아르헨티나 하원, 우루과이 상하원, 콜롬비아 상하원, 파라과이 상하원, 칠레 하원 등이 있다. 이 외에도 아프리카의 기니비사우, 니제르, 말리, 모리셔스, 모잠비크, 베넹, 상투메프린시페, 세네갈, 시에라리온, 앙골라, 적도기니, 지부티, 카보베르데, 튀니지, 나미비아 하원, 남아공화국 하원, 라이베리아 상하원, 부르키나파소 하원, 알제리 하원 등에서 정당명부식 비례대표제를 사용하고 있다.

1선거구에서 여러 명의 의원을 뽑는 비례대표제중에서 정당명부를 사용하지 않는 방법으로 단기이양식 선거제도가 있다. 단기이양식 선거제도는 19세기 중엽 영국에서 고안되었으며, 이 방식은 영어를 사용하는 국가들에서만 사용되어 왔다. 단기이양식 선거제도는 선거에서 유권자들의 의사를 최대한으로 반영하려는 제도로 아일랜드와 말타에서 사용한다. 단기이양식 선거제도에서 "단기"(single)라는 의미는 투표를 한번만 한다는 것이며 "이양"(transfer)의 의미는 투표지에 유권자가 표시한 서열에 따라 투표가 다음 후보로 계속 이양된다는 뜻이다. 단기이양식 선거제를 아일랜드 하원의원선거를 예로 들어 설명하면 아래와 같다. 아일랜드의 하원의원은 166명으로 이들은 41개선거구에서 선출된다. 한 선거구에서 선출되는 의원 수는 3명에서 5명까지이다. 각 선거구에서 유권자는 후보에 대한 선호도에 따라 서열을 매긴다. 후보는 당선되기 위해서는 드룹(Droop)공식에 따른 득표를 해야 한다.

$$\text{드룹공식} = \frac{\text{전체 유효투표}}{\text{의석수} + 1} + 1$$

단기이양식 선거방법에서는 후보가 1번으로 선택받는 수는 적더라도 2번째로 선택받거나 또는 3번째로 선택받는 수가 많으면 당선이 가능하다. 따라서 이 선거방법은 군소 정당의 후보들에게는 단순다수 선거제보다도 유리하며 보다 더 비례적인 결과를 낳는다. 단기이양식 비례대표제는 유권자들이 후보들에 대한 선호도에 따라 후보를 선택할 수 있게 하기 때문에 유권자에게는 매우 좋은 방법이며 또 여러 정당들의 후보를 선호도에 따라 서열을 정할 수 있게 하기 때문에 선택의 여지를 충분히 준다는 장점이 있다. 따라서 단순다수 선거제에서 비례대표제로 선거방식을 바꾼다면, 정당명부제는 유권자들이 개별후보를 선택하는 것이 제한되기 때문에 유권자의 선택권을 보장하는 의미에서는 단기이양식으로 바꾸는 것이 바람직하다.

다른 비례대표제와 비교할 때 단기이양식 선거제도의 장점과 단점은 무엇인가? 첫째 장점은 유권자들로 하여금 같은 정당이 공천한 여러 후보들 중에서 자신의 선호도에 따라 투표하는 것이 가능하고 또한 여러 정당들이 공천한 후보들 중에서 자신이 선호하는 후보들을 순서별로 선택하는 것이 가능하기 때문에 유권자들의 선택권을 크게 확대시킨다. 둘째 유권자들은 후보들에게 투표하게 됨에 따라 정당이 결정한 순서대로 받아들이지 않아도 된다. 유권자들은 정당이 아닌 후보들에게 투표하기 때문에 정당이 일률적으로 제시하는 쟁점보다는 각 정당의 개별 후보들이 취하는 쟁점에 대한 입장에 따라 투표할 수 있다. 예를 들어 한 선거구에서 두 명을 선출할 때 유권자는 甲당에서 낙태를 반대하는 후보를 1번으로 투표하고 乙당에서 낙태를 반대하는 후보를 2번으로 투표하는 등 유권자의 생각과 일치하는 후보를 순서대로 투표할 수 있다. 세 번째는 유권자들이 자신의 투표를 계속 살릴 수 있다는 점이다. 단기이양식에서는 유권자가 첫번째로 선호한 후보가 당선되지 않더라도 그 표가 사표가 되지 않고 두 번째로 선호한 후보에게 이양되기 때문에 자신의 표가 사표가 된다는 걱정 없이 첫 번째 선호후보에게 안심하고 투표를 할 수 있다. 단기이양식 선거방법은 모든 투표들이 선호도에 따라 몇 차례 계산되기 때문에 유권자의 투표가 사표가 되지 않는 면에서 최선의 방법이다.

(2) 비(非)비례대표제

1선거구에서 여러 명의 의원을 선출하면서 득표비율과 의석비율이 비비례성을 나타내는 선거제도로는 연기식 투표(Block Vote), 제한연기식 투표(Limited Vote), 정당연기식 투표(Party Block Vote), 단기비이양식 투표(Single Non Transferable Vote) 등이 있다. 연기식 투표는 1선거구에서 여러 명의 의원을 뽑으며 유권자는 뽑는 의원 수만큼의 투표권을 갖는 제도이다. 당선자는 단순다수로 결정되기 때문에 당선자들의 정당이 얻는 득표비율과 의석비율의 비비례성이 커진다. 이러한 제도를 채택하고 있는 국가들로는 라오스, 모리셔스, 몰디브, 버뮤다, 미국령 버진아일랜드, 쿠웨이트, 타일랜드, 팔레스타인, 피지, 필리핀 상원이 있다. 제한연기식 투표는 1선거구에서 여러 명의 의원을 뽑으면서 유권자는 뽑는 의원 수보다는 적지만 한 개 이상의 투표권을 갖는 제도이다. 당선자는 단순다수로 결정하기 때문에 당선자들의 정당이 얻는 득표와 의석비율의 비비례성이 크다. 이 제도로 의원을 뽑고 있는 국가로는 스페인 상원과 지부랄탈의 하원이 있으며 1960년 한국에서도 참의원선거에 이 방법이 사용되었다. 정당연기식 투표는 1선거구에서 여러 명의 의원을 뽑지만 유권자는 한 개의 투표권만 가지며 유권자는 후보가 아니라 정당이 제출한 명부에 투표한다. 그 선거구에서 단순다수로 가장 많은 득표를 한 정당은 그 선거구에서 뽑는 의석 모두를 독점한다. 이 방법은 정당의 득표율과 의석비율이 극히 비비례적일 수가 있다. 이러한 선거제도는 레바논, 지부티에서 전면적으로 실시하고 있으며 세네갈, 싱가포르, 튀니지의 일부 의석이 이 방법으로 결정된다. 단기비이양식 투표는 한 선거구에서 여러 명의 의원을 선출하지만 유권자는 한 개의 투표권을 가지며 후보에게 투표한다. 당선자는 단순다수로 결정되며 후보들 중에서 득표를 많이 한 순서대로 그 선거구에서 선출하는 수가 당선된다. 이 제도는 현재 요르단과 바누아투의 두 국가에서는 전면적으로 실시되고 있고 대만의 의원 중 일부를 이 방법으로 선출하고 있다. 이 방법은 한국의 새정치국민회의(현재의 새천년민주당)가 1999년에 채택을 주장하였던 "중선거구"제도이다. 이 방법은 위의 세 가지 방법들과 마찬가지로 정당의 득표율과 의석비율에서 차이가 나는 비비례성의 문제를 가지고 있다.

3) 1선거구에서 1명을 뽑는 제도와 정당명부식 비례대표제를 함께 사용하는 선거제도

1선거구에서 1명을 뽑는 제도와 정당명부식 비례대표제를 함께 사용하는 방법에는 혼합비례제(Mixed Member Proportional System)와 병행투표제(Parallel)의 두 가지가 있다. 혼합비례제는 1선거구 1인선출제와 정당명부식 비례대표제를 함께 사용하지만 단순히 두 가지 방법을 함께 사용하는 것이 아니라 1선거구 1인선출제에서 나타나는 정당의 득표율과 의석비율의 차이를 해소하는 방법으로 정당명부식 비례대표제를 사용한다. 만일 한 정당이 전국적으로는 10%의 득표를 하였으나 1선거구 1인선출제에서는 한 명의 당선자도 내지 못했을 경우에는 정당명부식 비례대표제의 정당명부에서 10%에 달하는 의원들을 당선시키는 제도이다. 이 제도는 독일, 뉴질랜드, 볼리비아, 이탈리아, 멕시코, 베네수엘라, 헝가리에서 사용한다. 이들 국가들 중에서 헝가리만이 2차 결선투표제와 정당명부식 비례대표제를 함께 사용하고 있으며 나머지 국가들은 단순다수제와 정당명부제를 사용하고 있다. 이 제도를 택하는 국가들에서는 유권자에게 2개의 투표권을 주며 유권자는 1표는 1선거구 1인선출제 투표에 사용하고 1표는 정당명부식 비례제 투표에 사용한다.

두 번째로 병행투표제는 1선거구 1인선출제와 정당명부식 비례대표제를 함께 사용한다는 점에서는 위의 혼합비례제와 같으나 근본적인 차이는 이 제도에서는 두 가지 제도에서 당선된 의원들을 합쳐서 각 정당의 의석 배분이 결정되는 점이다. 따라서 이 제도는 1선거구 1인선출제에서 야기된 정당의 의석비율과 득표비율 사이의 차이를 해소하지 못한다. 이 제도는 한국을 비롯하여 일본, 러시아, 과테말라, 크로아티아, 니제르, 세이셸, 소말리아, 카메룬(이들 국가는 1구1인단순다수제와 정당명부제를 병행), 그루지야, 리투아니아, 아르메니아, 아제르바이잔, 알바니아(이들 국가는 2차 결선투표제와 정당명부제를 병행), 안도라(연기제와 정당명부제를 병행), 튀니지(정당연기제와 정당명부제), 대만(단기비이양식투표와 정당명부제)에서 사용되고 있다.

6. 선거행태

1) 투 표 율

유럽국가들에서의 투표참여율은 미국에 비해 훨씬 더 높다. 1979년부터 1989년까지의 기간동안 서유럽민주국가 18개국에서의 평균투표율을 조사한 연구에 의하면 스위스의 48%를 제외하면 72%에서 94%에 이르렀다. 투표율이 가장 높은 국가들은 벨기에(94%), 오스트리아(92%), 이탈리아(90%) 등이었다.[63] 그러나 헝가리에서는 1990년 5월에 실시된 의회선거에서는 기권율이 매우 높아 1차투표에서는 35%가 기권했으며 2차투표에서는 55%가 기권했다. 유럽국가들에서의 투표율이 미국보다 높은 것은 유권자등록제도, 국가의 규모, 유권자들의 교육수준 등의 여러 가지가 영향을 미치기도 하지만 또 한 가지 중요한 이유는 유럽에서 채택하고 있는 선거방법은 미국의 선거방법에 비해 국민들의 선택을 보다 잘 반영하고 있기 때문이다. 비례대표제에서는 유권자들의 한

63) Richard S. Flickinger and Donley T. Studlar, "The Disappearing Voters? Exploring Declining Turnout in Western European Elections," *West European Politics*, vol. 15 (April 1992), pp. 1-16.

표가 의석배분에 잘 반영되기 때문에 유럽의 유권자들은 자신들의 투표가 선거결과에 그대로 반영된다는 인식이 강하며 투표에 참여하는 것이 중요하다고 생각한다. 이 외에도 유럽에 비해 미국정당들은 성향이 비슷하기 때문에 극단적인 이념성향을 갖는 사람들은 투표에서 찍을 정당이나 후보가 없다. 또한 미국선거에서는 현역의원의 지지기반이 확고하여 신인이 당선되기가 어렵기 때문에 유권자들은 자신의 투표가 선거결과에 영향을 미치지 못한다는 생각을 하여 기권할 가능성이 높다. 스위스에서 투표율이 낮은 이유는, 스위스에서는 중요한 문제의 대부분을 국민투표에서 결정하기 때문에 누가 의회의원이 되는가는 크게 중요하게 생각하지 않는다. 또한 모든 정당들은 7명으로 구성되는 스위스행정부에 포함되어 있기 때문에 의회선거를 중요하지 않게 생각한다. 각 국가들이 채택하고 있는 선거제도는 무작정 그런 방법을 택한 것이 아니라 그 국가의 역사적 맥락에서 결정된 것이다.[64)]

2) 선거인 명부의 작성

선거인 명부의 작성은 대부분의 국가에서 지역의 국가기구가 담당한다. 그러나 미국, 필리핀에서는 유권자 스스로가 선거인 등록을 하여야 한다. 미국에서는 보통 50-70%의 유권자들이 등록을 한다.[65)] 국가기구가 선거인 명부를 작성하는 경우 유권자들이 이사를 하거나 사망하는 것이 제대로 파악되지 않아 선거인 명부가 정확하지 않은 경우가 많다. 영국의 경우 1951년에는 선거인 명부에서 잘못된 것이 3%이었고 1981년에는 7%이었다. 유럽국가들은 영구적인 선거인 명부를 가지고 있다. 이러한 이유로 유럽국가들에서의 평균 투표율은 72%에서 85%로서 미국의 50% 수준의 투표율보다 훨씬 더 높다. 그러나 스위스에서는 2차세계대전 이후 투표율이 낮아져 50% 이하로 내려가 있다. 이와는 대조적으로 이탈리아, 벨기에, 네덜란드, 룩셈부르크, 오스트리아에서 투표율은 90%를 상회한다. 전반적으로 보면 유럽국가들에서의 투표율은 1970년대 후반부터 감소하고 있다.[66)]

64) Jürg Steiner, *op. cit.*(1995), pp. 52-53.
65) Vernon Bogdanor(ed.), *op. cit.*(1991), p. 190.
66) Gallagher, Laver, and Mair, *op. cit.*(1995), p. 272.

3) 선거에 참여하는 정당의 수

선거에 참여하는 정당의 수는 해당 국가의 정당제가 다당제인가 아니면 양당제인가에 따라 다르다. 전통적으로 양당제나 다당제의 유형을 계속하고 있는 선진국 외에 소련의 붕괴 이후 민주주의체제로 전환한 구 공산권국가들이나 또는 오랜 기간의 권위주의체제를 청산하고 민주화를 시작한 제 3 세계국가들의 경우에는 많은 정당들이 선거에 후보를 낸다. 헝가리의 경우에는 1990년 3월 25일과 4월 8일(결선 2차 투표) 40년 만에 처음으로 민주선거가 실시되었을 때 후보를 낸 정당은 30개였다. 1994년 5월 8일과 29일에 실시된 두 번째 자유선거에서도 20개 이상의 정당이 후보를 내었다.[67] 1998년 5월 10에 실시된 선거에서는 26개 정당에서 후보 1,600명이 출마했다.

연습문제

1. 한국이나 다른 나라들의 정당들에서 당원의 규모나 역할, 정당과 당원의 관계 등을 조사하여 대중정당과 명사정당, 직접정당과 간접정당, 중앙집권당과 지방분권당 등으로 구분하여 보자.
2. 각국의 정당들 중에서 정치이념을 바탕으로 하여 결성된 정당을 파악하고 이들이 표방하는 정책의 차이를 파악해 보자.
3. 각국의 정당들이 의회에 출마할 후보를 선출하는 방법을 파악하고 이를 유형별로 정리해 보자.
4. 단순다수 선거제, 절대다수 선거제, 비례대표제, 단순다수 선거제와 비례대표제를 병행하는 제도들의 차이를 생각해 보고 각 선거제도가 가지고 있는 장점과 단점을 생각해 보자.
5. 한국의 정치현실을 감안할 때 국회의원을 선출하는 선거제도로 어떤 유형이 가장 바람직한지를 생각해 보자.

67) Eva Molnar(ed.), *op. cit.*(1997), p. 97.

第7장 혁명과 정치변동

요 약

정치변동은 아리스토텔레스가 표현한 "정치적 동물"로서 인간이 이 세상에 존재하는 한 일어난다. 정치적 인간들은 자기들의 권력을 유지하고, 확대·강화하기 위한 원초적인 욕망과 한 국가의 국민은 물론 인류의 행복과 복지 그리고 평화를 건설한다는 이념적이고도 규범적인 목표를 갖고 있기 때문이다. 그리하여 정치적 인간들은 보다 발전된 세상을 위하여 정치적 변화와 변동을 필연적으로 추구한다.

따라서 정치변동은 정치의 안정성이나 균형상태가 흔들려서 정치체제의 내부 집단간에 분쟁으로 발생하는 정치상의 변혁, 또는 정치의 일상적인 진행 궤도에서 벗어나 권력관계의 이동과 지배관계에 변화를 가져다 주는 새로운 정치적 상황의 등장을 의미한다.

이러한 정치변동의 원인으로는 ① 사회경제적 구조와 정치환경의 변화, ② 정치권력의 정당성에 대한 신념체제의 동요, ③ 정치·사회적 엘리트층의 갈등과 분열, 그리고 현대사회에 적용되는 원인으로 ④ 정보의 자유로운 유통과 다원주의 문화의 형성을 들 수 있다. 그러나 이러한 정치변동의 네 가지 원인들은 독립변수가 아니라 상호 복합적인 관계의 변수들이기 때문에 실제 정치변동은 이들 원인들의 복합상태에서 일어나는 것이다.

정치변동의 이론적 배경은 찰스 다윈의 생물학적 견지에 근거를 둔 ① 진화론, 인간의 본성에 근거하고 맑스와 다렌도르프드에서 발전된 ② 갈등론, 그리고 체계론이나 구조기능론 등을 통합하여 ③ 기타 이론으로 설명하였다.

정치변동의 유형은 그 이념형으로 ① 권력지배 엘리트의 변동, ② 통치조직과 권력구조의 변경, ③ 체제변동이 있다. 그러나 이러한 정치변동의 유형도 실제로는 상호 복합적으로 관련되어서 나타나는 것이다. 또 다른 급격한 정치변동으로서 쿠데타와 혁명은 그 과정에 물리적 폭력수단까지도 동원되기 때문에 통상적인 정치변동의 유형에서 분리하여 설명하였다.

정치변동에 대하여 이러한 광범위한 분석과 설명을 하는 목적은 수많은 정치변동에서 일반적이면서도 법칙성이 될 수도 있는 것들을 찾아내기 위한 것이다. 그리고 찾아낸 일반성이나 법칙성을 갖고 세계도처에서 일어나는 정치변동을 분석하고, 미래의 정치변동을 예측해 보기도 하고 또한 바람직한 정치변동을 유도해 볼 수 있는 가능성을 찾고자 하는 것이다.

결론적으로 바람직한 정치변동은 선진 민주주의 국가들에서 경험할 수 있는 제도적 장치를 통한 진화적인 것이어야 한다. 이러한 정치 변동은 통찰력 있고 현명한 정치지도자들이 일반 대중들의 참여욕구에 대응, 지속적인 개혁을 통하여 이루어지는 것이어야 한다. 그리고 개명된 대중들이 수용하고, 예측할 수 있는 정치변동이어야 한다.

제 1 절 정치변동의 개념

오늘날의 정치는 살아 있는 생물체와 같아서 시간의 흐름과 사회적 인간들에 의하여 변화를 거듭한다. 역사적으로 존재했던 태평성대(太平聖代)의 정치도 일정기간 고찰해 보면, 사회의 제 세력간에 균형상태가 유지되어 정치적 안정상태가 이루어져 변동이 없었던 것같이 보인다. 그러나 본질적으로 정치체제나 이념 그리고 이들을 운용하는 인간들의 의식은 시간과 환경에 따라 필연적으로 변화하고 또한 변동되는 것이다. 특히 정치적 인간들은 그들의 지속적인 생존과 권력의 쟁취 그리고 권력의 유지와 확대를 위하여 정치적 변동을 의식적으로 추구하고 있다.

이러한 변화와 변동의 이념적이고 규범적인 목표는 기존정치를 극복하여 보다 나은 정치, 즉 한 국가의 국민은 물론 인류의 행복과 안녕, 복지 그리고 평화를 건설한다는 것이다. 이러한 이유로 인하여 정치는 끝없이 변화하고 변동되어야 할 당위성을 갖고 있다.

예를 들면 80년대 말에서 90년대 초의 공산주의 멸망과 그에 따른 동구국가들의 민주화, 그리고 끝없는 보수적 개혁을 통한 자본주의의 발전도 정치의 변동이다. 또한 오늘날 대의(代議)민주주의에서 참여민주주의, 그리고 전자(電子)민주주의로의 변화도 정치의 변동 내지는 변혁인 것이다. 특히 우리 나라는 1945년 이후의 정치사에서 볼 수 있는 바와 같이 좌우세력의 갈등으로 인한 극도의 정치적 혼란, 6.25 전쟁, 4.19 학생혁명, 2번의 군부쿠데타 등 예측할 수 없는 급격한 정치적 변동을 거듭하여 왔다.

이러한 변동에는 정치적 근대화와 같은 정치적 진화(political evolution)와 정치적 내부집단간에 분쟁이나 갈등의 증대결과로 발생하는 정치적 변화와 변혁도 포함된다. 또한 제 3 세계국가들에서 자주 발생하는 내란, 쿠데타, 혁명과 전쟁도 정치변동이며, 안정된 국가에서의 평화적인 정권교체나 개혁도 정치변동인 것이다. 이러한 정치의 모든 변동양태를 우리는 정치변동(Political Change)의 범주에 포함시킬 수 있다.

따라서 정치변동은 정치의 안정성 또는 균형상태가 흔들려서 정치체제의 내부집단간에 분쟁으로 발생하는 정치상의 변혁, 또는 정치의 일상적인 진행 궤도에서 벗어나 권력관계의 이동과 지배관계에 변화를 가져다 주는 새로운 정치적 상황의 등장이라고 정의할 수 있다.[1)]

제 2 절 정치변동의 원인

인간은 "정치적 동물"(political animal)로서 "국가를 형성하는 생물체"(zoon politikon)라고 표현한 아리스토텔레스(Aristoteles : BC 384/83-322) 이래 정치변동에 대한 학문적 연구는 계속되어 왔다.

1952년 낫세르(Gamal Abd el-Nasser : 1918-1970)에 의하여 이집트에서 군부쿠데타가 일어난 이후, 군부쿠데타는 제 3 세계 국가들에 전염병처럼 번져 나갔다.[2)] 특히 미국의 경제원조를 받던 많은 개발도상국가에서 민주주의가 발전

1) 진덕규, 「현대정치학」(학문과 사상사, 1997), p. 515.

2) 1958년부터 1965년까지의 통계에 의하면 제 3 세계에서의 무력충돌사건은 1958년 34건, 1959년 36건, 1960년 42건, 1961년 43건, 1962년 47건, 1963년 59건, 1964년 56건, 1965년 57건으로 기록되고 있다. (Samuel P. Huntington, *Political Order in Changing Societies*, New Heaven and London, Yale University Press, 1968, p. 4.)

하기는보다는 오히려 정치적 불안과 혁명 그리고 군부쿠데타가 빈번하게 발생하였다. 그리하여 미국의 정책결정자들과 정치학자들은 제 3세계에 대한 미국의 정책을 수정하고 그들의 영향력을 강화하기 위하여 정치변동에 대한 연구를 활발하게 진행하게 되었다.[3)]

정치변동이 일어나는 원인에 관해서는 학자마다 견해를 달리하고 있다. 그러나 우리는 어떤 특정 학자의 견해가 배타적으로 옳은 것이라고 주장할 수는 없는 것이다. 이들 학자들의 주장들은 상호보완적이기 때문이다.

예를 들면 권력 엘리트 이론가라고 할 수 있는 칼 맑스(Karl Marx : 1818-1883)는 변증법적 유물사관에 입각하여 노동력과 생산수단관계의 모순에 의한 갈등에서 정치변동이 발생한다고 보았다. 모스카(Gaetano Mosca : 1858-1941)는 엘리트계급인 정치적 계급과 비정치적 계급과의 갈등으로, 그리고 파레토(Vilfredo Pareto : 1848-1923)는 엘리트의 순환론(循環論)에 의하여 정치변동을 설명하였다.

또한 문화사회학의 대표자인 오그번(W. F. Ogburn : 1886-1959)은 문화의 축적(蓄積)과 문화의 지체(遲滯) 등의 개념으로 사회변동을 설명하였다. 브린톤(Carin Brinton)은 인간관계의 심리적 변화를, 그리고 맥키버(R. M. MacIver)는 기술발전이 가져오는 사회구조의 변화를 정치 사회적 변동의 요인으로 보았다.

이들 학자들은 오늘날 정치사회에서 일어나는 변동원인을 부분적으로 설명하고 있을 뿐이어서 정치적 변동은 현실적으로 복합적인 요인들에 의하여 일어나는 것이다.

1. 사회경제적 구조와 정치환경의 변화

정치과정에서의 변동은 정치사회의 사회경제적 구조와 체제의 변화, 그리고 이에 따른 정치환경의 변동에서 시작된다. 농경사회가 여러 발전과정을 거치면서 산업사회 그리고 오늘날 전자정보(電子情報)사회로 발전되고 사회는 원시사

3) 이러한 미국의 정책목표에 부응하기 위하여 출간된 대표적인 책은 M. F. Millikan and D. L. M. Blackmer의 *The Emerging Nations, Their Growth and U. S. Policy* (Boston, Little, Brown and Company Inc., 1961)라고 할 수 있다.

회, 전통사회, 과도기적(過渡期的) 사회, 준 현대(準現代)사회 그리고 현대사회로 변화하여 왔다. 이에 따라서 정치체제도 원시정치체제, 전통적인 왕정(王政)체제, 일당전제주의 체제, 권위주의체제 그리고 민주주의체제로 변화되어 왔다. 오늘날에는 민주주의도 전자민주주의(電子民主主義)라는 표현을 사용하고 있다. 이는 모두 후기 산업사회의 기술과 정보화의 발달로 야기된 사회경제적 구조와 체제의 변화에 의한 정치사회의 변동인 것이다.

오늘날 의식화된 노조(勞組)의 활동강화에 따른 사용자와의 갈등심화 그리고 정치권에의 참여하려는 노조의 노력이 정치변동의 강력한 변수인 것도, 사회경제적 구조의 변화에서 일어나는 대표적 현상이다. 그 외 사회경제적 조건의 변화로 인한 계급간의 세력변화와 갈등, 이익집단들의 대량출현, 다종족(多種族)국가들로 이루어진 아프리카에 있어서 종족간 세력관계의 변화도 또한 정치의 변동에 큰 영향을 끼친다.

여러 민족들이 모여 하나의 국가를 형성하여 오다가 냉전체제의 종식 후, 정치환경의 변화로 이들 민족간의 권력과 영토투쟁으로 인한 전쟁을 우리는 경험하였다. 이러한 예는 최근 발칸반도에서 유고의 내전과 나토(NATO)의 대대적인 개입을 통한 코소보전쟁(1999)이다. 또한 인도와 인도네시아와 같이 종교적 갈등도 정치과정의 변동에 막대한 영향력을 미치게 된다.[4)]

칼 맑스는 초기 자본주의의 발전과정에서 발생하는 빈익빈(貧益貧), 부익부(富益富)현상을 보면서 노동계급의 빈곤화와 정치과정에서의 필연적인 소외현상(疎外現象)으로 노동계급에 의한 공산주의 건설을 주장하였다. 실제 오늘날 민주주의국가에서 일반군중의 누적된 정치적 소외현상은 정치과정은 물론 정치체제의 변혁을 가져오는 요인이 되기도 한다.

2. 정치권력의 정당성에 대한 신념체계 동요

정치권력은 국민으로부터 합법적인 정당성을 인정받아야 한다. 독재정권이나 군부쿠데타정권이 경제적 성공에도 불구하고 국민으로부터 불신과 항거를 받

4) 미국의 많은 정치학자들은 다민족(多民族)으로 구성된 중국도 내전에 휩싸일 가능성이 있다고 경고하고 있다. 이러한 내전의 가능성을 방지하고 민족간의 갈등을 조정하고 수용하기 위하여 중국의 정치체제도 변화를 거듭해 왔고 또 지속적으로 변화를 시도하고 있다.

고 있는 것은 이러한 정당성을 확보하지 못하고 있기 때문이다.

오늘날 민주주의 국가에서 정치권력의 정당성은 합법적인 선거를 통해서 확보된다. 물론 정권초기 정치권력의 정당성에 문제가 있더라도 국민을 위한 선정(善政)을 통하여 정당성을 보충해 나갈 수 있는 것이다.

그러나 합법적인 정당성을 갖고 있는 정권이라도 선거운동시 대(對)국민 공약사항을 이행하지 않거나, 특히 부정부패를 통하여 지속적인 실정(失政)을 하게 되면 대중의 불신을 받게 되어 대중들은 항거와 불복종운동을 통하여 정권에 도전하게 된다.

정치권력의 정당성에 대하여 초기에 문제를 제기하는 계층은 일반적으로 어느 국가에서나 지식인들이다. 일반대중들이 정치에 무관심하여 기존의 정당성 신념체계에 안주하고 있는 동안, 소수의 진보적인 지식인들은 정치권력의 정당성을 부인하면서 정치권력의 무능을 탄핵하게 된다. 그리고 이들에 학생과 노동자들이 합류하면서 정권에 대대적으로 항거하게 된다.

이러한 정치권력의 정당성에 대한 신념체계의 변동에서 오는 항거운동은 정치과정에 큰 변혁이나 시민혁명의 과정을 거쳐 정치체제의 근본적인 변동을 가져오는 경우도 있다.

3. 정치·사회적 엘리트층의 갈등과 분열

사회 경제적 조건과 정치환경의 변화 그리고 이에 따른 사회가치관의 변화는 발전도상국가에서 엘리트층의 갈등과 분열을 가져온다. 또한 의식화된 노동자들의 집단적인 사회 참여와 대학생들의 사회·정치문제에의 과도한 참여는 정치불안을 초래한다. 이러한 국가들에서는 정당들이 여론을 표출하고 집약하여 정책결정과정에 전달하는 통로 역할을 하지 못하기 때문에 사회는 더욱더 혼란에 빠지게 된다.

대표적인 예로, 헌팅턴(Samuel P. Huntington)은 이러한 혼란한 사회를 집정관적 사회(執政官的社會 ; Praetorian society)라고 하였다.[5] 이러한 집정관적

5) "집정관적 사회에서는 역할자들이 다양할 뿐만 아니라 공직과 정책문제를 결정하는 데 사용하는 방법도 다양하다. 각 집단은 그 집단의 특수한 성격과 능력을 반영하는 수단을 사용한다. 부유층은 뇌물을, 학생은 폭동을, 노동자는 파업을, 그리고 군부는 쿠데타를 일으킨다. 공인된 행동양식이 없는 가운데 이상과 같이 직접적인 여러 행태가 정치무대에 등장한다. 군의 정치개입기술은

사회에서는 물리적 힘과 국가를 보위한다는 사명감을 갖고 있는 군부가 정치에 개입, 정권을 탈취할 가능성이 많다. 한번 쿠데타를 통하여 정권을 잡아 본 경험이 있는 군부는 그 나라의 정치가 혼란에 빠질 경우 정치개입에 대한 미련을 버리지 못하게 되는 것이다. 이러한 경우 라틴아메리카에서 60-70년대, 또한 일부 후진국가에서 현재도 반복되고 있는 군부쿠데타를 그 예로 들 수 있다.

이러한 집정관적 사회의 근본적인 원인은 정치권력자의 실정(失政)과 정치인들의 부정부패, 그리고 그에 따른 국민생활의 궁핍과 대중들의 소외감(疏外感)의 팽배에 있다. 이러한 현상은 또한 정치·사회 엘리트층의 갈등과 분열을 가져오게 된다. 이러한 상황에서 구(舊) 정치질서의 붕괴조짐이 있게 되면 필연적으로 구세력 내에서 개혁운동을 주도하는 개혁세력이 등장하고, 또한 보다 더 근본적인 개혁을 주장하는 진보주의자나 혁명주의자들이 등장하는 것이다. 이에 대한 반동으로 보수파, 더 나아가 파시즘(Fascism)적 극우주의자들이 등장할 가능성도 있는 것이다.

사회 제 세력간의 갈등과 엘리트층의 분열을 조정하고 수용할 수 있는 제도적 장치가 정비되어 있지 않는 후진국사회에서는 끊임없이 정치변동이 일어나게 되는 것이다.[6]

4. 정보의 자유로운 유통과 다원주의 문화의 형성

현대사회는 정보통신과 산업기술의 발달로 세계화에 편입되면서, 전세계국가의 국민들은 정보의 세계적 네트워크 속에 살게 되었다. 이제 어떤 국가의 오지(奧地)에서의 정보도 전세계적 통신망인 인터넷과 TV방송을 통하여 세계인들이 공유할 수 있게 되었다. 특히 1980년대 말부터 90년대 초에 일어난 동구(東歐)에서의 대변혁으로 동구국가들에서 공산주의 체제가 붕괴되고, 20세기의 정치적 기적이라고 할 수 있는 독일통일이 이루어진 것도, 언론매체에 의한 정보의 자유로운 유통에 의한 것이다.

오늘날 지구상의 어떠한 독재국가나 권위주의 정권도 정보의 독점과 통제를

홉스(Thomas Hobbes, 1588-1679)가 지적했듯이 그 밖에 다른 어떤 방법도 생각나지 않을 때는 곤봉이 최후의 수단이기 때문에 어떤 경우보다도 극적이고 효과적이다." (Samuel P. Huntington, *op. cit.*, p. 196.)

6) 파키스탄에서는 1999년 10월 12일 군부의 무혈(無血)쿠데타가 성공하였다.

할 수 없기 때문에 국민을 억압하면서 장기적으로 정권을 유지할 수 없는 것이다. 그것은 전세계 정보의 자유로운 유통을 향유하는 지식인들과 의식화되어 가는 대중들, 그리고 개명된 세계인들의 저항을 받기 때문이다.

이제 어떠한 독재자들이나 권위주의적 정치지도자들도 이러한 정보의 세계적 네트워크 때문에 과거처럼 대중을 정치과정에서 장기적으로나 또는 영원히 소외시킬 수 없게 되었다. 정보의 자유로운 개방과 생산, 유통 그리고 소비는 다원주의(Pluralism)의 문화를 형성하면서 부당한 권위의 지배를 불가능하게 만들기 때문이다. 다원주의의 문화사회에서는 권위주의적 정권에서 볼 수 있는 획일적이고, 명령과 복종에 기초한 체제는 배격되는 것이다.

세계화에 편입된 지구촌 국가들의 사람들은 자국내의 다양한 문화는 물론 다국적(多國籍) 문화까지도 경험하게 된다. 이러한 다원주의적 문화로 인하여 개방된 시민세력은 그 동안의 소외에서 벗어나 시민운동을 조직, 정치·사회의 결정과정에 참여를 요구하게 된다. 이들은 요구를 관철하기 위하여 경우에 따라서는 '시민 불복종'(Civil disobedience)[7]운동을 전개하기도 한다. 특히 1980년 1월 서독의 다양한 시민운동단체들은 기존의 정권과 사회의 권위주의적 권력층(Establishment)에 항거하고 환경운동을 효과적으로 전개하기 위하여 녹색당

---

7) 시민 불복종운동의 이론적 토대를 제공한 이는 미국의 문필가 헨리 데이빗 소로(Henry David Thoreau: 1817-1862)이다. 소로는 여러 해 동안 인두세(人頭稅)를 내지 않아 1846년에 감옥에 수감되었다. 이 세금이 노예제도를 유지하고 부도덕한 멕시코 전쟁을 수행하는 재원으로 사용됐기 때문에 납세를 거부한 것이다. 그러나 그는 공공의 복지를 위해 사용되는 세금은 납부했다. 소로는 당시 창간된 잡지 「미학」에 '시민정부에 대한 저항'(Resistance to Civil Government)이란 글을 발표하였다. 그가 사망한 후 그의 글은 「시민 불복종」(Civil disobedience)이란 이름으로 출간되었고, 국내에서는 1999년에 강승영 옮김으로 이레도서출판에서 출간되었다.

소로의 사상은 19세기 말 러시아의 문호 톨스토이에게 영향을 줘 그의 정치 사회사상에 획기적인 전환점을 만들어 주었다. 그 후 20세기 초 남아프리카에서 인도의 독립운동을 하고 있던 간디는 소로의 책을 읽고 감동 받아 인도의 권리 찾기 운동을 시작한 것이다. 후에 이 운동은 인도지배에 대한 저항운동으로 발전했다.

시민 불복종운동은 20세기 중·후반으로 접어들며 세계 각국으로 전파되었다. 영국에서는 여성들이 참정권을 보장받기 위해 태업을 했다. 엘살바도르에서는 1960-70년대 현행법을 위반하며 기독교단체·노동조합 등의 다양한 세력이 연합하여 인권운동을 벌였다. 60년대 마틴 루터 킹목사의 흑인 인권운동과 68년도 서독에서의 기존 권력층에 대한 학생 저항운동도 소로에서 영향을 받았다. 80년대 남아공의 인종분리정책(Apartheid)에 대한 세계의 반대운동은 시민 불복종의 대표적인 사례이다.

국내에서는 1986년 농촌의 실상에 대한 TV의 왜곡보도에 분노한 전라북도 완주군의 한 농민에 의해 시작되어 4년간에 결쳐 국민의 절반 이상이 참가한 시청료 거부운동이 시민 불복종운동의 최초의 사례다. 이 운동은 1987년 11월 언론기본법의 폐지, 방송법 제정, 한국방송공사법 개정의 성과를 가져왔다. 따라서 2000년 1월 시민단체의 낙천·낙선운동을 통한 총선 개입은 한국사에 있어서 두 번째의 대규모 시민 불복종운동의 사례이다.

(Die Grünen)을 조직, 현실정치에 참여하고 있다. 이러한 녹색당의 등장은 독일의 정치구조와 시민문화에 변화를 가져왔고, 사회의 보다 많은 민주화에 공헌하였다.[8)]

이러한 시민운동단체의 지속적인 참여요구와 정권에 대한 불복종운동은 정보의 자유로운 유통, 이에 따른 시민들의 의식의 변화와 다원주의 문화의 수용에 의한 것으로, 오늘날 지속적으로 세계도처에서 정치변동을 유발시키고 있다.

제 3 절 정치변동의 이론적 배경

1. 진화론(Theory of evolution)

진화론은 다윈(Charles Darwin : 1809-1882)의 생물학적 입장에서 사회와 정치의 변동을 인식하려는 이론이다. 초기의 진화론자들은 정치사회를 자연의 법칙에 의하여 진화하는 생물체와 같은 유기체로 파악하였다. 그리하여 오늘날의 사회도 고대 원시 공동사회로부터 진화하여 발전한 것처럼 정치변동도 진화적인 방법으로 이루어진다고 보았다. 즉 사회도 미분화의 상태에서 구조적으로 분화되고 전문화되어 복잡한 현대사회로 발전했다는 것이다.

이러한 인식에 입각하여 정치사회의 변동에 접근한 최초의 학자는 프랑스의 사회학자 콩트(Auguste Comte : 1798-1857)이다. 그는 사회의 발전단계를 신학적 단계, 형이상학적 단계 그리고 실증적 단계로 설명하였다.[9)] 다윈의 생물학적 진화론의 영향을 받은 스펜서(H. Spencer : 1820-1903)는 적자생존(適者生存)의 개념으로 사회변동을 설명하였다. 그는 사회는 유기체적인 성격을 지니고 있는 실체로서 분화와 통합의 과정을 통하여 진화한다고 주장하였다. 진화의 주요 요인은 사회간의 생존을 위한 투쟁이며, 이 투쟁을 통하여 사회는 군사적 사

8) 독일 녹색당에 관해서는 유지훈 편저, 「푸르게 평화롭게」(수문출판사, 1990) ; "녹색당이 독일 정치에 미친 영향," 「국제관계연구」, 제 6 집(충북대학교 국제관계연구소, 1993) 참조.

9) 진덕규, 앞의 책, pp. 522-33 ; 이정식, 「정치학」(대왕사, 1998), p. 640 ; 루이스 A. 코저, 신용하/박명규 옮김, 「사회사상사」(일지사, 1997), p. 19 ; Dirk Käsler(Hrsg.), Klassiker des Soziologischen Denkens(Verlag C. H. Beck München, 1976), s. 30-37.

회에서 산업사회로 진화한다는 것이다.[10]

모간(R. H. Morgan)은 인간사회는 어느 곳에서나 발전 지향적인 진화의 단계를 거쳐 원시사회(Savagery society), 야만사회(Barbarian society), 문명사회(Civilization society)로 발전하였다고 주장하였다.[11]

이러한 진화론에 의한 정치변동의 인식은 오늘날 변동 자체의 복잡한 과정을 소홀히 다루었다.

2. 갈등론(Theory of conflict)

갈등론은 많은 학자들에 의하여 맑스론이라고도 표현되는데, 인간은 일상의 세계에서 경쟁적인 목표 그리고 상호 대치되는 욕구의 투쟁 속에서 살고 있다고 전제하고 있다. 그리하여 갈등론은 사회 속에서 인간의 삶은 질서정연한 진보에 의해 전개되기보다는 대립과 갈등에 의하여 무질서하게 변동을 하고 있다.

이러한 인간본성의 갈등론적 입장에서 정치변동을 이해한 학자는 맑스인데, 그는 "갈등 없는 사회는 발전도 없다. 이것이 오늘까지 지켜온 인간문명의 규정 법칙이다"라고 주장하였다.[12] 그 후 갈등론을 발전시킨 학자들은 코저(Lewis Coser)와 다렌도르프 등인데, 이들 인식의 기본명제는 맑스가 주장한 변증법적 유물사관에 의한 것으로, 사회변동은 생산수단인 자본의 소유계급과 노동계급과의 모순에 의한 갈등에서 발생한다는 것에 기초하고 있다.

특히 다렌도르프(Ralf Gustav Dahrendorf)는 1957년 "사회계급과 계급갈등"을 발표하면서, 그의 맑스 연구를 토대로 미국의 사회과학, 특히 파슨스(T. Parsons : 1902-1979)이론을 비판하면서 사회갈등과 사회변동에 대한 독자적인 이론을 발전시켰다. 그는 특정 조건하에서 표출되는 갈등은 사회생활에 있어서 일상적인 것이라고 주장하였다. 그는 사회에서 갈등은 규범, 욕구, 제도 그리고 집단에 의하여 구조적으로 생산된 모든 대립관계라고 보았다.[13]

맑스는 사회·정치변동의 원인을 경제체제의 구조적인 갈등과 모순에 있다

10) 정인흥, 「서구 정치사상사」(박영사, 1971), pp. 336-37.(이정식, 앞의 책, p. 640에서 재인용.)
11) 진덕규, 앞의 책, p. 523.
12) Ralf Dahrendorf, *Class and Class Conflict in Industrial Society*(Stanford University Press, 1959), p. 27.(진덕규, 앞의 책, p. 524에서 재인용.)
13) Dieter Nohlen(Hrsg.), Wörterbuch Staat und Politik, Bundeszentrale für politische, (Bildung, 1995), s. 337-40.

고 보고 있다. 그러나 변동을 단순히 경제체제에 의한 결정에 한정시킴으로써, 인간의 의식에 의한 변동을 과소평가함으로써 비판을 받고 있다.[14] 갈등론 전개에 있어서 맑스의 최종목표는 어떠한 모순과 갈등도 존재하지 않는 공산주의에 의한 이상국가 건설이었다. 그러나 지난 수십 년간 실존사회주의(Realsozialismus)의 실험 국가였던 동구국가들에서 공산주의는 그 동안 스스로 야기시키고 지속적으로 증폭시킨 사회갈등에 의하여 오히려 멸망하고 만 것이다.

이제 현대 갈등론에 단초를 제공한 맑스 이론은 아직도 학문으로서 유효하지만, 그의 이상국가 건설은 동구국가들의 민주화와 공산주의의 종주국인 소련의 멸망으로 허구였던 것으로 증명되었다.

3. 기타 정치변동 이론

정치변동에 대한 이상의 대표적인 이론 외에도 국내에서는 외국학자들의 여러 가지 이론들이 소개되고 있다.

"정치현상이란 자기이익을 추구하는 여러 정치집단들이 서로 발휘하는 압력에 의하여 조성된 균형"[15]이라고 주장한 벤트리(Arthur F. Bentley)와 트루만(David Truman)에 의한 균형론(均衡論)[16] 등이 있다. 이들은 정치체계는 사회집단들과 같은 여러 변수들에 의하여 변동이 생기지만 결국은 체제의 균형 유지능력 때문에 균형상태를 유지하게 된다고 보고 있다. 따라서 정치체제의 이러한 균형 유지능력으로 집단 상호간의 경쟁과 갈등상황이 반복적으로 전개되어 정치변동이 일어나지만 결국 정치체제는 균형을 이룬다는 것이다.

국내 학자들에 따라 체계론(System theory)이나 구조기능론(Structural-functional theory)으로 표현하여 정치변동에 관한 이론을 제시하고 있는데, 이는 파슨스의 사회체계이론과 그에 기초한 구조기능론 그리고 이스턴(David Easton)의 정치체계론에서 도출된 이론이다.

파슨스는 사회과학도 자연과학과 같이 객관적인 분석 틀을 이용하여 과학적

14) 하부구조로서 경제체제가 변동을 유도하는 것이 아니라 인간의 의식이 체제를 창출하고 변동시킨다고 주장한 학자는 베버(Max Weber: 1864-1920)이다. 이런 논리에 대한 그의 대표적 저서는 Die protestantische Ethik und der Geist des Kapitalismus(1905)이다.

15) 한배호, 「비교정치론」(법문사, 1995), pp. 96-106.

16) 이정식, 앞의 책, pp. 641-42.

방법으로 분석해야 할 필요성에서, 사회현상의 연구방법으로 구조기능론을 주장하였다. 그의 구조기능론에 의하면 사회는 수많은 체계로 구성되어 있고, 각 체계는 독자적 기능을 수행하기 위하여 일정한 구조를 갖고 있다는 것이다. 그리고 이들은 인체의 소화기체계, 비뇨기체계 또는 혈관체계가 각각 독자 기능을 수행하면서 서로 연계되어 있는 것같이, 그 기능의 수행과정에서 다른 체계와 연계되어 큰 체제로 통합되는 것이다.[17)]

이스턴의 정치체계이론은 파슨스의 사회체계론에 결정적인 영향을 받았다. 이스턴은 정치체계의 구성요소들은 외부의 환경과 조건을 받으면서 상호 관련되어 있어, 이들 요소들은 서로에게 변동의 영향을 주고 반작용하면서 환류(還流 : Feed back)를 통하여 균형을 유지하고 있다고 보고 있다. 즉 정치체계는 사회의 지지(支持)와 요구들이 전달되는 투입(投入 : Input)과정과 정책결정의 결과들이 산출(產出 : Output)되는 과정, 그리고 투입과 산출과정을 연결하는 환류과정이 연속되는 동태적인 균형상태인 것이다.

이상과 같은 사회체계론이나 정치체계론은 생물학의 체계이론에 근거하여 체계를 유기체로 보고 있기 때문에 체계는 변동에 대처, 부분적인 수정을 취하면서도 궁극적으로 균형상태를 유지한다고 보고 있다. 이는 벤트리와 트루만의 균형론과 비슷한 이론이 된다.

사회심리론(Social-psychological theory)은 사회의 정치변동은 단순히 기술의 발전이나 외부의 충격(Impact)에 기인되기보다는 그 사회에 살고 있는 구성원들의 심리적 상태, 즉 감정, 의식(意識), 가치관과 같은 문화적인 요인에 의하여 일어난다는 것이다.[18)]

사회 구성원의 의식이 사회와 정치변동을 가져왔다는 논리의 근거는 막스 베버(Max Weber)에서 찾을 수 있다. 맑스와는 대조적으로 베버는 독립변수로서 사회구성원의 의식과 규범은 사회·경제체제에 영향을 준다고 보았다. 그리하여 베버는 그의 유명한 저서 「프로테스탄트의 윤리와 자본주의 정신」(Die protestantische Ethik und der Geist des Kapitalismus)[19)]에서 특정 집단, 즉 청교도인들의 경제행태와 이들의 종교적 신념에 의해서 발전된 자본주의적 정신

17) 한배호, 앞의 책, p. 135.
18) 진덕규, 앞의 책, p. 525.
19) 베버의 이 글은 1904/5년에 발행된 Bd. XX und XXI des Archivs für Sozialwissenschaft und Sozialpolitik에 최초로 수록되어 있다.

과 생산방식을 설명하고 있다.

자신들에 대한 신(神)의 선택을 성공을 통해서 이 세상에서 증명하여야 한다는 청교도들의 확신은 종교적인 금욕정신과 함께 자본축적의 근본적인 원인이 되었고, 이러한 자본축적은 산업·자본주의적 과정을 발전시켜 왔다고 베버는 주장하고 있다.[20] 베버의 이러한 주장에서 사회구성원의 자기 성취의욕, 가치관 등이 정치·사회에 변동을 발생시킨다는 것을 알 수 있다.

정치사회의 변동에 대한 이상의 접근 이론들은 어느 것 하나도 완벽한 이론적 체계를 갖고 있지 못하고 있다. 이들 각 이론들은 정치변동의 한 측면만을 설명하기 때문에, 상호배타적이 아니라 상호보완적인 접근방법에 불과한 것이다.

제 4 절 정치변동의 유형

정치변동의 유형은 변동의 성격과 목표와 전개 방법에 따라 다양할 수 있다. 그러나 정치변동의 이념형(理念形)으로 권력지배 엘리트의 변동, 통치조직과 권력구조의 변동 그리고 정치체제 변동의 3가지 유형을 들 수 있다. 이러한 변동들은 국민의 합의에 따른 합법적인 절차, 즉 선거에 의한 경우와 혁명이나 쿠데타와 같은 물리적인 폭력과 같은 비합법적인 방법에 의한 경우도 있다.

앞에 예시한 3가지 변동들은 실제로는 명확하게 구별되기 어려울 뿐만 아니라, 경우에 따라서는 3가지 유형의 변동들이 혼합적으로 일어날 수도 있기 때문에, 우리는 이념형(Ideal type)이라고 표현할 수 있다.

1. 권력지배 엘리트의 변동

권력엘리트의 변동은 기존의 권력엘리트들이 합법적인 방법, 혹은 폭력과 같은 물리적인 수단에 의해 정치권력의 핵심에서 물러나고, 새로운 엘리트들이

20) Dirk Berg-Schlosser, Politische Kultur, Eine neue Dimension politikwissenschsftlicher Analyse(Verlag Ernst Vögel, München, 1971), s. 15.

정치권력을 장악하여 정치무대에 등장하는 것으로서 권력엘리트의 교체를 의미한다.

민주주의 국가에서 평화적인 정권교체로 인한 새로운 권력엘리트의 등장은 이들이 강력한 정치개혁을 추진할 경우 기존 정치에 변동이 발생하는 것이다. 오늘날은 평화적인 정권교체이든 비합법적인 정권교체이든 간에 새로운 권력엘리트는 정치권력의 정당성을 확보하고 권력의 지속적인 유지와 확대·강화를 위하여 필연적으로 개혁을 추진한다. 특히 물리적인 폭력과 같은 비합법적인 수단으로 권력을 장악한 권력엘리트는 그들의 약점인 권력의 정당성을 확보하기 위하여 필연적으로 강력한 개혁을 추진하려는 속성을 가지고 있다. 이들의 강력하고 철저한 개혁은 보다 더 근본적인 정치변동을 유발하게 되는 것이다.

사회가 상호 적대적인 구조로 되어 있다는 전제하에 파레토(Vilfredo Pareto)는 엘리트의 순환론(循環論)을 주장하였다. 그는 사회변동을 상호 적대적인 다양한 사회계층과 계급 그리고 이들간의 화합될 수 없는 이익추구에 의하여 발생하는 것으로 보고 있다. 피라미드형으로 구조된 위계질서적 사회조직은 정치적으로 무능력한 대중과 중도계층 그리고 정치적 지도능력을 갖고 있는 소수의 엘리트로 구성되어 있으며, 권력투쟁에서 언제나 엘리트계층이 승리한다고 파레토는 주장하였다.[21)]

파레토는 그의 엘리트 순환론에서 엘리트는 순환되며 이러한 순환이 순조롭게 이루어질 때에는 사회가 안정되나, 구 엘리트가 신진 엘리트의 등장을 거부하면 혁명이 일어난다고 하였다. 결국 권력지배 엘리트의 순환은 정치변동을 유발하는 것이다.

2. 통치조직과 권력구조의 변동

통치조직과 권력구조를 엄격하게 구분하기는 어렵다. 실제로 통치조직과 권력구조는 상호 연계되어 있어, 통치조직의 변동은 권력구조의 변동을 발생시키고 또한 권력구조의 변동은 통치조직의 변동을 가져오는 것이 일반적이다.

합법적인 선거에 의하든 비합법적인 물리적 힘에 의하든, 정치권력을 쟁취한 최고 통치자는 통치조직이나 권력구조를 그에게 유리하게 변동시킨다. 이는

21) Brockhaus Enzyklopädie, F. A. Brockhaus Mannheim 1991, 16 Bd., s. 533.

일반적으로 정치권력자는 권력의 유지·확대·강화를 지속적으로 추구하려는 속성을 갖고 있기 때문이다. 통치기구의 축소와 강화, 또는 제 3 세계에서 흔히 볼 수 있는 헌법개정을 통한 권력구조의 개편도 정치의 변동을 가져온다.

그 동안 우리 나라는 여러 차례의 통치조직과 권력구조의 변동을 경험하였다. 우리 나라의 역대 대통령들은 그들의 권력을 확대하고 강화시키기 위하여 여러 가지 수단을 강구해 왔다. 이승만은 수차례의 헌법개정을 통하여 그의 권력을 강화시켜, 종신까지 집권하려다 몰락하고 말았다.[22] 박정희도 군부쿠데타와 1972년 유신헌법을 통해 지구상 개명된 국가 중에서 가장 강력한 대통령 중심제를 구축, 종신까지 철권으로 통치하려다 역시 몰락하고 말았다. 그 후 12.12군부쿠데타를 일으켜 권력의 전면에 등장한 신군부 세력은 1980년 5.17 광주 민주화운동의 유혈진압을 통해 집권하였다.[23] 이들 신군부 세력의 수장들인 전두환과 노태우도 그들이 비록 단임의 대통령직에 있었지만, 그들도 통치조직의 개편을 통해 권력구조의 변동을 추구하였다.

특정 국가에서 대통령중심제가 내각책임제로 변하는 것도 통치조직과 권력구조의 근본적인 변동이다. 이러한 정치변동도 합법적이거나 비합법적인 수단을 통하여 이루어질 수 있다.

3. 체제변동

체제변동은 정치변동의 유형 중에서 가장 근본적이고 대규모적인 변동으로 혁명과 같은 정치사회의 대변혁에 의하여 발생된다. 이 변동은 권력지배 엘리트의 교체는 물론 통치조직과 권력구조에 근본적인 변화를 가져올 뿐만 아니라 기존의 정치·사회와 경제체제에도 변화를 가져온다.

근대국가의 성립과정에서 부르주아계급의 등장으로 절대군주제가 타파되고 자유주의에 입각한 공화정(共和政)의 등장은 체제변동의 예이다. 또한 1917년 10월 봉건주의 체제를 붕괴시킨 러시아의 공산주의 혁명도 러시아의 정치·사

22) 칼 뢰벤슈타인(Karl Löwenstein)은 이승만 대통령의 권위주의적 통치구조를 신 대통령제(neo-presidentalism)라고 하였다. (이극찬, 「정치학」, 법문사, 1995, pp. 483-85.)

23) 박정희의 유신공화국의 등장과 서울의 봄, 광주 그리고 신군부의 등장과 이들의 집권과정에 대하여는, 유지훈 옮김, 「독일언론이 기록한 격동 한국현대사(1972. 10-1987. 6)」(한국기자협회, 1998)를 참조.

회 · 경제체제와 통치의 권력구조를 근본적으로 변화시킨 체제변동이다.[24)]

제 3 세계국가들에서 군부의 정치개입에 의하여 기존의 정치체제가 군부권위주의체제로 변화하는 것을 흔히 볼 수 있는데, 이 또한 전형적인 체제변동이다.[25)] 또한 우리는 지난 세기에 여러 나라에서 합법적이나 비합법적인 방법에 의하여 군주제가 입헌군주제로, 입헌군주제가 공화제로, 공화제가 군주제로 그리고 다시 공화제로 환원된 정치변동을 경험하였다.[26)]

제 5 절 정치변동의 양식으로서 쿠데타와 혁명

정치변동의 양식은 정치적 근대화를 포함하는 정치적 진화나 개혁과 같이 기존의 정치체제 내에서 점진적으로 변화하는 것과, 합법적이며 평화적인 방법인 선거라는 절차에 의하여 이루어지는 정권교체 등이 있다. 또한 기존 정치체제의 해체나 전체 정치 · 사회구조 그리고 경우에 따라서는 사회의 문화적 규범까지도 변화시키는 평화적인 대 개혁에 의한 정치변동도 있다. 그리고 비합법적인 정치변동의 대표적 양식으로 물리적 폭력수단까지도 동원되어 정치변동이 유발되는 쿠데타(coup d'État)나 혁명(Revolution)도 있다.

제 3 세계 있어서 자주 발생되는 군부쿠데타와 같은 정치변동은 그것을 폭력적으로 유도한 세력에 의하여 혁명으로 미화시켜지는 경우가 있다. 국민들로부터 쿠데타의 정당성을 확보하기 위한 것이다. 이러한 이유로 우리는 쿠데타와

---

24) 아리스토텔레스는 그의 정치학에서 정치체제를 군주제(Monachie), 귀족제(Aristokrartie), 금권정치제(Politie/Timokratie), 폭군제(Tyrannis), 과두제(Oligarchie/Plutokratie) 그리고 민주제(Demokratrie) 등, 6가지 정치체제로 분류하였다. 이들 정치체제 중 한 체제가 다른 체제로 변화한다면 체제변동인 것이다. 또한 오늘날의 이념적인 정치체제를 민주정치체제(Democratic System), 일당공산전체주의체제(One-party Communist Totalitarian Systems), 권위주의체제(Authoritarian Systems)와 원시정치체제(Primitive Political Systems)로 분류할 수 있는데, 이들 체제들이 서로 다른 체제로 변화하는 것도 체제변동에 속하는 것이다.

25) 1959년 쿠바혁명을 통해 우파독재정권을 무너뜨리고 집권한 카스트로(Fidel Castro)의 공산주의 체제와 1973년 칠레에서 좌파연합의 아옌데(Salvador Aende) 정권을 붕괴시킨 피노체트(Augusto Pinochet)의 관료적 권위주의체제(Bureaucratic Authoritarian System)가 그 예이다.

26) 세계의 여러 나라에서 발생한 이러한 체제변동의 예에 대하여는 신명순, 「비교정치」(박영사, 1999), p. 99를 참조.

혁명을 보다 자세히 설명해 볼 필요가 있다.

1. 쿠데타(coup d'État)

프랑스어인 쿠데타의 기원은 나폴레옹 3세(1808-1873)가 1851년 12월 황제의 직위에 오르기 위하여 폭력을 행사한 데서 연유한다.[27] 이는 국가에 기습적으로 일격(coup)을 가한다는 뜻으로, 개인이나 집단이 폭력을 행사하여 정부의 통치권력을 기습적으로 탈취하는 행동을 말한다. 다시 말하면 기존 지배세력의 일부가 이미 장악하고 있는 권력을 보다 더 강화하고 확대하기 위하여, 또는 새로운 정권을 창출하기 위하여 일거에 탈법적인 수단으로 최고의 정치권력을 장악하는 것을 의미한다. 이때 쿠데타세력들은 군대나 경찰과 같은 물리적인 폭력수단을 동원한다.[28]

쿠데타는 기존의 사회질서나 국가체제를 변경하지도 않으며, 새로운 이념도 만들어 내지 않고 단지 정책적인 면에서 새로운 것을 실시할 뿐이다. 특히 쿠데타세력은 탈법적이고 강압적인 그들 행동에 대중들로부터 정당성을 확보하기 위하여, 쿠데타 초기에 언론을 장악한다. 그리고 빈민구제사업의 신속한 실시, 기초질서의 확립, 사회의 광범위한 부패세력과 기존 정치세력의 추방, 그리고 기존 정당의 해체에 역점을 두는 것이 통례이다.

쿠데타는 지배세력내 파벌간의 권력투쟁으로 일어나는 일명 궁정(宮庭)혁명이라고 하는 친위(親衞)쿠데타, 교조주의 투쟁정당의 선동에 의한 대중의 급습으로 이루어지는 쿠데타, 제 3 세계국가들에서 흔히 발생하는 군부세력이 일으키는 군부쿠데타[29] 등으로 분류된다.

쿠데타는 순간적인 상황에 기습적으로 발생하기 때문에 그 계획은 철저한

---

27) 나폴레옹 3세는 1848년 선거에서 74%의 득표를 하여 프랑스의 대통령이 되었다. 그는 다시 선거에 의하여 재임이 불확실하자, 1852년 12월 2일에는 쿠데타를 일으켜 공화국을 제국으로 바꾸어 광범위한 통치권을 확보, 국민투표로 황제가 되었다. (Brockhaus Enzyklopädie, F. A. Brockhaus Mannheim 1991, 15Bd. s. 328.)

28) 이범준 · 신승권, 「정치학」(박영사, 1997), pp. 83-84; 김순규 외 14명, 「정치학의 이해」(박영사, 2000), p. 97; 김재영 외 3명, 「정치학의 이해」(삼우사, 2000), pp. 405-6.

29) 제 3 세계의 국가들에서 자주 볼 수 있는 군부쿠데타에 대하여는 Friedemann Bürttner/Klaus Lindenberg/Ludger Reuke/Rüdiger Sielaff, Reform in Uniform, Militärherrschaft und Entwicklung in der Dritten Welt, Verlag Neue Gesellschaft GmbH, Bonn-Bad Godesberg, 1976을 참조.

비밀 속에서 이루어진다. 기존의 정치권력이 독재자에게 집중되어 있어 대중들로부터 정통성을 부여받지 못하고 있을 때 그 쿠데타의 성공 가능성은 높다. 그러나 쿠데타가 초기에 성공하더라도 대중들로부터 지속적인 지지를 받는 것은 별개의 문제이다. 대중들로부터 지지를 받아 그들의 정권을 안정화시키기 위하여서 쿠데타세력들은 그들이 초기에 공약한 여러 가지 개혁에 성공해야 한다. 그러나 초기에 성공한 쿠데타라도 그 쿠데타세력이 내건 명분이 국내외 여론의 점진적인 강한 반발로 실패할 수도 있다.

쿠데타는 근대화되지 못한 발전도상국가에서 자주 일어난다. 그러나 너무 후진적인 국가에서는 의식화되지 못한 대중들이 그들의 생활의 조건을 신의 섭리로 믿기 때문에 일어나지 않는다.

신생국가들 중에는 헌법과 의회도 갖고 있어 독립국의 형태를 갖추고 있으나 정부가 국민들의 생리적 욕구를 충족시키지 못하는 국가들이 많다. 이런 국가들에서 정치가들은 파벌싸움과 정권투쟁만 몰두하고 있어 의회는 정상기능을 할 수 없다. 그리고 이들 국가의 대중들은 정치에서 소외되었거나 정치인들에 혐오감을 갖고 있기 때문에 이들 국가에서 쿠데타가 일어나기 쉽다. 쿠데타는 짧은 시간 내에 완결되어야 하기 때문에, 한 국가의 행정·정보·통신·문화의 중심지인 수도에서 단행되는 것이 보통이다.

제 2 차대전 후 새로 독립된 신생국가들에서 수입된 정치체제는 그들의 정치문화와 괴리현상을 보이게 되는 경우가 많다. 정치체제가 그들의 문화에 뿌리를 두고 있지 않기 때문이다. 부패하고 무능한 정치가들은 오로지 자기들의 이익을 위하여 정권쟁탈을 위한 파벌싸움에 휘말리게 된다. 그리고 사회의 제 세력들은 그들의 특수한 성격과 능력을 반영하는 수단을 사용하여 정치무대에 등장하게 된다. 부유층은 뇌물을, 학생은 폭동을, 노동자는 파업을, 그리고 군은 쿠데타를 일으킨다. 이러한 혼란의 사회에서는 공인된 행동양식도 없고, 정당제도 또한 근대화되지 않았기 때문에 이와 같은 직접적인 여러 행동이 정치무대에 등장하게 된다.

이때 사회 제 세력 가운데 가장 근대화되어 있고, 명령체계로 조직되어 있으며 물리적 힘을 갖고 있는 군은 낙후된 국가를 위기로부터 구한다는 사명감으로 쉽게 쿠데타를 일으키게 된다.[30]

30) 헌팅턴은 군부쿠데타가 자주 일어날 수 있는 이러한 혼란의 후진사회를 집정관적 사회

2. 혁명(Revolution)

1) 혁명의 개념정의

혁명이란 정치사회의 역사적인 발전에 따라 피지배계급이 기존체제의 일대 변혁을 창출하기 위하여 국가권력을 장악해 온 기존세력으로부터 그 권력을 비합법적인 방법으로 탈취하는 극단적인 정치변동의 양식이다.[31] 라스웰(Harold D. Lasswell)은 혁명을 정치혁명과 사회혁명으로 구분하고 정치혁명은 권력구조의 급격한 변동이며, 사회혁명은 실질적인 지배계급의 급격한 변동[32]이라고 하였으나 일반적으로 혁명은 양자의 급격한 변동을 포함한다. 따라서 혁명은 비합법적인 폭력적 방법으로 수행되는 정치변동뿐만 아니라 계급관계의 변동까지도 포함되는 사회체제 전체의 근본적인 변혁을 의미한다.

이러한 의미에서 역사학자 브린튼(Crane Brinton)은 1938년 그의 혁명의 해부(The Anatomy of Revolution)에서 단순한 정치변동과 구분하여 17세기 영국의 명예혁명(1640), 18세기 미국혁명(1776)과 프랑스 대혁명(1789), 그리고 20세기 초의 러시아 혁명(1917) 등 4대 혁명을 들고 있다.[33]

그러나 브린튼의 시대를 지나면서 진정한 혁명의 의미로, 1940년대와 50년대의 중국 공산주의 혁명, 1960년대의 쿠바혁명, 1980년의 이란혁명 그리고 1980년대 말 동유럽의 민주화 혁명 등이 세계사에 또 다른 혁명의 장으로 추가되게 되었다.

오늘날 많은 사람들은 한 분야의 급격하고 근본적인 변화에도 혁명이란 표현을 사용하고 있다. 인간혁명, 문화혁명, 산업혁명과 군사혁명이란 표현들이 그 예이다. 그러나 이때에 사용되는 혁명은 진정한 혁명이라 부를 수 있을 만큼

(Praetorian Society)라고 하였다. 그리고 그는 러스터우(Dankwart A. Rustow, *A World of Nation*, Washington, D. C., Brooking Institution, 1967, p. 170)를 인용하여 이러한 사회에서 군의 정치개입기술은 홉스(Thomas Hobbes)가 지적했듯이 "그 밖에 다른 어떤 변수가 나타나지 않는 한, 곤봉은 최후 승리의 수단이기 때문에 다른 어떤 경우보다도 극적이고 효과적이다"라고 하였다. (Samuel P. Huntinton, *op. cit.*, p. 169.)

31) Robert Rienow, *Introduction to Government* (New York: Alfred A. Knopf, 1952), p. 139. (이극찬, 「정치학」, 법문사, 1999, p. 221; 김순규 외 14명, 앞의 책, p. 98에서 재인용.)

32) Harold D. Lasswell and A. Kaplan, *Power and Society* (New Haven: Yale Univ. Press, 1950), p. 272. (김우태 외 15명, 「정치학의 이해」, 형설출판사, 1998, p. 465에서 재인용.)

33) 진덕규, 앞의 책, p. 556.

광범위하고 급격한 변화를 지칭하는 경우도 있으나, 대부분 개혁이나 변혁을 미화 내지는 정당화하기 위한 의미로 쓰여진 것에 불과하다. 특히 제 3 세계의 국가들에서 흔히 볼 수 있는 군사혁명은 군사쿠데타 주도세력이 그들의 폭력적인 행동을 정당화하기 위한 선전목적으로 쓰고 있는 것이 보통이다.

이러한 혁명에 대한 다양한 개념의 사용에도 불구하고 우리는 다시 한번 혁명을 정의할 필요가 있다. 스카치폴(Theda Skocpol)의 견해에 따르면, 혁명이란 "급격한 정치의 구조적 변혁을 통해서 그 사회의 기존제도나 계급구조까지 완전히 새로운 것으로 대치시키는 현상"이라고 하였다.[34] 이와 비슷한 개념정의로, 윌호이트(Fred Willhoite)는 "어떤 형태의 갑작스럽고 거대한 변동이 비합법적이고도 초법적인 수단에 의해서 전개될 때, 그리고 그 전개가 기존 정부의 붕괴를 가져오고 지배체제를 몰락시키면서 그것에 대항했던 세력에 의해서 전면적으로 대체되어 마침내 새로운 사회를 이룩하게 되는 변혁으로 진척될 때 이를 혁명"[35]이라고 하였다.

이상의 혁명의 개념정의들에서, 혁명이란 비합법적인 수단이 동원되어 새로운 지배세력과 정치구조가 등장, 기존의 정치 · 사회체제를 붕괴시키고, 사회를 완전히 재편시키는 것으로 우리는 이해할 수 있는 것이다.

2) 혁명의 발생요인

혁명은 어느 특정 시기에 순간적으로 발생하는 것 같지만, 실제로는 수많은 복합적인 관계를 갖고 있는 정치 · 사회적 문제들이 해결되지 않은 채 누적되어 오다가 어느 시점에서 화산의 폭발처럼 발생하는 것이다. 화산의 폭발이 여러 가지 예비적 조짐을 통하여 예고되는 것처럼 혁명도 그 발생을 암시하는 예비적 증후군인 요인들이 있는 것이다.

혁명발생의 요인으로는 경제 · 사회 · 문화적, 그리고 정치적 요인들이 있다. 맑스주의자들에 의하여 주로 제기되는 경제적 요인은 한 국가사회에서 대량실업과 같은 경제적 위기상황나 경제적 불평등이 장기간 심화되면 이에 불만을 갖는 의식화된 프롤레타리아 계급이나 집단이 혁명을 일으키게 된다는 것이다. 그러

34) Theda Skocpol, *State and Social Revolutions: A Comparative Analysis of France, Russia and China*(New York : Cambridge Univ. Press, 1979), p. 43. (진덕규, 앞의 책, p. 556.)
35) Fred Willhoite, *Power and Government : An Introduction to Politics*(Pacific Grove, 1988), p. 381. (진덕규, 앞의 책. p. 556에서 재인용.)

나 대부분의 신민(臣民)적 성격의 민중들이 절대적 빈곤상태에 있을 때에는 오히려 정치권력이 안정되어 혁명이 일어나지 않는다. 이는 전통적 사회의 신민들이 그들의 경제적 조건을 천부(天賦)의 것으로 받아들여 체념하기 때문이다.

혁명은 오히려 급격한 근대화의 과정에서 상대적 빈곤이 사회에 팽배했을 때 발생할 수 있다. 상대적 빈곤과 박탈의식을 갖고 있는 대중은 기존체제에 대한 소외감(疎外感)을 느끼게 되며, 이러한 대중의 소외감이 반체제 지식인들에 의하여 정치화될 때 혁명은 일어나게 된다.

혁명발생의 사회·문화적 요인으로는 첫째로는 한 국가사회에서 계급적, 종교적, 인종적, 민족적 또는 지역적 갈등이 적대관계로 발전하여 정치권력의 독점을 위하여 투쟁하는 경우. 둘째, 지식인층의 기존체제 이탈과 반체제적 활동. 브린톤(Crane Brinton)은 혁명이 임박했다는 가장 신빙성 있는 징표는 지식인의 이반(desertion of the intellectuals)이라고 하였다.[36] 셋째, 기존 이데올로기의 쇠퇴와 매력적인 새로운 이데올로기의 등장. 새로운 이데올로기가 바람직한 미래에 대한 비전을 제시하고 그 실현이 눈앞에 도래하고 있음을 역설할 때, 사회적 불평등에 빠져 있는 대중은 이러한 이데올로기에 매혹되는 것이다. 이상적인 미래에 대한 희망이야말로 불평·불만 속에 있는 대중을 혁명으로 이끄는 가장 강력한 동인(動因)인 것이다.

혁명발생의 정치적 요인으로는 첫째, 식민통치 세력이나 순환되지 않는 지배엘리트의 강압적인 통치에 대한 저항. 둘째, 정부의 비효율적인 정치과정으로 인한 개혁의 정체와, 이로 인한 정치권력의 정통성과 국민 통합능력의 결여. 셋째, 지배엘리트 집단의 내부 분열과 대립 그리고 이들의 권력투쟁. 넷째, 전쟁에서의 패배와 이로 인한 지속적인 경제 불황을 타개할 능력이 기존 지배세력에 결여되었을 때. 이상 열거한 혁명발생의 요인들은 상호보완적이어서, 어느 하나의 요인만으로 혁명발생의 충분조건이 되는 것은 아니다. 또한 여러 요인들이 복합되어 혁명이 발생되기까지는 배후에서 필연적으로 혁명세력의 조직적인 활동이 있어야 한다.

이러한 혁명세력의 조직적인 활동은 혁명의 주체적 조건이다. 실제로 앞서 언급한 혁명발생의 객체적 요인들, 즉 조건들이 자연발생적으로 성숙되었다고 하더라도 주체적 조건이 조직적으로 형성되어 있지 않다면 혁명은 일어날 수

36) 이범준·신승권, 「정치학」(박영사, 1997), p. 88.

없는 것이다. 러시아 혁명은 레닌, 중국혁명은 모택동(毛澤東), 그리고 쿠바혁명은 피델 카스트로(Fidel Castro)라는 혁명지도자의 조직적인 활동으로 가능했던 것이다.[37)]

3) 혁명의 종류

혁명은 누구에 의해 주도되었고, 추구하는 목표는 무엇이며, 그리고 그 진행과정에 따라 여러 가지 형태로 분류할 수 있다. 혁명의 주도세력에 따른 분류는 일반적으로 위로부터의 혁명, 아래로부터의 혁명 그리고 옆으로부터의 혁명으로 분류된다.

① 위로부터의 혁명(Revolution von Oben) : 이는 하향식 혁명이라고도 하는데 기존지배세력이나 일부 지배세력의 계획과 주도하에 민중을 동원하지 않고 타협적으로 진행되는 혁명을 말한다. 이러한 혁명은 시대의 변화에 따라 내·외적으로 기존체제나 질서를 위협하는 새로운 도전들이 나타났을 때 일어난다. 이러한 경우 통찰력 있는 지배세력은 권력을 지속적으로 유지하기 위하여, 또는 민중을 포함한 여타세력들의 있을지도 모르는 동요 내지는 봉기를 미연에 방지하기 위하여 전격적으로 혁명을 단행한다. 물론 이러한 혁명은 과감한 개혁을 통하여 이루어지기 때문에 단지 개혁에 불과하다고 주장될 수도 있으나, 그 개혁이 혁명적 결과를 가져왔을 때는 혁명이라고 보는 것이다.

역사적인 예로는 독일, 일본과 터키의 급속한 근대화 추진과정들은 위로부터의 혁명이다. 또한 1980년대 중반부터 페레스트로이카(Perestroika)와 그라스노스트(Glasnost)를 기치로 추진된 고르바초프의 개혁정치는 위로부터 혁명의 전형적인 예이다. 고르바초프의 개혁정치는 결과적으로 소련연방의 붕괴와 러시아를 포함한 동구권의 민주화, 그리고 동서냉전체제의 붕괴라는 혁명적 상황을 가져왔다.

② 아래로부터의 혁명(Revolution von Unten) : 이는 가장 전형적인 혁명으로 상향식 혁명이라고도 하는데, 그 주도세력은 정치적으로 성숙된 피지배계급인 일반 민중이다. 정치적으로 소외되어 기존정치체제나 지배엘리트에 대한 광범위한 불만을 갖고 있는 민중들이 일으키는 혁명으로 그 과정은 폭력적이고 급진적인 것이 통례이다. 물론 민중들의 자주적인 행동으로 이루어지는 혁명이

37) 김우태, 「정치학」(형설출판사, 1985), p. 306.

지만, 이들에 동조적인 정치 야망가들이나 지식인들이 배후에서 혁명을 조직하거나 지도하는 것이 일반적이다.

1640년에 시작된 최초의 시민혁명인 영국의 청교도(淸教徒)혁명, 1789년의 프랑스 혁명, 1917년 러시아의 볼세비키 혁명, 2차대전 후 시작된 중국공산당혁명이 이에 속한다. 또한 1989년 가을부터 시작하여 베를린 장벽의 붕괴와 그 후 역사적인 독일통일을 가져온 동독의 시민혁명도 전형적인 아래로부터의 혁명이다.

③ 옆으로부터의 혁명(Revolution von Seiten) : 이는 정치적으로 소외되어 기존체제에 불만을 품고 있는 대중들의 지지를 기반으로 한 지식계층에 의한 혁명이다. 이러한 지식인들에 의한 혁명은 위로부터의 혁명과 아래로부터의 혁명을 계획하고 추진할 수 있는 세력이 없을 때 발생한다. 한국의 4.19 학생혁명이 이러한 혁명의 유형이다.

또한 혁명은 그 변혁과정의 강도와 그 변혁의 영향이 미치는 범위와 정도에 따라서 급진(急進)혁명, 온건(穩健)혁명 그리고 유산(流產)혁명 등으로 분류할 수 있다. 역사적으로 보여준 급진혁명은 프랑스의 대혁명과 러시아의 볼세비키 혁명이다. 온건혁명으로는 1688년 일어난 영국의 명예혁명(Glorious Revolution)이 그 예이고, 혁명운동 도중에 좌절된 유산혁명으로는 1884년 조선조에서 일어난 동학농민혁명을 들 수 있다.[38)]

혁명의 또 다른 분류로는 시민혁명과 사회주의혁명이 있는데, 이는 혁명의 주체계급과 그 계급이 지향하는 목표에 따른 분류라고 할 수 있다. 시민혁명을 부르주아민주주의혁명이라고도 하는 것은 부르주아계급에 의하여 혁명이 주도되고, 그 목표가 봉건사회를 탈피하여 자본주의 사회를 이룩하기 위한 것이거나, 공산독재체제를 붕괴시키고 민주사회의 건설을 하기 위한 것이기 때문이다.

사회주의혁명은 프롤레타리아혁명이라고도 부르는데, 노동자계급을 해방하고 자본주의사회를 붕괴시켜 사회주의의 이상향(理想鄕)을 건설하려는 목적을 갖고 있다. 시민혁명의 전형은 프랑스 혁명, 그리고 동서냉전의 해체로 유럽의 분단극복과 독일통일을 가져온 무혈혁명(無血革命)인 동독의 시민혁명을 들 수 있다. 사회주의혁명의 전형은 러시아 혁명에서 그 예를 찾을 수 있다.[39)]

38) 김재영 외 3인 공저, 「정치학의 이해」(삼우사, 2000), p. 405.
39) 이극찬, 앞의 책, p. 237.

제 6 절 바람직한 정치변동

우리는 지금까지 정치변동에 대한 개념, 원인, 이론적 배경과 유형 등을 광범위하게 알아보았다. 그리고 급격한 정치변동양식으로서 쿠데타와 혁명에 대해서도 분석하였다.

우리가 정치변동에 대한 이러한 광범위한 분석을 하는 목적은 정치변동에서 일반적이면서도 경우에 따라서는 법칙적이 될 수도 있을 유형을 찾아내려는 것이다. 우리는 이러한 유형을 모델로 하여 앞으로 세계도처의 국가들에서 전개되는 정치변동을 분석할 수 있다. 또한 정치학도로서 장래의 정치변동을 예측해 보고 바람직한 정치변동을 구상해 보자는 데 그 목적이 있다.

오늘날 지구촌으로 일컬어지는 국제사회는 다양한 문화와 정치·경제·사회체제를 갖고 있는 국가들로 구성되어 있다. 그리고 이들 국가들에서는 "정치적 인간"들에 의하여 끝없이 정치변동이 일어나는 것이다.

일부 제 3 세계의 국가들에서는 지금도 군부쿠데타나 기존 독재정권에 대한 시민불복종, 그리고 민중들의 항거운동에 의하여 급격한 정치변동이 일어나고 있다. 특히 공산주의 독재국가들에서는 80년대 말부터 민중의 항거운동이 일어나 시민혁명을 거쳐 민주주의 국가로 변하는 정치적 변동을 경험한 나라들이 있다.

폴란드와 헝가리에서는 시민혁명과 같은 급진적인 정치변동의 과정을 거치지 않고, 통찰력 있는 정치지도자들이 민중의 요구를 수용하여 신속한 개혁과 개방정책을 추진, 민주화를 이루었다. 그러나 기존의 부패하고 무능력한 정치지도자들이 민중의 요구를 받아들이지 않고 물리적 방법을 동원하여 정권을 유지하려고 할 때, 루마니아의 챠우체스크와 같이 그들은 민중의 항거에 의하여 결국은 비참하게 퇴진하고 마는 역사적인 예를 우리는 경험하였다.

이러한 정치변동은 경우에 따라서는 유혈적이고 급진적인 행태를 갖을 수 있기 때문에 해당 국가들이나 국민들에게는 불행한 일인 것이다. 그리하여 많은 군부쿠데타의 경험을 갖고 있는 국가들에서는 급격한 정치변동을 방지하기 위하여 다각적으로 제도장치를 마련하기 위하여 노력을 하고 있다.

선진국에서는 급속한 정치적 변동을 방지하고 정치적 안정을 유지하면서도 점진적인 변동을 지속적으로 유도하기 위하여 제도화된 권력구조[40]를 갖고 있는 민주주의를 택하고 있다. 그러나 전체주의와 권위주의 국가에서의 정치적 변동은 제도화된 권력구조의 결여로 급속한 정치변동을 유발할 가능성이 매우 높다,

민주주의는 권력의 분화, 민간정치권력에 복종하는 군부의 직업윤리, 국민의 직접선거에 의하여 구성된 의회 그리고 여론을 표출시키고 조직하여 정부에 전달하는 매개체적 역할을 하는 정당체제의 발달로 정치변동은 순화되고 진화적인 형태를 갖게 된다. 또한 선진 민주주의 국가들의 다원주의(pluralism)사회에서는 제 세력(諸勢力)들간에 상쇄력(相殺力)이 존재하여 균형을 이루기 때문에 쿠데타나 혁명과 같은 급격한 정치변동이 일어나지 않는다고 갈브레이스(John Kennath Galbraith)는 주장하였다.[41]

미래의 바람직한 정치변동은 선진 민주주의 국가들에서 경험할 수 있는 제도적 장치를 통한 진화적인 것이어야 한다. 또한 이러한 정치변동은 현명한 정치지도자들이 일반대중들의 참여욕구에 대응, 지속적인 개혁을 통하여 이루어지는 것이어야 한다. 그리고 또한 개명(開明)된 대중들이 수용하고 예측할 수 있는 정치변동이어야 한다.

---

40) 1987년 헌법개정에 의한 우리 나라의 대통령중심제는 미국과는 달리 부통령제도가 없기 때문에 완벽하게 제도화되어 있다고 할 수 없다. 1979년 10월의 경우처럼 만약 대통령이 임기중 유고(有故)를 당하게 되면 정치적 혼란이 야기될 수 있다. 이러한 혼란은 경우에 따라서 급격한 정치적 변동을 유발시킬 가능성이 있다. 그리하여 혹자는 1987년의 우리나라 헌법은 부통령제가 없고 대통령의 임기도 5년의 단임제여서 다시 개정되지 않으면 안 될 운명을 지니고 있다고 주장하기도 한다.

41) 노동조합, 각종직업단체, 학생조직, 교회, 국가관료제 등과 같은 사회집단 사이에 서로 견제할 수 있는 상쇄력(countervailing powers)이 존재한다. 그리하여 오늘날 영국과 같이 분화된 국가에서는 민간정부에 복종한다는 군부의 직업윤리 때문이 아니라도 군부의 정치개입은 상상할 수 없는 것이라고 독일의 한 정치학자는 주장하고 있다. (Dirk Berg-Schlosser, 앞의 책, s. 244.)

연습문제

1. 정치변동을 연구하는 목적은?
2. 제 3 세계의 국가들에서 자주 발생하는 쿠데타의 원인은?
3. 선진 민주주의 국가들을 제외한 현대국가들에서 일어나는 전치변동의 원인은?
4. 1980년 말 동구 공산주의 멸망과 동독 시민혁명의 원인과 그 결과는?
5. 쿠데타와 혁명의 차이는 무엇인가?
6. "정치적 동물"로서 인간이 정치변동을 추구하는 근본적인 이유는?
7. 한국의 미래 바람직한 정치변동에 대하여 논술하라.
8. 한국의 중요한 정치변동을 열거하고 간단히 설명해 보라.
9. 쿠데타의 유형은 어떠한 것이 있나?

제 8 장 정치발전

요 약

제 2 차 세계대전 이후 신생독립국의 정치발전 문제는 서구 정치학자들의 초미의 관심사가 되었다. 이들 학자들을 중심으로 정치발전에 대한 다양한 논의가 진행되었지만, 이들의 정치발전과 민주주의에 대한 논의는 낙관적 기대와는 달리 제 3 세계의 저발전과 권위주의 체제로 인해 많은 비판의 대상이 되었다. 이 글에서는 이들 학자들에 대한 논의를 개괄적으로 소개하고 나아가 비판적으로 평가하고자 한다. 제 2 절에서는 정치발전의 개념에 대해 살펴보고, 이후 각 장에서는 정치발전 모델을 사회과정 모델, 구조기능 모델, 비교역사 모델로 분류하여 각 모델의 논의를 살펴본다. 또한 이들 각 모델의 비교·평가를 통해 제 3 세계의 적실성을 논하고, 결론에서는 정치발전론의 현대적 경향과 전망에 대해 고찰한다.

립셋은 서구식 민주주의의 확립을 정치발전으로 보았고, 알몬드는 정치구조의 분화와 전문화, 정치문화의 세속화로서 정치발전을 규정하였다. 헌팅턴은 정치발전을 근대화 과정으로부터 나타난 사회 제 세력과 집단들의 동원 및 참여의 증대와 이에 대응하는 정치제도화 수준의 확대로 간주했다. 스카치폴은 사회혁명을 역사적 진보나 정치발전으로 간주했고, 트림버거는 대중동원과 참여, 이에 기초한 자율적인 민족국가의 건설을 정치발전으로 규정했다.

사회과정 모델은 정치발전이 진행되기 위해서는 사회·경제적 발전이 선행되고 충족되어야 하며, 정치발전을 근대화의 일부로 간주하여 서구의 안정된 민주주의와 사회적 안정 및 질서의 달성으로 보며, 사회·경제 발전과 정치발전을 조화로운 균형관계로 본다.

한편 구조기능 모델은 정치체계 내의 구조와 기능에 주목함으로써 정치영역의 자율성을 강조하며, 정치발전을 정치체계 내에 필요한 필수기능 혹은 기능적 필수요건들이 충족되는 과정으로 본다. 그리고 이 모델은 전통·근대라는 양분법에 기초하여 발전된 사회의 현실적 준거를 영·미 사회와 일치시킴으로써 서구 지향적인 발전시각을 반영한다.

반면 비교역사 모델은 역사적 구체성에 입각하여, 두 개 이상의 사회적 진화와 발전 유형을 자연스럽게 비교하는 경험적이고 실증적인 모델이다. 이 모델은 역사적이고 국제적인 발전시각에 기초하여 변동과 발전의 원인·과정·결과 사이의 일련의 상호연관성을 강조하는 동시에, 국가나 사회의 총체적 변동인 혁명과 같은 체제변혁을 분석하는 동적이고 변동 지향적인 발전모델이다.

하지만 1990년대를 기점으로 정치발전론에 대한 새로운 이론적 모색이 시작되고 있는데, 21세기 정치발전론에서 가장 중요한 문제는 민주주의의 보편화 과정과 세계화 추세를 얼마나 탄력적이고 적실성 있게 수용하느냐 하는 문제이다.

제 1 절 서 론

요즈음 인구에 가장 많이 회자되는 말은 아마 밀레니엄이니 새 천년이니 하는 말들일 것이다. 새로이 시작한다는 것은 희망을 주기도 하지만, 지난 역사에 대해 냉철한 반성을 요구하기도 한다. 이러한 것은 학문의 세계도 예외는 아니다. 이 글은 이러한 관점에서 정치발전에 관한 이론들을 검토하고 분석하는 데 주된 목적을 두고 있다.

정치학 분야에서 정치발전 문제가 관심의 대상이 된 것은 근대사회가 출현하면서부터이다. 자본주의 확립과 시민사회의 성장으로 중세 봉건적 정치·사회구조가 근대적 구조로 변화하면서 정치발전에 관련되는 논의가 태동하였지만, 정치발전에 관한 논의가 본격화된 것은 제 2 차 세계대전 이후이다. 제 2 차 세계대전을 전후로 독립한 신생국들은 식민지 굴레를 청산하고 새로운 정치질서와 자립경제를 달성하고자 하였지만, 이들 국가에 남겨진 것은 잦은 군부쿠데타와 빈곤이 전부였다고 해도 과언은 아니다. 이러한 상황을 배경으로 정치발전 문제는 서구 정치학자들의 초미의 관심사가 되었고, 비교정치학의 궁극적 관심 분야로 주목받았으며, 정치학 분야에서 가장 활발한 연구 공간으로 자리잡아 왔다.

1950년대 말부터 70년대 초반까지 진행된 정치발전 연구는 한편으로는 상당한 이론적 발전과 성과를 거둔 반면, 다른 한편으로는 학자들 나름대로 발전 문제를 분석하고 이해함으로써 발전에 대한 개념이나 이론적 틀, 가설 등의 측면에서 다양하고, 불일치된 측면을 노정시키기도 했으며, 현실과 유리된 개념상의 논쟁에만 몰두하는 경향이 없지 않았다. 뿐만 아니라 소위 진보적 발전 이론으로 —종속이론가, 네오-맑시스트, 세계체제론자 등— 불리는 일군의 학자들로부터 강한 반발과 도전을 받기도 했는데, 이들은 기존의 발전 이론은 전혀 쓸모 없고 종국적으로 '쓰레기통' 속으로 들어가야 한다는 극단적 자세를 취하기도 했다.[1)]

기존 발전이론의 위기와 쇠퇴는 제 3 세계의 적실성이란 차원에서 볼 때, 이론과 현실 사이의 부적절성 내지는 불균형성에 있었다. 50년대 말부터 약 20년 사이에 나타난 주류 발전 모델은 정치발전의 이론화에 상당한 공헌을 했지만, 그들이 가졌던 낙관적 기대 가치는 제 3 세계의 현실을 설명하는 데 설득력이 다소 떨어졌던 것도 사실이었다. 즉, 정치발전의 측면에서 가장 핵심이 되었던 것은 제 3 세계의 민주주의 정착과 공고화의 문제였는데,[2)] 주류 발전 이론가들은 신생독립국들에서도 사회·경제적 여건이 성숙되면 서구 국가들과 같이 민주주의가 정착되고 공고화될 것이라고 믿었다. 그러나 현실은 그들의 이상을 충족시켜 주지 못했으며, 80년대 중반까지 대부분의 제 3 세계 국가들에서는 군부쿠데타와 권위주의적 정치체제가 만연했다. 이러한 현실이 그들의 이론에 심각한 의문을 제기했음은 물론이다.

---

1) 주류 발전 모델을 비판하면서 등장한 이론들 역시 생명력이 그렇게 길지는 못했는데, 그 이유는 동아시아 신흥공업국들 —한국, 대만, 홍콩, 싱가포르— 의 경제적 발전 때문이었다. 즉 이들 국가의 경제적 발전은 '저발전의 발전'이라는 종속이론 명제의 근저를 흔들어 놓기에 충분했다. 그러나 여기서 발전론에 관련된 모든 이론들을 정리한다는 것은 이 책의 집필 의도와 부합하지도 않고, 지면도 허락하지 않기 때문에 주로 주류 발전 모델을 중심으로 설명한다. 김기우, 「정치발전이론」(서울: 박영사, 1996), p. 2 참조.

2) 1945년 해방 이후 우리나라의 정치 상황만 살펴보더라도 왜 이 문제가 정치발전론의 중심 과제가 되었는지를 잘 알 수 있다. 즉 1960년 자유당 독재 정권의 3.15 부정선거와 그에 대한 국민들의 항쟁인 4.19 의거, 그리고 그 이듬해 1961년에 일어난 5.16 군사쿠데타로 인한 민주주의에 대한 희망의 좌절, 1972년 10월 유신으로 인한 민주주의의 후퇴, 그리고 70년대 말의 부마민주항쟁과 유신체제의 몰락, 79년 말에서 1980년 상반기까지 이어진 전두환·노태우를 정점으로 한 신군부의 쿠데타와 광주민주항쟁, 1987년의 6월 항쟁과 뒤이어 일어난 노동자들의 대투쟁 등은 우리 사회에서 민주주의에 대한 갈망과 좌절, 그리고 독재 정권에 대한 항쟁의 역사를 여과 없이 그대로 보여 준다.

여하튼 정치발전론의 이론사적인 측면에서 볼 때, 1980년대는 주류 발전 모델과 소위 진보적 좌파 발전 모델의 '귀머거리간의 대화'의 시기였으며, 1990년대는 세계화(globalization) 시대를 맞이하여 정치발전론의 새로운 이론적 모색기였다.

따라서 제 2 절에서는 정치발전의 개념에 대해서 살펴보고, 이후 각 장에서는 주류 발전 모델을 헌팅턴의 분류에 따라 사회과정모델, 구조기능모델, 비교역사모델로 구분하여 설명하고자 한다.[3] 그리고 제 6 절에서는 이들 모델을 제 3 세계의 적실성이란 측면에서 비교·평가하고자 하며, 제 7 절에서는 정치발전론의 현대적 경향에 대해 서술함으로써 결론으로 대신한다.

제 2 절　정치발전의 개념

정치의 개념이 학자에 따라 다르듯이, 정치발전 개념 역시 학자에 따라 매우 다양한 견해가 존재한다.[4] 초기의 정치발전 이론가들은 대체로 사회경제적 지표들을 통하여 —경제학자들이 경제발전을 인구 1인당 생산량의 성장이라고 보듯이— 정치발전을 규정하려고 했는데, 이들은 주로 비정치적인 변수에 초점을 맞추어 정치발전을 정의하려고 하였다.[5] 이러한 입장을 취하는 학자들의 정치발전 개념은 근대화란 개념과 밀접한 관계를 가졌는데, 이들은 근대화를 대개

3) Samuel P. Huntington, "The Problem of Study of Political Change: The Change to Change," *Comparative Politics*, April 1971, pp. 283-322.
정치발전을 설명하는 관점과 이론은 학자에 따라 상이하며, 통일되어 있는 것은 아니다. 따라서 기존 정치발전 이론을 분석하고 평가하기 위해서는 일정한 분류 틀을 사용하는 것이 유용하다. 정치발전론 분야의 가장 저명한 이론가인 헌팅턴은 정치발전에 관한 제 이론을 '사회과정모델/구조기능모델/비교역사모델' 등 세 가지의 분석 틀로 분류하여 설명하였다. 이러한 헌팅턴의 분류 방식은 다른 분류에 비하여 이론사적 관점을 강하게 반영함으로써 발전이론의 수정과 변화 추세, 그리고 각 모델의 방법론적 특징과 내용을 명확히 구분하여 파악하는 데 적합하다.

4) 파이(Lucian W. Pye)는 정치발전에 관한 열 가지의 상이한 정의를 다음과 같이 도출한다. ① 경제발전에 대한 정치적 전제조건, ② 산업사회에 전형적인 정치, ③ 정치적 근대화, ④ 민족국가의 운영, ⑤ 행정 및 법률적 발전, ⑥ 대중 동원과 참여, ⑦ 민주주의의 수립, ⑧ 안정적이고 질서 있는 변화, ⑨ 동원과 권력, ⑩ 사회 변동에 대한 다차원적 과정(multi-dimensional process)의 한 측면(Pye, 1966, pp. 33-45; Bill and Hardgrave, 1993, p. 100, 재인용).

5) James A. Bill, Hardgrave, Jr. and L. Robert, 김기우(역), 「비교정치이론」(서울: 박영사, 1993), p. 88.

서구적인 산업화와 도시화, 문자해득률의 확산, 커뮤니케이션의 활성화 등과 일치시켰다. 예를 들면 영국이나 미국 등 서구 사회에서 도시에 사는 인구 비율이 90%인데 한국에서 도시에 주거하는 인구 비율이 60%라면, 한국은 이들 국가들에 비해 덜 근대화된 사회이다. 따라서 한국이 정치발전을 이루려면 산업화를 통해 도시 인구 비율이 높아져야 하고, 이러한 사회·경제적 변화 과정을 추구하는 것이 곧 정치발전이라는 것이다.

립셋(Seymour Martin Lipset)은 서구식 민주주의의 확립을 정치발전으로 보았다. 그는 민주주의는 규칙적으로 통치자를 교체할 수 있고, 될 수 있으면 많은 사람들이 정책결정에 참여할 수 있도록 기회를 부여하는 사회 체제라고 정의하였다.[6] 그리고 민주주의가 안정화되기 위해서는 자유선거, 정당 등과 같은 합법적 정치제도가 존재하고, 권력을 장악한 집단은 권위를 확립할 수 있으며, 또한 권력을 장악하려는 야당이나 반대 집단이 존재해야 한다고 지적했다.[7] 그리고 립셋은 사회 경제적인 발전은 민주주의를 유지하는 것과 매우 긍정적인 상관 관계가 있다고 말함으로써, 사회경제적 발전을 통한 민주주의의 공고화가 정치발전이라고 말한다. 이러한 립셋의 정치발전에 대한 개념은 정치발전 자체에 대한 개념 정의라기보다는 민주주의의 조건이 되는 사회경제적 지표를 통해 정치발전을 정의했다는 점에서 비판을 받을 수 있다.

알몬드(Gabriel Almond)와 파우웰(G. B. Powell)은 정치발전을 '정치구조 분화의 확대와 전문화,[8] 그리고 정치문화적 측면에서 세속화(secularization)의 증대'라고 규정한다.[9] 이들이 말하는 세속화란 사람들의 정치적 행동이 점차 합리적이며 분석적, 경험적으로 되는 과정을 말한다. 예를 들면 한국에서 해방 직후 자유당 정부의 조직보다 지금 정부의 조직이 훨씬 더 분화되어 있고, 전문화되었다고 평가할 수 있으며, 국민들의 투표 성향이나 권리 문제, 환경 문제 등에 대한 인식 역시 더 합리적으로 되었다고 평가할 수 있기에, 지금은 자유당

6) Seymour Martin Lipset, *Political Man: The Social Bases of Politics* (New York: Doubleday & Company, 1959), p. 27.
7) *Ibid*., pp. 28-29.
8) 일반적으로 조직의 구조가 분화되고, 전문화되면 하위 조직의 자율성도 증가하게 된다. 어떤 조직이 자율성을 갖지 못한다면, 그것은 분화되거나 전문화되었다고 볼 수 없다. 이를 알몬드와 파우웰은 '하위체계의 자율성'이라고 하였다.
9) G. Almond and G. B. Powell, Jr., *Comparative Politics: A Developmental Approach* (Boston: Little, Brown and Company, 1966), p. 105.

정부 때보다 정치발전이 이루어졌다. 이러한 구조의 분화와 전문화, 하위체계의 자율성, 문화적 세속화가 이루어지면 정치체계의 효율성을 증대시키게 되고, 국내적·국제적 도전에 대응하는 정치체계의 능력을 증대시키게 된다.[10] 따라서 그들이 말하는 정치발전의 핵심은 바로 새로운 문제와 요구에 잘 대응할 수 있는 정치체계 능력의 증대이다. 하지만 이들의 정치발전에 대한 관점 역시 분화와 전문화, 세속화—이것은 근대 사회의 특징들이다—라는 용어 사용에서 알 수 있듯이 전통과 근대라는 양분법적 도식에서 비롯된 것이며, 정치발전을 근대화의 관점에서 규정한 것임을 알 수 있다.

헌팅턴은 근대화를 정치발전 개념으로 수용할 수도 있다고 인정하면서, 근대화로서 정치발전 개념을 합리화, 통합, 민주화, 참여 등 네 가지로 분류하였다.[11] 그러나 헌팅턴은 정치발전 논의에 보다 진지하게 접근하기 위해서는 근대화와 정치발전 개념은 구분되어야 한다고 주장하면서,[12] 정치발전을 근대화의 정치적 결과가 아니라 효과적으로 기능하는 정치체계의 필요 조건으로 본다. 따라서 정치발전은 근대화가 갖는 일반적 유형—'농촌사회에서 도시사회로', '농경사회에서 산업사회로', '공동사회에서 이익사회로' 등과 같은—과는 달리, 특정한 상황에서 발생하는 변동의 유형으로서 발전할 수도 있지만 쇠퇴할 수 있는 것으로 헌팅턴은 파악한다. 즉 헌팅턴은 정치발전을 정치참여와 정치제도화의 측면에서 파악하여, 근대화 과정으로부터 나타난 사회 제 세력과 집단들의 동원 및 참여의 증대와 이에 대응하는 정치제도화 수준의 확대를 정치발전으로 간주한다. 예를 들면, 5공화국 시절에 비해 지금이 더 민원이 많이 발생하고 이익단체와 시민단체들의 정치 문제에 대한 참여가 더 활발하지만, 5공화국 시절에 비해 폭력의 수준은 많이 줄었다는 측면에서 정부 또는 정치체계의 대응 능력이 커졌고 정치적으로 좀더 안정되어 있다고 볼 수 있는데, 이것은 헌팅턴의 말에

10) 국민들의 합리적인 선택에 의해 당선된 국회의원이 금전을 살포해서 당선된 국회의원보다 훨씬 더 깨끗하고, 국가 정책에 대한 장기적 전망을 가지고 있고, 여타의 도전에 대해 잘 대응하리란 것은 명약관화한 이치이다. 또한 정부 조직이 전문화되고, 국민들의 정치적 의식이 합리적으로 바뀌면 국가의 대응 능력은 증대할 것이라고 예상할 수 있다.

11) Samuel P. Huntington, "Political Development and Political Decay," *World Politics*, vol. XVII, no. 3, 1965, pp. 385-88.

12) 만일 근대화와 정치발전을 동일시한다면, 고대 그리스의 도시국가나 고대 중국의 정치발전을 논하는 것은 불가능하게 되며, 산업화와 도시화, 문자해득률, 매스미디어의 증대 등이 어느 정도 이루어진 제 3 세계라 할지라도 정치발전이 지향하는 민주주의와는 동떨어진 정치체제를 가질 수도 있다(*Ibid*., pp. 389-91). 이것은 한국에서 산업화와 도시화가 이루어진 제 5 공화국 때에도 정치적으로 여전히 권위주의적 체제였다는 점을 상기한다면 쉽게 이해할 수 있다.

의하면 정치제도화 수준이 확대된 것이고 정치발전이 이루어진 것이다.

위에서 언급한 학자들의 정치발전 개념은 대체로 점진적이고 진화론적 발전 시각에 기저를 두고 있기 때문에 총체적인 체제 변동을 그들의 범주로 수용하기에 다소 무리가 따르며, 더 큰 문제는 이들 보수적 발전모델은 역사적 변수를 간과하거나 변혁의 문제를 의도적으로 회피하는 데 있다.[13] 물론 혁명을 정치발전 범주에 포함시킬 수 있느냐는 문제는 논란의 여지가 있지만, 스카치폴(Theda Skocpol)은 '사회혁명'을 역사적 진보나 정치발전으로 간주했으며, 트림버거(Ellen Kay Trimberger)는 '대중동원과 참여 그리고 대중정치화에 기초한 자율적인 민족국가 건설'을 정치발전으로 규정했다.

이상에서 주류 발전모델 학자들의 정치발전 개념에 대해 살펴보았는데, 정치발전에 대한 주요 개념 규정과 여러 변수들은 매우 다양하다. 그러나 이러한 정치발전에 대한 개념을 크게 보면, 정치발전을 근대화 과정으로 보는 입장과 현대 정치체계의 특징적 요소를 충족시키는 것이 정치발전이라고 보는 입장, 사회구조와 국가구조의 총체적 변화를 거시적으로 정치발전으로 보는 입장으로 구분할 수 있다. 아래에서는 정치발전의 각 모델이 갖는 시각과 특징에 대해 차례로 고찰한다.

제 3 절 사회과정 모델

1. 방법론적 특징

사회과정 모델은 정치발전을 근대화의 일부로 간주하며, 정치체계의 변수보다는 사회·경제적인 측면에 더 많은 관심을 둔다. 이를테면 경제성장, 산업화, 도시화, 문자해득률의 확산, 교육, 매스미디어, 사회적 동원 등과 같은 사회경제적 과정이 정치발전에 어떠한 영향을 미치는지에 대한 상관관계를 검토한다. 사회과정 모델의 특징을 정리하면 다음과 같다.[14]

13) 김기우, 앞의 책(1996), p. 189.
14) 위의 책, pp. 12-16.

첫째, 사회과정 모델 논자들은 사회·경제적 변수를 독립변수(independent variable)로 정치변수를 종속변수(dependent variable)로 본다. 정치적 민주주의를 발생시키는 중요한 핵심변수(key variable)는 경제발전이며, 커뮤니케이션, 사회적 동원, 교육 등의 발전은 직접·간접적으로 민주주의적 제도와 국민들의 정치참여, 국민형성 등을 촉진시킨다고 (이들은) 주장한다. 이러한 점에서 이들은 사회 경제적 결정론에 기초하고 있다.

둘째, 사회과정 모델은 서구 지향적인 진화론적 어프로치에 그 기반을 두고 있다. 그들이 말하는 근대화의 구체적인 현실은 서구이며, 따라서 (그들은) 근대화를 서구화와 일치시키는 경향이 있다. 즉 그들은 서구의 발전 과정과 경로는 비서구의 발전에 대한 미래상을 보여 준다고 인식하는 것이다.[15)]

셋째, 이 모델은 사회·경제적 발전과 정치적 민주주의 및 정치발전 사이의 낙관적이고 긍정적인 관계를 가정한다. 즉 사회·경제적 발전이 촉진되면 될수록, 정치적 민주주의와 정치발전의 성취 가능성은 높아진다고 보는 것이다. 따라서 이 모델은 정치발전을 사회·경제적 맥락 속에서만 파악한다는 단선적 발전모델(unilinear development model)로 고착화되는 경향이 있다.

아래에서는 사회과정 모델의 중요한 분석 차원인 경제발전과 민주주의, 커뮤니케이션과 정치발전, 사회동원과 정치발전 등을 주제별로 나누어 살펴보고자 한다.

2. 경제발전과 민주주의

1950년대 말부터 1960년대 초까지 미국 정치학계 주요 관심사 중의 하나가 제 2 차 세계대전 이후 독립한 신생제국에서 민주주의를 어떻게 확립·발전시킬 것인가라는 문제였다. 사회과정 모델 논자들은 확산이론(diffusion theory)에 기초하여 신생국에 민주주의적 정치체제가 뿌리내리기 위해서는 사회·경제적 발전이 선행되어야 한다고 말한다.

립셋은 안정된 민주주의는 경제발전 상황과 연관되어 있다고 가정하면서,

15) 이러한 서구 중심적이고 인종 우월적인 근대성 개념은 현실적으로 미국 사회과학자들과 정치 엘리트들에게 미국의 비서구 사회에 대한 간섭을 정당화시켰다(Bill and Hardgrave, *op. cit.*, 1993, p. 77).

"한 국가의 경제발전 수준이 높아지고 동시에 제반 정치제도 자체가 적절하고 온당한 가치를 획득하면 할수록 안정된 민주주의가 출현할 기회는 많아진다"고 한다.[16] 이 명제를 확대 해석한다면, 오늘날 개발도상국의 정치적 민주주의의 부재는 낮은 수준의 경제·사회 발전 때문이며, 만일 이들 국가에서 경제가 발전하면 민주주의로 전환할 가능성은 높아진다.

립셋은 서구 민주주의가 발전해 왔던 역사적 경험에 비추어 경제발전의 결과가 안정된 민주주의 확립에 미치는 긍정적인 효과를 다음과 같이 주장한다. 즉 경제가 발전하면 부의 증대와 교육의 확대를 가져오고, 이는 하층계급의 사회·경제적 환경 및 조건을 향상시킨다. 이는 하층계급이 극단적인 이념을 갖는 것을 차단할 뿐만 아니라, 중산층의 확대를 가져오며, 확대된 중산층은 사회 체계의 갈등을 완화시키는 역할을 한다.[17] 이러한 경제적 부의 증대, 교육의 확대 및 중산층의 확대는 점진적 개량주의를 확립시키며, 정치과정에 자발적인 참여 조직을 창출하여 종국적으로는 민주주의 발전에 상승작용을 하게 된다는 것이다.[18]

3. 커뮤니케이션과 정치발전

커뮤니케이션은 인간 상호작용의 모든 형태와 관련되고 모든 인간생활 및 사회활동에 파급되는 요소이므로 커뮤니케이션 구조의 특징, 정보의 폭과 크기, 정보통제로부터의 자유 등은 상이한 정치체계를 분류하는 데 중요한 척도로서 사용될 수 있다.[19] 파이는 커뮤니케이션을 인간상호간의 모든 의사교환 그 자체라고 간주한다.[20]

---

16) Lipset, *op. cit.*(1959), p. 27.

17) 점진적 경제발전 효과는 하층계급을 부르주아화시키고 동시에 중산층 가치를 갖게 한다. 이와 같이 형성된 중산층은 민주주의의 안정과 유지에 결정적인 역할을 수행한다. 왜냐하면 강한 중산층은 양극단주의, 즉 노동자계급의 극단주의 및 파시즘을 차단시킬 수 있는 완충 역할을 담당할 수 있기 때문이다. 립셋은 이와 같은 양극단화의 방지책으로서 중산층 민주주의를 지지했는데, 그의 이론적 틀에서 현실적으로 준거가 된 사회는 미국과 서구 국가들이다. 립셋이 강조하는 우선적 가치는 중산층 지배의 민주정치체제이며, 그는 점증하는 정치적 무관심, 지나친 관료화, 대중사회의 인간소외 등은 필요악 내지 불가피한 현상으로 수용하는 것처럼 보인다.

18) 김기우, 앞의 책(1996), p. 22.

19) G. Almond and Powell, Jr., *Comparative Politics : System, Process and Policy*(Boston: Little, Brown and Company, 1978), p. 143.

20) Lucian W. Pye, ed., *Communication and Political Development*(Princeton: Princeton

1960년대 커뮤니케이션 이론가들(Lerner 1958 ; Pye 1963 ; Schramm 1964 등)은 거의 예외 없이 전환기 사회의 발전 과정에서 커뮤니케이션 역할의 중요성을 강조하였다. 그들은 커뮤니케이션 과정을 변동 및 발전 유형을 지배하는 중요한 독립변수로 간주한다. 그들의 출발점은 '커뮤니케이션 체계가 보다 확대, 발전되면 될수록 전환기 사회의 근대화 및 발전 가능성은 더욱 높아지며' 또한 '커뮤니케이션 발전 수준이 점차적으로 증대하면 정치발전 수준도 점차적으로 증대한다'는 기본 가설에 기초한다.

러너(Daniel Lerner)의 연구 핵심은 대체로 세 가지로 구분될 수 있는데, 첫째 유동적이고 변화를 수용하는 개성(personality)의 확립이며, 둘째 사회적 유동성과 변동을 위한 태도와 이념을 확산시키는 —소위 위대한 증식자(great multiplier)인— 매스미디어 체계의 증대이며, 셋째 현대사회를 몰고 오는 도시화, 문자해득률, 매스미디어 노출, 정치참여간의 상호작용 등이다. 러너는 이러한 일련의 과정을 사회발전 및 근대화의 역동성이라고 강조하고, 특히 매스미디어의 역할은 발전에 필요한 지식과 태도를 빠르게 확산시키는 효과를 가져오게 하므로 발전을 빠른 속도로 촉진시킨다고 주장한다.[21]

파이(Lucian W. Pye)는 "전통 사회의 몰락을 유도하는 것은 커뮤니케이션의 압력"이라고 선언함으로써 커뮤니케이션의 기능 및 역할이 비서구 사회의 근대화와 발전에 대한 핵심 변수임을 강조한다. 파이는 커뮤니케이션의 기능을 다음의 세 가지로 분류하였다.[22] 첫째, 커뮤니케이션은 정치 행위에 대한 사려 깊은 통찰력을 마련하는 데 기여한다. 둘째, 커뮤니케이션은 합리성과 세속화(secularization)를 촉진시킨다. 셋째, 커뮤니케이션은 침투력을 강화함으로써 정치지도자나 시민 모두에게 미래에 있음직한 사태에 대한 공감대를 형성하는 데 기여한다. 이러한 커뮤니케이션 기능에 비추어 파이는 전통, 현대, 그리고 전환기 사회의 커뮤니케이션 체계의 특징을 구분하였다. 전통사회의 커뮤니케이션 과정은 일차적이고 비공식적인 의사소통이 지배적인 반면, 현대사회의 커뮤니케이션 체계는 매우 조직화되고 구조화된 매스미디어 체계를 가진다. 동시에 현대 사회의 미디어 체계는 정치엘리트와 사회의 여타 중요 집단들의 지배와 통

University Press, 1963), p. 4.

21) 김기우, 앞의 책(1996), p. 38.

22) Pye, *op. cit.*(1963), p. 3.

제로부터 비교적 독자성을 확보하고 있다. 다음으로 전환기 사회의 커뮤니케이션 체계는 진보된 부문과 일차적(전통사회) 커뮤니케이션 부문과의 이원화로 특징지어지며, 이들 두 부문은 효과적으로 통합되지 못한 불균형 상태로 존재하며 매스미디어 체계의 자율성도 낮은 수준에 머물러 있다. 따라서 비서구 사회의 정치적 근대화와 발전 문제는 커뮤니케이션 발전 문제로 집약될 수 있다.[23)]

슈람(Wilbur Schramm)은 1964년에 출판된 그의 저서에서 커뮤니케이션의 발전은 신생제국들의 국가발전을 촉진시키는 데 필수불가결한 전제조건이라고 주장한다. 그는 국가발전을 경제, 교육, 인간의 태도, 가치 등 실로 넓은 사회적 변혁과정으로 간주한다. 매스미디어는 특히 개발도상국에서 시청자들의 열망을 증대시킬 수 있으며, 매스미디어를 통한 국내외 정보의 흐름은 개도국 국민들의 각성을 촉진시킬 수도 있어 제 3 세계의 국가발전에 큰 역할을 담당한다.

4. 사회적 동원과 정치발전

변동 및 발전문제에 '사회적 동원' 개념을 최초로 도입한 학자는 도이치(Karl Deutsch)이다. 그의 기본적 명제는 비록 급속하고 과도한 사회적 동원화가 정치적 불안을 가속화시킬 수 있다고 할지라도, "사회적 동원 과정은 대체로 정치발전과 깊은 연관성을 갖는다"는 데서 출발한다. 도이치는 정치발전 개념을 분명하게 밝히지는 않지만, 정치참여의 확대, 이에 대응하는 정부 및 체제 능력의 증대, 국민국가 건설 등을 정치발전의 중요 특징들로 제시하였다.[24)]

사회적 동원(social mobilization)[25)]이란 여러 국가들이 전통적 생활방식으로부터 현대적 생활방식으로 전환하는 과정에서 발생하는 몇 가지 변동 과정을 가리킨다. 이러한 사회적 동원 과정에는 시장관계(market relations), 화폐경제(money economy) 및 커뮤니케이션 노출(communication exposure), 주거변동

23) 김기우, 앞의 책(1996), pp. 53-54.

24) Karl W. Deutsch, "Social Mobilization and Political Development," *American Political Sciences Review*, vol. 115, no. 3, 1961, pp. 488-502.

25) 사회적 동원이란 개념 속에는 새로운 형태의 집단 동화, 개인적 일체감에 대한 새로운 이미지를 포함하여 직업, 주거, 사회 구조, 제도, 역할, 경험 및 기대감 등과 같은 구체적인 변화를 포괄한다. 예컨대, 사회적 동원은 문화, 기술, 경제 생활 등의 부문에서 진보되고 발전된 관행이 대규모로 도입되고 수용되는 과정을 말한다. 따라서 사회적 동원은 근대화 과정과 완전히 일치한다고 볼 수는 없지만, 적어도 근대화의 중요한 측면들이나 그 중요한 결과들과 깊게 연관되어 있다.

(change of residence)과 같은 내용을 포함한다. 예를 들면 노동생산성의 증대는 무역량을 증대시키며, 무역량의 증대는 그것에 참여하는 사람의 수와 지역의 다양성 및 수송의 효과성도 함께 증대시킨다. 동시에 사람들은 물건이나 서비스를 통해 교환하기보다는 화폐로 거래하는 것이 더 편리함을 알게 됨으로써 화폐 중심의 경제생활을 영위하게 되며, 화폐는 종래의 습관과 전통에 대한 강력한 변동요인으로 등장한다. 또한 생산성의 증대는 분업을 가속화시켜 결과적으로 비농업 인구(nonagricultural population)의 확대를 가져온다. 비 농업 인구의 확대와 직업의 분화는 그들의 서비스와 생산품이 더 많은 수요를 갖게 되는 시장체제에 접근하게 만든다. 시장과 연결된 비농업적 직업의 이와 같은 집중은 도시화라는 사회, 경제적 성격의 주된 요소를 구성하게 된다.[26]

시장체제가 지속되기 위해서는 경제생활에 신뢰를 제공해야 하며, 정부는 시장의 자유로운 성장을 보장하는 높은 정도의 법과 질서를 확립해야 한다. 따라서 사회적 동원이 어떤 국가에서 발생하든지 간에, 그것은 인간의 욕구 범위를 변화·확대시킴과 동시에 정치적 요구를 증대시킴으로 해서 종국적으로 정치의 질적 변화를 초래한다. 또한 그는 사회적 동원 결과와 국민국가 건설 내지 국민형성 문제 사이의 상관관계를 검토하면서, 사회적 동원 과정의 또 다른 측면은 수많은 전통문화의 국지주의를 벗어나 초 국지주의적인 국민국가 건설로의 전환, 즉 국민통합과 국민형성을 촉진시킨다고 주장한다.[27]

제 4 절 구조기능 모델

1. 방법론적 특징

사회과정 모델이 정치변수를 종속변수로 보는 데 반해 구조기능 모델은 정치변수를 독립변수로 간주하면서 정치체계의 자율성을 강조한다. 구조기능 모델은 정치발전의 다양한 개념과 지표를 제시하여 높은 개념화(conceptualization)

26) 김기우, 앞의 책(1996), p. 58.
27) Deutsch, *op. cit.*(1961), pp. 500-2.

수준을 달성하고 제 변수들간의 관련성을 명확히 했다는 강점이 있다. 이 모델의 특징을 정리하면 다음과 같다.[28)]

첫째, 구조기능 모델의 가장 큰 특징은 어떤 정치체계가 지속적으로 존속·발전하려면 그것에 상응하는 기능적 필요조건들이 필수적으로 수행되고 충족되어야 함을 강조한다는 점이다. 이러한 기본 전제에서 출발한 구조기능 어푸로치는 현대 정치체계에 특징적인 기능적 필요조건(functionally necessary condition)들이 충족되는 과정을 정치발전으로 간주한다. 예를 들면 대부분의 비 산업사회에는 정당의 역할이 미미하지만, 대다수 산업사회는 제도화된 정당체제를 갖는다. 따라서 정당은 산업사회의 기능적 필요조건이며 정당의 발전은 정치발전의 한 측면으로 결론지을 수 있다.

둘째, 구조기능 모델은 상대적으로 정치변수를 독립변수로 간주하면서 정치체계의 자율성을 강조한다. 이 모델은 정치발전 변수와 개념을 정치체계 또는 정치영역에서 도출하고 있는데, 알몬드의 세 가지 변수인 분화, 문화적 세속화, 하위체계의 자율성, 헌팅턴의 참여와 제도화, 그리고 문화 구조 집단 리더십(leadership) 정책 등의 상호 관련성, 파이의 '사회과학연구협의회의 비교정치위원회'(SSRC/CCP, Social Science Research Council's Committee on Comparative Politics)의 발전증후군 등은 비록 근대화와 무관하다고 할 수는 없지만, 모두 정치체계의 자율성을 전제한 상태에서 주로 정치적 변수와의 상관관계를 통해서 정치발전을 설명하고 있다.

셋째, 대부분의 근대화론자들이 정치발전을 정치적 근대화로 파악하는 데 비해서 구조기능주의자들은 발전과 근대화를 구분한다. 즉 근대화론자들이 근대화를 역진불가능(irreversible)한 것으로 규정하는 반면에, 이들은 발전은 역진가능(reversible)한 것이며 항시 문제를 수반하는 것으로 인식한다.

넷째, 이 모델 역시 서구 지향적인 편견을 갖는데, 대부분의 구조기능 모델 분석가들은 원시적 사회, 혹은 전통사회 아니면 매우 복잡하고 발전된 현대사회, 즉 전통 근대사회에 대한 이분법적 연구에 많은 관심을 갖는다. 즉, 발전된 현대 정치체계와 영국과 미국의 민주주의 체제를 동일시하고, 신생국의 발전은 영국과 미국의 정치발전 패턴을 따라가야 한다는 가정에 기초함으로써 서구지향적 편견을 갖는다.

28) 김기우, 앞의 책(1996), pp. 78-83.

결론적으로 정치발전 모델로서 구조기능주의 어프로치는 정치발전의 다양한 개념과 지표를 제시하여 높은 개념화 수준을 달성하고, 제 변수들간의 관련성을 명확히 했다는 측면에서 큰 강점을 갖는다. 그러나 수평적이고 동시대적인 변수들의 상호관련성에 초점을 맞추고 역사적 맥락을 결여함으로써 변화에 대처할 수 없는 정적(靜的)이고, 보수적인 어프로치라는 약점을 갖는 것도 사실이다. 아래에서는 알몬드, 헌팅턴, 파이와 사회과학연구협의회의 논지를 중심으로 고찰한다.

2. 알몬드의 정치발전 개념화

알몬드는 그의 초기 저작 ―1960년 콜먼(Coleman)과 공동으로 편집한 저서 *The Politics of Developing Areas*―에서 정치발전을 문화적 침투(cultural penetration)와 기능적 조절(functional regulation)이란 측면에서 다루고 있다.

먼저 문화적 침투란 측면에서, 알몬드는 파슨즈(T. Parsons)와 같이 유형변수를 통해 전통사회와 근대사회를 구분하는 것은 이론적으로 잘못된 것이라고 판단하며, 현실적으로 모든 정치체계는 구조적이고 문화적인 차원에서 전통적 요소와 근대적 요소는 혼합되어 있다고 본다. 따라서 모든 정치체계는 근대적인 것과 전통적인 것 사이의 연속선상에 놓여 있으며 따라서 그들은 모두 과도기적 체계이거나 혹은 문화적 변화가 일어나고 있는 체계이다.[29] 궁극적으로 문화 및 구조적 이원성 문제의 알몬드적 해결 방식은 미분화성, 특수성, 귀속성, 감정성 등의 전통적 유형에 전문성, 보편성, 성취, 감정 중립 등의 합리적 유형이 침투함으로써 가능하다.[30] 정치체계의 발전 및 변화는 정치체계의 기본 목표인 통합과 적응에 기여하는 정도에서 문화적 침투력이 어느 정도인가에 달려 있다는 것

29) 모든 정치체계(서구·비서구·전통사회)가 문화적 및 구조적 이원성을 공유한다면, 어떤 측면에서 이들 체계가 구별되는가라는 물음에 알몬드는 두 가지 구별 기준을 제시했다. 첫째, 현대 서구 체계에서는 이차구조(파슨즈의 근대적 특징)가 지배적이고 중요한 것이며, 둘째 현대 정치 체계에서 일차구조(파슨즈의 전통적 특징)는 이차구조의 침투에 의해서 변화되고 영향을 받는다.

30) 이것은 전근대(前近代)적인 문화와 사고 방식이 지배적인 사회에 근대적인 문화와 사고 방식이 얼마나 빨리 전파되느냐, 즉 전근대적인 사회에서 근대적인 문화와 사고 방식을 얼마나 잘 받아들일 수 있느냐의 문제이다. 이러한 점에서 볼 때, 이것은 전통과 근대의 상호침투라기보다는 근대적 요소가 전통사회에 일방적으로 침투하는 것으로 볼 수 있다. 따라서 알몬드가 비록 파슨즈를 비판하고 있지만, 결국에는 파슨즈를 수용하고 마는 것으로 보여진다.

이다.

다음으로 기능적 통제 및 조절 문제란 측면에서 볼 때, 이는 근대성 및 발전에 중요한 부분이며 모든 현대 정치구조가 여러 가지 기능을 갖는다는 것은, 역으로 제 기능간의 조정 및 통제가 요청됨을 의미한다. 알몬드에 의하면 현대 서구 정치체계에 있어서 각 기능은 다른 구조에 의해서 행해지는 특정 기능으로부터 통제되고 조정되는 전문화된 구조를 갖는다. 동시에 이러한 전문화된 구조는 여타 구조와의 상호작용 속에서 자율성을 확보하게 된다. 이와 같이 전문화된 자율적 구조의 발전은 체계 내의 기능 수행에 대한 조정 및 통제를 가능하게 하며 다(多)기능성 문제에 대한 현대적 해결 방안이 될 수 있다. 이와 같이 알몬드와 콜먼은 서구적 맥락에서 도출된 발전 기준을 통해서 비 서구 지역 정치체계 발전을 정립하려 함으로써 서구 중심적 시각을 여지없이 드러내고 만다.

알몬드의 정치발전 이론에 대한 구체적인 진전은 알몬드와 파우웰의 1966년과 1978년 공동 저작에서 나타났다. 알몬드와 파우웰이 전개한 정치발전 문제는 주로 두 가지 측면에서 접근할 수 있다. 첫째는 정치구조 및 문화의 변화와 발전이라는 기준에서 정치발전 문제에 접근하는 것으로써 알몬드는 구조적 세분화, 하위체계의 자율성, 그리고 문화적 세속화 등과 같은 발전 개념을 통해서 정치발전을 파악하였다. 둘째로는 체계의 가동력 및 능력을 통해서 정치발전을 이해하려는 측면으로서 이는 체계수행능력(system performance capability)이 어느 정도의 수준과 유형에 속하는가에 따라서 정치발전을 측정하는 경우이다. 알몬드는 정치체계의 발전을 체계가 당면하는 네 가지 문제와 도전, 즉 국가건설, 국민형성, 참여, 분배 문제 등에 어떻게 대처하느냐 하는 대응능력 또는 체계 능력의 정도에 달려 있다고 규정하였다.[31] 정치발전에 대한 충격은 정치체계로의 투입 흐름의 양과 내용의 변화와 연결되는데, 만약 정치체계에 대한 요구, 즉 투입의 양이 확대되는 만큼 정치체계가 구조적 측면에서 세분화 및 전문화되고 문화적 측면에서 세속화되지 못한다면 그 정치체계는 체계 위기에 직면할 것이다. 따라서 정치발전은 정치체계에 대한 도전과 문제에 대처하고 이들 도전을 수용할 수 있는 구조적 세분화와 문화적 세속화의 수준을 확대시킴으로써 달성될 수 있다.[32]

31) 김기우, 앞의 책(1996), p. 105.
32) Almond and Powell, *op. cit.*(1966), p. 34; (1978), p. 21.

3. 헌팅턴의 정치발전 개념화

헌팅턴은 엄밀한 의미에서 구조기능주의 어프로치라고 말하기는 힘들고, 구조기능 모델과 비교역사 모델 중간이라고 볼 수 있다. 그럼에도 불구하고 대체로 헌팅턴은 구조기능 모델에 속하는 학자라고 규정할 수 있다.[33)]

헌팅턴은 근대화와 정치발전의 관계를 구체적으로 구분한 학자이다. 근대화와 정치발전 개념을 동일시하는 데 대한 불만은 1965년 헌팅턴의 초기 논문에서도 나타난다. 정치발전 개념 규정에 있어서 대부분의 구조기능주의자들이 다양한 변수를 제시하고 있는 데 비해서, 헌팅턴은 단일 개념인 정치제도화에 초점을 집중시키면서, 특히 정치참여 및 동원화 과정과 정치제도화와의 관계를 중시한다. 헌팅턴은 자신의 정치발전 개념을 도출하기 위해서 사회세력(social forces)과 정치제도(political institutions)와의 관계를 먼저 검토하였다. 사회가 복잡해지고 구조 및 활동이 다양해짐에 따라서 이에 상응하는 높은 수준의 공동체의 성취와 유지는 점차적으로 정치제도에 의존하게 된다. 즉 소규모적인 지배계급의 해체, 사회세력의 다원화, 그들 사회세력들의 증대된 상호작용 등은 정치조직 및 절차의 출현과 정치제도 창출을 위한 전제조건이며, 사회세력이 보다 다면화됨에 따라 정치제도는 더욱 복잡하고 제도화되고 또한 권위적으로 진행되어야만 한다.[34)] 요컨대, 헌팅턴이 가장 중요시하는 정치발전 개념의 핵심은 근대화라는 지속적인 사회과정, 즉 동원 및 참여과정과 이에 대응하는 정치제도화 사이의 상호작용에 초점이 맞추어진다.[35)]

---

33) 헌팅턴의 정치발전 시각이 구조기능모델에 속한다고 규정할 수 있는 것은 그의 개념들이 갖는 세 가지 특징에서 찾아볼 수 있다(김기우, 1996, p. 113). 첫째, 대부분의 구조기능주의자들은 독립변수로서 정치체계의 기능적 필수요건을 제시하고 이들 변수를 통해서 정치발전을 설명하는데, 헌팅턴 역시 정치체계의 기능적 필수요건인 정치제도화라는 단일 개념을 통해서 정치발전을 설명한다. 둘째, 헌팅턴의 정치발전 개념화는 정치참여, 동원, 제도화, 적응성, 자율성, 응집성 등과 같은 구조기능주의적인 개념이나 변수들의 상관관계를 통해서 설명되고 있다. 이를테면 헌팅턴의 정치발전 핵심개념인 제도화는 알몬드의 체계 능력과 동일한 것으로 간주될 수 있다. 셋째, 구조기능주의자들의 일반적 경향은 체제 지향적이며 체계의 유지 및 지속에 우선적 가치를 부여하는데, 이와 동일하게 헌팅턴도 현존 정치질서의 유지와 안정을 강조한다.

34) Huntington, *op. cit.*(1968), pp. 8-11.

35) 헌팅턴은 한 정치체계의 제도화 수준은 그 정치체계의 조직과 절차가 갖는 적응성(adaptability), 복잡성(complexity), 자율성(autonomy), 응집성(coherence) 등에 의해서 규정될 수 있다고 본다(Huntington, *op. cit.* 1968, pp. 12-23).

그리고 헌팅턴은 정치체제의 안정을 정치참여 수준과 제도화수준 사이의 관계에 달려 있다고 본다. 즉 참여와 제도화 사이의 균형상태는 체제안정을 의미하며, 양 변수들 사이의 불균형은 체제의 불안정과 동일시된다. 헌팅턴은 사회의 각 세력이 경쟁적으로 정치의 장에 진입하는 높은 정치참여에 대해 낮은 수준의 정치제도화를 갖는 현실적 정치체계는 불안정한 과두제적 집정부체제(praetorian polities) 혹은 군부독재체제라 하고, 반대로 정치참여 수준의 증대에 따른 높은 수준의 정치제도화를 달성한 체제를 시민정치체제(civic polities)라고 불렀다.[36)]

한편 헌팅턴은 정치적 쇠퇴에도 많은 관심을 보이고 있는데, 그에 의하면 정치발전은 단일 방향으로 계속 나아가는 것이 아니라 발전과 동시에 쇠퇴의 요소를 공유한다. 헌팅턴은 근대화로 인한 산업화, 문자해득률, 교육의 증대 등은 대중들에게 강한 참여 욕구를 유발시키며, 경제발전은 부의 불균등 배분과 상대적 박탈감 등을 유발해 정치적 불안정을 증가시킬 수도 있음을 지적한다. 즉, 정치적 쇠퇴의 주된 이유는 근대화 과정으로부터 나타난 사회 제 세력의 과도한 욕구와 참여 그리고 갈등 및 경쟁을 효과적으로 조정, 통제할 수 있는 정치제도화의 수준이 낮기 때문이다. 헌팅턴은 정치 쇠퇴와 불안정을 해소하기 위한 명확한 방안을 제시하지는 않지만, 현대 정치체계로 지향하는 데 있어서 정당조직의 중요성을 강조한다.[37)]

4. 파이와 SSRC/CCP 학자들 : 정치발전 증후군[38)]

파이는 1966년 저작에서 정치발전 목록을 열거하면서, 이를 종합하여 정치발전 증후군이라는 세 가지 발전 지표를 마련했는데 그것들은 평등·능력·분화이다. 파이는 개발도상국에서 이와 같은 일련의 증후군이 나타나는 것을 정치발전으로 본다. 평등은 대중의 정치참여와 정치활동 및 관여, 법적용의 보편성 등과 관련되며, 능력은 정치체계의 능력 문제로 정책 수행의 정도, 정책 수행의

36) Huntington, *op. cit.*(1968), p. 80.

37) 김기우, 앞의 책(1996), pp. 121-25.

38) 헌팅턴은 파이와 SSRC 위원회 구성원들을 비교역사모델에 포함시켰지만, 이들은 구조기능주의 발전모델과 개념이 매우 유사하고, 기능적 필수조건을 전제한다는 점에서 구조기능모델로 파악하는 것이 더 합당하다(위의 책, p. 129).

효율성과 관료의 합리적 태도와 관련되며, 세분화(differentiation) 및 전문화(specialization) 문제는 정치체계 내의 제도·구조 및 기능의 분화와 그 한계, 정치적 역할의 전문성, 자율성 등과 관련된다.[39] 그런데 파이는 이들 지표들이 상호 균형과 조화를 이루는 관계는 아니라고 보았다. 즉 평등의 요구가 거세어지면 정부는 이를 감당하지 못할 수도 있게 되며, 세분화의 확대는 전문화된 지식을 요구하게 되는데 이는 평등을 감소시킬 수도 있기 때문이다.

파이가 최초로 제시한 발전증후군과 변동 사이의 관계는 1971년 SSRC/CCP의 저작에서 더 구체화되고 세련화되었다. 이 책의 2장을 집필한 콜먼은 진화론적 시각을 제시하면서, 정치발전의 과정을 한 정치체계의 구조적 분화과정, 당위적 평등, 그리고 통합, 적응 및 대응 능력간의 상호작용으로 본다.[40] 이들 세 가지 핵심 변수들의 상호작용은 소위 발전 증후군(development syndrome)을 구성한다. 콜먼은 이들 세 가지 발전증후군을 개발도상지역에 적용하면서 분화는 대체로 균형과 혼합의 문제로, 평등은 대중의 기대와 요구의 문제로, 그리고 능력은 통합과 수행의 문제로 간주하였다.[41] 이들 발전증후군이라 불리는 요소들 사이에는 조화뿐만 아니라 갈등과 불일치가 내재되어 있다고 보며, 특히 근대화 과정에 있는 사회에서는 이들 요소의 조화보다는 갈등적 요인과 갈등의 잠재력이 더 많이 나타나는 경향이 있다.

따라서 정치발전 과정에서 모든 사회는 발전증후군 사이에 내재하는 문제와 제 모순을 적절하게 조정·처리해야만 한다. 이들 정치발전 변수들 사이의 불균형이나 제 모순을 성공적으로 해결하지 못한다면 일체감(identity)·정당성(legitimacy)·참여(participation)·침투(penetration) 그리고 분배(distribution) 등과 같은 제 위기나 문제들이 발생할 수 있다.[42]

일체감의 위기는 사람들이 사회의 기본적인 합의에 대해 의문을 품게 될 때 나타나는 것이다. 정치발전은 국민들이 스스로 단일 정치공동체를 형성하고 있다는 사실을 인식하고 또한 그들 개개인이 공동체에 애착을 가짐으로써 개인적 일체감을 느낄 수 있는 수평적 통합 과정을 필요로 한다. 그런데 권력형 부정·

39) Pye, *op. cit.*(1966), pp. 45-47.
40) J. S. Coleman, "The Development Syndrome: Differentiation-Equality-Capacity," in L. Binder et al., ed., *Crises and Sequences in Political Development*(Princeton: Princeton University Press, 1971), pp. 73-74.
41) *Ibid.*, p. 133.
42) 김기우, 앞의 책(1996), p. 135.

부패와 같은 사회적 비리를 언론을 통해 접할 때, 많은 국민들은 상대적 박탈감을 많이 느끼게 된다. 이와 같은 것이 하나의 '일체감 위기'라 볼 수 있는데, 이는 정부에 대해서도 의문을 갖게 됨으로써 '정당성 위기'를 유발시키기도 한다. 정당성의 위기는 지도자와 정부의 권위가 붕괴할 때, 권력에 대한 지나치고 무절제한 경쟁으로 인해 정부 구조가 와해될 때 나타나는 것으로, 이를 해결하기 위해서는 지도자가 변화하는 환경에 잘 적응해 나가는 것이 중요하다. 정치참여의 위기는 새로운 참여자나 집단이 기존 제도에 심각한 대립과 긴장을 불러일으킬 때 야기된다. 그리고 침투문제는 정부의 정책을 이행하고 승인을 확보하기 위하여 지배자와 피지배자를 연계시키는 공식적 제도인 정치적 하부 조직을 창조하는 문제와 연관되며, 분배문제는 누가, 무엇을, 언제, 어떻게 갖는가라는 의문과 연관되며 상승하는 요구에 대처하는 정치체계의 체제 능력을 반영한다.[43)]

정치발전은 분화의 증대에 따른 긴장과 갈등을 통제·조정하는 새로운 유형의 통합과 침투, 당위적 평등의 요구로부터 나타난 새로운 패턴의 참여와 자원분배, 그리고 이러한 요구와 갈등에 대해서 정치체계가 의도적으로 추구하며 질적으로 새롭게 향상된 체계 능력을 획득하는 과정이다. 버바(Verba)는 정치발전의 위기를 성공적으로 해결하는 문제에 있어서 정치체계의 성공적인 제도화와 체계능력을 강조한다.[44)]

제 5 절 비교역사 모델

1. 방법론적 특징

사회과정 분석가들은 과정과 제 변수들간의 상관관계에 관심이 있고, 구조기능 분석가들은 '체계와 기능'에 주목하면서 개념화와 통칙 수립을 목적으로 한

43) 위의 책, pp. 135-39.
44) Sidney Verba, "Sequences and Development," in L. Binder et al., ed., *Crises and Sequences in Political Development* (Princeton: Princeton University Press, 1971), p. 306.

다면, 비교역사 분석가들은 단순히 한 사회의 역사 자체가 아니라 둘 혹은 그 이상의 사회들의 진화나 발전을 자연스럽게 비교한다. 동시에 비교역사 분석가들은 사회과정 모델이나 구조기능 모델이 다루기 곤란한 변수들인 역사적 제도, 사회구조, 국가, 변동, 혁명, 국제적 맥락 등에 주로 관심을 갖는다. 이러한 비교역사 모델의 특징은 다음과 같이 요약할 수 있다.[45]

첫째, 비교역사 모델은 역사적·맥락적이며, 나아가 동적이며 변동 지향적인 발전 모델이라고 할 수 있다. 한 나라의 정치 현상은 그 나라의 구체적인 역사적 맥락 속에서 진행되고 발전한다. 이러한 점에서 역사는 과거의 결정 변수들과 다음 세대의 변수들간의 인과관계를 규명하는 데 필수적이다. 따라서 비교역사 모델은 발전이론 정립에 크게 기여할 수 있다. 특히 정치 상황 자체가 매우 가변적인 제 3 세계 현실을 감안할 때, 이 모델의 장점은 더 크게 부각될 수 있다.

둘째, 비교역사 모델은 거시적 분석 시각을 갖는다. 구조기능 분석가들은 주로 정치체계 내의 구조와 기능에 거의 배타적으로 관심을 집중시키며, 사회과정 모델 분석가들은 사회체계와 정치변수와의 상관관계에 초점을 맞춘다. 이에 반해 비교역사 모델의 분석 단위는 역사·문화·사회 및 경제구조·국가조직·국제 체계 등과 같은 거시적 단위이다. 이 모델은 이들 변수나 맥락들간의 상호작용이란 관점에서 발전과 변동을 논의한다.

셋째, 비교역사 모델은 매우 경험적이고 실증적이라는 특징을 지닌다. 이 모델은 일차적으로 사회의 실제 발전과정을 주시하면서, 발전 양상을 유형화하고, 그러한 유형의 차이점에 대해서 어떤 원인들이 주된 영향을 미치고 연관되어 있는지를 논의한다. 구조기능 모델이 추상적 개념화에서 출발하는 것과는 반대로 비교역사 모델은 귀납적 방식(inductive method)으로 역사의 실제 상황과 내용을 검토함으로써 출발한다.

따라서 비교역사 모델은 동적이며 변동 지향적인 발전모델이며, 동시에 구체적인 역사적 사실에 기초하여 일반화를 시도한다는 점에서 매우 경험적이고 실증적이라는 강점을 갖는다. 그리고 비교역사 분석가들의 시각은 종래의 정통 발전모델이 주목하지 못한 국제적 맥락을 강하게 부각시킴으로써 특히 제 3 세계가 지향해야 할 발전의 개념화에 중요한 모티브를 제공했다고 볼 수 있다. 그러나 실제적 연구대상이 제한되어 있으므로 개념적 일반화의 수준은 낮으며, 계량

45) 김기우, 앞의 책(1996), pp. 156-61.

적 분석을 결여하고 있다는 단점도 갖고 있다. 아래에서는 무어(Barrington Moore), 스카치폴, 트림버거의 논의를 중심으로 고찰하고자 한다.

2. 무어: 정치 근대화 모형의 비교 연구

무어는 농경사회로부터 현대 산업사회로 전환하는 정치 근대화 혹은 발전 통로를 주로 토지를 소유한 상층 계급과 농민의 다양한 정치적 역할에 주목하면서 설명했다. 무어는 농경사회로부터 현대 세계로 향하는 정치 근대화의 역사적 통로를 세 가지 모형으로 분류하였다. 그가 분류한 첫번째 통로는 영국·프랑스·미국의 경우로, 자본주의적 의회민주주의 형태인 소위 부르주아 혁명 통로이며, 두 번째는 독일과 일본의 경우로 강력한 부르주아의 부재로 인한 위로부터의 혁명(revolution from above) 모델, 세 번째 통로는 아래로부터의 혁명모델인 농민혁명 혹은 공산주의 길로서 소련과 중국이 여기에 속한다.[46)]

첫째, 부르주아 혁명을 통해 근대화에 성공한 첫번째 길에 대해 무어는 서구민주주의가 성공한 주된 이유를 첫째, 토지 귀족과 농민이 시장경제에 적극적으로 대응하는 상업적 농업 형태로의 전환, 둘째 토지 귀족과 도시 부르주아지의 계급 동맹, 셋째 국왕의 절대주의 세력을 견제할 수 있는 강력한 토지 귀족과 부르주아 세력의 존재, 넷째 부르주아 혁명에서 농민의 역할 등에서 찾고 있다. 즉 영국에서는 토지 귀족과 부르주아의 계급 동맹이 국왕을 효과적으로 견제했으며, 이들 지배계급이 농민을 자영농과 도시 노동자로 전환시킴으로써 농민의 혁명 역량을 약화시킨 것이 민주 발전에 기여했다. 프랑스의 경우에는 귀족의 지속적인 농민억압으로 농민의 혁명성이 강화되어 프랑스 혁명에서 결정적 담당 세력이 되었으며, 미국에서는 남북전쟁으로 남부의 억압적 농업 형태는 파괴되고, 농민의 일부가 북부 노동자로 흡수됨으로써 농민의 폭력적 잠재력은 약화되고 민주발전에 기여했다고 무어는 평가한다.[47)]

---

46) 그는 세 가지 정치 근대화 길을 설명하는 데, 세 가지 핵심 변수(key variables)를 제시하고 서로 대비시켰다. 이들 핵심 변수들은 부르주아적 혹은 상업적 충격(commercial impulse), 노동억압적 농업체제(labor-repressive agrarian system), 농민의 혁명적 잠재력(peasant revolutionary potential) 등이며, 이러한 요인들이 세 가지 근대화의 길을 특징짓는다. Moore, Barrington, Jr., *Social Origins of Dictatorship and Democracy*(Boston: Beacon Press, 1967), p. 7.

47) Moore, *op. cit.*(1967), pp. 427-29.

둘째, 현대 산업사회로의 두 번째 통로인 소위 반동적 자본주의 방식은 부르주아지의 취약성으로 인해 부르주아 혁명이 실패한 독일과 일본에서 전형적으로 나타났다. 무어는 독일과 일본에서 서구식 민주주의로의 전환이 차단된 이유를 주로 노동억압적인 농업 조건(agrarian conditions)과 자본주의 이행(capitalist transformation)의 특수한 형태에서 찾고 있다.[48] 일본의 근대화 과정에서 군주는 지주와 타협하고 부르주아지와 동맹했으며, 1848년 혁명의 실패 이후 독일의 부르주아지는 토지 귀족과 국왕 관료의 강력한 동맹에 협력하고 의존하게 됨으로써 양국에서 지배계급인 지주와 부르주아지, 정치 권력의 주체인 국가와 군주는 '돈을 벌 수 있는 권리'와 '지배하는 권리'를 상호 교환하는 정치적 동맹체제를 구축했다.[49] 이와 같은 보수적 계급연합의 성공은 보수적이고 권위주의적 정부형태를 몰고 왔고, 결국에는 군국주의와 나치즘이라는 파시즘을 초래했다.[50]

셋째, 근대화 모델의 세 번째 길은 소련과 중국에서 나타난 농민혁명인 공산주의, 즉 아래로부터의 혁명 통로이다. 세 번째 길에서 핵심 변수는 농민의 혁명적 잠재력에 집중된다. 무어는 농민혁명은 반동적 자본주의 혁명과 부르주아 혁명이 불가능했을 때만 가능했다고 간주한다. 그는 농민의 혁명적 반란은 상층 계급을 비롯한 타 계급과의 관계, 즉 전(全)사회적 구조의 맥락 속에서 파악되어야 한다고 주장한다.[51] 세계에서 농민혁명이 가장 특징적으로 나타났던 소련과 중국에서 볼 때, 토지 상층 계급은 대체로 상업 및 산업에로의 성공적인 전환에 실패했고, 산업화의 결여는 부르주아의 취약성을 노정시켰으며 동시에 농민의 사회조직을 효과적으로 파괴하지 못했던 것이다.[52] 결론적으로 러시아와 중국 모두에 있어서 농민혁명은 토지귀족이나 부르주아 계급이 자유주의적이거나 반동적 자본주의로 나아갈 수 있는 기반을 상실하고, 다른 한편, 토지 상층 계급이 농민을 많이 착취함으로써 거대한 농민 조직과 공동체 의식이 보수적 형태가 아닌 진보적 형태로 나타나 착취계급을 타도할 때 발생했던 것이다. 위의

48) *Ibid.*, p. 433.

49) 독일과 일본에서 토지 귀족은 상업화되지 못하고, 농민의 잉여를 지속적으로 추출하기 위해서 군주세력에 의존적이었다. 부르주아 세력은 매우 약했기 때문에, 근대화의 주체는 군주, 토지 귀족, 부르주아지 삼자 연합에 의해 주도될 수밖에 없었다(김기우, 앞의 책, 1996, p. 182).

50) Moore, *op. cit.*(1967), pp. 437-38.

51) *Ibid.*, p. 457.

52) 김기우, 앞의 책(1996), p. 183.

〈표 8-1〉 비교근대화 도식[53)]

공통의 출발점(미국 제외)	농업관료제		농업관료제	농업관료제
(핵심 변수군) ① 부르주아 충격	강 함	강 함	중 간	약 함
② 노동억압적 농업체제	시장지향생산	강 함	강 함	강 함
③ 농민의 혁명적 잠재력	약 함	강 함	약 함	강 함
결정적 정치적 사건	부르주아 혁명		위로부터의 혁명	아래로부터의 농민 혁명
주된 정치적 결과	민주주의적 자본주의		파 시 즘	공산주의
사 례	영 국·프랑스 미 국		독일·일본	러시아·중국

논의를 표로 나타내면 〈표 8-1〉과 같다.

3. 스카치폴 : 사회혁명의 비교 연구

스카치폴의 「사회혁명 연구」는 비교 시각에 기초하여 역사적 변수, 세계사적 맥락, 국가와 계급의 총체적 변동 등을 훌륭히 다룸으로써, 그녀의 분석을 변동 지향적인 동적 시각으로 확대했다. 스카치폴은 프랑스·러시아·중국 등 세 국가에서 발생한 사회혁명을 이례적으로 상호 교차적인 비교연구를 시도함으로써 사회혁명에 대한 하나의 통칙을 수립했다.

스카치폴이 사회혁명을 역사적 진보나 정치발전으로 간주하는 이유는 첫째, 사회혁명 결과는 세 나라 모두에 있어서 성공적이고 강력한 민족국가 건설을 공고히 했고, 둘째 새로 건설된 체제는 적어도 구 체제에 비해서 하층계급의 참여와 평등을 촉진시켜 국민형성 기반을 달성했다고 보기 때문이다. 스카치폴의 비교혁명 연구는 민족국가 건설과 국민형성 및 통합이란 차원에서 정치발전 이론의 확대 및 세련화 가능성을 보여 주었다는 면에서 평가받을 수 있다.[54)]

스카치폴은 사회혁명을 '한 사회의 국가 및 계급 구조의 급격하고 근본적인

53) Theda Skocpol, "A Critical Review of Barrington Moore's Social Origins of Dictatorship and Democracy," *Politics and Society*, vol. 4, no. 1 (Fall, 1973), p. 10.

54) 김기우, 앞의 책 (1996), pp. 189-91.

변혁'으로 규정하면서 사회혁명은 계급을 기반으로 아래로부터의 폭력을 수반하면서 사회 구조와 정치 및 국가 구조의 대대적인 변동이 상호보완적으로 동시에 발생하는 것으로 간주한다. 스카치폴은 사회혁명 분석의 핵심변수로서 국가·계급·국제적 도전 등을 제시하면서 프랑스·러시아·중국 혁명은 공통적으로 구체제의 국가 구조에 집중된 정치 위기인 국가와 지배계급간의 갈등, 그리고 하층 계급인 농민 반란뿐만 아니라 경제·군사적으로 더 발전된 강대국의 도전에 성공적으로 대응하지 못함으로써 발생했다고 간주한다.[55]

그녀는 세 국가의 혁명적 위기를 몰고 왔던 제 요인을 보다 정확히 추적하기 위해서 각국의 사례를 상세히 검토하고 있다. 스카치폴은 농민 폭동 없이는 사회혁명은 불가능했다고 전제하면서 사회 혁명에 농민 폭동이 결정적으로 공헌한 이유를 세 가지로 지적한다.[56] 첫째, 세 나라 모두에서 농민 폭동은 궁극적으로 구 체제 내의 사회·경제·정치적 기초를 급속히 약화시켰고, 둘째 농민 폭동은 국가권력과 협력 경쟁하는 지배 엘리트의 선택 범위를 제한시켰으며, 셋째 국가권력이 지배계급과 갈등 상태에서 열강의 압력에 직면함에 따라 국가 통제력이 약화된 상태에서 거대한 농민 폭동은 국가 구조 자체의 파괴를 가져왔다는 것이다.

스카치폴은 사회혁명 결과를 사회 구조의 변동뿐만 아니라 국가 조직의 변동에도 관심을 집중시킨다. 확실히 세 나라의 혁명은 정치 및 계급투쟁을 거쳐 구 체제 내의 지배계급을 파괴함과 동시에 새로운 민족국가 건설을 공고히 했다. 사회혁명 이후 새로 건설된 국가는 구 체제하의 국가에 비해 더 중앙집권적이고 대중 참여적인 동원 체제로 변모하고 국제 체계에서 타국과 경쟁하는 데 훨씬 더 효율적이고 성공적이었다고 평가할 수 있다.

4. 트림버거 : 위로부터 혁명의 비교 연구

트림버거는 아래로부터 혁명의 불가능성에 주목하면서 '위로부터의 혁명모델'을 구축하기 위해 비교 분석적 시각에서 위로부터의 혁명 모델의 고전적 사례인 일본과 터키의 혁명 과정과 결과를 상세히 검토하고, 현대의 위로부터의

55) Theda Skocpol, *op. cit.*(1973), p. 4.
56) *Ibid.*, p. 113.

혁명 사례인 이집트와 페루를 비교 논술하였다.[57] 트림버거는 위로부터의 혁명 개념을 '구 체제의 지배적 사회 집단'이 갖는 정치·경제 권력을 와해시키는 중앙집권적 국가 기구의 확립으로 규정한다.[58] 위로부터의 혁명은 지배계급을 파괴시킨다는 점에서 개혁이나 쿠데타와 구분된다.

그녀는 특정 국면의 국내외적 조건하에서 국가 기구가 갖는 혁명적 잠재력에 주목하면서, 특히 위로부터 혁명의 전제조건으로서 계급 지배로부터 관료적 자율성에 초점을 맞추었다. 그녀의 연구에서 가장 중요한 핵심인 국가의 상대적 자율성 문제는 국가기구(state appratus)의 자율성과 국가 관료(state bureaucrat)의 역동적 자율성으로 구분된다. 이러한 관점에서 트림버거는 국가와 군부 관료는 단순히 지배계급의 도구(instruments)가 아니라 국가의 위기 시에 지배계급의 이익과 국가권력을 분리시켜 지배계급을 혁명적 수단으로 파괴할 수 있었다고 간주한다.[59]

트림버거는 위로부터의 혁명의 고전적 사례인 일본과 터키를 비교하면서 이들 양 국가의 혁명 주도 세력은 구 체제 내의 의사 결정권을 갖고 있었던 기존의 군부·민간 관료였고, 그들의 혁명 동기와 이데올로기는 서구 열강의 직접적인 위협으로부터 강화된 민족주의였다는 점에서 공통점을 발견하였다. 일본과 터키에서 초기 혁명 결과는 혁명 엘리트가 지배계급으로부터 관료·군사적 자율성을 확보함으로써 사회·경제적 개혁을 추진할 수 있었다. 그러나 위로부터 혁명의 장기적 결과는 지배 엘리트가 발전 과정에서 대중의 탈정치화(depoliticization)로 대중적 지지 기반을 상실하게 됨에 따라 정치 안정을 위해 지배계급과

57) 트림버거는 이들 네 국가의 위로부터의 혁명 결과는 실패한 것으로 결론짓는다. 왜냐하면 이들 국가의 위로부터 혁명은 혁명 과정에서 혁명을 주도한 군부 급진 관료들이 의도적으로 대중의 탈정치화와 대중 동원이나 참여를 배제시키고, 대신에 지주와 정치적으로 타협하고 부상하는 부르주아지와 지배계급 연합을 형성했기 때문이다. 초기 혁명 관료들이 장악한 자율적인 국가 지도력에도 불구하고 이들 국가는 대외적으로는 자본주의 패권 체제에 종속적으로 편입되고 대내적으로는 불평등하고 왜곡된 경제 발전 형태와 대중 빈곤을 겪게 되었던 것이다(김기우, 앞의 책, 1996, p. 212).

58) Ellen Kay, Trimberger, *Revolution from Above* (New Jersey : Transaction Books, 1978), p. 2. 트림버거는 위로부터의 혁명 모델이 갖는 제 특징을 다섯 가지로 지적하는데, 첫째 국가권력의 확립과 사회 경제적 변동을 추진하는 세력은 구 체제내의 군부 엘리트와 민간 관료들이며, 둘째 혁명적 권력 장악과 변동 과정에서 대중 참여가 배제되었고, 셋째 권력 장악과 변동 과정에는 소규모의 폭력, 숙청 또는 반혁명이 수반되며, 넷째 변동은 급진적 이데올로기에 거의 호소하지 않고 실용적이고 단계적인 방식으로 진행되고, 마지막으로 혁명 주도 세력인 군부 관료는 상층계급의 정치 경제적 기반을 파괴시켰다는 것이다. *Ibid*., p. 3.

59) *Ibid*., pp. 6-8.

정치적으로 타협하고 부르주아지와 동맹함으로써 자율적인 자본주의 발전이나 강력하고 대중 참여적인 민족국가 건설에 실패하게 되었다는 것이다.

트림버거는 위로부터의 혁명 모델의 현대적 사례를 이집트와 페루의 경우를 들어 설명한다. 1952년 이집트의 나세르(Nasser)정권, 1968년 페루의 벨라스코(Velasco)정권은 민족주의 기치 아래 군사 쿠데타로 국가권력을 장악하고 사회경제적 혁명으로 나아갔다. 이들 군사 정권은 대내적으로 토지 개혁을 실시하여 상층 지주 계급의 경제 및 정치권력을 파괴하고 대외적으로는 수에즈운하(이집트)와 국제석유회사(페루), 그리고 수많은 외국 기업 재산을 몰수함으로써 국제적 경제 종속으로부터 탈피를 시도했다.[60] 뿐만 아니라 근대화 과정에서 국가기구를 이용하며 부르주아지의 육성을 지지하기도 했다. 그러나 자본주의적 산업화 정책은 국가 관료의 자율성을 손상시켜 결과적으로 관료와 도시 및 농촌 부르주아지와의 보수적 정치연합을 창출했다. 요컨대 종속적 자본주의의 불평등과 관료의 지배계급 연합이 갖는 이와 같은 보수주의는 이집트와 페루의 정치안정과 자율적인 경제발전을 크게 저해하는 결과를 초래했다.[61]

트림버거는 일본과 터키, 이집트와 페루의 위로부터의 혁명분석에서 자본가 계급을 주축으로 한 자본주의 발전을 촉진시키는 데 국가권력의 이용은 자율적인 국가 발전에 실패하거나 비효과적이었다는 결론에 도달한다. 그럼에도 불구하고 트림버거는 제 3 세계의 군부는 세계 자본주의 체제에 편입된 종속 상태와 내적 불평등이라는 위기 속에서 지배계급으로부터 역동적인 자율성을 확보하면서 새로운 국가조직을 구성할 능력을 가질 수 있을 것으로 기대한다.

제 6 절 정치발전 모델의 비교·평가

1. 정치발전 모델의 비교

지금까지 정치발전에 대한 여러 가지 모델에 대해 살펴보았다. 이 장에서는

60) *Ibid*., p. 147.
61) *Ibid*., pp. 163-66.

위의 각 모델의 방법론적 특징들을 적절한 비교 기준에 입각하여 비교함으로써 각 모델이 갖는 강·약점을 보다 명료하게 부각시키려 한다. 이러한 비교를 위한 기준은 첫째, 각 모델이 성취한 개념화 수준의 정도, 둘째 각 모델의 통칙(通則) 혹은 일반화 수준, 셋째 각 모델이 어느 정도 변동 지향적인지 혹은 발전의 방향을 제시하는지의 여부, 넷째 세 모델이 설명력 있는 이론 정립을 위해서 어느 정도 역사적 맥락을 고려하는지의 여부, 다섯째 발전문제를 보다 입체적으로 파악하기 위해 세 모델이 어느 정도 국제적 맥락이나 변수들에 주목하는지의 여부 등이다.[62]

1) 개념화의 정도

개념형성(concept formation)문제는 이론화과정에서 필수불가결한 요소이다. 만약 기본 개념들이 모호하다면 그 결과로 창출되는 이론도 모호하게 될 것이다. 따라서 정치발전 개념화과정에서 관찰 수준을 넘어선 추상수준의 개념화나 개별개념을 넘어선 보편개념을 세련화시킨다면 우리들은 보다 용이하게 통칙에 접근할 수 있을 것이다. 정치발전 개념화 작업에서 볼 때 다양한 개념과 변수 그리고 지표를 제시한 모델은 구조기능 모델이다. 구조기능주의자들은 정치 및 문화체계 내의 구조와 기능 혹은 기능적 필수요건이란 점에서 다양한 변수와 개념들을 도출하여 풍부한 개념화 작업을 달성했다. 한편 사회과정 모델의 정치발전 개념화 수준은 구조기능 모델과 비교역사 모델의 중간수준이다. 비록 이들 학자들은 정치발전에 대해서 민주주의, 다두제, 세속화, 참여, 국민형성, 체제능력, 통합 등 여러 가지 발전지표와 개념들을 제시했지만 이들 분석가들은 발전개념 자체보다는 오히려 이들 개념과 사회·경제적 변수들간의 상관관계에 주로 관심을 집중시켰다. 비교역사 모델은 역사적 구체성에 입각하여 특정 사회의 발전 및 진화의 특정 국면을 다루기 때문에 매우 실증적이고 경험적이지만 개념의 추상화수준은 낮은 편이다. 그들은 정치근대화, 자율적 민족국가 건설, 대중동원 및 참여체제 등 비교적 단순한 단일개념으로 정치발전을 설명한다. 발전을 포괄적인 우산개념(umbrella concept)으로 설명하는 것은 다른 한편 개념의 전문화 작업을 범속한 수준에 머물게 하는 것이다.

---

62) 김기우, 앞의 책(1996), pp. 277-82.

2) 통칙 혹은 일반화 수준

구조기능 모델은 정치발전에 대한 다양하고 풍부한 개념화 작업을 달성하여 추상화수준을 높임으로 해서 정치발전의 통칙형성에 크게 기여했다고 볼 수 있다. 더욱이 통칙형성을 통한 비교기준의 제시는 정치발전의 분석범위를 크게 확대시켰다. 그러나 이러한 통칙은 기본적으로 발전된 제 1 세계로부터 도출된 것이므로 역사·문화 및 구조가 상이한 제 3 세계에 대한 적실성과 적용가능성 문제는 상당한 제약이 따른다. 사회과정 모델은 경제발전과 민주주의, 커뮤니케이션과 정치발전, 사회적 동원과 정치발전, 교육과 정치발전 등, 주로 상관관계명제에 주목하면서 사회·경제적 발전맥락에서 정치발전의 다양한 통칙을 제시했다. 다시 말하면 사회·경제적 변수들인 경제발전, 산업화, 도시화, 문자해득률, 교육, 매스미디어, 사회적 동원 등과 같은 보편개념들이 정치발전에 어떻게 상관적인가를 검토함으로써 높은 수준의 통칙을 달성하고 상이한 사회에의 적용가능성을 확대했다고 볼 수 있다. 이에 비해서 비교역사 모델은 역사적 구체성과 실제사회에 기초하여 통칙을 구축함으로써 비교가능한 연구대상의 제한으로 일반화 수준은 낮은 편이다. 왜냐하면 특정 사회, 특정 국면의 분석으로부터 도출된 통칙은 상이한 역사와 문화를 갖는 사회에는 적용가능성이 약하기 때문이다.

3) 변동 및 방향성

세 모델이 어느 정도 변동지향적인지 혹은 발전의 방향을 제시하는지에 대해서도 비교가 가능하다. 먼저 구조기능 모델의 기본시각은 '체제평형'을 우선적으로 강조한다는 면에서 변동지향적 어프로치는 아니다. 또한 현대 정치체계를 영·미 민주주의체제와 동일시하고 현대 정치체계내용인 기능적 필요요건들에 주목함으로써 방향성을 무시한다. 발전의 방향성을 간과한다는 것은 발전을 위한 선택가능한 대안적 길이나 통로의 존재를 배제한다. 사회과정 모델도 기본적으로 확산시각에 기초하여 사회·경제적 변수와 정치발전 사이의 조화로운 선행관계를 가정한다는 면에서 변동지향적이라기보다는 안정지향적 발전모델이다. 동시에 서구지향적 발전시각을 반영한다는 면에서 제 3 세계의 발전방향이나 선택의 여지를 무시한다. 한편 비교역사 모델은 특징적으로 역사적 맥락과 종적 분석에 의존함으로써 동적인 분석시각으로 간주될 수 있다. 발전의 단계나 통로 혹은 발전전략 등을 논의함으로써 발전의 방향성에도 주목했다. 요컨대 사회과정 모델이 제 과정이나 상관관계를 중시하고 구조기능 모델은 발전의 방향보다는 내용을 중시한다는 면에서 두 모델은 기존 체제 내의 통제가능한 한계 내에서 점진적 발전관에 기초하고 있다. 그러나 비교역사 모델은 발전의 단계나 방향뿐만 아니라 갈등, 총체적 변동, 그리고 혁명까지도 분석대상에 포함시킴으로써 변동지향적 발전모델이다.

4) 역사적 맥락

일반적으로 동적이고 설명력 있는 어프로치라 함은 역사적 맥락과 변수를 고려하지 않고서는 성립할 수 없다. 만약 설명적 변수가 동시대적인 것에 국한된다면 그것은 종단적 시각과 예측력을 결여한 정적 어프로치로 귀착되고 만다. 따라서 보다 설명력 있는 이론이 정립되기 위해서는 동시대적인 변수들의 상관관계뿐만 아니라 역사적이고 종단적 시각을 동시에 공유해야만 한다. 이러한 관점에서 볼 때 구조 기능주의자들은 주로 동시대적이고 수평적인 변수들에만 주목함으로써 종단적 분석시각을 결여한다. 사회과정 모델의 계량화작업도 거의 동시대적인 일정한 단계의 사회로부터 도출되고 있으므로 종단적 시각을 결여한다. 더구나 이 모델이 갖는 확산시각은 서구가 경험한 발전은 단지 순서의 차이가 있을 뿐 비서구에서도 반복적이고 동일하게 나타날 것이라고 가정했다. 이와 같은 확산시각은 실제로 서구의 발전이 어떻게 나타났는지를 비서구와의 역사적 상관관계에서 파악하지 못하게 하였으며, 동시에 비서구역사에 대한 논의 자체를 배제했다. 위에서 논의한 양 모델과는 대조적으로 비교역사 모델은 역사적이고 맥락적 발전시각에 기초하고 있다. 이 모델은 역사적 구체성과 실제사회에 입각하여 과거의 결정변수들과 다음 세대 변수들간의 인과관계에 주목함으로써 종단적 분석시각을 확대하고 보다 설명력 있는 발전이론의 세련화에 기여했다.

5) 국제적 맥락

발전문제에서 국제적 변수나 맥락을 매우 중요한 결정변수로서 주목해야 할 필요가 있다. 왜냐하면 제 1 세계의 발전도 비서구와의 역사적 연계를 정확히 파악하지 않고서는 설명될 수 없듯이, 제 3 세계의 발전가능성과 선택의 범위 및 한계도 제 1 세계가 주도하는 세계적 차원의 경제 · 정치 · 군사적 패권체계라는 맥락 속에서만 파악될 수 있기 때문이다. 그런데 사회과정 모델은 기본적으로 발전을 각국마다 독립적이고 자율적인 과정으로 이해한다. 이들 분석가들은 발전을 거의 배타적으로 국내의 사회·경제적 연구와 정치변수 사이의 '조화로운 선형관계'라는 맥락에서 설명함으로써 국제적 변수나 환경을 고려하는 데 실패했다. 구조기능 모델도 정치발전을 국제적 맥락에서 고려하지 않고 주로 정치체계 내의 구조와 기능을 통해서 설명한다. 발전문제를 주로 국내변수들에만 주목함으로써 이 모델은 제3세계에 대해서 점차적으로 통합과 침투력을 강화해가는 패권체계의 중요한 특징을 파악하지 못하게 했다.

사회과정 모델이 체계 내의 사회·경제적 변수와 정치변수 사이의 상관관계와 제 과정에만 몰두하고 구조기능 모델이 체계 내의 구조와 기능에만 관심을 집중시키는 데 비해서 비교역사 모델은 비록 일부이지만 변동과 발전에 국제적 맥락과 환경변수를 고려했다. 예컨대 Skocpol은 사회혁명의 핵심변수들로서 계급, 국가, 국제적 압력으로 파악하면서 사회혁명은 구체제가 보다 선진화된 국가의 군사적 위협에 적절히 대응하지 못할 때 발생한다고 주장함으로써 체제변혁의 요인으로서 국제적 변수의 중요성에 주목했다. Trimberger에 따르면 제3세계는 제1세계의 패권적 자본주의 체제에 강하게 편입되어 있다고 가정하면서 제3세계 각국이 택할 수 있는 가능한 발전전략으로서 위로부터의 혁명모델을 제시했다. 이와 같이 비교역사분석가들은 발전문제에 국제적 변수를 연계시킴으로써 발전을 보다 동적이고 입체적으로 파악할 수 있게 했다.

〈표 8-2〉 정치발전 모델의 강점과 약점 비교

비교기준(특징 및 변수)	구조기능 모델	사회과정 모델	비교역사 모델
개념화수준	강	중간	약
통칙(일반화)	강	강	약
변동 및 방향	약	약	강
역사	약	약	강
국제적 맥락	약	약	강

2. 정치발전 모델 평가

정치발전의 각 모델에 대한 평가는 대체로 세 가지 기준에서 접근할 수 있다.

첫째, 이론의 적실성 문제이다. 주류발전 모델에 대한 가장 큰 불만은 그것들이 제 3 세계에 어느 정도로 유용하고 현실적인가라는 문제이다. 그것은 이론과 현실 사이의 갭(gap)의 문제이기도 하다. 만약 정통 발전 패러다임이 통합적 거시이론이나 사회진화의 보편적 길로서 비서구 사회에 무차별적으로 적용된다면, 이는 이론과 현실을 인위적으로 일치시켜 자칫 잘못하면 비 서구의 현실을 제대로 파악하지 못하거나 또는 제 3 세계와 제 1 세계의 관계를 모호하게 만들 수 있다.[63)]

둘째, 문화 및 정치적 중립성 문제이다. 정통 발전 모델은 기본적으로 전통·근대 양분법적 틀에 기초하며, 또한 확산시각을 일관되게 견지한다. 이 모델은 제 1 세계가 경험한 발전의 시기, 순서, 단계들을 대체로 제 3 세계가 거의 동일하게 경험할 것이라고 가정한다. 이는 지나치게 단선적이며 낙관적인 견해이다. 예컨대 특정 역사와 문화를 기반으로 한 모델이 역사적으로 상이한 전통과 문화를 기반으로 하는 다른 지역에 하나의 보편적 발전 모델로 적용하는 데는 한계가 있을 것이며, 실제로 발전은 하나의 경로나 방향만 존재하는 것이 아니라 다양한 형태나 길이 존재할 수 있다는 점에서 주목할 필요가 있다. 물론 어느 이론도 종국적으로 인종이나 문화를 떠나서 완전히 중립적일 수 없지만, 정통 발전론의 개념 구조에는 서구의 강한 인종 및 문화적 편견이 내재되어 있음을 부인할 수 없다.

셋째, 국제적 맥락 또는 국제환경의 변화이다. 현실적으로 제 3 세계는 발전을 위해 외국의 자본, 기술, 시장에 거의 절대적으로 의존하고 있고, 제 1 세계가 주도하는 세계공동체의 일부로서 국제적인 정치·문화·커뮤니케이션망에 강하게 편입되어 있다. 특히 1980년대 후반부터 급속히 파급되었던 세계화라는 보편적인 현상은 정치발전을 새로운 틀로 분석하기를 요구한다. 생산과 교환, 자본의 이동, 정보의 흐름 등이 명실공히 세계적 차원에서 이루어지는 이 시점에서, 종래와 같이 국민국가란 틀 속에서 정치발전을 논하는 것은 그 의미가 크게 퇴색되었다고 해도 과언이 아니다. 따라서 결론에서는 국민국가의 힘이 상대적으로 약화되어 가는 지금 정치발전의 현대적 경향과 의미에 대해 논의하고자 한다.

---

63) 위의 책, pp. 230-32.

제 7 절 결 론

정치발전이란 주제는 항상 논쟁적이었다. 그것은 근본적으로 문화나 가치로부터 자유로울 수 없으면서도 다른 한편 상당 수준의 객관화가 성취된 주제이기도 하다. 그러나 이 주제에 접근하는 각 어프로치들은 각자가 갖는 이론적 틀과 전제, 적실성의 문제, 그리고 처방적 수준의 차이 등으로 매우 다양하고 혼란스런 차원으로까지 전개되었다. 이들 논쟁이 확대되면서 각 모델이나 어프로치는 지나치게 세분화되었고, 다른 이론적 틀과는 전혀 관계없는 듯한 독자성을 유지함으로써, 현실적 설명과 동떨어진 개념적 추상화 논쟁에만 머물러 있기도 했다.[64)]

정치발전 분석을 위한 과학공동체 내의 이와 같은 혼란과 착종 속에서도 우리들은 주로 세 부류 학자군의 이론적 어프로치들을 구분·설명하려 하였다.

첫번째 학자군은 정치발전을 개도국의 경제발전 결과로 나타난 정치와 정책을 통하여 분석했다. 이는 주로 립셋류의 학자들로서 경제발전과 이에 비례하는 민주주의의 신장을 그 연구의 초점으로 삼았다.

두 번째 학자군은 정치발전을 구조기능주의적 시각에서 분석한다. 즉 새로운 레짐(new regime)의 발전에 대한 연구로서 국가의 확대된 역할, 정치참여의 확대, 그리고 급속한 변화와 경쟁 속에서 질서를 유지하는 체계능력 등에 관심이 집중된다.

세 번째 학자군은 보다 적극적으로 혁명을 정치발전의 범주에 포함시켰다. 이는 혁명의 결과가 국민국가 건설과 참여 및 복지확대에 기여했다고 간주했기 때문이다. 이들은 역사적이고 거시적 시각에서 혁명이 왜, 어떻게 일어나고, 체제가 변화되고 대체되는 조건들에 관심을 가졌다.

이들 세 학자군의 주된 어프로치들을 분석하고 나아가 비교방법을 통하여 각 모델의 강·약점을 지적하였다. 또한 앞의 비판적 평가에서도 지적한 것처

64) R. S. Milne, "The Overdeveloped Study of Political Development," *Canadian Journal of Political Science*, vol. 5, no. 4, 1972, pp. 560-68.

럼, 정통 발전이론에 대한 비판은 이론의 적실성 문제, 서구 문화 중심적 시각, 그리고 국제적 맥락이 결여된 지나친 국민국가 중심주의에 그 초점을 맞추어 진행시킬 수 있다.

다음으로 이들 정치발전 이슈가 1990년대 민주화와 세계화 시대에 이르러 어떤 변화의 추세를 갖는가를 검토할 차례이다. 1950년대 말부터 1970년대까지 좀 과장되게 말해서 지나치게 발전되고 세분화 및 추상화된 정치발전론은 이론과 실천의 격차, 그리고 이론과 현실 사이의 불일치란 관점에서, 그리고 과도하게 서구 편향적이란 비판 속에서 일대 위기를 맞이하게 된다. 이는 1970년대 종속이론이나 세계체제론과 같은 진보적 시각의 도전 속에서 더욱 논쟁이 가열되었다. 그러나 1980년대 후반 소련과 동구가 겪은 일대 격변과 연이어 나타난 구소련 및 동구의 해체는 소위 좌파이론가에도 일대 위기와 좌절을 안겨다 주었다. 후쿠야마가 주장하듯이 자본주의와 자유민주주의의 영원한 승리는 아니라 할지라도, 정통 발전론의 재등장과 새로운 변화모색은 1990년대에 걸쳐 모색되고 있다.

최근 정치발전 문제에 대한 변화의 추세는 크게 두 가지로 요약된다.

그 첫번째로 민주화 논의의 활성화를 꼽을 수 있다. 과거 사회과정론자들 이외에는 민주화 문제는 정치발전에서 크게 주목받지 못했다. 물론 포괄적으로 민주화 문제는 정치발전의 모든 어프로치와 연관되어 있으나, 대부분의 구조기능주의 이론가들이나 비교역사 모델 연구자들은 주로 구조적이고 국제적인 맥락에서 정치발전을 다루었다. 예컨대 체제능력, 구조분화, 자율성, 제도화, 참여, 국민국가 건설, 혁명 등과 같은 거시 개념들에 주로 관심이 집중되었다. 그러나 1990년대에 이르러 헌팅턴이나 린쯔 그리고 도밍고즈 같은 학자들을 중심으로 민주화 문제를 글로벌한 차원에서 다루기 시작했다. 헌팅턴은 「제 3 의 물결」(The Third Wave)이란 저작에서 1980년대 이후 제 3 세계 전반에 걸쳐 진행되는 민주화 추세를 매우 광범위한 예증을 통하여 다소 혼란스럽게 기술하고 있다.[65] 민주화에 대한 이 같은 관심은 정치발전 연구가 현실 문제에 대한 보다 처방적이고 적실성 있는 이론으로 그 관심 영역이 변화되고 있음을 입증하는 것

65) Huntington, *The Third Wave* (Norman and London: University of Oklahoma Press, 1991); J. J. Linz & L. Diamond, *Democracy in Developing Countries: Latin America* (Boulder: Lynne Rienner Publisher, Inc., 1989).

이다.

다음으로 1980년대 말부터 불어닥친 세계화(globalization)과정은 종래 정치발전론에 대한 커다란 변화와 수정을 요구한다. 생산과 교환, 자본의 이동, 정보의 흐름 등이 명실공히 세계적 차원에서 진행됨에 따라, 이는 한편으로는 경제, 정치, 기술, 커뮤니케이션의 글로벌적 상호의존성을 증대시켰고, 나아가 지역 및 초국적 기관의 조직과 제도의 출현을 가져왔다. 다른 한편으로는 국경의 경계가 모호해지고, 과거 국민국가가 누려왔던 상품, 정보, 서비스, 문화의 흐름을 통제할 수 있던 정책수단의 능력(capacity)은 심각하게 제한 받게 되었다.[66] 더구나 세계 경제 체제의 발전과 문화의 글로벌화에 따른 소위 국가간 체제(inter-state system)의 등장은 정치적 의사결정의 국제화(internationalization)를 가져다주고 있다.[67] 이 같은 세계화라는 맥락 속에서 볼 때 종래 정치발전론의 주된 공간적 범주였던 국민국가란 단위는 글로벌한 차원으로 확대되지 않으면 안 되며, 체제능력 또한 "의사결정의 국제화"와 정책선택의 제약 속에서 좌우될 수밖에 없다. 또한 제 3 세계의 발전 내용과 방향 그리고 그 가능성까지도 국제정치경제라는 제약 속에 놓여 있는 것이다.

결론적으로 21세기를 맞이하는 정치발전 이론의 변화와 수정 그리고 새로운 지평의 확대는 우리가 지금까지 논의한 정치적 민주주의 보편화 과정과 세계화 추세를 어떻게 탄력적이고 적실성 있게 수용하느냐의 여부에 좌우될 것이다.

연습문제

1. 정치발전과 민주주의의 상관관계에 대해서 토론해 봅시다.
2. 권력형 부정부패는 정치발전에 어떤 영향을 미치는지 생각해 봅시다.
3. 동아시아 신흥공업국의 경제적 발전은 정치발전에 어떤 영향을 미쳤는지 라틴아메리카 국가들과 비교하면서 토론해 봅시다.
4. 한국에서 지역감정은 정치발전에 어떠한 영향을 미쳤는지 토론해 봅시다.

---

66) David Held, *Democracy and the Global Order* (Cambridge: Polity Press, 1995), p. 93.
67) *Ibid*., pp. 107-13.

5. 국민들(또는 시민단체)의 정치참여는 각국의 정치발전과 어떤 상관관계가 있는지 생각해 봅시다.
6. 세계화 현상에 대해 토론해 보고, 그 현상이 각국의 정치발전에 어떠한 영향을 미치는지 생각해 봅시다.

제 3 부

국제정치의 이해

제 9 장 국제정치

요 약

국제정치(international politics)는 전통적으로 국가 중심적 사고를 바탕으로 국가들간 관계를 연구하는 학문분과이다. 다시 말해 국제정치는 국제사회에 존재하는 희소가치의 배분문제를 둘러싼 국가간 상호작용을 다루고 있다. 주권국가간 상호작용으로 구축된 국제체제(international system)와 구조(structure)는 국가간 안보딜레마(security dilemma)를 유보시키는 기능을 담당하며 국가들의 행위는 이러한 체제와 구조 속에서 작동한다.

그러나, 오늘날 기술문명의 신장과 "세계화"의 급속한 확산으로 국가간 상호의존적인 경향이 확대되면서 "국내적인 문제"와 "대외적인 문제" 사이의 구별은 그 경계가 무너지기 시작하고 있다. 민족국가가 아직은 세계무대에서 중요한 행위자로 존속하고는 있지만 초국가적인 조직, 국가간(transnational) 단체와 기구들의 영향력 증대를 부정할 수 없게 되었기 때문이다. 이는 "전통적 국제정치이론"에 대한 비판적인 연구방법론과 새로운 패러다임을 요구하고 있다.

전통적 국제정치의 핵심을 이루었던 국가주권이 궁지에 몰리고 국가간 민감성과 취약성이 증대하고 있다. 이는 국가주권의 "신화"가 무너지고, 기술문명의 발전에 따른 시공적 개념의 축소와 세계사회의 일일 생활권 등으로 국가들의 행위패턴이 변하고 있음을 의미한다. 특히, 약소국들의 행위반경이 강대국의 그것보다 더 많은 영향을 받고 있다. 다른 한편, 시민사회는 화해와 협력, 평화를 향한 "진보적 국제연대"를 추구하고 있다.

분명 20세기 후반 이래 세계는 하나의 "지구촌"이 되어 가고 있으며 화해와 협력이 강조되는 시대에 있다. 이는 지난 200년 세월 동안 제국주의적 패권국가들이 그려 놓은 전통적인 질서가 변화하는 세계의 모습을 설명하는 데 있어 한계가 있음을 의미한다. 이러한 세계화의 현상은 국가간 상호작용의 본질과 국제정치에 대한 우리의 시각을 변화시키고 있다.

현대 국제정치는 이제 전통적인 국가간 상호작용에서 국가, 시장, 그리고 시민사회라는 삼자관계로 새로운 연구방법들을 검토하고 있다. 국제정치의 영역도 국가영역에서 국제관계라는 포괄적인 영역으로 확대하고 있다.

그러나 아직도 민족국가의 벽은 존재하고 있으며, 국가가 국제사회의 중요한 행위자로 간주되고 있다. 국제사회의 변화에도 불구하고 지구촌 곳곳에는 갈등과 불신의 늪이 상존하고 있으며 국가라는 행위자를 배제하고 이에 대한 해결방안을 논의하기에는 엄연한 한계가 있기 때문이다.

현재 국제정치는 전통적 의미의 국가영역을 기본 바탕으로 비국가영역과의 상호작용 연구를 진화시키고 있다. 아울러 국제사회에서의 평화에 대한 논의가 "담론"을 넘어서 새로운 연구영역으로 부각되고 있다. 국제정치의 궁극적인 연구목적은 국제사회에서의 평화와 정의를 정립하는 데 있으며, 국가간 국제사회의 희소가치의 배분문제도 새로운 방향을 찾고 있다. 이러한 맥락에서 "규범의 국제정치학" 혹은 "상생의 국제정치학"에 대한 논의가 담론 수준을 넘어 하나의 현실로 재정립될 필요가 있다.

제 1 절 국제정치는 무엇을 다루는가?

1. 국제정치란?

국제정치(inter-national politics)는 전통적으로 국가 중심적 사고를 바탕으로 국가들간 관계를 연구하는 학문분과이다.[1] 다시 말해 국제정치는 국제사회에 존재하는 희소가치의 배분문제를 둘러싼 국가간 상호작용을 다루고 있다.

전통적으로, 국가의 권위를 나타내는 국가주권은 강한 배타성을 가진 불가침의 영역에 존재하며, 국내에서 발생하는 사건과 국경 밖에서 일어나는 사건간에는 명확한 구분이 획정되어 있다. 국가생존 즉 배타적 국가주권을 보존하고

1) See Hans J. Morgenthau, *Politics Among Nations*(New York: Alfred A. Knopf, 1973); Kenneth N. Waltz, "The Anarchic Structure of World Politics," in Robert C. Art and Robert Jervis(eds.), *International Politics*(New York: Harper Collins College Publishers, 1996), pp. 49-69; Glenn H. Snyder and Paul Diesing, *Conflict Among Nations*(New Jersey: Princeton University Press, 1977).

국가이익을 극대화하기 위해 국가들은 군사력과 경제력을 강화하는 한편 타 국가와의 관계를 전개한다.

주권국가간 상호작용으로 구축된 국제체제(international system)와 구조(structure)는 국가간 안보딜레마(security dilemma)를 유보시키는 기능을 담당하며 국가들의 행위는 이러한 체제와 구조 속에서 작동한다. 비엔나체제, 비스마르크체제, 베르사이유체제, 얄타체제 등은 체제와 구조 속에서 국가들이 어떻게 행동해야 하는가를 보여 준다.

배타적 주권을 바탕으로 한 국가간 수평적 관계에도 불구하고, 이러한 체제들은 대부분 국가간 비대칭적 구조를 바탕으로 유지되어 왔다. 강대국과 약소국간 수직적 논리는 강대국들에 의해 구축된 체제와 구조에 의해 재단되었기 때문이다. 화해와 협력보다는 갈등과 대립의 수직적 구조가 강대국들의 논리를 보장하고 그들의 국가이익을 신장시켰다는 것은 현실 국제사회의 "냉엄성"을 표현하고 있다.

그러나, 기술문명의 신장과 "세계화"의 급속한 확산과 함께 국가간 상호의존적인 경향이 확대되면서 "국내적인 문제"와 "대외적인 문제" 사이의 구별은 그 경계가 무너지기 시작하고 있다. 민족국가가 아직은 세계무대에서 중요한 행위자로 존속하고는 있지만 초국가적(transnational)인 조직, 국가간 단체와 기구들의 영향력 증대를 부정할 수 없게 되었기 때문이다.[2)]

전통적 국제정치의 핵심을 이루었던 국가주권이 궁지에 몰리고 국가간 민감성과 취약성이 증대하고 있다.[3)] 국가주권의 "신화"가 무너지고, 기술문명의 발전에 따른 시공적 개념의 축소와 세계사회의 일일생활권 등으로 국가들의 행위패턴이 변하고 있다. 특히, 약소국들의 행위반경이 강대국의 그것보다 더 많은 영향을 받고 있다. 다른 한편, 시민사회는 화해와 협력, 평화를 향한 "진보적 국제연대"를 추구하고 있다.

분명 20세기 후반 이래 세계는 하나의 "지구촌"이 되어 가고 있으며 화해와 협력이 강조되는 시대에 있다. 이는 지난 200년 세월 동안 제국주의적 패권국가들이 그려 놓은 전통적인 질서가 변화하는 세계의 모습을 설명하는 데 있어 한

2) See Robert O. Keohane and Joseph S. Nye, *Power and Interdependence*(Boston: Little, Brown and Company, 1977); Stephen D. Krasner(ed.), *International Regimes*(Ithaca: Cornell University Press, 1983).

3) Keohane and Nye, *op. cit.*, pp. 11-19.

계가 있음을 의미한다.[4] 이러한 세계화의 현상은 국가간 상호작용의 본질과 국제정치에 대한 우리의 시각을 변화시키고 있다.

현대 국제정치는 이제 전통적인 국가간 상호작용에서 국가, 시장, 그리고 시민사회라는 삼자관계로 새로운 연구방법들을 검토하고 있다. 국제정치의 영역도 국가영역에서 국제관계라는 포괄적인 영역으로 확대하고 있다.

그러나 아직도 민족국가의 벽은 존재하고 있으며, 국가가 국제사회의 중요한 행위자로 간주되고 있다. 국제사회의 변화에도 불구하고 지구촌 곳곳에는 갈등과 불신의 늪이 상존하고 있으며 국가라는 행위자를 배제하고 이에 대한 해결방안을 논의하기에는 엄연한 한계가 있기 때문이다.

현재 국제정치는 전통적 의미의 국가영역을 기본 바탕으로 비국가영역과의 상호작용 연구를 진화시키고 있다. 아울러 국제사회에서의 평화에 대한 논의가 "담론"을 넘어서 새로운 연구영역으로 부각되고 있다. 국제정치의 궁극적인 연구목적은 국제사회에서의 평화와 정의를 정립하는 데 있으며, 국가간 국제사회의 희소가치의 배분문제도 새로운 방향을 찾고 있다.

2. 국제정치와 국내정치의 상관성

국제정치나 국내정치가 권력의 권위적 배분 문제를 다루고 있다는 점에서는 많은 부분 유사점을 지닌다. 그러나 행위주체, 제도적 통제성, 위계성 등에서 양자는 많은 차이를 보인다. 다시 말해, 국제정치는 행위주체로서의 국가간 관계, 제도적 통제성이 미비한 수평적 구조, 그리고 무정부적 성격을 특성으로 하고 있다. 반면 국내정치는 행위주체로서의 국내 제세력간의 관계, 제도적 장치를 바탕으로 한 위계적 구조, 합법적 공권력을 통한 사회질서의 안정과 유지 등을 그 특성으로 하고 있다.

국제정치는 배타적 주권을 행사하는 국가간 상호작용이다. 국가는 독립적 실체이며 국제사회의 주요한 행위자로서 논의의 중심에 위치한다. 각 국가는 타국가의 간섭으로부터 자유스러운 영역을 갖는 자율적이고 합리적인 행위자로 간주된다.[5] 이러한 국가간 관계는 1648년 웨스트팔리아 강화조약 이래 더욱 강화

4) Andrew Heywood, *Politics*(London: MacMillan Press Ltd., 1997), p. 139.
5) Richard C. Snyder, H. W. Bruck and Burton Sapin, "The Decision-Making Approach to

되어 왔다.

국가간 상호작용 속에서, 국가들은 서로 반목·대립 혹은 화해·협력을 통해 자국의 이익을 극대화하는 경향을 가지고 있다. 그러나 국가들은 군사력과 경제력의 증강에도 불구하고 타국가의 그것에 앞선다는 확신을 갖지 못하는 안보딜레마에 빠진다.[6] 따라서 국가들은 군사력과 경제력(특히 군사력)을 지속적으로 증강시키면서 다른 한편 타국가가 군사력의 측면에서 자신보다 압도적 위치에 서는 것을 견제하려 한다.

왜 국제사회에서는 이러한 불신의 현상이 나타나는가? 홉스(Thomas Hobbes)는 국제사회를 전쟁의 잠재력이 상존해 있는 "만인의 만인에 대한 투쟁 상태"로 이해한다.[7] 국제사회는 강제할 수 있는 힘의 중심, 즉 중앙정부가 존재하지 않는 무정부적 속성(anarchy)을 안고 있기 때문이다. 물론 이것이 전쟁이 지속적으로 일어나고 있다는 것을 의미하지는 않는다.

한편, 국내사회는 행정부, 입법부, 사법부 등 제도적 장치를 통해 내부적 균형을 도모한다. 이러한 제도적 장치는 국내사회의 안정적 질서를 구축하는 기본적인 메커니즘이다. 법의 테두리를 벗어나는 행위는 규제의 대상이 되며 공권력은 법질서의 정당성을 확보하는 중요한 요소이다. 물론 국제사회에 국가들의 일탈행위를 규제하는 국제법이 존재하지만 이것이 국가간의 행위를 완전히 규제하는 것은 아니다.

결론적으로, 강력한 힘을 가진 중앙실체가 부재한 국제사회의 특성상 국가들은 국방력의 강화와 산업화를 통해 국력을 신장하려고 노력한다. 또한, 세력균형과 동맹이라는 메커니즘을 통해 자신의 부족한 부분을 보완하고 안보딜레마를 극복하고자 한다.[8]

반면 국내사회는 강력한 힘의 중심과 공권력을 통해 질서를 창출한다. 위계적 질서구조가 형성된 국내사회는 국제사회와는 달리 일목요연한 체계를 가지고

---

the Study of International Politics," in James N. Rosenau, *International Politics and Foreign Policy*(New York : Collier-Macmillan Limited, 1969), pp. 199-206.

6) 홍정, 정책결정 그리고 국제체제의 상관성 속에서 나타나는 안보딜레마에 대한 논의는 Glenn H. Snyder and Paul Diesing, *op. cit.*, pp. 3-21 ; Robert Jervis, "Offense, Defense, and The Security Dilemma," Robert C. Art and Robert Jervis(eds.), *op. cit.*, pp. 183-203 참조.

7) F. Parkinson, *The Philosophy of International Relations : A Study in the History of Thought*(London: Sage Publications, 1977), p. 37.

8) Stephen M. Walt, "Alliances: Balancing and Bandwagoning," in Robert C. Art and Robert Jervis(eds.), *op. cit.*, pp. 108-15.

국가정책을 전개해 나간다. 이 경우 무정부적 방임상태는 거의 인정되지 않는다.

3. 국제정치와 국가이익

"국가이익"에 대한 논의는 국제정치 연구의 중심적 개념이다. 많은 학자들이 국가이익에 대해 개념 정의를 시도하였다. 그러나 국가이익을 한 마디로 정의하는 작업은 결코 쉬운 일이 아니다. 국가이익의 개념은 17세기 이래 근대주권국가의 성립과 함께 국제정치 영역에서 논쟁점으로 부각되었다. 17세기 이전에는 군주제가 보편적인 정치체제였으며 군주의 의사나 의지가 국가이익과 동일시되었기 때문이다.

국가이익 개념이 대내외 정치의 중심개념으로 발전하게 된 데는 비어드(Charles A. Beard)의 공헌이 컸다. 1929년 경제공황으로 인해 스미스(Adam Smith)의 자유방임적 사상이 붕괴되고 기존의 "이익조화론"에 회의를 느낀 비어드는 "국가가 유지되고 부강해질 수 있는 기준과 방식"이라는 새로운 개념으로 국가이익을 정의하였다.[9] 카(E. H. Carr) 역시 현실주의에 기반하지 못한 이상주의가 세계정치의 위기와 세계경제질서의 붕괴를 가져왔다고 비판하면서 현실주의와 이상주의의 조화와 균형에 따른 국가이익을 이야기하고 있다.[10]

모겐소(Hans J. Morgenthau)는 감상주의에 기초한 당위성의 논리를 통박하고 군사력과 경제력에 바탕을 둔 국가이익의 개념을 도출하였다. 이는 기존의 윌슨(Woodrow Wilson)의 이상주의에 정면으로 도전하는 것으로 미국 국제정치학계에 커다란 파장을 불러일으켰다. 현실주의자인 케난(George F. Kennan)이나 니버(Reinhold Niebuhr)도 군사력과 경제력의 균형을 통한 국제안정의 가능성을 강조하였다. 니버는 국가이익의 설정은 도덕적 가치와 힘이 동시에 고려되어야 한다고 주장하였다.[11]

정치는 본질적으로 "현실과 이상," 즉 "실제와 당위"가 혼합된 것이다. 현실주의자들은 국가이익을 설정하는 데 있어 "힘"(power)이라는 단일한 개념만

---

9) Charles A. Beard, *The Idea of National Interest: An Analytical Study in American Foreign Policy*(Chicago: Quadrangle Books, 1996), pp. xiv-xv.

10) Edward H. Carr, *The Twenty Years' Crises, 1919-1939*(London: Macmillan Company, 1956), pp. 41-62.

11) Parkinson, *op. cit.*, pp. 161-62

을 강조하는 것이 아니라 "힘"에 더 많은 중요성을 부여하면서도 도덕과의 적절한 조화를 이야기하고 있다.

모겐소는 국가이익의 개념을 한 국가의 영토와 제도 및 문화의 보전을 내용으로 하는 "국가의 생존"으로 파악하고, 국가이익은 국가정책의 최선의 기준이자 이해의 척도가 되어야 한다고 주장하였다.[12] 또 오스굿(Robert E. Osgood)은 국가이익이란 "인간이 자국의 복리에만 전념하는 성향을 그 특징으로 한다. 즉, 그것은 국가공동체에 전이된 自己愛이다"라고 표현하고 있다.[13]

국가이익이란 "한 국가의 최고결정과정을 통해 표현되는 국민의 정치적, 경제적 및 문화적 욕구와 갈등"이라고 정의할 수 있다.[14] 국가이익을 도출하는 데 있어서는 개인적 도덕이나 윤리가 그대로 적용될 수는 없다. 한 국가의 정책은 그 정책의 추진과 결과에 의해 평가되어야 하기 때문이다. 다시 말해 개인의 행동과 국가정책 사이에는 이중 구조적 사고의 구분이 요구된다.

그러나 국가이익은 한 국가가 처한 상황분석, 목표설정의 우선순위, 그리고 행동의 지표가 되는 중심개념이지만 지나친 "힘"의 논리에 근거한 국가이익의 추구는 항상 자기파멸의 위험성을 안고 있다. 따라서, 장기적 안목에서의 국가이익의 추구와 정책결정간의 균형감각을 고려할 필요가 있다. 이는 국가이익을 추구함에 있어 현실주의는 이상주의의 기여도를 염두에 두어야 한다는 것을 의미한다.

제 2 절 국제정치를 어떻게 접근해야 하나?

쿤(Thomas Kuhn)의 「과학혁명의 구조」에 의하면, 패러다임(paradigm)이란 용어는 전형(an example), 모델, 또는 본질적인 패턴(an essential pattern)을 의미하는 그리스어 *paradeigma*로부터 나온 말로서, 연구영역에 대한 사고

12) Hans J. Morgenthau, "Another Great Debate: The National Interest of the United States," in *American Political Science Review* (December 1952), p. 73.
13) Robert E. Osgood, *Ideals and Self-Interest in America's Foreign Relations*(Chicago: University of Chicago, 1953), p. 4.
14) 구영록, 「한국의 국가이익」(서울 : 법문사, 1995), p. 25.

의 구조화와 관련된다.[15] 즉 패러다임은 특정한 주제를 보는 지배적인 방식이다.

과학자나 연구자는 세계나 사물을 있는 그대로 모두 표상할 수는 없다. 즉 우리는 외부세계를 단순화하여 받아들이는 정신적 지도(mental map)를 가질 수밖에 없다. 그리고 우리의 정신적 지도는 외부세계를 판단하는 데 결정적인 영향을 미친다. 그러므로 우리는 자신의 인식틀(scheme)이 사물이나 세계를 제대로 파악하도록 만드는지를 비판적으로 검토할 필요가 있다.

국제정치에서도 역사적으로 변화하는 국제정치현상을 제대로 파악하기 위해 다양한 패러다임들이 제시되었고, 이들 패러다임들은 현실 국제정치현상들에 대한 설명력을 지니기 위해 논쟁하여 왔다. 국제정치분석에서 어떠한 패러다임을 차용하느냐 하는 문제는 매우 중요하다. 시각에 따라 문제에 대한 견해와 처방이 달라지기 때문이다.

1. 패러다임 논쟁의 진화

1) 이상주의와 현실주의

국제정치 연구방법은 현실주의와 이상주의간 논쟁을 통해 진화해 왔다. 국제정치 사상가와 이론가들은 국제사회의 무정부성의 극복을 위한 다양한 방법론을 논의하는 과정에서 인간, 국가, 국제사회에 대한 인식과 평화의 구현방법에서 많은 차이점을 보였다.

1차 세계대전은 이론적 문맥(context)에서 당대의 정책들을 실행하는 데 도움이 되는 지식 탐구를 자극하였다. 즉 정책결정자들과 학자들은 지도자들에게 전쟁을 예측하고 이를 막기 위한 최선의 정책들을 가르치기 위해 이론의 정립이 필요했다. 자유주의적 이상주의(Idealism)는 이러한 상황에서 지배적인 패러다임으로 등장했다. 자유주의는 인간의 본성이 사악하다고 보기보다는 나쁜 행동은 개인들이 그들을 이익을 위해 행동하도록 만드는 구조적 제도의 결과라고 보았다.

이상주의는 주로 짐머른(Alfred Zimmern), 앤겔(Norman Angell), 샷웰

15) For more details, see Thomas S. Kuhn, *The Structure of Scientific Revolutions*(Chicago: The University of Chicago Press, 1962).

(James T. Shotwell), 윌슨과 같은 정책결정자들과 학자들로부터 지지를 받았으며, 그 사상은 아우구스틴(St. Augustine), 아퀴나스(Thomas Aquinas),[16) 칸트(Immanuel Kant),[17) 제퍼슨(Thomas Jefferson), 메디슨(James Madison), 밀(John Stuart Mill), 로크(John Locke), 흄(David Hume), 루소(Jean Jacques Rosseau), 스미스(Adam Smith) 등으로부터 영향을 받았다.

이상주의는 국제관계에 이성과 보편적 규범을 적용함으로써 보다 질서 있고 공평하며 협조적인 세계를 만들 수 있고, 국제적인 무정부성과 전쟁은 제도개혁을 통해서 통제될 수 있다는 희망을 갖고 있었으며, 국제기구들과 국제법에 권한을 부여하고자 했다. 이상주의는 이념이 행위에 미치는 영향뿐만 아니라 개인의 자유와 평등, 과도한 국가의 규제로부터 개인을 보호할 필요성 등을 강조하였다. 따라서 이상주의는 개인을 도덕적 가치와 미덕의 근원으로 보고 있고, 인간을 수단이 아닌 목적으로 취급하고 있다. 또한 이상주의는 국가간 관계를 형성하는 힘으로서 권력추구보다는 윤리적 원칙을, 이익보다는 제도를 강조한다.

대부분의 이상주의적 형태들은 국제주의, 즉 인간의 생활은 단순히 민족이나 도그마가 아니라 보편성을 가지고 조직되어져야 한다는 신념을 바탕으로 하고 있다. 다시 말해, 인간사는 그것이 국내적인 수준이든 국제적인 수준이든, 조화와 협력에 의해 성격이 규정된다는 가정에 기반하고 있는 것이다.

국제주의(internationalism)는 집단안보와 국제법에 대한 신념에도 반영되는데, 이것은 다시 국제연맹과 국제연합과 같은 조직들에서 구체화된다. 미대통령 윌슨은 제 1 차 세계대전이 다국적인 제국에 의해 추진된 군국주의와 팽창주의라는 낡은 정치와 구질서의 결과물이라고 주장하며 새로운 국제질서를 구축하고자 했다.[18) 그의 견해에서 보면 전쟁에 대한 가장 바람직한 방지책은 정복과 강탈에 호소하기보다는 공공이익의 영역에서 협력할 준비가 되어 있는 민주주의 국가들의 세계를 구축하는 것이다.

이러한 이상주의는 국제사회의 무정부적이고 전쟁을 유발시키는 세력균형체제를 개혁하기 위하여 집단안보(collective security)를 통해 국제연맹을 창설하고, 법률적 과정을 통해 분쟁을 해결하여 무력충돌을 피하고자 했다. 그러나 이

16) Parkinson, *op. cit.*, pp. 15, 36.
17) *Ibid.*, pp. 64-70.
18) *Ibid.*, pp. 155-58.

상주의의 개혁 프로그램들은 대부분 시행되지 못했고, 2차 세계대전 이후에 현실주의가 설득력을 얻어 가면서 이상주의의 이론적 기반이 약화되었다.

시대적 상황과 맞물려 현실주의는 2차 세계대전 이후에 줄곧 지배적인 패러다임으로 자리잡을 수 있었다. 현실주의자들은 인간의 열망을 통해 진보와 평화를 이룰 수 있다고 본 이상주의자들의 조야한 법률적이고 도덕적인 가정들을 비판하기 시작했다. 현실주의(Realism 또는 *Realpolitik*)는 이상주의의 반테제(antithesis)로서 지적인 흐름을 나타내기 시작했다. 그 사상적 기원은 고대의 투키디데스의 펠로폰네소스 전쟁에 대한 설명이라든가, 손자의 「손자병법」으로까지 소급될 수 있다. 또한 현실주의의 중요 저작으로는 마키아벨리(Machiavelli)와 홉스의 저작을 들 수 있다. 2차 세계대전 이후 현실주의의 주요한 지지자들로는 카, 케난, 모겐소, 니버 등을 들 수 있다.

현실주의는 권력정치와 국가이익의 추구를 강조하고 있다. 현실주의의 주요 가설은 국가가 국제무대에서 주요한 합리적 행위자이고, 국가는 주권에 의해 독립적인 개별체로서 행위할 수 있다는 것이다. 사실상 18세기 이래 민족주의의 출현과 근대 민족국가의 등장은 국가를 응집된 정치적 공동체로 변화시켰으며, 다른 모든 충성심과 관계들을 국가 자신에 종속시켜 왔다.

카, 모겐소와 같은 현실주의 국제정치학자는 국제주의와 자연적인 조화에 대한 이상주의적 신념을 비판하였다. 카는 독일의 팽창을 억제시키는 국제법과 집단안전보장에 대해 신뢰성을 가졌다. 그러나 가장 민주적 실체라 할 수 있었던 바이마르공화국의 실패는 그의 믿음을 무너뜨렸다. 이에 카는 그의 저서 「20년의 위기」를 통해 현실과 이상의 조화를 강조하고 현실주의의 지적 단초를 제공하게 된다.

현실주의자들은 주권국가를 뛰어넘는 권위체의 존재를 부정하고, 국제정치는 "자연상태"에서 행해지는 것이며, 국제사회의 특징은 조화가 아니라 권위적인 실체의 부재를 의미하는 무정부성이라고 규정했다. 그러나, 인정된 규칙들과 인식된 과정에 기반한 안정적인 서열은 무정부성을 가로막았고, 이는 현실주의자들에게 불(Hedley Bull)이 명명한 "무정부적인 사회"(anarchial society)라는 변형된 개념을 채용하게끔 하였다.[19)]

---

19) Hedley Bull, *The Anarchical Society : A Study of Order in World Politics*(New York : Columbia University Press, 1977).

자력구제(self-help)에 의해 강제되는 국가체제(nation-states system) 혹은 국제체제(international system)는 근본적으로 국가의 생존과 영토적인 안전으로 정의되는 국가이익에 우선권을 두는 체제이다.[20] 국제사회의 무정부성하에서 국가체제를 형성하는 개별국가들은 항상 안보딜레마에 직면한다. 이것이 왜 현실주의자가 국제적인 문제에 있어서 권력의 역할에 커다란 비중을 두고, 왜 그들이 군사적인 능력이나 힘으로 권력을 이해하는 경향이 있는지를 설명해 준다.

현실주의자들은 갈등과 협력의 형태는 국가체제와 세력균형의 요건에 순응해야 한다고 주장한다. 현실주의자들은 국가안보를 추구하면서 세력균형을 이룬다면 국가는 평화와 국제적 안정의 시기를 보장하는 동맹체제에 편입된다고 주장한다. 하지만 이러한 형태의 국제체제는 원래 역동적인 것으로 세력균형이 깨어질 경우, 전쟁이 발생할 수도 있는 것이다.

현실주의자들은 항상 권력, 부, 그리고 천연자원이 국가들간에 균등하게 배분되어 있는 것이 아니므로 국제질서가 전통적인 "자연상태"는 아니라는 것을 인정해 왔다. 이들은 주요 행위자로서 전통적인 강대국—19세기 유럽 5대 강국이나 냉전기간 동안의 미·소 초강대국 같은—의 지위를 부인하지 않고 있다.

20세기에 적용된 현실주의는 국가를 국제사회에서 가장 중요한 행위자로 본다. 그 이유는 국가 위에는 이를 통제할 수 있는 권위체(authorities)가 없기 때문이다. 따라서 국가간의 이익 갈등은 불가피하고, 국제체제의 무정부성으로 인해서 권력의 측면에서 국가이익을 계산하는 정책결정자들의 선택은 불가피한 것으로 본다. 현실주의 패러다임에서 국가관료들의 목적은 적대적인 환경에서 국가가 생존하도록 하는 것이다. 이 목적을 달성하기 위해서는 어떤 수단도 권력의 획득보다 중요하지 않고, 어떤 원칙도 자력구제보다 중요하지 않다.

이상주의가 추구하는 도덕적 원칙들에 대한 존중은 국가권력의 합리성을 추구하는 현실주의자들에게는 낭비적이고 위험한 간섭일 뿐이다. 국가의 철학적이거나 윤리적인 선호들은 선하지도 악하지도 않은 것이며, 중요한 것은 그것이 그 국가의 이익추구에 도움이 되는가 그렇지 않은가 하는 점이다. 따라서 국제정치의 게임은 권력의 추구를 축으로 전개된다고 본다.

그러나 현실주의는 2차 세계대전 이후 국제정치의 지배적인 패러다임으로

20) See Morgenthau, *op. cit.*(1973); Kenneth N. Waltz, *Theory of International Politics* (Massachusetts: Addison-Wesley Publishing Company, 1979).

정착되었음에도, 인간이 사악하다는 믿음과 외교정책은 국가이익에 봉사해야 한다는 수사를 넘어서 분석하고자 할 때 중요한 문제점들에 봉착한다. 즉, 어떤 정책이 국가이익에 가장 잘 부합하는가? 동맹은 안정을 조장하는가 아니면 불안정을 조장하는가? 군사력은 국가안보를 가져오는가 아니면 소모적인 군비경쟁이나 전쟁으로 이끄는가? 국가들은 그들이 강할 때 더 공격적으로 행동하는가 아니면 약할 때 더 공격적이 되는가? 이는 실제 세계에 대한 증거와 엄격한 분석을 필요로 한다.

그런가 하면 현실주의의 비판가들은 현실주의가 국제정치에서의 중요한 변화들, 예를 들면 협소한 국가이익보다는 상호이익의 공동추구가 지배적인 현상으로 보이는 자유무역제도들과 정치제도들의 구성을 제대로 설명하지 못하고 있다. 또한 일부 학자들은 현실주의가 윤리적 원칙들을 무시하고 있다고 비판하기도 한다. 현실주의는 1960년대 말에 현실주의의 사상들과 수사를 검증 가능한 이론으로 만들려는 행태주의와 현실주의의 기본 가정들이 갖는 문제점들을 지적하는 제이론(諸理論)들로부터 비판을 받기 시작했고, 이로부터 현실주의는 행태주의적 요소를 받아들여 보다 과학적인 검증을 통한 이론화작업으로 나아가게 된다.

2) 행태주의와 비판적 국제정치이론

이상주의와 현실주의는 국제관계에 대한 이론적 사고와 국제관계에서 나타나는 사건들간의 경험적 관계를 이론적으로 고찰할 수 있는 길을 마련했지만, 이를 과학적으로 검증할 수 있는 병법론을 확보하지 못했다. 행태주의(behaviorism)는 이러한 입장을 "전통주의"(traditionalism)로 비판하면서 국제관계연구에 과학적 방법을 적용하고자 시도하였다. 따라서 전통주의와 행태주의의 논쟁은 "국제관계를 이론화하는 것"에 대한 논쟁이 아니라 "이론을 어떻게 이론화할 것인가"에 대한 논쟁으로써, 이는 국제적 현상들을 조사하는 가장 적절한 원칙들과 절차들을 둘러싸고 진행되었다. 이상주의와 현실주의가 이 논쟁을 통해서 보다 과학적인 방법론을 적용하기 시작했다는 점에서, 그리고 그 이후에 이러한 실증주의적 방법을 거부하는 해체주의(de-constructionism)를 촉발시켰다는 점에서, 전통주의와 행태주의의 논쟁은 매우 중요하다.

행태주의자들은 시·공간상에서 일어나는 국제적인 사건들에 대한 규칙성을 추적하여 이를 일반이론으로 정립하고자 노력했다. 행태주의자들은 국제관계에 관련된 두 개 이상의 변수들간의 상관성과 인과성을 과학적으로 입증하여 국제사회에서 나타나는 현상을 인과율적으로 검증하고자 했다. 이를 위해 행태주의자들은 특정 시기에 특정 국가에 대한 연구보다는 국가간 비교분석의 방법을 사용했다. 행태주의자들은 또한 국가들의 특성과 그들이 서로간에 어떤 방식으로 행동하는가에 대한 자료들의 필요성을 강조했다. 이러한 노력은 국제관계에 대한 비교-계량적 연구를 촉발시키고 발전시켰다.

행태주의의 학문적 공헌은 연구목적에 대한 태도에서 잘 드러난다. 즉 주관적 믿음을 검증 가능한 지식으로 대체하고, 인상이나 직관을 검토할 수 있는 증거로 보충하며, 단순한 의견을 자료들과 재생산할 수 있는 정보로 대체한 점이다. 또한 행태주의자들은 사실이 충분히 인정될 만한 증거가 확보될 때까지 그 사실이나 진리에 대한 판단을 유보함으로써 지식을 축적적(蓄積的)으로 획득하고자 했다. 따라서 그들은 이전의 과학자들이 자신의 선판단(preexisting hunches)에 따라 사실들과 자료들을 수집하는 경향을 피하고자 했다. 대신 기존의 이론적 가정들에 상충되든 이를 지지하든 모든 자료들을 조사하였다. 이는 지식은 어떤 경험적 진술에 대한 조심스럽고 의심스러운 태도를 취함으로써 가장 잘 발전할 수 있음을 의미하는 것이었다.

그러나 행태주의적 운동이 전전됨에 따라서 일부 행태주의자들은 그 접근의 적절성을 의문시하기 시작했다. 이스턴(David Easton)은 후기 행태주의(post-behavioralism)를 제기하면서 행태주의를 비판하고 있다.[21] 행태과학에 대한 거센 비판에도 불구하고, 행태주의자들은 현실주의와 이상주의에 근거한 이론들을 검증하고 재구성하기 위해 과학적 방법을 포기하진 않았다. 그러므로 후기 행태주의는 새로운 문제들에 초점을 맞추고 학제간 연구를 통해서 각 문제들의 철학적 함의를 재조사하는 새로운 조사방법을 제시했다.

한편 포스트모더니즘〔애슐리(R. Ashley), 월커(Walker)〕, 구성주의〔아들러(Adler), 크라토츠빌(Kratochwil), 카젠스타인(Katzenstein), 온누프(Onuf), 웬트(Wendt), 데슬러(Dessler), 러기(Ruggie)〕, 네오맑스주의〔콕스(Cox), 길

21) David Easton, "Introduction: The Current Meaning of 'Behavioralism' in Political Science," Charlesworth Hames(ed.), *Limits of Behavioralism in Political Science*(Philadelphia: American Academy of Political and Social Science, 1962).

(Gill)〕, 페미니즘〔피터슨(Peterson), 실베스터(Sylvestor)〕 등 비판적 국제정치 이론들도 대두했다.[22)]

포스트모더니즘은 세계적 사건들을 해석하는 정책결정자들과 분석가들의 저작들과 연설들에 나타난 텍스트(text), 숨겨진 의미와 담론(discourse)에 대한 연구를 강조하는 국제관계연구의 한 접근법이라고 볼 수 있다.[23)] 이 입장은 종종 탈실증주의(post-positivism)로 기술된다. 실증주의는 과학적 방법을 근간으로 하고 실증적인 사실들과 현상들에 관심을 갖는 철학적 전통으로서 궁극적인 원인이나 기원에 대한 추측을 거부하는 반면, 포스트모더니즘은 연구자들의 경험연구에 근거를 제공하고 있는 이론들의 철학적 기초를 재검토하고자 한다.

포스트모더니즘은 "비판사회이론," "탈구조주의" 또는 "해체주의" 등으로 다양하게 알려져 있다. 포스트모더니스트들은 서로 소통하는 문화적 문맥과 특정한 텍스트들의 의미와 의도들을 해석하고자 한다. 이들은 세계정치의 이미지들에 내재한 주관적 본질과 "사회구성적인 실체"들을 분석의 출발점으로 삼고 있다.

따라서 이들은 넓게는 과학적 조사방법 전체와 좁게는 국제관계이론에서 실제를 이해하는 것이 가능한지를 의문시한다. 그들은 우리가 밝힐 수 있는 객관적인 국제적 실제는 없으며, 우리가 "참"이라고 가정하는 것들은 분석을 근거지우는 가치들(values)일 뿐이라고 주장한다. 그러므로 그들의 연구목적은 실제를 이해했다고 하는 자들의 오류를 밝히는 것이다.

이를 위해 포스트모더니스트들은 세계적 사건들을 해석하는 정책결정자들과 분석가들의 저작, 연설과 주장에 나타난 텍스트와 언어를 연구한다. 즉 단어와 문맥의 해체를 통해서 이들은 분석가들의 왜곡된 점과 오인을 드러내고자 한다. 그럼으로써 공존하고 있는 "다차원적인 실제"를 밝히고자 한다. 이는 포스트모더니즘이 전통적인 국제관계연구에 대해 회의적인 공격을 퍼붓고 있음을 의미한다.

현실주의에 대한 비판은 페미니스트 이론가에 의하여 발전하였다. 그들은 권력추구의 행태, 국가안보와 군사력에 대한 망상 등은 호전적이고 경쟁적인 남

---

22) 코헨은 구성주의를 전통적 구성주의자, 비판적 구성주의자, 그리고 포스트모던 구성주의자로 구분하고 있다. 부치(Burch)는 구조-정향된 구성주의, 규칙-정향된 구성주의, 환경-정향된 구성주의로 구분하고 있다. 이렇듯 구성주의자간에도 이론적 스펙트럼이 다양하다.

23) 홍성민 편저, 「포스트 모던의 국제정치학」(서울 : 인간사랑, 1991).

성들의 세계지배를 반영하는 것이라고 주장한다.[24] 현실주의 이론의 가장 중요한 경험적인 취약성은 그들이 주요 국제적 행위자로 국가에 관심을 두고 있기 때문에 20세기 이후 국제정치의 국면을 재형성한 다원주의적 경향에 둔감하다는 점이다.

3) 자유주의, 다원주의 그리고 맑스주의

한편 1970년대 들어서면서 현실주의가 설명하지 못하는 국제현상들이 증가하기 시작했다. 즉 다국적기업의 역할이 증대되는가 하면, EC의 통합노력이 진척되기 시작했고, 미-중간의 데탕트 시기가 도래한 것이다. 따라서 현실주의 패러다임의 지배성이 붕괴되기 시작했고, 국제정치에서 그 영향력이 약화되었던 자유주의(이상주의의 한 유형으로서), 다원주의, 그리고 맑스주의가 현실주의를 강력히 비판하면서 제목소리를 내기 시작했다.

국제정치에서 다원주의의 관점은 1960년대와 1970년대 미국에서 나타났다. 다원주의는 자유주의의 기본적인 개념과 가치를 수용하고 있지만, 개인에 초점을 맞추기보다는 경쟁적인 조직들과 집단들간의 권력관계를 강조하는 사회정치적인 이론이다. 즉 다원주의는 국가영역에의 침투성(permeability)을 강조하고 현실주의가 가정하는 단일한(unitary) 행위자로서의 국가를 비판하면서, 국가영역에 다양한 집단들이 있음을 강조한다.

버튼은 당구공이론(billiard ball theory)의 비유를 통한 국가중심적 접근의 한계를 잘 지적하고 있다. 그에 의하면 현실주의가 주장하는 국가는 당구공과 같이 침투할 수 없는 자기-충족적인 단위로서, 외부적인 압력만이 서로에게 영향을 주고 있는 것으로 묘사되고 있다. 따라서 국제적 무정부성 속에서 상호작용을 하는 국가들은 당구대 내에서 운동하면서 서로 충돌하는 당구공들처럼 움직인다고 본다. 그에 의하면 이러한 비유는 국제정치를 매우 왜곡시켜 보도록 함으로써 다국적기업과 비정부국제기구와 같은 초국적 행위자들의 영향력이 증대되는 것을 무시하도록 만들며, 경제문제에 있어서 국가들의 상호의존성을 가로막는다.[25]

---

24) Charles W. Kegley, Jr. and Eugene R. Wittkopf(eds.), *World Politics*(New York : Worth Publishers, 1999), pp. 36, 354.
25) See John Burton, *World Society*(London : Cambridge University Press, 1972).

따라서 다원주의적 관점은 정부를 간과하지 않으면서 보다 광범위한 이해관계와 집단들에 의해 형성되는 국제정치를 강조하는 혼합된 행위자모델을 제시한다. 이 관점에서 보면 현실주의가 보는 단일한 주권국가는 자율성에 대한 완곡한 표현일 뿐이며, 국가 기구 내에는 다양한 집단들이 서로 영향을 주고받고 있다 해야 할 것이다. 또한 그린피스, 팔레스타인 해방기구, 코카콜라회사, 교황 등도 프랑스, 아르헨티나와 같은 국가들과 마찬가지로 국제적 행위자인 것이다. 즉 다원주의는 독립적인 행위자에 대해 의문을 제기하며, 모든 행위자들은 독립적인 움직임을 억제하는 견제와 갈등의 맥락 속에서 행위한다고 본다.

국제정치를 보는 다원주의적 관점의 중요한 의미는 권력정치와 국가적 확장으로부터 벗어날 수 있다는 것을 지적한 점이다. 이는 추상적인 원칙에 대한 이상주의적 신념보다는 권력이 광범위하게 분포되었을 때, 국가간 경쟁은 자멸하는 경향이 있다는 인식을 반영한다. 결과적으로 다원주의는 점점 더 상호의존이 강화되는 세계에서 협력과 통합의 경향은 궁극적으로 거부될 수 없는 추세라고 주장한다.

맑스주의는 주류 국제정치이론(현실주의와 이상주의)에 대한 비판이론이자 대안이론으로서 한 축을 형성해 왔다. 이는 국제정치에 있어 경제적 권력과 국제자본의 역할을 강조한다는 점에서 주류 국제정치이론과 커다란 차이를 보인다. 물론 맑스는 개별국가 내의 자본주의의 문제, 특히 자본가와 노동자간의 적대적 관계를 주로 분석했지만, 맑스주의를 국제관계에 적용시킬 수 있는 단초를 제시하고 있다. 즉 그는 계급의식은 국경을 초월한다고 주장했는가 하면 「공산당선언」에서는 "전세계의 노동자들이여 단결하라"고 외치기도 했다.[26]

그러나 국제체제로서의 자본주의에 대한 논의는 레닌(V. I. Lenin)의 「제국주의 : 자본주의 최고의 단계」에서 본격적으로 다루어지기 시작했다. 레닌은 제국주의적 팽창은 잉여자본의 수출을 통해 자본의 이윤율 수준을 유지하려는 국내자본의 요구를 반영한 결과로 나타나는 것으로서, 이는 다시 주요 자본주의 강대국들간의 갈등을 촉발시킨다고 주장했다.[27] 또한 레닌은 1차 세계대전의 원인을 아프리카, 아시아의 식민지 경영을 둘러싼 제국주의 국가들간의 갈등으로

26) Karl Marx and Friedrich Engels, *Basic Writings on Politics and Philosophy*(New York : Anchor Books, 1959), p. 41.
27) V. I. Lenin, *Imperialism — The Highest Stage of Capitalism*(Moscow : Progress, 1970).

본다.

네오 맑스주의자들은 고전적인 맑스-레닌주의의 한계(20세기 초반의 제국주의가 자본주의의 최고 단계라는 점과 국가가 자본가의 이익을 대변할 뿐이라고 보는 가정)를 비판하면서, 국가가 사회 제세력(諸勢力)들로부터 "상대적 자율성"을 갖는다고 주장한다.[28] 따라서 이들의 견해는 일견 다양한 집단이나 조직들(국가내의, 국가의, 국제적인)이 세계무대에서 영향력을 발휘한다는 다원주의의 주장과 유사한 것으로 볼 수 있다. 그러나 다원주의자들이 다양한 집단들간의 상호교차와 권력의 분산에 집중한 반면, 네오 맑스주의자들은 세계자본주의 체제의 발전에 관심을 집중시켰다.

즉 네오 맑스주의자들의 분석의 초점은 초국적 기업들이 등장한 상황에서 계급이익을 조직화하는 데 맞추어져 있다. 이런 견해로 볼 때, 초국가적인 기업은 단순히 세계무대에서 주요 행위자로서 주권국가를 대체한다기보다는 국가와 국제조직과 마찬가지로 세계자본주의의 장기적 이익을 보장하는 구조적 제약 하에서 작동하는 것으로 파악된다.

이들의 견해에 의하면 세계적 생산과 교환의 구조는 "중심부"와 "주변부"로 분할되어 있다.[29] 선진 북반구와 같은 중심부는 기술혁신과 높은 수준의 투자로부터 이익을 얻는 반면에, 발전이 뒤쳐진 남반구와 같은 주변부는 값싼 노동력의 원천을 제공한다. 이와 같은 세계적인 불평등은 국내경제의 지역차에서 발견되는 것들과 유사하다. 중심부지역은 세계경제에 통합되는 반면, 주변부지역은 효과적으로 주변화되고, 이는 인종적인 민족주의를 고양시키는 기반이 된다. 따라서 경제적인 세계화는 민족적인 분열과 손잡게 된다.

1970년대에 자유주의와 맑스주의는 국가 중심적인 사고에서 벗어나 초국가적인(transnational) 관계에 주목하는 국제주의적 경향을 나타내었고, 분석영역에서도 사회·경제문제와 같은 하위정치(low politics)나 환경문제와 같은 전지구적 문제들에 초점을 맞추었다. 즉 상호의존론이나 세계체제론은 현실주의가 설명하지 못하는 제현상들을 설명하여 국제정치를 바라보는 시각을 다양화했고,

---

28) Roger Tooze, "Conceptualizing the Global Economy," in Anthony G. McGrew, Paul G. Lewis(eds.), *Global Politics : Globalization and the Nation-State*(Cambridge : Polity Press, 1992).

29) Paul R. Viotti and Mark V. Kauppi, *International Relations Theory : Realism, Pluralism, Globalism*(New York : Macmillan Publishing Company, 1993).

현실주의 패러다임에 대한 비판적 시각의 단초를 마련했다. 그러나 이들은 현실주의를 대체하여 주도적 패러다임으로 떠오르지는 못했다.

1970년대의 국제정치현실의 변화와 이를 설명하기 위한 상호의존론, 세계체제론의 등장은 전통적 현실주의 패러다임의 위기를 초래하였다. 이러한 도전에 직면하여 현실주의 논의는 설명능력의 위기와 정당성의 위기에 봉착하게 된 것이다. 그리고 이를 타개하기 위한 새로운 방향모색으로 신현실주의로 전환하게 된다. 왈츠가 신현실주의를 체계화한 이후, 일차적으로 신현실주의와 신자유주의간의 논쟁이 촉발되었다.[30] 80년대 중반부터는 비판적 국제정치이론, 특히 구성주의가 신현실주의와 신자유주의의 기본가정을 비판함으로써, 논쟁은 새로운 국면에 접어들었다.[31]

2. 신현실주의

신현실주의는 왈츠의 *Theory of International Politics*(1979)에서 체계화되었다. 왈츠는 신현실주의를 체계이론으로 이론화할 때, 인간성이나 국가들의 속성으로 환원되지 않는 국제체제 자체의 구조적 특성을 밝히려 했다. 그럼으로써 단위 수준의 변수들과 체계수준의 변수들을 분리하고, 구조의 명확한 의미를 규명하고자 했다. 이런 점에서 그의 이론은 "구조주의적 현실주의"로 불린다. 그러나 그가 이론화한 국제정치체제는 한 시대의 중요한 정치단위들 —도시국가든, 제국이든, 국가든 관계없이— 의 상호작용으로부터 나온다. 따라서 그의 이론은 개체론적인 접근법을 취하는 것으로도 볼 수 있다. 왈츠의 신현실주의 존재론을 몇 가지 점에서 살펴봄으로써 우리는 이에 대해 명확히 이해할 수 있다.

첫째, 왈츠는 국제정치체제가 자기 이익을 추구하는(self-regarding) 단위들의 상호작용에서 형성되며, 그 기원에서 개체적이고, 자연발생적이며, 의도되지 않은 결과로 나타난다고 주장한다.[32] 왈츠의 이러한 진술로부터 국제정치체

30) See David A. Baldwin (ed.), *Neorealism and Neoliberalism*(New York : Columbia University Press, 1993).

31) Ronald L. Jepperson, Alexander Wendt, and Peter J. Katzenstein, "Norms, Identity, and Culture in National Security," in Peter J. Katzenstein, *The Culture of National Security : Norms and Identity in World Politics*(New York : Columbia University Press, 1996).

32) Waltz, *op. cit.*(1979), p. 91.

제의 구조 속에서 상호 작용하는 단위들이 구조에 선행한다는 사실을 존재론적으로 파악할 수 있다. 이러한 단위들이 도시국가인가 아니면 민족국가인가는 중요하지 않다. 다만 체제를 구성할 개별 단위들이 구조에 선행해서 존재해야 한다. 그리고 이러한 개별 단위들은 상호작용을 통해서 의도되지 않은 방식으로 구조를 형성시킨다. 이렇게 발생한 구조를 왈츠는 개별 단위들간의 "배열"이나 "위치지움"(positioning) 등으로 표현하고 있다. 그런가 하면 개별 단위들을 그들의 "속성"(attributes/properties)으로 특징지우면서, 그들이 행동과 행태에 있어서 상호작용하고 "상호 연결"될 수 있다고 주장한다.

이러한 왈츠의 존재론은 위치모델(positional model)로 정의할 수 있다. 또한 구조가 일단 형성되면 그 구조는 그 자체로 힘이 되어서 홀로 행동하거나 소수로 행동하는 구성단위들이 통제할 수 없는 힘이 된다.[33] 즉 단위들은 체제에 선행하고, 상호작용을 통해서 구조를 발생시키지만, 구조가 일단 형성되면 구조는 국가의 행동을 강제하고 처분한다. 단위들의 배열(구조)은 단위들의 상호작용을 이끈다. 따라서 단위들의 배열은 체제의 속성이 된다.

둘째, 이러한 존재론에 근거하여 왈츠는 국제체제의 "배열"이나 "위치지움"을 세 가지 차원에서 개념화한다 ; ① 국가의 배열원리(이는 무정부성으로 정의된다), ② 국가들이 수행하는 분화된 기능, ③ 단위들간의 능력의 분포.[34] 왈츠는 국제구조에서 유사한 기능을 수행하는 국가들(like units)과 무정부성은 이론구성에 있어 별 의미가 없다고 보기 때문에 오직 국가들간의 힘의 분포에서의 변동만이 국제체제의 변화를 가져올 수 있는 것으로 이론화한다. 이로부터 국가들은 생존을 유지할 수 있는 세력균형이론이 체계화된다.

셋째, 왈츠는 미시경제이론과의 유추를 통해서 행태적으로 합리성을 가정한다.[35] 국가는 그들의 안전을 확보하고자 한다는 가정을 이론적으로 전제하고, 그 외에도 권력이나 부와 같은 여러 이익을 추구할 수 있다고 본다. 즉 왈츠의 구조는 무정부성과 능력의 분포로 정의되어서, 이러한 구조가 곧 바로 행위를 가져오지는 못하는데, 그 간극을 메워 주는 게 안보를 확보하기 위해서 방어적으로 정의된 합리성이다. 이러한 왈츠의 합리성은 체제의 구조적 강제에 대한

33) David Dessler, "What's at Stake in the Agent-Structure Debate ?" *International Organization*, 43, 3, Summer, pp. 441-73.

34) Waltz, *op. cit*.(1979).

35) *Ibid*.

반응을 통해서 생존을 보장하는 수단일 뿐이다. 즉 무정부적 상태는 자력구제체제(自力救濟體制)로서, 각 국가는 자국의 생존을 위하여 체제의 강제에 잘 적응해야 한다. 국가들은 체제의 강제에 합리적으로 적응해야만 생존할 수 있게 된다. 여기서 왈츠는 경쟁과 사회화라는 개념을 도입한다. 왈츠에게 있어 사회화는 체제의 제약에 국가들이 생존을 위해 잘 적응해 가는 과정이며, 그렇지 못한 국가는 도태되게 된다. 국가들은 그들을 강제하는 구조를 지각하고, 그 구조가 어떤 종류의 행태에 대해서 보상을 주고, 다른 행태에 대해서는 처벌을 가하는지를 합리적으로 이해함으로써 생존을 유지하려 한다.

왈츠는 이론적 검약성(parsimony)을 위해서 국가를 단일한 행위자로 놓았으며, 국제체제를 무정부성으로 파악하였다. 그리고 그 구조의 개별단위인 국가들은 능력의 차이에 따라 국제체제에 위치지워져 있다. 그리고 아무리 능력이 큰 국가도 항상 독자적으로 그 생존을 보장할 수 있는 것은 아니라고 주장함으로써 국가들이 세력균형을 통해 안보를 확보할 수 있다고 본다. 다시 말해서 국가들은 국제체제의 무정부성에서 오는 안보위협 때문에 늘 합리적으로 구조적 강제에 적응하면서 생존을 유지하려 하며, 생존을 유지하기 위하여 자국의 이익뿐만 아니라 상대 국가의 이익에 대하여 관심을 갖고, 세력균형을 통해서 자국의 안보를 확보하려 한다고 본다.

3. 신자유주의

20세기 후반 이상주의는 다시 부활하였다. 이른바 신자유주의의 출현은 초강대국시기의 무도덕적인(amoral) 권력정치에 대한 각성을 반영하고 있다. 초기 사례는 1970년대 원조수령국의 인권기록에 따라 경제적·군사적 원조를 제공함으로써 미국의 대외정책에 도덕적 차원을 다시금 부활시키려 한 카터(Carter) 미국 대통령의 시도에서 보여진다.[36)]

국제적 협력과 공동안보라는 주제는 1980년대 후반 고르바초프(Mikhail Gorbachev) 소련 서기장에 의해서 추진되었다. 그는 "유럽의회"에 관하여 역설하였을 뿐만 아니라, 공산주의와 자본주의간의 이데올로기적인 대립을 초월한

36) See Peter G. Brown and Douglas MacLean(eds.), *Human Rights and U. S. Foreign Policy*(Lexington, Massachusetts: Lexington Books, 1979).

인권선언을 주장했다.[37)]

핵파멸에 대한 전망(수십 년간의 동·서 양 진영의 군비증가의 산물인)은 이상주의 이론에 커다란 자극을 주었으며, 평화운동의 출현에 기여했다. 이것은 전쟁과 모든 형태의 폭력의 원칙적인 부정이라는 평화주의와 관련을 맺고 있는 국제주의 철학을 포함하고 있다.

신이상주의적 입장은 오스트리아의 외교관이자 학자인 버튼(John Burton)의 "세계사회"에 대한 언급과 함께 발전하였다.[38)] 세계사회적 관점은 주권국가의 개념을 거부하고, 대신 버튼이 거미집이론(cob-web theory)의 형태로 묘사한 복잡성과 상호의존의 형태를 강조한다. 버튼은 구시대의 권력정치는 협조적인 국제갈등 해결수단에 길을 내어주어야 한다고 주장한다.

코헨(Keohane)과 엑슬로드(Axelrod) 등으로 대표되는 신자유주의는 왈츠의 기본가정 중에서 국가는 단일한 행위자로서 국제체제의 주요한 행위자라는 점과 국제체제는 무정부적이라는 점을 받아들인다. 그러나 신현실주의와 달리 국가들은 절대적 이익을 추구하는 합리적 행위자이고, 무정부성에서 오는 안보위협이 국가간 협력을 저해할 정도로 크지 않다고 본다. 다시 말해 신자유주의는 각 국가는 절대적 이익을 추구하기 때문에 상호 협력할 수 있고, 상호 협력의 결과물인 국제레짐이나 제도 등은 각 국가의 보수구조에 영향을 미치며, 미래의 투영(the shadow of future)을 연장시킬 수 있고, 다자간 게임을 보다 적은 숫자의 행위자들의 게임으로 나눌 수 있게 해주는 독립변수로 놓을 수 있다고 주장한다.[39)] 즉 국제제도는 국제체제의 불확실성에서 오는 거래비용을 줄이고, 협상 상대방을 감독하여 당사자가 속이는 것을 방지해 줌으로써 국가간의 협력을 용이하게 해준다.

신자유주의자들은 안보논의를 위한 국제제도의 역할을 강조한다. 제도들은 정보를 제공하고, 거래비용을 축소하며, 약속을 더 신뢰성 있게 만들고, 조정을 위한 초점을 제공하고, 호혜성(reciprocity)이 작동하도록 할 수 있다. 특히 신

37) 이와 관련된 자세한 논의와 참고문헌을 위해서는 김성주, "소련의 개혁·개방화와 대한반도정책 변화," 한국정치학회, 「민족공동체와 국가발전」(제1회 한국정치세계학술대회 발표논문집, 1989. 10), 733-48쪽 참조 바람.

38) Burton, *op. cit.*(1972).

39) See Robert Keohane, *After Hegemony : Cooperation and Discord in the World Political Economy*(Princeton University Press, 1984); Robert Axelrod, *The Evolution of Cooperation*(New York: Basic Books, 1984).

자유주의자들은 탈냉전 이후에 유럽의 경제, 정치제도들의 중요성을 지적한다. 유럽에서 국가들이 좁은 권력 계산에 의해 영향을 받았다면, EU와 NATO 등은 냉전의 종식과 함께 사라졌을 것이다. 그러나 EU, NATO, WEU, OSCE 등은 발전되어 더 지속적이고 안정된 유럽안보공동체를 강화시킬 수 있었다고 신자유주의는 주장한다.

물론 신자유주의는 그들의 논의를 증명함에 있어 합리선택이론(특히 게임이론)에 근거하고 있다는 점에서 현실주의와 그 방법을 같이한다. 코헨과 엑슬로드는 수인(囚人)의 딜레마 게임(PD게임)이 미래의 투영과 반복게임(repeated game)을 통해서 보상보복(Tit-for-Tat)전략으로 바뀔 수 있고, 국제기구나 제도가 속이는 행위나 거래비용 등을 줄임으로써 협력을 강화할 수 있다고 본다.[40] 하지만 신자유주의와 신현실주의간의 차이는 구성주의 입장에서 보면, 그다지 크다고 볼 수 없다.

신자유주의자들은 국제경제질서를 본질적으로 선한 것도 악한 것도 아니며 중립적인 것으로 본다. 신자유주의자들은 무역과 해외 직접투자 등이 빈곤과 종속관계를 초래하는 수단이 아니며, 오히려 조화와 균형 속에서 참여국에 경제적 이익을 가져다 준다고 주장한다. 이들의 논리는 스미스(Adam Smith)의 "보이지 않는 손"에 의한 조화와 균형의 원리, 리카르도(Ricardo)의 비교우위에 입각한 무역의 이익 등 고전적 경제자유주의에 근거한다.

신자유주의자들은 국가의 경제정책의 초점을 경제성장 및 효율성의 극대화에 두고 있다. 따라서 경제정책을 선택하는 기본 가치는 자유주의 경제원칙의 규범에 입각한 세계경제의 테두리 안에서 국가의 경제성장을 위한 자원의 최적배분을 강조한다. 신자유주의자들은 경제적 성공여부의 평가기준을 국민총생산, 무역량, 투자 및 개인소득의 수준, 그리고 성장 등 전체적 측정치에 두고 있다. 이들은 전체적 세계경제의 성장과 효율성을 위해 모든 국가의 외국상품과 자본에 대한 문호개방과 비교우위에 의한 생산의 전문화 내지는 분업화를 요구한다. 이에 따라 상호이익을 강조하면서, 만약 현 국제경제관계가 경제성장과 자원의 효율적 배분을 이룩하지 못하고 있다면, 이는 정부의 경제정책 입안자들이 자유

40) Robert Axelrod and Robert O. Keohane, "Achieving Cooperation Under Anarchy: Strategies and Institution," in David A. Baldwin(ed.), *Neorealism and Neoliberalism* (New York: Columbia University Press, 1993).

주의 경제원칙에 입각한 합리적 경제정책을 추구하지 않고 있기 때문이라고 본다.

요컨대 이들은 경제관계를 正의 和게임(Positive-sum game)으로 보고 否의 和게임(Negative-sum game)으로 생각하지 않는다. 자유롭고 개방적인 경쟁적 경제활동을 통한 자기이익의 추구는 국내, 국제적으로 최대의 경제이익을 가져오며, 국가간 갈등이 최소화될 수 있다고 믿는다. 따라서 국가경제정책에 대한 자유주의 경제정책을 건의하고, 각종 국제경제기구들은 모든 국가에게 정치경제적 중립을 띠며, 착취와 불균형을 유도하는 편파적인 것이 아니라고 본다.

4. 구성주의

최근 대두되고 있는 구성주의 논쟁은 국제정치 연구의 지평을 보다 확장시키고 있다. 간주관적(intersubjective) 상호작용을 강조하고 있는 구성주의는 주류 국제정치이론를 다음과 같이 비판하고 있다.[41)]

첫째, 물질적 구조는 그들이 해석되어지는 주관적인 사회구조를 전제로 하고 있으며, 그 구조에서만 의미가 주어진다. 웬트는 바스카(Roy Bhaskar)의 과학적 실재론(scientific realism)과 기든스(A. Giddens)의 구조화이론(structuralization theory)에 근거하여 행위주체와 그들의 구체적인 행동이 가능할 수 있는 것은 기본적으로 사회구조가 존재하기 때문이라고 주장한다. 데슬러 또한 행위나 물질적 구조 이전에 사회적 규칙이 존재한다고 주장한다. 핵무기를 예로 들어 보자. 웬트는 중요한 것은 핵무기 자체가 아니라고 한다. 미국은 영국이 얼마만큼의 핵무기를 보유하고 있는가에 대해서는 별로 걱정하고 있지 않지만, 북한이 한두 개의 핵무기를 보유하는 것에 대해서는 대단히 염려한다는 것이다. 즉 미국과 영국과의 관계는 우호적인 관계(amity)인 반면에 북한과의 관계는 적대적(enmity)이기 때문이다. 그에 의하면 국제체제에서 국가간의 관계는 이와 같이 우호적 관계, 적대적 관계, 경쟁적 관계로 구성되어 있는 것이다.

41) See Alexander E. Wendt, "The Agent-Structure Problem in International Relations Theory," *International Organization*, 41, 3, Summer 1987; ———, "Anarchy is What States Make of It: The Social Construction of Power Politics," *International Organization*, 46, 2, Spring 1992; and ———, "Collective Identity Formation and the International States," *American Political Science Review*, vol. 88, no. 2, June 1994.

둘째, 구성주의자들의 구조와 행위의 상호작용 과정을 중시한다. 존재론적인 차원으로서 분석의 단위인 구조나 행위를 어느 한 단위로 환원해서 설명할 수 없기 때문이다. 웬트는 신현실주의를 개체론적 환원론(individual reductionism)에 빠지고 있고, 세계체제론은 구조에 대한 물신화의 문제점을 안고 있다고 비판하면서, 국제체제를 형성하는 주체와 구조 사이의 상호 구성적인 속성을 구조화이론으로 파악하려고 시도한다. 즉 행위 자체가 구조라는 맥락 안에서만 가능하기 때문에 그 행위 주체를 사회구조와 떨어뜨려 생각할 수 없으며, 사회구조 또한 행위주체의 구체적인 행동을 통하여 드러나는 까닭에 구조 또한 행위주체와 독립적으로 존재할 수 없는 것이다. 따라서 신자유주의나 신현실주의가 이익과 정체성 형성을 블랙박스로 놓은 것을 비판하고, 국가이익이 구조와의 상호작용으로부터 나오며, 그 구조에 내생적이라고 주장한다.

셋째, 국제정치이론이 근거하고 있는 합리적 선택이론을 비판한다. 합리적 선택이론은 방법론적 개인주의를 전제로 하기 때문에, 행위자 중심적이고, 이는 모든 사회현상을 개별 행위자들과 그들의 목적과 행동을 포함하는 방식에서 설명할 수 있다고 주장하여 사회구조를 행위로 환원시킨다. 따라서 분석의 출발점은 주어진 속성을 가진 행위자들(즉 국가들)이 된다. 또한 합리적 선택이론은 효용 극대화에 기초한 행태 모델로서, 행위자는 여러 선택에 직면하여서 자신의 목적과 이익에 가장 부합하는 행동을 취한다. 신현실주의나 신자유주의는 이러한 합리적 선택모델의 기본 전제에 이익의 내용 —즉 권력이나 부와 같은 물질적 재화— 에 대한 가정을 덧붙인다. 그리고 국가이익은 선험적(a priori)으로 그리고 외생적으로 주어진 것으로 파악한다. 따라서 사회구조나 규범은 자기 이익을 추구하는 국가들의 선택과 행동을 제한할 뿐이며, 결과론의 논리(수단-목적에 의한 계산)에 따라 작동하는 것으로 본다.

구성주의는 이러한 합리적 선택이론의 결과론적 논리를 비판하면서 "적절성의 논리"를 제시한다. 적절성의 논리에 의하면, 행위는 규칙에 근거(rule-based)한다. 적절성의 논리에서 "행동은 특정 상황에 특정한 정체성을 연관시킨 규칙들을 따르는 것으로 상상되어진다. 따라서 개체들의 선택기회들을 현재의 정체성과 선택 딜레마들간의 유사성을 평가함으로써 접근한다."[42] 행동은 정

42) James G. March and Johan P. Olsen, "The Institutional Dynamics of International Political Orders," *International Organization*, 54, 4, Autumn 1988, pp. 943-69.

체성과 역할을 수행하는 것을 포함하며, 그 역할과 정체성에서 오는 의무감을 특정 상황에 일치시키는 것이다. 따라서 목적의 추구는 이익보다는 정체성과 연관되어 있으며, 개체적인 합리적 기대보다는 규칙의 선택과 연관되어 있다.

따라서 정체성을 강조하는 구성주의는 정치적 행위자들을 사회적으로 구성되고 널리 알려졌으며, 예견되고 받아들여진 규칙들과 실제들에 따라 행위하는 것으로 파악한다. 또한 국제사회도 사회문화적 연계, 문화적 관련, 상호 주관적 이해와 소속감을 지닌 규칙 이행자들과 역할 수행자들의 공동체(community)로 여겨진다. 그리고 이러한 정체성과 규칙들은 사회적 상호작용과 경험에 의해서 형성되며, 규제적일 뿐만 아니라 구성적인 성격을 지닌다.

넷째, 신현실주의와 신자유주의가 존재론적인 결함으로 인하여 국제체제의 변화와 국제레짐이나 국제기구 등의 역할을 제대로 파악하지 못한다고 본다. 특히 규범이나 정체성이 개별 행위자들에게 미치는 영향을 부수적으로 파악하거나 (신현실주의에 대한 비판) 또는 구성적 측면을 간과했다(신자유주의에 대한 비판)고 본다. 웬트, 러기 등은 주류 국제정치이론이 충분히 구조화되지 않아서 국제체제의 역사적인 변화를 포착할 수 없었다고 본다. 데슬러 또한 왈츠가 자원(국가의 능력)과 의도하지 않는 결과(무정부성)만을 국제체제의 구조로 봄으로써, 의도적인 규칙들(제도와 규범, 레짐 등)을 간과했고, 국제체제를 변화하지 않은 구조로 파악했다고 비판한다. 그리고 변형이론(transformative theory)에 의해서만 최근의 국제정치현상들, 특히 국제제도들을 파악할 수 있다고 본다.

제 3 절 국제체제는 어떻게 형성되었는가?

1. 국제체제의 형성과 전개

유럽의 근대적인 국제사회의 형성이 시작된 것은 신구교간 종교전쟁인 30년전쟁의 결과 맺어진 웨스트팔리아 평화조약으로부터였다. 웨스트팔리아체제 이전에는 유럽은 보편적인 기독교공동체인 단일체제를 유지해 왔으며, 30년전쟁을 거치면서 보편적인 기독교공동체라는 사회관념에 종지부를 찍고 유럽정치 세속화의 기원이 시작되고 오늘의 근대적인 국제사회의 형성이 시작된 것이다.

근대적인 국제정치체제의 태동과 함께, 정치적 주권의 개념이 확립되었고, 기독교세계와 정치와의 결별을 통한 유럽정치체제의 세속화가 진행되었으며, 전쟁을 해결하기 위한 유럽회의가 추진되었다. 웨스트팔리아체제 이후의 근대적인 국제사회의 성격은 무정부적 본질을 특성으로 하였으며, 국내의 정치사회질서와 국제사회의 질서는 구분되었다.

유럽의 국가체제를 기초로 형성된 국제사회는 국가주권의 인식과 이의 확립, 이러한 새로운 국제사회의 형성과 질서를 체계화하는 그로티우스의 국제법, 국가간 및 국제간의 정치관계의 법칙이 된 세력균형을 원칙으로 발전되었다.

국제사회를 형성했던 국제체제로는 첫째 나폴레옹전쟁 직후 형성된 유럽협조체제, 둘째 1871년 이후 제 1 차 세계대전에 이르는 동맹체제, 셋째 1919년 이후 국제연맹이라는 집단안전보장체제를 형성시킨 베르사이유체제, 넷째 제 2 차 세계대전 이후의 얄타체제(냉전체제), 다섯째 냉전체제 붕괴 이후 현재의 새로운 국제질서이다. 여기서는 냉전체제와 탈냉전체제를 집중적으로 검토한다.

2. 냉전체제의 생성과 소멸

제 2 차 세계대전 이후 국제질서의 안정과 평화를 위한 기대는 국제연합의 창설을 가져왔다. 이는 평화적인 협력에 대한 루즈벨트 대통령의 신념, 유고슬라비아의 티토와 중국의 모택동에 대한 스탈린의 부정적인 태도 등에서 확실히 나타난다. 하지만 "폭탄, 달러 그리고 교의"의 심리상태가 동서양쪽에서 일어나자, 상호불신과 강한 적대감은 피할 수 없게 되었다.

냉전의 첫번째 국면은 유럽에서 발생하였다. 독일의 패배로 인한 유럽의 분할(소련의 붉은 군대는 동쪽에서, 미국, 영국 그리고 연합국은 서쪽에서부터)은 급속히 진행되었다. 윈스턴 처칠의 표현에 의하면, 동유럽과 서유럽 사이에 "철의 장막"이 쳐진 것이다. 1949년 두 개의 독일이 수립되고, 나토와 1955년 바르샤바 조약으로 구성된 적대적 군사동맹이 형성되면서 냉전체제는 완성되었다.

이후 냉전은 세계적으로 확산되어 갔다. 1949년 중국의 공산화혁명에 이어 한국전쟁은 아시아로의 냉전의 확산을 의미하였다. 1960년대와 1970년대 동안 중동에서 라틴아메리카까지 그리고 아프리카에서 인도차이나에 이르기까지, 세계 도처에서 일어난 국제적 위기는 공산주의와 자본주의간의 충돌이었으며 소련과 미국간의 갈등과 비호하에 이루어졌다.

그러나, 냉전에 의해 구축된 미·소 양극체제는 1960년대 이후 점점 희미해져 갔다. 이는 공산진영내 분열의 증대(모스크바와 베이징간의 대립의 심화)와 "경제 강대국"으로의 일본과 독일의 재기에 기인하였다. 이러한 다극체제의 결과 중 하나가 동구와 서구 사이의 데탕트이다. 이러한 현상은 1972년 닉슨 대통령의 역사적인 중국방문과 SALT Ⅰ 과 SALT Ⅱ 협정을 가져온 전략무기 감축협상에서 잘 드러나고 있었다.

냉전의 종결에 대한 논쟁은 그 기원에 대한 논쟁과 마찬가지로 이데올로기적인 대립으로 얼룩져졌다. 레이건 미 대통령이 "신냉전"을 가져온 전략방위계획(SDI)의 형태로 새로운 미국의 군사력 보강을 선동함으로써 냉전이 종결되었다고 주장하는 견해가 있다. 미국의 행위에 반응하여 소련이 이미 취약해진 경제력으로는 유지할 수 없는 군사경쟁에 돌입하게 된 것이 냉전의 종결을 가속화시켰다는 것이다.

보다 포괄적인 영역에서 냉전의 종결에 대한 설명은 특히 후쿠야마의 "역사의 종말"에서 정교화되었다. 후쿠야마는 궁극적으로 미국적인 자유민주주의가 생존력 있는 경제와 정치체제를 제공하였기 때문에 서구가 냉전에서 승리하였다고 주장한다.[43)]

다른 견해는 소련 경제의 구조적 취약성과 고르바초프의 비극적인 개혁실패를 더 강조한다. 이에 따르면, 중앙계획경제체제의 비효율성과 초기의 개혁도입의 실패는 서구적인 소비상품과 정치적인 자유에 대한 점증하는 요구를 충족시킬 수 없었던 소련과 동유럽 공산주의 정권의 정당성을 훼손시켰다. 1985년에 시작된 고르바초프의 개혁은 비효율적이기는 하지만 아직까지 기능하고 있던 경제체제를 붕괴시켰고, 공산당의 통제완화는 1991년 말 소련 자체의 내구력을 폭발시켰다. 그러나 또 다른 학자들은 냉전, 특히 레이건하에서의 새로운 적대감(신냉전)이 소련의 생명을 연장시켰다고 주장하였다. 외부의 "자본주의" 위협에 대한 아이디어를 지속시키면서 냉전은 내부적인 단결의 수단을 생산해 왔던 것

43) F. Fukuyama, *The End of History and the Last Man*(London: Hamish Hamilton, 1992).

이다.

하지만 냉전의 생성과 소멸과 같은 역사적인 사건이 단편적인 설명으로 가능한가는 의심의 여지가 많다. 예를 들어 어떤 의미에선 1980년대의 사건들은 1970년대 데탕트에 의해 수립된 과정에 기인한 것이었다. 데탕트는 양진영이 적대관계가 필요하고 바람직한 것인가를 의심하게 하는 전략적 우선순위에 대한 재고를 시작하게 했다는 점이다. 이와 관련하여 1980년대 초반의 평화주의 운동의 재개는 강대국간의 갈등을 유지하는 데 대한 국내적 지지를 약화시켰다.

그러나 보다 넓은 의미에서 냉전의 종결은 세계적인 세력균형의 변동을 반영하는 것으로 볼 수 있다. 제 2 차 세계대전 이후 권력의 진공상태에서 미국과 소련을 세계무대의 주요행위자로 만들었듯이, 냉전의 종말은 아마도 "제국주의적 경쟁"의 과도한 결과에 따른 양 세력의 상대적 쇠퇴를 반영하는 것이다. 소련의 쇠퇴는 분명하지만 미국의 경우 경제의 상대적 쇠퇴는 군사적 우위의 지속에 의해서 효과적으로 은폐되고 있었다.

3. 탈냉전체제의 등장

탈냉전의 탄생은 낙관주의와 이상주의의 물결과 궤를 같이한다. 양극시기는 세계로 확장된 동서간의 대립으로 상징화되고 지구의 파괴를 위협하는 핵개발로 이끌었다. 동유럽에서의 공산주의가 붕괴하고, 소련의 권력이 국내적·국제적으로 쇠퇴함에 따라 "하나의 목소리"로 말하는 "하나의 세계"가 등장하게 되었다. "새로운 세계질서"는 이데올로기적인 갈등과 공포의 균형에 기반한 것이 아니라, 국제규범과 도덕적 기준에 대한 보편적인 인식에 기반한다. 이러한 세계질서의 출현에서 중심적인 것은 갈등의 평화적인 해결, 침략과 팽창에 대한 거부, 군비통제와 군비축소, 인권존중의 관점에서 국민을 대하는 것을 보장할 필요성을 인식하는 것이다.

탈냉전의 분위기와 함께, 세계질서는 그 최초의 주요시험을 쉽게 통과한 듯이 보였다. 1990년 8월 이라크의 쿠웨이트 침공과 병합은 이에 대응하는 서구와 이슬람 국가들간의 군사동맹을 이끌어 내었고, 이는 1991년 걸프전을 통해 이라크 군의 축출로 연결되었다. 유럽안보협력기구〔OSCE : 1994년 12월 유럽안보협력회의(CSCE)로부터 개칭〕는 국제적 위기를 다루는 최초의 사건으로 세르비아와 크로아티아간의 전쟁을 촉발한 유고슬라비아의 해체(1991년)를 결의하였다. 이는 OSCE가 바르샤바 조약과 나토를 대체하리라는 희망을 불러일으켰다. 비록 OSCE가 1975년 헬싱키 회의를 통해 창설될 때부터 초강대국간의 대립으로 인해 소외되었지만, 1990년 11월 파리에서 열린 OSCE 정부수뇌회의는 냉전을 종식시키는 조약을 체결하였다. 이러한 국제적인 조화와 협력에 대한 처음의 약속은 곧 새로운 형태의 불안이 표면화함에 따라 환상으로 밝혀졌다.

여러 가지 면을 고려할 때, 새로운 세계질서의 핵심은 미국이었다. 양극에 의해 유지되었던 세계질서는 소련이라는 축의 붕괴로 미국이라는 한 축에 의한 효과적인 간섭으로 대체되었다. 미국은 "세계경찰"로서의 역할을 수행할 수 있는 군사적인 능력과 정치적인 권위를 가진 유일한 강대국이 되었다. 쿠웨이트로부터 이라크의 군사적 철수를 가져온 사막의 폭풍작전과 분쟁을 억제하고 원조를 재개한 1992년의 소말리아에 대한 미국의 간섭은 이를 증명하였다.

미국은 이전의 다른 헤게모니 국가와는 달리 자유민주주의 원칙을 신봉하고, 약탈과 정복보다는 정치적 자유와 시장자본주의의 확산에 더 많은 관심을 보였다. 일찍이 권위주의가 군림하던 라틴 아메리카와 아시아와 같은 지역에서 미국에 의해 고무된 민주화의 물결은 이를 뒷받침한다.

하지만 몇 가지 이유로 인해 미국에 의해 지원받는 국제적인 우애와 세계평화에 대한 이러한 이미지에 대해 의문이 제기되고 있다. 예를 들어 1990-91년의 반이라크 동맹은 아마도 미국과 서유럽의 원유공급에 대한 우려가 "강대한 이라크"에 대한 시리아와 사우디아라비아 같은 이슬람 강대국들간의 지역적인 대립과 일치하였다는 사실을 반영하고 있다는 것이다. 다시 말해 국제법과 국가주권에 대한 수사는 단순히 권력정치와 국가이익의 추구를 위장한 것일 뿐이다. 따라서 새로운 세계질서의 개념은 미국의 이익을 안전하게 보장하고 세계경제에서 미국의 우위를 유지하려는 역사적인 계략의 한 부분일지도 모른다.

또한 과연 미군이 세계의 경찰군으로서의 역할을 수행할 능력이 있는가를 의심하는 견해도 있다. 우선 1970년대 베트남에서의 미국의 실패와 1995년 소말리아에서의 부끄러운 철수에서 증명되었듯이 핵전력의 우위가 언제나 효과적인 군사적 능력으로 해석될 수는 없다.[44] 하지만 보다 자세히 살펴보면, 일본과

44) Stephen E. Ambrose(권만학 옮김), *Rise to Globalism : American Foreign Policy since 1938*(서울 : 을유문화사, 1996) 참조.

독일의 경제적 재기에 의해 부각된 상대적인 쇠퇴의 측면에서 미국이 과연 자신의 세계적 지위를 유지할 만한 경제적인 자원을 가지고 있는가는 의심할 만하다.

이는 이전의 초강대국 사이에서 일반적이었던, "제국주의적 과도"에의 경향, 즉 국내경제성장을 초과하는 군사적 책임의 확대에 대한 미국의 경도에서 확실해진다. 이에 대한 태도 중 하나가 고립주의의 부활이다. 미국인들은 얼마나 오래 미국이 "세계제일"을 유지하기 위한 비용을 지불할 수 있을까? 제 1 차 세계대전 이후와 마찬가지로 미국은 세계의 문제에서 벗어나야 한다는 생각(세계가 스스로 문제를 해결하도록 두어야 한다는)이 미국 내에서 잠재적인 호소력을 가지게 되었고, 이것은 더욱 확산되고 있다.

새로운 세계질서를 위한 보다 중요한 아젠다들이 냉전을 통제하는 데 도움이 되었던 긴장과 갈등의 해방으로 제기되었다. 외부적인 위협의 존재(그것이 국제공산주의운동이건 자본주의의 포위이건)는 내부적인 단결을 강화하고, 사회에 목표와 동질성을 부여한다. 예를 들어, 어떤 의미에서 서유럽은 자신을 동유럽에 대한 대항세력으로 규정하였고, 동유럽은 이와 반대였다. 많은 국가들에서 외부적인 위협의 해소로 인종적, 민족적, 지역적 갈등 형태의 원심적인 압력이 폭발하고 있다. 구유고슬라비아 내의 세르비아, 크로아티아, 이슬람 세력간의 오랜 기간의 유혈참사와 1994년에 일어난 체첸 공화국의 분리주의자와 러시아간의 전쟁에 의해 증명되듯이 동유럽에서 특히 심하다.

이러한 갈등은 인종적인 민족주의와 지역적 분쟁에 의해 규정되는 위험한 세계를 예견하고 있다. 정의와 인권에 대한 존중에 기반한 세계질서의 수립과는 달리 국제공동체는 구유고슬라비아를 지지하였고, 세르비아가 전쟁을 수행하고 제 2 차 세계대전에서처럼 대량학살정책을 영속화하는 것을 허용하였다.

세계가 질서 있게 단속되는 것과는 반대로 국제적인 모습은 무법과 무위로 정형화되는 듯하다. 그리고 새로운 세계는 보다 무질서한 것처럼 보인다. 이것은 다극적인 세계질서의 본질적인 모습일지도 모른다. 비록 상호 적대적이기는 하지만 양극체제는 구조적이었던 반면 다극체제는 주요행위자의 역할과 책임이 불분명한 유동적이고 비예측적인 환경을 만들어 낸다.

미국, 독일주도의 유럽, 러시아, 일본, 동아시아의 작은 호랑이들, 중국 그리고 이슬람세계는 강대국간의 대립에서 벗어나 자신들을 국제적 행위자로 재정의하는 데 동참하고 있다. 하지만 탈냉전의 불안정성은 과도기적인 성격을 나타내고 있다. 미국과 소련이라는 초강대국의 시기는 지나갔는지 모르지만 새롭고 안정된 세계질서는 아직 출현하지 않았다. 이제 주된 질문은 이러한 질서가 국제연합이나 유럽연합과 같은 국제조직에 의해 정교화되면서 협력을 가져올 것인가 혹은 경제적 지배와 군사력에 의해 규정될 것인가의 문제이다.

탈냉전의 국제체제 모델로는 단극체제인 헤게모니체제, 양극체제, 다극체제가 있을 수 있는데, 이 중 양극체제의 가능성이 가장 적다. 이는 소련의 붕괴로부터 기인한다. 다극체제의 경우 과거와는 그 성격이 매우 다를 가능성이 크다. 왜냐하면 군사력의 불균형과 함께 경제적 불균형이 존재하기 때문이다. 결국 헤게모니체제의 가능성이 가장 높은데 논란의 여지가 있다.

새로운 세계질서를 추구하고 있는 현 국제체제는 그 구조면에서는 양극체제가 와해되고 소위 미국을 정점으로 하는 단-다극체제적 성격을 띠고 있다. 그러나 행위자의 종류와 역할의 변화, 상호의존의 심화, 그리고 외교정책 목표와 그 정책수단 등의 성격은 이미 전후 냉전체제의 후반부, 특히 1973년의 자원파동 이후 새로운 국제정치경제질서가 형성되면서 나타난 현상이다. 다만 1989년 이후 공산진영의 와해에 따른 국제정치의 탈이념과 탈군사화 경향은 그러한 변화를 더욱 심화시키고 가속화시켰다.

냉전 이후의 현 국제체제에서 특히 중요한 변화는 비국가 행위자의 종류와 수가 크게 다양화되고 확대되었다는 사실이다. 이들(블럭, 국제기구, 지역기구, 초국가적 행위자, 비정부간 국제기구 등)의 역할이 현 국제체제를 전지구적 체제로 통합해 가는 데 중요한 역할을 하고 있다.

양극체제의 한 극을 차지하고 있던 소련이 와해됨으로써 미국이 유일한 초강대국으로 남게 된 일극패권적 현상이 나타나고 있다. 정치군사적 측면에서 세계질서를 이끌어 나가는데 미국을 견제할 세력은 없다. 그러나 경제력의 중요성을 감안해 볼 때 현 국제체제가 미국주도하의 일극체제적 성격을 띤다고만 볼 수는 없다. 왜냐하면 유럽연합이나 일본의 등장으로 미국의 상대적 우위성이 약화되고 있기 때문이다.

경제력의 분포는 하나의 거대한 경제권으로 통합되어 가고 있는 EU와 이에 대응하려고 형성된 미국중심의 NAFTA, 그리고 아시아·태평양지역의 3대 세력권으로 이루어지고 있다. 최근에는 중국본토와 홍콩, 대만, 싱가포르로 형성되는 대중화권의 등장으로 세계경제권이 4분화되었다고 보는 견해도 있다.

거시적 시각으로는 세계경제가 유럽권과 아시아·태평양권으로 양분된다고 보는 견해도 있다. 그러나 현재 세계의 부의 배분은 남북관계를 축으로 부국과 빈국의 격차가 심화되고 있고 유럽과 북미, 그리고 아시아·태평양지역의 지역 블럭화 추세가 심화되면서 이들 사이에 세계경제의 삼분화현상 또한 심화되고 있다는 특징이 있다.

이를 종합해 보면 정치군사적으로는 미국중심의 일극체제, 경제적으로는 다극체제적 성격을 띠는 단·다극체제적 특징을 갖고 있다고 할 수 있다. 이러한 구조적 불연속성의 문제가 현 국제체제의 불안요인으로 작용하고 있으며 평화의 문제도 유동성을 보이고 있다.

탈냉전시대에 있어 평화에 관해서는 상반된 견해가 존재한다. 긍정적 시각에서 보면, 첫째 미·소 대결구조의 종식으로 평화의 가능성이 더욱 커졌다. 둘째 자유경제질서가 갈등의 완화와 정치적 협력을 고양시켰다. 다시 말해 부와 상호의존의 증가, 국제레짐의 강화로 갈등 해소의 가능성이 더욱 높아졌다는 것이다. 셋째 민주주의 국가의 확산이 국제체제의 안정성에 기여했다.

반면 부정적 시각에서 보면, 냉전체제의 종식으로 인한 양극체제에서 다극체제로의 전환은 위기의 가능성을 증가시켰다. 특히 힘의 불균형 현상은 불안정을 급속히 가속시킬 것으로 보고 있다. 물론 이러한 시각은 국제제도의 영향력을 너무 과소평가하고 있는 측면이 있다.

현재 미국이 상대적으로 약화되었음에도 불구하고 세계질서는 미국을 중심으로 하는 단일체제로서의 경향이 강하게 나타나고 있다. 그렇다면 미국이 주도하는 헤게모니적 국제체제가 세계평화와 안전을 유지할 수 있을 것인가? 이에 대해 미국의 지속적 역할과 도덕성에 대한 의문이 제기되고 있다.

요컨대 탈냉전의 평화의 문제는 섣불리 판단하기 어렵다. 왜냐하면 이에 대한 충분한 자료를 갖고 있지 못할 뿐만 아니라 이를 단순히 체제수준에서만 분석할 수는 없기 때문이다. 평화의 문제와 관련된 수많은 요인들이 여전히 중요한 변수로서 남아 있다.

제 4 절 세계화시대 국제정치를 어떻게 이해해야 하는가?

1. 세계화란?

세계가 점점 더 가까워지고 있다는 견해는 21세기에 있어 가장 기본적인 확신 중의 하나이다. 그러나 이러한 사고는 제대로 검증되지 않은 채 주장되기만 하였다. 세계화(globalization)라는 개념은 이미 그에 대한 회의론이 나타나고 있음에도 불구하고, 사회과학에 있어 점점 더 많은 주목을 받고 있다.[45] 경영학과 정치학 등의 경우에 있어 세계화라는 용어는 어느새 자연스럽게 사용되고 있다.

후쿠야마는 새로운 세계질서에서 자유민주주의와 자유시장경제만이 종국적인 역사적 단계의 이념으로 남게 되었다고 언급했다.[46] 이는 민주주의와 시장경제로 정의되는 새로운 세계질서가 자유로운 선거, 언론의 자유, 사유재산제도 등에 기초함을 의미하고 있다.

브라운(Robin Brown) 교수에 따르면, 세계화라는 개념은 국제관계의 연구에 있어 두 가지 측면을 가지고 있다.[47]

첫째, 이론적 측면에서 세계화는 우리의 관심의 중심인 공간(space)과 영토(territory)의 본질을 변화시키고 있다. 둘째, 세계화는 현재 국가들이 당면하고 있는 여러 가지 문제를 조명하는 데 도움을 준다. 통합화하고 있는 세계에 있어 정치의 실행과 그러한 실행을 분석하는 데 쓰여졌던 과거의 국가 중심적

---

45) M. Ferguson, "The Mythology about Globalization," *European Journal of Communication*, 7, 1992, pp. 69-93; P. Hirst and G. Thompson, "The Problem of 'Globalization': International Economic Relations, National Economic Management and the Formation of Trading Blocs," *Economy and Society*, 21, 1992, pp. 357-93.

46) F. Fukuyama, *op. cit*.

47) Robin Brown, "Globalization and the End of the National Project," John Macmillan and Andrew Linklater, *Boundaries in Question: New Directions in International Relations*(New York: Pinter Publishers, 1995), p. 54; J. Ruggie, "Territoriality and Beyond: Problematizing Modernity in International Relations," *International Organization*, 47, 1993, p. 174.

패러다임을 전환시키면서 세계화에 따른 새 패러다임과의 격차를 해소시켜 줄 수 있기 때문이다.

로버츤(Roland Robertson)은 세계화를 "세계의 압축과 전체로서의 세계에 대한 인식의 강화"라고 정의하였다.[48] 이러한 정의는 세 가지 논쟁을 불러일으킨다. 첫째, 세계화는 국가의 종말로 이해하기보다는 하나의 과정으로 이해하는 것이다. 현재의 상황은 무언가 완전히 새로운 것이 도래한 것이 아니라, 가속화되고 심화되고 있는 상황이다. 세계화라는 용어가 세계화가 좋다거나 나쁘다는 것, 즉 서구 자유주의의 승리를 의미하거나 국제화의 영향이 세계 어디에서나 똑같이 나타난다는 것을 자동적으로 의미하지는 않는다. 한 가지 가능성은 세계화의 과정에서 어떤 사람들은 다른 사람들보다 많은 이익을 보게 될 것이라는 사실이다.

둘째, 통합의 구조에 대한 국제적 수준과 지역적 수준의 차이점이다. 세계화에 순응하는 것은 민족주의적 저항과 같은 반발을 수반한다. 또한 일상생활은 각 개인들이 인지하지 못하는 동안에 국제경제의 기능에 의해 영향을 받는다. 개인들은 세계화를 인식하지 못할 수도 있고, 인식한다 하더라도 그것에 대해 각각 다르게 반응할 수도 있다. 세계화를 하나의 획일적인 반응을 가져오는 것으로 이해해서는 안 된다.

셋째, 압축되고 있는 것이 공간이라는 점이다. 공간이 압축된다는 것은 이전에는 단지 느슨하게 연계되어 있던 개인과 공동체가 서로 가깝게 연계된다는 것을 의미한다. 다양한 사회조직들은 점점 가까워지고 서로 의존하게 강요받는다. 새로운 사회문화 형태가 등장하고 상호간 의존 속에서 인적 교류는 활발해진다. 이는 세계가 서로 닮아 가는 동질화의 변화를 수반한다. 그러나 접촉은 변화와 갈등을 유발한다.

"세계적"(global)이라는 것은 "국가"(state)와 같은 정치적인 용어가 아니라 공간적인 용어이다. 세계화에 대한 담론은 비록 복잡하고 다양한 사회체제로 구성되어 있지만 세계를 하나의 단일한 공간으로 이해해야 한다고 주장한다.[49] 이는 세계사회가 영토의 개념에서 공간의 개념으로 전환되고 있음을 의미한다.

48) R. Robertson, *Globalization : Social Theory and Global Culture*(London: Sage, 1992), p. 8.

49) 분야별 세계화에 대한 개념과 세계화정도 측정 변수에 대해서는 Robert O. Keohane and Joseph S. Nye, Jr., "Globalization: What's New? What's Not? (And So What?)," *Foreign Policy*, Spring 2000 참조.

그러나 세계화가 차이점(difference)이나 권력(power)을 없애는 것은 아니다. 문제는 공간압축의 결과가 정치적 행위의 지평을 확장시킨다는 점이다. 정치적으로 세계화가 확장되면, 새로운 가치, 동맹, 적 등의 등장이 개인과 집단간에도 가능해진다.

2. 세계화와 국가

세계화가 정치적 의미에서 공간적 의미로 확장될 경우 국가영역의 딜레마가 존재한다. 오늘의 국제사회에서 현실주의의 오류는 국가를 하나의 단단한 껍질로 둘러싸인 폐쇄적인 단위체로 생각하고 있다는 점이다. 그러나 분명히 국가간의 상호의존성이 증대하면서 역설적으로 국가가 세계화의 중심에 서 있다. 만약 국가를 자연적 객체(natural object)로 이해하지 않고 역사적 구조물(historical construction)로 이해할 때, 민족국가간의 정치적 공동체가 이상(ideal)이며, 이것의 달성은 민족보다는 국가에 의존한다는 것이다.

고전적 민족국가에 있어 국가의 정체성은 오랫동안 수행되어 온 국가 자체의 정책과 제도에서 발견된다. 정책과 제도의 목적을 달성하기 위해 국가들은 자원에 대한 접근과 국가수립(state-building)의 과정 속에서 반대하는 세력을 제압하며 자신의 능력을 확장시켰다. 그러나 국가의 세계화는 정부간의 일반적인 연결망을 연계시켰으며 정치적 삶의 형태를 변화시키고 있다.

국가들은 단단한 외피를 벗어 던지고 새로운 변화에 적응하기 위해 세계화를 주도하고 있다. 다시 말해, 공간압축에 따른 국내외적 변화요인들을 자신의 생존과 목적달성에 부합시키기 위해 국가들은 현실적 선택을 하고 있는 것이다. PC와 인터넷을 중심으로 한 빠르고 통제되지 않는 정보통신의 혁명은 세계공동체의 의미를 강화시키고 있으며, 국가들은 정부형태, 정부정책 등 다양한 영역에서 조정과정을 주도하여 정치력을 복원시키고자 안간힘을 쏟고 있다. 앞으로의 통치형태는 정치력을 통한 국가간의 상호 의존망의 연결로 발전될 것이다. 그러나 이는 개인 혹은 집단에 의해 구축되는 기능 및 역할과는 많은 차별성을 갖는다.

만약 경제적, 문화적 변화의 압력이 사회와 경제를 결정짓는 국가의 능력을 감소시킨다면 정치적 공동체의 유형은 변화하게 될 것이다. 만약에 개인과 집단들이 강제력과 물질적 이익, 이데올로기적 설득 등에 의해 이러한 변화를 찬성한다면, 또한 적어도 국가에 대해 명백하게 반대하지 않는다면, 국가능력의 감소는 국제사회에서의 정치적 공동체의 구현을 가져올 수도 있다.

그러나 국가능력의 감소를 국가의 소멸과 동일시해서는 안 되며 국가역할의 변화로 이해해야 할 것이다. 이슈영역에서 국가부문이 담당하는 부분과 개인 혹은 집단들이 담당하는 부문이 존재하기 때문이다. 예를 들어, 국가주권 및 생존과 관련된 고유한 국가의 영역(군사·안보)은 아직도 국가의 배타성이 강하게 작동하고 있다. 경제, 무역 등 여타 영역도 결코 국가 고유의 영역과 분리해서 생각될 문제는 아니다.

3. 세계화와 시장

경제는 세계화의 가장 중요한 요소로 간주되고 있다. 21세기 국제정치경제는 영토에 기초한 정치체제와 점점 세계화되어 가고 있는 경제체제의 공존을 그 특성으로 한다. 1945년 이후 국가경제는 하나의 국제경제(자유 자본주의 시장경제)를 지향하여 변해 왔다. 국제화가 경제활동의 지리적인 확장을 의미하는 반면 세계화는 경제활동의 기능적 통합을 통한 질적 변화이다.

국제무역과 투자에 대한 장벽이 감소함에 따라 기업은 세계의 기업과 경쟁하게 되었다. 이제 기업은 세계 어디에서든 시장을 찾고자 한다. 운반비용과 정보의 부재가 더 이상 생산자를 보호해 주지 못한다. 정치적이거나 지리적 보호에 의존하지 않는 이상, 기업은 세계 경쟁의 도전을 받아들일 수밖에 없다. 기업은 값싼 생산지를 찾고 생산을 확장함으로써, 생산전략을 최적화하여야만 한다.

그러나 오직 몇몇 기업만이 이러한 것을 수행할 수 있다. 대규모의 기업은 소규모로 국가 내에서 활동하며 뚜렷한 본국을 가지고 있다. 세계는 점점 더 하나의 공간이 되어 가고 있다. 세계적 전략의 성공여부에 대한 최근의 의문은 이러한 방법이 세계경쟁에 대처하는 데 적절한가 아닌가 하는 것이다.

세계경쟁에 의해 촉진되는 기업의 세계적 유동성은 국가로 하여금 새로운 투자와 고용을 위해 서로 경쟁하도록 강요하였다. 기업에 있어 각국 정부에 의해 제시되는 인센티브는 어느 곳에 투자할 것인가를 결정함에 있어 중요한 고려사항이기 때문이다.

경제적 세계화는 금융부문에 있어 극에 달한다. 금융시장의 탈규제와 커뮤니케이션 기술의 발달은 자본의 유동성에 엄청난 증가를 야기시켰다. 금융은 생산의 세계화에 있어 가장 핵심적인 요소로 간주될 수 있다. 자본에 대한 접근의 용이성은 다국적기업의 운영에 필요한 자금을 조달하는 데 필수적이다. 이것은 돈이 세계 어디로든지 간다는 것을 의미하는 것이 아니라, 세계경쟁의 상황에서는 값싼 자본에 대한 접근이 비교우위의 요인이 될 수 있다는 것을 의미한다.

자본의 이동은 세계정치에 있어서 자율적인 요소이다. 자본은 최대의 수익성을 찾아 세계를 돌아다니며, 이것은 자국의 경제를 관리하는 국가의 능력에 심각한 영향력을 행사한다.

경제의 재편은 중요한 부대효과를 수반한다. 세계경제의 재편은 포디즘에 따라 이룩된 노동관계의 형태에 중요한 위협이 된다. 이러한 경제적 재편의 과정은 대규모의 인구이동을 유발시킨다. 그러나 국경을 넘나드는 주민의 이동은 세계적 이주의 위기를 증가시킬 것이라는 우려도 함께 제기되고 있다.

복지국가는 경제에 대한 실질적인 통제를 할 수 없음에도 불구하고, 국가들은 자국 국민들의 번영을 담보해야 하는 문제에 직면하고 있다. 점점 더 개방된 경제로의 변화는 국가에 있어 금융시장의 개방과 같은 거시경제적 문제뿐만 아니라, 다국적기업의 문제와 같은 미시경제적 문제를 야기시킬 것이다. 또한 인종의 불균형, 시민권과 주권의 의미, 수입분배의 문제, 노동공급의 문제, 외국인 혐오증, 기본인권 보호의 위협, 이민자와 난민자의 대단위 이동에 따른 국내경제의 악영향 등 국가의 안정성을 파괴할 것이라는 우려도 국가의 부담으로 작용할 가능성이 높다.

이러한 점에서 세계화 시대 국가의 경제정책은 단지 경제문제 그 자체에 머무르는 것이 아니라 정치적 문제로까지 확산되고 있으며, 국가는 국가영역의 약화와 재강화라는 이중적 측면을 동시에 안고 있다. 따라서 세계화의 확산의 중심에는 국가가 서 있다고 해도 과언이 아니다.

제 5 절 상생의 국제사회는 가능한가?

냉전시대 횡행했던 국가간 자기파멸적 대립이 인류 모두에게 더 이상 도움이 될 수 없다는 비판과 함께, 탈냉전 시대의 현실 속에서 우리는 새천년의 모습을 그려보고 있다. 그 모습은 국제사회에 있어 협력과 평화를 위한 지향점의 창출과 이에 걸맞는 새로운 패러다임 정립으로 연결되고 있다.

지구촌, 이는 듣기만 해도 인류의 가슴을 설레게 하는 용어이다. 국가, 민족, 인종, 종교, 이념의 갈등을 넘어 모든 인류가 하나되어 화합을 이야기하고 평화를 찬양하는 공동체적 삶의 모습을 연상케 하기 때문일 것이다. 아울러, 세계화와 정보화에 의해 견인되는 민주주의와 시장경제는 21세기 국제질서를 창출하는 숭고한 개념처럼 보인다. 신자유주의적 이념들이 국가를 넘나들고 있으며, 자본주의 시장경제는 민족경제를 당장이라도 세계경제에 통합시킬 듯이 맹위를 떨치고 있다. 국가들은 지식산업사회로 흡입되면서 무한경쟁 체제를 확립해야 하며, 이에 뒤쳐진 국가들은 그 미래가 불투명한 상황에 이르고 있다.

사회주의라는 가설적 세계의 몰락은 시장경세라는 도그마를 유일한 가치로 부추기고 있다. 인간친화성을 담보하지 못한 체제의 몰락이 주는 역사적 교훈이다. 선진국들은 한 걸음 더 나아가 완전 시장경제라는 또 다른 가설의 세계사회를 논의하고 있다.

그러나, 현재의 국제사회는 어떠한 모습을 하고 있는가? 아직도 지역주의와 세계주의의 이중적 논의구조가 국제사회의 장미빛 미래의 목덜미를 잡고 있으며, 지구촌 곳곳에는 민족적, 인종적, 종교적 갈등이 수그러들 줄 모르고 있지 않는가?

국제사회에 존재하고 있는 다양한 문화와 가치, 수많은 정치체제와 구조, 지역주의와 세계주의가 교차하는 비대칭적 분배구조 등 우리가 해결해야 할 난제들이 수없이 많다. 이러한 다중적, 이중적 복합구조를 넘어서는 보편적인 삶의 양식이 존재하지 않는 한 21세기 국제질서는 또 다른 "혼돈의 파고"를 넘어야 할 것이다.

냉전시대를 주도해 왔던 군사·안보문제가 탈냉전과 함께 경제·핵·환경·인권·페미니즘·마약·질병·기아·테러문제 등으로 전환되면서 국가들은 다양한 논의와 협력을 갈구하고 있다. 이는 전통적인 국가주권의 개념이 세계 시민사회의 팽창과 함께 침투당하고 있음을 보여 준다. 아마도 이상주의자들은 지구가 하나되어 공동으로 인류가 처한 문제점을 해결해 나아가는 21세기 신국제질서의 모습을 상상할 것이다. 이는 지난 200여년간 포디즘적 산업화가 가져온 인류의 재앙을 "상생의 틀" 속으로 용해시킬 수 있는 전기를 마련해 줄 수도 있다.

분명 현대 국제사회는 이를 위해 화해와 협력의 패러다임을 찾고 있는 중이다. 이념적, 민족적, 인종적, 종교적 갈등에 대한 국가간 공동대응과 협력의 증진은 이를 상징적으로 보여 주고 있다. 어느 한 지역에서의 문제는 이제 국제사회의 문제로 곧 바로 전파되고 있으며 정보매체는 이를 운반하는 중요한 기능을 담당하고 있다. 전파는 세계의 곳곳을 누비며 새로운 소식들을 전해 주고 국가들은 이에 민감하게 반응하고 있다.

국제사회가 열려 가고 있음에도 불구하고 민족국가의 테두리는 여전히 두꺼운 막을 형성하고 있다는 점이다. 시대가 변하고 인식이 변하고 있지만 오늘의 국제사회에는 아직도 힘의 잣대를 통한 현실주의적 논리가 국가간 관계의 밑바탕에 도도히 흐르고 있다. "필요악"으로서의 힘, "정의와 평화"를 지켜 내기 위한 수단으로서의 힘, 그리고 국가간 안보딜레마가 작동하는 한 현실주의자들의 논리는 정당성과 타당성을 갖는 듯 보인다. 국가의 영역이 과거와는 달리 많은 부분 침투당하고 있지만 강대국과 약소국의 입장은 사뭇 다르다. 과거와 마찬가지로, 강대국에 대한 약소국의 침투효과는 미미할 뿐이기 때문이다.

기술문명을 앞세운 서구 강대국의 파상적 공세는 약소국들을 효과적으로 유린하고 있다. 서구적 자유시장경제 논리와 서구가치와 제도의 우월성 등이 무차별적으로 국경을 넘나들고 있다. "세계화"와 "정보화"는 이를 위한 중요한 수단으로 작동하고 있다. 직접적인 물리력의 침투는 약화되었지만 지식산업을 기반으로 한 보이지 않는 침투효과의 부가가치는 과거의 그것과는 사뭇 다르다.

신자유주의적 논리가 국제사회의 모든 문제를 해결해 줄 수 없으며, 국가간 테두리 내에서 또 다른 갈등을 가져올 수도 있다. 아직도 군사력은 국가 테두리를 굳게 닫는 제어장치를 하고 있으며, 문화적 충돌은 민족적 갈등의 또 다른 모습으로 형상화될 수 있다. 그러한 조짐은 세계 도처에서 이미 나타나고 있다.

이는 국제사회가 안고 있는 비대칭적 분배구조에서 기인한다고 해도 과언이 아닐 것이다.

이러한 양면적인 성격 속에서 세계사회는 역사의 순환논리를 되풀이하지 않기 위한 노력들을 계속하고 있다. 21세기에는 국가와 세계 시민사회의 균형적 역할이 중요한 의미를 가질 것이며, 냉전적 사고로부터의 탈피는 새로운 전일적 사유체제를 필요로 하고 있다. "더불어" 살아가는 전일적 사유체제야 말로 인류의 물리적 융합이 아닌 화학적 융합을 가져올 수 있으리라 생각하기 때문이다. 정보화는 이를 위한 효과적인 기능적 메커니즘이 될 수 있다. 그러나, 지나친 세계화와 정보화가 가져올 역기능적 측면들도 간과해서는 안 된다. 이는 세계사회가 안고 있는 불평등 분배구조의 해소, 민주적 가치의 지구적 확산이라는 공통된 관심사를 통해 치유될 수 있는 문제이다.

연습문제

1. 국제정치와 국내정치의 유사점과 상이점은 무엇인가?
2. 국가이익에 대해 설명하시오.
3. 국제정치 연구방법론의 진화과정을 설명하시오.
4. 비판적 국제정치이론에 대해 논하시오.
5. 신현실주의, 신자유주의, 그리고 구성주의를 비교·설명하시오.
6. 냉전의 기원에 대한 전통주의와 수정주의의 논쟁을 정리해 보시오.
7. 탈냉전시대 국제정치의 성격과 본질에 대해 논하시오.
8. 세계화란 무엇인가?
9. 세계화시대 국가주권의 의미를 어떻게 이해해야 하는가?
10. "상생의 국제정치"를 위한 패러다임은 무엇인가?

제 10 장 외교정책

요 약

외교정책은 국가이익 달성을 최우선 목표로 하는 대외정책의 일환이다. 따라서 외교정책의 결정이나 시행의 주된 행위자는 국가일 수밖에 없다. 또 시대에 따라 국가의 통치이념이나 제도 등이 변화하기 때문에 외교정책의 유형이나 결정 요인 그리고 외교정책의 수단 등은 약간씩 달리 나타난다. 그럼에도 불구하고 지난 수 세기를 통하여 공통적으로 나타나는 외교정책의 몇 가지 유형이 있는데, 그것은 협력외교, 동맹외교, 적대외교, 비동맹외교, 그리고 개입외교 등으로 나타난다. 외교목표를 추구하는 수단에 있어서도 평화적인 협상, 경제원조 혹은 제재, 침투와 개입 그리고 무력의 사용 등이 있다. 마지막으로, 외교정책 결정요인들은 다섯 가지 정도가 있는데, 그것은 외부적 요인, 사회적 요인, 정부 요인, 역할 요인 그리고 개인 요인 등이 있다. 위에 나열된 외교정책의 유형들이나 수단 그리고 요인들은 상호 배타적으로 존재하는 것이 아니라, 둘 내지 세 가지가 동시에 이용된다. 다시 말해서 한 국가는 협력외교와 동맹외교를 동시에 사용할 수 있고, 무력의 수단에서도 개입과 무력을 동시에 사용할 수도 있으며, 하나의 외교정책을 수립하는 데 개인적, 역할적, 그리고 정부 요인들이 복합적으로 영향을 미치게 된다.

제 1 절 서 론

외교정책은 한 국가의 대외정책으로 국가 통치행위의 일부이다. 1648년 30

년 전쟁의 종결로 웨스트팔렌(Westphalen) 조약이 체결되어, 유럽에는 민족국가들이 등장하게 되고 그리고 민족국가들간의 관계는 국제법에 따라 다스려지게 되었다. 그 이후부터 국가는 국제사회를 구성하는 가장 기본적인 단위 조직이었으며, 그 국가들이 펼치는 대외정책의 가장 중요한 목표는 국가이익의 극대화였다.

2차 세계대전이 종식된 이후 지구상의 국가는 약 180여 개로 증가하였고 또 국제정치의 장에서도 '다국적 기업'(Multinational Corporations)이나 '국제기구'(International Organizations), 그리고 '비정부 기구'(Non-governmental Organizations) 등 다양한 행위자들이 등장하여 대외정책은 더 이상 국가의 전유물이 아니게끔 되었다.

그럼에도 불구하고 국가는 주권과 강제력을 소유하는 유일한 행위자이고 따라서 국가의 영향력은 여타 행위자들보다 강력하며 또 많은 분야에서 독점적인 영향력을 행사하고 있다. 그래서 국가는 여전히 국제사회에 있어서 가장 중요한 행위자로 남아 있다.

이 장에서는 국가가 국가목표를 달성하기 위하여 수행하는 외교정책에는 어떠한 종류들이 있으며, 그 목적을 달성하기 위한 수단은 무엇인가, 그리고 마지막으로 그러한 외교정책을 결정하는 요인들은 무엇인가를 살펴보고자 한다.

제 2 절 외교정책의 유형

국가이익의 개념은 크게 보아서는 국력의 증강을 통한 국가 안보의 확보나 영향력 확장 같은 협의적 의미에서 세계평화의 확보나 유지 같은 포괄적 개념까지도 포함한다.[1] 그래서 국가이익은 시대에 따라서 또 국가에 따라서 약간씩 변화하는 경향을 보이고 또 그 이익을 달성하려는 국가의 외교적 노력도 약간씩은

1) 한스 모겐소는 포괄적 의미에서 국가이익을 국력과 동일시하고, 모든 국가들은 국력확장을 위한 투쟁에 몰두한다고 주장했다. Hans Morgenthau, *Politics among Nations* (New York: Alfred Knopf, 1949). 이와는 대조적으로 루크는 협의의 의미에서 ① 국민의 신체적 안전, ② 물질적 번영, ③ 정치적 환경 보전, 그리고 ④ 국민적 단합을 들었다. John Rourke, *International Politics on the World Stage* (CT: Dushkin Publishing Co., 1991), pp. 215-16.

달라 보이지만, 구체적 외교정책의 유형은 시대를 불문하고 몇 가지로 나타난다. 아래 다섯 가지 유형은 외교정책의 전형을 의미하는 것으로, 모든 국가는 두 개 이상의 정책을 동시에 채택하고 있다.

1. 협력외교

일반적으로 협력(Cooperative)외교는 우호국들간에 이루어지는 것으로, 군사-전략적, 정치적, 경제적 그리고 문화-사회적인 다양한 분야에 걸쳐 상호 협력하여 공동의 이익을 추구하는 노력을 의미한다. 국가들간의 협력관계는 대체적으로 준동맹 혹은 동맹관계로 발전할 가능성이 많으며, 정치-경제적으로 유사한 이념이나 체제를 갖고 있는 국가들간에 협력외교는 더욱 발전되는 경향을 보인다. 특히 냉전 기간에는 이러한 경향이 뚜렷하게 나타났는데, 자본주의 진영과 사회주의 진영에서 각각의 협력외교가 발전하였다. 여기서 자본주의 체제 내에서 서방 국가들은 사회주의 체제 국가들보다 많은 협력관계를 유지하고 보다 많은 우호국을 보유하였는데, 그 이유는 안보적인 이유 외에도 서방 국가들이 채택하고 있는 자본주의 경제의 특성에서 연유한 것이다.

그러나 협력외교는 우호국 상호간에 배타적으로 나타날 뿐만 아니라 적대세력간에서도 나타나는 경우가 있다. 이럴 경우 협력은 부분적인 분야에서 특히 군사적-전략적 분야에서 나타난다. 실례로 냉전 기간 동안 미국과 소련은 적대관계를 유지하면서도 동시에 협력외교를 펼 때가 종종 있어 왔다. 미소 양국은 핵전쟁으로 발전할 수 있는 상호간 갈등뿐만 아니라 제3세계에 대한 갈등을 많이 겪었으나, 양국간의 핵전쟁은 인류 공멸이라는 공포감을 주었기 때문에 평화공존을 위한 협력의 필요성을 깨닫게 되었다. 결국 이 협력은 화해를 바탕으로 한 협력이라기보다는 무력대결을 피하기 위한 '명목상의 협력'이다.

2. 동맹외교

전통적으로 동맹(Alliance)은 국제정치에 있어서 힘의 균형체제를 유지하게 하는 기본적 요소이다. 그래서 동맹외교는 자국의 안보를 확보 내지 유지하기 위한 세력균형을 독자적으로 달성할 수 없는 경우, 다른 국가 혹은 국가들과 동맹을 맺음으로써 적대국 혹은 적대 진영과의 균형적 세력을 확보하는 것이다.

국가간 동맹이 이루어지기 위한 선결 조건은 '공동 이익'(Common Interest)이 있어야 하지만, 동맹 내부에는 각 국가의 '차별적 이익'(Diverging Interest)도 존재하고 있다. 공동 이익은 보편적으로 적대 진영으로부터의 위협을 없애는 것과 같은 '부정적인 가치'(Negative Value)인 데 반하여, 경제협력이나 복지 같은 긍정적인 이익은 각 나라들이 추구하는 것이 상이할 수 있다.[2] 따라서 동맹을 관리하고 유지하는 데는 이 서로 다른 이익을 어떻게 조화시키느냐가 동맹정책의 관건이 된다.

동맹은 그 성격에 따라 세 가지 유형으로 분류된다. 첫째는 '공격적 동맹' 또는 '전시 동맹'이다. 동맹국들은 제3국 혹은 적대 진영에 대항한 전쟁을 수행하기 위하여 동맹에 의한 방법으로 결속한다. 둘째는 '방어적 동맹' 또는 '상호안보조약'이다. 동맹국들은 동맹 내의 한 국가가 제3국으로부터 침략을 받을 경우 이를 지원한다는 협정을 맺는 것이다. 셋째로 '중립' 또는 '불가침 조약'이다. 체결국들은 서로의 전쟁에 개입하지 않을 것을 합의한다. 이것은 보편적 의미의 동맹이고, 여기서 말하는 동맹은 첫번째와 두 번째의 동맹만을 의미한다. 그리고 일단 동맹이 형성되면 ① 외교정책의 조화(특히 적대 세력에 대한), ② 군사계획의 조정, ③ 군비부담의 분배, 그리고 ④ 위기시 협력 등의 정책을 수행한다.[3]

3. 적대외교

국제정치는 국내정치와는 달리 '초국가적 중앙정부'가 없는 것이 특징이며 —현실주의 이론가들은 이것을 '무정부 상태'(Anarchy)라 부른다— 따라서 모든 국가들의 안보는 자신의 힘으로 확보해야 하고, 그것에 실패한 국가는 소멸하게 된다. 이러한 무정부 상태에서의 모든 국가는 원칙적으로 인접국들과 "만인에 의한 만인의 투쟁 상태"(Everyone against everyone)에 놓이게 된다.[4] 따

2) 김계동, "세계 질서의 변화와 외교정책의 유형," 김계동 외, 「세계외교정책론」(을유문화사, 1995), pp. 69-70.

3) 위의 글, pp. 70-71.

4) 어느 한 국가가 안보를 확보하기 위하여 군비를 증강하면, 인접국은 안보에 위협을 느끼게 된다. 그래서 양국은 끊임없는 군비경쟁에 빠지게 된다. 이것을 "안보 딜레마"라 부른다. 김의곤, 「현대국제정치이론」(집문당, 2000), p. 17.

라서 국가는 타국을 잠재적인 위협으로 간주하고, 그 국가가 우호적인 국가라고 판단하기 전까지 적대적인 외교정책을 펴게 된다.

적대외교에서 가장 유용하게 사용되는 도구는 두 가지가 있다. 첫번째는 군사력으로, 그것은 '억지'(Deterrence), '강압'(Compellance), 그리고 '확신'(Reassurance)이라는 세 기능을 수행한다. 두 번째는 경제력으로 군사력을 보조하여 중요한 역할을 담당한다. 물론 역사가 이를 증명하듯이 경제력은 군사력의 토대가 된다. 적대 외교 정책을 추진하여 국익을 추구하는 방법에는 두 가지가 있는데, 하나는 무력에 의한 팽창이나 봉쇄 혹은 이와 비슷한 방법으로 상대방을 항복시키는 것이고, 다른 하나는 모든 압력 수단을 동원하여 적대국가가 스스로 변하도록 유도하는 것이다.

적대외교를 추진할 경우 상대방과 충돌할 가능성은 항시 존재하는데, 특히 상호 커뮤니케이션의 두절로 인하여 상대방의 의도를 잘못 파악하게 되고 그것은 종종 충돌을 부른다. 더욱이 선과 악의 흑백논리가 상대방과 자국의 인식과 편견에 영향을 미칠 때 상호간의 불신과 오해는 더욱 커져 간다. 즉, 냉전기 미소간의 관계에서 분명하게 나타났듯이, "그들은 세계를 정복하기 위해 전쟁을 하려 무장하지만, 우리는 평화를 지키려 무장한다" 혹은 "그들은 세력 확대를 위해 다른 지역에 개입하지만, 우리는 인도적 측면에서 개입한다"고 생각하기 쉽다.[5]

4. 비동맹외교

'비동맹'(Non-alignment)은 다른 국가가 추구하는 목표를 지원하기 위하여 군사적 또는 외교적 개입을 하지 않는 것을 의미한다. 이때 비동맹은 '중립'(Neutrality)과는 구분되는 개념이다. 즉 중립은 양 진영의 갈등이 존재할 경우 어느 편에도 가담하지 않는다는 법적인 지위를 의미하지만, 비동맹은 정책방향을 스스로 결정하는 것이며 또 다른 국가에 의해서 비동맹의 지위를 보장받는 것은 아니다. 비동맹을 선언한 국가들은 가끔 강대국들간의 다자간 조약에 의하여 비동맹의 지위를 보장받음으로써 중립국이 되기도 한다.

대체적으로 비동맹을 추구하는 국가들은 갈등이나 전쟁이 존재하지 않는 상

5) 김계동, 앞의 책(1995), pp. 57-58.

황에서의 힘의 경쟁 관계에서 어느 편에도 가담하지 않는다. 그러나 특정 사안에 대해서는 어느 한 진영의 정책에 대하여 지지를 하기도 한다. 따라서 비동맹은 비중립을 선언할 수도 있고, 국제 경쟁 체제에 적극 가담하기도 한다. 유럽의 비동맹국인 아일랜드, 스웨덴, 핀란드 등은 군사 동맹 기구인 나토(NATO)에는 가입하지 않았지만, 서방의 가치와 이해관계에 동조하였다.

국제정치에서 본격적인 비동맹외교는 민족주의와 반식민주의를 주창하면서 경제적으로 저발전된 제 3 세계 국가들에 의하여 시작되었다. 아시아와 아프리카에 있는 많은 나라들이 비동맹외교를 채택하고 있으며, 그들은 양대 진영 그 어느 쪽에도 속하지 않으면서 국가간 갈등을 제거하는 것을 대외정책의 목표로 삼았다. 이를 위하여 비동맹국가들은 ① 영토 보전과 주권에 대한 상호 존중, ② 불가침, ③ 내정 불간섭, ④ 동등한 상호 이익, 그리고 ⑤ 평화공존이라는 다섯 가지 원칙을 천명하였다.[6)]

일반적으로 비동맹외교를 채택한 약소국들은 자신들의 주권과 영향력을 제고할 수 있는 기회를 갖는다. 동맹에 참여할 경우에 강대국들은 자신들의 필요에 따라 약소국의 이해관계를 희생시킬 수 있으며, 약소국들은 이를 반전시킬 능력과 기회가 거의 없다. 그래서 비동맹정책을 수행하는 약소 국가들은 독립적 지위와 자율적인 정책을 수행할 수 있는 이점이 있다.

그러나 모든 비동맹국가들이 그러한 이점을 누리는 것은 아니다. 당사자들의 노력과 여러 가지 조건이 충족되어야 한다. 무엇보다도 비동맹국가가 국제 갈등이 발생하는 핵심 지역으로부터 지리적으로 멀리 떨어져 있을 경우 성공할 가능성이 높다. 또 비동맹국가의 신뢰성도 정책의 성공을 좌우한다. 비동맹정책이 진실로 그 국가에게 이득이 된다는 점을 다른 국가들에게 확신시키고 또 실제적으로 그러한 행동을 지속적으로 취할 때, 다른 국가들은 그 나라의 비동맹 정책을 인정하고 간섭하지 않는다. 그리고 개별 국가들이 이러한 능력을 보유하지 못할 경우 연합체를 구성하여 집단적으로 행동할 때 성공할 가능성은 더욱 높아지게 된다.

---

6) J. W. Burton, *International Relations : A General Theory* (Cambridge : Cambridge University Press, 1967), p. 202.

5. 개입외교

'개입'(Intervention)은 통상적으로 외교적, 경제적, 군사적 수단을 이용하여 타국의 국내외 정책에 간섭하는 것을 말한다. 개입은 다음과 같은 측면에서 다른 외교정책과 구분된다. 첫째, 개입은 국가간 관계에 있어서 상호간의 "관례적"인 형태를 벗어나는 행위이다. 둘째, 개입은 타국의 정치 체제를 "변화시키거나 유지시키려는" 목적을 가지고 추구된다.[7] 구체적으로 개입에는 선언적 외교를 포함하는 '구두 개입'으로부터, 원조와 제재 등의 방법에 의한 '당근과 채찍' 정책, '정보 활동', '전복 행위', 그리고 직접 개입을 피하면서 군사훈련이나 고문단을 파견하는 '군사적 전략'에 이르는 다양한 종류가 있다.[8]

1945년 냉전이 시작된 이후 강대국의 약소국에 대한 직간접적인 개입은 많은 논쟁을 불러일으키곤 하였는데, 그중 가장 문제가 되는 것이 군대를 파견하는 군사개입이었다. 강대국들은 반군을 진압하는 우호적인 정권을 위해서 혹은 정권을 전복시키려는 반군을 지원하기 위해서 군대를 파견하였다. 1945년부터 1987년까지 강대국들은 32회에 걸쳐 개입을 시도하였는데, 그중 8회가 직접 군대를 파견하는 개입이었다고 한다.

대외 개입은 즉시 소기의 목적을 달성하고 개입을 종료시키는 경우가 많지만, 개입이 장기화하는 경우도 많다. 단기적이고 결정적인 개입을 종료시킨 경우는 미국의 1965년 도미니카 공화국 개입, 1983년 그레나다 개입, 그리고 1989년의 파나마 개입과, 소련의 1956년 헝가리 개입, 1968년 체코슬로바키아 개입 등을 들 수 있다. 그러나 개입은 장기화하는 경우도 많은데, 이런 경우는 많은 비용이 소모되면서 성공하지 못할 확률이 높다. 예컨대 미국의 베트남, 소련의 아프가니스탄, 시리아의 레바논, 그리고 쿠바와 남아프리카의 앙골라 개입은 10년 이상이나 걸렸으며 성공하지도 못하였다.

그러나 개입정책은 대체로 국제법적으로 또 도덕성 측면에서 비판을 받는

---

7) James Rosenau, "The Concept of Intervention," *Journal of International Affairs* 22(1968), pp. 165-76.

8) 홀스티는 개입의 종류를 ① 다양한 형태의 은밀한 정치활동, ② 힘의 과시, ③ 전복, ④ 게릴라전, 그리고 ⑤ 군사개입으로 구분했다. K. J. Holsti, *International Politics : A Framewok for Analysis* (New Jersey: Prentice-Hall, 1983), pp. 248-63.

경우가 많다. 유엔헌장은 회원국들이 타국의 내정을 간섭하는 것을 금지하고 있다. 그럼에도 불구하고 현대는 국내문제와 국제문제를 정확히 구분하기는 어려울 뿐 아니라 국내분쟁이 국제평화를 위협하는 소지가 많다. 그래서 국제 평화를 위협하는 국내분쟁에 국제기구가 개입하는 것은 현실적 국제정치의 시각에서 허용되고 있다. 특히 개입이나 간섭이 "국제기구의 사전 승인을 획득하거나" 국제기구 "자체의 개입"의 경우에는 개입이 정당성을 갖는다.[9] 유엔이 직접 개입한 사례는 한국전쟁, 콩고와 사이프러스 개입을 들 수 있고, 최근에는 분쟁지역에 평화유지군을 파견하는 것도 개입의 한 형태라 할 것이다.

제 3 절 외교정책의 수단

외교정책의 성공적 성취 여부는 국가가 가용할 수 있는 외교정책의 수단을 어떻게 효과적으로 사용하느나에 따라 결정되며, 가용한 수단은 언제나 똑같이 사용되는 것이 아니라 특정한 상황에 따라 사용하는 수단이 달라진다. 때로는 군사력의 사용이 주요한 수단으로 간주될 수도 있고, 혹은 비군사적 수단 즉 경제력이나 외교적 교섭력이 상대적으로 더 유효한 수단이 될 수 있다. 일반적으로 외교정책의 수단에는 국가의 능력(힘)과 외교, 침투와 개입, 무력, 경제적 수단 등 다섯 가지를 꼽고 있다.[10]

1. 국가의 힘

인류 역사를 통하여 국가의 힘은 국제정치에 있어서 가장 중요한 핵심이다. 이것은 '국가권력'(National power) 혹은 '능력'(Capability) 등으로 이해되며, 이것의 개념과 정의는 오랫동안 국제정치를 분석하는 학자들간 논란의 대상이 되어 왔다. 무엇보다도 국력(힘)은 외교정책의 '목표'인가 아니면 '수단'인가에 대하여 많은 논쟁이 있어 왔다. 한스 모겐소 같은 초기 현실주의자들은 국제정

9) *Ibid*., p. 264.
10) 김기정, "국제 체제하에서의 외교정책의 목표와 수단," 김계동 외, 앞의 책(1995), pp. 103-19.

치의 본질을 "국가간 힘을 획득하기 위한 투쟁"으로 파악하고, 그래서 국가는 "힘을 증강(Increase)하거나, 유지(Maintain)하고, 또 과시(Demonstrate)"하려 한다고 주장했다.[11] 비록 이 주장이 후에 힘의 개념과 보편성 측면에서 비판받긴 하였지만, 국가 행위의 목표가 타국에 대한 힘의 우위적 확보라는 측면에서 여전히 유효하게 받아들여지고 있다.

그러나 최근 많은 국제정치학자들은 힘을 수단의 개념으로 받아들이고, 국가의 장기적 목표 즉 안보, 평화, 번영, 자국의 이념 확산 등의 가치를 확보하는 원천과 도구라고 생각하는 사람이 많다. 그들은 힘을 목표로 간주했을 때 파생하는 부정적 결과를 강조함으로써 자신들의 주장을 뒷받침한다. 특히 그들은 힘의 획득이 군사력의 팽창으로 간주되어질 때, 실제로 국가간의 불안정성이 상승할 수 있고 또 실제로 군사력을 사용할 수 있는 정치적 모험성이 상승할 수 있는 점을 지적하고 있다.[12]

루크(Rourke)는 외교정책의 수단으로서의 힘을 다음과 같이 정의했다 : 국가의 힘은 "다른 국가들의 목표 및 의사와 상충하는 경우라도 자국의 목표를 추구할 수 있게 하는 요소들의 합"이다.[13] 포괄적인 의미의 국가 능력을 구성하는 요소들의 합을 힘으로 정의하고 또 이를 외교 정책적 수단으로 간주할 때, 힘은 사실상 여타의 외교정책 수단들의 상위 개념이 된다. 즉 앞으로 설명할 여러 수단들 모두가 국가가 보유하는 힘의 구성 요소가 되며, 힘은 이들 모두를 망라한 개념이 된다.

루크에 의하면 힘은 네 가지 특징을 지닌다고 한다.[14] 첫째, 힘은 "상대적"(Relative)이다. 다른 나라의 목표와 의도를 좌절시키면서 자국의 목표를 달성할 수 있는 능력은 언제나 힘의 '비교 우위'(Comparative advantage)에서 비롯되는 것이다. 둘째, 힘은 언제나 "정황적"(Circumstantial)이다. 국가의 힘은 언제나 그것이 투사되는 상황이나 배경에 따라 각기 다른 결과를 야기한다. 셋째, 국가의 힘은 "역동적"(Dynamic)으로 변동한다. 국가 능력을 구성하는 요소들은 장기적 측면에서 동태성을 가지고 변화한다. 마지막으로, 힘은 "다차원적"(Multi-dimensional)이다. 이는 힘의 구성 요소의 다양성에 비추어 볼 때 여

11) Hans Morgenthau, *op. cit.*(1949).
12) John Rourke, *op. cit.*(1991), pp. 224-26.
13) *Ibid.*, p. 230.
14) *Ibid.*, pp. 230-33.

러 차원에서 나타난다.

2. 외 교

포괄적 의미에서 '외교'(Diplomacy)는 "국가를 대표하는 관료들에 의하여 행하여지는 국가간 모든 공적 행위"이며, 외교정책의 결정 및 집행 과정까지 포함하는 모든 대외적 관계를 총칭한다.[15] 그러나 외교정책의 목표를 수행하는 수단이라는 면에서 외교는 "국가 영토 밖에서 국가의 이익을 실현시키려는 공식 메커니즘"이며, "영향력 행사 등의 방법을 동원하여 타국의 행위 및 의도를 변경시키려는 시도"로 정의할 수 있다.[16]

외교는 일반적으로 세 가지 기능을 하는 것으로 이해된다.

첫째는 국가간 '커뮤니케이션' 기능이다. 외교는 정부간 상호 작용 행위이며, 이런 측면에서 외교는 정부간 커뮤니케이션을 위한 고도의 정치적 기술이라 할 수 있다. 광범위한 면에서 전쟁도 외교 수단의 하나라고 할 수 있으나, 일반적으로 외교는 무력 사용과는 구별되는 비폭력적 커뮤니케이션으로 정의된다.

둘째는 외교는 '협상'(Bargaining)의 기능을 수행한다. 협상은 둘 이상의 행위자들간에 공동의 이해관계를 확인하는 과정이며, 이의 조화를 이루기 위한 정치적 기술을 의미한다. 외교의 세 번째 기능은 '국제적 위기를 관리하는 메커니즘'으로서의 기능을 말한다. 국제적 위기는 자주 국가의 사활이 관련되어 전쟁이나 위협이 사용될 수 있는 가능성이 존재하기 때문에, 외교는 이러한 위기 상황을 비무력적인 수단을 통하여 관리할 수 있는 기능을 십분 발휘해야 한다.

외교를 수행하는 방식은 시대에 따라서 약간 상이하게 나타나는데, 현대 외교의 특징은 다음과 같은 몇 가지로 정리된다.

첫째는 '공개외교'(Open diplomacy)이다. 이것은 1차 세계대전을 종결하는 과정에서 미국의 윌슨(Wilson) 대통령이 유럽 강대국들이 수행했던 '비밀외교'(Secret diplomacy)의 비도덕성을 비판하고 이러한 구시대적 외교 방식과의 단절을 선언함으로써 시작되었다. 그 이후부터 국가간 커뮤니케이션과 합의의 과

15) Joseph Frankel, *International Relations in a Changing World* (Oxford: Oxford University Press, 1988), pp. 135-38.
16) 김기정, 앞의 책(1995), p. 106.

정이 공개되었다. 그러나 시간이 가면서 '공개 외교가 외교의 효율성을 저하시키고, 국가들이 합의를 위한 노력보다는 선전에 치중케 한다'는 비판에 직면하게 되면서 오늘날은 공개 외교와 비밀 외교의 방식이 혼합적으로 사용되고 있다.[17)]

두 번째는 '다자간(Multi-lateral) 외교'를 들 수 있다. 과거에는 현안에 관련된 양국만이 회담에 참여하고 협상에 임했으나, 최근에는 다수의 국가가 참여하는 국제회의에서 현안들이 다루어지고 있다. 그 변화의 주된 이유는 ① 교통과 통신 수단이 혁신적으로 발달하고, ② 다수 국가들의 협조가 필요한 국제적 현안들이 등장하였으며 —예컨대 군비 통제, 환경 오염, 경제협력 등— 또 ③ 다자간 외교가 가능한 국제기구들의 증가 등을 들 수 있다.[18)]

셋째는 '정상(Summit) 외교'로, 최근에는 국가간 현안들이 정부 관리들에 의하여만 다루어지는 것이 아니라 국가 수반들의 회합이나 정기적 통신에 의해서 이루어진다는 점이다. 국가 수반들간의 직접적인 접촉은 개인적 신뢰감을 증대시키고 해당 국민들뿐 아니라 여타 다른 국가들에게도 회담 결과가 알려지기 때문에, 문제를 신속하게 해결할 수 있고 또 국제적 현안들의 극적인 타결이 가능하다. 그러나 현안의 본질보다는 정치적 목적에 따라 문제가 해결되는 결점 또한 지적되고 있다.[19)]

3. 경제적 수단

현대 국가의 특징 중의 하나는 타국과의 경제적 의존 현상과 국제 체제에 대한 연계가 심화되는 것이다. 따라서 타국의 급격한 정책 변화나 국제 체제의 변동은 국가의 행위에 심각한 영향을 미치게 된다. 그래서 국가들은 정치적 목적을 위하여 경제적 수단들을 사용할 수 있으며, 역으로 경제적 목적을 위하여 정치적 수단들을 이용할 수 있다. 이것은 소위 "경제의 정치화"(Politicization of the Economy) 현상과 "정치의 경제화"(Economization of the Politics)라 할

17) 이 중 가장 대표적인 사람은 미 국무장관을 지냈으며 베트남전쟁을 종결시키는 데 일조를 하였던 헨리 키신저였다. Bruce Russet and Harvey Starr, *World Politics : The Menu for Choice* (San Francisco: W. H. Freeman and Company, 1981), pp. 162-63.

18) John Rourke, *op. cit.*(1991), pp. 324-25; 김기정, 앞의 책(1995), p. 108에서 재인용.

19) Rourke, *op. cit.*(1991), p. 330.

수 있다.

경제적 수단은 일반적으로 '경제적 보상'(Compensation)과 '경제적 제재'(Sanction)로 구분된다. 경제적 보상은 상대국에게 경제적 혜택을 제공하여 자국의 의도나 이익을 추구하는 것으로, 이는 주로 동맹국들이나 우호적 관계에 있는 국가들과의 공감대를 확보하기 위하여 사용된다. 반면에 경제적 제재는 상대국에 경제적 불이익을 줌으로써 그 나라의 태도와 행위를 변화시키려 할 때 사용된다. 이 방법은 역사적으로 국제적 규범을 위반했다고 간주되는 국가들에게 심각한 영향을 주거나 처벌을 할 때 주로 사용되어 왔다.[20] 실례로 1936년 이탈리아의 에티오피아 침공과, 1979년 소련의 아프가니스탄 침공, 그리고 1994년 이라크의 쿠웨이트 침공 때 국제연맹이나 국제연합이 취한 경제 제재를 들 수 있다. 경제적 보상이나 제재의 구체적 수단들은, ① 관세, ② 쿼터, ③ 보이콧, ④ 통상 금지, ⑤ 차관, 신용대부, 및 통화조작, ⑥ 블랙 리스트, ⑦ 자산 동결, ⑧ 원조, ⑨ 군사 장비 판매 등이 있다.

그러나 경제적 수단이 반드시 효과적인 것만은 아니다. 경제 제재 조치는 다수 국가들의 협조가 있어야만 효과를 거둘 수 있고, 또 효과적으로 수행된다 해도 직접적인 피해자는 정책 결정자들이 아닌 무고한 해당국가의 무고한 일반 국민들이기 때문에 그 국가의 정책은 쉽게 변하지 않는다.(영국은 전통적으로 정경분리 정책을 추진하면서 경세 제재를 믿지 않는다.)

4. 침투와 개입

'침투와 개입'(Penetration and Intervention)은 "한 국제적 행위자가 타국의 국내적 정치 과정에 영향을 미치는 일련의 과정"이라고 정의된다.[21] 여기서 침투는 타행위자의 내부 구조에 접근하는 행위라면, 개입은 보다 적극적으로 타행위자의 정치 과정에 영향을 미치는 것으로 규정할 수 있다.

역사적으로 침투와 개입은 오랜 동안 국가간 정치 행위의 일부였으며, 현대에 와서 그 정도와 빈도는 증가하는 경향을 보인다. 그 주된 이유는, 첫째로,

20) Lloyd Jensen, *Explaining Foreign Policy*, 김기정 역, 「외교정책의 이해」(평민사, 1994), p. 263.

21) Rourke, *op. cit.*(1991), p. 295.

국제정치 과정에서 정보의 기능과 역할이 더욱 중요시되고 있기 때문이다. 특히 군사적 그리고 경제적 측면에서의 타국에 대한 정보는 국가 안보와 경제 발전에 직결되는 것이 때문에, 모든 국가들은 정보의 수집에 힘을 기울이고 있다. 둘째, 전자 산업의 발달로 상대방의 상황에 대한 정확한 정보의 획득이 가능하게 되었다. 현대 국가들의 침투와 개입이 증가하는 마지막 이유는 정보 조작 기술의 발달에 기인한다. 다시 말해서 심리학이나 선전 혹은 대중 조작에 대한 학문적 발전으로 인하여 상대방의 내부 정치 과정에 보다 쉽게 영향을 미칠 수 있게 되었다.[22)]

루크의 분류에 따르면, 침투와 개입은 그 정도에 따라 세 가지의 단계로 나눌 수 있다.

첫째는 '소극적 침투'(Passive penetration)로 정보의 수집 단계를 말한다. 이때 정보 수집 과정을 공개하느냐 혹은 은폐하느냐에 따라 정보는 공개적 혹은 은밀한 방법으로 수집된다.

두 번째 단계는 '설득적 개입'(Persuasive intervention) 혹은 '조작적(Manipulative) 개입'이다. 여기서는 TV나 라디오 혹은 대중 인쇄 매체를 통하여 상대국 국민들의 의식에 직접적으로 침투하는 다양한 선전(Propaganda) 기법들을 들 수 있다. 선전 매체를 통하여 진실을 전달하거나 혹은 왜곡된 정보를 전달함으로써 상대방 국민들의 심리 상태에 영향을 미친다.

마지막 단계는 '강압적(Coercive) 개입' 단계이다. 이때에는 주로 군사적 수단이 사용되며, 국가간 무기 거래도 이 경우에 속한다. 특히 무기 거래는 상대국이 내전 상태에 있을 때 어느 한 쪽에 심각한 영향을 미칠 수 있다.[23)]

5. 무　　력

국가가 외교정책 목표를 달성하기 위하여 사용하는 정책 수단으로서의 '무력'(Force)은 경우에 따라서 가장 유효한 수단이 될 수 있는 반면, 오히려 잘못된 무력의 사용은 국가 안보 나아가서 존망의 위기를 맞을 수도 있다. 그래서 무력은 사용되기 전에 방법과 단계 그리고 효과를 충분히 검토되어야 한다.

---

22) *Ibid*., pp. 296-99.
23) *Ibid*., pp. 302-14.

일반적으로 무력은 각각 정도가 상이한 네 단계에서 사용이 고려된다. 첫 번째 단계는 외교 행위의 보강 수단으로서의 '무력의 과시'(Demonstration) 단계이다. 이때 무력은 실제 사용되는 것이 아니라 자국의 군사력 혹은 잠재적 군사 동원력을 과시함으로써 외교적 수단을 보강하는 차원에서의 무력을 뜻한다. 두 번째 단계는 '군사력을 통한 위협' 단계이다. 이 단계에서는 군사력을 실제로 사용하겠다고 구두로 위협하는 방법 혹은 군사력을 실전 배치하는 방법을 통하여 상대국을 위협하는 단계를 의미한다.

무력 사용의 세 번째 단계는 '무력의 제한적 과시'이다. 이것은 실제로 무력을 사용하기는 하되 상대국을 완전히 패퇴시키는 정도가 아니라 제한적 규모의 무력 과시와 위협을 병행하는 것이다. 무력 사용의 마지막 단계는 '무력의 직접 사용'이다. 이 단계에서는 상대국을 격퇴시키기 위한 대규모의 군사력 사용을 의미하며, 재래식 무기는 물론 심지어 핵무기의 사용까지 고려할 수도 있다.

제 4 절 외교정책 결정요인

그렇다면 국가 내에서 외교정책은 어떻게 결정되고, 어떠한 요인들이 결정과정에 영향을 미치는가? 외교정책의 결정 요인들을 가장 과학적이고 또 체계적으로 분석하기 위해서는 라제나(James Rosenau)가 제시한 외교정책 분석틀이 매우 유용하다. 그는 일반적으로 외교정책 결정에 영향을 미치는 다섯 가지 원인적 요인들이 있다고 주장했다.[24] "외부적 요인," "사회적 요인," "정부 요인," "역할 요인," 그리고 "개인 요인"이 바로 그것들이다. 이러한 요인들은 투입과정에서 정책적 변수들이 되며, 궁극적으로 외교정책을 형성하고 또 그 행태의 방향을 결정하는 변수가 된다. 달리 표현하면, 한 국가의 대외정책 내지 행동은 "종속변수"(Dependent variable)가 되고, 그 원인변수들의 집합이 "독립변수"(Independent variable)가 된다.

그러나 여기서 반드시 지적되어야 할 점은, 하나의 독립된 외교정책이나 연

24) James Rosenau, *The Scientific Study of Foreign Policy*, rev. ed.(New York: Nichols, 1980), pp. 115-69.

관된 주제에 관련된 일련의 외교정책들이 만들어지는 과정에서 단지 하나의 원인변수 혹은 독립변수만이 그 정책결정에 영향을 미치는 것이 아니라는 점이다. 오히려 많은 원인변수들이 상호 연관되어 있고, 집단적으로 정책 결정에 영향을 미친다는 점이다.

1. 외부적 요인들

'외부적 요인'(External sources)들은 국제 체제의 속성 및 그 체제를 구성하고 있는 행위자들의 행태와 특징 등을 의미한다. 구체적으로 외부적 요인들은 한 국가를 에워싼 대외적 환경의 모든 관점들뿐만 아니라 정책 결정자들의 선택에 영향을 미치거나 혹은 조건지우는 일체의 사건들을 포함하며, 또한 외교정책의 결정에 직접적인 영향을 미치는 "지정학적인 실체들(Geographical realities)과 가상적인 적으로부터 발생하는 이데올로기적 도전"까지도 포함한다.[25] 외부적 요인들을 규정하는 또 다른 방법으로, 광의적 해석으로, 전세계가 미치는 모든 영향을 뜻하기도 한다. 그래서 그 외부적 요인들은 학자들로 하여금 다른 국가들이 한 국가에 대해서 취하는 모든 종류의 행동에 관심을 갖게 하고 그리고 그러한 타국의 외교적 행동들이 그 나라의 반응에 어떠한 영향을 미치는가를 연구하게 한다. 이와 비슷한 관점에서, 외부적 요인들은 다른 국가들이 지니고 있는 특징들을 연구하게 하고 또 그 국가가 상대하는 국가들의 외교정책 결정에 관한 행태와 행동들에 관심을 갖게 한다.

여기서 지적되어야 할 것은 이 외부적 요인이라는 범주는 많은 변수들로 이루어져 있기 때문에, 이것으로부터 수많은 질문들이 발생할 수 있다는 점이다: 즉 세계에는 어떤 종류의 정부들이 존재하는가? 그들은 동맹국인가 아니면 적국인가? 세계 체제에는 몇 개의 동맹 체제와 군사적 연합이 존재하고 있는가? 현 세계 체제에는 어떠한 이슈들이 현안이 되고 있으며, 어떠한 나라들이 미국 정부의 입장과 비슷한 태도를 취하고 있는가? 그리고 세계에는 어떠한 국제 기구들이 있으며, 그것들은 여타 국가들에 대하여 권위와 정통성을 지니고 있는가? 등 헤아릴 수 없을 만큼 많이 있다.[26] 따라서 이러한 질문들에 대한 대답

25) *Ibid*., p. 129.

26) 일부 학자들은 "외부적 요인"과 "체제적(Systemic) 요인"은 구분되어야 한다고 주장한다. 후자

이 그 나라의 외교정책의 결정에 영향을 미친다고 유추할 수 있다. 이렇게 볼 때 외부적 환경은 이론적으로 매우 강력한 힘이 될 수 있으며 또 외교정책 결정에 다각적인 요인이 된다. 이와 같은 방법으로, 한 나라의 대외적 행동의 변화가 외부적 환경에 커다란 영향을 미칠 수도 있는 것이다.

2. 사회적 요인들

'사회적 요인'(Societal sources)은 그 국가의 외부적 행태에 영향을 미치는 요인 중, 국가 내부에 있는 정치 체제의 비정부적 요인이라고 정의된다. 실제로 사회적 요인들은 그 사회가 가지고 있는 '중요한 가치'나 '국가적 단결 혹은 통합의 정도,' 그리고 '산업화의 정도' 등을 들 수 있으며, 그것들은 한 국가가 나타내는 외부적 성향의 내용에 중대한 영향을 미친다.[27]

사회적 범주에 포함된 요인들이 중요하다는 것은, 전통적으로 국내적 환경이 외부적 요인들보다 외교정책의 형성에 더 큰 영향을 미친다고 주장하던 학자들에 의하여 주장되었다. 그들은 크게 세 종류로 분류된다.

첫번째 부류는, 국내 엘리트의 역할을 강조하는 학자들로, 외교정책이 특수한 '이익집단들'(Interest Groups)에 의하여 행사된 압력의 산물이라 주장한다. 특히 인종적인 이익집단들은 어떤 특정한 국가들, 예컨대 이스라엘과 아랍국가들에 대한 미국 외교정책의 내용과 행태를 통제할 수 있는 능력을 가지고 있다고 믿는다. 이들 외에도 외교정책의 군사적 성향은 다양한 '지배엘리트들'(Ruling elites)의 권력투쟁이나 담합에 의하여 형성되었다고 보는 견해도 있다. 또 어떤 분석가들은 '지정학적(Geopolitical) 요인'을 중요시하여 막대한 지하자원과 광대한 영토를 가진 국가들은 국제주의적 야심을 갖게 된다고 주장한다.

두 번째 학파는 사회-문화적-이념적 요인을 강조한다. 그들은 한 나라의 팽창적인 역사나 이데올로기적 요인들이 그 나라의 대외정책에 결정적인 영향을 미친다고 주장한다. 예컨대 미국의 서부 개척 시절에 보여 주었던 영토적 팽창

는 모든 국가들에게 영향을 미치는 국제 환경의 속성이나 일반적인 특징들을 의미하고(예컨대 냉전 체제나 양극 체제 혹은 전쟁 같은), 전자는 특정한 국가들간의 관계를 의미한다(예컨대 미국과 소련간의 관계같은). Kegley and Wittkopf, *American Foreign Policy : Pattern and Process*(New York : St. Martin's Press, 1991), p. 18.

27) James Rosenau, *op. cit.*(1980), pp. 128-29.

과 19세기에 나타났던 제국주의는 미국의 '명백한 목표'(Manifest destiny)라고 정당화되었고 또 미국인들은 팽창할 수 있는 신성한 권리를 가진 '선택된 국민들'이라는 믿음에 의하여 자행되었다고 주장한다. 소련의 공산주의가 소련 외교정책에 영향을 미쳤음은 두 말할 나위도 없다. 이렇게 볼 때 한 나라의 문화적 혹은 이데올로기적 선호가 국경 밖에 있는 사람들에 대한 정책을 형성하는 데 결정적인 역할을 한 것으로 이해되어야 할 것이다.[28)]

세 번째는 '수정주의자'(Revisionists)들의 견해로, 그들은 자본주의 국가의 대외정책은 "자본주의 경제체제"와 "경제적 착취를 하는 데 필요한 해외시장을 보호"해야 하는 필요성에 의하여 결정적으로 영향받는다고 주장한다.[29)] 또 다른 '신마르크스주의자'(Neo-Marxist)들은 '군부와 산업계의 결탁'에 의해 대외정책의 기조가 결정된다고 역설한다. 이 주장은 1961년 미국의 아이젠하워 대통령조차도 '군산 복합체'(Military-industrial complex)가 미국 외교정책에 근거 없는 영향력을 행사할 수 있다고 경고한 데서 뒷받침된다.

3. 정부 요인들

언젠가 리차드 닉슨 미국 대통령은, "만약 우리가 다가오는 세계를 위한 새로운 외교정책을 수립하고자 한다면, 우리는 가장 기본적인 일로서 정책이 만들어지는 과정을 재구성해야 한다"고 했다.[30)] 로날드 레이건 대통령도 1980년에, 과거 미국 외교정책의 가장 큰 실패는 미국 "정부의 과도한 팽창과 불필요한 확대"에서 찾을 수 있을 것이라고 주장하면서, 보다 성공적인 외교정책을 수행하기 위해서는 정부가 효율적으로 작동해야 한다고 말했다.[31)]

이러한 견해의 바탕에는, 외교정책을 수립하는 정부의 조직 형태와 외교정책의 본질 사이에는 밀접한 관련이 있다는 가정이 깔려 있다. 이것이 정부가 외교정책에 영향을 미친다는 주장의 핵심이 된다. 로즈노가 주장했듯이, '정부 요

28) 문화적 요인을 주장하는 견해에 대해서는 Robert Dallek, *American Style of Foreign Policy : Cultural Politics and Foreign Affairs* (New York : Knopk, 1983) 또 Loren Baritz, *Backfire : A History of How American Culture Led Us into Vietnam and Made Us Fight the Way We Did* (New York : Morrow, 1985) 참조.
29) David Calleo, *Imperious Economy* (Mass.: Harvard Univ. Press, 1982).
30) Kegley and Wittkopf, *op. cit.*(1991), p. 20 에서 재인용.
31) *Ibid.*, p. 20.

인'(Governmental source)이라는 범주는 "정책 결정자들의 외교정책 선택을 제한하거나 권장하는 정부의 구조"에 관한 개념들을 의미한다. 또 특히 "행정부와 의회(입법부)와의 관계가 외교정책에 주는 영향력이 정부 요인들의 가장 좋은 사례가 된다."[32)]

정부 구조의 다양한 단면들은 그 국가가 해외에서 무엇을 하고 또 무엇을 하지 않는가에 영향을 미친다. 그 이유는 외교정책이 다음과 같은 네 가지 정부 조직 관점에서 수립되기 때문이다. 첫째는 헌법으로, 이것은 정부 내 세 가지 조직들 사이에서 —의회, 행정부, 사법부— 외교정책의 수립과 시행에 관한 제도적 책임을 구분하여 주고 있다. 둘째는 외교정책 결정에 관하여 증가하고 있는 행정부의 지배 현상이다. 세 번째는 정부구조의 본질로서, 다양하고 복잡한 정부조직들과 기구들이 정책결정을 통제하기 위하여 경쟁하고 있다는 점이다. 마지막으로, 정부 규모의 확장을 들 수 있는데, 이것은 정책 결정 구조의 분화 형상과 비효율성을 낳기도 한다.[33)]

정부 변수들은 의심할 바 없이 국가가 해외에서 무엇을 하는가와 그 속도를 제한하는 역할을 한다. 예컨대 정부의 규모와 관료화의 정도는 어떤 특정한 정책에 대한 대폭적인 변화나 취소를 강력하게 반대한다. 정책을 변화하거나 점진적으로 개선하기 위해서, 정부 요인들은 헌법이 부여하는 정부와 의회간의 권력 분배와 복합적으로 작용하게 된다. 그렇게 볼 때 정부 요인들은 일반적으로 그리고 특히 민주적 제도들은 변화하는 국제정세에 대응하기 위한 급격한 정책 변화를 제도적으로 제한하고 또 방해한다.

비록 정부의 구조가 외교 정책에 근본적인 영향력을 행사한다 할지라도, 외교정책의 분석에 있어서 정부 요인 범주에 너무나 많은 비중을 두어서는 안 된다. 왜냐하면 이 범주는 한 국가의 정부가 선택하는 외교적 목표들에 관하여 설명할 수 없는 약점을 지니고 있기 때문이다. 정부 요인들은 어떠한 수단들이 특수한 목표를 달성하기 위하여 채택되었는가 그리고 정책결정이 어떻게 이루어지고 또 시행되는가를 설명할 뿐, 처음에 그 정책 목표가 어떻게 채택되었는가를 설명하지 못한다.

---

32) James Rosenau, *op. cit.*(1980), p. 128.
33) 파킨슨은 "외교의 효율성은 보통 관련된 외교관들의 수가 적을수록 높아진다"고 하였다. Northcote Parkinson, "Five Other Rules," *Foreign Policy* 9 (Winter 1972-1973), pp. 108-16.

4. 역할 요인들

정부 요인들은 '역할 요인'(Role sources)들과 밀접한 관계를 맺고 있는데, 그것은 특히 외교정책의 원인변수로서 그리고 영향력을 행사하는 변수로서 관련이 있다. 하나의 범주로서 역할 요인은 한 직장 내에서 직책이 그 사람의 행동에 큰 영향을 미침을 의미하는 것이다. 역할은 매우 중요하다. 왜냐하면 정책결정자들은 사회적으로 규정되어 있는 행태에 의하여 그리고 자신들이 앉아 있는 자리가 주는 법적, 규범적 가치들에 의하여 영향을 받기 때문이다. 정책 결정자들이 앉아 있는 자리가 그들의 행태를 본질적으로 조건지우기 때문에, 산출물로서의 정책은, 주어진 시간에 특정한 개인에 의하여라기보다는, 정책결정이 이루어지는 곳에 주어진 역할들에 의하여 영향 받는다.

"역할 이론"(Role Theory)은 민주국가의 대통령들이 왜 종전의 대통령들이 가졌던 이미지와 비슷하게 자국 이해관계와 목표들을 인식하고 또 비슷한 행동을 하는가를 설명하고 있다. 이것은 또 '직책이 사람을 만든다'라는 주장을 증명하고 있다. 페이터슨(Paterson)은 말하기를, 일반적으로 "대통령들은 기본적인 믿음과 욕구를 갖게 되어 있다. (그러나) 그들은 자신만의 독특한 스타일과 특성, 경험, 그리고 지식에 의하여 행동할 수 있는 자유는 거의 없다 … 이것은 개인의 행동이 개인적인 자질의 기능에 의하여가 아니라, 그자 차지하고 있는 직책의 기능에 의하여 결정됨을 뜻한다."[34)]

이와 비슷한 논리로, 민주 체제 내에서는 대통령 개인이 바뀐다고 해서 정책에 근본적인 변화를 결코 가져오지는 않는다. 역할은 개인의 자질보다 더 높은 수준에서 개인의 행동을 결정하는 것처럼 보인다. 이 이유는 미국에서 왜 카터 대통령이 민주당원들이 기대했던 만큼 자유주의적이지 못했고 또 레이건 대통령이 공화당원들이 요구했던 만큼 보수적이지 못했는가를 증명하는 것이다.

역할 이론은 또한 외교정책의 시행에 책임을 지고 있는 커다란 관료조직에 의하여 만들어지는 정책결정 과정을 설명하는 데 유용하다. 다시 말해서 역할 이론은 관료조직 내 개인의 행동을 설명하는 것이 아니라, 그룹의 행동을 설명

34) Thomas Paterson, *On Every Front : The Making of the Cold War* (New York : Notron, 1979), p. 93.

하는 이론이다. 역할이 주는 압박은, 예컨대, 관료조직 내에서 태도의 확실성을 요구하고 그리고 그 조직 내 지배적인 견해에 복종하게 한다. 경제학자인 갈브레이스(Galbraith)는 다음과 같이 주장했다 : "강력한 지도력이 없는 상태에서 어떠한 관료조직도, 군사적 혹은 민간 조직도, 기존의 행동을 그대로 따라하는 경향이 있다. 이러한 점을 지적하는 것은 매우 중요한데, 이것이야말로 외교정책의 근본적 경향을 말해 주고 있다."[35)]

그러한 경향들은 분명히도 외교정책의 개혁보다는 지속성에 관련이 있다. 이 체제는 행동에 있어서의 지속성에 우선을 두며 그리고 정책을 개혁하고자 하는 개인들의 능력에 제한을 가한다. 그래서 정책 결정자 개개인들이 기존의 사고에 도전하고 또 주어진 역할로부터 벗어나는 것은 매우 어렵다.

5. 개인 요인들(Individual Sources)

외교정책의 요인들을 분석하는 데, 정책 결정자들의 개인적 특징을 들 수 있다. '개인 요인'(Individual source)들은 "정책 결정자 개인에 관련된 다각적 측면들을 포함하는데—예컨대 그의 가치관이나 재능, 그리고 과거 경험들 같은 것들—그것들은 다른 사람들과는 다른 자신만의 정책을 선택하게 하거나 또는 다른 행동을 하게 하는 중요한 변수들이 된다."[36)] 이에 관하여 덜레스(John Foster Dulles) 미 국무장관의 기독교적 가치관이나, 드골(De Gaulle) 프랑스 대통령의 영광스러운 프랑스에 대한 신념, 그리고 흐루시초프(Khrushchev) 소련 서기장의 탁월한 정치적 재능 등이 좋은 사례로 꼽히고 있다.[37)]

정책 결정자 개개인의 특성들이 외교정책의 한 요인으로 작용하고 있다고 생각하는 근간에는, 정책 결정자들이 독특한 개인적 특질들을 가지고 있으며 따라서 역할 변수들이 부여하는 제약 요소들에 저항하고 또 완화시키려 한다는 가정이 깔려 있다. 모든 개인은 각기 독특한 특성을 가지고 있다고 주장하는 것을 받아들이는 것은 어려운 일이 아니며 그리고 그러한 '부수적인'(Idiosyncratic)

35) John Kenneth Galbraith, "The Plain Lessons of a Bad Decade," *Foreign Policy* 1(Winter 1970-1971), pp. 31-45.
36) James Rosenau, *op. cit.*(1980), p. 128.
37) 특히 덜레스에 관한 분석은, Ole R. Holsti, "The Belief System and National Images: A Case Study," *Journal of Conflict Resolution* 6(September 1962), pp. 244-52.

재질들이 정책 결정 과정에 큰 영향을 미친다고 하는 가정 또한 가능한 것이다.

일반적으로 정치적 지도자들의 개인적 특성들을 강조하는 이론들은 매우 인기가 높다. 그 이유는, 부분적으로, 민주주의 체제 내에서 선출된 고위 공직자들이 자신들의 대중적 인기에 부응하기 위하여 공공정책을 유지하거나 혹은 변경할 수 있다고 믿기 때문이다. 또 다른 이유로, 선거제도 자체가 당선자들로 하여금 자신의 정권이 과거의 정권에 비하여 다르다는 것을 강조하게 만들기 때문이다. 미국에서는 공공정책의 이름을 대통령의 이름을 따라 명명하는 경향이 있는데 —예컨대 몬로(Monroe) 독트린이나 레이건(Reagan) 독트린 같은— 이것이 사실 정치인 개인들이 중요하다는 이미지를 주는 데 기여를 한다. 뿐만 아니라 이러한 이미지는 미국정치에서 대통령들이 "위대한 인물"로 혹은 "영웅"으로 간주되는 경향에 의하여 더욱 강화된다.

개인 요인이 중요하다고 하는 것은 많은 정책 결정자들이 주어진 역할을 이행한다는 것을 의미하기도 한다. 주어진 역할이라는 것은 일반적으로 개인의 선호도나 특성에 상관없이 정책 결정자의 행동에 큰 영향을 미치는 힘을 뜻한다. 그럼에도 불구하고 이 제약적인 힘은 항시 동일하게 나타나는 것은 아니다. 대신에 대부분의 역할 요인들은, 특히 정부 내 가장 높은 지위에 관련되어 나타나는 역할 요인은, 약간의 다른 해석을 허용한다. 그래서 그 역할이 어떻게 해석되는가 하는 것은 부수적인 혹은 개개인의 선택에 달린 것이다. 개인에 따라서 자신의 역할을 정책 대안들 중 하나를 선택할 수 있는 재량권으로 이해하는 수도 있다. 즉 똑같은 역할에서 다른 사람은 재량권을 거의 행사하지 못하는 경우도 있다. 그래서 그 어떠한 외교정책도 그것에 책임을 지는 개인들의 독특한 특성을 이해하지 않고서는 명확히 분석할 수 없다.

제 5 절 결 론

외교정책의 일반적인 유형과 그 정책을 추진하기 위한 수단들, 그리고 외교정책의 결정과정에 영향을 미치는 요인들을 살펴 보았다. 그러나 외교정책의 종류나 수단 그리고 요인의 분류는 외교정책에 관한 이해를 돕기 위하여, 자주 반복되는 유형이나 패턴을 발견하기 위한 단순화 작업 정도로 이해해야 할 것이다. 왜냐하면 현실 세계에서의 국가의 대외 행위는 매우 복잡하며 여타의 가치와 조직, 국가의 능력 그리고 관행 등과 밀접하게 연관되어 있을 뿐만 아니라, 여러 가지 현상이 동시다발적으로 발생하기 때문이다.

한 국가의 외교정책은 다양하고 시간에 따라 변화무쌍하게 나타나며, 이를 수행하는 조직과 행위자들의 이해관계에 따라 변화한다. 그러한 현상은 독재자 개인의 특성에 따라 국가의 외교 행태가 큰 영향을 받는 권위주의 체제나 독재체제에서 더욱 심하게 나타난다. 그래서 한 국가의 외교정책에 대한 보다 정확한 이해를 위해서는 외교정책 결정과정에 가장 큰 영향을 미치는 엘리트 개개인에 대한 연구가 뒤따라야 할 것이다.

연습문제

1. 외교정책이란 무엇인가?
2. 외교정책을 이행하는 수단에는 어떤 것들이 있으며, 그 수단들은 어떤 경우에 사용되는가?
3. 로스노(James Rosenau)는 외교정책을 과학적으로 연구하기 위해서는 결정요인들을 분석해야 한다고 주장한다. 그가 말하는 다섯 가지 결정요인들은 무엇이며, 이러한 분석방법의 약점은 무엇인가?

제 4 부

정치의 최신 분야

제 11 장 환경과 정치

요 약

인간은 자연과 더불어 삶을 지속하면서, 자연보전과 안전한 보금자리에 대한 낙관적인 신념을 가졌었다. 그러나 급속한 인구증가와 도시화, 산업화 등에서 야기되는 문제로 이러한 환상은 깨지기 시작했다. 자연이 심각하게 오염되면서 인간들의 삶의 터전도 위협을 받기 시작한 것이다.

환경문제를 해결하기 위한 노력은 과학과 여러 학문 영역간의 도움 없이는 불가능하다. 오늘날 환경문제는 워낙 복잡하고 다양하게 얽혀져 그 성격은 과학적·기술적 문제일 뿐만 아니라, 인간의 가치 및 이해관계와 관련된 개념으로 이해되어야 한다. 인간은 우연이든 필연이든 스스로 만든 사회에 구속되어 살아가고 있다. 오늘날은 그 어느 시대보다도 우리 인간 대부분의 삶이 더욱 더 정치와 밀접한 역학관계 속에서 유지되어 가고 있다. 지금까지의 정치가 일반적으로 인간과 인간 사이에서 맺어지는 문제 해결을 위하여 고민해 왔다면, 앞으로의 정치는 한 걸음 더 나아가 인간과 자연 사이의 문제를 해결하려는 노력을 필요로 한다. 생태정치나 환경정치라는 용어가 등장하게 된 것도 바로 이러한 연유에 기인한다.

그 동안 지배적인 환경관은 모든 문제는 과학기술의 발전과 더불어 해결될 것이라는 기술지향주의였다. 그러나 이러한 가치관은 엄청난 과학기술의 발전에도 불구하고 환경문제가 극복되지 못하자 설득력을 잃고, 인간과 자연간의 유기적 관련성을 주장하는 생태중심주의가 설득력을 가지게 되었다. 이 역시 인간 사회의 발전은 막을 수 없다는 논리에 밀리면서, 양자를 극복할 수 있는 새로운 가치관으로 등장한 것이 지속가능한 발전이라는 명제이다.

국제환경 문제를 유엔의 체제 아래 종합적이고 정치적인 차원에서 검토하게 된 계기를 마련한 것이 1972년 스톡홀름에서 개최된 '유엔인간환경회의'였다. 그 후 1992년 브라질에서 개최된 '지구정상회담'이라고 불린 '유엔 환경개발회의'에서는 '리우선언'과 '21세기 의제'(Agenda 21)를 채택하였다.

이같이 환경문제가 작게는 생활의 제약에서, 크게는 국가의 생존의 문제로까지 비화될 가능성이 얼마든지 상존할 수 있다는 것을 의미한다. 실제로 국제적으로 제기되고 있는 그린라운드(Green Round)는 환경을 제약조건으로서가 아니라, 피할 수 없는 새로운 부담과 해결해야 할 중요 과제라는 것을 말해 주고 있다. 환경문제에 대한 인식의 대 전환이 어느 때보다도 더 필요하다.

환경정치에서 다루어져야 할 주요 내용은 환경문제를 야기시키는 원인과 가치관의 변화에 대한 것이다. 현대 정치의 과제로서 다루어져야 할 환경관련 문제로는 정치사회화 내용으로서의 환경문제, 환경정책, 환경운동과 녹색정치, 국제환경정치 등이다. 더불어 환경정치의 주요 행위자는 국내외로 분류되고 있다.

제 1 절 환경정치의 대두

언제부터인가 '바이오'(bio)니 '그린'(green)이니 하는 수식어가 정치 앞에도 붙어 '생명권 정치', '녹색 정치'라는 용어가 등장하기 시작하였다. 그리하여 녹색 정치를 민주주의와 관련시켜 그린 정치사상의 이론을 전개시켜 나가는가 하면,[1] 현대 정치사회에서 이데올로기의 퇴조와 더불어 환경이 그 자리를 점하게 되었다고 많은 학자들이 주장하고 있다. 실제로 이상사회의 건설이나 이데올로기와 같은 거대한 문제보다는, 사람들의 실생활과 직접 관계 있으며 인류의 생존과 직결되어 있는 환경문제가 새로운 정치적 관심사로 대두되고 있는 것이 현실이다.

지금까지의 정치는 일반적으로 인간과 인간 사이에서 맺어지는 문제만을 해결하려고 고민해 왔다. 그러나 앞으로의 정치는 한 걸음 더 나아가 인간과 자연

1) 그린정치사상의 대표적인 문헌으로는 J. Barry, "Sustainability, Political Judgement and Citizenship: Connecting green politics and democracy," Brian Doherty and Marius de Geus, ed., *Democracy and Green Political Thought* (London and New York: Routledge, 1996).

사이의 문제를 해결하려는 통찰력과 설득의 논리를 필요로 한다. 생태정치나 환경정치라는 용어가 등장하게 된 것도 바로 이러한 연유에 기인하고, 이는 환경에 대한 한국인의 가치관도 변하고 있다는 것을 말해 준다.

한국사회에서도 환경에 대한 관심은 대단하다. 이러한 관심을 반영하듯 환경에 관련된 많은 단체들이 설립되고, 서적, 단체, 식품, 각종 제품 명칭 등에까지도 환경과 관련된 수식어들을 붙이고 있다. 또한 각종 언론매체들도 환경문제에 관심을 보이고 있고, 상품 광고에도 그린, 바이오, 청정이라는 용어들이 범람하고 있는 실정이다. 이렇게 유행처럼 갑작스럽게 높아진 환경에 대한 관심은 그리 오래된 것이 아니다. 우리 나라가 1970년도 들어설 때만 해도 자연파괴와 환경오염문제는 극히 일부지역의 문제로 대두되었다. 그러나 인구가 증가되고 산업화와 도시화가 이루어지면서, 공장지대와 도시지역의 하천은 공장폐수와 생활하수로 썩어 가고 있고, 수많은 자동차들이 도심의 길을 꽉 메우고 매연을 뿜어대고 있는 것을 흔히 볼 수 있다. 이제 마실 물과 숨쉴 공기를 걱정하게끔 도처에서 환경문제가 우리의 생활을 서서히 압박해 오고 있다. 그래서인지 몇 년 전부터 환경문제는 한국의 대선, 총선, 지방선거에 단골메뉴로 등장하며 정치인들의 입에 오르내리고 있다. 실제로 쓰레기처리 문제를 둘러싸고 지방자치단체간의 분쟁도 야기되고 있는 실정이다.

환경에 대하여 범람하는 용어나 환경문제의 심각성에 비례하여, 시민들의 의식도 그만큼 높아 가느냐에 대하여는 의문이 제기된다. 환경 문제의 심각성에 대하여 어느 정도의 인식은 하고 있으나, 환경문제의 해결을 위하여 실천하려는 의지나 의식은 아주 낮은 상태이다. 모든 것을 남의 탓으로 돌리면서, 내가 아니더라도 누군가 하겠지 하는 무임승차자[2)]의 의식이 시민들의 몸에 배어 있다.

지구환경문제에 대한 인식과 접근에서 획기적인 전환점이 되었던 것은 1972년 스톡홀름에서 개최된 유엔인간환경회의(UN Conference on Human Environment : UNCHE)이다. 여기에서 지구환경보전을 위한 「인간환경선언」을 채택하

2) 환경오염은 그로 인한 비용이 눈에 드러나지 않는 잠재적 성격을 띠고 있어, 오염으로 인한 피해나 사회적 비용은 감각적으로 쉽게 탐지되지 않는다. 이러한 상황에서 환경에 대한 피해자는 우리 모두가 되는 것이다. 그러나 누구든지 자신의 노력으로 이 문제를 해결하려고 하지 않는다. 왜냐하면 다른 누군가가 먼저 오염을 제거하기 위한 노력과 비용을 들이게 되면 그 결과 얻어지게 될 깨끗한 환경은 어부지리격으로 자신도 향유할 수 있으므로 굳이 먼저 나서서 시간과 비용과 노력을 들이려고 하지 않고 서로 미루는 것이다. 이것을 무임승차자의 문제라고 부른다. 최병선, 「정부규제론」(서울 : 법문사, 1993), p. 186.

였고, 국제환경문제를 유엔의 체제 아래 종합적이고 정치적인 차원에서 검토하게 된 계기를 마련하였다.[3] 지구환경문제는 특정한 개별 국가에 의해서만 발생하는 것이 아니며, 한 국가의 오염행위가 다른 다수의 국가들에게 피해를 가져다 줄 수 있다. 그러므로 환경문제는 한 나라 한 지역의 문제가 아니라 인류의 사활이 걸려 있는 지구환경의 위기 문제로까지 대두되고 형편이다.

환경문제가 작게는 생활의 제약에서, 크게는 국가의 생존의 문제로까지 비화될 가능성이 얼마든지 상존하고 있다. 실제로 국제적으로 제기되고 있는 그린라운드(Green Round)[4]는 환경을 제약조건으로서가 아니라, 피할 수 없는 새로운 부담과 해결해야 할 중요 과제라는 것을 말해 준다. 환경문제에 대한 인식의 대 전환이 어느 때보다도 필요하다.

인류가 살고 있는 환경을 보전하여 삶의 질을 높이는 일은 인간들의 가장 중요한 도덕적 의무이고, 이러한 도덕적 의무는 정치사회화 과정에서 철저하게 이행되어야 할 새로운 실천윤리이다. 그러므로 사회와 환경 사이의 연관성에 대한 학습은 민주주의에 대한 학습처럼 정치사회화의 주요한 임무이다. 환경주의는 민주주의 산물이고 정치사상의 통합분야가 되었다.[5]

21세기에는 환경문제가 국가의 생존과 직결된 문제가 될 것이다. 이는 선진공업국에서는 환경문제가 단순한 과학·기술상의 과제로만 취급되지 않고, 세계정치의 중심 과제들인 남북관계의 장래, 세계 무역화 그리고 동서관계와 국가안전보장 등과 마찬가지의 비중으로 대두되기 때문이다. 그러므로 국제환경정치에 대한 연구는 이미 상당부분 이루어져 있고, 앞으로 계속 연구되어야 할 분야인 것이다.

---

3) UNCHE에는 114개국과 국제기구에서 수뇌들과 환경담당 각료들이 참석하여 "하나뿐인 지구"(Only One Earth)라는 구호로 토양, 물, 광물자원, 모든 살아 있는 유기체와 생존과정, 대기, 기후, 만년설, 심해 등 자연환경의 모든 측면을 관심사로 논의하였다. 중요한 점은 환경에 대한 관심을 서구산업국가는 물론 개도국까지 확대했다는 것이다.

4) 이 용어는 미국 Montana주 M. Baucus 상원의원이 1991년 10월 워싱턴의 국제경제연구소에서 처음으로 사용하였다. 이는 지구환경보전을 위한 각종 국제협약과 일부 선진국의 개별입법에 의한 무역규제가 증가함에 따라 환경과 무역에 관한 새로운 국제규범을 제정하려는 우루과이라운드 이후의 국제적인 다자간 협상을 말한다. 환경보호문제를 다자간 협상에 올려 국제적으로 합의된 환경기준을 만든 다음 이에 미달하는 무역상품에 대해서는 상계관세 부가 등 각종 제재조치를 가하자는 것으로 미국 등 선진국에서 제기되고 있다. 그린라운드는 환경규제를 이유로 무역을 규제하는 성격을 띠기 때문에 신흥개도국들에게는 또 다른 무역장벽으로 작용할 가능성이 있다.

5) Lester W. Milbrath, "Environmental Understanding : A New Concern for Political Socialization," Orit Ichilov, *Political Socialization, Citizenship and Democracy* (New York : Columbia University, Teachers Colleage Press, 1990), p. 293.

제 2 절 환경문제와 가치관의 변화

1. 환경문제의 발생

20세기 후반에 환경문제가 떠오른 것은 경제발전을 위한 자원의 처리와 이를 위한 과학의 뒷받침을 받은 기술의 거대한 힘이 복합적으로 작용한 것이다. 다시 말하면 인구증가와 도시화와 산업시설의 증가는 그로 인한 경제활동의 증가에 따라 필연적으로 환경문제를 유발케 한 것이다. 환경문제를 야기시키는 주요 요인은 인구증가, 산업화, 도시화의 3대 요인이다. 즉, 인구증가는 그 자체만으로도 직접적으로 자원을 소모하고 환경을 오염시키는 동시에 산업화와 도시화를 촉진시켜 다시 2차적으로 자원을 소모하고 환경을 오염시키는 근원이 되고 있다.

결국 인류에게 풍요를 가져다 준 산업주의는 자원고갈과 환경오염을 우리에게 선사하였다. 지구온난화, 오존층 파괴, 생물 종의 멸종과 같은 지구 전체의 환경위기가 이제 우리에게도 점차 위기로 인식되기 시작하고 있다. 오늘날의 환경위기는 그저 생활의 불편함이나 삶의 질의 악화문제가 아니라, 인류 생존의 위기로 인식되고 있다.[6)]

한국 환경오염의 심화는 1960년대 이후 국가에 의하여 주도된 경제성장 정책 및 산업구조 고도화 과정과 밀접한 연관을 맺고 있다. 우리 나라는 1962년 제 1 차 경제개발 5개년 계획에 착수하였다. 환경오염을 산업화 과정의 산물이라 한다면, 그 가능성은 이미 이때에 잉태된 것이다. 급속한 경제성장을 위한 대규모 산업 및 도시개발은 도처에서 자연환경을 회복 불가능한 수준으로까지 만들었고, 우리의 주변환경을 대량생산·대량소비 과정에서 배출되는 폐기물로 누적 오염시켰다.

1970년대 초 중화학공업의 입국선언 이후 경제성장의 필요에 따라 일본의 공해유발산업, 사양산업이 한국에 대량으로 도입되었다. 선진국이 버리는 에너

---

6) 김창희, "정치사회화의 새로운 분석 대상으로서의 환경문제,"「정치·정보 연구」, 제 1 권 1호(한국 정치·정보 학회, 1998), p. 139.

지 다소비형 기계설비의 도입이 우리 산업의 구조를 에너지 다소비형으로 만들어 놓은 것이다. 그 후 생활수준의 증가로 에너지의 소비 증가는 폭발적으로 증가했다. 1971년에서 평균에너지 소비증가율은 꾸준히 증가하였다. 1980년에서 85년까지의 평균에너지 소비증가율은 5.09%였는데, 특히 1985년부터 93년까지의 기간에는 연평균 증가율이 10.8%로 거의 2배나 빠른 속도로 증가하였다. 유엔의 조사에 따르면 이 당시 한국의 에너지 소비 증가율이 세계 1위로 파악되었다.[7] 이것은 1965년 당시 4만 대에 불과했던 자동차가 이제 천만 대를 넘어선 것에서도 알 수 있다. 또한 「96년 유엔 세계인구환경보고서」에 따르면 1995년 한국의 도시인구비율은 81%로, 5명 중 4명이 도시에 살고 있는 것으로 나타났다. 도시인구증가율의 경우 최근 우리 나라는 2.1%를 보이고 있어 선진국 평균 0.7%를 훨씬 넘어 세계평균 2.5%에 근접하고 있는 실정이다.

환경문제가 처음 등장하기 시작했을 때 사람들은 이것을 총체적 위기로 인식하지 못했다. 한국에서도 환경문제는 경제성장의 부산물이고 경제성장을 충분히 이루고 난 뒤에 해결해도 늦지 않다는 생각을 정부, 기업 그리고 국민들이 모두 가지고 있었다. 아니 어쩌면 환경에 대한 문제의식이 전혀 없었는지도 모른다. 심지어 1960년대 경제성장을 모든 것에 우선했던 시기에는 공장 굴뚝에서 시커멓게 내뿜는 연기는 발전의 상징으로 여겨지기도 하였다. 즉, 당시 초등학교 교실의 미술시간에 어린이들은 선생님의 설명에 따라 번영하는 조국의 미래를 검은 연기가 나는 공장으로 표현하였다. 공해가 공해로 인식되지 않고 국력의 신장으로 표상이 되었던 것이다. 결국 이러한 상황이 1970-80년대를 거치면서 심각한 환경문제로 되돌아 왔다.[8]

한국정부는 1972년 유엔인간환경회의의 한국정부대표 기조연설문에서 "한국은 제 1 차, 제 2 차 경제개발계획을 성공적으로 끝마치고 제 3 차 계획의 수행으로 급속한 공업화를 이룩하였지만, 반면 유감스럽게도 그렇게 극심한 정도는 아니나 도시문제, 공해 등과 같은 병리현상이 나타나고 있다"고 밝히고 있다. 이를 유추해 보면 한국정부는 환경문제에 대하여 그다지 심각하게 생각하지 않았었다는 것을 알 수 있다. 1970년대 초반 이후 산업화에 따라 환경오염이 점차

---

7) 강철규, "에너지 절감을 위한 산업구조 조정방향," 「환경과 생명」, 제 5 호(서울 : 환경과 생명을 위한 모임), p. 78.

8) 김창희, 앞의 글(1998), p. 139.

심화되고 있음에도 불구하고, 경제발전의 논리에 압도되어 환경문제는 크게 관심을 끌지 못했다. 또한 억압적인 정치구조와 경제성장 지상주의가 지배하고 있기 때문에 환경운동을 중시하는 단체의 출현도 어려웠다.

그러나 1980년대에 들어서 특히 공단지역을 중심으로 환경오염의 피해가 속출하면서 환경에 대한 환경문제에 국민들의 의식도 달라졌다. 구체적으로 1985년 온산공단 지역에 환경오염에 의한 질병이 확산되었고, 이를 '온산병'이라 하였다. 1980년대 중반 이후 피해주민들을 중심으로 주민운동이 일어났고, 이러한 환경운동은 대기 및 식수오염과 같은 생활환경오염의 심화와 함께 도시지역으로까지 확산되어 갔다. 각종 환경단체가 설립되어 적극적인 운동을 펼쳐 나가기 시작한 것도 이때부터이다. 지역주민운동과 전문환경운동단체의 연대가 형성되고 언론을 통하여 환경문제들이 여론화되기 시작하게 되었다.

오늘날 '리우환경회의' 또는 '지구 정상회담'이라 불리고 있는 '유엔환경개발회의'는 인류 역사상 가장 크고 중요한 회의 가운데 하나였다.[9] 유엔환경개발회의는 선진국과 개발도상국간의 상당한 의견대립에도 불구하고 온실가스와 생물다양성에 관한 협약을 채택하려고 노력하였으며, 최종적으로 「리우선언」과 「21세기 의제」(Agenda 21)를 채택하였다. 이 회의는 우리 나라 환경운동조직은 물론 정부와 기업에도 중요한 영향을 미쳤다. 정부는 1992년 6월 5일 세계환경의 날을 맞이하여 '환경보전을 위한 국가선언문'을 발표하였다. 그 후 5년 후인 1997년 6월 5일에 환경윤리에 관한 세계환경지도자회의가 서울에서 열렸고, 여기에서 유엔환경계획(UNEP)의 엘리자베스 다우즈웰 사무총장이 「환경윤리에 관한 서울선언문」을 발표하였다.

2. 가치관의 변화와 유형

오늘날의 환경문제는 자연세계 내에서 존재하는 단순한 문제로서 접근할 수 없다. 오히려 환경문제의 근원에는 사회적 차원의 요인들이 자리하고 있다. 이는 단순히 자연생태계의 오염이 인간사회의 제반 활동의 결과에 의하여 초래되

9) 1992년 6월 브라질의 리우 데 자네이루에서 열린 이 회의에는 100명 이상의 국가수반이 참석했고, 1400개 이상의 NGO가 참석했으며 언론인도 8천여명이 참석했다. 1972년에 열렸던 스톡홀름회의의 내용이 선진국 산업오염이 주 관심사였는 데 비하여, 리우회의는 개도국의 환경 악화에 더 많은 관심을 기울였다.

었다는 사실만을 지적하는 것은 아니다. 여기에서 중요한 의미를 갖는 것은 자연생태계를 파괴하고 오염시키도록 인간의 활동을 정향시키는 것이 무엇이며 어떠한 사회적 기제냐 하는 것이다.

1) 가치관의 변화

인간사회는 역사적으로 변화과정에서 수렵채취 사회로부터 농경사회로 변화되었다. 이러한 변화는 인간은 자연에 적응해야 한다는 믿음이, 인간은 그들의 필요에 따라 자연을 바꿀 수 있다는 믿음으로 바뀌면서 가능해졌다. 근대 과학, 기술, 산업혁명은 인간은 자연을 지배할 수 있으며, 인간의 목적에 맞추어 자연을 통제할 수 있다는 믿음과 더불어서였다.[10] 특히 인간이 성취한 지난 400여 년간의 번영은 무한한 가능성을 입증해 주는 '풍요의 시대'의 실례로, 급속한 경제성장과 기술발달이 당연한 것이라는 환상을 심어 주었다. 이러한 믿음은 자연에 대한 인간 지배를 강조하고 있어, 경제성장이 공공정책의 기본적인 목표가 되었다. 인간의 목적을 위해 과학과 기술은 자연을 지배하고 부를 축적하는 데 이용될 수 있으므로 존중되고 발전되어야 한다는 것이다.

그러나 사회의 기본원칙과 이를 뒷받침하고 있는 지배적인 세계관은 도전을 받기에 이르렀다. 사회가 과학의 발전을 통하여 과거의 물질적 가치에 우선 순위를 부여할 수밖에 없었던 시절과는 달리 가치의 우선 순위의 변화를 가져왔다. 가치변화란 서구의 많은 국가에서 물질적인 양의 풍요를 삶의 가치척도의 제일로 여기던 물질주의적 가치(materialist values)로부터, 삶의 질을 더욱 중요시하는 후기물질주의적 가치(post-materialist values)로의 전이를 의미한다.[11] 환경문제 역시 이러한 가치변화가 요구되었다. 사람들은 과거의 전통적인 자연관에서 비롯된 인간의 무제한적인 자연수탈이 궁극적으로 인간에 부정적인 결과를 초래한다는 점에서 과거의 전통적인 자연관을 수정하였다. 그리하여 그들은 자연의 효율성을 극대화시키거나 환경의 질을 높임으로써 인간의 삶을 질을 높인다는 입장으로 변하였다.

---

10) 이득연, "환경과 사화가치체계의 변화," 시민환경연구소 편, 「환경의 이해」(서울 : 환경운동연합 출판부, 1993), p. 157.

11) R. Inglehart, *The Silent Revolution : Changing Values and Political Styles among Western Publics* (New Jersey: Princeton University Press, 1977) 참조.

2) 환경주의와 생태지향주의

환경문제는 인간들의 근원적인 세계관에 기인한 산물이며, 역사성을 가지고 우리 인간사회를 지배해 온 사조와 연결되고 해결책이 모색되어야 한다. 이러한 환경관은 학자들에 따라 다양하게 분석되고 있는데, 기본적으로 환경주의와 생태주의로 크게 나누어진다.

(1) **환경주의**(environmentalism)

환경주의는 환경문제에 대한 관리적인 입장을 취하는 것을 기본으로 하고 있다. 이는 환경보전보다 인간의 경제적 요구를 더 중요한 것으로 여기며 경제적 풍요가 모든 장애를 극복할 수 있다는 믿음을 갖고 있다. 즉, 현재의 생산방식 및 소비지상주의의 가치관을 근본적으로 변화시키지 않고도, 오염물질을 처리하는 환경기술을 개발하면 환경문제를 해결할 수 있다고 주장한다. 산업사회가 인류의 삶의 질을 풍요롭고 안락하게 해 주었으므로, 산업문명이 자연환경에 끼친 부분적인 폐해만 기술적으로 바로잡을 수 있다면 인류사회의 무한한 진보와 더 살기 좋은 미래사회의 건설이 가능하다고 본다.[12] 이를 인간중심주의라고도 하고, 기술지향주의(technocentrism)라고 부르는 학자들도 있다. 기술지향주의의 입장은 인간의 능력과 기술에는 한계가 없으며, 환경보호론자를 과학기술에 무지하고 무책임한 자이며 경제사회 발전의 저해요인이라고 반박한다. 이는 경제적 합리주의를 토대로 발생한 시각으로 과학기술과 전통경제법칙인 비용-편익 분석에 대한 신뢰가 크다.

(2) **생태지향주의**(ecocentrism)

1970년대에 들어서서 서서히 성장이 지속될 수 없는 자연 조건과 그 부작용이 바로 인간 자신의 삶을 위협하고 있다는 사실을 인식하게 되었다. 이러한 과정에서 전통의 패러다임에 근거를 둔 경제정책이 새로운 생태적 패러다임으로 대체되어야 한다는 주장이 강력하게 제기되었다. 생태지향주의(ecocentrism)는 인간과 자연과의 유기적인 긴밀성을 강조하면서 자연은 그 자체로서 존재가치를

12) 진미경, "녹색정치와 녹색운동," 아주대학교 사회과학연구소 편, 「생태사회과학—인간, 사회 그리고 환경」(수원 : 아주대학교출판부, 1994), p. 47.

가지고 있기 때문에 보호해야 한다는 것이다. 인간의 환경파괴를 막기 위해서는 인간과 대자연의 조화를 향한 의식의 대전환이 있어야 한다고 주장한다. 왜냐하면 자연은 인간에 의하여 착취되고 정복되어야 할 대상이 아니라 인간과 공존해야 할 대상이기 때문이다. 이는 지구가 유한하다는 것을 인식의 출발점으로 삼기 때문에 무한한 경제성장과 급격한 인구증가, 무제한적인 천연자원의 사용은 불가능하다고 본다. 현재의 정치·경제·사회적 관행으로는 환경문제를 해결할 수 없으므로 단지 기술적인 변화뿐만 아니라 정치·경제·사회·문화 등 인간 사회생활의 모든 부문에 걸쳐서 근본적인 변화가 일어나야 한다고 주장하는 입장이다. 그러므로 이는 기본적으로 물질중심의 가치관에서 정신적인 측면을 중시하는 이데올로기적 특성을 가지고 있다.

3) 지속가능한 발전(sustainable development)

1980년대에 들어서 환경문제에 대한 새로운 관심을 불러일으킨 것은 지속가능한 발전의 문제였다. 이제까지의 패러다임을 대체하는 새로운 패러다임을 상징하는 캐치프레이즈가 등장했다. 지속가능한 발전이라는 개념은 기본적으로 경제성장을 이루면서도 환경을 보전함을 전제로 한 개념이다. 이는 1987년 "환경과 발전에 관한 세계위원회"(WCED)의 보고서인 「우리의 공유의 미래」의 출판 이래로 하나의 주의로서 주목을 받게 되었다. 또한 1992년 6월에 열렸던 환경과 개발에 관한 리우 선언 제 1원칙에서도 "인간을 중심으로 지속가능한 개발이 논의되어야 한다. 인간은 자연과 조화를 이룬 건강하고 생산적인 삶을 향유해야 한다"는 점을 밝히고 있다. 이렇게 볼 때 기술지향주의와 생태주의의 통합이라는 측면에서 내놓을 수 있는 것이 바로 지속가능한 발전의 논리이다.

지속가능한 발전 패러다임 내의 사고는 두 가지 경향으로 나눌 수 있다. 하나는 개발도상국의 빈곤을 줄이기 위해서 경제성장과 확대의 필요성을 강조하는 것이고, 다른 하나는 지속가능한 발전이라는 용어만 채택하고 현재의 개발모델과 정책은 계속 유지되고 있지 않는가에 대한 의구심이다. 전자는 경제성장과 지속가능성을 조화시키는 열쇠로서 기술혁신이 강조되고, 후자는 생활양식을 변화해야 할 필요성과 전세계적 형평성을 강조한다.[13] 보다 지속가능한 세계를 만

---

13) Gareth Porter & Janet Welsh Brown, *Global Environmental Politics*, 2nd ed.(Boulder, Colorado: Westview Press, 1996), p. 29.

드는 일은 자원의 이용과 배분을 바꾸는 것뿐만 아니라 물질적 풍요의 세대들이 만들어 놓은 가치와 제도를 재구성하는 것까지 포함한다. 지속가능한 발전의 핵심은 인간에 의한 개발행위와 환경보전의 양립 가능성이다.

오늘날 개발도상국가들은 한편으로 기업이익을 최대화하면서 환경비용을 최소화하여 국제경쟁력을 이겨내야 하고, 다른 한편으로 보다 적극적이고 지속적인 환경감시를 강화하려는 시민들로부터 환경보호를 제도화해야 한다는 압력을 받고 있다. 경제적 어려움 속에서 환경적 가치와 경제성장을 놓고 그 우선 순위를 결정한다는 것은 상당히 어려운 일이 아닐 수 없다. 경제의 많은 분야에서 성장의 부작용으로 환경이 파괴되고 있는 것을 누구나 실감하고 있지만, 경제성장이 우리의 생존과 환경보호를 필연적으로 해친다는 주장도 꼭 옳은 것은 아니다. 결국 개발도상국가의 경제는 세계경제의 압력과 새로운 시민운동의 저항간의 불안한 변증법적 관련 속에서 부침하고 있는 것이다.

그러므로 양자의 주장은 '양립이 언제 어디까지 지속할 수 있는가'에 대한 해답을 명확히 할 수 없기 때문에 한계를 가지고 있다. 그럼에도 불구하고 더 나은 대안이 제시되기 전에는 환경문제는 지속가능한 발전의 방향으로 나아가고 있다. 우리 정부에서도 21세기는 환경의 세기가 될 것이라 하고, 삶의 질을 높이는 데 환경공동체건설이 핵심사항이라 하였다. 환경공동체란 '자연과 인간의 연대를 회복하여 쾌적하고 안전한 환경 속에서 높은 삶의 질을 누리는 공동체'를 의미한다. 이를 위하여 5대 원칙을 제시하였다. 결국 어느 나라를 막론하고 환경은 새로운 세기의 핵심적인 과제가 되고 있고, 그 방향은 지속가능한 발전으로 잡아가고 있다.

제 3 절 환경정치의 범위

정치학자들이 연구한 환경분야 연구는 예를 들어 정치이데올로기와 환경윤리, 정치경제적 구조와 제도, 정책결정기구의 효율성, 환경문제를 인식하고 행동하는 태도, 개인적·체계적 수준의 의사결정 방식 등 다양하다.[14] 레스터

---

14) Michael E. Kraft, "Ecology and Political Theory : Broadening the Scope of Environmental

(James Lester)는 호퍼벨트(Richard Hofferbert)의 개념도식을 원용하여 환경정책결정에 영향을 미치는 요인으로 엘리트 행태, 정부제도, 대중의 정치행태, 사회경제적 구성과 역사·지리적 조건을 들고 있다. 여기서 중요시되는 행태와 제도란 엘리트, 이익집단, 관료, 법원, 의회, 정당, 여론 등에 초점을 둔 연구이다.[15] 오늘날의 환경문제는 정치적 접근의 주제로서 '국민들의 환경보전에 대한 적극적인 참여의지', '정치사회화 매체에 의한 시민의식 전환', '환경문제와 NGO', '중앙과 지방정부의 환경정책', '환경과 정당-녹색정치', '세계환경정치와 국제레짐', '국제환경정치의 행위자' 등을 들 수 있다. 결국 환경정치·정책의 결과는 의식적이고 집단적인 인간의 선택 영역이다. 환경문제에 관련하여 정치학자들이 논의한 내용들을 보면 물론 그들이 제기한 문제영역, 사용한 접근방법, 정치와 정책 및 결론의 방향은 다르겠지만 환경을 정치문제로서 다루어야 하고 그 연구의 범위를 확대해야 한다는 점에서 서로 같은 입장이다.

1. 환경문제와 정치사회화

'지구의 위기는 자연의 위기가 아니라, 바로 인간사회의 위기이다'라는 말이 의미하는 것은 무엇일까? 이는 환경문제는 인류가 공동으로 대처해야 할 자연생태학적 문제이지만, 당위론적 구호나 자연과학적·기술공학적 접근만으로써는 문제를 해결할 수 없는 정치·사회적 성격을 안고 있다는 것을 의미하는 것이다. 오늘날 모두에게 가장 큰 관심사로 떠오른 환경문제의 근원적인 해결을 위해서는 철저한 정치적 조정력이 필요하다. 다시 말하면 인간 스스로가 편리와 개발논리만 우선시하다가 빚어진 환경파괴도 이의 근본적인 치유와 극복을 위해서는 정치적 선택에 의존할 수밖에 없다는 것이다.

환경적인 이해는 정치사회화와 관련지워져야 한다는 것은 다음과 같은 이유에서이다. 현대산업사회가 사회의 현재 제도를 지속하기에는 한계가 노정되고 있다. 즉, 현재 진행되고 있는 자원의 개발을 억제하고 소비를 줄인다는 것도 정말로 어려운 일이고, 인구성장에 따른 경제활동의 비율을 유지할 수도 없다.

Politics," *Policy Studies Journal*, vol. 20, no. 4, 1992, p. 713.

15) James P. Lester, ed., *Environmental Politics and Policy : Theories and Evidence*(Durham & London: Duke University Press, 1989), p. 2.

그러기 위해서는 양자의 성장은 제한되어야 하는데, 이것이 가능한 일인가? 이렇게 볼 때 현대사회의 환경문제는 좋은 기술이나 유용한 법에 의하여 치유될 수 없다. 성장을 제한하고 자연과 더불어 자유롭게 살아야 한다는 지혜를 시민들이 습득하는 것만이 현대사회를 변형시킬 수 있는 방법인 것이다.[16)]

이를 좀더 구체적으로 말하면 환경과 사회 사이의 관련성에 더 많은 주의를 기울여야 한다는 것을 의미한다. 우리는 끊임없이 사회활동이 어떻게 환경에 영향을 미치고, 환경적 실체가 어떻게 형성되어야 하고, 사회가 할 수 있고 또 해야 할 일이 무엇인가를 자문해야 한다. 이것이 오늘날 사회에 직면하는 가장 긴급한 문제이다. 현재와 같은 환경문제가 대두되기까지 사회구성원들은 여기에 직접 간접으로 관련되어 있고, 각자는 환경문제를 인식하고 책임감도 가져야 한다. 그러므로 환경문제에 대한 교육은 정말로 긴급한 우선적 문제이나, 대부분의 사회에서는 불행하게도 이에 대한 인식도 없고 그것을 본격적으로 실행할 의지도 가지고 있지도 않다.[17)] 이러한 상황이 정치적이고 정책적인 긴급한 쟁점이다. 정치사회화의 중요한 임무가 부가되는 이유도 여기에 있다.

교육은 정치사회화의 구체적인 실천 방법이다. '교육이야말로 가장 위대한 자원'이라는 생각은 환경에 대하여 인간중심주의를 지향하든 생태주의를 지향하든 양자가 가지는 기본적인 생각인 것이다. 인간중심주의에 따르면 생태적인 위험을 피하고 생산체계의 부작용에서 적절히 벗어나기 위해서는 보다 철저하게 탐구해야 한다. 생태지향주의는 교육이 보다 근본적인 문제에 대한 대답을 제공하고 있다고 보는데, 우리는 형이상학적 질병을 앓고 있으므로 치료 또한 형이상학적이어야 한다고 주장한다. '환경이 학대되고 착취된다는 사실이 교육을 통해 널리 알려진다면, 이러한 현상이 고쳐질 것'이라고 생각하건, 아니면 '좀더 생태적으로 건강한 노선에 따라 완전한 사회로의 재조직에 따른 가치관의 변화가 수반되어야 한다'고 생각하든 간에 어쨌든 교육은 중요하다는 것이다.[18)]

그러므로 환경문제는 정치사회화의 새로운 영역인 것이다. 근래에 들어서면서 정치적 자아의 주요한 이슈로 등장한 것이 환경문제이다. 정치의 궁극적인

16) Milbrath, *op. cit.*(1990), p. 291.

17) Lester W. Milbrath, "The World is Relearning Its Story about How the World Works," Kamieniecki Sheldon(ed.), *Environmental Politics in the International Arena-Movements, Parties, Organizations, and Policy* (New York : State University of New York Press, 1993), p. 38.

18) 이명우 외 역, 「현대환경론」(서울 : 한길사, 1996), p. 354.

목표는 보다 나은 삶을 위한 것이다. 이를 위하여 사람들은 경제적 가치에 최상을 부여하여 왔다. 그러나 이것의 한계를 보여 준 것이 환경문제인 것이다. 결국 환경문제는 정치적 자아의 주요 부분으로 자리를 잡게 되었고, 이러한 자아를 발전시키는 정치사회화의 급박한 임무가 된 것이다. 그러므로 사회와 환경 사이의 연관성에 대한 학습은 민주주의가 각 개인에게 내면화되는 것 같이 정치사회화 과정을 통하여 이루어진다. 베리의 "그린 정치는 생태권의 정치일 뿐만 아니라, 공공선의 정치로서 이해되어져야 한다"[19]는 주장은 이와 같은 맥락에서 이해될 수 있다.

2. 환경정책과 정치과정

한 국가의 환경문제는 그 나라 정치체제가 어떠한 구조적·과정적 특성을 지니느냐에 따라 문제의 양상과 그에 대한 대응양식 내지 강도가 다르다. 이처럼 환경정책은 정치체제의 동태적 반응에 크게 의존한다. 즉, 입법행태·행정행태·사법행태 그리고 이익집단의 행태를 포괄하는 정치과정의 역동성에 크게 영향을 받게 된다는 것이다. 정치체제가 민주적이고 다원적일수록 환경문제의 발생을 미연에 방지할 수 있고, 불가피하게 발생하는 경우에도 원만히 해결할 수 있다. 그러나 정치체제가 권위적이고 관료적일수록 다양한 사회집단의 견해를 무시하고 기득권자의 입장에서 일방적으로 처리한다. 이러한 경우 정책의 방향이 환경을 파괴하는 쪽으로 흐를 가능성이 크다고 가정할 수 있다.[20]

당연히 환경문제를 제기하고 해결하려고 가장 노력해야 할 사람들은 정치가이고 행정관료들이다. 실제로 정치지도자들이 창발성을 발휘하여, 좀더 새롭고 보호적인 환경정책을 고안해 내고 있는 것인가? 거의 모든 나라에서 모든 환경문제에 관한 공공의제를 생각해 내는 것은 일반시민활동가들이다. 왜 정치지도자들이 환경보호의 필요성을 인식하는 데 그렇게 둔감한가?

대부분의 국가를 지배하고 있는 세계관은 인간은 더 나은 삶을 영위하기 위한 물질을 생산하기 위하여 자연을 통제하고 개발해야 한다는 생각이다. 전형적인 삶의 질은 생활수준을 크게 벗어나지 않는다. 정치지도자들은 이러한 세계관

19) Barry, *op. cit.*(1996), p. 129.
20) 김병완, 「한국의 행정정책과 녹색운동」(서울 : 나남, 1994), p. 25.

을 유지하는 사회의 지배적인 요소에 젖어 있다. 더군다나 선거에서 당선되기를 희망하는 후보자들은 중심적 정책으로서 급속한 경제성장을 해야 한다고 믿고 있다. 단지 환경보호에 대하여 일반대중의 강력한 요구가 있을 때, 후보들은 그것에 대응하여 움직인다. 대체적으로 그들은 경제성장이 환경보호와 갈등을 일으키지 않는다는 주장을 함으로써 두 가치 사이의 갈등을 책략으로서 처리하려 한다.[21] 우리는 생태계의 완전한 보전에 가장 우선권을 주어야 한다는 것을 인지한다. 그러나 대부분의 정치가와 환경관료들은 이렇게 생각하지 않고, 대신에 성장과 부를 극대화하는 것을 택한다. 그들의 환경문제에 대한 전형적인 접근은 법과 힘있는 기술을 통하여 그 상황을 관리하고 지배하는 것이다.

정치가들이나 행정관료들이 환경문제를 인식하기를 꺼리는 또 하나의 관점은 그것을 인정하는 것이 곧 그들 정책의 부재와 실패를 인정하는 것이기 때문이다. 이들이 이렇게 환경을 무시하는 강력한 힘 때문에, 환경주의자들의 합리적인 주장이 환경문제를 정치적인 의제로 발전시키는 데 거의 도움이 되지 않는다는 것을 알 수 있다. 효과적으로 보이는 유일한 방책은 일반대중 사이에 반향을 불러일으키는 것이다. 정치가들이 만약 적절한 조치를 취하지 않으면 다음 선거에서 표를 잃어버린다고 생각할 때, 그들은 조치를 취할 것이다. 이러한 방법과 책략을 사용함으로써, 환경주의자들은 정책결정자의 생각이나 정책을 바꿀 수 있어 그 흐름을 그들이 의도한 방향으로 끌어갈 수 있을 것이다.[22]

그러므로 환경정책과 같은 규제정책을 둘러싼 문제의 핵심은 정책관계자들 사이의 이해갈등과 상호역학관계라 할 수 있다. 환경규제[23]는 다른 정책에 비해서 정치체제가 경제발전과 환경보호 중 어느 것을 더 중시하느냐 하는 정치체제의 이념적인 영향을 받는 경향이 있다. 즉, 환경정책은 기술적인 방법을 반영할 뿐만 아니라 개인적인 가치와 사회적인 우선 순위의 비중을 반영하고 있다. 환경문제는 공해유발자와 공해피해자 간에 이해관계가 정면으로 충돌하고 관계자

21) Milbrath, *op. cit.*(1990), pp. 288-89.
22) *Ibid*., pp. 288-89.
23) 환경규제정책은 명령지시적 규제수단과 시장유인적 규제수단으로 크게 양대분할 수 있다. 전자는 정부가 개인이나 기업이 따라야 할 또는 지켜야 할 행위기준 또는 규칙을 제정하고 이를 위반하는 기업이나 인을 처벌하는 방법으로 규제가 이루어진다. 후자는 전자와 마찬가지로 개인이나 기업에 어떤 의무를 부과하기는 하되 그것을 달성하는 방법은 개인이나 기업이 자신의 경제적 판단에 따라 합리적으로 선택할 수 있는 여지를 부여한다. 최병선, 「정부규제론」(서울 : 법문사, 1993a), pp. 457-58.

사이에 이해관계가 복잡하게 얽혀 있기 때문에 환경정책을 수행하는 과정에서 갈등문제가 끊이지 않는다.

정부가 환경규제정책을 수행하는 과정에서 발생하는 문제의 대부분은 그러한 정책문제에 내재된 다양한 이해대립을 충분히 이해하지 못하고, 이를 민주적인 방법으로 원만하게 조정하지 못하는 데서 비롯된다. 이러한 문제는 무엇보다도 규제에 따른 차별적인 효과, 이해집단 사이의 갈등, 정치가와 행정관료의 가치판단과 행동유인에 대한 이해의 부족에서 연유한다. 따라서 환경정책의 결정과 집행은 다분히 이해관계의 충돌을 어떻게 무리 없이 조화시키면서 특정한 정책을 선택하고 수행할 수 있느냐 하는 정치적 기교와 직결된다.[24)]

3. 환경운동과 녹색정치

환경에 관한 선택을 하는 데 있어 일반적으로 받아들일 수 있는 합리적 판단기준이 부재한 상태에서 환경문제는 정치적 과정을 통해 해소될 문제이다. 환경문제가 삶의 질의 문제와 직결되면서 각종 선거에서 환경문제가 중요한 이슈로 등장하고 있다. 녹색정치세력은 자신들의 가치를 삶의 질에 두고 있기 때문에 정치에 참여하는 것도 질적으로 변화되길 원한다. 이러한 참여에 대한 욕구는 선거기간에 국한된 것이 아니라 중대한 사회적 사안들이 있을 때마다 또는 예상될 때마다 발생한다. 이와 관련된 구체적인 결정과정에 직접 참여하고, 이 결정과정에 영향을 미치는 정보를 구체화한다는 것으로 설명될 수 있다. 이러한 녹색정치의 욕구는 사실상 일면 구체적인 경험들로부터 도출된 것이다.[25)]

특히 녹색당의 출현과 이에 대한 시민들의 지지는 이를 반영해 주는 것이다. 환경문제에 대한 녹색당의 조직운동은 생태주의운동의 발달과정에서 대두된 것으로서 정치적인 행동을 추구하면서 환경정책에 영향을 미치려는 적극적인 행동을 말한다. 이러한 녹색당은 주로 서구 유럽을 중심으로 전개되고 있는데 독일의 녹색당을 대표적으로 꼽을 수 있다. 독일의 녹색당 이외도 프랑스, 벨기에 등 유럽 각국에서는 활발하게 활약하고 있다. 뉴질랜드의 가치당은 최초의 녹색

24) 김병완, 앞의 책(1994), p. 77.
25) 문순홍, "서구녹색정치의 역사와 환경정책의 제도화," 「환경과 생명」, 창간호(서울 : 환경과 생명을 위한 모임, 1994), pp. 47-48.

당이며, 미국에서도 녹색당이 2000년 대통령선거에 참여하였다. 한국의 경우 정치권에서 환경문제에 관한 관심은 증대되고 있으나, 외국과 같이 녹색당이 국회에 의석을 가지고 활동할 정도로까지 되려면 요원한 문제이다.

이와 같이 서구를 중심으로 한 녹색운동은 참여적 정치문화의 확대와 시민의식의 변화에 기인한다. 참여적 정치문화는 바람직한 민주적 시민문화를 형성하는 하나의 요인인데, 과거와는 달리 구성원 스스로의 이익표출과 이를 정책결정에 반영코자 하는 경향이 증대되었다. 그리하여 환경단체와 같은 공익단체에 관심이 증대되었고, 많은 사람들이 여기에 참여하고 있다.

그러나 환경문제는 한 국가 차원에서는 아무리 노력해도 문제를 해결할 수 없다는 사실이 분명해졌다. 이러한 이해를 기초로 환경 악화를 방지하고, 악화된 환경을 복구하려는 국제협력이 근래에 확대되고 있는데, 지구환경운동단체라는 새로운 정치세력으로 등장하여 국가의 틀을 넘어서 행동하고 있다.[26] 이는 세계의 가장 영향력 있는 환경단체인 그린피스와 같은 국제적인 환경단체에서부터 국내환경 단체, 각 지방의 환경단체에 이르기까지 다양하게 존재한다.

이렇게 볼 때 환경에 대한 접근은 국제정치경제적 접근이 필수불가결하다는 사실을 알 수 있다. 위와 같은 요인들에 의하여 환경문제의 정치화는 피할 수 없는 것이다. 거시적으로는 환경문제의 이데올로기화와 환경이 국제정치의 중요한 매개체인 국제환경정치, 미시적으로는 환경을 표방하는 정당의 등장과 각종 이익집단의 활성화, 그리고 시민의식 등에서 볼 때 환경정치는 새로운 신조어가 아니다.

4. 국제적 환경정치

환경위기의 범위가 국지적인 경계를 벗어나 지구화되면서 전 세계가 그 해결을 위하여 다같이 노력하는 것은 정당하고 시급한 과제로 공인되고 있다. 즉, 각 국가들은 지구 생태계 및 환경파괴 문제를 더 이상 방치할 수 없다는 것을 공감하고 1980년대 이후 유엔중심의 다자간, 지역적, 양자간 수준의 협의와 협력을 활발히 진행시켜 왔다. 그러나 환경위기라는 전지구적 이해관계는 여전히 상당부분 정치적 이해관계에 의하여 지배되고 있다. 선진국들은 기존의 환경파

26) Poter & Brown, *op. cit.*(1996), p. 2.

괴적인 개발 및 발전 방식이 현재의 지구환경위기를 초래하였다고 추정하고, 지구환경보전을 위해 개발의 규제를 강화하려는 입장을 보이고 있다. 개도국들은 당면과제인 산업과 경제발전을 위한 개발은 환경에 다소 무리가 있더라도 지속되어야 한다는 입장이다. 개도국들은 지구환경문제를 순수한 환경문제로 보기보다는, 선진국 주도의 현 국제정치경제질서를 유지하면서, 제한된 지구의 환경용량과 자원을 계속 지배하려는 선진국의 전략이라 보고 있다. 이러한 논의는 환경을 매개로 새롭게 형성되고 있는 국제질서의 제국주의적 속성을 엿보게 한다.

앞으로 국가간에 존재하는 그린라운드(Green Round)라는 환경체제도 중요한 이슈가 될 것이다. 그린라운드는 일부선진국가들이 중심이 되어 다자간 협상을 통하여 환경과 무역에 관한 새로운 국제규범을 제정하여 지구환경보호를 목적으로 무역규제 조치를 취하려는 국제적인 움직임을 포괄적으로 지칭한다. 우루과이 라운드와 마찬가지로 개발도상국들은 선진국들이 그린라운드를 통하여 지구환경보호라는 명분을 내세워 그 이면에는 개발도상국보다 비교우위에 있는 산업 및 환경기술 수준을 십분 활용하여 자국상품의 경쟁력을 강화하려는 의도를 가지고 있다.[27] 이렇게 볼 때 바야흐로 국제환경정치라는 용어는 우리 생활과 무관하거나 생소한 것이 아니고, 오늘날 대부분 사람들의 삶에 깊은 영향을 미치는 것이다.

환경은 국가안보나 경제문제 못지않게 국제정치의 중요 쟁점영역이 되고 있다. 또한 환경에 관한 선택을 하는 데 있어 일반적으로 받아들일 수 있는 합리적 판단기준이 부재한 상태에서 환경문제는 정치적 과정을 통해 해소될 문제이며, 이의 가치의 합의 내지 권위적 배분과 관련하여 정부가 무엇을 하고 안 할 것인가를 선택하는 문제이다. 그러므로 실제 정책을 계획하는 중앙정부나 지방자치단체, 그리고 정당·이익집단 수준의 연구도 대단히 중요하다.

국제정치경제학 분야에서는 지구환경의 정치경제로 영역화되면서 국제정치학의 특정 현상이자 독립된 영역으로서 국제환경정치학이 발전되고 있다. 1990년대에 들어와 대표적인 연구로는 하스(P. M. Haas)의 「지중해의 보존 : 국제환경협력의 정치」, 포터와 브라운의 「세계환경정치」, 허렐과 킹스베리(A. Hurrel & B. Kingsbury)의 「국제환경정치론」, 바스카와 그린(V. Bhaskar & A. Glyn)의 「남북환경정치론」 등이 있다. 여기에서는 세계환경문제의 위기적 상

27) 진미경, 앞의 책(1994), p. 53.

황을 분석하고 이에 따른 국제적 대응태세와 성과 및 이를 둘러싼 정치경제적 쟁점과 국제환경의 추이를 고찰하고 있다. 그리고 환경레짐의 설립요인과 발전적 특성을 체계적으로 분석하여 향후의 바람직한 방향을 모색하고 있다.

제 4 절 환경정치의 국내외적 행위자

1. 국내 행위자

1) 정부기관

환경에 관한 사람들 사이의 가치갈등이나 권력경쟁은 정치적 과정이고, 이는 환경문제에 지배적 영향을 미침으로써 궁극적으로 행정의 문제로 귀속된다. 환경정책에 영향을 미치는 결정은 정치적 과정을 거쳐 이루어진다. 환경문제를 해결하고자 하는 데 있어 중요한 쟁점 가운데 하나는 이러한 가치배분을 위하여 어떤 제도들을 어느 수준에서 만드느냐에 관한 것이다.

한국에서 환경문제를 전담하는 최초의 조직은 1973년 보건사회부 내에 설치된 공해과이다. 그 후 국민경제의 발전과 생활수준의 향상으로 환경오염이 악화되어 환경행정의 수요가 늘어나자 환경행정조직이 확대 개편되어 1980년에 환경청이 발족되었다. 그 후 환경처로 그리고 1994년에 환경부로 격상되었다.

환경문제는 그것이 가지는 특수성 때문에 시장원리만으로는 해결하기 어려운 전형적인 정책분야에 속한다. 환경문제의 해결을 위해서는 정부의 시장개입이 불가피하다.[28] 즉, 환경문제의 외부효과적 성격과 환경오염의 잠재성 및 장기성 그리고 무임승차자의 문제 등은 환경문제가 시장기구를 통해서 저절로 해결될 수 없고, 정부의 개입이 필요하다는 것을 보여 주는 것이다.

환경문제는 국민생활의 질을 향상시키는 것으로 정부가 환경오염의 원인을 철저히 규명하여 이를 강력히 규제한다면 그 실효를 충분히 거둘 수 있을 것이라고 예상할 수 있다. 그러나 정책의 실제 집행과정에서 나타나는 결과는 일정

28) 최병선, "환경과 정책," 시민환경연구소, 「환경의 이해」(서울 : 환경운동연합 출판부, 1993), p. 184.

치 않으며, 생산의 구조와 계층 혹은 거주지역에 따라 서로 이해가 엇갈려 있을 뿐만 아니라 정책을 시행하는 정부 쪽에서도 중앙과 지방, 중앙부처와 지방정부 상호간의 입장에 따라 그 권한과 책임이 분명치 않다.

지방자치시대에 있어서 중앙 중심적 환경체계는 지방 중심적 환경체계로 전환될 수밖에 없으며, 그에 따라 환경문제는 각 지방자치단위별로 해결해야 할 책임이 더욱 커지게 될 것이다. 환경문제는 본질적으로 지역주민의 삶의 질을 증진시키는 차원에서 주민요구에 부응해야 할 지방자치단체의 가장 중요한 업무 중의 하나이기 때문이다.[29)]

한국의 환경정책에서 큰 문제로 지적되고 있는 것은 정부의 정책결정과정에서 환경적 요인이 차지하는 비중이 작다는 것이다. 정부의 정책결정자들은 환경보호라는 가치가 경제성장과 개발을 저해하는 것으로 보는 경향이 많다. 이제는 기업에 대한 규제방식을 개선할 필요가 시급한 것이고 정부는 단순한 규제자가 아니라, 기업이 환경을 보호하도록 계도하는 조성자로서 위치에 서야 한다.

또 다른 문제점은 정부가 환경문제에 너무 임시방편적인 대응으로 일관해 온다는 점이다. 환경오염에 대한 예방보다는 어떤 문제가 발생했을 때, 그것의 대응에만 너무 급급한 면을 보여 주고 있다. 또한 정부나 지방 자치단체에서 실시하는 환경 교육은 실적에만 급급한 전시 행정의 표본을 보는 것 같기도 하다. 환경부에서 해마다 발행하는 환경백서를 보고 있노라면, 우리 나라에는 환경문제는 모든 것이 제대로 처리되고 있으며 환경 교육 또한 체계적으로 이루어지고 있는 것 같은 착각을 가지게 한다.

물론 1994년 말에 환경처가 환경부로 바뀌어 승격되었다고는 하나 환경정책을 추진하기 위한 여건은 좋아진 것이 별로 없는 형편이다. 아직도 많은 업무들이 각 부처에 나누어져 통합되어 있지 못하기 때문에 정책집행의 효율성에 문제점이 있고, 인력 면에서도 너무 부족한 것이 현실이다. 또한 지방자치단체의 경우 정책결정이 항상 단기적인 효율성에 치우쳐 있고, 그나마 소수의 이익집단에 의하여 이끌려가고 있다는 데 문제가 있다. 그리고 환경보호라는 가치는 그 순위가 지역개발과 고용증진이라는 가치에 밀려 있는 실정이다.

한국에서는 환경문제를 온 국민이 관심을 갖고 참여하여 해결할 문제로 인식하기보다는 정부가 전적으로 책임을 져야 하는 문제로 인식하는 경향이 강하

29) 김병완, 앞의 책(1994), p. 35.

다. 정부 스스로도 정부가 갖고 있는 능력의 한계에도 불구하고 모든 문제에 책임을 질 수 있어야 하는 존재인 것처럼 잘못 생각하고 있다. 효과적인 환경문제 해결은 정부와 민간의 협력이 필요한 것이다.[30]

2) 기 업

환경오염문제에 대하여는 기업뿐만 아니라 소비자들의 책임이 커지고 있음에도 불구하고 환경문제의 해결에 있어서는 기업의 역할이 강조되고 있는 이유는 무엇일까? 이는 환경문제에서 기업이 차지하고 있는 비중이 그만큼 높다는 것을 말해 주는 것이다. 우리는 환경 하면 먼저 떠오르는 것이 공장의 굴뚝에서 뿜어내는 매연과 시커먼 공장 폐수를 먼저 생각하게 된다. 기업은 환경문제와 관련해 근본적으로 가해자의 운명에 서 있다. 그러나 다른 면에서는 기업이 환경문제를 해결할 수 있는 주체도 될 수 있다는 점이다. 기술의 개발로 기업이 미래의 환경오염 문제의 해결의 선도자가 될 수 있다.

그러므로 환경오염에 대한 기업의 행위는 다양하게 나타날 수 있는데, 이를 방어적 행위와 창조적 행위 둘로 나눌 수 있다. 방어적 행위는 환경오염을 발생시키지 않으며, 법이 정한 기준을 만족시켜 국민들로부터 환경오염의 주범이라는 비난을 받지 않는 것이다. 창조적 행위는 기존의 상업영역을 개척하는 수준을 말한다. 환경관련 서비스업, 무공해제품의 생산, 환경오염 방지 등과 같은 새로운 사업을 전개해 가는 행위이다. 실제로 오존층파괴문제가 대두되기 시작할 무렵 듀퐁사는 수바 등 프레온을 대체할 물질을 개발했으며, 또한 이산화탄소나 프레온가스 수집장치를 개발한 것을 예로 들 수 있다.[31] 최근 발생하고 있는 환경문제를 이유로 한 각종 무역장벽, 환경오염에 대한 규제 강화와 더불어 소비자의 환경 마인드 확산은 기업에게 새로운 도전과 기회의 요인이 되고 있다.

유럽의 유수 자동차 회사들은 자동차의 폐기물을 줄이기 위해 총량의 70-75%의 재사용을 시도하고 있으며, 이러한 부품 재사용을 새로운 사업영역까지로 확대하는 추세다. 한편 일본기업은 총투자비의 10%를 환경부문에 투입하고, 독일은 화학산업에서 총투자액의 19%를, 철강·기계분야는 7%를 환경부문에 투입하고 있다. 듀퐁사가 싱가포르에 세운 듀퐁 스판덱스 공장은 총투자

---

30) 최병선, 앞의 책(1993b), pp. 206-7.
31) 럭키금성경제연구소, 「환경과 기업」(럭키금성경제연구소, 1992), pp. 94-95.

비의 30%를 환경부문에 쓰기도 했다.[32] 또한 기업환경 프로그램을 설정하여 성실히 이행해 가고 있는 면도 볼 수 있다.

그러나 국내대기업의 경우 기업환경프로그램의 수립은 대부분 홍보차원에 그치고 있고, 환경투자도 총투자액의 2% 안팎에 지나지 않는 실정이다. 또 환경투자의 내용도 선진국은 대체물질 등 환경기술 개발, 재활용시스템 연구 등에 주력하고 있으나 국내기업은 기존 환경설비의 유지·보수와 신규설비 도입에 매달리고 있는 실정이다.[33] 우리는 기업활동에 관한 마인드의 새로운 변화가 필요한 시점에 있다. 기업활동이 현재 국내외적 요인으로 어렵다고 할지라도 미래의 새 전망을 보는 환경투자와 환경기술 개발이 요구된다. 이를 위해서는 환경분야에 고급인력의 적극투입을 추진해야 하며 이들을 전문가로 양성하고 이들에게서 나오는 정책과 연구 결과를 신뢰해야 할 것이다. 또한 정부의 다양하고 총괄적인 연구정책과 기업정책의 조화가 필요하다.

3) 가 정

가정이 환경문제에 대하여 가지는 의미는 그것이 환경문제에 대한 기초적인 의식을 배태시키는 장이라는 것이다. 가정은 어린이의 환경교육의 장으로서, 부모들은 교육자로서 중요한 역할을 한다. 자녀의 취학이전부터 중심생활공간에서 환경에 대한 바람식한 가치관과 정서가 자연스럽게 형성되는 곳이다. 취학이전은 물론이고 공식교육을 받는 동안에도 실생활의 일차적인 경험은 교육의 중요한 원천이 된다. 일상생활에서 환경적으로 바람직한 태도와 행위유형을 실제로 경험함으로써 아이들은 학교에서 배운 내용을 재확인하고 강화할 수 있다. 환경문제는 문제의 발견뿐 아니라 해결능력을 길러 준다는 것이 중요하다는 것을 감안할 때, 가정은 바로 이 같은 실천을 할 수 있는 가장 주요한 도장인 것이다.

그러나 다른 한편으로 가정은 환경오염의 가장 큰 실체로 작용하고 있다. 수질오염의 가장 큰 비중을 차지하고 있는 것이 공장에서 나오는 폐수라고 일반적으로 생각하고 있으나, 이에 못지않게 수질을 오염시키는 요인은 생활하수이다. 가정에서 배출되는 음식물 찌꺼기 등의 생활쓰레기 문제도 환경의 주된 오

32) 곽일천, "친환경적 경제의 올바른 내용과 방향,"「환경과 생명」, 제 4 호(서울 : 환경과 생명을 위한 모임, 1994), p. 32.

33) 위의 책, p. 33.

염원이다.

이것은 가정이 가지는 양면성을 말하는 것이다. 다른 매체와는 달리 가정은 우리 생활에서 가장 중요한 환경교육의 장인 동시에, 환경문제를 유발시키는 실체이기도 한 것이다.

가정은 환경문제에 있어 양면성을 가지고 있기 때문에, 환경교육의 내용에 있어서 오히려 의식의 배태와 직접적인 실천을 포함하고 있다. 가정은 개인의 자아가 형성되는 시기에 주된 역할을 담당하고 있다. 그러므로 환경에 대한 기본적인 자아가 형성되도록 부모들이 도와주는 것이 가정의 가장 중요한 환경교육 역할인 것이다. 세제사용을 줄이고 재활용과 재사용 가능한 폐기물은 분리하여 배출하거나 재 사용토록 한다든지 하는 방식으로 효과적인 폐기물 배출 형태를 취함으로써 폐기물량을 줄일 수 있다. 모든 가족구성원들이 이와 같은 일을 실천함에 의하여 가정은 환경교육의 실습장이 될 수 있는 것이다.

환경과 가정의 관계는 백 번 강조해도 지나치지 않다. 결국 사회의 가장 기본적인 조직은 가정이다. 그러므로 환경문제에 대한 매체로서의 역할은 구성원들이 환경에 관심을 가지게 하는 것이다. 문제는 과연 가정생활에 있어서 환경에 대한 우선 순위가 어느 정도 될까? 특히 부모와 자녀와의 관계에서 환경이 주요 관심 사항일 수 있을까? 우리의 가정생활에서의 환경에 대한 것은 쓰레기 치우기 식의 청결 운동 수준에 머물러 있다. 그리하여 나의 집에만 문제가 없으면 그만이라는 식이다. 가정의 환경운동은 환경문제에 대한 의무감이라는 것보다는, 쾌적한 환경을 향유할 수 있는 권리라는 의식을 공유하게 해야 중요한 환경 교육 매체로서의 역할을 제대로 하는 것이다.

4) 학 교

학교 환경교육은 전인교육의 일환으로서 실시되어야 한다. 환경에 대한 교육과정의 요체는 환경의 질 향상과 유지를 위한 행동에 참여할 수 있는 인식, 지식, 태도, 기능 등을 균형 있게 갖춘 인간을 육성하는 것이다. 그러므로 환경교육은 지속성과 연관성을 가지고 이루어져야 한다.

한국에서는 1980년에 환경권이 헌법에 삽입되고, 학교의 환경교육은 1981년 문교부장관 명으로 고시된 제 4 차 초·중·고등학교 교육과정에 환경교육이 구체적으로 포함되면서 환경교육이 각 교과별로 강조되기 시작하였다. 1987년부터 시행된 제 5차 교육과정에서 환경교육은 어느 특정 교과에 국한되지 않고 여러 교과에서 분산해서 다루었다. 그러나 교과서에서는 다루는 내용은 교과특성에 따라 분산되어 수록되었으나, 그 비중이 크지는 않았다. 현재는 1992년부터 시작된 제 6차 교육과정 기간 중 1995년 신입생부터 환경교육을 적극적으로 도입하여, 독립과목으로 채택하였다. 초등학교 환경교육은 환경에 대한 올바른 태도와 가치관이 어릴 때부터 생활습관으로 자리잡아야 한다는 점과 교육의 성과가 학교 주위의 지역사회에 확산된다는 점에서 매우 중요시된다.

1992년부터 시작된 제 6차 교육과정 기간 중 중학교 환경교육은 변화를 맞이하였다. 중학교에서는 환경이라는 독립과목을 신설 주 1-2시간씩 강의를 하도록 하였다. 그런데 환경, 한문, 컴퓨터 중 1과목을 선택하도록 되었다. 처음 실시되던 1995년에는 전국 2,645교 중 1.9%인 51개교가 선택하였으며, 1998년 현재 전국 2,727개 중학교 중에서 환경을 선택한 학교는 343개교로 12.6%를 차지하고 있다.[34)]

고등학교에서의 환경교육은 독립교과인 "환경과학"과 여러 교과에 걸쳐 분산되어 실시되고 있는데 독립교과인 "환경과학"은 중학교와 마찬가지로 학교장의 재량에 의하여 교양과목으로 선택하고 있다. 1998년 현재 전국 1,908개 고등학교 중에서 환경과목을 교양과목으로 선택하고 있는 학교는 287개교로 전체의 15%를 차지하고 있다.[35)]

대학교에서는 최근 환경전문교육에 대한 관심이 고조되고 있는 사회적 분위기에 따라 각 대학에 환경관련학과가 많이 개설되었다. 현재 우리 나라의 87개의 4년재 대학과 55개의 전문대학에 환경관련학과가 존재하고 있다.[36)] 그리고 현재 많은 대학에서 부분적으로 교양선택과목 혹은 관련학과의 전공과목으로 환경교과가 있기는 하지만 사회환경프로그램과 연계되고 있지 못한 상황이다. 상술한 바와 같이 대학에 많은 환경관련 학과가 개설되어 있는데 이들의 대부분은 공학계열이다. 현재 우리 나라 대학에 1996년에 공주대학교, 교원대학교, 순천대학교에 그리고 1998년에 대구대학교에 환경교육학과가 설치되었다.

환경교육은 환경에 대한 무지한 것도 문제이지만 알고서도 행동으로 옮기지

34) 환경부, 「환경백서」(환경부, 1998), p. 146.
35) 위의 책, p. 146.
36) 위의 책, pp. 588-89.

않는 것이 더 문제이다. 즉 환경문제와 관련된 주지적인 교육활동 못지않게 학생들의 정의적, 실천적 교육이 요구되는데 그것은 지식획득에서부터 가치의 정립, 태도의 변화 등을 통하여 실천에 옮겨지는 교육이 중요하다.[37]

학교교육의 환경문제 해결에 대한 영향력은 자라나는 세대의 자아를 형성하는 데 위력적 역할을 한다. 우리 나라의 학교의 환경교육의 현실은 어떠한가? 우리 나라 환경교육은 교육의 제도 측면에서, 교육의 내용과 방법의 측면에서 소극성과 체계성을 갖추지 못하고 있고, 전문 교사도 턱없이 부족하다. 상술한 바와 같이 전국 중학교와 고등학교에서 독립된 환경과목을 선택하는 학교의 비율은 11.5%와 8.8%이다. 이는 철저한 입시 위주 교육의 풍토 속에서 환경이라는 과목은 고입, 대입시험 과목이 아니기 때문이다. 또한 교육 방법에 있어서도 환경문제라는 분야의 특수성과 관계없이 거의 강의식 위주로 수업이 이루어지고 있는 것도 문제점이다. 교사와 관련해서는 학교 교사들의 환경에 대한 정보, 교육 훈련 부족 등에서 오는 전문성의 결여라는 것도 환경 교육의 문제점인 것이다. 이렇게 볼 때 학교에서의 환경교육이 효과적으로 수행되고 그 실효를 거두기 위해서는 입시 위주의 우리 나라 교육환경의 개선과 교육 당국의 성의 있는 태도가 절실하다.

5) 매스미디어

환경보도에 대한 언론의 관심은 각각 고립되어 생활하고 있는 현대사회에서 인간들을 연대시켜 환경보호를 위해 무엇을 해야겠다는 움직임을 일으킬 수 있는 원동력이 될 수 있다. 인간은 사회와 자연환경의 변화를 미리 감지함으로써 이에 적절히 대응하고 극복해 나갈 수 있게 된다. 그러나 이러한 지식과 정보는 오늘날과 같이 발달된 사회에서는 언론의 도움 없이 개인의 능력으로는 수집할 수 없는 것이 현실이다. 이 같은 관점에서 환경보호를 위한 방안으로 다시 한 번 언론의 중요성이 강조된다. 환경부가 지난 1995년 말에 조사한 바에 의하면, 환경보전이나 환경문제에 대하여 인지하는 경로로 텔레비전 75.4%, 신문 18.4%를 들고 있어 그 위력이 어느 정도 크다는 것을 실감케 한다.[38] 현대에서

37) 정원호, "한국의 중·고등학교에서의 환경교육," 한국환경교육학회, 「한국의 환경교육」(서울 : 과학교육사, 1996), p. 183.
38) 환경부, 「환경보전에 관한 국민의식조사」(환경부, 1995), p. 57.

가장 큰 대중교육기관인 언론을 통한 환경보호의 중요성과 당위성은 이런 관점에서 성립될 수 있다.

언론의 일반적인 기능으로 말해지는 것은 우선 언론의 의제설정기능과 시민의 여론조성 기능을 들 수 있다. 여론의 환경감시기능 역시 중요한 것이다. 환경오염과 자연생태계변화의 심각성을 효과적이고 사실적으로 알려서 인간들이 그에 적극적으로 대처하게끔 하는 역할이 환경감시기능이다. 슈람(W. Schramm)은 언론의 기능을 감시자로서의 기능, 정책결정기능, 교육적 기능의 세 가지로 구분하였다. 여기서 감시자로서의 기능은 환경을 관찰하면서 그 변화를 보고하는 기능이며, 정책결정기능은 정책을 지도하며 입법하는 기능이며, 교육적 기능이란 새로운 성원을 사회화하는 것을 일컫는다. 정책결정기능과 교육적 기능은 환경파괴나 생태계의 변화가 인류의 변화에 미칠지 모르는 현상들을 분석하고 조사하여 필요한 정책이나 지식을 제공하는 것을 말한다. 특히 교육적인 기능의 관점에서 보면 인간들이 필요한 환경관련 정보의 개발과 행동방향을 언론이 우선적으로 제시하고 사회변화의 견인차 역할을 해야 한다는 말이다.

언론의 환경정책에 대한 비판적인 보도는 정부로 하여금 정책을 수정 또는 개선시키는 압력을 가하는 역할을 한다. 이것은 언론의 정책평가로 볼 수 있는데, 언론은 주로 환경규제제도나 환경정책의 집행과정에서의 오류나 부조리 등을 지적함으로써 환경정책의 개선 또는 강화에 기여한다.

프리드먼(S. M. Friedman) 등은 매스컴이 환경문제를 보도할 경우 우선적으로 제공해야 할 사항으로 다음과 같은 네 가지 것을 지적하고 있다. ① 매스컴은 특정의 환경문제와 관련하여 최대한의 배경보도를 제공하고 설명해야 한다. ② 매스컴은 환경오염의 정도에 대한 완벽한 정보를 제공해야 한다. ③ 매스컴은 특정의 환경오염이 국민의 건강과 환경에 미치는 영향에 대해 최대한의 정보를 제공해야 한다. ④ 매스컴은 환경오염과 관련하여 파생되는 위험부담을 객관적으로 보도해야 한다 등이다.[39)]

환경문제를 다루는 데 있어서 언론은 단순히 사실을 알리는 것만으로 역할을 다하는 것으로 생각해서는 안 된다. 환경감시의 기능을 모든 국민의 차원으로 끌어올릴 필요가 있다. 환경문제를 언론이 필요로 하는 단순한 뉴스가치로서

39) S. M. Friedman, C. M. Gorney and B. P. Egolf, "Reporting on Radiation: A Content Analysis of Chernobyl Coverage," *Journal of Communication*, Summer, 1987, pp. 58-79.

의 차원이 아닌 국민적인 관심사로 부각시켜야 한다는 것이다.[40] 즉, 언론은 환경문제에 관한 정보를 정확히 알림으로써 시민들로 하여금 환경문제의 중요성을 인식게 하여 환경문제를 여론화하는 기능을 수행해야 한다. 언론의 환경보도는 시민들의 환경의식을 높여 주며, 환경보호여론을 조성한다. 언론은 국민들로 하여금 환경문제를 체계적으로 인식할 수 있도록 도움을 주어야 한다. 이것이 언론이 환경교육차원에서 직접적인 역할을 할 수 있는 가장 중요한 것이다.

환경문제에 대한 관심과 감시는 이제 이 시대 언론의 가장 중요한 기능 중의 하나가 되었다. 실제로 환경문제에 대하여 심각하게 생각을 가지게 된 동기에서도 많은 사람들이 매스컴의 역할을 평가하고 있다. 그러나 우리 사회에서 언론이 그 기능을 제대로 수행해 왔는지에 대해서는 부정적일 수밖에 없다. 국민들의 기대만큼 정부나 기업에 압력이 되지 못하고 있으며 알맹이 없이 간헐적으로 목소리만 높이는 것이 아니냐는 것이다.[41] 매스컴이 환경문제를 다루는 데 있어서 분위기를 조성하는 단계에서 벗어나 실천의 단계로 전환하면서, 구체적인 실천방안을 제시해야 하는데 그렇지 못하다.

환경문제에 관하여 많은 보도 및 특집 프로그램이 방송되지만 많은 경우에 있어서 환경을 오염시키는 사례를 위주로 방송하고 있다. 매스컴의 문제점은 형식적인 대응 자세로 합리적인 대안을 제시하지 못하고 있다는 것이다. 그러므로 사건의 보도 결과와 그로 인한 피해·개선 등의 문제를 진단하고 검사하는 노력이나, 환경관련 사건이 잠잠해진 후에 이를 다시 추적 확인하는 노력 등 철저한 사실에 대한 검증과 추적보도의 노력이 뒤따라야만 한다.

6) 환경단체

한국에서는 1980년대 중반 이후 환경운동이 확대되었을 뿐만 아니라, 환경문제에 관심을 갖는 운동단체도 대거 확산되었다.[42] 한국의 환경운동단체활동은

---

40) 김재범, “환경보호캠페인과 언론의 역할,” 「언론학보」, 제15집(서울 : 한양대학교 언론문화연구소, 1995), p. 183.

41) 위의 책, p. 183.

42) 1982년 5월에 한국최초의 전문환경운동조직인 한국공해문제 연구소가 출범하였다. 이 연구소는 심화된 환경위기에 대응할 필요성이 높아짐에 따라 종교인과 지식인들이 중심이 되어 결성한 단체로서 1985년 온산공단의 집단괴질을 조사하여 ‘온산병’이라는 이름을 붙여 사회문제화시키는 데 성공하였다. 정수복, “환경운동의 생성과 발전,” 시민환경연구소, 「환경의 이해」(서울 : 환경운동연합출판부, 1993), pp. 283-84.

1990년을 전후하여 반공해운동으로부터 새로운 환경운동으로 전환했다. 근본적으로 사회변혁의 유토피아는 사라지고 지속가능한 개발이라는 이름 아래 현실주의가 새로운 환경운동을 지배하게 되었다.[43] 기존의 공해추방운동연합(공추련)을 주축으로 환경운동연합이 창립되었고, 이 단체에서는 이전의 공추련과 달리 '모두가 가해자이자 피해자'라는 논리를 수용하면서 '시민 개개인들의 무절제한 소비'가 환경위기의 중요한 원인 가운데 하나라고 주장하게 되었다. 공추련이 민주화를 통해서만 환경문제를 근본적으로 해결할 수 있다는 근본주의적 주장을 제기한 데 반해서 환경운동연합은 '환경친화적인 산업구조, 기술개발, 그리고 환경친화적인 생활양식'을 통해 환경위기를 해결하고자 하고 있다.[44] 현재 한국의 환경관련단체는 허가단체 90개, 신고 단체 212개, 임의 단체 23개, 기타 단체 46개가 있는 것으로 파악되고 있으나[45] 그 외에 각 지역적으로 더 많은 환경에 대한 임의단체들이 존재하는 것으로 추정된다.

환경파괴와 오염이라는 산업사회의 부정적인 측면에 대한 인식의 확산이야말로 환경단체 생성의 동기가 되는 것이다. 환경문제에 대한 첨예하고 지속적인 문제의식이 환경의식이라면, 환경의식의 성장은 환경운동을 발생시키는 전제조건인 것이다.[46] 그러므로 환경단체는 직접적으로 환경문제에 관여하고 이를 해결하려는 데 그 목적이 있는 것이다. 각 환경단체의 환경운동은 성격에 따라 환경주의운동과 생태주의운동으로 구분할 수 있다. 환경주의운동 단체는 자연보호 캠페인, 쓰레기 줄이기 운동, 자원재활용과 같이 생활환경운동을 주로 한다. 여기에 비하여 생태주의운동 단체는 단순한 자원의 재활용이 아니라 근본적으로 소비를 줄이고 나아가 다른 소비양식을 창출하는 적극적인 차원에서 환경문제를 풀어 나가려 한다.[47] 또한 국제적인 지구환경규범 체제를 새롭게 만들어 내기 위하여 활동하고 있는 국제적 환경단체들도 있다.

환경운동 단체들은 활발한 활동을 보여 주고 있으며, 시민들의 인지도도 점

43) 정수복, "한국 환경운동의 평가와 과제," 「환경과 생명」(서울 : 환경과 생명을 위한 모임, 1995), p. 47.
44) 구도완, "한국환경운동의 전망과 쟁점," 「환경과 생명」, 제 3 호(서울 : 환경과 생명을 위한 모임, 1994), p. 182.
45) 환경부, 「환경백서」(환경부, 1997), pp. 636-51.
46) 정수복, 앞의 책(1993), p. 274.
47) 김영래, "환경운동단체의 현황과 활동," 아주대학교 사회과학연구소 편, 「생태사회과학—인간, 사회 그리고 환경」(수원 : 아주대학교출판부, 1994), p. 307.

점 높아가고 있다. 그러나 어느 일면에 있어서는 환경단체들이 서로 경쟁하며 힘 키우기만 급급하여 정치권과 같은 모습을 보여 주고 있다. 이들의 패권다툼이 몸집 불리기로 이어지면서 정부와 기업에 대한 의존이 점차 높아지고 있다. 그러므로 환경단체를 포함한 민간부문이 보다 적정한 역할을 수행하기 위해서는 제도적으로 보완되어야 할 분야가 많이 있는데, 우선 중요한 것이 재정자립 문제이다. 이것이 제도적으로 해결되지 않는 한 환경단체는 자율적 역할을 수행하기 어렵다. 각종 조사에 나타난 바에 의하면 국민들은 환경오염의 가장 큰 책임이 기업에 있다고 보고 있다. 이러한 기업을 감시하고 경각심을 불러일으켜야 하는 것이 환경단체인데, 문제는 그들의 활동 예산을 많은 부분 기업에 의존하고 있다는 사실이다. 기업의 후원금을 받는 행위는 환경단체의 독립성과 도덕성의 문제와 연관되는 것이다. 또한 환경운동이 주로 관심거리 위주의 행사에만 연연해 있지 않은가 하는 것이다. 예를 들면 전시적인 효과에만 급급한 나머지 몇몇 단체는 환경봉사 확인증을 발급하는 조건으로 중·고등학생을 행사에 동원하는 사례 등은 환경단체의 현주소의 일면을 보여 주는 것이다.

환경운동단체들은 정책이나 현안들에 대한 능동적인 대응을 위해서 전문성을 확보해야 하고, 지역주민들의 자발적인 참여를 이끌어 낼 수 있는 방안을 모색해야 한다.

2. 국제 행위자[48)]

포터와 브라운은 환경 분야 중요 행위자로 국가, 국제기구, 비정부기구, 기업 등 넷을 열거하여 설명하고 있다. 환경문제는 국제 정치상 중요 쟁점인 안보나 경제 등 총체적 협력으로 해결될 수 있는 것이며 어느 한 부문 행위자의 일방적 협력으로는 그 해결이 불가능하기 때문에 이들 모두가 중요한 논의의 대상이 되고 있다. 여기에서는 우선 국가와 국제기구, 비정부기구만 설명하겠다.

1) 국 가

환경문제 해결을 위하여 가장 중요한 특징은 주권국가의 협력이 매우 어렵

48) 이 부분은 김재영, "국제환경정치," 김재영 외, 「환경정치와 환경정책」(서울 : 삼우사, 1996)을 참조하여 축약한 것임.

다는 점에 있다. 세계 환경정치에서 주권국가들이 수행하는 중요한 역할로 우선 환경레짐 형성에 관여하는 일을 들 수 있다.[49] 국가는 국제법을 제정하는 협상 당사자로서 이를 추진·지지하거나 유보·반대하기도 하고, 또한 국제 기구의 회원국에 가입, 국제행동에 직접 참여하는 등 환경 정치에 직·간접적 영향을 미치고 있다. 그러나 각 주권국가들은 당면한 국내 문제와 관련해서 목전의 국가적 목표에 전념하지 않을 수 없고, 이러한 국가적 이해와 갈등이 복잡하게 얽혀 있어 국제사회에서 국가간 협력을 확보하는 일은 결코 쉬운 일이 아니다.

국가 행위자가 세계 환경 문제에 관하여 그들의 이익을 규명하고 역할을 선택하는 일은 주로 국내외 정치적·경제적 이해와 이데올로기적 흐름에 따라 결정된다.[50] 국가가 환경문제에 관하여 이를 반대·지지하거나 혹은 추진하는 일은 먼저, 국내 경제·관료세력과 환경 지지자들의 상대적 힘과 영향력에 의존하며 광범위한 국내 정치적 현안 문제에 관련된 이데올로기적 역할도 중요하다.[51]

한국은 오존층 보호에 관한 빈 협약을 비롯한 대부분의 주요 국제 환경 협약에 가입하고 있다. 이에 따른 환경규제의 강화는 단기적으로 국내 기업의 원가 부담 가중으로 국제 경쟁력이 저하될 위험성이 높다. 다만 장기적으로 보아 경제적 유인 제도의 도입 등을 통한 규제 강화로 그 긍정적인 측면에서 이익을 추구하는 것이 바람직하다는 주장이 있다. 즉 소비자들의 소비 패턴이 환경 친화적으로 바뀌고 기업의 혁신이 촉진된다면 국내 환경 개선은 물론 잠재성이 큰 환경 산업 및 환경 친화적인 상품의 수출 증대로 오히려 국제 경쟁력을 증대시킬 수 있다.[52]

2) 국제기구

국제기구는 국제레짐보다 폭넓은 개념으로 이해할 수 있는데 환경레짐의 핵심 개념을 이루고 있는 원칙, 규범, 규칙 및 정책 결정 절차를 형성·발전시키

49) 국제레짐은 일반적으로 국제관계상 특정의 쟁점영역에 관하여 정부들이 합의하여 명시한 제반 원칙, 규범, 규칙, 의사결정절차이며, 이에 따라 국가들이 취하는 집단행동의 형태, 제도화된 협력이다. 국제레짐은 정부에 의한 여러 가지 정도의 지지와 함께 국제조직, 다자간 조약, 제도, 회의, 협정들이 느슨한 연결망으로 조정되어 특정화된다. 예를 들면 발틱해의 해양환경보호, 유럽의 광역대기오염규제 또는 생물다양성보존 같은 경우가 이에 해당한다.

50) Porter & Brown, *op. cit.*(1996), p. 33.

51) *Ibid.*, pp. 33-35.

52) 민병승, "환경문제의 국제화와 국내 정책 대응," 한국환경기술개발원, 「환경포럼」, 제 2 권(통권 24호) (1995), p. 6.

는 데 중요한 역할을 한다. 국제레짐의 기능도 때로 국제기구의 도움 없이 이루어지지만 경우에 따라서는 국제기구의 역할에 대하여 보완되기도 한다.[53] 국제기구 중심의 분석을 강조하고 있는 국제기구 이론 모델에 의하면 국제기구는 국제레짐이 운영될 수 있는 여건을 제공해 주며 레짐의 지속성과 변화를 설명하는 데 도움이 된다.

국제기구는 가맹국들이 유엔이나 기타 여러 가지 형태의 지역 기구처럼 다양한 목적을 갖고 설립한 경우도 있고, 유엔의 전문기구와 같이 보다 구체적 목적을 위해 조직한 경우도 있다. 국제기구는 1972년 이래로 세계 환경 정치에 영향력을 증대시키고 있는데 포터와 브라운은 영향력을 행사하는 방식을 다음 네 가지로 요약하여 설명하고 있다.[54] ① 국제기구는 세계적인 행동을 필요로 하는 의제를 확정하고 국제사회가 다루어야 할 이슈를 결정할 수 있다. ② 국제기구는 국제환경레짐에 관한 협력을 주관하고 영향을 미칠 수 있다. ③ 국제기구는 여러 가지 환경문제에 관하여 규범적 행동 규범을 약한 법의 형식으로 발전시킬 수 있다. ④ 국제기구는 국제적 협상이 이루어지지 않고 있는 문제에 관하여 국가의 정책에 영향을 미칠 수 있다.

환경과 관련된 중요한 국제기구들을 열거하면 다음과 같다. 국제 환경문제를 다루고 있는 대표적인 국제기구는 유엔환경계획(United Nations Environment Programme : UNEP)이다. UNEP는 국제적으로 광범하게 확산된 심각한 환경문제를 유엔의 테두리 안에서 해결하려는 정책 조정의 일종의 촉매적인 역할을 수행하는 기관이다. 또한 유엔총회는 지구 환경 교섭을 주최하고 스톡홀름 환경 회의 20주년을 맞아 유엔환경개발회의(United Nations Conference on Environment and Development : UNCED)를 발족시켰다. 이 회의는 모든 국가에서 "환경적으로 건전하고 지속 가능한 개발"을 촉진하기 위한 방안을 모색, 실천적인 국제 협약을 체결하는 것을 목적으로 「개발과 환경에 관한 리우선언」, 「삼림보전 원칙 선언」, 「의제 21」(Agenda 21)을 채택하였다. UNEP이나 UNCED 이외에 환경문제 및 환경 개발에 관한 활동을 벌이고 있는 유엔기구로 UN에 UNESCO, WHO, FAO, ILO, UNGAD, IBRD, IMF 등을 열거할 수 있다.

---

53) 박재영, 「유엔정치론」(서울 : 법문사, 1994), pp. 25-26.
54) Porter & Brown, *op. cit.*(1996), pp. 41-42.

3) 비정부기구(Non Government Organizations : NGO)

비정부기구가 세계 환경 정치의 새로운 중요한 세력으로 대두된 것은 지구 환경 보호의 문제가 세계 정치의 중요한 쟁점으로 부각된 것과 때를 같이한다. NGO의 수가 어느 정도인가에 관한 정확한 통계는 잘 모르지만 한 세계 환경 기구의 통계에 의하면 약 4,000개 이상으로 추산되고 있으며[55] 이들 단체가 각 국가에서 각 분야 환경 보호 활동을 벌이고 있다.

그 동안 세계 환경 보전 분야가 제대로 활성화되지 못하고 있는 것은 국제 정치 차원의 기구나 조직의 대응보다도 각국 정부의 지도자나 정책결정자들의 소극적인 대응 자세에도 문제가 많다. 이같이 환경문제 극복을 위한 의지와 능력이 부족한 상황하에서 비정부기구 지도자들은 연구와 교육 활동을 증진하고 상호 집단을 이루어 정부에 압력을 가하며 특히 정보·통신의 급격한 발달과 그들간의 전세계적 연대로 그들의 환경보호 역할을 다하고 있다.

포터와 브라운은 NGO의 활동 상황을 크게 보아 선진국과 개도국별로 나누고 특히 전자의 경우 셋으로 유형화하여 설명하고 있다.[56]

선진 공업 국가에 있어서 세계 환경 정치에 참여하고 있는 대부분의 NGO는 다음 세 범위에 해당한다. 즉 ① 국제 NGO에 가입한 조직으로 많은 국가들에 지회를 가지고 있는 단체[57] ② 주로 국내 환경문제에 초점을 두고 있는 대규모 국내 조직[58] ③ 싱크탱크·연구 기구로 주로 출판이나 행동을 위한 제의를 발하는 단체 등이다.[59]

---

55) 그러나 UN이 비영리, 자원 단체로 인정한 NGO는 1982년 15,000개 이상이라는 주장이 있다. John McCormick, *The Global Environmental Movement* (London : Belhaven Press, 1989), pp. 132-33.

56) Porter & Brown, *op. cit.* (1996), pp. 51-52.

57) 대표적인 NGO는 지구의 벗 인터내셔널(Friends of the Earth International FOEI), 그린피스(Greenpeace), 유럽 환경 사무국(European Environmental Bureau EEB), 세계 생물 보호 기금(World Wildlife Fund WWF) 등이다. 그린피스(Greenpeace)는 급속하게 성장하여, 현재 500만의 회원이 가입해 있고 30개 국가에 43개 지부가 설치되어 있다. 상근직원 1,330명, 연간 1억 5000-7000만$의 예산으로 운영되고 있으며 환경문제를 다루기 위한 6개 분과가 있어 대기 및 에너지, 핵과 폐기물 처리, 해양 오염 방지, 삼림 보호 등에 집중적인 관심을 갖고 있다.

58) 주로 미국의 대규모 환경 단체로 시에라 클럽, 오더본 협회(National Audubbon Society), 야생 생물 협회(National Wildlife Federation: NWF) 등을 들 수 있다.

59) 보통 사적인 기부금이나 계약에 의하여 설립되며 전문 기술과 연구 프로그램에 의거하여 세계 환경 정책에 영향을 미친다. 그 적절한 예로 워싱턴DC에 있는 세계 자원 연구소(World Resources Institute : WRI), 런던과 브에노스 아이러스(Buenos Aires)에 있는 국제 환경 개발 연구소(the International Institute for Environment and Development : IIED)가 있다.

개도국의 환경NGO는 주로 빈곤 및 환경문제와 직결된 발전 문제에 관심을 쏟고 있다. 그들은 토지이용, 삼림관리, 어업권, 자원의 재분배 등에 중점을 두고 활동한다. 물론 칠레와 아르헨티나의 NGO처럼 오존층에 관심이 있는 NGO 등 예외는 있다. 개도국 NGO들도 흔히 국가 차원의 연합을 이루고 있다. 예를 들어 브라질의 NGO포럼은 UNCED가 개최되었을 때 1,000여개의 단체가 이에 연합하였고 인도네시아의 환경포럼(WACHI)은 전국에 걸쳐 450개 이상의 단체를 포괄하고 있다.

환경NGO들이 국제환경레짐에 영향력을 행사하는 방법은 다양하나 대개 다음 5개의 유형으로 구분하여 설명할 수 있다.[60]

① 환경문제에 관한 새로운 이슈를 제기하거나 기존 문제를 재구성하여 세계 환경문제의 의제 형성에 영향을 미친다. ② 본국 정부 혹은 타 국가의 정부를 상대로 새로운 제안을 내놓거나, 소비자 보이콧트, 계몽 교육 캠페인을 벌이고 소송을 제기하는 방식으로 환경 정책 개선을 바라는 압력이나 로비 활동을 한다. ③ 환경에 관한 회의에 앞서 그 초안을 작성하여 내놓는다. ④ 국제적 협상 과정에서 로비 활동을 벌인다. ⑤ 회의의 진행을 청취·감시하고 사무국이나 각 정파들에 보고한다.

1980년대 말 이래 UNEP, World Bank 등 기타 국제 기구들은 시민 단체, 운동 그룹 등 NGO와의 관계를 보다 긴밀히 하고 그 제도화를 위한 여러 조치를 강구하였다. 가령 1987년 UNEP은 NGO를 위한 인적 자원, 기금 제공, 아시아·아프리카 지역들의 NGO 네트워크 설치 등을 제시하였고, 세계은행(World Bank)도 "NGO와의 협조"라는 업무 지침서를 발간, 개발도상국 NGO들의 참여 역량을 높이는 조치를 취하였다.[61] 특히 1992년 6월 리우회담의 준비 과정에서 NGO들의 활동은 괄목할 만한 것이었다. 1991년 제네바에서 열린 UNCED 준비 위원회에 약 200개의 NGO들이 공인을 받았으며 뉴욕의 최종 준비 위원회에는 500개의 NGO들이 1,200회원을 동원한 바 있다(Porter & Brown, 1996, 58). 지구 정상회담에는 150개 국가 이사의 대표자를 비롯 약 1,400개 NGO가 참석했고, 18,000명이 병행 회의인 "지구포럼"에 참여하였

60) Porter & Brown, *op. cit.*(1996), p. 54.

61) 박홍순, "환경, 국제 기구 및 국내 정치 : 새로운 패러다임을 위하여," 한국정치학회, 「지속적 성장과 환경 보호 정책」(1995), p. 117.

다.[62]

그러나 NGO들의 활동은 그들이 로비를 벌이고 있는 제도 자체의 본질과 활동대상이 가지고 있는 한계가 있으며, 이들의 활동을 최대한 보장할 수 있는 체제의 속성(예를 들어 정치체제나 법률 형태, 매스컴의 대응 등)에 따라 영향을 받고 있다.

제 5 절 결 론

환경문제는 인간생활의 발전과 더불어 부수된 것인데, 이제 인간 생존 자체를 위협하는 문제로 다가오고 있다. 인간은 자연과 더불어 살아 왔고, 자연을 지배하면서 살아 왔다. 이러한 속에서 인간은 지속가능한 자연보전과 안전한 삶의 보금자리에 대한 낙관적인 신념을 가졌었다. 그러나 급속한 인구증가와 산업화 등으로 이러한 환상은 깨지기 시작했고, 자연의 환경오염이 심각하게 대두된 것이다. 점증하고 있는 환경오염을 막지 못한 이유는 한정된 세계에서 이윤추구에 중심을 둔 경제팽창의 논리에서 찾을 수 있다.

이에 따라 환경에 대한 인간들의 가치관도 변해 갔다. 초기의 지배적인 환경관은 과학기술의 발전을 지나치게 신뢰하는 기술지향주의적 환경론이었다. 그러나 이러한 지배적인 가치관은 경제성장정책에 대해 무비판적인 지지를 보낸다는 비판과 엄청난 과학기술의 발전에도 불구하고 환경문제가 치유될 수 없는 상황으로 전개되고 있다는 지적에 봉착하게 되었다. 여기에서 생태계의 부담능력과 순환과정을 능가하는 경제성장은 제고되어야 한다는 생태중심주의가 설득력을 가지게 되었다. 이는 자연법칙에 순리적으로 따라야 한다는 환경관으로, 생태계의 회복과 안정을 위해 인간과 자연간의 가치관을 바꾸어야 한다는 것이다.

기술지향주의나 생태주의를 모두 극복해 보자는 새로운 가치관으로 등장한 것이 지속가능한 발전이라는 명제이다. 지속가능한 발전은 환경보전과 경제발전을 병행시켜야 한다는 논리이다. 그러나 이것도 경제적 기준들은 고도로 충족되어 있는데, 생태적 지속을 측정하는 변수와 사회적 복지충족을 위한 변수개발에

62) 위의 글, p. 117.

대한 배려가 없다는 비판이 제기되고 있는 실정이다. 결국 자연의 훼손을 최대한으로 줄이며 발전은 지속시켜야 한다는 가치관이 비판이 있음에도 불구하고 설득력을 얻어 가고 있다.

환경문제의 해결은 전적으로 정부의 책임만으로 한정지울 수 없다. 환경문제의 발생과 해결 관련 주체들인 정부와 기업 및 국민들의 실천적 과제로 주어진 것이다. 그러므로 환경운동과 환경교육의 필요성이 간절히 요구되고 있다. 환경교육은 우리의 가치관과 삶의 방식을 바꿈으로써 환경과의 조화를 회복하기 위한 것이어야 한다. 현대사회에 대단한 위력을 발휘하고 있는 매스미디어가 국민들의 반향을 일으킬 수 있도록 선도해야 한다.

이러한 이유로 타당성은 그린라운드라고 불리는 국제적 환경규제는 환경을 무시하고 그 희생의 대가로 경제성장을 이룩하려는 국가나 기업들에게 결코 국제경쟁력을 가질 수 없도록 하고 있다는 것에서 찾을 수 있다. 이미 국제환경정치의 주요한 행위자인 국제기구나 국제적인 NGO들은 각 국가에 압박을 가하고 있는 실정이다.

환경문제를 해결하기 위한 노력은 여러 측면의 학제적 접근방법의 적극적인 지원을 받게 된다. 환경에 대한 계획이나 환경문제의 해결에는 생태학, 환경공업, 의학, 물리학, 인구학, 지리학 등 제 과학과 영역간의 학문적 도움 없이는 불가능하다. 그러나 오늘날 환경문제는 워낙 복잡하고 다양하게 얽혀져 그 성격은 과학적·기술적 문제일 뿐만 아니라, 동시에 정치적, 사회적, 경제적, 행정적인 문제이기도 하다. 환경문제는 과학적·기술적으로만 정의될 수 있는 것이 아니며, 인간의 가치 및 이해관계와 관련된 개념으로 이해되어야 한다. 인간은 우연이든 필연이든 스스로 만든 사회에 구속되어 살아가고 있다. 오늘날은 그 어느 시대보다도 우리 인간 대부분의 삶이 더욱 더 정치와 밀접한 역학관계 속에서 유지되어 가고 있다.

사회과학적 지식을 필요로 하는 대표적인 접근이 환경정치의 측면이다. 환경정치의 영역에서는 환경문제와 경제문제 사이에 존재하는 가치갈등을 해결하고 정책을 결정하고 집행하는 과정에서의 의견조정과 타협점을 찾는 정치적 과정에 관심을 갖게 된다.

인류의 역사는 이데올로기의 종언을 맞이하고 있다. 체제변동이나 민주화를 둘러싸고 일어났던 이데올로기의 갈등은 쇠퇴하게 되었으며, 어떤 특정한 이데올로기를 위하여 바쳐졌던 정치적 열정은 다른 돌파구를 찾아 헤매기 시작했다. 그 결과 이상사회의 건설, 이데올로기와 같은 거대한 문제보다는 사람들의 실생활과 직접 관계가 있으며, 크게 보면 인류의 생존과 직결되어 있다고 볼 수 있는 환경문제가 새로운 정치적 관심사로 떠오르게 되었다.[63] 리프킨은 다음 세기를 위한 새로운 의식으로서 생태권 정치(Biosphere Politics)를 주장하고 있다. 새로운 유기체적 정치(organismic politics)의 임무는 지역적 차원에서 생태계의 유지를 그리고 지구적 차원에서 생활생태학적 안정성을 보장하는 것이다.[64] 그러므로 환경은 또 다른 차원에서 이데올로기화되고 있는 셈이다. 환경정치는 인간과 인간, 인간과 자연, 국가와 국가간의 관계를 규율짓는 분야인 것이다.

연습문제

1. 일반적으로 환경문제가 발생하게 된 주요 원인을 무엇으로 보는가 그리고 현재 우리 나라의 경우 이것과의 공통점과 상이점은 무엇인가?
2. 환경에 대한 가치관은 어떻게 변화되어 왔으며, 여기에는 어떠한 문제점이 있는가를 살펴보고 앞으로의 방향을 나름대로 설정하라.
3. 정치사회화의 내용이 무엇인가를 설명하고, 환경문제가 여기에 포함되어야 하는 이유를 설명하라.
4. 서구의 녹색당의 출현 배경과 활동사항을 살펴보고, 국내 환경운동단체의 연역과 활동 등을 설명하라.
5. 국내환경정치 행위자로서 정부, 기업, 가정, 학교, 매스미디어의 책임과 이들의 바람직한 활동 방향을 제시하라.
6. 국제환경정치에서 국제기구와 NGO가 차지하는 비중과 활동을 설명하라.

---

63) 진미경, 앞의 책(1994), p. 52.

64) Rifkin Jeremy, *Biosphere Politics : A New Consciousness for a New Century* (New York : Crown Publishers, 1991), pp. 286-87.

제 12 장　여성과 정치(Gender Politics)

요　약

과거의 정치학은 '인간'의 정치적 의식 및 행태라는 상징으로 '백인' 또는 '남성'의 행태만을 설명하거나 변수화했을 뿐, '유색인종'이나 '여성'의 행태는 남성과 동일하거나 무의미한 것으로 간주해 왔다. 또는 성에 관한 한 모든 인간은 이성애적 성향을 지니고 결혼한다는 명제를 당연히 받아들여 왔다. 현재 주류의 위치를 차지하고 있는 경험적 연구는 엄밀한 정량분석을 통한 인과관계의 도출로 사회현상의 일반적 법칙을 알아내려 하지만, 성인지적 시각을 가지고 있지 않기 때문에 인구의 절반이 지니고 있는 의식과 행위를 잘 설명해 내지 못하는 것이다. 성이라는 변수가 정치학에 도입되어 인종차별, 지역차별 등 정치학의 새로운 문제의식에 성차별이라는 또 하나의 설명틀이 생겨났으며, 그간 무시해 왔던 다양한 질문에 대답할 수 있게 되었다.

성을 변수로 한 정치학은 새로운 연구의 주제와 대상을 포함한다. 새로운 연구주제로는 첫째, 개인의 성적인 선택과 국가의 개입이 충돌을 일으키는 부분(낙태, 유전자복제, 혼외정사 및 중혼, 음란물, 미혼모, 입양, 성희롱 등) 둘째, 평등한 정치적 대표성 부분(채용목표제 및 할당제, 여성에게 불평등한 선거제도 및 관행, 성평등한 교육과정 등)이 있고, 새로운 연구대상으로는 과거 정치적으로 주변세력에 머물렀던 여성, 동성애자 등의 정치행태를 꼽을 수 있다. 본 장에서는 성 정치학의 대표적 주변세력을 여성이라고 보고 여성문제를 해결하는 과정에서 생성된 다양한 정치이론을 살펴보고, 각국의 여성정치참여현황을 비교정치적 측면에서 논의한 뒤, 국제정치에서 성과 관련된 쟁점들을 살펴봄으로써 향후 정치적 성차별이 해소될 가능성에 대하여 진단해 보고자 한다.

여성을 정치적 행위의 연구대상으로 볼 때, 서로 경쟁하는 대표적인 이론들은 자유주의, 사회주의, 실존주의, 급진주의 등이다. 이들은 모두 서구의 정치적 이념 및 변화와 함께 생성된 것들로서 아직도 성차별의 원인과 해결방법을 둘러싼 이견이 해소되지 않은 상태이다. 경쟁하는 이론들은 모두 근대의 시작과 함께 태동한 것들이며, 만인이 평등하고 존엄한 존재이며 이들의 참여로 인하여 민주주의가 완성된다고 보는 시각을 공유한다.

비교정치적 측면에서 동양과 서양은 여성을 주변화하는 공통점을 가지고 있다. 각국의 역사적, 문화적 배경이 상이함에도 불구하고 동일하게 발견되는 여성의 정치적 저대표성은 매우 흥미로운 시사점을 제공한다. 각국 여성들이 정치적 권리를 획득하고 세력화를 꾀하는 과정을 비교함으로써 국가체제의 문제인식능력과 해결능력을 살펴볼 수 있다.

국제정치적 측면에서 유엔을 중심으로 한 여성의 지위향상 프로그램은 인권보장측면에서 운영되고 있다. 유엔이 가지고 있는 여러 가지 한계에도 불구하고 보편적 인간성 회복을 위한 각종 선언과 결의문, 각국에 대한 권고 등은 성차별해소에 긍정적 영향을 미치고 있다.

결론적으로 정보사회의 도래와 함께 정치적 성차별 해소가능성이 조심스럽게 타진되고 있다. 정보사회는 이전의 농업사회나 산업사회와 달리 여성들의 정치세력화를 가능하게 해 줄 것이라고 진단하는 시각도 있지만, 반대로 정치가 영합게임(zero-sum game)의 속성을 갖기 때문에 생활양식의 변화와는 무관하게 집단적 지배의 유형이 달라지지 않을 것이라는 전망도 있다.

제 1 절 성차별에 대한 논의

1. 정치학과 성의 만남

1) 성(gender)이라는 변수의 등장

정치학은 권력에 대한 학문이다. 권력을 소유하고자 하는 인간의 본성, 리더십, 권력을 둘러싼 정치의식, 정치문화, 이들을 총체적으로 아우르는 정치이념, 구체적인 국가들의 행위와 발전정도, 국가간의 관계 등 그 연구범위가 상당히 넓다. 정치학 연구의 시각은 크게 둘로 나뉘어 왔는데, 그 하나는 규범적 연구요 다른 하나는 경험적 연구다. 규범적 연구는 정치윤리, 도덕, 법, 질서 등 당위적 명제를 다루고 경험적 연구는 정치적 행위 및 태도, 정책결정과정 등 현실적 명제를 다룬다.

규범적인 경우에는 말할 것도 없지만, 엄밀한 객관성을 추구하는 경험적 연구의 경우에도 연구자의 주관성이 개입되는 경우가 있다. 주어진 사회체계 내의 권력구도를 정확히 이해하기 위하여 연구자의 객관적 시각이 확보되어야 하지만, 그러한 객관성이 연구자 자신의 주관적 위치에 따라 상대적으로 달리 이해될 수밖에 없는 한계가 존재하는 것이다. 예를 들면 기존의 경험적 연구는 설명을 위한 변수(variables)를 채택하는데, 독립변수와 종속변수의 관계를 과학적 검증과정을 거쳐 증명하려 한다. 흔히 외재적 변수(exogeneous variables)라 하면 관계의 틀 밖에 있는 것으로서, 나이, 국적, 성, 인종, 연령 등을 들고 내재적 변수(indogeneous variables)라 하면 변수간의 관계 안에서 설명하려는 정치의식, 태도, 국가관, 정당의 선택, 선거행위 등이라 할 것이다.

문제가 되는 것은 성이라는 변수가 무시되어도 좋으냐 하는 것이다. 과거의 정치학은 '인간'의 정치적 의식 및 행태라는 상징으로 '백인' 또는 '남성'의 행태만을 설명하거나 변수화했을 뿐, '유색인종'[1]이나 '여성'[2]의 행태는 남성과 동일하거나 무의미한 것으로 간주해 왔다. 또는 성에 관한 한 모든 인간은 이성애적 성향을 지니고 결혼한다는 명제를 당연히 받아들여 왔다. 현재 주류의 위치를 차지하고 있는 경험적 연구는 엄밀한 정량분석을 통한 인과관계의 도출로 사회현상의 일반적 법칙을 알아내려 하지만, 성인지적 시각을 가지고 있지 않기 때문에 인구의 절반이 지니고 있는 의식과 행위를 잘 설명해 내지 못하는 것이다. 성이라는 변수가 정치학에 도입되어 인종차별, 지역차별 등 정치학의 새로운 문제의식에 성차별이라는 또 하나의 설명틀이 생겨났으며, 그간 무시해 왔던 다양한 질문에 대답할 수 있게 되었다.

---

1) Andrew Altman, "Race and Democracy: The Controversy Over Racial Vote Dilution," *Philosophy and Public Affairs*, vol. 27, no. 3 (1998).

2) Wendy Brown, "Supposing Truth were a Woman... : Plato's Subversion of Masculine Discourse," *Political Theory*, vol. 16 (1988), pp. 594-616; Kathy E. Ferguson, "Knowledge, Politics and Persons in Feminist Theory," *Political Theory*, vol. 17 (1989), pp. 302-12; Sue Carry Jansen, "Is Science a Man? New Feminist Epistemologies and Reconstruction of Knowledge," *Theory and Society*, vol. 19 (1990), pp. 235-46.

2) 생물학적 성(sex)과 사회적 성(gender)

성이라고 하면 우선 생물학적 특성을 떠올리게 된다. 남성과 여성의 해부학적, 화학적, 유전학적 특징이 정치적으로 어떠한 차이를 나타낸다는 것인지 의아해 하는 경우도 있다. 생물학적 성(sex)은 난자세포와 정자세포가 수정되는 즉시 결정된다. 부모로부터 각각 23개의 염색체를 받아서 생긴 총 46개의 염색체 중 한 쌍이 태어날 아기의 성별을 결정한다. XX 염색체를 가진 여아와 XY 염색체를 가진 남아는 12세 전후의 성장기에 성호르몬의 변화에 따라 각각의 특성을 지닌 성인으로 자란다. 남녀의 생물학적 차이는 근육, 골격, 체중, 음성, 생식기, 체모 등에서 나타나며 외관상 뚜렷한 차별성을 보인다.

생물학적 차이는 남녀를 분명히 구분해 주지만, 그들의 정치적 차이를 규정하지는 않는다. 정치권력이 근육이나 골격의 크기로 결정되던 시기는 이미 지났다. 음성이 좋아야 정치의식이 높은 것도 아니며 임신할 수 있어야 정치지도자가 되는 것도 아니다. 문제는 차이(difference)가 차별(discrimination)로 이어지는 데 있다. 생물학적으로 다르다는 사실은 정치적으로 다르다는 사실을 객관적으로 증명해 주지 못한다. 그럼에도 불구하고 동서고금을 막론하고 정치권력은 가부장적 남성 이성애자들에게 소유되어 왔다.

생물학적 차이를 근거로 사회적 관행, 집단적 문화, 기대가치, 교육 등이 상이하게 이루어질 때 사회적 성(gender)이라는 변수가 생겨난다. 사회적 성이란 성차에 대한 사회적 약속이다. 여자는 여자답게, 남자는 남자답게, 여자에게 어울리는 일, 남자니까 당연히 해야 하는 일, 성인이 되면 반드시 결혼을 해야 하고, 결혼을 했으면 아기를 가져야 하고, 엄마는 아기를 돌보고 집안살림을 하고 시부모를 공경해야 하고, 아빠는 돈을 벌어 오고… 등이 사회 전반에 보편적으로 인지되고 집단적 가치관으로 형성되어 이에 어긋나는 개인이 이상해 보이거나 집단으로부터 차별대우를 받을 때, 남자는 정치후보자 여자는 운동원 내지 유권자로 역할할 때, 남성은 지도자 여성은 추종자라는 구분이 사회 전반에 파급되었을 때, 사회적 성은 정치적 성격을 띤다.

성을 변수로 하여 정치적 상관관계를 연구하는 분야를 성 정치학(gender politics)이라 한다. 성 정치학은 정치학의 새로운 분야로서 과거 설명되지 않았던 성차의 영역을 중요한 변수로 받아들여 남녀의 정치적 평등을 구현하기 위한 이념, 제도, 법률, 관행 등을 연구하여 기존사회의 문제를 비판하고 대안을 제시한다.

2. 성 정치학의 주제

성 정치학은 성을 개인의 사소한 일상의 문제라고 생각하지 않는다. 국가의 통제질서와 개인의 인권은 오랜 기간동안 길항관계에 있어 왔지만, 복지국가개념이 보편화되면서 무작정 작기보다는 능력 있는 정부가 바람직한 상으로 표현되고 있다. 과연 능력 있는 정부가 작은 정부일 수 있는가에 대한 근본적 질문은 해결되지 않은 상태이기는 하지만, 실업, 금융, 국토개발, 하다 못해 초등학교 급식까지도 정부의 정책에 따라 실시되는 형편이므로 현대의 국가는 점차 전지전능해지고 있다.

과거 개인의 사생활 영역에 숨겨져 있었던 성적인 문제, 즉 낙태, 결혼, 음란물 등은 더 이상 개인의 자유로운 선택이 아니다. 사회적 성이라는 변수가 점차 구체화되고 많은 사람들의 관심을 끌게 되면서 분명한 국가의 잣대를 필요로 하게 된 것이다. 성폭행, 성희롱, 성추행 등 최근 사회적 관심을 끌게 된 문제들에 대한 법령의 제정 및 개정도 개인들 스스로 문제를 해결할 수 없을 때 국가의 개입이 필연적임을 시사해 주고 있다.

현저히 낮은 여성의 정치적 대표성을 어떻게 선진국 수준으로 끌어올릴 것인가도 국가의 관심사이다. 여성공무원 채용목표제, 할당제, 정당명부식 비례대표제, 각종 위원회 여성위원 위촉비율선정 등의 정책은 평등의 원칙에 위반된다는 비판을 낳기는 하지만 '궁극적 평등을 위한 일시적 불평등'이라는 시각에 의해 추진되고 있다.

성을 변수로 한 정치학은 새로운 연구분야를 탄생시키고 있다. 첫째, 개인의 성적인 선택과 국가의 개입이 충돌을 일으키는 부분(낙태, 유전자복제, 혼외정사 및 중혼, 음란물, 미혼모, 입양, 성희롱 등) 둘째, 평등한 정치적 대표성 부분(채용목표제 및 할당제, 여성에게 불리한 선거제도 및 관행, 성평등한 교육과정 등)이다.

3. 성 정치학의 대상

성 변수가 정치학에 도입되게 된 배경은 근대 민주주의의 태동에 있다. 왕권신수설의 전복은 모든 인간이 평등하다는 사고를 만연시켰고, 소위 권력의 이동[3]이 발생하였다. 과거 권력의 중심에 있었던 왕족과 무사들이 정치권력의 주변에 있었던 농민, 노동자들과 평등하게 1인 1표를 나누어 가지기까지 수많은 전쟁과 혁명이 있었다.

마찬가지로 현재 정치권력의 중심에 있는 가부장적 남성 및 이성애자들은 정치권력의 주변에 있는 여성 및 동성애자들로부터 거센 저항을 받고 있다. 여성과 남성이 다른 생물학적 차이가 정치권력의 차이를 정당화시키지 못한다면 과거 노동자, 농민들이 평등을 주장했던 것과 같이 여성도 남성과 동일한 대표성을 가져야 한다고 주장하는 것이다.

모든 사람은 이성애적 성향을 가졌다는 생물학적 증거가 분명하지 않으므로 동성애자들도 이성애자와 똑같이 정부로부터 혜택과 기회를 받아야 한다는 주장이 점차 확대되고 있다. 결혼을 하지 않았거나 이혼한 사람들에 대한 사회적, 심리적 차별도 마찬가지로 없어져야 한다는 주장은 정치학의 대상이 무성적(asexual) 표상을 띤 '인간'(humanbeing)에서 현실적 대상으로 구체화되어야 한다는 명제를 내포하고 있다.

성 정치학의 존립근거는 권력의 민주주의적 이동에 있다. 중심과 주변을 분류하고 중심의 권력을 주변으로 이동시켜야 할 당위성, 방법, 절차, 비용에 대한 연구가 요구되는 것이다. 본 글에서는 성 정치학의 대표적 주변세력을 여성이라고 보고 여성문제를 해결하는 과정에서 생성된 다양한 이론과 각국의 여성 정치참여 현황을 살펴보기로 한다.

---

3) Alvin Toffler, 「권력이동」(서울: 한국경제신문사, 1990).

제 2 절 여성과 정치이론

1. 근대사의 여성운동

차별과 갈등의 문제는 인류역사와 궤를 함께 한다. 그중 성차별의 원인에 대한 다양한 이론과 접근방법이 있지만, 대개 여성운동을 뒷받침하는 이론으로 시작된 경우가 많았다. 근대에 접어들며 천부인권론을 바탕으로 한 사회계약론자들은 인간의 성적 구별이 인권차별의 근거가 되지 않는다고 주장하였다. 대표적인 인물은 존 로크, 토마스 홉스, 존 스튜어드 밀 등이다. 그중에서도 밀은 여타 사회계약론자들이 성차를 인지하지 못했거나, 인지했다 하더라도 전통적 여성관을 주장했던 데 반해, 이성적이고 정치적인 존재로서의 여성을 부각시켰다. 「여성의 예속」이라는 글에서[4] 밀은 여성의 타고난 자연적 속성이 이성(reason)이라고 주장하며, 남성의 육체적 힘의 우월성이 법적 우월성을 정당화시킬 수는 없다고 설파하였다. 가정에 종사하는 여성의 역할은 남성들이 여성들에게 부과시킨 것이므로 여성이 원하지 않는다면 가사와 양육의 책임을 떠맡을 필요가 없다는 당시로서는 급진적인 주장도 밀의 것이다.

근대 자유주의 사상가들은 밀을 제외하고는 여성문제를 도외시하였다. 심지어 루소는 「에밀」[5]에서 성차는 지성의 차이이며 이성은 자유로운 남성의 전유물로서 적극적이고 의지가 강한 지도자로서의 특징을 대변해 준다고 쓰고 있다. 여성의 존재가치는 남성을 기쁘게 하고 복종하는 데 있으며 매력적인 여성이 되기 위하여 음악, 소설 등 예술분야를 가볍게 공부하는 것이 좋다고 구체적인 교육방안까지 제시하고 있다.

계몽주의자들의 사회계약론은 당시 정치적 소수였던 민중들에게 큰 영향을 미쳤다. 타락한 왕정을 붕괴시키는 데 앞장섰던 국가는 프랑스이다. 새로운 세상이 열린다는 주장은 수많은 군중을 흥분시켰고, 파괴와 약탈, 살인으로까지 이어졌다. 프랑스혁명의 열기는 모든 사람에게 일시에 자유와 평등, 그리고 박

4) 존 스튜어드 밀, 김예숙 역, 「여성의 예속」(서울 : 이화여대출판부, 1986).
5) Jean Jacque Rousseau, *Emile*(London : The Chaucer Press, 1974).

애를 가져다 줄 것을 약속하였으나 그 대상에서 제외된 유일한 집단은 여성이었다. 혁명이 끝나고 동일한 참정권을 요구하였던 여성들은 혁명주체세력에 의해 배반당하였다. 여성들의 집단적 불만은 프랑스를 중심으로 전 유럽, 미주까지 전파되었으며, 1848년 세네카 폴즈 협정에서 여성들은 사회계약론 및 천부인권론에 대한 여성적 입장을 발표하였다. 여성들은 국가의 통치권에 대하여 동의하는 과정(참정권)에서 배제되고 결혼과 동시에 법률적 자격을 박탈당하므로(천부인권), 자연이 부여한 개인으로서의 권리를 되돌려받지 않는 한 새로운 시민국가는 불완전하며 부도덕하다는 주장이다. 인간의 합리성, 특히 개인중심 사고의 이성적 합리성을 천부인권론으로 받아들여, 여성도 남성과 똑같은 능력, 즉 이성적 능력을 가지고 있다는 것이었다. 이성중심주의는 받아들이되, 남성중심의 배타적 이성주의는 거부한다는 것이다. 근대의 여성운동은 민주주의 혁명과 함께 시작되었으며 성차에 대한 인식에 따라 다양한 분파로 나누어졌다.

2. 자유주의 페미니즘[6)]

자유주의 페미니즘의 사상적 기초는 17-8세기의 계몽주의로까지 거슬러 올라간다. 중세의 신 중심적 사고는 우주만물의 질서가 단순불변한 수학적 법칙에 따라 이성중심으로 작동한다고 하는 새로운 세계관으로 대체되었다. 인간의 이성을 통해서 도출해 낼 수 있는 몇 가지 기본법칙에 따라 도덕·정치·미학 등 철학적 세계도 명백하고 확실한 관념의 세계 안에서 구축할 수 있다고 본 것이다. 이성의 빛에 비추어진 진리의 세계는 반박할 수 없는 불변의 세계이며, 아직 어둠에 싸여 있는 진리의 세계를 밝히는 것이 계몽된 인간의 도리라고 인지하였다. 결국 이성은 모든 이에게 공평한 것이고 이성적 능력은 천부적으로 타고 난 것이기 때문에 "모든 사람은 천부의 인권을 타고 났으며 결국 공평하다"는 천부인권론을 태동시켰다.

모든 이에 당연히 여성도 포함된다고 생각하였던 계몽주의 시대의 페미니스트들은 프랑스 혁명 이후 좌절을 맞이하였다.[7)] 혁명초기, 시민운동에 함께 나

---

6) 이영애, 「국가와 성」(서울: 법문사, 1999), 제 2 장, "성 정치학이란 어떤 학문인가?" 참조.

7) 대표적으로 Abigail Adams, Judith Sargent Murray, Mary Wollstonecraft 등의 초기 자유주의 페미니스트들을 꼽을 수 있을 것이다. Adams의 New Code of Laws「신법률안」; Murray의 On the Equality of the Sexes「성의 동등성에 관하여」; 1792년의 기념비적 업적인

섰던 남성들이 새로운 국가질서가 안정되면서 배타적 이성중심주의와 법칙적 질서를 주장하기 시작하였다. 여성을 남성에게 귀속되는 부차적인 존재, 또는 무시해도 좋을 중요하지 않은 존재로 치부해 버린 것이다. 이성과 감성의 이분 및 차별, 공공질서와 사적욕구의 차별, 일반법칙과 특수상황의 차별, 객관성과 주관성의 차별 등은 세계질서를 안정시키는 데 매우 중요한 가정이라고 보았다. 결국 계몽주의 시대의 인간은 남성이라는 특수한 인간만을 대상으로 한 것이며, 그 외의 부차적이고 중요하지 않은 인간은 남성에게 귀속, 복종시켜 가족단위의 집단성을 도덕률의 기본단위로 삼았다. 남성중심적 이성주의에 대한 분노와 비판은 특히 미국혁명을 전후한 여권운동의 공통분모를 제공해 주었다.

계몽주의에 바탕을 둔 자유주의 페미니즘은 남성과 여성의 성차에 대하여 부정적 시각을 가지고 있었다. 남녀는 존재론적으로 유사하며, 여성이 차별당하는 이유는 남성과 다르다고 인지하기 때문이라는 것이다. 여성의 귀속적 지위를 해결하기 위한 방법은, 그러므로, 여성 스스로의 자립능력을 키우는 것이다. 스스로를 통제할 수 있는 능력과 자신을 지배할 수 있는 확신, 한 걸음 더 나아가 자신의 노동으로 생활을 해결할 수 있는 여성이 해방된 여성이다. 자신의 비판능력을 엄정한 통제과정을 거쳐 더욱 날카롭게 하며 이성적 판단을 내릴 수 있도록 주변환경을 통제하여야 한다고 본 울스턴크래프트[8]도 맹렬한 신스토아학파였다.

계몽주의 정치사상은 근대 서구에 커다란 영향을 미쳤으며, 초기 페미니스트들도 계몽주의의 그늘을 벗어나지는 못하였다. 스스로 남녀의 동일성을 주장하며 남성과 같아지려고 노력하는 태도, 개인의 합리적 능력을 바탕으로 노동하여 자립하더라도 결국 가족의 틀을 온존히 지키려 하는 보수적 시각, 기존의 정치적 제도와 과정에 참여하여 그 안에서 평등을 구현하려고 했던 정치·사회운동이 자유주의 페미니즘의 사상적 기초이다.

여성의 참정권은 확보되었지만 여성의 종속적 지위는 여전하고, 법률적 재

Wollstonecraft 의 A Vindication of the Right of Woman 「여권옹호론」; 1791년 프랑스혁명 초기 발표된 Olympe de Gouges 의 Les Droits de la Femme 「여성의 제권리」 등은 모든 국민은 양도할 수 없는 천부적 인권을 가지며, 여성도 당연히 그 모든 국민 속에 포함된다고 하는 계몽주의적 명제에 입각하고 있다. 그 외에도 Francis Wright, Sarah Grimke, Sojourner Truth, Elizabeth Cady Stanton, Susan Anthony, Harriet Taylor, John Stuart Mill 등의 견해가 있다.

8) Mary Wollstonecraft, *A Vindication of the Rights of Woman* (N.Y.: Norton & Co., 1988).

산권은 보전되었으나 가부장제의 틀은 공고히 남아 있는 현재, 자유주의 페미니즘은 나름대로 여성해방의 물꼬를 튼 공적을 지니고 있으나 몇 가지 한계를 노정하고 있다.

첫째, 남녀의 성차에 대한 인식이다. 여성이 남성과 동등해지려고 하는 정치·사회적 운동은 결국 현실적인 모순을 극복하지 못하여 제 2기 페미니즘으로 연결되었다.

둘째, 남녀의 성차와 관련하여 공-사 영역의 구분에 관한 문제가 제기될 수 있다. 공의 영역은 사의 영역보다 우월하며 신성한가? 공-사영역의 분리가능성에 관한 질문은, 만일 분리가능하다면 그 근거는 무엇이며 사적 영역과 여성성이 어떤 관계에 있는가 하는 새로운 질문으로 전개된다.

셋째, 개인의 이성적 능력을 존중한다면 결혼 및 가족에 대한 법적 보장, 또는 가부장적 질서는 신성시될 필요가 없는게 아닌가 하는 질문이 제기되었다.[9)]

3. 사회주의 페미니즘

맑스는 변증법적 유물론을 바탕으로 근대 산업자본주의를 비판하며 대안적 정치체제인 공산사회주의를 체계화시켰다. 산업자본주의는 인간을 하나의 상품, 또는 노동의 도구로 격하시켜 인간과 인간의 관계를 소외시키고 파멸시킨다는 그의 주장은 자본주의사회에서의 여성문제를 설명하는 데 훌륭한 도구로 작동하였다.

첫째, 이데올로기적인 측면에서 맑스는 어떤 사회를 지배하는 이데올로기는 지배계급의 경제적 이익에 의해, 즉 그 자신이 속한 사회와 동시대 사회의 자본가들의 경제적 이익에 의해 결정된다고 보았다. 사회를 물질적으로 지배하는 계급은 동시에 그 사회를 지적으로도 지배한다. 누가 어느 계급에 속해 있는가는 생산수단의 소유 여부와 밀접한 관련이 있으며, 대체로 생산수단은 남성이 소유하고 있어 이들의 지배구도를 공고히 하고자 하는 남성중심의 이데올로기에 대한 저항과 도전이 사회주의 페미니스트들의 핵심과제가 되었다.[10)]

---

9) Alix Kates Shulman, "A Marriage Disagreement," *Dissent* (Winter, 1998) ; Maria Cancian, "Making Mothers Work," *Dissent* (Fall, 1996).

10) David McLellan (ed.), *Karl Marx : Selected Writings* (Oxford : Oxford Univ. Press, 1977).

둘째, 산업자본주의는 노동을 소외시킨다. 소외의 근원은 분업과 경제적 가치의 타자화에 있다. 산업자본주의 사회에서는 사용가치, 교환가치, 잉여가치가 창출되는데 여성은 그중에서도 사용가치의 창출(가사노동)에만 전념하여 이중의 소외를 당한다. 사용가치는 즉각적인 소비를 위해 생산되고 대가 없이 제공되는 노동의 결과이다. 여성의 제도적 억압에 대한 해결은 여성을 공적 생산영역에 참여시키고, 가사노동을 공적 생산영역에 포함하는 것이었다. 여성문제의 해결은 사회문제의 해결과 동일하다고 본 사회주의 페미니스트들은 위와 같은 산업자본주의의 여성억압을 체제의 문제로 보았으며, 생산방식의 혁명적 변화를 통하여 성해방을 구현할 수 있다고 생각하였다.[11] 그중 대표적 사상가는 엥겔스였는데, 그의 「가족, 사유재산, 국가의 기원」에서 여성은 남성의 소유물과 같은 존재이므로 사적 소유가 사회적 소유로 전환되지 않는 한 여성문제는 해결되지 않는다고 설파하였다.[12]

초기 사회주의 페미니스트들은 산업자본주의 사회의 문제를 적시하였음에도 불구하고 몇 가지 한계를 가지고 있었다. 가장 커다란 문제는 여성의 종속이 산업자본주의 아래서 극심하다고 주장하면서도, 사회주의 국가에서의 여성해방이 과연 만족할 만한 정도로 이루어졌는가 하는 것이다. 이러한 비판은 다시 두 갈래로 나뉘는데, 하나는 여성이 임금노동자로 대부분 활동하여 결국 공적 영역에서의 성평등을 이루어 냈는가 하는 질문이고 두 번째는 가사노동의 사회화가 완벽하게 이루어져 사적 영역의 무보수노동이 없어졌는가 하는 질문이다.

4. 실존주의(포스트 모던) 페미니즘

계몽주의의 천부인권론을 바탕으로 한 자유주의 페미니즘, 변증법적 유물론을 바탕으로 한 사회주의 페미니즘은 제 1기 여성운동의 대표적 사조임과 동시에 제 2기에도 역시 상당한 영향력을 가지고 여성운동의 사상적 바탕을 제공하고 있다. 이 두 사조는 1960년을 전후한 비판적 시각이 태동하면서 상당한 저항에 직면하였고 나름대로 이론을 재정립하거나 보완하는 등의 발전적 모습을 보

11) Vladimir Lenin, Frederich Engels, Alexandra Kollontai, Clara Zetkin, Rosa Luxemburg 같은 사람들이 이 같은 입장을 적극 주장하여 사회주의 페미니즘의 모태를 이루었다.
12) Frederich Engels, *The Origin of the Family, Private Property and State*, 「가족, 사유재산, 국가의 기원」(서울: 아침, 1991).

이고 있다. 이들의 자기수정적 태도에 대한 긍정적 시각과 급진주의자들의 혁명적 주장에 대한 부정적 반감 때문에 자유주의/사회주의 페미니즘은 제 2기 여성운동이 태동한 이후에도 폭넓은 지지기반을 가지고 있다.

제 2기 여성운동의 특징은 무엇보다도 남성과 동일한 권리를 추구하여 남성과 같아지려는 노력에서 탈피, 여성의 독자적 특성, 즉 해부학적, 성적, 심리적, 문화적 차를 인지하고 남녀의 차이와 균열을 강조한다는 데서 찾을 수 있다.

실존주의자들에게 있어서 여성은 맑스적 의미에서의 계급이라기보다는 하나의 인습적 계급(caste)을 구성한다. 인습타파의 어려움을 경험해 본 사람이라면 실존주의자들의 여성억압에 대한 주장에 쉽게 공감할 수 있다. 결국 여성들이 타자성을 극복해 내기 위해서는 반드시 같은 처지에 있는, 공감대를 형성할 수 있는, 동일한 일상생활을 공유하고 있는 여성들과 연대해야만 한다. 사회적으로 구조화된 세계속에 공존하고 있는 다른 사람들과의 끊임없는 상호작용의 필요성은 결국 신사회운동의 다양하고 독립적으로 조직된 자발적 구성체와 연결된다.

실존주의 페미니즘은 근대성에 대한 비판과 맥을 함께 하기도 한다. 대규모 건축, 토목공사, 자동차, 원자력 등은 인간생활을 편리하게 해 주지만 한편으로는 공해, 획일적 시공간의 분할, 삭막한 도시환경 등 폐해를 가져오기도 하였다. 크고, 강하고, 빠른 것만이 중시되었던 근대에는 과학과 기술만이 중용되었을 뿐, 그 안에 살고 있는 인간의 다양하고 불규칙적이며 획일적이지 않은 감성적 속성을 외면하였다. 이러한 모더니즘에 대한 반성과 대안의 추구노력을 포스트 모더니즘이라고 한다. 포스트 모더니즘은 해체주의적 속성을 지니고 있기 때문에 섣불리 정의를 내리면 그 자체로 다시 포스트 모더니즘을 왜곡하는 모순을 갖는다.

포스트 모던 페미니즘이란 남성성과 여성성의 동일화를 거부하고 여성성 그 자체로도 만족스럽고 자랑스러운 인성의 한 면을 구성한다는 시각이다. 부드럽다거나 감성적이라는 인성은 그 나름대로 바람직한 인격의 한 면이기 때문에 근엄하고 딱딱한 남성을 모델로 한다든지, 남성처럼 행동하고 인식해야 성공한다든지, 남성들이 구축한 경쟁의 방법을 그대로 답습할 필요는 없다는 주장이다. 남성성과 마찬가지로 여성성 그 자체도 매우 중요한 인격이며 인위적으로 고치거나 바꾸어 남성화되는 것은 모더니즘의 폐해를 다시 한번 반복한다는 것이다. 이러한 포스트 모더니즘의 실존적 특성은 건축, 도시공학, 문학, 심리학 등에서 먼저 연구되기 시작하였으며 "중심과 주변의 동질성"이라는 명제 이외에 또 다른 절대진리를 구축하지 않으려 한다는 점에서 남성중심도 여성중심도 아닌, 성평등사조로 발전되어 왔다.[13]

5. 급진적 페미니즘

실존주의 페미니즘이 대자/즉자성으로 여성의 억압을 규정했다면, 급진적 페미니즘은 여성의 생물학적 특성, 즉 임신과 출산, 성교 등 육체의 영역이 더욱 중요한 억압의 기제로 작동한다고 본다. 대표적인 인물로 파이어스턴을 들 수 있는데, 그녀는 여성억압의 물질적 토대는 경제학이 아니라 생물학에 놓여 있다고 주장한다. 핵가족의 숭배, 일부일처제의 도덕적 언명 등은 다름아닌 남성의 여성에 대한 지배일 뿐이며 궁극적으로 여성이 의존으로부터 탈피하기 위해서는 남성의 영역이 필요치 않은 사회, 즉 인공임신, 동성애를 포함한 계약가족 및 대안가족, 컴퓨터에 의한 가사노동의 대체가 도래해야만 한다고 주장한다.[14]

반남성적 페미니즘의 또 다른 축은 인종적 차별과 성적 차별을 이중으로 감내해야 하는 유색인종여성들이 지지하고 있다. 이들은 모든 여성들과 마찬가지로 성적 억압을 받으면서도 또 한편으로는 인종적·민족적 동질성을 갖는 남성들과 동일한 억압을 받는다. 이들은 (유색인종)남성부권제의 이익에 종사하거나, (백인)여성운동에 참여하는 두 가지 선택 중의 하나를 강요당하고 있다는 자각으로부터 출발하여 백인여성의 체험과는 전혀 다른 운동노선을 전개하였다. 자신들의 인종적, 민족적 뿌리를 존속시키고자 하는 이들의 관심은 제 3 세계권에까지 파급효과를 미쳐, 서구 백인여성들의 독점물로만 여겨졌던 여권운동의 새로운 노선이 열리게 되었다. 남성에 대한 혐오감 증대, 전투적인 운동노선, 동성연애, 가족제도의 타파 등이 일견 비현실적으로 보이기 때문에 급진주의 페미니즘, 특히 반남성적 페미니즘의 지지기반은 그리 넓지 않다. 그러나 이들의 주장 중에서 문화적 특수성과 다양성에 대한 인정 및 발굴은 현대사조와 맥락을 함께 하며 발전하고 있다.

---

13) Chatharine R. Stimpson, "Women's Studies and its Discontents," *Dissent* (Winter, 1996).
14) Shulamith Firestone, *The Dialectic of Sex* (N.Y.: Bantham, 1971).

제 3 절 여성과 비교정치

1. 여성의 정치문화와 정치사회화

정치문화란 일반적으로 국민들이 정치와 관련하여 공통적으로 가지고 있는 제반 규범과 인식의 틀을 말하는데, 정부를 어떻게 관리해야 하는가 또는 정부와 국민의 역할은 무엇인가 하는 데 대한 가치판단, 신념, 감정적 태도 등을 일컫는다.[15] 정치사회화란 한 체제의 소속원으로 성장해 가면서 기존의 가치체계, 신념, 감정적 태도 등에 적응해 가는 과정을 의미한다.[16] 여기서 국민이나 체제의 소속원은 누구를 가리키는가? 정치에 적극적으로 참여하는 사람을 의미하는가, 아니면 기회를 부여받지 못했거나 심리적 제한을 받거나 소극적으로 대응하는 사람도 포함하는가 하는 질문이다. 만일 전자라면 정치문화는 민주화되지 못하고 권력을 가진 지배계층의 독점적 향유를 낳을 것이요, 후자라면 이제까지 정치의 영역에서 소외되었던 집단을 적극적으로 끌어내어 그들의 가치관과 신념, 태도 등을 연구 분석하고 적극적인 참여를 독려할 수 있도록 사회화시키는 방법을 강구해야 할 것이다. 아마도 정치의 영역에서 소외되었던 많은 집단의 대표는 여성일 것이며, 여성의 정치문화와 정치사회화를 논의하는 이유도 국민의 의사를 올바로 대의(代議)하고자 하는 민주주의를 좀더 완벽하게 실현하고자 하는 목적에 있다.

정치문화나 정치사회화 과정에 여성에 대한 논의가 더욱 활발히 진행된 데에는 다음과 같은 몇 가지 이유가 있다.

첫째, 한국에서 여성의 정치참여에 대한 논의가 본격화된 것은 1980년대 말엽의 일이다. 1977년 대학에 여성관련 강좌가 소개되었지만 대부분 사회학, 심리학의 영역에서 연구되었고, 1980년대 민주화운동과 함께 권력에 대한 민중의

---

15) Samuel H. Beer, "The Analysis of Political System," *Patterns of Government : The Major Political Systems of Europe* (N.Y.: Random House, 1962).

16) J. C. Pierce, *The Dynamics of American Public Opinion* (Glenview : Scott Foresman & Co., 1982).

도전이 본격화되었다. 생소한 분야로 여겨졌던 한국의 여성정치참여 논의는 민주화운동이 안정되면서 체계적인 시민단체활동으로 자리잡힐 무렵 본격화되었다. 건국 이후 부녀자활동으로 취미, 직업교육, 친목, 행사동원 등을 실시해 오던 여성단체들이 본격적으로 정치문화사업에 나서게 되었다. 기존의 단체는 물론이고 새로 조직된 여성정치관련 단체들이 소비자고발, 부정선거고발, 유권자권리장전, 정치참여의식제고, 후보자교육을 실시하는 등 활발한 정치활동을 펼쳤는데 이러한 여성정치활동은 과거의 조직이나 훈련이 없었더라면 그렇게 빠른 시일에 가속도를 붙일 수 없었을 것이다.

둘째, 시민단체의 국가권력에 대한 감시와 견제활동은 1990년대 지방자치가 실시되면서 더욱 활발해졌다. 지방자치도 권력의 민주적 이동의 한 방법이어서, 위로부터 아래로의 권력이동과 아래의 위에 대한 견제가 체계화되었다. 권력의 제 5 부라고 불리는 비정부기구(NGO)의 역할도 지방자치시대에 더욱 강화되었다. 선거 때마다 공약을 점검하고 후보자들을 검증하는 역할을 이들이 맡게 되었는데, 과거 행정부의 수족처럼 행사 때마다 무비판적으로 동원되던 여성단체들도 본격적으로 자신의 목소리를 내어 지방행정을 감시하고 공무원들의 비리를 캐며 부조리를 개선하는 등의 정치적 권력을 가지게 되었다. 최근 불고 있는 소위 '아줌마 열풍'도 정치사회화와 관련된 중요한 변화이다. '집에서 밥이나 하던' 여성들이 유권자로서의 의식을 가지고 (또는 가지도록 교육받고) 지역의 관공서에 드나들면서 사소한 문제를 해결하는 과정에서 자신도 주권을 가진 국민임을 새삼스럽게 깨우치는 것이다.[17)]

셋째, 가족관계가 변화하고 인간의 수명이 연장되어 여성들이 사회활동을 할 시간적 여유가 많아졌다. 결혼 연령이 늦춰지고, 출산 자녀의 수가 2-3명으로 줄어들고, 평균수명이 70-80세로 증가하면서 여성은 커다란 변화를 맞았다. 결혼 후 취업률도 증가하였고, 주부의 사회적 역할에 대한 인식도 확대되었다. 알몬드의 정치문화 유형에 빗대어 보면,[18)] 과거 향리형 정치문화에서 벗어나지 못하던 여성들이 참여형 정치문화에 진입하게 되었다. 여성들은 과거와 달리 정치체제에 대한 인지, 감정, 평가를 정확히 내리고 있으며 가족 구성원에게 자신

17) 김용숙, 「아줌마는 나라의 기둥」(서울: 김영사, 1999); 여성을 위한 모임, 「제 3의 성—중년여성 바로보기」(서울: 현암사, 1999).

18) Gabriel Almond, *Comparative Politics: A Developmental Approach* (Boston: Little Brown & Co., 1967).

의 판단을 전달하며 정치와 생활과의 관계를 잘 알고 있으며 어떤 방법으로 그들의 의사와 이익을 정책결정에 반영시킬 수 있는지 알고 있다는 것이다.

물론 이러한 변화의 앞에 선 여성도 있고 뒤에 선 여성도 있다. 그러나 분명한 것은 여성의 정치문화, 정치사회화는 현대 사회에서 가장 큰 변화를 보이는 정치적 현상 중 하나라는 점이다.

2. 여성과 선거, 정당, 압력단체

정치는 희소한 가치의 권위적 배분이다. 가치가 희소하기 때문에 정치가 생겨났다고 뒤집어 말할 수 있는데, 여성의 경우 남성보다 훨씬 낮은 정치참여율을 보이고 있다. 국민참여는 민주주의의 기본요건이므로 여성의 정치참여는 민주주의의 성공적 정착을 위하여 필수적이다. 그러나 현실적으로 여성정치 참여율이 매우 낮은 이유는 여성출마자의 의지와 여성유권자의 의식이라는 측면에서 크게 두 가지로 나누어 볼 수 있다.

첫째, 여성이 선거에 출마하려는 의지가 약하다. 일하고 노력하지 않아도 가치가 제공되고, 경쟁하지 않아도 최소한의 몫이 보장된다면 정치는 실종되고 통치만 자리할 뿐이다. 이제까지 여성이 정치참여 의지를 갖지 않았던 것은 누군가로부터 통치 받았기 때문이라고 볼 수 있겠다. 여성이기 때문에 시집만 잘 가면 밥을 벌지 않아도 되고 경쟁하지 않아도 되는 울타리 안에 안주한다면 구태여 정치에 참여할 의사를 갖지 않을 것이다.

문제는 후기 산업사회의 과잉생산시대가 도래하면서 울타리 안에서 주어지는 가치에 만족하지 못하는 여성이 점차 늘어나기 시작했다는 점이다. 가정 안에서 평생의 일을 찾기에는 가족구성원의 수가 너무 적고, 먹고 사는 것을 마련해야 하는 숙제가 해결되었으며, 다양한 삶의 방식이 정보화의 물결에 따라 빠른 속도로 넓게 전달되기 시작하면서 여성들은 가정이라는 울타리 밖의 희소한 가치에 관심을 갖게 되었다.

여성의 정치참여를 유도해 내기 위한 방안으로서 여성들로 하여금 나도 정치지도자가 될 수 있다는 가능성과 자신감을 갖도록 해 주는 일이 우선되어야 한다. 경제분야의 여성참여가 늘어나면서, 즉 직업을 가지는 여성의 수가 늘어나면서 이와 비례하여 여성들의 활발한 정치참여가 있었다는 연구도 이러한 교육의 필요성을 지지해 준다.[19] 특히 정치는 무서운 야합과 음모라는 인식, 정계 진출은 가정생활의 포기를 요구한다는 전제로부터 벗어날 필요가 있다.

아울러 사회화과정을 통한 일상생활 속에서의 내면화와 함께 전문적인 훈련과정을 통한 의식적이고 심도 있는 교육이 제공될 필요가 있다. 일단 정계진출을 결심한 여성에 대하여 그 준비를 위한 교육, 즉, 구체적으로 선거를 어떻게 치를 것인지, 후보자로서의 준비과정부터 지역구의 선택, 자금 모금 및 관리, 유권자 분석 및 득표전략, 대중연설, 이미지관리, 홍보전략에 이르기까지 전문적인 교육이 필요하다.[20]

둘째, 여성유권자의 의식이 개방되어 있지 않다. 여성문제에 관해 관심을 가지고 적극적 의지를 지닌 남성후보에게 여성들의 표가 뭉쳐질 수 있다면 여성의 힘이 두렵게 느껴질 것이고, 아울러 여성을 배려하는 정책을 실시하지 않을 수 없다. 소규모의 수많은 여성단체들을 통해 정치에 관한 문제의식을 제기하고 눈을 뜰 수 있게 하는 교육이 우선적으로 선행되어야 한다.[21] 투표에 열심히 참여하여 무시할 수 없는 여성의 응집된 힘, 즉 블록화 현상이 나타나는 경우 여성정치지도자의 배출이나 여성문제의 해결에 비약적인 발전이 있을 것이다. 정치참여와 발전된 민주주의의 상관관계를 충분히 인지하게 하여 문화심리적으로 여성의 상호종속성을 불식시키기 위한 교육도 필요하다.[22]

일반적으로 남녀 유권자는 여성후보자에 대해 남성보다 못할 것이라는 편견을 가지고 있었다. 그러나 이러한 편견과는 달리, 이제까지 정치에 진출한 여성지도자들의 의정활동을 살펴보면 이들은 물론 적극적인 시민단체활동, 공명선거감시운동, 의정감시활동을 통하여 커나온 인물들이 많기 때문에 여성의 권익신장이나 여성문제의 해결을 위해 노력해 온 주역임과 동시에 좀더 발전적이고 민주적이며 공개적인 정치활동을 하고 있음을 알 수 있다. 이러한 기존 여성정치지도자들에 대한 활동도 훌륭한 유권자들의 올바른 선택을 이끌어 낼 수 있는

---

19) 이승희, "한국인의 정치적 태도와 행태의 성차연구," 「한국정치학회보」, 26집 3호(1993).

20) 전정희, "현대사회의 변화와 여성의 정치적 리더십," 이범준 외, 「21세기 정치와 여성」(서울: 나남, 1998).

21) 위의 글.

22) 상호종속성이란, 여성 스스로가 자신을 종속적 존재라고 정형화하였기 때문에 다른 여성의 경우도 본인의 경우와 다르지 않다고 생각하는 심리상태를 말한다. 여성이 본인 자신을 종속적 위치로 정형화시키면 다른 여성의 성공을 달가워하지 않게 되는데, 자신이 패배자라고 생각하면 상대방에게 너그러워지기는 어렵다. 이영애, 「성·권력·정치」(서울: 법문사, 1995) 참조.

교육자료로 활용될 수 있다. 여성이 여성을 찍지 않는다는 항간의 속설을 경험적 방법을 통해 부정한 연구는 이러한 측면에서 의미 있다.[23)]

1) 선 거

지방자치제가 실시된 이후 선거가 생활화되었다. 늘어난 선거의 횟수만큼이나 정당이 지역주민들과 교류하는 장도 커졌다. 주민들은 나름대로 압력단체를 구성하여 자신의 이익을 정당하게 확보하려 한다. 이제 선거와 정당, 그리고 압력단체는 일상생활과 불가분의 관계를 가진다. 이들을 통해 정치참여의 통로가 열리고 갈등이 합리적으로 해결되며 자신의 이익을 체계적으로 구체화시킨다. 한국의 여성정치참여는 지방자치제도가 실시되면서 새로운 국면을 맞이하였다. 특히 선거횟수가 늘어나고 후보자 층이 두터워지면서 선거에 입후보하는 여성들이 크게 증가하였다. 한국 지방자치선거는 1995년 6월 27일에 본격적으로 시작되어 1998년 6월 4일에 두 번째 선거를 치렀다. 선거법도 개정되어 노동조합의 선거운동이 허용되는 등 변화를 겪었다. 6.4 지방선거의 참뜻은 6.27 선거와 비교해 볼 때 좀더 분명하게 이해될 수 있다.

첫째, 6.27선거 때의 선출직 수는 광역의회의원 875명, 기초의회의원 4,541명이었으나 6.4선거 때의 선출직 수는 크게 줄어 616명, 3,490명이 되었다. 이는 선출직의 경쟁률을 상대적으로 높게 만들어 공천이나 투표시 여성에 대한 선택을 좀더 어렵게 하는 요인으로 작용하였다.

둘째, 6.4선거에 당선된 여성정치인의 수가 줄었다. 6.27선거에 출마한 여성은 기초의회에 206명, 광역의회에 40명, 기초단체장에 4명, 광역단체장에 2명이다. 이들 중 기초의회 71명, 광역의회 13명(비례 32명), 기초단체장 1명이 당선되어 여성비율 2.3%를 기록하였다. 이와 비교하여 6.4선거에 출마한 여성은 기초의회에 140명, 광역의회에 37명(비례 54명), 기초단체장에 8명, 광역단체장에 0명이다. 이들 중 기초의회 56명, 광역의회 14명(비례 27명), 기초단체장 0명이 당선되어 여성비율 2.32%를 기록하였다. 전체적으로 볼 때 절대수는 줄었지만 비율은 현상을 유지한 셈이다. 특히 6.27 선거 때 당선자를 내었던 단체장에 6.4 선거에는 한 명도 당선되지 못함으로써 상징적 의미로서의 여성정치참여는 퇴보했다고 평가할 수 있겠다.

23) 한국여성정치연구소, 「6.27 지방선거와 남녀유권자의 투표행태연구」(1995).

〈표 12-1〉 1995년과 1998년 지방선거의 여성의원 현황

항 목	1995년 6월 27일 선거				1998년 6월 4일 선거			
	전 체	여성출마자	여성당선자	비율	전 체	여성출마자	여성당선자	비율
기초의회	4,541	206	71	1.56	3,490	140	56	1.6
광역의회	875	40	13	1.49	616	37	14	2.2
광역의회비례	97	79	42	43.2	74	54	27	36.4
기초단체장	230	4	1	0.43	232	8	0	0
광역단체장	15	2	0	0	16	0	0	0
합 계	5,758 (5,513)	331	127	(2.3)	4,428 (4,180)	239	97	(2.32)

셋째, 6.4선거를 전후하여 여성정치참여의 제도화는 개선되고 있다. 6.4선거에서 눈에 띄는 점은 각 여성단체의 정치관련활동이 크게 증진되었다는 사실이다. 여성단체는 단체회원 및 주변의 추천을 통하여 여성후보를 발굴, 교육한 후 정당에 공천, 내천하는 등 정치압력단체로 기능하고 있다. 1991년 이후 여성정치참여의 당위성이 주장되기는 하였으나, 준비된 여성이 드물다든지 선거는 어차피 무한경쟁이므로 될 사람을 밀어줄 수밖에 없다든지 하는 이유로 여성을 기피하는 현상이 지속되어 왔다. 1995년 선거 이후 각 여성단체는 이러한 정치권 내의 부정적 의견을 변화시키기 위해 부단한 노력을 기울여 왔으며, 그 성과는 바람직한 방향으로 표출되고 있다 하겠다. 대표적으로 여성정치네트워크(한국여성유권자연맹, 한국여성정치문화연구소, 한국여성정치연구소, 한국여성정치연맹)가 구성되어 여성후보를 발굴, 교육, 추천하는 한편 선거관련 보도자료를 적시에 각계각층에 제공하는 등 체계적인 여성정치운동을 하고 있으며, 79개 여성단체가 모여 결성한 할당제를 위한 여성연대가 각 정당의 총재들을 면담해 여성할당제를 촉구하는 동시에 개별단체들은 추천후보 리스트를 만들고 후보자들에 대한 기록을 조회하여 검증된 자료를 정당에 보내며, 후보자초청 정책토론회를 통하여 여성의 의견을 전달하는 등, 상호 연계성을 잃지 않는 가운데 다양한 활동을 보여 주고 있다.

넷째, 6.27 선거는 호황기에 치러졌으며 6.4선거는 사상 유례 없는 복합불황기에 치러졌다. 선거운동을 하면서도 냉대와 멸시를 받는 등 경제적 한파 때문에 정치적 무관심이 정치적 모멸로 악화되었다. 50%에 못 미치는 투표율도

국민들이 정치권에 갖는 환멸과 무시를 그대로 나타내었다. 낮은 투표율이 파행적 징후로 비쳐지면서, 이 책임이 언론외적 환경, 즉 기존 정치인의 행동, 유권자의 미성숙에서뿐만 아니라 언론의 구조적·행위적 요인에도 있다는 분석을 참고할 만하다.[24] 언론에 이러한 책임을 물을 수밖에 없는 가장 큰 이유는 오늘날 정치가 미디어정치로 선거과정에 막강한 영향력을 발휘하기 때문이다. 여성에 대한 편견이 아직도 사라지지 않은 상태에서 맞은 경제적 위기는 여성정치인들에게 큰 피해를 안겨 주었다 하겠다.

2) 정 당

한국에는 여성만으로 구성된 여성정당이 조직된 적이 있었다. 해방직후 1945년 8월 18일 윤보선의 집에서 창당된 대한여자국민당[25]이 그것이다. 당수는 임영신으로 조국의 진정한 해방과 가부장적 유교사상에 대한 도전, 여성의 정치사회참여 통로를 주장하며 30만명의 당원을 확보하였다. 1952년 피난지 부산에서 대통령 후보에 이승만, 부통령 후보에 임영신이 추대되었으나 임영신은 낙선하였다. 대한여자국민당은 1, 2, 3대 초기 국회의원 선거에 여성후보를 공천하고 이들의 당선을 위해 활발한 유세활동을 전개하였으나 5.16 군사쿠데타에 의해 해체되었다.[26]

대한여자국민당 이후 정당에 진출한 여성의 수는 극히 적었다. 그 이유는 다음과 같다.

첫째, 고비용 정치구조, 둘째 1인중심 정당운영, 셋째 정당의 권위주의적 성격, 넷째 정당의 지역화현상 등을 들 수 있다. 우선 고비용 정치구조를 살펴보기로 하자. 정치비용이 높아지는 문제는 정치자금법, 기탁금, 후원금, 당비의 운영과 상당부문 관련이 있다. 현행 정치자금법에 의하면 유권자 1인당 800원에 해당하는 금액을 매년 정부 예산으로 정당에 보조하게 되어 있다. 의석수비율로 배분되는 이러한 거액의 국고보조금은 거대 정당의 유지를 도와주고 신생 정당

24) 김원용, 「한국선거보도연구」(서울: 커뮤니케이션북스, 1996).
25) 대한여자국민당 당강: 첫째, 우리는 여성의 힘을 모아 남성으로써만이 이루어질 수 없는 민주사회 건설을 기하자. 둘째, 우리는 자본주의가 가지고 있는 그릇됨을 배제하고 근로자 및 여성의 생활을 향상하는 건전한 민주경제 확립을 기하자. 셋째, 우리는 자주독립민족으로서 민족문화의 향상으로 진정한 세계평화와 인류의 번영을 기하자.
26) 이옥수, 「한국근세여성사화」(서울: 규문각, 1985).

의 창출을 원천적으로 봉쇄하여 기존 정치권에 진출한 남성들에게 상대적으로 유리한 위치를 차지하게 한다.

기탁금은 특정 정당에 대한 지정기탁금과 국고보조금 배분율에 따라 각 정당에 배분되는 비지정 기탁금이 있다. 한국정치의 특성상, 지정기탁금은 여당에만 몰리는 경향이 있으며, 정당의 재정위원회 회원들이 일정 금액을 기탁하도록 배분하는 관행이 있어 왔기 때문에 정경유착을 제도적으로 부추긴다는 비판을 받기도 하였다.[27] 후원금도 기탁금과 비슷한 성격을 띠긴 하였으나, 최근에는 정당의 성격을 떠나, 의원 개인을 후원하는 후원회의 다양한 모금방식이 활발히 진행되고 있다. 당비는 대체로 개별당원이 납부한 것이 아니라, 당 간부와 의원들이 매월 할당된 금액을 납부하는 관행으로 이어져 오고 있다. 정당의 풀뿌리 힘이 약하기 때문에 결국 인물 중심의 정당운영이 되어 간다고 하겠다.

둘째, 한국의 정당은 이념을 중심으로 구성된다기보다는 핵심인물을 중심으로 운영된다. 정당간 정책대결이 가능하려면 일관된 정국운영의 목표와 방법이 제시되어야 한다. 그러나 한국의 정당은 가장 근본적인 정국운영의 골격인 내각책임제와 대통령 중심제에 대한 의견마저도 시류에 따라 변하는 기형적 태도를 보인다. 한 인물을 중심으로 정당의 이념이나 제도 심지어 이름까지도 수시로 변하는 상황에서, 민주적이고 투명한 의사결정과정을 기대한다는 것은 애당초 무리일 것이다. 인물중심의 정당이 권위주의적 의사결정을 한다는 것은 오히려 매우 자연스러운 현상이기 때문이다.

셋째, 정당의 권위주의적 의사결정이 여성을 배제한다. 정당의 결정 중 가장 중요하고 이해관계가 높은 것은 선거에 출마할 후보자의 공천일 것이다. 공천은 정당의 얼굴을 지정하는 것으로서 유권자에게는 정당의 모든 것으로까지 비춰지는 선택이다. 각 정당은 공천심사위원회와 같은 형식적 제도를 가지고 있기는 하지만 실제로 공천작업은 당수 및 소수 수뇌들이 배타적, 독점적으로 운영하고 있다. 가신에 대한 보상적 공천, 헌금을 전제로 한 공천 등, 후보자 개인의 능력이나 비전에 대한 타진 없이 이루어지는 공천은 자연스럽게 여성을 배제한다.

넷째, 한국의 정당은 지역감정을 바탕으로 태동하고 소멸한다. 한국정치의 발전은 지역감정이 가로막고 있다. 지역감정의 근원을 흔히 삼국시대의 분열상,

27) 신명순, "한국의 정당과 정당정치," 민준기 외, 「한국의 정치」(서울: 나남, 1996).

고려의 훈요십조나 이중환의 택리지, 박정희 시대의 유물 등으로 보는 경향이 있지만,[28] 그 근원이 어디로부터 시작되었든, 현재의 다원적이고 복잡한 정치상황을 지역정서로 대변한다는 것은 모순이다. 더욱이 지역감정은 가부장적 혈통계승을 바탕으로 하고 있기 때문에 다른 지역, 다른 성씨 집안으로 이른바 시집을 가는 여성의 경우, 지역감정을 갖는다는 것은 더욱 모순이다. 아버지의 지역을 따를 수도, 남편의 지역을 따를 수도 없다면 차라리 모든 지역에 대한 배타적 정서를 허물어야 한다.

한국정당의 문제점을 통해 여성정치참여 부진의 원인을 살펴보면, 대체로 문제들은 인과관계를 가지고 상호 연결되어 있음을 알 수 있다. 고비용 정치구조의 개선은 여성정치참여의 확대를 위한 방안이 될 뿐 아니라, 한국정치의 발전과 도약에 필수적인 과제이다. 이제껏 수많은 연구들이 여성의 정치참여가 확대되어야 정치가 발전된다고 주장해 왔지만, 이를 가로막는 하나의 이유로 고비용 정치로부터 상대적으로 혜택을 받는 권위주의적인 정당을 들 수 있다.

이러한 정치참여부문에서의 여성 저대표성은 2000년 2월 정당법 개정으로 비례대표직에 30%의 여성을 할당하도록 명문화하면서 변화의 기운을 보이고 있다. 한나라당과 민주당도 2000년 4월 당헌 및 당규에 비례대표직 여성할당 30%를 규정함으로써 제도적으로 여성정치참여의 기틀이 잡혀가고 있다고 할 수 있다. 2000년 4월 13일의 총선은 절대적 수치로는 여전히 여성의 저대표성을 나타내고 있지만 상대적 수치로는 과거의 선거와 비교해 볼 때 상당히 진전된 결과를 보여 주었다.

성 정치적 시각에서 볼 때 전체 273명의 의원 중 지역구 5명 전국구 12명의 여성국회의원(6.2%)을 선출해 낸 16대 총선의 특징은 첫째, 지역구에서 선출된 여성이 5명으로서 여성의 지역구 진출 가능성이 커졌다는 점 둘째, 지역구 재선 및 전국구 3선의원이 탄생하여 여성중진의원이 생겨났다는 점 셋째, 전국구 여성비율이 26%(12명)으로 정당법의 여성할당제 정신이 현실화되고 있다는 점을 들 수 있다.

28) 신복룡, "한국 지역감정의 역사적 배경,"「한국정치의 재성찰」(서울: 한울, 1996).

〈표 12-2〉 16대 여성국회의원

지역구/전국구	의원명	선거구/추천순위	소속정당
지역구	박근혜	대구 달성	한나라당
	추미애 김희선 장영신 김경천	서울 광진을 서울 동대문갑 서울 구로을 광주 동	새천년민주당
전국구	이연숙 전재희 김정숙 임진출 손희정	3 9 13 19 21	한나라당
	최영희 한명숙 이미경 허운나 김방림 김화중	2 5 8 11 14 20	새천년민주당
	강숙자	1	민주국민당

3) 압력단체

압력단체란 자기 집단의 특정이익을 옹호하고 확대하기 위하여 정치권력에 압력을 가하고 영향력을 행사하기 위하여 조직된 특수이익집단이다.[29] 한국여성이 자신들의 특정 이익을 인지한 것은 사실상 그리 오래 전의 일이 아니다. 해방후 일제의 잔재청산이 철저히 이루어지지 않은 상태에서 미군정의 영향으로 결성된 여성단체는 독자세력을 구축하지 못하였다. 해방 직후 결성된 대표적 여성단체는 건국부녀동맹이다.

건국부녀동맹은 좌우익의 여성세력이 총결집한 단체였는데 우익진영의 여성들이 탈퇴하여 조선부녀총동맹이 되었다. 좌익계열의 조선부녀총동맹은 남녀평등의 선거권 및 피선거권의 획득, 여성의 경제적 평등권과 자주성의 확립, 남녀임금차별제 폐지, 8시간 노동제 폐지, 공·사창제 및 인신매매의 철폐, 모자보건법제정 등을 요구하며 전국조직으로 성장하였으나 분단과정에서 남로당의 하

29) V. O. Key, Jr., *Politics, Parties and Pressure Groups* (New York: Thomas Y. Cromwell, 1950), pp. 15-16.

부조직인 부녀부로 축소되어 남한에서의 활동이 위축되었다. 우익진영의 여성들은 독립촉성애국부인회를 결성하였는데 조선부녀총동맹의 노선과 유사하게 참정권 획득, 문맹퇴치, 교육확대, 공·사창제 폐지 등을 요구하였다. 여권신장을 위한 애국부인회의 노력에도 불구하고 이승만의 정치적 입장을 편향적으로 지지하는 등, 친일파 처리 및 토지재분배 문제를 제기하지 않음으로써 독자적인 세력화에 실패하였다. 향후 정부의 정책을 일방적으로 전달하고 관변행사에 동원되는 여성단체의 이미지는 독립 직후 심어졌다고 해도 과언은 아니다.

독자적인 세력화를 꾀하는 여성압력단체는 1980년 민주항쟁과 더불어 생성되었다. YH사건을 필두로 한 여성노동운동이 광주민주항쟁으로 이어지면서 진보적 노동운동과 병행하여 여성의 문제를 여성 스스로 해결하려는 자생적 움직임이 생겨난 것이다. 당시 결성된 진보적 21개 여성단체가 연합하여 한국여성단체연합이 구축되었고, 1960년대 발족한 한국여성단체협의회와 함께 보수와 진보의 양대 스펙트럼을 구성하였다.

현재 각 부처에 등록된 여성단체는 약 77개에 달한다. 대부분은 보건복지부와 문화관광부에 편중되어 여성압력단체의 활동범위가 전통적 의미의 여성적 사업에 국한되어 있음을 알 수 있다. 여성단체의 향후 과제는 첫째, 상호 중복되는 활동범위를 다양하게 특화시키는 일, 둘째 회원들의 참여와 활동을 독려하여 독자적인 세력화를 구축하는 일, 셋째 단체간 연대를 통하여 여성단체의 역량을 높이는 일이 될 것이다.

〈표 12-3〉 부처별 여성단체 허가현황[30)]

부 서 명	등록단체수	부 서 명	등록단체수
보건복지부	20	행정자치부	2
문화관광부	25	환 경 부	1
외교통상부	6	정보통신부	2
교 육 부	1	통 일 부	1
노 동 부	4	과학기술부	1
법 무 부	2	국가보훈처	1
농 림 부	3	서울시교육청	5
통상산업부	2	농촌진흥청	1
총 계	77		

30) 대통령직속 여성특별위원회, http://www.pcwa.go.kr(2000).

3. 여성의 정치적 리더십

여성의 정치적 리더십은 남녀의 성차로 귀착된다. 남녀의 성차는 사회적으로 교육되고 확산되는 것이므로 성차를 부인하는 무성적 교육과 기회가 부여된다면 여성도 남성과 동일한 리더십을 가질 수 있다는 주장이 있는 반면, 남녀의 성차는 분명히 존재하며 우열을 가릴 수 없을 뿐이므로 여성적인 리더십은 따로 존재한다는 주장이 있다. 전자는 평등모델, 후자는 상호보완모델의 바탕이 된다.

평등모델은 제 1 기 여성운동으로부터 시작되었는데, 남성의 영역과 여성의 영역이 분리되어서는 안 되며 사회 내의 권력을 쟁취하기 위하여 남성과 똑같은 능력, 환경, 교육을 받음으로써 평등을 이룰 수 있다고 보았다. 여성혁명가, 전투적 전략가, 카리스마적 정치지도자가 되기 위하여 혹독한 훈련을 감내해야 하며 이러한 과정을 통해 리더십이 구축된다고 본다.

상호보완모델은 제 2 기 여성운동의 바탕이 되며, 여성이 전통적인 여성의 특성을 가지고 있다고 해서 리더십을 갖지 못하는 것은 아니라는 입장이다. 모성, 보살핌, 타인에 대한 관심, 관계지향성 등은 여성에게 좀더 강한 특성으로서 이러한 여성성을 가진 리더십이 민주사회, 정보사회, 다양성의 사회에서 더욱 진가를 발휘할 것이라는 주장이다.[31)]

물론 두 모델은 남성과 여성이라는 집단적 속성이 개인의 특성과 역량에 결정적 영향을 미친다는 방법론적 전체주의(methodological holism)의 모순을 안고 있다. 남성이든 여성이든 개인이 보유한 다양한 개성과 능력이 리더십의 바탕이 된다면, 성차를 리더십 구분의 기준으로 삼는 것은 옳지 않다. 그러나 여성이 정치권력을 보유하고 조직의 리더가 되는 것이 상당히 어렵고 특이한 일로 받아들여지는 한, 여성이 정치적 리더십을 갖는 것이 남성의 경우와 어떻게 다른지 논의할 필요가 있다.

여성이 정치적 리더십을 갖기 어려운 이유는 크게 몇 가지로 정리할 수 있다.[32)]

---

31) 주준희, "바람직한 여성정치 리더와 리더십," 한국정치학회 하계학술대회 발표논문, 1996.

32) 전정희, "여성의 정치적 리더십," 장공자 외, 「새로운 정치학」(서울: 인간사랑, 1998), pp. 102-8.

첫째, 여성은 사회화과정에서 여성성을 교육받아 여성 스스로가 사회적 성공을 위한 성취욕구를 적게 가지고 있다. 사회적 성공이 여성에게 그다지 중요하지 않다고 생각하는 자기최면만큼 리더십 확보에 커다란 걸림돌로 작용한다.

둘째, 사회적 고정관념은 여성다운 삶을 정형화시켜 순종적이고 조용하며 가정적인 여성상에서 벗어난 여성을 인정하려 들지 않는다. 남성보다 열등한 여성, 내조하는 여성, 여성다운 여성이 남성의 사랑을 받아 행복할 수 있다는 고정관념이 여성들의 정계진출을 방해한다.

셋째, 유교적 정치문화와 권위주의적 정치문화가 한데 어우러져 상명하복, 강자중심의 논리를 횡행시켰다. 복종과 지배의 원리는 전통적 문화 속에서 약자였던 여성에게 동등한 기회를 부여하지 않았으며, 여성정치리더십을 약자인 여성이 강자인 남성을 지배하는 것으로 이해하여 강한 거부감을 표출하게 한다.

여성정치리더십을 계발하기 위해서는 여성 스스로가 고정관념을 극복하고 성취욕구를 갖는 것이 무엇보다도 중요하다. 객관적으로 실력을 인정받을 수 있도록 전문적 능력을 갖추는 것보다는 유아기부터 사회화과정에서 자아계발과 강력한 성취욕구를 갖도록 교육되어야 한다. 의지와 용기를 지닌 인간으로서 성장하는 데 가장 중요한 요건은 정치사회화과정에서의 리더십 훈련이다. 가정교육과 학교교육, 사회교육은 성평등한 프로그램으로 운영되어야 하며 남녀가 똑같은 비율로 서로를 이끌어 보는 리더십훈련을 받아야 한다.

제 4 절 여성과 국제정치

1. 유엔의 여성관련 움직임

1945년 유엔이 창설된 이후, 세계평화와 각국 정치, 경제, 사회, 문화분야의 발전에 커다란 진전이 있었다. 그중 핵심적인 발전은 아마도 보편적 인권의 신장에 있을 것이며 여성의 인권증진과 지위향상을 위한 유엔의 역할도 큰 비중을 차지한다. 대체로 유엔의 여성관련 주요결정은 4단계로 나눌 수 있다. 창립부터 1967년 여성차별철폐선언(Declaration on the Elimination of Discrimination against Women)까지를 1단계로, 이후 1975년 세계여성의 해까지를 2단계로, 유엔여성10년이 시작되던 1976년부터 10년간을 3단계로, 1986년 이후를 4단계로 나눌 수 있다.

1단계(1945-1967)에는 서구중심의 여권개념[33]이 유엔의 결정에 커다란 영향을 미쳤다. 성평등을 구축하기 위한 법적, 제도적 기반을 확립하고 여성지위위원회를 발족시켰다. 1946년 발족된 여성지위위원회(Commission on the Status of Women)는 여성의 정치, 경제, 사회, 교육분야의 권리를 증진시키는 역할을 부여받고 3년 임기의 15개국 대표로 출범하였다. 1952년 여성의 정치적 권리에 관한 협정(Convention on the Political Rights of Women)이 채택되었고, 1967년 여성차별철폐가 선언된다. 이 선언은 유엔헌장과 세계인권선언, 기타 여성의 관련 평등조항이 있음에도 불구하고 여전히 성차별이 존재해 있다는 현실을 인지하고 여성에 대한 차별을 철폐하기 위한 지속적 노력을 포함하고 있다.

2단계(1968-1974)는 비엔나인권선언으로 출발하였다. 비엔나인권선언은 문화간의 격차에도 불구하고 인권을 인간의 권리와 자유의 보편적 규범으로 받아들이게 하였고, 특히 여성의 권리가 양도불가능하며 불가분한 특성을 지닌다고 명시하고 있다. 여성에 대한 폭력의 철폐, 성희롱, 인신매매, 사법과정에서의 성차별철폐가 강조되었고, 전통적 관습 및 문화적 편견과 종교적 극단주의에 의한 여성인권침해가 수정되어야 한다는 입장이 명시되었다.

3단계(1975-1985)는 유엔여성10년으로 기록되며, 1975년은 세계 여성의 해였다. 멕시코에서 개최된 제1차 세계여성회의는 주제를 평등, 발전, 평화로 선정하여 선진국과 개발도상국, 후진국의 현실적 상황에 걸맞는 목표를 선정하여 행동에 옮기도록 결의하였다. 향후 평등, 발전, 평화는 여성지위향상의 상징적 용어로 다양한 전략과 협상안을 도출하는 데 활용되었다. 여성차별철폐선언 이후 12년째인 1979년 유엔은 여성에 대한 모든 형태의 차별철폐협약(Convention on the Elimination of All Forms of Discrimination against Women)을 채택하여 각국의 성평등정책 수립에 방향타 역할을 하였다.[34] 협약은 40여개 회원국과

33) 주준희, "여성과 국제관계: 유엔을 중심으로," 장공자 외, 「새로운 정치학」(서울: 인간사랑, 1998), p. 239. 주준희는 서구중심의 여권개념이 유엔과 함께 발전하였으나 문명간의 충돌과 갈등이 다원적 가치의 여권개념으로 발전하고 있다고 보고 있다.

34) 김은경, "유엔과 여성발전," 이범준 외, 「21세기 정치와 여성」(서울: 나남, 1998), p. 544.

4개 특별위원회로 시작했으나 점차 협약가입국가가 증가하여 150여개국이 이를 채택한 상태고, 한국은 1985년 가입하였다. 한국여성개발원은 1983년 설립되었지만, 협약에 가입한 후 한국은 좀더 적극적으로 여성정책 관련사업을 실시, 1985년 여성발전기본계획이 수립되고 1987년 남녀고용평등법, 1993년 성폭력특별법, 1999년 남녀차별금지법을 제정하는 등, 유엔의 여성지위향상을 위한 제언을 적극 받아들였다. 동시에 한국은 1994년 임기 4년의 유엔여성지위위원회 위원국으로 선출되었다.

1980년 제2차 세계여성대회가 코펜하겐에서 고용, 보건, 교육이라는 부주제로, 1985년 나이로비에서는 정치, 경제적 지위강화라는 부주제로 나이로비 미래지향전략(Nairobi Forward Looking Strategies Toward 2000)을 채택했던 제3차 대회가 열렸다. 유엔여성10년은 보건, 교육분야의 증진을 성공적으로 이루어냈으나 정치, 경제분야에서의 지속적 성차별을 문제의식으로 남긴 채 종결되었다.

4단계(1986-)는 1995년 북경에서 개최된 제4차 세계여성대회를 포함한다. 189개국의 정부대표 5,700여명과 비정부대표 4,000여명, 언론인 3,200여명 등이 참가한 최대규모의 국제회의였던 북경여성회의는 나이로비 전략을 평가하고 21세기 여성발전 행동강령을 12개의[35] 주제로 나누어 채택하였다. 이 회의에서는 여성문제에 관한 보수와 진보의 의견차이가 심각하게 개진되었다. 첫째, 남녀의 차이를 인정하는 형평(equity)의 개념이냐 아니면 남녀의 차이를 무시한 평등(equality)의 개념이냐 하는 논쟁은 평등으로 귀착되었고, 둘째 성생활과 임신에서 여성의 자기결정권을 부여할 것이냐 하는 논쟁은 이슬람권의 성 관련 보건서비스를 유보한 채 "각국의 종교, 문화, 전통, 규범을 존중한다"는 문안을 총론에 삽입시키는 것으로 결론지어졌고, 셋째 여성의 상속권문제도 이슬람권이 유보하였으며, 넷째 동성애자들의 주장이었던 성적 취향의 다양성은 거부되었으며, 마지막으로 낙태권과 관련하여 낙태는 가족계획의 수단으로 사용될 수 없으며 관련정책은 각국의 법률절차에 따른다고 결정하였다.

---

35) ① 빈곤의 부담, 빈곤의 여성화, ② 불평등한 교육기회, ③ 불평등한 보건서비스, ④ 여성에 대한 폭력, ⑤ 무력갈등 상황이 여성에게 미치는 영향, ⑥ 경제구조와 정책에 있어서 불평등, ⑦ 정책결정 참여에 있어서 불평등, ⑧ 여성담당기구의 취약성, ⑨ 여성의 인권, ⑩ 미디어에 나타난 여성에 대한 고정관념 및 불평등, ⑪ 자연자원관리와 환경보존에 있어서의 불평등, ⑫ 여아의 생존, 보호, 발전. 한국여성개발원, 제4차 세계여성대회 북경선언 행동강령, 1995.

유엔의 결정은 법률적 강제성을 띠지 않기 때문에 구속력이 없다. 권고와 보고서 제출 등의 미약한 제재가 성평등과 같은 민감한 사안에 긍정적 변화를 도출해 낼 것인가에 회의적인 시각도 있다. 그러나 여성의 권익에 관한 국제적 수준에 어느 정도 도달해 있으며 세계의 여론에 비친 자국의 사정이 어느 정도인가는 각 국가의 최고정책결정권자에게 민감한 사안이다. 성차별 논쟁으로 인해 국가의 위신이 손상된다든지, 국제적 수준에 미달된 통계가 발표되는 것은 결코 바람직하지 않은 것이다.

향후 유엔의 여성지위향상 노력은 계속될 것이다. 여성문제를 전담하는 기구로는 경제사회이사회(ECOSOC : Economic and Social Council), 여성지위위원회(CSW : Commission on the Status of Women), 유엔여성개발기금(UNIFEM : United Nations Development Fund for Women), 국제여성향상연구훈련원(INSTRAW : International Research and Training Institute for the Advancement of Women), 유네스코(UNESCO), 유엔아동기금(UNICEF), 세계보건기구(WHO : World Health Organization) 등이 있다.

2. 동양의 여성정책

1) 중　　국

전통적인 중국의 사회제도는 가족을 바탕으로 하고 있다. 가장에 대한 절대적 순종은 정치권력에 대한 복종과 같은 맥락에서 이해되었다. 유가와 도가의 지배원리는 충과 효를 강조하여 나라의 근본이 가정에 있으므로 가족을 중심으로 한 안정적 일체감의 형성이 국가를 부강하게 하는 기본이라고 보았다.[36)]

중국에 맑시즘이 파급되면서 전통적인 가족중심사상은 비판되었다. 대표적인 인물은 오우와 노신인데, 이들은 봉건가족제도가 노예제도와 흡사하다며 중국의 정치, 법률, 제도, 여성, 노동자문제를 해결하기 위해서는 전통원리를 해체하고 사회, 경제체제를 개조해야 한다고 주장하였다. 이러한 주장은 양계초에 의하여 부학(婦學 : 여성학)의 필요성으로 연결되었는데, 여성교육의 실시는 남성 의존적인 경제에서 벗어나 독립의 수단이 되어야 하며, 자녀교육을 위해서라

36) 장공자, "아시아지역의 여성정치참여," 장공자 외, 「새로운 정치학」(서울 : 인간사랑, 1998), pp. 434-36.

도 여성들이 훌륭한 교육을 받을 필요가 있고, 민족의 강성함을 유지하기 위해서 여성의 권리가 확보되어야 한다는 주장을 펼쳤다. 김천핵은 개혁과 혁명을 성공시키기 위하여 여성의 참여가 필수적이며 그 참여는 교육과 경제의 기회부여로부터 시작된다고 갈파하였다.[37)]

대표적인 여성정치관련단체는 1911년 발족된 여성참정동우회와 1921년의 호남여자연회 등이었다. 이 단체들은 남녀동등권의 실현, 여성교육의 보급과 실현, 가정주부의 지위향상, 일부일처제의 실행, 축첩과 공창제도 금지, 여성의 정치적 지위향상 등을 요구하며 남녀평등원칙에 입각해 근대적 의미의 여성운동을 추진해 나갔다. 공산당 정부가 수립된 이후 모택동은 무산계급인 농민과 여성들이 사회주의 건설을 이끌어 갈 혁명의 주체이며, 특히 여성은 정권, 족권, 신권, 부권으로부터 벗어나기 위하여 과감히 사회적 해방의 선두에 나서야 한다고 주장하여 전국부녀연합회라는 전국조직을 탄생시켰다.

이후 공산주의 사상가들은 여성해방과 정치투쟁을 동일한 궤도에서 인지하였으며 여성의 사회참여를 제도적으로 보장함으로써 혁명역군을 두 배로 보강하고 전통적 가족윤리를 해체하는 두 가지 효과를 모색하였다. 주은래, 등소평 등은 가사노동의 사회화 중 육아의 항목에 관심을 두어 14세 이하 아동과 청소년을 돌보는 일은 여성의 일이므로 이를 위해 필요한 자원은 국가가 충당한다는 원칙 하에 공동육아, 계획출산, 인구통제, 집단주의 교육 등을 병행실시하였다.

공산주의 정권이 들어선 이후 중국여성들의 사회진출은 괄목할 만한 성장을 보였다. 그러나 권력의 핵인 공산당 상무위원이나 정치국원이 된 여성은 모택동의 처인 강청과 임표의 처인 섭군 외에는 없는데, 최고권력자의 가족이라는 위치에서 개인적인 충성심을 가졌을 뿐 독자적인 세력을 갖춘 인사는 아니었다. 제 8기 전인대 전체대표 1,977명 중 21%인 626명의 여성이 선출되었으며, 공산당 여성중앙위원 수는 6.3%인 12명에 지나지 않는다. 법과 제도 속의 성차별은 중국에서 사라진 지 오래다. 그러나 여성이 소유한 정치권력은 법률상의 남녀평등권과는 거리가 있으며 출산제한 이후 여아살해가 암암리에 만연되는 등 사회주의 체제 안에서의 모순이 해결되지 않은 상태이다.

---

37) 김염자, "중국의 부녀운동에 관한 연구," 서강대학교 박사학위논문, 1982, pp. 80-82.

2) 일 본

일본여성에게 남성과 평등한 권리가 부여된 것은 1946년의 일이다. 참정권이 확보된 이후 최초로 치뤄진 1946년의 중의원 선거에서 약 9%인 39명이 대거 당선된 이래 여성 당선율이 격감하여 1-2%대를 기록하는 경우가 많았다. 여성의 정치참여가 저조했던 이유는 일본의 정치기반이 무사계급중심의 남성우위로 고착되어 여성들을 받아들이지 않았고, 가사와 육아 또는 간병과 같은 일은 여자의 역할이라는 고정관념 때문이었다.

일본여성은 전통적인 여성의 일에 종사하면서 가정과 지역에 바탕을 둔 생활인으로서의 네트워크를 활발히 진전시켰다. 주변에 소외되어 있는 고령자나 고아, 장애인, 외국인들의 애로사항을 해결해 주면서 자아실현을 모색하는 가운데 사회참여를 하는 방법이 터득된 계기는 1975년 "세계 여성의 해"로부터였다. 국제적인 여성역할 제고와 소비자운동, 자녀교육에 대한 관심들이 한데 어우러져 여성의 사회의식을 증폭시키는 긍정적인 결과를 낳았다.

대표적인 생활정치의 사례는 "대리인운동"이다. 생활협동조합 등을 자발적으로 구성하여 생산자와 소비자를 직거래시키고 지역사회의 문제를 의원들을 통해 대리로 해결하게 하며 동시에 의원들의 재정적, 조직적 후원자가 되어 주는 관계설정이다. 여성의 정치참여는 시민활동의 일환으로 행해지며, 여성들의 일상생활과 관련된 문제를 해결하기 위한 방법으로서 정치를 이해하는 것이다. 활발한 활동은 "도쿄 생활자 네트워크," "시민네트워크 홋카이도," "대리인 네트워크 치바" 등 행정단위를 중심으로 이루어지며 이들의 후원을 받은 여성후보자들이 당선될 가능성은 매우 커서 1997년 현재 지방의회 여성의원은 2,800명 중 4.4%인 123명이다.[38)]

대리인운동을 통해 정치에 관심을 가지고 있는 여성들은 정당의 진입을 꺼려하는 경우가 많다. 대체로 80%의 지역운동가들이 정당을 선택하지 않고 정치세력화를 성공적으로 꾀하고 있다. 일상생활과 이웃, 가족 및 자신의 관계를 인식하고 자아를 실현해 가는 과정에서 복지, 환경, 교육, 평화 등 정치적 이념을 구현하고 있다. 정계에 진출한 일본여성의 비율은 사실상 그다지 높지 못하다. 그러나 정치가 세력화를 바탕으로 한 것이라면 풀뿌리 시민운동을 기초로 여성

38) 한영구, "일본여성의 정치참여," 이범준 외, 「21세기 정치와 여성」(서울: 나남, 1998), p. 413.

정치참여가 이루어질 때 새로운 모델이 구축될 수 있을 것이다.

3. 서양의 여성정책

1) 미 국

1920년 참정권획득 후 처음으로 실시된 미국대통령선거에서 문자해독력이 있는 여성 중 43%만이 선거에 참여하였고, 뒤이어 1924년의 선거에서는 그중 35%의 여성만이 투표하는 등, 대단히 저조한 투표율을 보였다. 이러한 추세는 서서히 증가하며 계속되어 오다가, 1968년에 와서야 문자해독력이 있는 여성이 남성의 투표율을 앞지르는 경향을 보였고, 1976년 이후 남성과 여성의 투표율은 거의 차이를 보이지 않는다.

미국에서 흔히 여성해방운동, 또는 신여성운동이라 불리는 움직임은 1960년대 반전학생운동, 유색인종의 민권운동, 합법적 노조결성을 위한 노조운동 등과 함께 태동하였다. 이제껏 보수적 침묵으로 일관하던 미국 전역의 언론들이 여성운동의 실체를 인정하고 자신들의 주장을 펼치기 시작한 것은 베티 프리단의 작품[39]이 발표된 이후부터이다. 1970년에 들어서며, 찬성하든 반대하든 여성해방운동의 취지를 모르는 사람은 거의 없게 되었다. 당시의 요구조항은 성별역할분담을 고착시키는 기존의 직업구조를 타파하고, 여성에게도 취업의 문호를 넓히며, 동일한 노동에 차등임금을 지급하는 성차별을 폐지하고, 여성의 사회참여를 증진시키라는 것이었다. 이러한 요구는 오랜 기간동안의 법적 투쟁, 정치적 영향력 강화 등을 통해 점차 이루어지고 있으나, 그보다 더 큰 결실은 이러한 투쟁기간 중 사회적으로 여성도 남성과 동일한 권리를 가질 이유가 있다는 사회적 공감대의 형성에 있다 하겠다.

동등권법안(Equal Rights Act)이 채택된 1972년과 낙태합헌판결[40]이 내려진 1973년은 여권운동의 전환점으로 기록되었다. 특히 낙태선택권과 생명권을 둘러싼 이익집단간의 갈등은 현재까지도 첨예한 양상으로 발전하고 있으며, 중대한 정치적 이슈의 하나로 자리잡았다. 동등권은 법안의 채택만으로 보장되지 않는 성격을 띤다. 대부분의 성차별, 인종차별은 형식적 법테두리 안에서 일어

39) Betty Friedan, *The Feminine Mystique* (N.Y.: Free Press, 1963).
40) *Roe v. Wade* 410 U. S. 113; 35 L. ed. 2d 147; 93 s. ct. 705 (1973).

나는 것이 아니라 심리적이고 은근한 방법으로 표현되기 때문이다. 그러나 동법의 상, 하 양원 통과로 인하여 여성의 사회참여를 가로막고 있던 장벽을 허물려는 노력이 실질적 결실을 맺을 수 있게 되었다.

미국의 정치관련 여성조직 중 대표적인 것들로 전국여성참정권협회(The National Woman Suffrage Association)를 계승한 여성유권자연맹(The League of Women Voters), 전국여성경영자·전문인협회(The National Federation of Business and Professional Women), 미국대학여성협회(The American Association of University Women) 등이 있었다.[41] 여성의 사회적 지위향상, 낙태법안, 남녀고용평등, 사회복지 등의 이슈를 중심으로 여성조직은 점차 그 세력과 조직을 확산시켜 나갔다. 전국적으로 자금과 인원을 모집하고 여성로비세력을 구축한 그들은 그들의 이익을 대변해 줄 후보자를 선정하여 선거캠페인을 벌이고, 법안을 초안하며, 입법심의과정에 영향을 미칠 수 있는 로비스트를 고용하였다. 여성문제를 위한 의회코커스(Congressional Caucus for Women's Issues)[42]를 중심으로 의회내의 입법활동을 조직화하며, 여성들을 위한 법안이 통과되도록 노력하였다. 1970년대 초기에 전국여성정치코커스(The National Women's Political Caucus), 전국여성교육자금(The National Women's Education Fund), 전국여성정치자금(The National Women's Campaign Fund) 등이 창설되었고, 1994년 통계에 따르면, 전국과 지역수준을 통틀어 여성들을 위한 정치활동위원회(PACs)는 50여개에 달하는 것으로 보고되고 있다. 한해동안 여성들을 위한 정치활동위원회가 모금한 액수는 1천1백8십만불에 이르렀으며, 이 중 약 98%의 자금을 여성후보자들을 위하여 기탁하였다.[43]

전국여성조직(NOW : National Organization of Women)은 민주당과 밀접한 관계를 맺고 민주당 대의원수의 절반을 여성으로 선정하게 하였고, 1980년 전당대회 때 여성대의원의 약 20%는 전국여성조직의 핵심멤버가 차지하여, 민주당 대의원회는 급진적 여성운동가들에 의해 장악되었다. 조직내의 하부구조인

41) Anne N. Costain, "Representing Women: The Transition from Social Movement to Interest Group," E. Bonaparth and Emily Stoper eds., *Women, Power and Policy*, 2nd ed. (N.Y.: Prentice Hall, 1988), p. 26.

42) 이 조직은 1977년 의회내에서 여성의원들의 코커스라는 명칭 아래 처음 발족되었다. 1981년부터 남성의원들의 참여를 허용하면서 현재의 명칭으로 개칭하였고, 현재 120여명의 남성의원들이 동참하고 있다. Sara E. Rix, *The American Woman* (N.Y. : West, 1994) 참조.

43) *Women in the US House Representatives* (Washington, D.C., 1994).

에밀리 리스트(Emily's List)[44]는 여성해방노선을 지지하는 정치지망생을 재정적으로 후원하는 강력한 재단이다. 그러나 아직도 여성들의 대표권은 저조한 편이어서, 1997년 현재 전체 인구의 50%를 차지하는 여성들이 상원에서는 9%, 하원에서는 11%의 비율을 가진다.[45]

2) 영　국

30세 이상의 영국여성이 참정권을 가진 해는 1918년이었지만, 21세의 여성이 남성과 동일하게 보통선거권을 행사하기 위해서는 10년을 더 기다려야 했다. 참정권을 획득한 이후에도 영국 여성들은 정치에 진출하기보다는 생활의 경험과 자조정치를 강조하는 소그룹활동에 매진하여 1960년대 불어닥친 신여성운동의 영향에도 불구하고 정치세력화는 이루어지지 않았다. 영국의 여성운동은 다른 국가와 달리 지방에 분산되어 자율적인 노선을 견지하는 특성을 지녔는데,[46] 이러한 분산조직을 연결하는 전국적인 네트워크도 구성되지 않은 상태에서 1980년을 맞이하였다.

보수당은 보수당대로 전통적이고 폐쇄적인 조직을 구성하여 여성들에게 배타적이었으며, 노동당은 노동당대로 공장노동조합들이 남성들로 구성되어 여성들에게 적대적인 노선을 유지하였다.[47] 정당간 경쟁은 치열하였으나 여성은 경쟁의 이슈가 되지 못하였고, 정당으로 진입하지 못하였다.

1980년 이후 사민당의 등장으로 여성의 정치참여의 전환기가 도래하였다. 사민당은 양성평등을 내걸고 여성유권자들을 집중 공략하였으며, 여성운동가들도 자신들의 분산된 사회 문화적 이익을 실현시키기 위하여 정치권에 진입하여야 한다는 사실을 인지하였다. 대표적인 단체는 여성의원의 수를 300명 이상 확보해야 한다는 "300그룹," "여성행동그룹"(WAG : Womens' Action Group) 등이다. 사민당의 등장과 약진에 가장 영향을 받은 정당은 노동당이다. 노동당은 뒤늦게나마 자유당과 함께 여성할당제를 채택하였고 1997년 총선에서 보수당을

44) Early Money Is Like Yeast. 진보적 여성해방노선을 지지하는 후보자들을 후원하는 전국여성조직 산하단체.

45) *Politics in America : The 104th* Congress(Washington, D.C., 1997).

46) 전복희, "유럽지역의 여성정치참여—독일, 영국, 노르웨이를 중심으로," 장공자 외, 「새로운 정치학」(서울 : 인간사랑, 1998), pp. 487-88.

47) 이승희, "영미여성의 정치참여," 이범준 외, 「21세기의 여성과 정치」(서울 : 나남, 1998), p. 431.

누르고 승리하였다. 노동당이 집권한 1997년 총선에서 전체 659명의 하원 중 18%인 120명의 여성이 당선되는 쾌거를 올렸다. 토니 블레어 총리는 집권과 함께 5명의 여성장관을 임명하여 좌파 내각의 친여성적 이미지를 제고하였다.

3) 프 랑 스

프랑스 대혁명으로 근대 민주주의의 도화선 역할을 했던 프랑스 여성들이 남성과 동일하게 보통선거권을 가진 해는 1944년이다. 만민평등을 주장하며 성공시켰던 대혁명의 기치도 여성을 평등한 시민으로 인정하는 데 150여 년의 시간이 필요했던 것이다. 1991년 여성수상(Edith Cresson)을 배출한 프랑스도 유럽의 여러 국가 중에서 여성의 정치적 대표성이 저조한 국가에 속한다.

프랑스여성의 정치적 참여가 저조한 이유는 다양하지만, 그중에서도 역사적 요인을 첫째로 꼽을 수 있다.[48] 절대왕정시대의 살리크 법안은 여성의 왕위계승을 금하는 법령을 명문화하고 있다. 절대군주시대가 끝나고 계몽시대가 왔어도 남성은 법률과 정치를 다루며 여성은 사회의 풍속을 담당하는 식의 성 역할분담이 강력한 문화적 배경을 구성하고 있다. 둘째, 프랑스의 여성운동가들은 사회문화적 운동에 역량을 집결하였으며 제도를 완전히 바꾸지 않으면 문제가 해결되지 않는다는 시각을 가져 기존의 정치권내에 진입하기를 거부하였다. 셋째, 정치에 참여한 여성들은 독자적인 세력화를 꾀하지 못하고 대통령 등 남성으로부터의 임명으로 정치에 입문한 경우가 많아 여성정치권력의 주변화 현상이 발생하였다. "정신이상자, 백치, 미성년자, 외국인, 위증죄범인, 뇌물을 주고 받은 자, 중죄의 오점을 남긴 자, 범죄자, 그리고 여성에게는 투표권을 줄 수 없다"[49]고 말한 18세기 윌리엄 블랙스톤 경의 의견이나, 급진적 만민평등을 주장하며 수많은 사람을 형장의 이슬로 사라지게 한 프랑스혁명 주역이었던 로베스피에르가 "여성의 참정권 요구는 혁명에 대한 반역"[50]이라고 하여 반대하였던 경험이 20세기까지도 연면히 이어져 온 것이다.

프랑스 여성정치참여의 주변화 현상은 곳곳에서 발견되는데, 그 예로 국립행정학교의 입학생 가운데 1/4은 여성인 데 반해, 졸업생 중 정부의 직위를 차

48) 김민정, "프랑스여성의 정치참여, 현황과 문제점," 「한국정치학회보」, 32집 1호(1998), pp. 307-9.
49) Sir William Blackstone, *A Misogynist's Sourcebook* (London: Jonathan Cape, 1989).
50) 백경남, "여성정치참여의 역사와 현황," 장공자 외, 「새로운 정치학」(서울: 인간사랑. 1998).

지한 사람은 1/20에 미치지 못한다. 정당의 지도부에도 여성에 대한 보이지 않는 벽이 둘러 쳐 있어 사회당의 경우 지도부의 여성당원은 20%정도이지만, 핵심권력인 당비서진에는 한 명의 여성만이 진출한 상태이다. 여성의 정계진출에 대한 신경질적 거부감은 핵심권력내에서 여성을 받아들이지 않는 대신, 전통적으로 여성의 일이라고 인정되던 분야에 대하여 여성을 임명하고 있다. 한 영역이 그 사회의 중심적일수록 여성들이 적게 대표되고, 한 영역이 그 사회의 주변적일수록 여성들이 대거 진출한다는 여성정치 주변화 현상이 적나라하게 드러나는 곳이 프랑스이다. 이러한 프랑스 여성정치참여의 특성은 평균 4-5%에 그치던 여성의원들이 1997년에 들어서 처음으로 10%의 비율을 차지하였지만, 보건, 아동, 가족 등의 분야에 진출한 여성각료는 25%를 차지하는 데서도 잘 드러난다.[51)]

이러한 사회문화적 제약에도 불구하고, 프랑스 여성의 정치참여 전망은 낙관적이다. 사회당은 총선에서 30% 여성후보 할당을 결정하였고, 1997년 총선에서 246명의 사회당 당선자 중 42명(17.1%)이 여성이었다. 1999년 7월 8일 개정된 프랑스 헌법은 선출직에서의 남녀평등을 촉진시킨다는 규정을 담고 있다. 이어 2000년 5월 3일 관련법이 개정되며 일명 샤바다 법안이라고 불리는 남녀교호순번제를 수용하였다. 특히 하원선거에서 남녀의 차가 1명 이상이 될 때 정당의 국고보조금을 삭감하는 법률안은 프랑스의 여성정치참여를 법률로 보장하는 획기적인 조치로 받아들여지고 있다.

제 5 절 정치적 성차별은 사라질 것인가?

성 정치학(gender politics)은 성(gender)이라는 변수를 새로이 도입하여 좀더 완벽한 민주주의를 실천하는 방법을 연구하는 정치학의 분야이다. 태생적

51) 1998년 3월 8일 리오넬 조스팽 프랑스 총리는 세계 여성의 날을 기념하는 축사를 하며 여성장관을 지칭하는 경우, 남성 정관사(le)를 여성정관사(la)로 바꾸어 부를 것을 제안하였다. 이를 적극적으로 지지하는 여성단체와 없는 불어를 만들어 낼 수 없다는 아카데미 프랑세즈의 의견이 정면으로 대립해 있는 상태다. 명사에 성성을 부여하는 프랑스의 문화가 낳은 또 하나의 단면이다. 조선일보(1998. 3. 10).

변수인 인종, 혈통, 성별 등을 이유로 인간을 차별하지 못한다는 보편적인 명제가 확산되면서 빠른 속도로 정치학은 물론 사회학, 철학, 언어학, 심리학 등 사회과학 전반에 새로운 질문을 던지고 있다. 특히 그중에서도 성차별은 남녀를 물리적으로 구분하여 격리시키기 어렵다는 점에서, 차별의 근거가 모호하다는 점에서, 남녀의 긴밀한 협조와 조화 없이는 그 어떤 사회문제도 해결되지 않는다는 점에서 여타 차별과 다른 속성을 갖는다.

모든 사람은 정도의 차이가 있을지언정 어떤 형태로든 정치에 참여하고 있다. 정치는 이미 개인의 사생활 영역에 깊이 개입되어 공과 사의 영역구분이 점차 모호해지고 있는 실정이다. 특히 정보사회가 도래하며 정치, 경제, 사회, 문화 전반에 걸친 혁신적인 변화가 이루어지고 있다. 가상성, 익명성, 동시성, 속도성을 특징으로 지니는 정보사회는 과거 농업사회나 산업사회가 생성, 확대시켜 온 성차별을 상당히 해소시켜 줄 것으로 기대하는 긍정적 시각도 있다. 그러나 이와 달리 정치가 영합게임(zero-sum game)의 속성을 갖기 때문에 생활양식의 변화와는 무관하게 집단적 지배의 유형이 달라지지 않을 것이라는 전망도 있다. 오히려 정보사회에서 성차별이 더욱 심화되거나 고착되리라는 부정적 시각도 큰 비중을 차지한다.

성차별을 해소하기 위해서는 다음과 같은 사항이 필요하다.

첫째, 국가가 완전한 민주주의를 구현하기 위한 성평등정책을 입안, 집행해야 한다. 이제껏 여성을 소외시키고 주변화시킨 주체가 국가 그 자체였으므로 과거의 차별을 시정하기 위한 다양한 방안을 마련하고 시민들의 참여를 독려시킬 필요가 있다.

둘째, 사회 및 학교는 전 사회화과정에 성평등한 교육프로그램을 구축하여 의식의 전환과 행동의 변화를 유도해야 한다. 성차별은 법과 제도 안에도 있지만 인간의 의식과 관행 속에도 깊이 자리하고 있으므로 전 생애에 걸친 교육을 통하여 보편적 인간성을 구현해 낼 필요가 있다.

셋째, 성차별의 해소를 위하여 가장 중요한 역할은 여성이 담당해야 한다. 여성 스스로가 주권을 가진 책임 있는 시민임을 자각하고 주체적 인생관을 가지며 정치세력화를 통하여 참된 민주주의의 구현에 이바지한다면 성차별이 해소될 가능성은 높아질 수 있다.

연습문제

1. 민주주의와 여성정치참여의 상관관계에 대하여 논해 보자.
2. 평등을 위한 불평등이라는 측면에서 여성할당제의 합헌성에 관해 생각해 보자.
3. 성차별을 해소하기 위한 다양한 이념과 방법을 비교해 보고 가장 합리적이고 현실적인 선택이 어떤 것인지 논해 보자.
4. 각국의 환경과 제도가 상이함에도 불구하고 공통적으로 여성정치참여가 저조한 이유가 무엇인지 논해 보자.
5. 국제관계의 논쟁점이 되고 있는 여성문제를 생각해 보고 한국의 입장을 정리해 보자.
6. 정보사회에서 성차별 극복가능성에 대하여 논해 보자.

제 13 장 정보혁명과 전자민주주의

요 약

이 장은 정보화가 민주주의 정치에 미치는 영향, 첨단 정보통신기술이 정치과정에 활용될 수 있는 가능성과 현황을 검토하고, 정보화사회로 진입하는 한국의 민주주의 정치과정에 주는 시사점을 논의한다. 정치체제 구성원간의 의사소통은 정치과정의 핵심요소이다. 따라서 기술의 발달로 인한 커뮤니케이션 수단의 질적·양적 변화는 정치과정의 변화와 밀접한 관계가 있다. 특히 정보사회의 커뮤니케이션 양상을 엿볼 수 있게 하는 것은 인터넷이다. 인터넷을 이용한 커뮤니케이션은 정보의 대량화, 다양화, 정보전달 비용의 저렴화, 멀티미디어화, 정보전달의 즉각성, 쌍방향성, 시간적·공간적 제약을 초월하여 다중이 동시에 접속할 수 있는 가능성 등의 특징을 가진다.

낙관론자들은 그러한 속성을 가진 인터넷의 확산이 기존의 대의민주주의의 결함을 극복하고 이상향의 민주주의를 실현할 것으로 기대한다. 인터넷은 의사소통의 비용을 낮추고, 속도는 높이며, 거의 무한정한 양의 정보를 쌍방향으로 전달할 수 있다. 따라서 그들은 인터넷이 시민이 정치과정에 직접 참여할 수 있는 기회를 확대하고, 정보흐름의 민주화를 통해 민주주의 정치과정을 더욱 충실화하며, 의사소통 수단의 강화로 인한 시민의식 함양과 공동체 형성을 촉진하리라 예견한다. 전자민주주의를 통한 아테네식 민주주의의 재현이 기대되기도 한다.

그러나 정보화시대 민주주의의 유토피아적인 비전과는 달리 정보화가 정치과정을 근본적으로 변화시킬 수 있다는 믿음이나 전자민주주의가 이상향의 민주주의를 실현하리라는 기대에 대해 회의적인 견해도 있다. 신중론자들은 오히려 과다민주주의(Hyperdemocracy), 사회의 파편화(fragmentation), 정보격차(digital divide, information gap), 정보의 과부하(information overload) 등 인터넷의 확산으로 초래될 수 있는 여러 역기능들을 지적한다. 단순히 새로운 기술이 주어진다고 대중의 정치적 무관심이 극복되고 정치참여의 동기가 상승할 것인가는 논란의 여지가 있다. 첨단 정보통신기술이 가진 다양한 강점에도 불구하고, 기술 자체의 속성으로 기존의 민주주의가 안고 있는 문제를 해소해 줄 수 있다는 것은 지극히 낙관적인 가정이다.

정보화시대 민주주의의 미래상은 극단적인 낙관론과 경계론의 중간에 위치할 것이다. 첨단 정보통신기술이 자동적으로 대의민주주의의 문제점을 해소하고 이상향의 민주주의를 가능하게 하는 것은 아니다. 오히려 기존에 없었던 새로운 문제들을 야기할 가능성이 크다. 특히 한국의 경우 전자민주주의는 기존 정치과정의 부정적인 측면이 증폭될 가능성이 농후하다. 현대 한국의 정치사가 독재, 폭력, 부패, 금권정치, 인물정치, 극단주의와 제로섬적인 파행으로 일관했던 것은 민주주의를 실현할 수 있는 제도나 수단이 결여되어서가 아니라 상당 부분 제도 운영자들의 양식과 자질에 문제가 있었기 때문이다. 그러나 첨단 정보통신기술이 정치과정을 혁신하는 데 기여할 수 있는 잠재력이 있는 것은 틀림없는 사실이다. 결국 첨단기술이 민주주의의 가치들을 강화하고 이를 실현하는 데 기여할 수 있는 방법을 찾는 것이 과제이다.

제 1 절 정보화시대의 민주주의

인류는 지난 수년간 정보통신기술의 혁명적인 변화를 목격해 왔다. 미래학자 토플러[1]는 이 혁명의 결과 '정보사회'로 대변되는 새로운 문명이 도래할 것이라고 주장한 바 있다. 론펠트[2]는 정보가 권력의 원천이고 정보가 정치체제의 통치원리와 조직원리의 근간이 되는 '사이버로크라시'(Cyberocracy)의 시대가 도래할 것이라고 예견한 바 있다. 최근 첨단 정보통신기술이 대의민주주의를 무용

1) Alvin Toffler, *The Third Wave*(New York: William Morrow, 1980).
2) Ronfeldt David, *Cyberocracy, Cyberspace and Cyberology: Political Effects of the Information Revolution*(Santa Monica: Rand Corporation, 1991).

지물로 만들고[3] 소위 '전자민주주의' 시대를 열 것인지, 또 그러한 변화는 우리가 지향하는 바람직한 민주주의 이상의 실현에 긍정적으로 작용할 것인지가 관심의 대상이 되고 있다. 이 장은 정보화가 민주주의 정치에 미치는 영향, 첨단 정보통신기술이 정치과정에 활용될 수 있는 가능성과 현황을 검토하고, 정보화 사회로 진입하는 한국의 민주주의 정치과정에 주는 시사점을 논의한다.

정치체제 구성원간의 의사소통은 정치과정의 핵심요소이다. 따라서 기술의 발달로 인한 커뮤니케이션 수단의 질적·양적 변화는 정치과정의 변화와 밀접한 관계가 있다. 대중매체의 등장은 정치권력의 구조, 정치커뮤니케이션의 내용, 선거·투표행태 등에 근본적인 변화를 주면서 산업사회의 민주주의를 규정해 왔다. 제 2 차 세계대전 이후에는 컴퓨터 기술의 발달과 더불어 케이블TV와 같은 뉴미디어가 개발되어 정치과정에 실험되어 왔다.[4] 1980년대 중반 이후 인류는 디지털 기술, 반도체 디자인, 고성능 중앙연산장치(CPU), 광대역 통신망 등의 급격한 발달에 힘입은 정보기술 혁명과 정보사회의 도래를 목격하고 있다. 산업사회에서 정보사회로의 이행은 곧 커뮤니케이션 수단의 혁명적인 변화를 의미하며, 이는 정치과정을 정치인, 유권자, 정부 등 정치행위자들 사이의 정보교환과 의사소통의 과정으로 이해할 때 정치의 패러다임 변화를 의미하는 것이다.

오늘날 정보사회의 미래상을 엿볼 수 있게 하는 현상은 인터넷의 급성장이다. 특히 사용이 간편한 월드와이드웹(World Wide Web)이 일반화되면서 인터넷은 지난 수년간 폭발적인 성장을 거듭하여, 이제 전세계 정보통신망의 플랫폼을 주도하고 있다. 1999년 현재 전세계 인터넷 사용자는 2억 5,900만 명으로 추산되며, 2002년 말까지 4억 9,000만 명에 달할 것이 예상된다. 한 조사에 의하면 2,800만 명이 매일 웹사이트를 방문하며, 인터넷의 정보유통량은 매 100-120일 사이에 2배로 증가하고 있다.[5] 인터넷을 이용한 커뮤니케이션은 정

3) 토플러는 이미 1980년도에 이러한 주장을 폈다. Toffler, *op. cit.*, p. 417.

4) 미국에서는 이미 1970년대에 오하이오주 컬럼버스의 QUBE TV, 펜실베니아주 리딩(Reading, Pennsylvania)의 케이블TV 등 케이블 TV망을 통한 원격투표 실험을 실시한 바 있다. 또 여론조사 수단으로 많이 이용되는 전화는 컴퓨터 기술과 접합되면서(Computer Aided Telephone Interview: CATI) 표본조사와 원격투표에 활용될 수 있는 형태로 발전하였다. Abramson Jeffrey, Christopher F. Arterton and Gary R. Orren, *The Electronic Commonwealth* (New York: Basic Books, 1988), pp. 177-88, 169-79; Mclean Iain, *Democracy and New Technology* (Cambridge: Polity Press, 1989), pp. 76-93, 131 참조.

5) Peter Ferdinand, "The Internet, Democracy and Democratization," *Democratization*, vol. 7, no. 1, Spring 2000; *Cyberatlas*, http://cyberatlas.internet.com/big-picture/demographic/article; *StatMarket*, http://www.statmarket.com/smc=stat061599

보의 대량화, 다양화, 정보전달 비용의 저렴화, 멀티미디어화, 즉각적인 정보전달, 쌍방향성, 시간적·공간적 제약을 초월하여 다중이 동시에 접속할 수 있는 가능성 등의 특징을 가진다. 재래식의 미디어나 70년대부터 등장한 소위 뉴미디어도 언급한 특징 중의 일부를 가진 경우는 있으나 인터넷이 최초로 그 모두를 종합적으로 가지는 미디어로 등장한 것이다.

낙관론자들은 그러한 속성을 가진 인터넷의 확산이 기존의 대의민주주의의 결함을 극복하고 이상향의 민주주의를 실현할 것으로 기대한다. 그들은 인터넷이 기존의 정치제도나 운영방법으로 구현할 수 없었던 '진정한' 민주주의의 모델을 가능하게 하는 수단을 제공할 것이라고 주장한다. 그들은 인터넷이 시민이 정치과정에 직접 참여할 수 있는 기회를 확대하고, 정보흐름의 민주화를 통해 민주주의 정치과정을 더욱 충실화하며, 의사소통 수단의 강화로 인한 시민의식 함양과 공동체 형성을 촉진하리라 예견한다.

오늘날 유권자들 사이에는 정부의 부패와 비효율성에 대한 불만, 공익을 대표하기보다는 자기이익 추구에 급급한 정치엘리트에 대한 불신이 팽배해 있으며, 그들은 유권자의 의사가 제대로 반영되지 않는 대의민주주의 정치과정에 지극히 회의적이고 냉소적이다. 다수의 유권자들은 정치과정에의 의미 있는 참여가 불가능하며 대의기관, 즉 의회는 유권자의 요구에 적절히 반응하지 않는다(non-responsive)고 비판한다. 정치과정에 대한 회의와 정치효능감의 감소는 정치적 무관심과 정치참여 감소 현상의 한 원인이 되고 있다. 첨단 정보통신기술은 이와 같은 상황을 역전시킬 수 있는 잠재력을 가지고 있다. 현재의 일방적이고 수동적인 형태의 정치커뮤니케이션을 대체하는 인터넷과 같은 쌍방향성 매체는 유권자와 정치가, 국민과 정부와의 간격을 좁혀 줄 것으로 기대된다. 인터넷을 통해 국민은 정책사안에 대해 더 많은 정보를 접할 수 있고, 정부 정책에 대한 피드백 등 정치과정에서 즉각적이고 직접적인 영향력을 행사하면서 보다 의미 있는 역할을 수행할 수 있다. 인터넷은 시민들이 주요 쟁점을 인식하고 그것을 중심으로 조직화하거나, 공직자들에게 보다 철저히 책임을 물을 수 있는 능력을 강화할 수 있다. 더 나아가 유권자들이 대표자들을 거치지 않고 직접 정책의제 설정이나 의사결정에 참여하는데 인터넷이 이용될 수 있다. 인터넷에 쟁점사안에 대한 심층정보와 다양한 정책대안이 제시되면 유권자들은 이를 검토하고 단말기 조작으로 의사를 표시하여 안방에서 정책결정에 직접 참여할 수 있다.

컴퓨터의 덕분으로 제한된 시일 내에 몇 번이고 반복 투표하여 상당히 복잡한 문제에 대한 정책대안을 검토하고 수정하여 유권자가 선호하는 최적의 해결책을 도출할 수 있다. 혹자는 유권자가 온라인 토론, 선거, 주민투표를 통해 보다 직접적으로 정부의 의사결정 과정에 참여하게 되는 아테네식 민주주의의 재현을 기대한다.

정보화사회에서는 첨단 정보통신기술의 확산으로 누구나 쉽고 저렴한 비용으로 자신의 의사를 표출할 수 있고 정보에 접근할 수 있기 때문에 정보흐름의 민주화를 기대한다. 1970년대의 소위 '뉴미디어'의 등장은 기존 매스미디어 시대의 정치커뮤니케이션의 문제점을 극복할 수 있는 가능성을 보여 주었다. 공중파방송은 정치과정의 대중화·표준화에는 기여하였으나, 대량화, 중앙집중화, 상업화에서 파생되는 폐단이 있고, 복잡한 정책이슈가 다루어지는 오늘날의 정치과정을 세련화하는 데는 오히려 역행하였다고 볼 수 있다. 미국의 경우 TV 정치광고에 소요되는 막대한 비용은 공직후보자에게 엄청난 부담을 주고 있다.[6] 반면 케이블TV는 소수민족집단, 이익단체, 지방자치체 등 보다 정밀하게 특정지역이나 시청자군을 설정하여 그들의 이해를 반영할 수 있는 세분화되고 다양한 프로그램 편성(special-interest programming)이 가능하다. 누구나 원하기만 하면 자신의 웹사이트를 운영할 수 있는 인터넷에는 기존의 매체와는 비교할 수 없을 정도로 사회 내의 다양한 목소리가 표출될 수 있다. 인터넷은 일반시민들의 의식화, 조직화를 용이하게 하므로 대정부 로비의 평등화, 정치과정의 민주화를 촉진할 수 있다고 한다. 인터넷을 통한 정치커뮤니케이션은 비용면에서 TV와는 비교도 안될 만큼 저렴하다. 인터넷은 정치가의 입장에서 보면 TV나 기타 매체보다 훨씬 저렴한 비용으로 직접 다수의 유권자에 쉽게 접근할 수 있는 효과적인 수단이다. 따라서 인터넷은 향후 정치과정을 기존의 매스미디어의 시대보다 훨씬 더 민주화하는 매체가 될 수 있다.

정치참여의 기회확대, 정치 커뮤니케이션 통로의 다양화, 정치정보 유통의 민주화와 아울러 정보화시대에는 기존의 정치과정에서 나타난 구성원들 사이의 단절과 고립이 극복되고 공동체 형성이 촉진될 것으로 기대하기도 한다. 정치체

6) TV 정치광고의 문제점과 정보화사회에서 민주주의 활성화를 위한 대중매체의 활용방안에 대한 논의는 Reed Hundt, "Revitalizing Democracy in the Information Age," Speech delivered at Woodrow Wilson School, December 8. 1995. http://www.benton.org/cgi-bin/lite/TV/rhundt_revitalizingdemocracy.html 참조.

제 구성원 사이의 자유로운 의사소통과 대화를 통한 갈등의 해소는 강건한 시민사회가 번성하는 데 필수조건이다. 낙관론자들은 인터넷의 등장이 보다 식견이 높고 적극적인 시민의 형성에 도움이 될 것으로 믿는다. 통치과정에의 적극적인 참여를 통해 시민들의 공동체의식 함양이 기대된다. 인터넷은 그 편리성과 쌍방향적인 특징으로 인해 사용자 상호간의 의사소통의 기회를 확대해 주며, 그들이 모여 대화와 토론으로 합의를 도출하고 문제를 해결할 수 있는 가상의 공간을 제공해 준다. 의사결정에 의미 있게 참여함으로써 가상공간의 시민들은 공통의 관심사를 가지게 되고 상호간의 이해가 증진될 것이며, 결정된 사항에 대해 책임감을 가지게 될 것이다. 따라서 지리적인 경계를 초월하여 대화의 공동체를 형성하는 데 인터넷보다 더 적절한 매체는 없다고 보는 것이다. 유토피아적 시나리오에 의하면 인터넷은 이상향의 전자민주주의(electronic democracy) 또는 가상민주주의(cyberdemocracy)의 꿈을 실현하는 수단이 될 수 있다고 기대된다.

제 2 절 정보혁명과 정치과정의 혁신

인터넷은 그 속성상 정치과정의 변화에 다양하게 작용할 수 있다. 인터넷은 의사소통의 비용을 낮추고, 속도는 높이며, 거의 무한정한 양의 정보를 쌍방향으로 전달할 수 있다. 인터넷은 시간과 장소를 초월하여 정보에 접근하고 타인과 의사소통을 가능케 하며, 사용자들이 스스로 대화를 시작할 수 있기 때문에, 언론매체와 같은 전통적인 중개자의 필요성이 줄어든다. 여기서는 그러한 속성이 특히 선거과정의 혁신에 반영되는 양상에 대해 논의하였다.

인터넷이 선거과정에 미치는 영향은 다양한 차원에서 나타나며, 후보자와 유권자의 관계를 회복시켜 줄 수 있는 수단을 제공한다.[7] 인터넷의 중요한 특성 중의 하나는 쌍방향성이다. 선거과정에서 인터넷은 유권자와 후보자를 직접 연결시켜 준다. 선거운동에 있어서 후보자 측은 전자메일, 설문이나 여론조사, 게시판, 토론방 등을 통해 유권자와 쌍방향 커뮤니케이션을 유도할 수 있다. 쌍방

---

7) Anthony Corrado and Charles M. Firestone, ed., *Elections in Cyberspace* (Washington, D. C. : The Aspen Institute, 1996), p. 8.

향 커뮤니케이션은 유권자들로 하여금 선거과정에 보다 의미 있는 참여가 가능하다는 인식을 줄 수 있다. 또 쌍방향 커뮤니케이션이 활발해지면 후보자들은 더 이상 애매모호한 언변으로 쟁점을 회피하기 어려워질 것이다. 유권자의 질문에 대해 후보자의 답변이 애매할 경우, 유권자는 몇 번이고 다시 명확한 답변을 요구할 수 있다.

아직까지 선거과정에 있어서 쌍방향 커뮤니케이션의 수준은 저조하고 체계적이지 못하다. 예를 들어 공개적인 쌍방향 커뮤니케이션을 선거운동에 도입하는 경우 후보자가 통제하지 못할 상황이 벌어질 위험이 있다. 전자우편을 선거운동 중 유권자들과 쌍방향 커뮤니케이션의 수단으로 이용할 경우 감당하기 어려운 대량의 전자우편이 쏟아져 들어올 수도 있다. 발신자의 입장에서는 후보자의 즉각적이고 성의 있는 답변을 기대하며, 이에 부응하지 못할 경우 오히려 역효과가 날 것이다. 따라서 많은 후보자들이 이를 회피하는 경향이 있다. 또 모호하고 일반적인 태도로 가능하면 다수 유권자의 지지를 확보하려고 하는 후보자의 경우, 온라인 상에서 구체적이고 명확한 자신의 입장을 표명하면 지지하는 유권자의 폭이 줄어들 위험이 있다. 따라서 후보자의 입장에서 쌍방향 커뮤니케이션을 선거운동에 도입하는 것은 상당한 모험이다. 인터넷이 선거정치에 유용하게 활용되면서 민주주의의 강화에 기여할 수 있기 위해서는 후보자들이 쌍방향 커뮤니케이션을 체계적으로 다룰 수 있는 능력이나 체제를 갖추어야 한다. 전자우편을 통한 질문에 체계적이고 성의 있는 답변을 해 줄 수 있는 인력이 부족한 경우 차선책으로 전자우편 주소를 제시하지 않든지, 아니면 답변을 못할 수도 있다는 문구를 삽입하기도 한다. 그러나 이것은 민주주의를 활성화할 수 있는 인터넷의 최대 장점이라고 할 수 있는 쌍방향성을 활용하지 못하는 것이며, 시민들의 참여 의욕을 저해할 수 있다. 만약 후보자들이 인터넷을 이용한 쌍방향 커뮤니케이션을 적극 활용하지 않을 경우 유권자들이 후보자들에게 압력을 가할 수 있을 것이다.[8] 후보자간의 경쟁이 심화되면 쌍방향 커뮤니케이션이 더 활성화될 것이다.

인터넷은 쌍방향적일 뿐 아니라, 인터넷을 이용하면 다중이 동시에 의사소

8) Jennifer Stromer-Galey, "Democratizing Democracy: Strong Democracy, US Political Campaigns and the Internet," *Democratization*, vol. 7, no. 1, Spring 2000, pp. 47-48, 52-53, 56-57.

통을 할 수 있다. 전자우편과 전자 마을회의 등을 통해서 유권자와 정치인이 대화할 수 있고, 무한정한 수의 유권자가 다른 유권자들과 의견을 교환할 수 있다. 또 인터넷은 정보가 발신자에서 수신자에게 전달되는 속도를 엄청나게 단축하였다. 후보자들은 과거처럼 신문·방송이나 우편에 의존하지 않고도 단시간 내에 다량의 정보를 전파할 수 있게 되었다. 예를 들어 직접우편(DM) 방식으로 유권자들에게 접근하려면 작성·발송·배달에 수일이 소요되던 것을 전자우편으로 단 몇 초에 처리할 수 있다. 그러나 전송시간이 단축된 만큼 후보자에게 부담도 있다. 유권자가 후보자로부터 어떤 정보나 답변을 원할 경우 그들은 즉각적인 반응을 기대하게 되었기 때문이다.

가상공간 속에서 물리적인 거리는 의미가 없다. 선거과정에 있어서 인터넷의 이러한 특징은 엄청난 장점이다. 웹사이트, 채팅, 전자우편 등을 활용하여 광범위한 지역의 선거운동을 지휘·조정하고 유권자들과 접촉을 가능하게 한다. 또 유권자들은 거리를 초월하여 의사표시를 할 수 있다. 지리적인 제약을 초월하여 보다 직접적인 민주주의가 가능한 것이다. 또 인터넷은 커뮤니케이션 대상의 표적화(targeting)가 가능하다. 첨단 정보통신 기술은 개인에 대한 정보를 수집·분석·분류·저장하는 데 탁월하며, 특정 쟁점에 관심이 있는 집단, 잠재적인 기부자, 일반 유권자, 기타 지지정당, 가입단체, 소득, 학력, 직업 등 개인의 성향 정보를 손쉽게 이용할 수 있다. 인터넷은 이러한 정보를 이용하여 특정 집단을 대상으로 메시지를 보내거나 정보를 제공할 수 있으며, 웹사이트를 통해서 메일 리스트에 가입하도록 유도하는 방법을 활용할 수 있다.[9] 물론 선거운동에 있어서 소위 원하지 않는 전자메일(spam)의 남용은 오히려 역효과를 낼 것이다.

인터넷에는 막대한 정보를 저장할 수 있으며, 유권자에 보다 충실한 정보제공을 가능하게 한다.[10] 텔레비전·라디오·신문 광고, DM은 시간·공간적 제약을 받으므로 전달할 수 있는 정보의 양이 한정되어 있다. 그에 비하면 웹사이트는 거의 무제한적이라고 할 만큼 원하는 정보를 제공할 수 있다. 최근 선거운동에서 후보자들은 인적인 배경, 정책, 연설문, 보도자료, 참고자료 등 심층적인 정보를 유권자에게 제공할 수 있게 되었다. 식견을 가진 유권자를 함양하는

9) *Ibid.*, p. 49.
10) Corrado, *op. cit.*, pp. 9-10.

것은 민주주의 정치과정에서 기본적인 요건이나 기존의 방법으로는 실현되지 않고 있다. 현재 유권자는 선거관련 정보를 대부분 뉴스나 후보자들이 제공하는 텔레비전, 라디오 광고, 후보자들이 배포하는 인쇄물에서 취하고 있다. 이들은 내용보다는 외관에 치중하는 경향이 있다. 유권자들의 정치적인 학습에 도움이 되지 않는다. 첨단 정보통신망의 확산은 유권자가 획득할 수 있는 정보의 질에 엄청난 영향을 미칠 것이다. 유권자는 다양한 정보원이 제공하는 광범위한 정보에 접근할 수 있다. 후보자, 정당, 기타 정당 조직이 생산한 정보뿐 아니라. 광범위한 형태의 정치조직, 시민단체가 생산한 정보가 제공될 것이다. 다양한 정보는 유권자가 후보자들을 비교할 수 있는 능력을 높여 줄 것이다. 유권자들은 보다 균형 잡힌 시각을 가질 수 있다.

미국에서는 1990년대 후반 선거에서 다수 정치정보제공 사이트가 등장하였다. 비영리기관에 의해 제공된 Vote Smart 프로젝트가 좋은 예이다. 50개 주의회 후보자와 당선자에 대한 정보, 의회에서의 투표 기록, 이익단체에 의한 평가, 선거자금 자료, 후보자 웹사이트로의 링크 등을 제공하였다. 2000년 현재 41,679명의 공직후보자에 관한 사항을 수록하고 있다. 기존 매체도 이러한 시도에 적극이다. CNN, 타임, 워싱턴 포스트, ABC 방송 등이 공동으로 선거과정을 다루는 멀티미디어 웹사이트를 운영하였다. 그들은 유권자들에게 다양한 정보를 충분히 제공하였다. 또 많은 정보가 전통적으로 여과의 역할을 하는 기존의 매체를 통하지 않고 매개자의 개입 없이(unmediated) 유권자에 제공된다. 유권자는 스스로가 중요한 정보를 결정·선택할 수 있다. 첨단 정보통신망은 자유로운 정치적 의사표시의 장을 제공하여 유권자들이 보다 많은 정보에 입각한 결정을 하도록 돕는다.

인터넷은 비용 면에서 매우 효율적인 의사소통의 수단이다. 인터넷을 통하면 후보자가 유권자들에 접근하는 비용이 감소된다. 미국의 선거에서 막대한 비용이 소요되는 주된 이유는 텔레비전 광고 제작비 때문이다. 텔레비전이나 라디오와는 달리 인터넷으로 정보를 제공하는 것은 상대적으로 저렴하다. 단 한편의 텔레비전 광고를 제작하는 데 드는 비용보다 웹사이트를 제작·관리하는 비용은 훨씬 저렴하다. 전자메일, 게시판, 뉴스그룹 등을 이용하면 수천, 수만 명과 의사소통도 가능하다. 재래식 인쇄물과 발신에 소요되는 비용도 절감할 수 있다. 인터넷은 일단 컴퓨터와 소프트웨어를 구입하고 웹사이트를 개설하면 추가 비용이 미미하며, 통신망 접속비용 및 하드웨어 가격은 계속 하락 추세이다. 또 텔레비전과 달리 웹사이트는 자원봉사자들을 통해 관리할 수 있으며, 웹호스팅도 지지자로부터 무료로 제공받을 수 있다. 일단 웹사이트를 개설하면 선거자금의 유무에 관계없이 후보자에게 동등한 접근이 제공되며, 후보자들간의 평등화 효과가 있을 것이다.

따라서 인터넷은 과거에 경제적인 이유로 인해 정치시장에 진입하지 못했던 후보자들이 선거과정에서 경쟁할 수 있는 기회를 확대해 준다. 아직 인터넷이 텔레비전의 영향력을 능가하지는 못하지만 한가지 확실한 것은 인터넷이 군소후보나 정당에게 엄청난 혜택이 된다는 것이다. 예를 들어 웹사이트를 효과적으로 활용한 개혁당의 제시 벤츄라는 1998년 미네소타주지사 선거에서 65,000달러의 선거비용으로 평균 1,500만 달러를 투입한 타후보자들을 누르고 주지사 선거에 승리하였다.[11] 그의 당선은 미국에서 인터넷을 효과적으로 이용하여 선거에서 승리한 최초의 사례로 들 수 있다. 그는 선거자금이 충분치 않았으나 유권자들에게 저비용으로 호소할 수 있는 수단으로 인터넷을 활용하였다. 인터넷을 이용한 그의 선거운동이 성공할 수 있었던 이유 중의 하나는 미국에서 전자민주주의를 실험하고 있는 가장 규모가 큰 조직이 미네소타에 있었다는 사실이다. e-democracy는 평소에도 빈번히 미네소타주 전역을 대상으로 정치적인 토론을 개최되었다. 주민들이 인터넷을 통해 정치정보를 획득하고 토론에 참여하는 데 익숙해져 있었던 것이다.[12] 또 정당 내부조직의 측면에서도 첨단 통신망은 비용에 비해 효과를 극대화할 수 있는 수단으로 이용될 수 있다. 1992년과 1996년 로스 페로의 선거운동 당시 페로의 선거조직은 인트라넷을 활용하여 상호간에 연계를 조직화하였다. 각 주 선거운동 본부의 간부들과 지지자들간의 의사소통 수단으로, 자원봉사자 충원과 자원봉사 활동의 지휘·조정, 주요 정보와 발표문 등을 배포하는 수단으로 인트라넷을 활용하였다. 이것은 새로운 형태의 정당과 정치조직이 탄생할 수 있는 잠재성을 보여 준 것이다. 새로운 형태의 공동체, 정치집단, 정치조직의 형성 가능성을 보여 준다.[13]

인터넷은 정치헌금의 모금 수단으로서 상당한 가능성을 보였다. 첨단 정보

---

11) Stomer-Galley, *op. cit.*, pp. 42-44.
12) Ferdinand, *op. cit.*, p. 11; www.e-democracy.org 참조.
13) Corrado, *op. cit.*, pp. 10-12.

통신망은 정치헌금의 모금에도 활용될 수 있다. 후보자나 정당은 인터넷을 이용해서 수십, 수백만의 잠재적인 기부자에 접근할 수 있다. 그 비용이 전통적인 방법에 비해 훨씬 저렴하다. 수많은 소액 기부금에 의존한 선거운동을 가능하게 한다. 뉴트 깅그리치가 뉴트워치(Newtwatch)를 창설한 것은 좋은 예이다. 뉴트워치는 최초로 인터넷에서 정치헌금을 모금한 후원회를 조직하여 인터넷을 통해서 정치헌금을 요청, 크레딧카드로 지불하도록 하였다. 이에 대해 1995년 연방선거관리위원회는 인터넷상에서의 정치헌금 요청에 대한 지침을 마련하였다. 인터넷상에서의 정치헌금 모집은 향후 점점 더 선거 캠페인에 있어서 중요한 측면이 될 것이다.[14)]

최근 인터넷을 통해 공직후보자에 대한 정보를 획득하는 유권자가 점차 증가하는 추세이다. 선거에 있어서 후보자는 유권자에게 자신을 알려야 한다. 유권자는 합리적인 결정을 내리는 데 필요한 근거가 되는 정보에 접할 수 있어야 한다. 양자간의 의사소통과 정보는 건전한 민주주의의 초석이다. 그러나 최근 대의민주주의에서 다수의 유권자는 선거과정으로부터 소외된 느낌을 가진다. 최근 유권자들은 투표하는 데 도움이 되는 정보의 양적, 질적 빈곤에 불만을 토로한다. 그들은 후보자를 알지도 못하고, 후보자와 어떤 쟁점에 대해 토론해 볼 수 있는 기회가 거의 없다. 유권자와 후보자가 사회의 문제에 대해서 의사소통할 수 있는 장치가 미비한 데 불만이 팽배해 있다. 신문·텔레비전 광고, 거리의 확성기, 광고지나 팜플렛을 통해 지극히 피상적인 정보만을 접할 뿐이다. 유권자들에게 진정으로 가치가 있는 정보는 많지 않다.

인터넷을 통한 선거는 유권자의 선택의 폭을 확대해 주는 효과가 있다. 첨단 기술의 덕분으로 더 많은 후보자와 정치집단이 선거과정에서 유권자들의 지지를 획득하기 위해 경쟁하게 될 것이다. 그 결과 유권자는 선택의 폭이 보다 넓어진다. 선거과정에서의 경쟁이 심화되면 유권자의 정치과정에 대한 관심과 믿음이 회복되는 데 기여할 것이다. 현재 미국의 경우 유권자의 3분의 1이 양대 정당의 후보를 지지하지 않으며, 다수의 유권자가 후보자들이 자신의 이익이나 관심사항을 대표하지 않는다고 느낀다. 이러한 유권자와 후보자간의 괴리는 시민들의 정치로부터의 소외와 정치적 무관심의 원인으로 지적된다. 유권자들의 선택의 폭을 넓힘으로써 유권자들은 자신이 지지하는 후보나 정파를 찾기가 쉬

14) Corrado, *op. cit.*, p. 14.

워질 것이다. 선거과정에서의 쌍방향 커뮤니케이션은 후보자들이 보다 직접적으로 특정 유권자 집단을 겨냥한 선거운동을 하거나 유권자 앞에서 자신의 입장을 더 명확하게 밝히도록 만들 것이다. 이로 인해 유권자들의 관심이 증대될 것이다.

정보통신기술은 정치커뮤니케이션의 질적인 향상을 가능하게 하고, 선거과정에의 시민의 참여를 높일 수 있다. 후보자와 선거과정에의 접근이 보다 확대되며, 후보자, 선거 쟁점에 대한 보다 충실한 정보가 제공될 수 있다. 또 후보자가 유권자에 보다 저렴한 비용으로 신속하게 접근할 수 있고, 군소 정당 후보자들이 유권자에 보다 쉽게 접근할 수 있으며, 시민들의 네트워크 형성이 강화될 수 있다. 지역의 주요 쟁점을 논의하기 위한 새로운 공동체의 형성이 가능하다. 이러한 많은 혜택이 이미 작은 규모로 실현되고 있다. 인터넷은 새로운 모델의 정치와 통치를 창조할 수 있는 잠재력이 있다고 하겠다.

제 3 절 전자민주주의에 대한 신중론

전자민주주의의 유토피아적인 비전과는 달리 정보화가 정치과정을 근본적으로 변화시킬 수 있다는 믿음은 그릇된 것이라는 견해도 있다. 신중론자들은 첨단 정보통신기술이 미래의 바람직한 민주주의 발전에 기여한다는 데 회의적이며, 오히려 그 위험성에 대해 경고한다. 그들은 인터넷의 확산으로 엿볼 수 있는 전자민주주의의 비전이 내포하는 여러 가지 문제, 예를 들어 직접민주주의의 위험요소가 증폭될 가능성을 지적한다. 커뮤니케이션의 혁명적 발전에도 불구하고 기존의 민주주의 정치제도나 정치행태에는 별다른 질적인 변화가 없으며, 아직까지 인터넷이 민주주의를 강화해 주고 있다는 증거는 미미하다는 견해도 있다. 여기서는 전자민주주의에 대한 신중론·회의론에 대해 논의한다.

혹자는 인터넷의 덕분으로 정치과정에서 다수의견을 직접 묻는 것이 너무 쉽게 즉각적으로 행해진다면 이는 일종의 과다민주주의(Hyperdemocracy)를 초래할 수 있다고 우려한다.[15] 대의민주주의의 반응성(responsiveness) 결여에 대

15) Harris(1996)는 Hyperdemocracy에 대한 다양한 찬반논의를 잘 정리하고 있다. Harris

한 비판과는 대조적으로 정치가들은 이미 텔레비전, 신문, 여론조사 등에 지나치게 민감하고, 이익집단은 정부에 대해 과도한 영향력을 행사하며, 전자민주주의의 시대에는 이러한 현상이 더욱 심화되리라는 것이다. 이 견해에 의하면 첨단정보통신망을 통하면 다중의 의견이 즉각적으로 수집·표출될 수 있기 때문에 신중한 토론과 협의의 과정을 거치지 않은 의견이 난무할 위험이 있다고 한다. 또 유권자들의 주장은 모순적이고 무책임할 수 있다. 예를 들어 유권자들은 증세에는 반대하면서 정부지출의 축소는 원하지 않거나, 총론에는 동의하면서 각론에서는 제각각인 경우가 있다. 또 유권자들은 정치가나 정부의 행위에 대해 즉각적으로 반응할 수 있다. 비관론자들은 정보통신망의 볼모가 된 정부가 무수하고 경우에 따라 상호모순되는 유권자들의 요구에 의해 마비될 것이라고 경고한다. 정제되지 않은 충동적인 다수의견의 산술적 합계가 곧 여론으로서 공공정책에 압력을 가하면 이는 민주주의를 저급한 다수의 통치로 전락시킬 위험이 있다. 첨단 정보통신기술을 이용한 직접민주주의는 유권자들의 내재된 이기심의 표출을 더욱 용이하게 하며, 다중의 의견은 감정적이고 충동적일 수 있다. 정화되지 않은 다수의 비윤리적인 의사결정이 쉽게 이루어질 수도 있다. 안전장치가 미비된 전자민주주의는 직접민주주의의 위험요소를 증폭시킬 것이다.

가상공간에서 물리적인 거리가 무의미해진다고 하지만 그렇다고 공동체가 자연적으로 형성될 수 있는 것은 아니다. 인터넷은 정보에의 접근 비용을 줄여주었지만 유통되는 정보는 점차 상업화되는 추세이고, 시민들이 상호 의사소통할 수 있는 공공의 장소는 충분히 확보되지 않고 있다. 인터넷은 일종의 '과다접속'(hyper-connectivity)의 상태를 초래한다. 그러나 인터넷을 통하면 보다 더 많은 사람들이 보다 더 빨리 접촉할 수 있으나, 결코 그들이 서로 더 밀접해지는 것을 아니다. 무수한 전자우편, 뉴스그룹이 난무하는 가운데 공동체가 확산되기보다는 단지 초고속으로 통신망을 왕래하는 공허한 외침만이 있을 뿐이다. 인터넷이 공동체 형성을 촉진하고 공동체를 강화하기보다는 오히려 정보사회에 있어서 개인의 원자화(atomization) 가능성이 우려되기도 한다. 인터넷을 통해 커뮤니케이션의 통로가 많아질수록 공공 이익의 표출보다는 사적인 욕구의

Blake, "THE CYBERSPACE CONSTITUENCY: Many cyberspace enthusiasts believe hyperdemocracy can help empower voters and revitalize democracy. Others insist it could undermine democratic practices," *Government Technology Magazine,* May 1996. http://www.govtech.net:80/1996/gt/may/maytoc. htm

표현이 강화될 수 있다. 민주주의에서 개인의 선택의 폭이 확대되는 것은 바람직하다. 그러나 인터넷이 개인의 소비적 욕구 발산의 도구로만 이용되고 사회 전체를 위해서 무엇이 필요한가를 숙고하기보다는 오직 나에게 무엇이 득이 되는가를 생각하는 풍토가 만연한다면 문제이다. 그렇다면 가상공간은 우리는 없고 오직 나만이 존재하는 세계가 될 것이다. 개인의 선호를 집단의 의지, 공공의 의사로 변환할 수 있는 장치가 부재한 상황에서 인터넷이 공공의 문제를 심사숙고할 수 있는 토론의 장으로 발전하기는 어려울 것이다. 다양성은 건전한 사회의 필수조건이지만 통합 없는 다양성은 갈등의 확산과 공동체의 붕괴를 초래할 수 있다. 이 상황에서 인터넷은 엄청난 양의 정보를 초고속으로 접근한다는 것 이외에는 텔레비전의 대용물에 지나지 않는다. 혼자 고립되어 오직 내가 원하는 정보만을 추구하고 소비하는 개인의 원자화는 더 심화될 수 있다. 가상공간에서는 사회적 규범이나 합의된 규칙을 집행하고 일탈자를 제재하는 권위체가 존재하지 않으며, 개인은 한 곳에서 다른 곳으로 쉽게 이동이 가능하며, 갈등이 있으면 언제라도 떠날 수 있다.[16] 최근 한 조사에 의하면 인터넷 사용자는 한 웹사이트에서 평균 7초 안에 원하는 정보를 얻지 못하면 다른 사이트로 떠나버리며, 한 사이트에서 정보를 얻기 위해 한번 클릭이 요구될 때마다 이용자의 절반이 감소한다고 한다. 진정한 공동체란 물리적 공간에서의 유대가 필요하다는 주장을 그대로 수용하지 않더라도, 과연 가상공간에서의 공동체가 가능한가는 의문의 여지가 있다.

정보사회의 정치과정에 있어서 과도한 분절화(hyper-segmentation) 내지 파편화(fragmentation) 문제도 제기된다. 현재에도 이미 컴퓨터와 통신수단 발달 덕분으로 대규모의 특수 이익집단이 쉽게 조직될 수 있으며, 인터넷의 확산은 그러한 경향을 더욱 가속화할 것이다. 사람은 누구나 자신의 의견을 반영하고 강화해 줄 수 있는 정보에 선택적으로 접근하는 경향이 있는데, 그렇다면 인터넷에서도 주로 의견을 같이하는 사람들과의 만남을 위주로 활동하리라고 가정할 수 있다. 인터넷을 통하면 필요한 정보의 습득이 용이해질 뿐 아니라 관심사를 공유하는 사람들간에 대규모의 즉각적인 의사소통이 가능하며, 일단 장비가 설치되면 그 이후의 비용부담은 미미하다. 따라서 대규모의 특수 이익집단이 쉽

16) Beth Simone Noveck, "Paradoxical Partners: Electornic Communication and Electronic Democracy," *Democratization,* vol. 7, no. 1, Spring 2000, pp. 19, 27-28.

게 조직될 수 있다. 즉 인터넷은 적은 비용으로 대규모의 자생적인(spontaneous) 이익집단이 단시간에 형성될 수 있는 기술적인 수단이 되며, 특수 이익집단이 급증하여, 그 결과로 공동체 전체의 이익에 대한 관심은 줄어들고 정치과정이 극도로 파편화된다는 주장이다. 첨단기술은 광범위하게 식견을 갖춘 시민을 형성하고 시민의 정치참여를 확대하기보다는 이미 조직화된 집단의 영향력을 강화해 주고 파편화된 이익집단들을 양산할 가능성이 크다.[17]

정보화시대의 민주주의 실현을 저해하는 요인으로 빈번히 거론되고 있는 개념이 정보격차(digital divide, information gap)이다. 인터넷의 사용이 정치참여의 주요 수단으로 상정되고 있는 정보화시대에 있어서 경제력이나 컴퓨터 사용능력의 유무는 중요한 의미를 가진다. 컴퓨터와 소프트웨어의 구입, 통신망접속에는 비용이 발생하므로 부자와 빈자는 정보에 접근할 수 있는 능력에 차이가 있다. 컴퓨터를 이용할 수 있는 기술의 습득 여부도 마찬가지이다. 오늘날 우리가 보다 많은 정보에 접근할 수 있는 것이 사실이지만 상대적으로 정보에의 접근과 그 혜택이 경제적·기술적 능력을 가진 소수에 집중될 수 있다. 이러한 격차가 어떤 집단이나 계층에게 일관되게 불리하게 작용한다면 심각한 정치적 문제이다. 혹자는 라디오, 텔레비전과 마찬가지로 인터넷이나 기타 첨단 정보통신기술도 보급 초기에는 일부 소수집단이 집중적으로 사용하겠지만 점차 기술이 보편화되고 비용이 하락하면서 일반에 널리 보급될 것이라고 주장한다. 또 학교, 도서관 등 공공시설에서 네트워크에 접근이 가능하다고 한다. 그러나 새로운 기술의 출현에서 보편화에 이르기까지의 시간적 격차는 필연적으로 존재하며, 새로운 기술은 끊임없이 개발되기 때문에 그 격차는 영원히 해소되지 않는다. 또 그러한 격차를 극복하기 위한 공공시설의 투자는 항상 바람직한 수준에 미치지 못하는 경향이 있다. 또 정보의 상품화 경향이 가속화되면서 정보격차가 더 큰 문제로 부각될 것이다. 인터넷이 미국에서 흑인들의 정치참여를 촉진할 수 있는 수단이 되는지 의문을 제기한 연구에서 레키는 흑인들이 기존의 사회경제적 악조건을 온라인 정치에서도 극복하지 못하고 있다고 지적하였다. 그는 오히려 현실세계의 불평등이 가상의 세계에 반영 또는 심화되는 경향을 관찰하

17) Neustadt Richard, "Electronic Politics," Tom Forester, ed., *The Information and Technology Revolution* (Cambridge: The MIT Press, 1985), pp. 561-67; Noveck, *op. cit.,* p. 30.

였다.[18] 따라서 정보에 대한 보편적 접근(universal access) 보장이 전자민주주의의 중요 과제가 되고 있는 것이다.

정보의 과부하(information overload)와 신뢰성(reliability) 확보 문제도 정보화시대의 민주주의가 극복해야 할 또 다른 과제이다. 정보는 정치교육, 정치사회화, 그리고 정치참여의 필수조건이다. 정치쟁점, 공공정책, 공직후보자 등에 대한 정보 습득 능력은 식견 있고 책임 있는 시민의 기본 요건이다. 단순히 다량의 정보만으로는 민주주의가 활성화되지는 않는다. 수용자는 필요로 하는 정보를 선택하여, 그 정보의 신뢰도를 검증하고, 정보의 의미를 이해·해석할 능력이 요구된다. 그러나 무한한 양의 정보를 손쉽게 습득할 수 있다는 것이 정치커뮤니케이션 도구로서의 인터넷의 최대의 장점이면서 동시에 최대의 약점이다. 외견상으로 인터넷은 정치과정의 정보유통을 풍요롭게 하고 민주화할지 모르지만 이용자들은 정보의 홍수 속에 압도되고 판단력의 마비를 겪게 될 것이다. 이용자들은 수천만 개의 웹사이트가 제공하는 수백억 웹페이지 중에서 필요한 정보를 검색해야 한다. 여기서 특히 정보의 무결성(無缺性, integrity)과 신빙성(authenticity) 확보가 중대한 문제로 제기된다. 인터넷에서 제공되는 방대한 양의 정보가 손상·변조되지 않았고 허위가 아니라는 것을 어떻게 판단할 수 있을까. 일례로 현재와 같이 선거과정에서 인터넷의 비중이 상대적으로 낮은 상황에서도 이 문제는 심각하게 부각되고 있다. 선거 기간 중 인터넷에는 검증되지 않은 정보, 특정 후보자를 비방하는 정보가 대량으로 유포되기도 한다. 익명이나 가명의 사용이 얼마든지 가능하며 정보제공자의 책임소재가 불분명하다. 정보의 양이 증가하면 인터넷 접속자는 신뢰할 수 있는 정보를 획득하기 위한 효율적인 방법을 찾으려 할 것이나, 대체로 자신에게 익숙한 기존의 매체 브랜드나 정보 중개자(intermediary), 검색도구에 더욱 의존하게 된다. 그러나 이들도 자신의 이해관계에 의해서 정보를 가공하고 채색하여 제공할 수 있다. 예를 들어 기존 언론매체사가 제공하는 정보도 신뢰성이나 객관성이 빈번히 의문시되며, 검색도구들은 대부분 상업적인 목적에 의해 구성되었으며 검색어를 입력했을 때 우선적으로 제시되는 특전을 거액의 비용을 지불하는 고객에게 판매한다. 따라서 이론상으로는 적절한 교육을 받고 기술을 습득한 모든 개인이 인터넷의

18) Lekhi Rohit, "The Politics of African America On-Line," *Democratization*, vol. 7, no. 1, Spring 2000, p. 97.

정보제공자가 될 수 있지만, 실제로 이용자에게 접근할 수 있는 능력에 있어서 모든 웹사이트가 동등한 것은 아니다.[19] 가상공간의 정보에 대해 진실성과 신뢰도를 보장할 방법이 없다면 가상공간에서의 정치과정은 신뢰할 수 있는 공공의 제도로서 기능할 수 없게 될 것이며, 지속적인 정통성의 확보가 어려울 것이다.

정보사회의 정치과정에 있어서 어떠한 첨단기술과 제도로도 해결하기 어려운 근본적인 문제가 있다. 정보화시대 정치과정의 활성화는 정치체제 구성원들의 높은 참여의식을 요구한다. 특히 가상공간에서 민주주의를 가능하게 하는 인터넷의 특성으로 지적되는 쌍방향성이 효과를 발휘하기 위해서는 참여자들이 과거보다 더 능동적으로 많은 시간과 노력을 투입해야 한다. 그러나 단순히 새로운 기술이 주어진다고 대중의 정치참여의 동기가 상승할 것인가는 의문의 여지가 있다. 특히 그들에게 제공되는 방대한 양의 정보를 검색·수집·분석하고 그에 근거하여 적극적으로 토론과 합의도출 과정에 참여할 만큼 충분한 동기를 유발할 수 있을 것인가. 물론 이 문제는 정치적 무관심의 원인이 정치참여 비용의 문제인지, 정치효능감의 저하 때문인지, 또는 공동체의식의 부재에 기인하는지의 논의와 관계가 있다. 정치효능감의 예를 들어 보자. 가상세계의 정치가 활성화되면 그것이 실제세계의 정치참여를 촉진하거나 실제세계의 정치에 의미 있는 영향을 미칠 수 있을 것인지. 인터넷상의 정치공동체가 가능하다고 해도 이것은 현실세계와는 동떨어진 가상의 세계에 존재하는 데 그칠 수 있다. 그러한 가상과 현실세계와의 괴리는 대화와 토론을 통한 전자민주주의의 실현이라는 이상을 무기력한 것으로 만들 수 있다. 신속성, 접근의 용이성, 저비용, 익명성 등 인터넷상의 의사소통의 특징은 인터넷상의 정치토론을 현실과 무관한 잡담으로 전락시킬 수 있다. 이것은 현실세계의 의사결정자들로 하여금 인터넷상의 정치과정을 경시하도록 할 것이다. 그 결과 인터넷 사용자의 정치효능감과 정치참여율이 저하되는 악순환에 빠질 수 있다.[20] 기술의 그 자체의 속성으로 기존의 민주주의가 안고 있는 문제를 해소해 줄 수 있다는 것은 지극히 낙관적인 가정이다.

가장 본질적인 문제는 바람직한 민주주의란 어떤 것인가라는 문제이다. 첨단기술은 국민의 주권행사를 제약하는 물리적 장애요소를 극복하는데 도움을 줄 수 있을 것이다. 그러나 설혹 기술적으로 직접민주주의가 가능해진다고 해서 그

19) Corrado, *op. cit.*, pp. 20-23; Noveck, *op. cit.*, pp. 23-24.
20) Corrado, *op. cit.*, pp. 25-27; Noveck, *op. cit.*, p. 32.

것이 곧 민주주의의 이상향을 제시하는 것은 아니다. 민주주의의 유형을 가장 단순히 직접민주주의와 간접민주주의로 구분해 볼 때 역사적으로 잘 알려진 직접민주주의의 사례는 아테네의 민주주의이다. 직접민주주의의 기본원칙은 최대 다수의 구성원이 정치과정에 최대한 참여하여 그들이 직접 주권을 행사하는 것이다. 아리스토텔레스는 평등성이 지배하는 순수한 민주주의 정치체제에서 '다수는 곧 주권이다'("The multitude is the soverign.")라고 민주주의 운영의 기본원칙을 간결하게 제시하였다.[21] 물론 근대 민주주의 형성 이후 현대 산업사회에 이르기까지 직접민주주의는 기술적으로 불가능했으며, 스위스 일부 칸톤 등 극소수의 예외를 제외하고는 대부분의 국가는 간접민주주의를 실시해 왔다. 그럼에도 불구하고 직접민주주의가 완전히 정치이론에서 잊혀진 것은 아니었다. 근대사상가 중에는 루소가 직접민주주의의 옹호자로 알려져 있다. 그는 대의민주주의를 반대하면서 동시에 민주사회에서의 공동체에 대한 비전을 공유하는 시민의식의 필요성 강조하였다. 루소는 정부의 의사결정에 직접 참여할 기회를 갖지 못하고 선거 등을 통해 간헐적이고 수동적으로 정치과정에 참여하는 것만으로는 시민이 형성될 수 없다고 하였다. 정부에의 직접 참여는 민주주의에 필수조건인 것이다.[22] 최근에도 바버와 같은 이는 자유민주주의를 '빈약한'(thin) 민주주의라고 비판하고, 직접민주주의를 진정한 민주주의라고 믿었다. 그는 이를 '강화된'(strong) 민주주의라고 불렀다.[23]

그러나 대규모 정치단위에서 직접민주주의는 기술적으로 불가능하였으며, 근대 자유민주주의 국가에서 대의민주주의를 대체할 수 있는 대안은 없었다. 기술적인 문제 이외에도 직접민주주의보다는 대의민주주의를 선호하는 철학적, 정치이론적인 근거도 있다. 민주주의에 대한 반대론은 이미 그리스 시대부터 전개되었다. 플라톤은 다수의 의견을 거대하고 강력한 야수에 비유하였으며[24] 다수에 의한 중우정치를 경계하였다. 플라톤은 집단의 의사결정이 다수의견을 따르

---

21) 아리스토텔레스는 직접민주주의의 신봉자는 아니었으나, 집단의 판단은 개인의 판단보다 올바를 수 있는 확률이 높다고 믿었다. Aristotle, *The Politics*, Translated by T. A. Sinclair (Harmondsworth: Penguin, 1981), p. 195.

22) Jean-Jacques Rousseau, *The Social Contract,* Edited and Translated by G. D. H. Cole, (London: J. M. Dent & Sons, 1973), BookII, Chapters 3-4.

23) Benjamin Barber, *Strong Democracy* (Berkeley: University of California Press, 1984), p. 132.

24) Plato, *Republic,* Edited by Allan Bloom (New York: Basic Books, 1968), p. 173.

기보다는 철학을 통해 해답을 얻어야 한다고 주장하면서, 철인정치를 이상향으로 제시하였다. 대의민주주의에 대해 지극히 현실주의적인 견해를 가졌던 조셉 슘페터[25]는 대의민주주의에서 유권자는 상호경쟁하는 엘리트집단 중 누가 권력을 장악할 것인가를 결정하는 데 불과하고 선거와 선거 사이에 유권자의 역할은 별무하다고 보았다. 나아가 슘페터는 광범위한 시민참여는 무지한 자에게 의사결정권을 주거나 집단의 갈등을 심화하여 민주주의를 강화하기보다는 오히려 불안정하게 한다고 보고, 정치는 정치가에 일임해야 하며 정치가와 유권자의 역할분담을 존중해야 한다고 주장하였다.

직접민주주의나 간접민주주의 공히 장점과 결함을 가지고 있으며, 어느 쪽도 인간이 스스로를 통치하는 가장 이상적인 방법에 대한 완벽한 해결책을 제시하지는 못한다. 이 글은 민주주의 이론에 대한 심층연구가 목적이 아니므로, 여기서는 전자민주주의를 논의하는 데 필요한 이론적 준거로서 우리가 민주주의 정치과정을 통해 지향하는 기본적인 원칙과 가치를 고려해 본다. 민주주의란 기본적으로 다수에 의한 통치이나, 윤리·도덕적 지향성을 완전히 배제할 수는 없으며, 다수의 통치라는 문맥상에서 개인의 자유나 소수의 권익을 보호해야 한다. 민주주의에서 의사결정은 구성원간의 토론과 설득을 필요로 하며, 단순히 수적인 다수의 주권행사, 자신의 이익을 극대화하려는 개개인의 총합 이상일 것이다. 민주주의는 이상적으로 체제 구성원간의 공동체 의식과 공동선에 대한 이해를 공유해야 하나, 배타적이지 않고, 관용적이며 개방적이어야 한다. 전술한 바와 같은 민주주의의 본질이나 가장 바람직한 형태의 민주정치과정과 관련하여 단정적인 결론을 내리기는 어려우나, 우리가 지향해야 할 전자민주주의의 이상향은 에이브람슨 등이 상정하는 플레비시트(plebiscitary) 민주주의, 다원주의적(pluralist) 민주주의, 공동체적(communitarian) 민주주의가 조화를 이룬 전자공화국(Electronic Commonwealth)에서 찾을 수 있을 것으로 생각된다.[26] 개개인이 국가에 원하는 것을 직접 표출할 수 있으면서, 다양한 사회집단이 자유롭게 각자의 이익을 추구하는 동시에, 정치체제 구성원 전체가 지향하는 공동의 가치를 유지하는 것이다. 이러한 맥락에서 전자민주주의란 언급한 민주주의 3개

25) Joseph Schumpeter, *Capitialism, Socialism and Democracy,* Third Edition (New York: Harper Torchbooks, 1950), Chapter XXII.

26) Jeffrey Abramson, Christopher F. Arterton and Gary R. Orren, *op. cit.,* pp. 18-31, 66-121, 274-96.

의 측면이 조화를 이룰 수 있는 방향으로, 그리고 대의민주주의를 직접민주주의로 대치하기보다는 대의민주주의의 여러 문제점을 보완하는 방향으로 활용되는 것이 바람직하다고 생각된다.

제 4 절 한국과 정보혁명

한국에는 1990년대에 들어 개인용 컴퓨터, 모뎀, PC통신, 인터넷 등 각종 첨단정보통신 및 멀티미디어 제품과 서비스가 급속히 보급되어 왔으며, 정보고속도로 사업, 초고속통신망 구축, IMT2000 사업 등이 추진되면서 정보사회로의 진입을 서두르고 있다. 소위 정보화시대를 상징하는 첨단통신망의 서비스로서 초기에 등장한 것이 PC통신이다. 문자형태로 된 다양한 종류의 정보와 전자메일을 주된 서비스로 제공했던 PC통신은 이제는 구시대의 유물이 되었으나 당시로서는 획기적인 것이었다. PC통신의 가입자도 급속히 증가하여 1991년에 1만여 명 수준에서 1996년에는 106만 명에 달하게 되었다. 그러나 본격적인 첨단 정보통신 네트워크의 발전은 역시 인터넷의 대중화가 주도해 왔다고 할 수 있다. 한국이 인터넷에 접속되기 시작한 것은 1980년대 초 대학이나 연구소가 연구목적으로 접속하면서부터인데, 1995년 이후 일반 이용자가 급증하였다. 그 이유로는 월드와이드웹(World Wide Web)의 개발, 인터넷 접속 업체 증가, 접속비용 감소추세 등을 들 수 있다. 인터넷접속은 학교, 연구원 등의 비영리망 이외에 1994년 한국통신의 코넷이 최초로 일반 이용자를 상대로 서비스를 시작하였고, 수년 전까지는 PC통신 업체와 기타 전문 서비스 업체가 인터넷 접속 통로를 주로 제공하였다. 그러나 최근에는 케이블 인터넷, ADSL, 무선인터넷과 같은 초고속 인터넷 접속을 전문적으로 제공하는 서비스가 급격히 확산되고 있다. 인터넷 이용자는 94년에 약 12만 명에서 1999년에는 약 1,700만 명에 이른 것으로 추산하고 있다.

정치권은 이처럼 엄청난 인구가 의사소통과 정보교환의 수단으로 사용하는 통신망의 정치적 잠재력을 인식하게 되었으며, 최근 수차례의 선거를 계기로 한국에서도 첨단 정보통신기술의 정치적 활용과 전자민주주의 개념이 부각되고 있다. 여기서는 인터넷이 한국의 정치과정에서 이용되어 온 사례와 현황을 소개하고 한국의 전자민주주의 가능성에 대해 논의한다.

한국에서는 이미 1992년에 당시 집권당인 민자당이 PC통신망에 대화방을 개설한 바 있다. 이 대화방은 정치적 이슈에 대한 토론이나 여론수렴보다는 후보자와 정당의 홍보에 그쳤으나, 정당이 PC통신을 정치과정에서 이용하려는 초기의 시도였다. 정치과정에 있어서 핵심이라 할 수 있는 선거에 PC통신이 활용되기 시작한 것은 1995년 6월의 지방선거였다. PC통신에 개설된 선거 관련 메뉴는 후보자들이 선거유세, 홍보활동을 할 수 있도록 하였으며, 선거관리위원회는 선거관련 법을 수록하고, 사전선거운동 사례, 선거법 위반행위 등을 PC통신 서비스에 제공하였다. PC통신은 1996년 4월 11일의 총선거를 계기로 더욱 활발히 선거에 이용되었다. 1995-96년은 특히 PC통신 서비스 가입자가 급증한 시기로 PC통신이 가입자 수에 있어서 정치커뮤니케이션의 매체로 비중을 가질 수 있는 가능성을 보였다. 서비스제공자들은 4.11총선에 즈음하여 다양한 총선 관련 메뉴를 개설하였으며, 선거운동이 절정에 달했을 때 100여 명의 후보자가 자신의 코너를 운영하였다. 한 PC통신 업체는 출마한 후보자 1,500여명의 명단, 사진, 경력, 공약, 기타 관련 정보를 수록하여 선거기간 중에 제공하였다.

당시 대부분의 PC통신 서비스에는 국회의원, 정당, 중앙행정기관, 사법부, 지방행정기관 등 정부·정치와 관련하여 상당히 포괄적이고 다양한 메뉴가 운영되었다. 예를 들어 국회의원·정당에 대한 메뉴에는 국회에 관련된 일반적인 정보와 의사일정, 회의결과, 각종 행사 안내 등을 수록하였으며, 민원 및 제안, 자유발언대, 토론마당 등이 운영되었다. 또 국회의원과 정당들이 자신들의 코너를 운영했는데, 대체로 그들의 경력, 업적 등 선전물과 토론의 장을 제공하고 있다. 중앙행정기관의 경우 청와대, 통일원, 공보처, 외무부, 정보통신부 등 20여 개 부처의 메뉴가 개설되었으며, 각종 시민단체나 비정부단체들의 코너도 운영되었다. 또 PC통신 서비스에는 개인이나 연구소에서 운영하는 정치관련 메뉴도 개설되어 선거에 관한 정치정보, 정치·국제관계 뉴스, 선거법, 정당, 지방자치단체, 한국정치사, 과거 총선 결과 자료, 여론조사 결과, 후보자 및 정당의 선거전략 분석, 정치평론 등을 제공하였다.

첨단 정보통신 서비스의 대중화 초기에 PC통신이 이용자들의 네트워크 형성에 있어서 중요한 역할을 했다면 1990년대 중반 이후에는 인터넷인 온라인통신의 확산을 주도하는 매체로 부상하였으며, PC통신 서비스는 인터넷 플랫폼으로 통합되는 추세를 보여 왔다. 특히 최근에는 사용자의 폭발적인 증가, 회선의 고속화와 멀티미디어화가 급격히 진행됨에 따라 인터넷은 오늘날의 TV나 라디오를 대체하는 위력적인 대중매체로의 잠재력을 보이게 되었다. 한국에서도 인터넷이 가진 정치적 잠재력을 인식한 정치단체나 개인이 지난 수년간 홈페이지를 운영하고 있다. 정부기관의 경우 청와대를 필두로 거의 모든 부처가 웹사이트를 운영하고 있다. 이들 홈페이지는 조직, 활동사항, 대국민 홍보 및 공지사항, 국민들이 민원사항이나 의견을 개진할 수 있는 코너를 두고 있는데 대체로 자기업무의 홍보와 공지사항 등이 중심이 되어 있다. 국회도 홈페이지를 구축하여 국회의사일정, 심의중인 법안, 전문위원 검토보고서, 상임위 심사과정 등 입법관련 정보를 국회의원과 일반에 제공하기 시작하였다.

국회의원이나 총선 후보자는 1994년 말부터 인터넷 홈페이지를 자신들의 홍보수단으로 개설하기 시작하였고, 정당 중에는 민주당이 1996년 2월 최초로 홈페이지를 개설하고, 국민회의와 신한국당이 뒤를 이었다. 특히 1996년 국회의원 선거를 계기로 다수의 정치인들이 인터넷을 선거운동의 보조수단으로 본격적으로 이용하기 시작하였다. 2000년의 16대 국회의원 선거에서는 후보자 1,000여명 중 50% 이상이 자신의 웹사이트를 통해 유권자들의 지지를 호소하였다. 또 신문·방송 등 언론사는 정치과정에서의 인터넷 활용을 실험하기 시작하였다. 방송사들은 홈페이지를 운영하여, 투표자조사, 개표현황, 선거결과 발표, 여론조사 등을 실시하였다. 또 각종 일간지들이 국회의원 선거를 다루는 웹사이트를 개설하여 이름순·정당별 정치인 소개, 국회의원 입후보자의 정보·사진·동화상 형태의 정보, 과거 국회의원 선거 정보 및 통계, 후보자 유세일정, 정당의 홈페이지 등을 수록하였다.

정부기관이나 정치인, 언론매체 이외에도 다양한 시민운동 단체들이 홈페이지를 개설하여 정보화시대의 시민운동 전개를 기치로 활동하고 있다. 소비자운동, 환경운동, 청소년 운동, 기타 정치·사회·경제 등 여러 분야에 대해 이미 상당한 영향력이 있는 단체들이 기존의 운동방식에 더하여 인터넷을 이용하려는 노력을 보이고 있다. 또 산발적으로 벌여온 시민운동간의 연계, 다양한 정보와 자원의 공유, 시민운동에 대한 기술지원 등을 목표로 연대 네트워크를 구성하고 있다. 선거과정에 있어서 시민단체의 인터넷 활용이 가장 크게 부각되었던 것은

2000년 국회의원 선거에서의 낙선운동이다.

다양한 PC통신 메뉴와 인터넷 웹사이트들은 〈표 13-1〉에 정리된 정보제공자들에 의해 운영되고 있다. 정보 제공자가 누구인가에 따라 접속하여 정보를 이용하는 대상자의 성격이 다르게 규정되며, 그 메뉴나 웹사이트에서 주로 부각되는 기능도 다르게 나타난다. 예를 들어 정당이나 정치인이 정보제공자인 경우는 대체로 제공되는 서비스가 정치선전, 홍보의 기능에 편중되며, 대상자의 주된 성격은 수동적인 유권자로 규정될 수 있다. 시민단체들이 제공하는 서비스는 시민으로서의 대상자에게 관심 분야의 정보와 자료제공, 교육, 상호연대 및 참여의식을 고취하는 기능이 부각된다.

〈표 13-1〉 인터넷의 정치관련 정보제공자와 대상자

정보제공자	대상자(성격)	주로 부각되고 있는 기능
정부부처, 공공기관	국민	행정정보-자료 제공, 홍보 및 선전
정당, 정치인	유권자	개인-정당 홍보, 정치 선전물 살포
시민단체, 비영리단체	시민	정보 및 자료 제공, 시민운동 전개
개인, 민간연구기관	시민, 고객	정치-시사관련 정보 및 자료 제공
언론사, 상용서비스업체	독자, 가입자	정치-시사관련 정보 및 자료 제공, 뉴스 보도

아터톤[27]은 미국에서 실시된 바 있는 다양한 텔레데모크라시의 사례를 정부개입형인가 민간주도형인가, 대화형인가 플레비시트형인가의 두 개 차원을 이용하여 4개의 유형으로 분류한 바 있다. 이를 참고하여 여기서는 인터넷에서 실험되고 있는 한국의 전자민주주의의 유형을 주체의 성격과 커뮤니케이션의 성격에 따라 〈표 13-2〉와 같이 구분하였다. 물론 이 구분은 완벽한 것은 아니며, 특정 메뉴나 사이트가 배타적으로 어느 한 부류에만 속하는 것은 아니다.

전자민주주의 실험 주체와 커뮤니케이션의 속성은 전자민주주의의 수준이나 방향성을 결정짓는 데 매우 중요한 변수이다. 〈표 13-2〉를 보면 현재 전자민주주의의 실험들은 주체에 따라 커뮤니케이션의 속성이 편중되어 있는 것을 알 수 있다. 정부나 정치권이 주도하는 홍보·선전 위주의 웹사이트는 정보통신망의

27) Christopher F. Arterton, 한백연구재단 편역, 「텔레데모크라시」(서울 : 거름, 1994), p. 106.

〈표 13-2〉 한국의 온라인 전자민주주의 실험의 유형별 사례

		주체의 성격		
		정부기관, 정치권	상용서비스 민간기업 · 기관	비영리 사회단체 연구단체나 개인
커뮤니케이션의 주된 성격	홍보, 선전	청와대 등 각 부처, 민주당 신한국당 자민련 등 정당, 정치인 웹사이트		
	정보 및 자료제공	국회 법원 등	서비스 제공업체 사이트, 신문 방송 등 기존의 언론매체	
	시민참여 제고, 대화와 토론			
				경실련, 시민사회 인터넷, 환경연합운동, YMCA, 광주시민연대, 공명선거 실천 시민운동 협의회, 지속가능한 개발 네트워크
	온라인 투표, 플레비시트			

가장 초보적이고 후진적인 수준의 적용이라고 볼 수 있는데 우리나라의 경우 아직까지 대부분의 정치관련 웹사이트는 이 부류에 속한다. 웹사이트에서 제공되는 것은 홍보·선전 자료 이외에 주로 정치관련 시사자료, 보도자료, 각 부처가 생산하는 행정정보, 안내 및 공지사항 등이 대부분이며, 우리가 전자민주주의 정치과정에서 지향하는 정책문제에 대한 진지하고 활발한 의견교환과 토론은 찾아보기 어렵다.

중앙행정기관을 대표하는 청와대의 경우 대통령 연설문, 사진 등 홍보가 주된 목적이고 전자우편이나 토론은 제대로 운영되지 않고 있다. 국정홍보처와 같

은 정부부처의 웹사이트도 마찬가지이다. 게시판에는 의견이 올라 있으나 그 내용이 각종 사회문제에 대해 대안을 제시하는 진지한 참여보다는 불만과 좌절감의 감정적 표현, 그리고 정부내 특정 인물에 대한 욕설과 인신공격이 많다. 주제토론의 메뉴에서는 미미한 수준의 토론이 이루어지고 있다. 정당의 웹사이트는 극히 일부를 제외하고는 대부분 대국민 홍보나 자기선전의 차원을 크게 벗어나지 못하고 있다. 또 이들이 제공하는 토론방이나 자유발언장은 운영이 논리적·체계적이지 못하고 제기된 의견이 실제로 어떻게 수용되는가는 명확하지 않아 공허한 독백에 불과한 경우가 많다. 토론장의 경우 참여도는 지극히 낮다. 발언이 게재되어 있으나, 정부정책에 대한 단순한 불평, 불만사항에 대한 화풀이 수준에 지나지 않는 경우가 대부분이다. 국회의원이 운영하는 웹사이트도 쌍방향의 토론은 이루어지지 않거나 매우 부실하여 체계성이 전혀 없다. 일부 국회의원의 게시판에는 상당히 많은 의견이 올라 있으나, 개진된 의견의 수준이나 운영체제를 보면 이들이 정보사회의 민주주의의 바람직한 발전에 기여하고 있다고는 보이지 않으며, 체계적인 토론은 거의 없다.

언론사가 제공하는 사이트들도 크게 다르지 않은 양상을 보이고 있다. 제공되는 정보가 대부분 정치인, 정당의 홍보·선전 자료의 성격이고, 자료구성이 극히 1차원적이기 때문에 다른 인쇄매체와 구분되는 특성이 없어서 쌍방향·다중접속 매체인 인터넷의 장점이 제대로 활용되지 않고 있다. 일부 언론사의 웹사이트는 선거기간중 언론사의 이점을 살려 비교적 많은 정보를 체계적으로 제공하였다. 그러나 이미 만들어진 정보의 일방적인 제공을 넘어서 이용자와 정치가들이 정치쟁점에 대해 고급 지식과 정보를 획득하고 활발한 토론을 통해 여론을 형성할 수 있는 수단이 마련된 것은 아니다. 또 선거가 끝난 후 웹사이트의 지속적인 유지·관리가 제대로 되지 않고 있다. 결국 언론사가 가진 상업성의 한계를 벗어나지 못했다고 평가된다.

개인이나 비영리단체 등이 운영하는 정치전문 웹사이트의 경우도 인터넷의 특성이 충분히 발휘되지 않고 있다. 이들에도 많은 의견이 개진되고 있으나, 대체로 개인이 어떤 쟁점에 대해 독백하는 식으로 의견을 올리는 데 불과하며 이용자들 상호간의 활발한 토론과 의견교환·수렴은 이루어지지 않고 있다. 비영리 사회단체가 제공하는 웹사이트는 정치홍보나 선전용 사이트보다는 전자민주주의의 시민참여 측면에서 보면 진일보한 것이지만 아직 체계적이고 심층적인 정치정보를 교환하거나 토론을 행하는 장으로서는 부족함이 있다. "환경운동연합," "공선협," "시민사회와 인터넷," "지속가능한 개발 네트워크" 등의 웹사이트도 행사안내, 정보와 자료의 제공, 캠페인 등이 위주이며 쌍방향적인 토론과 의견교환이 거의 일어나지 않고 있다. 또 사용자들의 의견이 정치과정에서 효과적인 영향력을 발휘할 수 있는 여지가 거의 없다. 2000년 국회의원 선거에서 주목을 받았던 것은 시민단체들의 낙선운동이다. 그러나 비록 인터넷 사용자들의 낙선운동 웹사이트에 대한 조회가 많았다고 해도 그것이 다른 매체에서 동일한 정보가 제공되는 것과 비교했을 때 질적으로 다른 정치커뮤니케이션의 유형이라고 하기는 어렵다.

상업적인 정치정보 서비스는 정보를 제공하는 기능 이상으로 정치과정의 근본적인 변화를 통한 전자민주주의의 실현에 공헌하고 있는 것으로 보이지 않는다. 시민단체 웹사이트의 한계 역시 아직 그들이 지향하는 바를 체계적으로 효과적으로 정책결정자에게 전달하여 자신들의 온라인 활동을 영향력으로 전환할 수 있는 기제가 없다는 것이다. 결국 인터넷 이외의 다른 효과적인 정치커뮤니케이션 방법이 존재할 때 인터넷상의 정치커뮤니케이션은 유행에 머물기 쉽다. 따라서 전자민주주의의 실험에 있어서 정부나 공공기관이 주도하는 시민참여 및 토론 사이트의 중요성이 간과되어서는 안 될 것이다. 그러나 현재 정부부처들의 사이트는 대부분 관리소홀과 이용자의 낮은 참여 등으로 의미 있는 토론과 대화의 장이 되지 못하고 있다. 한가지 특기할 만한 것은 운영주체에 관계없이 한국에서는 온라인 투표가 거의 시도되지 않고 있다는 것이다. 즉 전자민주주의의 직접민주주의적 측면이 부각되지 않고 있다. 정부의 입장에서는 온라인 투표를 실시하여 스스로를 구속하는 상황에 적극적일 동기유인이 없을 것이다. 유권자에게 온라인 투표는 정부에 의사를 표출할 수 있는 또 다른 통로로 이용될 수 있겠지만, 정부가 관여하지 않는 유권자 온라인 투표는 정보통신망의 쌍방향성을 살리는 전자민주주의라기보다는 색다른 방법의 여론조사에 불과하다고 생각된다.

현재 정치과정에 있어서 인터넷을 통한 실험들은 커뮤니케이션 성격의 편중성, 정보흐름의 불균형 현상이 현저하다. 전자민주주의가 실험에 그치지 않고 대의민주주의의 결함을 극복하면서 실질적인 효력을 가지려면 이 점은 시정되어야 할 것이다. 정치권의 홍보·선전 정보보다 유권자로부터의 정보생산이 증가해야 한다. 정부로부터 국민에 대한 일방적인 커뮤니케이션은 민주주의라고 할 수 없다. 그러나 정부·정치엘리트의 인식과 적극적인 참여가 없는 순수 민간 주도의 온라인 커뮤니케이션은 정책의제에 대한 구체적 대안 제시가 어렵고, 제시된 의견이 효과적으로 정책에 반영되기 어렵다. 따라서 전자민주주의의 실험에 있어서는 민간과 정부·정치권의 연결점이 필요하며, 양자의 이니셔티브와 참여가 균형을 이루어야 한다. 예를 들어 중립적인 민간기관이 주도하고 정치권도 적극 참여하는 대화와 토론 그리고 경우에 따라서는 온라인 투표까지를 상정해 볼 수 있다.

웹사이트를 통해 시도된 실험들이 과연 우리의 정치과정에 어떠한 영향을 미치고 있는가를 논의해 보자. 우선 최근 행해진 지방선거, 국회의원선거, 대통령선거 과정과 결과를 보면 정보통신망이 한국의 선거 행태나 전반적인 정치과정에 중대한 변화를 가져왔다는 증거는 없다. 선거운동은 직접유세, 선전물의 배포, 운동원의 활동 등이 주된 양상이고, 인터넷이 선거운동에 크게 작용했다든지 텔레비전·신문 등 기존 매체와 경쟁했던 것은 아니다. 인터넷에 개진된 유권자의 의견이 조직적, 체계적인 형태로 정책결정자나 정치인에게 영향을 주었거나, 인터넷이 정부와 이익집단, 유권자와 정치가와의 관계에 근본적인 변화를 초래할 만큼 중요한 매체라고 보기는 어렵다. 인터넷이 자생적인 관심집단 형성에 어느 정도 도움을 주고 있는 측면은 있지만 이들의 조직화·정치세력화는 별개의 문제이며, 이미 정치세력화되어 있는 집단들은 그 영향력의 유지·확대에 첨단통신망을 절실히 필요로 하는 것도 아니다. 한편 전자민주주의의 시도가 한국의 책임성 없는 대의민주주의의 결함을 보완하고 정치적 무관심 극복, 정치과정 민주화와 투명화, 부패척결과 정치비용 절감을 가능케 하고 있는가에 대해서도 회의적이다. 아직까지 첨단 정보통신망이 한국정치사에 점철된 지역주의, 인물중심 보스정치, 권위주의, 구조적 부패, 금권정치의 폐해를 해소하고 한국정치가 민주주의의 이상향에 접근하는 데 크게 기여하고 있는 것으로는 보이지 않는다. 결국 전자민주주의의 희망론자들이 주장하는 바와 같은 첨단 정보통신기술의 혜택이 아직은 현저하게 나타나지 않고 있는 것으로 보인다. 물론 현재 우리가 관찰하는 현상은 아직 초보적인 수준의 전자민주주의 시도 단계임을 감안해야 할 것이며, 따라서 전자민주주의가 한국의 정치과정에 미칠 영향에 대해 충분한 자료에 근거한 판단을 내리기는 아직 이르다.

한국의 정치과정에서 인터넷의 영향력이 아직 미약한 원인은 물론 상대적으로 낮은 보급·이용률과 기술적 제약에 있으며, 이들이 텔레비전, 신문을 능가하거나 매체들이 상호 통합되기까지는 상당한 시간이 걸릴 것이다. 기술적 제약에는 회선의 속도나 하드웨어의 문제도 있지만 그보다 더 중요한 요인은 컴퓨터통신망에 접속하여 정보를 교환하는 것이 아직 신문이나 텔레비전을 보는 것처럼 쉽고 간단하지 않다는 점이다. 그러나 이러한 문제들은 점진적으로 해결되리라 예상할 수 있고, 향후 한국에서는 컴퓨터통신망을 이용한 전자민주주의의 실험이 보다 광범위하게 행해지리라는 것은 분명하다. 소위 정보사회에는 전국민이 오늘날의 전화와 같이 일상적으로 인터넷을 이용하는 상황을 가정해 볼 수도 있다. 그러나 그 결과로 곧 한국의 민주주의가 자동적으로 이상적인 방향으로 나아가지는 않을 것이다. 오히려 기존에 없었던 새로운 문제들을 야기할 가능성이 크다.

제 5 절 결 론

첨단 정보통신망의 완전보급의 결과가 한국 정치과정에는 어떤 변화를 가져올 것인가. 한국식 전자민주주에서는 에이브람슨이 제시한 플레비시트적, 다원주의적, 공동체적인 민주주의 모델 중 어느 측면이 강조될지, 각각의 긍정적·부정적 측면 중 어느 쪽이 부각될지 등에 우리는 관심을 갖지 않을 수 없다. 낙관론자들은 전자민주주의를 구현함으로써 무책임하고 부패한 정치가들을 배제하고 유권자들이 직접 결정을 내릴 수 있다고 주장하기도 한다. 그러나 기술적으로 가능하다고 해도 그러한 정책결정 과정이 바람직한 것인가, 또 유권자들은 진정으로 그러한 정치체제를 원할 것인가는 쉽게 답할 수 없는 문제이다. 비관론자들은 정치체제의 파편화, 과다민주주의, 다수의 횡포를 우려한다. 첨단기술은 유권자의 의사표출을 쉽게 하는 만큼 정치권에게 정보조작과 조종의 수단을 제공한다. 잃었던 유권자의 주권을 회복시켜 주기보다는 거대권력에 의한 더욱 철저한 통제를 예견하기도 한다. 기술이 정치과정에 적용되는 결과는 적용되는 법적·제도적 장치와 이를 결정하는 엘리트의 성격과 이용자의 정치문화에 의해 좌우될 것이다. 한국의 경우 해방 이후 지금까지의 정치사나 정치문화를 고려하면 다분히 정치권의 주도하에 유권자를 조종하고 유권자의 선택을 조작하는 프레비시트적 정치가 부각될 가능성이 농후하며, 한국의 정치문화에 뿌리깊은 지역주의, 학벌주의, 파벌주의 등의 경향을 볼 때, 정치체제의 극심한 파편화와 분극화도 우려된다. 타협, 중용, 절제의 정신이 결여된 우리의 정치문화는 한국의 전자민주주의에 다수의 횡포, 과다민주주의가 부각될 위험이 있다고 생각된다. 우리는 산업화시대의 민주주의를 운영하는 데에도 많은 어려움과 시행착오를 경험하였다. 한국적 전자민주주의의 미래를 낙관적으로만 볼 수는 없다고 판단되며, 민주주의의 이상을 실현하기 위해 첨단 정보통신 기술의 다양한 정치적 적용에 대한 심층적인 연구와 논의, 실험과 검증의 과정을 거쳐야 할 것이다.

전자민주주의의 미래상은 극단적인 낙관론과 경계론의 중간에 위치할 것이며 한국도 예외는 아닐 것이다. 전자민주주의가 자동적으로 대의민주주의의 문제점을 해소하고 자동적으로 이상형의 민주주의를 가능하게 하는 것은 아니다. 오히려 기존에 없었던 새로운 문제들을 야기할 가능성이 크다. 특히 한국의 경우 전자민주주의는 기존 정치과정의 부정적인 측면만이 증폭될 가능성이 농후하다. 현대 한국의 정치사가 독재, 폭력, 부패, 금권정치, 인물정치, 극단주의와 제로섬적인 파행으로 일관했던 것은 민주주의를 실현할 수 있는 제도나 수단이 결여되어서가 아니라 상당 부분 제도 운영자들의 양식과 자질에 문제가 있었기 때문이다. 결국 첨단 정보통신기술이 민주주의의 가치들을 강화하고 이를 실현하는 데 기여할 수 있는 방법을 찾는 것이 오늘날의 과제이다.

연습문제

1. 첨단 정보통신기술은 공동체 형성을 촉진할 것이라고 생각하는가, 아니면 약화시킬 것이라고 생각하는가? 자신의 생각을 논하고, 근거를 제시하라.
2. 정보화시대에는 시민들의 정치참여가 증가할 것인가? 자신의 생각을 논하라.
3. 정보 과부하와 그것이 정치과정에서 미치는 영향에 대해 논하라.

4. 전자민주주의의 도입이 한국의 정치과정을 어떻게 변화시킬 것이라고 생각하는가?
5. 산업화시대와 정보화시대의 정치커뮤니케이션이 내포하고 있는 속성을 차이점을 중심으로 논하라.

참 고 문 헌

강철규. 1995. “에너지 절감을 위한 산업구조 조정방향.”「환경과 생명」. 제 5 호. 서울: 환경과 생명을 위한 모임.

곽일천. 1994. “친환경적 경제의 올바른 내용과 방향.”「환경과 생명」. 제 4 호. 서울: 환경과 생명을 위한 모임.

구도완. 1994. “한국환경운동의 전망과 쟁점.”「환경과 생명」. 제 3 호. 서울: 환경과 생명을 위한 모임.

구영록. 1995.「한국의 국가이익」. 서울: 법문사.

______ 외 공저. 1996.「정치학개론」. 박영사

김계동 외. 1995.「세계외교정책론」. 을유문화사.

김계수. 1983.「구미정치사상사」. 서울: 일조각.

김기우. 1996.「정치발전이론」. 서울: 박영사.

김기정 역. 1994.「외교정책의 이해」. 평민사.

김민정. 1998. “프랑스여성의 정치참여, 현황과 문제점.”「한국정치학회보」. 32집 제 1 호.

김병완. 1994.「한국의 행정정책과 녹색운동」. 서울: 나남.

김성경. 1999.「여성자원활동의 현황과 육성방안」. 한국여성개발원.

김성주. 1989. 10. “소련의 개혁·개방화와 대한반도정책 변화.” 한국정치학회.「민족공동체와 국가 발전」(제 1 회 한국정치세계학술대회 발표논문집).

김염자. 1982. “중국의 부녀운동에 관한 연구.” 서강대학교 박사학위논문.

김영래. 1994. “환경운동단체의 현황과 활동.” 아주대학교 사회과학연구소(편).「생태사회과학—인간, 사회 그리고 환경」. 수원: 아주대학교출판부.

김용숙. 1999.「아줌마는 나라의 기둥」. 김영사.

김운태. 1994.「정치학원론」. 제 3 전정판. 서울: 박영사.

김원용. 1996.「한국선거보도연구」. 커뮤니케이션북스.

김원홍. 1998.「선거구조개혁과 여성의 대표성 확보방안」. 한국여성개발원.

김은경. 1998. “유엔과 여성발전.” 이범준 외.「21세기 정치와 여성」. 나남.

김의곤. 1996.「현대국제정치이론」. 집문당.

김재범. 1995. “환경보호캠페인과 언론의 역할.”「언론학보」. 제15집. 서울: 한양대학교 언론문화연구소.

김재영. 1996.「환경정치와 환경정책」. 서울: 삼우사.

______ 외. 1995.「정치문화와 정치사회화」. 서울: 형설출판사.

김창희. 1998. “정치사회화의 새로운 분석 대상으로서의 환경문제.”「정치 · 정보 연구」. 제 1 권 1 호. 한국 정치 · 정보 학회.

럭키금성경제연구소. 1992.「환경과 기업」. 럭키금성경제연구소.

문순홍. 1994. “서구녹색정치의 역사와 환경정책의 제도화.”「환경과 생명」. 창간호. 서울: 환경과 생명을 위한 모임.

민병승. 1995. “환경문제의 국제화와 국내 정책 대응.” 한국환경기술개발원.「환경포럼」. 제 2 권(통권24호).

박미해. 1993.「사회학자들이 본 남성과 여성」. 한울아카데미.

박재영. 1994.「유엔정치론」. 서울: 법문사.

박종훈. 1993.”정치이데올로기론.” 이정식 외.「정치학」. 서울: 대왕사.

박준영. 2000.「국제정치학」. 서울: 박영사

박홍순. 1995. “환경, 국제 기구 및 국내 정치: 새로운 패러다임을 위하여.” 한국정치학회.「지속적 성장과 환경 보호 정책」.

백경남. 1997. “여성정치참여의 역사와 현황.” 장공자 외.「새로운 정치학」. 인간사랑.

백상건. 1976.「정치학강의」. 서울: 박영사.

백완기. 1978. “정치사회화와 정치문화.” 이영호 외.「현대정치과정론」. 법문사.

앤드류 빈센트. 권석원 · 서규선 옮김. 1994.「국가론」. 서울: 인간사랑.

여성을 위한 모임. 1999.「제 3 의 성 — 중년여성 바로보기」. 현암사.

윤근식. 1975. “정치문화.” 정인흥 외 편.「정치학사전」. 서울: 박영사.

이극찬. 1989.「정치학」. 서울: 법문사.

이동신. 1998. “커뮤니케이션과 정치사회화.” 이동신 · 박기순 편.「정치커뮤니케이션원론」. 제 2 판. 법문사.

이득연. 1993. “환경과 사회가치체계의 변화.” 시민환경연구소 편.「환경의 이해」. 서울: 환경운동연합출판부.

이명우 외 역. 1989.「현대환경론」. 서울: 한길사.

이범준 · 신승권. 1986.「정치학」. 서울: 박영사.

이승희. 1993. “한국인의 정치적 태도와 행태의 성차연구.”「한국정치학회보」. 26집 3호.

———. 1998. “영미여성의 정치참여.” 이범준 외.「21세기 정치와 여성」. 나남.

이영애. 1995.「성, 권력, 정치」. 법문사.

———. 1998.「국가와 성」. 법문사.

이영호. 1977. “정치사회화과정.” 김운태 외.「한국정치론」. 박영사.

이옥수. 1985.「한국근세여성사화」. 규문각.

이지훈. 1982. “한국정치문화의 구성요인.” 고려대학교 정치외교학과 박사학위 논문.

이철형. 1996.「최신 정치학원론」. 법지사.

이홍종. 1998. “미디어 민주주의.” 이동신 · 박기순 편.「정치커뮤니케이션원론」. 제 2 판.

법문사.

장공자. 1998. “아시아지역의 여성정치참여.” 장공자 외. 「새로운 정치학」. 인간사랑.

장성자·김원홍. 1995. 「정당의 여성정치참여 지원방안」. 한국여성개발원.

전득주. 1999. 「정치문화와 민주시민교육—한국, 대만, 독일, 일본, 미국의 비교분석」. 서울: 유풍출판사.

——— 외. 1995. 「독일연방공화국, 정치교육, 민주화 그리고 통일」. 서울: 대왕사.

전복희. 1998. “유럽지역의 여성정치참여—독일, 영국, 노르웨이를 중심으로.” 장공자 외. 「새로운 정치학」. 인간사랑.

전정희. 1998. “여성의 정치적 리더십.” 장공자 외. 「새로운 정치학」. 인간사랑.

———. 1998. “현대사회의 변화와 여성의 정치적 리더십.” 이범준 외. 「21세기 정치와 여성」. 나남.

정수복. 1993. “환경운동의 형성과 발전.” 시민환경연구소(편). 「환경의 이해」. 서울: 환경운동연합출판부.

———. 1995. “한국 환경운동의 평가와 과제.” 「환경과 생명」. 서울: 환경과 생명을 위한 모임.

정원호. 1996. “한국의 중·고등학교에서의 환경교육.” 한국환경교육학회. 「한국의 환경교육」. 서울: 과학교육사.

조기숙. 1998. 「세계를 움직인 열두명의 여성」. 여성신문사.

조찬래. 1996. 「근대정치철학」. 서울: 대왕사.

주준희. 1996. “바람직한 여성정치 리더와 리더십.” 한국정치학회 하계학술대회발표논문.

———. 1998. “여성과 국제관계: 유엔을 중심으로.” 장공자 외. 「새로운 정치학」. 인간사랑.

진미경. 1994. “녹색정치와 녹색운동.” 아주대학교 사회과학연구소(편). 「생태사회과학—인간, 사회 그리고 환경」. 수원: 아주대학교출판부.

최 명·김용호. 1993. 「비교정치학서설」. 서울: 법문사.

최병선. 1993a. 「정부규제론」. 서울: 법문사.

———. 1993b. “환경과 정책.” 시민환경연구소. 「환경의 이해」. 서울: 환경운동연합 출판부.

크리스토퍼 피어슨. 박형신·이택면 옮김. 1998. 「근대국가의 이해」. 서울: 일신사.

토드 부쿠홀츠. 이승환 옮김. 1994. 「죽은 경제학자의 살아있는 아이디어: 현대 경제사상의 이해를 위한 입문서」. 서울: 김영사.

한국여성개발원. 1995. 제4차 세계여성대회 북경선언 행동강령.

한국여성정치연구소. 1995. 6.27 지방선거와 남녀유권자의 투표행태연구.

한석정. 2000. “제국주의 연구의 자료와 자유에 관하여.” 한국민족운동사연구.

한영구. 1998. “일본여성의 정치참여.” 이범준 외. 「21세기 정치와 여성」. 나남.

홍성민 편저. 1991. 「포스트 모던의 국제정치학」. 서울: 인간사랑.

환경부. 1995. 「환경보전에 관한 국민의식조사」. 환경부.

———. 1997. 「환경백서」. 환경부.

———. 1998. 「환경백서」. 환경부.

Abramson, Jeffrey., Christopher F. Arterton, and Gary R. Orren. 1988. *The Electronic Commonwealth*. New York : Basic Books.

Abramson, Paul R. and Ronald Inglehart. 1995. *Value Change in Global Perspective*. Ann Arbor : University of Michigan Press.

Ackerman, Bruce. 1991. *We the People : Foundations*. Cambridge, Mass. : Harvard Univ. Press.

Alford, Robert R. 1994. "Paradigms of Relations between Sate and Society." John A. Hall, edited. *The State : Critical Concepts*. New York : Routledge.

Allison, Graham. 1971. *Essence of Decision*. Boston : Little, Brown and Co.

Almond, Gabriel A. 1956. *Journal of Politics*. 18(3). August.

———. 1967. *Comparative Politics : A Developmental Approach*. Boston : Little Brown & Co.

———, ed. 1974. *Comparative Politics Today : A World View*. Boston : Little, Brown & Co.

Almond, Gabriel and Sidney Verba. 1963. *The Civic Culture : Political Attitudes and Democracy in Five Nations*. Princeton : Princeton Univ. Press.

———, eds. 1980. *The Civic Culture Revisited*. Boston : Little, Brown & Co.

Altman, Andrew. 1998. "Race and Democracy : The Controversy Over Racial Vote Dilution." *Philosophy and Public Affairs*. 27(3).

Ambrose, Stephen E. (권만학 옮김). 1996. *Rise to Globalism : American Foreign Policy Since 1938*. 서울 : 을유문화사.

Aristotle. 1981. *The Politics*. Translated by T. A. Sinclair. Harmondsworth : Penguin.

Aron, R. 안병욱 역. 1970. 「지식인의 아편」. 서울 : 대문출판사.

Arterton, Christopher F. 1994. 「텔레데모크라시」. 한백연구재단 편역. 서울 : 거름.

Axelrod, Robert. 1984. *The Evolution of Cooperation*. New York : Basic Books.

Axelrod, Robert and Robert O. Keohane. 1993. "Achieving Cooperation Under Anarchy : Strategies and Institution." In David A. Baldwin, ed. *Neorealism and Neoliberalism*. New York : Columbia University Press.

Bachrach, Peter and Morton S. Baratz. 1970. *Power and Poverty : Theory and Practice*. London : Oxford University Press.

Baldwin, David A., ed. 1993. *Neorealism and Neoliberalism*. New York : Columbia

University Press.

Barber, Benjamin. 1984. *Strong Democracy*. Berkeley : University of California Press.

Baritz, Loren. 1985. *Backfire : A History of How American Culture Led Us into Vietnam and Made Us Fight the Way We Did*. New York : Morrow.

Barnes, Samuel H. and Max Kaase et al. 1979. *Political Action : Mass Participation in Five Western Democracies*. Beverly Hills, Calif. : Sage Publications.

Barry, J. 1996. "Sustainability, Political Judgement and Citizenship : Connecting green politics and democracy." Brian Doherty and Marius de Geus, ed. *Democracy And Green Political Thought*. London and New York : Routledge.

Beard, Charles A. 1996. *The Idea of National Interest : An Analytical Study in American Foreign Policy*. Chicago : Quadrangle Books.

Beer, Samuel H. 1962. "The Analysis of Political System." *Patterns of Government : The Major Political Systems of Europe*. N.Y. : Random House.

Beer, Samel H. et al. 1958. *Patterns of Government*. New York : Random House.

Bell, Daniel. 1960. *The End of Ideology*. New York : The Free Press.

Bieber, Christoph. 2000. "Revitalizing the Party System or Zeitgeist-on-line? Virtual Party Headquarters and Virtual Party Branches in Germany." *Democratization*. vol. 7, no. 1 (Spring).

Bill, James A., Hardgrave Jr. and Robert, L. 김기우(역). 1993. 「비교정치이론」. 서울 : 박영사.

Blackstone, Sir William. 1989. *A Mysogynist's Sourcebook*. London : Jonathan Cape.

Block, Fred. 1994. "The Roles of the State in the Economy." In Smelser, Neil J. and Richard Swedberg, edited. *The Handbook of Economic Sociology*. Princeton : Princeton University Press.

———. 1994. "The Ruling Class does not Rule : Notes on the Marxist Theory of the State." In John A. Hall, edited. *The State : Critical Concepts*. New York : Routledge.

Bogdanor, Vernon, ed. 1991. *The Blackwell Encyclopaedia of Political Science*. Oxford : Blackwell Publishers.

Bronowski, J. and Bruce Mazlish. 차하순 역. 1980. 「서구의 지적전통」. 서울 : 홍성사.

Brown, Peter G. and Douglas MacLean, eds. 1979. *Human Rights and U. S. Foreign Policy*. Lexington, Massachusetts : Lexington Books.

Brown, Robin. 1995. "Globalization and the End of the National Project." John Macmillan and Andrew Linklater. *Boundaries in Question : New Directions in International Relations*. New York : Pinter Publishers.

Brown, Wendy. 1988. "Supposing Truth were a Woman. . . : Plato's Subversion of Masculine Discourse." *Political Theory*. 16.

Brzezinski, Zbigniew. 1993. *Global Turmoil on the Eve of the Twenty-First Century*. New York : Scribner's Sons.

Budge, Ian. 1996. *The New Challenge of Direct Democracy*. Cambridge: Polity.

Bull, Hedley. 1977. *The Anarchical Society: A Study of Order in World Politics*. New York: Columbia University Press.

Burton, J. 1967. *International Relations: A General Theory*. Cambridge University Press.

———. 1972. *World Society*. London: Cambridge University Press.

Calleo, David. 1982. *The Imperious Economy*. Harvard University Press.

Cancian, Maria. 1996. "Making Mothers Work." *Dissent* (Fall).

Carr, Edward H. 1956. *The Twenty Years' Crises, 1919-1939*. London: Macmillan Company.

Chilcote, Ronald H. 1981. *Theories of Comparative Politics: The Search for a Paradigm*. Boulder, Colorado: Westview Press.

Christenson, R. M. et al. 1971. *Ideologies and Modern Politics.* New York: Dodd, Mead and Co.

Coleman, J. S. 1971. "The Development Syndrome: Differentiation-Equality-Capacity." In L. Binder et al., ed. *Crises and Sequences in Political Development*. Princeton: Princeton University Press.

_____, ed. 1965. *Education and Political Development*. Princeton: Princeton University Press.

Corrado, Anthony and Charles M. Firestone, ed. 1996. *Elections in Cyberspace*. Washington, D. C.: The Aspen Institute.

Costain, Anne N. 1963. "Representing Women: The Transition from Social Movement to Interest Group." In E. Bonaparth and Emily Stoper, eds. *Women, Power and Policy*. 2nd ed. N.Y.: Prentice Hall.

Criddle, Byron. 1987. "France: Parties in a Presidential System." In Alan Ware, ed. *Political Parties: Electoral Change and Structural Response*. Oxford: Basil Blackwell.

Cropsey, J. 1957. *Polity and Economy: An Interpretation of the Principles of Adam Smith.* The Hague: Nijhoff.

Dahl, Robert A. 1966. *Politics, Oppositions in Western Democracies*. New Haven.

Dallek, Robert. 1983. *American Style of Foreign Policy: Cultural Politics and Foreign Affairs*. New York: Knopf.

Davis, Richard. 1999. *The Web of Politics*. New York: Oxford University Press.

Dawson, Richard E. and Kenneth Prewitt. 1969. *Political Socialization*. Boston: Little, Brown.

Deegan, Heather. 1996. *Third Worlds: The Politics of Africa and Middle East*. London: Routledge.

Deusch, Karl W. 1961. "Social Mobilization and Political Development." *American Political Sciences Review*. vol. 115. no. 3.

Dimitras, Panayate Elias. 1994. "Electoral Systems In Greece." In Stuart Nagel, ed. *Eastern European Development and Public Policy*. Basing Stoke: Macmillan.

Dyck, Rand. 1991. "Links between Federal and Provincial Parties and Party System." In Bakvis, Herman, ed. *Representation, Integration and Political Parties in Canada*. vol. 14 of the research studies of the Royal Commission on Electoral Reform and Party Financing. Ottawa: RCERPF. 신명순 · 박경산(편역). 1995. 「캐나다의 정치과정」. 서울: 서울프레스.

Easton, David. 1962. "Introduction: The Current Meaning of 'Behavioralism' in Political Science." Charlesworth Hames, ed. *Limits of Behavioralism in Political Science*. Philadelphia: American Academy of Political and Social Science.

———. 1962. *A System Analysis of Political Life*. New York: Harper & Row.

_____ and Jack Dennis. 1969. *Children in the Political System*. New York: McGraw-Hill.

Engels, Frederich. 1991. 「가족, 사유재산, 국가의 기원」. 아침.

Erikson, Erik H. 1950. *Childhood and Society*. New York: Norton.

Ethridge, Marcus E. and Howard Handelman. 1998. *Politics in a Changing World: A Comparative Introduction to Political Science*. 2nd ed. New York: St. Martin's.

Evans, Peter. 1979. *Dependent Development: The Alliance of Multinational, State, and Local Capital in Brazil*. Princeton: Princeton University Press.

———. 1987. "Class, State and Dependence in East Asia: Lessons for Latin Americanists." In Frederic C. Deyo, ed. *The Political Economy of the New Asian Industrialism*. Ithaca: Cornell University Press.

Evans, Peter, Dietrich Rueschemeyer and Theda Skocpol, ed. 1985. *Bringing the State Back In*. Cambridge: Cambridge University Press.

Ferdinand, Peter. 2000. "The Internet, Democracy, and Democratization." *Democratization*. vol. 7. no. 1(Spring).

Ferguson, Kathy E. 1989. "Knowledge, Politics and Persons in Feminist Theory." *Political Theory*. 17.

Ferguson, M. 1992. 7. "The Mythology about Globalization," *European Journal of Communication*.

Finifter, Ada W., ed. 1993. *Political Science: The State of the Discipline II*. Washington, D.C.: The American Political Science Association.

_____ and Bernard M. Finifter. 1989. "Party Identification and Political Adaptation of American Settlers in Australia." *Journal of Politics*. vol. 51.

———. 1995. "Pledging Allegiance to a New Flag: Citizenship Change and its Psychological Aftermath among American Migrants in Australia." *Canadian Review of*

Studies in Nationalism. 22.

Firestone, Shulamith. 1971. *The Dialectic of Sex*. N.Y.: Bantham.

Fitzferald, Frances. 1980. *America Revised*. New York: Vintage Books.

Flickinger, Richard S. and Donley T. Studlar. 1992. "The Disappearing Voters? Exploring Declining Turnout in Western European Elections." *West European Politics*. vol. 15(April).

Foucault, Michel. 1999. 「섹슈얼리티의 정치와 페미니즘」. 새물결.

Frankel, Joseph. 1988. *International relations in a Changing World*. Oxford University Press.

Franklin, Daniel P. and Michael Baun J., eds. 1995. *Political Culture and Constitutionalism: A Comparative Approach*. Armonk, N.Y.: M. E. Sharpe, Inc.

Friedan, Betty. 1963. *The Feminine Mystique*. N.Y.: Free Press.

Friedman, S. M., C. M. Gorney and B. P. Egolf. 1987. "Reporting on Rdiation: A Content Analysis of Chernobyl Coverage." *Journal of Communication*. Summer.

Friedrich, Carl J. 1963. *Man and His Government: An Empirical Theory of Politics*. New York: McGraw-Hill.

Fukuyama, F. 1992. *The End of History and the Last Man*. London: Hamish Hamilton.

Fukuyama, F. 함종빈 역. 1992. 「역사의 종언」. 서울: 대영문화사,

Galbraith, John. 1970. "The Plain Lessons of a Bad Decade." *Foreign Policy*. 1(Winter).

Gallagher, Michael and Michael Marsh, eds. 1988. *Candidate Selection in Comparative Perspective: The Secret Garden of Politics*. London: SAGE Publications.

Gallagher, Michael, Michael Laver and Peter Mair. 1995. *Representative Government in Modern Europe*. 2nd ed. New York: McGraw-Hill.

Gould, Juliu and William Kolb, eds. 1964. *Dictionaries of Social Science*. New York: Free Press of Glencoe.

Green, T. H. 1959. "The State as Guarantor of Liberty." In Eliott, W. Y. and N. A. Mcdonald, eds. *Western Political Heritage*. Englewood Cliffs, N.J.: Prentice-Hall.

Grigsby, Ellen. 1999. *Analyzing Politics: An Introduction to Political Science*. Wadsworth Publishing Co.

Grossman, Lawrence. 1995. *The Electronic Republic: Reshaping Democracy in America*. New York: Viking.

Harris, Blake. 1996. "THE CYBERSPACE CONSTITUENCY: Many cyberspace enthusiasts believe hyperdemocracy can help empower voters and revitalize democracy. Others insist it could undermine democratic practices." *Government Technology Magazine*. May.

Held, D. 1968. *Political Order in Changing Societies*. New Haven: Yale Univ. Press.

———. 1971. "The Problem of Study of Political Change: The Change to Change."

Comparative Politics. April.

———. 1991. *The Third Wave*. Norman and London: University of Oklahoma Press.

———. 1995. *Democracy and the Global Order*. Cambridge: Polity Press.

Held, Virginia. 1991. "Okin, Justice, Gender and the Family." *Political Theory*. 19(2).

Hess, Robert D. and Judith V. Torney. 1967. *The Development of Political Attitudes in Children*. Chicago: Aldrime Pudrine Publishing Company.

Heywood, Andrew. 1997. *Politics*. London: MacMillan Press Ltd.

Hirst, P. and G. Thompson. 1992. "The Problem of 'Globalization': International Economic Relations, National Economic Management and the Formation of Trading Blocs." *Economy and Society*. 21.

Hobsbawm, E. J. 1990. *Nations and Nationalism since* 1780: *Programme, Myth, Reality*. Cambridge: Cambridge University Press.

Holsti, K. 1983. *International Politics: A Framework for Analysis*. New Jersey: Prentice Hall.

Holsti, Ole. 1962. "The Belief System and National Images: A Case Study." *Journal of Conflict Resolution* 6. (September).

Hundt, Reed. 1995. "Revitalizing Democracy in the Information Age." Speech delivered at Woodrow Wilson School, December 8.

Huntington, Samuel P. 1965. "Political Development and Political Decay." *World Politics*. vol. XVII. no. 3.

———. 1991. *The Third Wave: Democratization in the Late Twentieth Century*. Norman: University of Oklahoma Press.

Hyman, H. 1959. *Political Socialization*. New York: Free Press.

Inglehart, Ronald. 1977. *The Silent Revolution: Changing the Political Style among Western Politics*. Princeton: Princeton University Press.

Jackman, Robert. 1993. *Power without Force: The Political Capacity of Nation-States*. Ann Arbor: The University of Michigan Press.

Jacobsohn, J. A. 1998. *An Introduction to Political Science*. Wadsworth Publishing Co.

Janda, Kenneth., Jeffrey M. Berry and Jerry Goldman. 1992. *The Challenge of Democracy: Government in America*. 3rd ed. Boston: Houghton Mifflin.

Jansen, Sue Carry. 1990. "Is Science a Man? New Feminist Epistemologies and Reconstruction of Knowledge." *Theory and Society*. 19.

Jennings, M. Kent. 1983. "Gender Roles and Inequalities in Political Participation: Results from an Eight-Nation Study." *Western Political Quarterly*. vol. 36.

———. 1987. "Residues of a Movement: The Aging of the American Protest Generation." *American Political Science Review*. vol. 81.

Jennings, M. Kent and Richard Niemi. 1981. *Generations and Politics: A Panel Study of*

Young Adults and their Parents. Princeton : Princeton University Press.

Jepperson, Ronald L., Alexander Wendt, and Peter J. Katzenstein. 1996. "Norms, Identity, and Culture in National Security." In Peter J. Katzenstein. *The Culture of National Security : Norms and Identity in World Politics*. New York : Columbia University Press.

Jervis, Robert. 1996. "Offense, Defense, and The Security Dilemma." Robert C. Art and Robert Jervis, eds. *International Politics*. New York : Harper Collins College Publisher.

Johnson, Chalmers. 1982. *MITI and the Japanese Miracle*. Stanford : Stanford University Press.

Kamarck, Elaine Ciulla. 1999. "Campaigning on the Internet in the Off-Year Elections 1998." Kamark, Elaine Ciulla and Joseph S. Nye, eds. *Democracy. com : Governance in a Networked World*. Hollis, NH : Hollis Publishing Co.

Kavanagh, D. 1989. 정재욱 역. 「정치문화론」. 서울 : 도서출판 이진.

Kegley, Charles W. Jr. and Eugene R. Wittkopf, eds. 1999. *World Politics*. New York : Worth Publishers.

Kegley, Charles and Eugene Wittkopf. 1991. *American Foreign Policy : Pattern and Process*. New York: St. Martin's Press.

———. 1993. *World Politics : Trend and Transformation*. New York : St. Martin's Press.

Keohane, Robert O. and Joseph S. Nye Jr. 2000. "Globalization : What's New ? What's Not ? (And So What?)" *Foreign Policy*. Spring.

Keohane, Robert O. and Joseph S. Nye. 1977. *Power and Interdependence*. Boston : Little, Brown and Company.

———. 1984. *After Hegemony : Cooperation and Discord in the World Political Economy*. Princeton University Press.

Key, V. O. 1950. *Politics, Parties and Pressure Groups*. N.Y. : Thomas Y. Cromwell.

Knapp, Andrew. 1990. "Un Parti Comme les Autres : Jacques Chirac and the Rally for the Republic." In Alistair Cole, ed. *French Political Parties in Transition*. Dartmouth, Aldershot.

Koole, Ruud and Montique Leijenaar. 1988. "The Netherlands : The Predominance of Regionalism." In Michael Gallagher and Michael Marsh.

Kraft, Michael E. 1992. "Ecology and Political Theory : Broadening the Scope of Environmental Politics." *Policy Studies Journal*. vol. 20. no. 4.

Krasner, Stephen D. 1978. *Defending the National Interest*. Princeton : Princeton University Press.

———, ed. 1983. *International Regimes*. Ithaca : Cornell University Press.

Kuhn, Thomas S. 1962. *The Structure of Scientific Revolutions*. Chicago : The University of Chicago Press.

Langdon, Frank. 1967. *Politics in Japan*. Boston.

Langton, Kenneth P. 1969. *Political Socialization*. New York : Oxford University Press.

Laski, H. 1936. *The Rise of European Liberalism*. London : Allen and Unwin.

Laswell, H. D. 1936. *Politics : Who Gets What, When, How*. New York : McGraw-Hill.

Laundy, Philip. 1989. *Parliamets in the Modern World*. Aldershot : Dartmouth.

Lenin, V. I. 1970. *Imperialism — The Highest Stage of Capitalism*. Moscow : Progress.

Lerner, Daniel. 1958. *The Passing of Traditional Society*. New York : The Free Press.

Lester, James P., ed. 1989. *Environmental Politics and Policy : Theories and Evidence*. Durham & London : Duke University Press.

Linz, J. J. and Diamond L. 1989. *Democracy in Developing Countries : Latin America*. Boulder : Lynne Rienner Publisher, Inc.

Lipset, Seymour Martin. 1959. *Political Man : The Social Bases of Politics*. New York : Double day & Company.

———. 1984. "Social Conflict, Legitimacy, and Democracy." In Connolly, William, ed. *Legitimacy and the State*. New York : New York University Press.

Locke, J. 1963. *Two Treatises of Government*. New York : Cambridge Univ. Press.

Löwenstein, Karl. 1953. "Political Systems, Ideologies and Institutions : The Problem of their Circulation." *The Western Political Quarterly*. vol. VI. no. 4.

Maccum, J. 1913. *The Political Philosophy of E. Burke*. New York : Longmans Green.

Macridis, R. C. 1983. *Contemporary Political Ideologies*. Boston : Little Brown and Co.

——— and Steven L. Burg. 1991. *Introduction to Comparative Politics : Regime and Change*. 2nd ed. New York : HarperCollins Publishers.

Mann, Michael. 1988. *States, War and Capitalism*. Oxford : Blackwell.

Mannheim, Karl. 1972. *Ideology and Utopia*. London : Routledge and Kegan Paul.

March, James G. and Johan P. Olsen. 1988. "The Institutional Dynamics of International Political Orders." *International Organization*. 54, 4. Autumn.

Marshall, T. H. 1963. "Citizenship and Social Class." In *Sociology at the Crossroads*. London : Heinemann,

———. 1964. *Class, Citizenship and Social Development*. Chicago : The University of Chicago Press.

Marx, Karl. 1978. *Capital*. In Robert Tucker, ed. *The Marx-Engels Reader*. New York : Norton.

Marx, Karl and Friedrich Engels. 1959. *Basic Writings on Politics and Philosophy*. New York : Anchor Books.

McCollum, R. B., ed. 1964. *On Liberty and Representative Government*. Oxford : Basil Blackwell.

McCormick, John. 1989. *The Global Environmental Movement*. London : Belhaven Press.

Mclean, Iain. 1989. *Democracy and New Technology*. Cambridge : Polity Press.

McLellan, David, ed. 1977. *Karl Marx : Selected Writings*. Oxford : Oxford Univ. Press.

Meyer, Alfred. 1963. *Marxism: The Unity of Theory and Practice*. Ann Arbor : Univ. of Michigan Press.

Milbrath, Lester W. 1990. "Environmental Understanding : A New Concern for Political Socialization." Orit Ichilov. *Political Socialization, Citizenship and Democracy*. New York : Columbia University, Teachers Colleage Press.

———. 1993. "The World is Relearning Its Story about How the World Works." Kamieniecki Sheldon, ed. *Environmental Politics in the International Arena-Movements, Parties, Organizations, and Policy*. New York : State University of New York Press.

Mill, John Stuart. 1986. 「여성의 예속」. 이화여대출판부.

Milne, R. S. 1972. "The Overdeveloped Study of Political Development." *Canadian Journal of Political Science*. vol. 5. no. 4.

Molnar, Eva., ed. 1997. *Hungary : Essential Facts, Figures and Pictures*. Budapest : MTI Corporation.

Moore, Barrington Jr. 1967. *Social Origins of Dictatorship and Democracy*. Boston : Beacon Press.

Morgenthau, Hans J. 1952. "Another Great Debate : The National Interest of the United States." In *American Political Science Review*. December.

———. 1973. *Politics among Nations*. New York : Alfred A. Knopf.

———. 1949. *Politics among Nations*. New York: Alfred A. Knopf.

Morley, J. 1874. *On Compromise*. London : Chapman and Hall.

Mussolini, B. 1935. *Fascism*. Rome : Ardita.

Naisbitt, John. 1996. 「메가트렌드 아시아」. 한국경제신문사.

Neibuhr, Reinhold. 1932. *Moral Man and Immoral Society*. New York : Scibner.

Neumann, Sigmund, ed. 1956. *Modern Political Parties*. Chicago : Univ. of Chicago Press.

Norton, David L. 1991. *Democracy and Moral Development*. Berkeley : Univ. of California Press.

Noveck, Beth Simone. 2000. "Paradoxical Partners : Electornic Communication and Electronic Democracy." *Democratization*. vol. 7. no. 1 (Spring).

O'Connor, James. 1973. *The Fiscal Crisis of the State*. New York : St. Martin's Press.

Offe, Clause. 1974. "Structural Problems of the Capitalist State." In K. Von Beyme, edited. *German Political Studies*, vol. 1. London : Sage.

Osgood, Robert E. 1953. *Ideals and Self—Interest in America's Foreign Relations*. Chicago: University of Chicago.

Ostrgorski, M. 1964. *Democracy and the Organization of Political Parties*. vol. 1. Garden City, New York: Doubledday.

Palmieri, M. 1936. *The Political Philosophy of Fascism*. Chicago: The Dante Alighieri Society.

Parkinson, F. 1977. *The Philosophy of International Relations: A Study in the History of Thought*. London: Sage Publications.

Parkinson, Northcote. 1973. "Five Other Rules." *Foreign Policy*. 9(Winter).

Parsons, T. and E. Shils, eds. 1962. *Toward a General Theory of Action*. New York: Harper & Row.

Paterson, Thomas. 1979. *On Every Front: The Making of the Cold War*. New York: Norton.

Pierce, J. C. 1982. *The Dynamics of American Public Opinion*. Glenview: Scott Foresman & Co.

Plato. 1968. *Republic*. Edited by Allan Bloom. New York: Basic Books.

Poggi, Gianfranco. 1978. *The Development of the Modern State*. London: Hutchinson.

Porter, Gareth and Janet Welsh Brown. 1996. *Global Environmental Politics*. 2nd ed. Boulder, Colorado: Westview Press.

Pye, Lucian W. 1959. "Political Modernization and Research on the Process of Political Socialization." *Items* XIII.

———. 1966. *Aspects of Political Development*. Boston and Toronto: Little, Brown & Co.

———, ed. 1963. *Communication and Political Development*. Princeton: Princeton University Press.

——— and Sidney Verba, eds. 1965. *Political Culture and Political Development*. Princeton: Princeton University Press.

Renshon, Stanley Allen, ed. 1977. *Handbook of Political Socialization: Theory and Research*. New York: Free Press.

Rifkin, Jeremy. 1991. *Biosphere Politics: A New Consciousness for a New Century*. New York: Crown Publishers.

Robertson, R. 1992. *Globalization: Social Theory and Global Culture*. London: Sage.

Rocco, A. 1926. The Political Doctrine of Fascism. *International Conciliation Pamphlet*. no. 223.

Rohit, Lekhi. 2000. "The Politics of African America On-Line." *Democratization*. vol. 7. no. 1(Spring).

Ronfeldt, David. 1991. *Cyberocracy, Cyberspace, and Cyberology: Political Effects of the*

Information Revolution. Santa Monica : Rand Corporation.

Ronfeldt, David; John Arquilla; Graham Fuller; Melissa Fuller. 1998. *The Zapatista' Social Netwar' in Mexico*. Santa Monica : Rand Corporation.

Rosenau, James. 1968. The Concept of Intervention. *Journal of International Affairs*. 22.

———. 1980. *The Scientific Study of Foreign Policy*. New York : Nichols.

———, ed. 1969. *Internatinal Politics and Foreign Policy*. New York : Free Press.

Rosenbaum, Walter A. 1973. *Political Culture*. New York : Praeger Pub. Co.

Roskin, Michael G. 1995. *Countries and Concepts : Introduction to Comparative Politics*. 5th ed. Upper Saddle River, New Jersey : Prentice Hall.

Rourke, John. 1991. *International Politics on the World Stage*. CT : Dushkin Publishing Co.

Roussea, J. 1973. *The Social Contract and Discourses*. London : Dent.

Rousseau, Jean-Jacques. 1973. *The Social Contract.* Edited and Translated by G. D. H. Cole. London : J. M. Dent & Sons.

______. 1974. *Emile*. London : The Chaucer Press.

Ruether, Guenter (hrsg.). 1994. *Politik und Gesellschaft*. Koeln : Verlag Wissenschaft und Politik.

Ruggie, J. 1993. "Territoriality and Beyond : Problematizing Modernity in International Relations." *International Organization*. 47.

Ruggiero, Guido De. 1959. *History of European Liberalism*. Boston : Beacon Press.

Russet, Bruce and Harvey Starr. 1981. *World Politics : Menu for Choice*. San Francisco : W. H. Freeman and Co.

Sabine, George. 1961. *A History of Political Theory.* Holt, Rinehare and Winstorn.

Sartori, Giovanni. 1994. *Comparative Constitutional Engineering : An Inquiry into Structures, Incentives and Outcomes*. Washington Square, New York : New York University Press.

———, ed. 1984. *Political Science Concepts : A Systematic Analysis*. Beverly Hills : Sage Publications.

Savolainen, Reijo and Ari-Veikko Anttiroiko. 1999. *The Communicative Potential and Problems of Teledemocracy*. Tampere : University of Tampere.

Schramm, Wilbur. 1964. *Mass Media and National Development*. Calif. : Standford University Press.

Schumpeter, Joseph. 1950. *Capitialism, Socialism and Democracy.* 3rd ed. New York : Harper Torchbooks.

Sears, David O. 1973. "Political Socialization." In Fred I. Greenstein and Nelson W. Polsby, eds. *Handbook of Political Science, Reading*. June.

Seaton, James. 1996. *Cultural Conservatism, Political Liberalism*. Ann Arbor : Univ. of

Michigan Press.

Selle, Per and Lars Svasand. 1991. "Membership in Party Organizations and the Problem of Decline of Parties." *Comparative Political Studies*. vol. 16. no. 4.

Shils, David L., ed. 1968. *International Encyclopedia of the Social Sciences* 12. New York : Macmillan Co. and the Free Press.

Shively, W. Phillips. 1997. *Power and Choice: An Introduction to Political Science*. 5th ed. New York : McGraw-Hill Co.

Shulman, Alix Kates. 1998. "A Marriage Disagreement." *Dissent* (Winter).

Sigel, Roberta S., ed. 1989. *Political Learning in Adulthood : A Sourcebook of Theory and Research*. Chicago : University of Chicago Press.

Skocpol, Theda. 1973. "A Critical Review of Barrington Moore's Social Origins of Dictatorship and Democracy." *Politics and Society*. vol. 4. no. 1.

———. 1979. *States and Social Revolution*. Cambridge : Cambridge Univ. Press.

Snyder, Glenn H. and Paul Diesing. 1977. *Conflict among Nations*. New Jersey : Princeton University Press.

Snyder, Richard C., H. W. Bruck and Burton Sapin. 1969. "The Decision-Making Approach to the Study of International Politics." In James N. Rosenau. *International Politics and Foreign Policy*. New York : Collier-Macmillan Limited.

Spragens, Thomas A. Jr. 1990. *Reason and Democracy*. Durham, N.C. : Duke Univ. Press.

Stimpson, Catharine R. 1996. "Women's Studies and its Discontents." *Dissent*. Winter.

Strauss, Leo. 1959. *What is Political Philosophy and Other Studies*. New York : The Free Press.

Stromer-Galey, Jennifer. 2000. "Democratizing Democracy : Strong Democracy, US Political Campaigns and the Internet." *Democratization*. vol. 7. no. 1 (Spring).

Tilly, Charle. 1990. *Coercion, Capital, and European States, AD 990-1990*. Oxford : Basil Blackwell.

Tilly, Charles. 1975. "Reflections on the History of European State-making." In Charles Tilly, edited. *The Formation of Nation States in Western Europe*. Princeton : Princeton University Press.

———. 1985. "War Making and State Making as Organized Crime." In Peter Evans, Dietrich Rueschemeyer and Theda Skocpol, edited. *Bringing the State Back In*. Cambridge : Cambridge University Press.

Tivey, Leonard and Wright Anthony. 1992. *Political Thought Since 1945: Philosophy, Science, Ideology*. Aldershot : Edward Elgar Publishing, Ltd.

Toffler, Alvin. 1980. *The Third Wave*. New York : William Morrow.

Toffler, Alvin. 1990. 「권력이동」. 한국경제신문사.

_____ and Heidi. 1994. *Creating a New Civilization*. Atlanta : Turner Publishing, Inc.

Tooze, Roger. 1992. "Conceptualizing the Global Economy." In Anthony G. McGrew, Paul G. Lewis, eds. *Global Politics : Globalization and the Nation-State*. Cambridge : Polity Press.

Trimberger, Ellen Kay. 1978. *Revolution from Above*. New Jersey : Transaction Books.

Van Dyke, Vernon. 1997. *Introduction to Politics*. 3rd ed. Chicago : Nelson-Hall Publishers.

Verba, Sidney. 1971. "Sequences and Development." In L. Binder et al., ed. *Crises and Sequences in Political Development*. Princeton : Princeton University Press.

Viotti, Paul R. and Mark V. Kauppi. 1993. *International Relations Theory : Realism, Pluralism, Globalism*. New York : Macmillan Publishing Company.

Wade, Robert. 1990. *Governing the Market : Economic Theory and the Role of government in East Asian Industrialization*. Princeton : Princeton University Press.

Wallerstein, Immanuel. 1991. "The Construction of Peoplehood : Racism, Nationalism, Ethnicity." In Wallerstein, I. and E. Balibar, edited. *Race, Nation, Class : Ambiguous Identities*. London : Verso.

Walt, Stephen M. 1996. "Alliances : Balancing and Bandwagoning." In Robert C. Art and Robert Jervis, eds. *International Politics*. New York : Harper Collins College Publishers.

Waltz, Kenneth N. 1979. *Theory of International Politics*. Massachusetts : Addison-Wesley Publishing Company.

———. 1996. "The Anarchic Structure of World Politics." In Robert C. Art and Robert Jervis, eds. *International Politics*. New York : Harper Collins College Publishers.

Watkins, Frederick M. 1979. *The Age of Ideology-Political Thought, 1750 to the Present*. Englewood Cliffs, New Jersey : Prentice-Hall.

Weiner, M. 1987. "Introduction." Weiner M. and Huntington S. P., eds. *Understanding Political Development*. Prospect Heights : Waveland Press.

Weiss, Linda and John M. Hobson. 1995. *States and Economic Development : A Comparative Historical Analysis*. Cambridge : Polity Press.

Wendt, Alexander E. 1987. "The Agent-Structure Problem in International Relations Theory." *International Organization*. 41. 3. Summer.

———. 1992. "Anarchy is What States Make of It : The Social Construction of Power Politics." *International Organization*. 46. 2. Spring.

———. 1994. "Collective Identity Formation and the International States." *American Political Science Review*. vol. 88. no. 2. June.

Williams, Howard. 1988. *Concepts of Ideology*. Sussex : Wheatheaf Books.

Wollstonecraft, Mary. 1988. *A Vindication of the Rights of Woman*. N.Y. : Norton & Co.

영문색인

국문색인

저자소개

김 기 우

부산대학교 졸업
경북대학교 정치학박사
현재 부산대학교 정치외교학과 교수
논저: 비교정치론
정치발전이론
세계의 국가와 한국(공저) 외 다수

김 성 주

성균관대학교 졸업
미국 뉴욕주립대학교 정치학박사
현재 성균관대학교 정치외교학과 교수
논저: 현대한국정치론(공편)
대외정책론(공저)
"김대중 정부의 대북포용정책: 현황과 과제"

김 의 곤

연세대학교 졸업
뉴욕주립대학교 정치학박사
현재 인하대학교 사회과학대학 교수
논저: 한국외교정책론(공저)
소련외교정책론(역)
사회주의정치경제론(역)
현대국제정치이론

김 창 희

전북대학교 졸업
전북대학교 정치학박사
현재 전북대학교 정치외교학과 교수
논저: 새로운 정치학의 이해(공저)
북한 정치사회의 이해
환경정치와 환경정책(공저) 외 다수

박 준 영

연세대학교 졸업
미국 컬럼비아대학교 정치학박사
현재 이화여자대학교 정치외교학과 명예교수
논저: 국제정치학
대외정책론(공저)
북한인식과 한반도(공저)

신 명 순
연세대학교 졸업
미국 노스웨스턴대학교 정치학박사
현재 연세대학교 정치외교학과 명예교수
논저: 비교정치
한국정치론
제 3 세계정치론

유 지 훈
독일 프라이부르크(Freiburg)대학교 졸업
독일 프라이부르크대학교 정치학박사
현재 충북대학교 정치외교학과 교수
논저: 푸르게 평화롭게: 독일녹색당의 이해
독일언론이 기록한 격동한국현대사
“통일되면 어쩔래?”

이 영 애
단국대학교 졸업
미국 아이다호 주립대학교 정치학박사
현재 단국대학교 교양학부 교수
논저: 성·권력·정치
국가와 성
“성 정치학의 포스트모더니즘적 조망”

이 유 진
연세대학교 졸업
캐나다 토론토대학교 정치학박사
현재 숙명여자대학교 정치외교학과 교수
논저: 일본의 핵정책
“캐나다 정보고속도로 구축의 정치경제학”
“PC 통신, 인터네트와 한국의 전자민주주의 가능성에 대한 고찰”

이 홍 종
한국 외국어대학교 졸업
미국 신시내티대학교 정치학박사
현재 부경대학교 국제지역학부 교수
논저: 국제정치의 패러다임과 지역질서(공저)
“정보화, 정치, 그리고 국제정치”
“뉴미디어와 민주주의: 미디어 기술의 발달이 민주정치에 미치는 양면적 영향”

임 석 준
고려대학교 졸업
미국 시카고대학교 정치학박사
현재 동아대학교 정치외교학과 교수
논저: “The Political Economy of Orderly Marketing Agreements(1977-81)”
“사양산업을 구제할 수 있을까? — 대만의 하청 생산연결망이 주는 교훈”
“Can China Build a Future on the Foundation of Its Past?”

전 득 주

한국 외국어대학교 수료
독일 München대학 정치학박사
현재 숭실대학교 정치외교학과 명예교수
논저: 이데올로기론
　　　분단국 통일의 재인식
　　　현대민주시민교육론(공저)

조 찬 래

한국 외국어대학교 졸업
미국 신시내티대학교 정치학박사
현재 충남대학교 정치외교학과 교수
논저: 남북한통합론(공저)
　　　근대정치철학
　　　서구정치철학강독

정 치 학

2001년 2월 28일 초판발행
2016년 2월 10일 중판발행

공저자 박준영 외
발행인 안 종 만
발행처 (주)박영사
　　　서울특별시 종로구 새문안로3길 36, 16
　　　전화 (733)6771 FAX (736)4818
　　　등록 1959. 3. 11. 제300-1959-1호(倫)

www.pybook.co.kr e-mail: pys@pybook.co.kr

정 가 27,000원 ISBN 978-89-7189-909-0